Aves

Cocinar mejor que nunca

Aves

El gran libro de cocina ilustrado a todo color

Con las mejores recetas creadas por Elke Alsen, Marieluise Christl-Licosa, Marey Kurz, Hannelore Mähl-Strenge, Annedore Meineke, Brigitta Suber, Renate Zeltner y Annette Wolter

Dirección editorial
Annette Wolter

Fotografías en color
Susi y Pete A. Eising

EDITORIAL EVEREST, S. A.
MADRID • LEON • BARCELONA • SEVILLA • GRANADA • VALENCIA
ZARAGOZA • LAS PALMAS DE GRAN CANARIA • LA CORUÑA
PALMA DE MALLORCA • ALICANTE — MEXICO • BUENOS AIRES

En este libro encontrará

Presentación
Página 6

La compra de las aves
Página 7

Consejos para la cocción y preparación de las aves
Páginas 8-13

Tiempos de cocción recomendados
Páginas 14-15

Sopas finas y sabrosos platos completos
Páginas 16-41

Guisos y fricasés
Páginas 42-75

Fritos crujientes y asados festivos

Las aves en la cocina fría

Rellenos delicados

Lo que conviene saber sobre las aves

Índice general de la A a la Z

Presentación

Tanto desde el punto de vista culinario como fisiológico-nutritivo, todo cuanto se diga sobre las aves frescas idóneamente criadas, siempre será positivo: su carne es de fácil digestión, es rica en proteínas y, además de ser relativamente económica, ofrece múltiples posibilidades de preparación, tanto en el menú cotidiano como en la cocina festiva.

Las recetas de este libro con sus numerosos consejos y variantes atraen la atención apenas se empieza a hojearlo, e invitan a probarlas. La forma como se describen es tan sencilla, que hasta los más inexpertos podrán disfrutar preparándolas sin el menor problema.

Este atractivo libro de cocina presenta un amplio elenco de acreditadas especialidades internacionales y regionales. La extraordinaria versatilidad de todo tipo de aves para las más diversas ocasiones se pone de manifiesto en la gran variedad de opciones que se ofrecen para servirlas en cada caso con las mayores posibilidades de éxito. Las 165 recetas contenidas en las siguientes páginas se ilustran con magníficas fotografías en color realizadas expresamente para esta obra y, al mismo tiempo, demuestran hasta qué punto las aves pueden resultar exquisitas cuando se trata de ejemplares frescos, debidamente criados y correctamente cocinados. Porque no hay duda de que la carne de cualquier animal criado en un ambiente lo más natural posible y alimentado racionalmente tiene un sabor característico, al que, una vez acostumbrado el paladar, difícilmente se puede renunciar. Por lo tanto, sea exigente a la hora de comprar y escoja lo mejor en su pollería habitual: el vendedor le atenderá tanto mejor cuanto más convencido esté de que usted sabe realmente lo que quiere y se esforzará por ofrecerle siempre los ejemplares más frescos.

Las indicaciones impresas en rojo en cada receta orientan respecto al tiempo requerido para su preparación, a su costo y a su grado de dificultad. También hacen referencia a la clase de receta de que se trata, bien sea una especialidad determinada, un plato famoso o un plato característico de la cocina integral. Por otra parte, los datos sobre el tiempo de preparación preliminar, el tiempo de cocción o preparación y los valores en kilojulios, kilocalorías, proteínas, grasa e hidratos de carbono le facilitarán, en todo caso, la combinación de diferentes menús debidamente equilibrados desde el punto de vista fisiológico-nutritivo.

Las recetas se han dividido en cuatro grandes capítulos. En primer lugar, las «Sopas finas y sabrosos platos completos» incluyen todo cuanto cabe desear al respecto, desde un suave consomé de ave hasta un suculento «pot-au-feu». El capítulo siguiente está dedicado a los «Guisos y fricasés», con la seguridad de que no podrán resistir a la tentación de probar cuanto antes cualquiera de sus exquisitas recetas; por ejemplo, la del pollo a las finas hierbas o la del pato con aceitunas. Vienen después los «Fritos crujientes y asados festivos», con numerosas sugerencias para regalar el paladar de los invitados: el faisán con salsa de tocino, las perdices con col y las pintadas rellenas, entre otras recetas, no dejarán de encantar a los comensales más exigentes. El capítulo siguiente trata el tema de «Las aves en la cocina fría», con recetas idóneas para fiestas, bufets fríos, meriendas, como pueden ser, por ejemplo, las de la empanada de perdiz o la de ensalada de ave con naranjas. Muchas de estas recetas pueden resultar, asimismo, interesantes para meriendas al aire libre o excursiones campestres.

Finalmente, encontrará toda una serie de riquísimos rellenos para aves, en base a recetas experimentadas.

En la introducción, a continuación de la página siguiente, se muestran, en una serie de secuencias, fotografías ilustrativas del texto sobre todo lo relacionado con la manipulación de las aves: cómo desplumarlas, trocearlas, rellenarlas, bridarlas, albardillarlas, etc. Pasamos luego a los diferentes métodos culinarios, como, por ejemplo, asar en espetón, escalfar, asar en bolsa, asar, estofar y, finalmente, el modo adecuado de trinchar las aves grandes. También ofrecemos una tabla de tiempos de cocción para cocer, escalfar, guisar, freír y asar en cocina de convección eléctrica o de gas, según la especie de que se trate. Cierra la obra una serie de reseñas sobre las especies tratadas en la misma, en el que encontrará resumidas sus características y particularidades especiales, ilustradas con atractivas fotografías en color.

La selección de las recetas se ha llevado a cabo conforme a las preferencias de los autores dentro de las consagradas por el éxito, teniendo en cuenta, además, las peculiaridades de tipo geográfico, tanto regionales como nacionales. También se han considerado las más modernas aportaciones de la investigación culinaria, de la nutrición y de la gastronomía internacional, reflejadas en variadísimas especialidades de América, Francia, Inglaterra, España, Rusia o los Países Bajos. Entre las más famosas figuran, por ejemplo, las recetas del gallo al vino, paella, pollo Marengo o la sopa Mulligatawng. Tampoco faltan, por supuesto, las recetas tradicionales para faisán, pintadas, perdices, pichones, codornices y pato silvestre.

Antes de proceder a la lectura de las mencionadas instrucciones les recomendamos, no obstante, que lean la página siguiente, dedicada a «La compra de las aves». Hecho esto, ya sólo es cuestión de empezar a elegir y preparar cualquiera de las exquisitas recetas contenidas en el libro.

Esperamos y deseamos que disfrute al máximo desde el momento de la compra hasta la culminación de su obra: el plato deseado.

Afectuosamente:
Annette Wolter
y todos los colaboradores

Cuando no se indica otra cosa, las recetas están calculadas para cuatro personas. Las abreviaturas kJ y kcal significan, respectivamente, kilojulios y kilocalorías.

La compra de las aves

Al disponerse a comprar la pieza deseada debe tener presentes algunas observaciones importantes referentes a la calidad, ya que aunque ésta se indique expresamente, siempre es conveniente cerciorarse en base a sus propios conocimientos, conforme a lo que piense hacer con el ave en cuestión.

Según la legislación vigente, solamente pueden ofertarse como aves de marca o de primera calidad los ejemplares jóvenes, dejando el resto para la venta en general de aves de matadero. No obstante, un pollo de tres meses, por ejemplo, criado con pienso a base de cereales en un corral rural, puede resultar, de hecho, tan exquisito como uno de marca, que, con toda probabilidad, habrá sido cebado con piensos industriales.

Si lo que desea es preparar un sabroso consomé en base a una sopa de gallina, lo mejor será comprar una gallina grande, ya que con ella logrará un aroma óptimo. La capa de grasa que se forme puede quitarse fácilmente cuando el consomé se enfríe. Con el resto del caldo podrá obtener consomé pasándolo a otro recipiente a través de un tamiz y dejándolo hervir, sin tapar, hasta que se concentre. Una vez obtenida la suficiente consistencia se rellena un molde de los de hacer cubitos de hielo y se guarda en el congelador. Durante un período máximo de seis meses podrá disponer de ellos como reserva para preparar un nuevo consomé o una sopa con sólo descongelarlos en la cantidad de agua conveniente en cada caso. Con las partes magras de la gallina podrá preparar también una sopa aparte o una ensalada. Otro procedimiento, más económico, para obtener un buen consomé es utilizar los menudillos, frescos o congelados, que se ofrecen en los establecimientos.

Si no dispone de un ave fresca de corral, de granja o de una pollería, los productos congelados le permitirán, no obstante, elegir dentro de un gran abanico de posibilidades: pollos, patos, pavos, gansos, pechugas, muslos, etc.; todo ello limpio e higiénicamente preparado, siempre y cuando tengamos la certeza de que el establecimiento en que realizamos la compra es de plena confianza, tanto en lo que se refiere a la calidad como al almacenamiento. El transporte en vehículos con cámara frigorífica no perjudica en absoluto la calidad, pero puede ocurrir que al efectuar la descarga o al manipular las piezas en el minorista se produzcan golpes o desperfectos en el envase, con el consiguiente deterioro del producto. Por lo tanto, debemos comprar únicamente en establecimientos con cámaras frigoríficas adecuadas, en las que los productos no estén cubiertos de hielo o apilados por encima del nivel autorizado. Hemos de fijarnos también en todos los datos que figuren en el envase y, muy especialmente, en la fecha de caducidad o plazo de conservación. Respecto a la edad del ave, cuando se trate de piezas enteras, podemos darnos una idea aproximada si tenemos en cuenta la proporción entre su tamaño y su peso. Rechace los envases deteriorados, los que presenten en su interior manchas de sangre o cristales de hielo o en los que advierta diferencias de coloración en la piel del animal, puesto que cualquiera de estos detalles son prueba evidente de que el producto no ha sido manipulado con el debido cuidado y que, por consiguiente, su calidad no es óptima.

Antes de cocinar el ave elegida debe revisar a fondo su interior para ver si está completamente vaciado. Si exteriormente advierte alguna plumilla o espolón, debe quitarlos con unas pinzas o bien flamear la pieza (pág. 8). A veces se observan vestigios del tejido pulmonar en la cavidad ventral, que, por supuesto, hay que quitar, al igual que los riñones, si es que no se ha hecho al vaciar el ave. Los restos de sangre que pueda haber en el vientre se quitan frotándolos con sal. Finalmente, se lava con agua corriente, tanto por fuera como por dentro y se seca para evitar que la humedad dé origen a la formación de bacterias.

Los ejemplares jóvenes, incapaces de desarrollar un sabor propio bien definido, mejoran de sabor al adobarlos, bien sea frotándolos con aceite especiado o dejándolos en un adobo durante unas hora. Antes de proceder a asar el ave es preciso secarla bien. El aceite especiado se utiliza durante la cocción solamente para extenderlo sobre la carne. El adobo líquido puede utilizarse para rociarla o para preparar una sopa. En caso de que la mezcla de especias sea de su invención, se supone que ya habrá comprobado sus efectos en alguna otra receta preparada anteriormente. Los adobos se componen de vino, jerez, una mezcla de agua, vinagre de vino o zumo de limón y especies tales como pimentón pimienta, clavo, jengibre o ajo. Advertencia: el adobo no debe llevar sal, ya que seca la carne y endurece la piel.

Las aves frescas pueden conservarse en la parte más fría del frigorífico durante dos días, como máximo. Si opta por congelarlas, podrá mantenerlas durante seis meses. Respecto a la congelación de platos de ave preparados, conviene tener en cuenta lo siguiente:

- No cocer demasiado la carne, ya que al recalentarla posteriormente la cocción se reanuda.
- Las especias con las que condimente el plato a congelar deben ser escasas en cuanto a la cantidad de cada una de ellas, ya que algunas, como el ajo, la nuez moscada, el clavo, la pimienta y la cebolla tienden a intensificar su sabor durante la congelación
- No conviene ligar las salsas con nata o yema de huevo antes de la congelación, sino posteriormente cuando el plato en cuestión se vuelva a descongelar y a calentar.
- Añada las verduras que formen parte de los ingredientes, a ser posible recién cocidas, cuando recaliente el plato en cuestión.

Consejos para la cocción y preparación de las aves

Desplumar y vaciar

Si compra en el mercado un ave de corral directamente del granjero, lo más probable es que tenga que desplumarla y vaciarla usted mismo. Para quitarle las plumas, como primera operación, lo más práctico es sujetar el animal por el pescuezo e irlas arrancando de raíz a lo largo del mismo hasta el otro extremo. Los plumones que puedan quedar se quitan luego con unas pinzas.

Sostenga el ave desplumada sobre la llama baja de la cocina de gas o de una vela y flaméela para eliminar cualquier posible resto de plumillas o plumones.

Trocear

En los platos guisados es preciso trocear el ave. Si se trata de un pollo pequeño, basta con cortarlo por la mitad y transversalmente, quedando así dividido en cuatro trozos. Las pulardas grandes deben cortarse en seis, y los patos, gansos y pavos en ocho o doce trozos.

Corte los muslos al ras del cuerpo y, si resultan demasiado grandes, pártalos en dos.

Deshuesar la pechuga

Las pechugas pueden comprarse sueltas, generalmente deshuesadas y peladas o con la piel y los huesos. Para platos finos con tiempos de cocción cortos, es preciso deshuesarlas y pelarlas, cocinándolas luego como filetes magros.

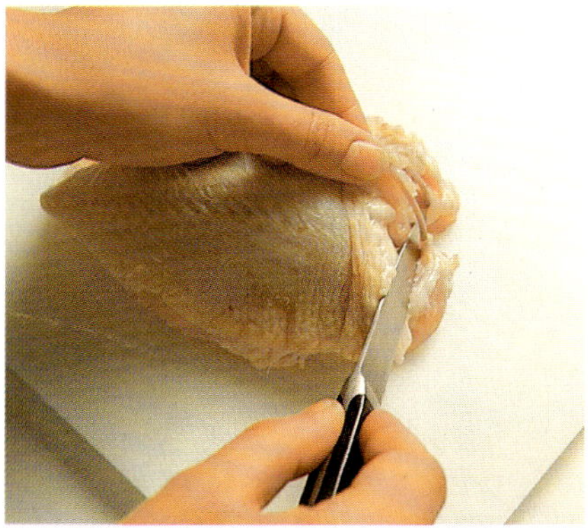

Primero retire la espoleta y las articulaciones de clavículas y omóplatos.

Rellenar

No conviene rellenar demasiado el ave, ya que la farsa aumenta con la cocción y la piel podría reventar. Con rellenar las dos terceras partes de su interior será suficiente. Si sobra relleno, puede hornearse al mismo tiempo en un molde pequeño previamente engrasado.

El relleno sazonado se introduce en el interior del ave, sin apretarlo y sin llenarlo del todo.

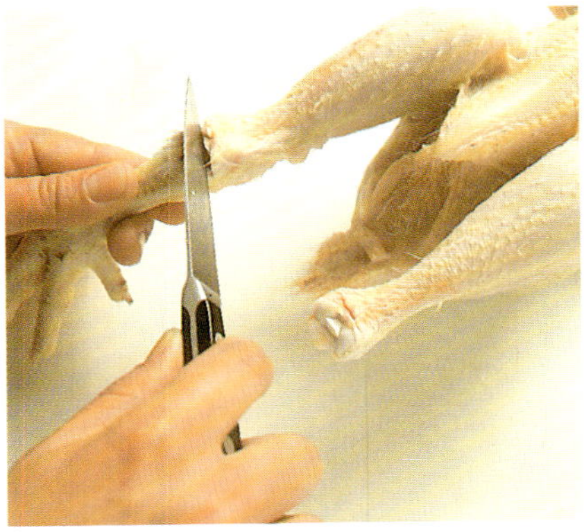

Corte el pescuezo con la cabeza y extraiga la garganta, la tráquea y el buche. A continuación separe las patas cortándolas por la primera articulación

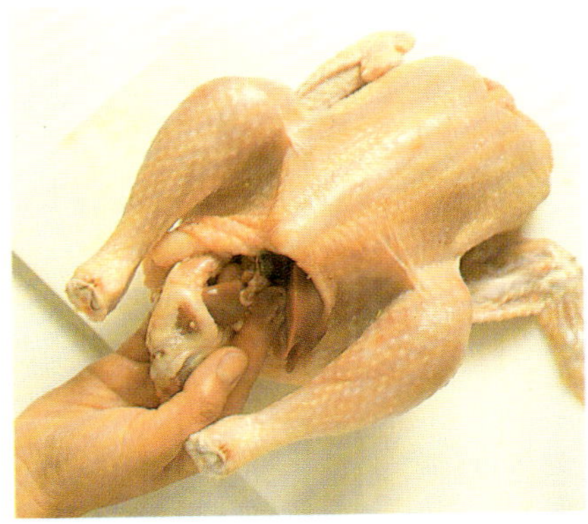

Practique un corte transversal en el extremo del pecho y extraiga con cuidado todas las vísceras. Corte la rabadilla y frote con una cucharada de sal las manchas de sangre y los restos de tejido que hayan quedado en el interior. Luego enjuague el ave con agua.

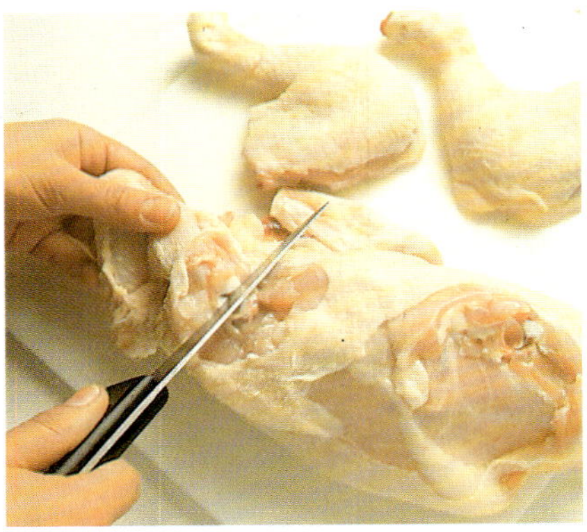

Corte las articulaciones de los muslos con un cuchillo bien afilado y separe las alas. Si se trata de un ave grande, pártalas por la mitad.

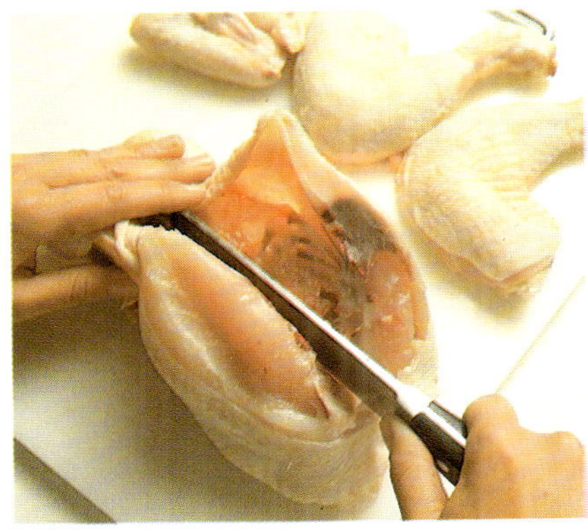

Corte el cuerpo por la mitad, separe la pechuga de las costillas, quite la espoleta y corte la pechuga por la mitad. Reserve el espinazo y los trozos pequeños de carne para hacer con ellos un caldo o una salsa.

Corte la pechuga por el centro longitudinalmente y quite los huesecillos que hayan quedado adheridos.

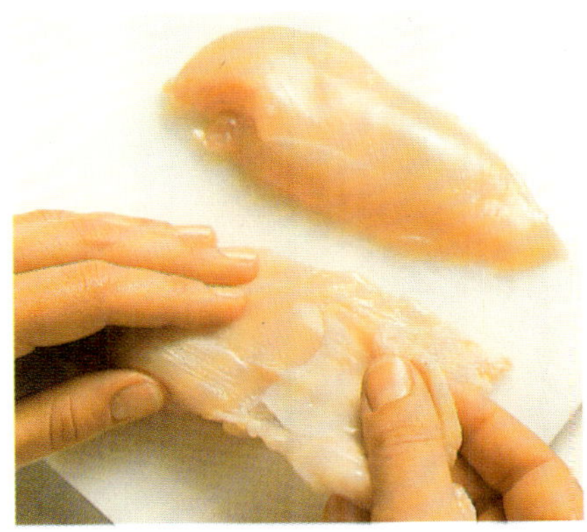

Con un cuchillo puntiagudo separe la piel de la carne y luego arránquela con la mano.

Cosa las aberturas con una aguja de bridar enhebrada con bramante.

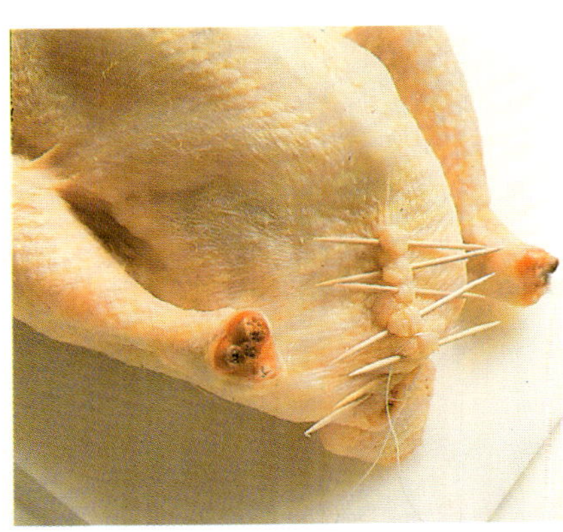

También pueden unir las dos partes perforándolas con palillos y atándolas luego con un bramante.

Consejos para la cocción y preparación de las aves

Bridar

Las aves que se cocinan enteras deben bridarse previamente, es decir, hay que coserlas debidamente para darles la forma adecuada. Para ello solamente se necesita bramante y una aguja de bridar lo suficientemente larga y gruesa.

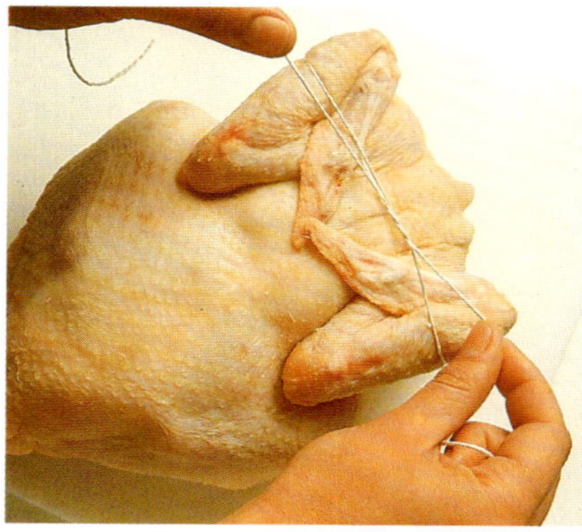

Doble las alas hacia atrás, por las articulaciones, y atraviéselas con la aguja enhebrada, de modo que al mismo tiempo quede sujeta la piel del pescuezo. También puede bridarse el ave sin coserla, es decir, atándola debidamente con el bramante.

Albardillar

Es preciso albardillar las aves jóvenes de carne muy magra y las aves silvestres antes de proceder a bridarlas. Esta operación consiste en envolverlas con una loncha de tocino fresco y graso, sin ahumar.

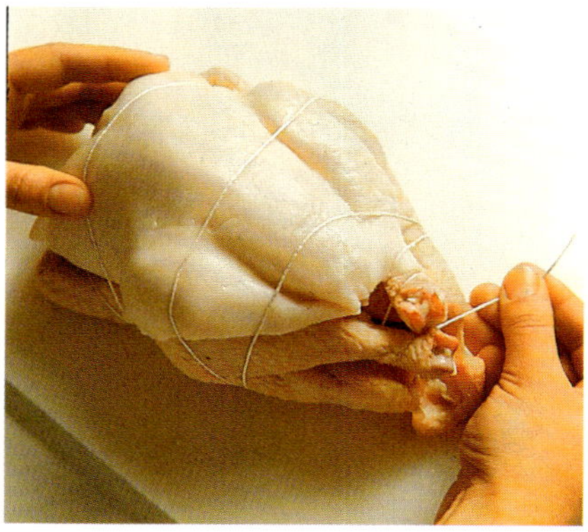

Tratándose de aves grandes, cubra con tocino la pechuga y los muslos y sujételo debidamente con bramante, con lo cual ya están albardilladas.

Asar al espetón

Para este tipo de cocción no debe escoger aves demasiado grandes, con el fin de evitar un posible bloqueo del espetón. En las parrillas de carbón hay que tener cuidado de que el asador rotatorio o espetón no esté demasiado cerca de las brasas, ya que, de lo contrario, puede ocurrir que el ave se tueste sólo exteriormente y que la carne, en cambio, no esté en su punto.

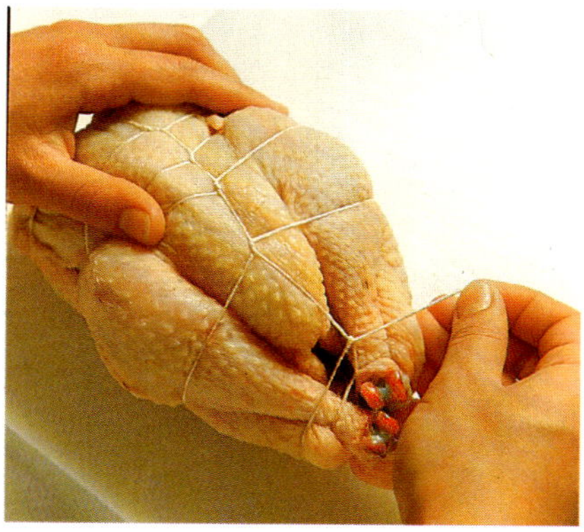

Para asar al espetón es necesario que el ave esté bien bridada, con el fin de que no quede suelta ninguna de sus partes y se queme. La fotografía muestra claramente cómo debe bridarse.

Escalfar

Este método consiste en cocer las aves por debajo del punto de ebullición en agua salada. Para ello es necesario mantener el calor de modo que la superficie del caldo apenas llegue a agitarse. El caldo resultante puede servir de primer plato y, como plato principal, el ave, por ejemplo una pularda, junto con la verdura que le habremos añadido poco antes de terminar la cocción.

Cubra la pularda bridada con agua salada a la que se habrá añadido una cebolla pinchada con un clavo, laurel y un ramillete de zanahoria, puerro y perejil. Se calienta hasta que hierva y se va espumando el caldo durante los primeros 30 minutos de cocción.

Atraviese los muslos de parte a parte con la aguja enhebrada y luego ate los extremos del bramante.

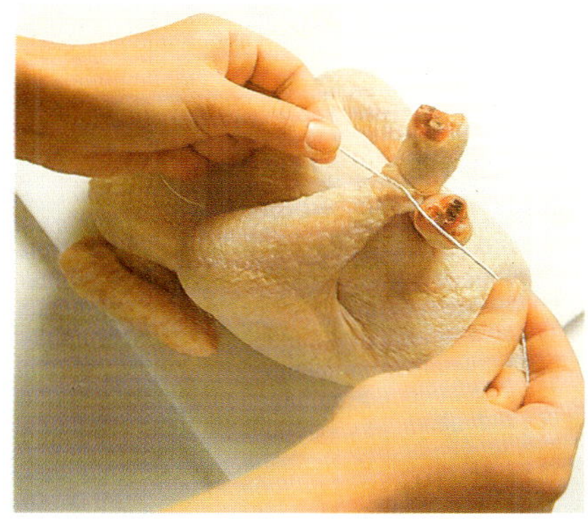

También puede sujetar los muslos atándolos simplemente sobre el vientre.

Es preferible cubrir las aves pequeñas con tocino por ambos lados con sendas lonchas finas de tocino, que luego se atan con bramante.

Para ocasiones especiales se corta el tocino en tiras de unos dos centímetros de ancho y lo suficientemente largas para poder formar con ellas un enrejado, con el que luego envolverá el ave.

El ave ya bridada se introduce en el espetón y se sujeta bien con las horquillas laterales.

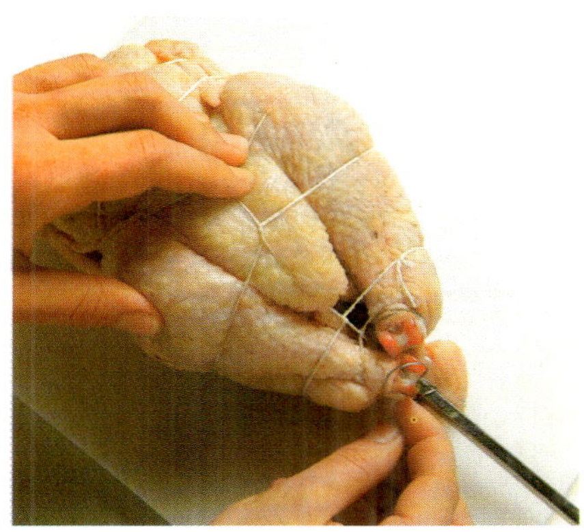

Si no se dispone de horquillas de sujeción, deberán atarse los extremos con un alambre bien enrollado al eje para que éste no pueda girar sin que gire el ave al mismo tiempo.

Cuando el caldo deje de formar espuma reduzca el calor para que siga cociendo lentamente sin hervir, dejando que el ave se escalfe durante aproximadamente una hora y media.

Durante los 30 minutos últimos añadirá al caldo y por persona dos zanahorias medianas y dos puerros (sólo la parte blanca) y tape la cazuela. Una vez cocinada la pularda se sirve trinchada, junto con la verdura, en una fuente precalentada.

Consejos para la cocción y preparación de las aves

Asar en bolsa

Para aves de hasta 2 kg de peso recomendamos utilizar bolsas de plástico especial para asar. Su uso evita que la carne se reseque y, además, permite añadir en su interior vino, caldo o especias que mejoren su sabor. Las aves asadas por este procedimiento se distinguen por su carne dorada y crujiente. Además, al asarlas no se mancha el horno.

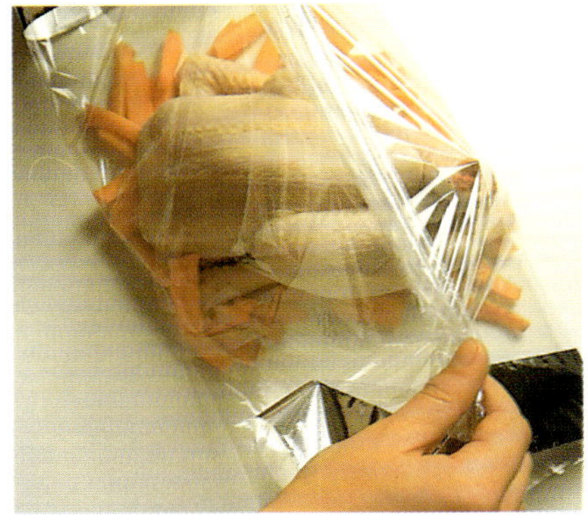

Introduzca la pularda preparada según la receta elegida y debidamente bridada en la bolsa de asar, junto con los ingredientes adicionales deseados. Cierre según las instrucciones del fabricante.

Asar

Las aves grandes se asan en el horno en un recipiente idóneo. Las muy grandes pueden asarse en la misma bandeja del horno, y si se trata de aves con mucha grasa, en la rejilla, colocando debajo un recipiente para recogerla cuando se derrita. Primeramente se colocan con la pechuga hacia abajo. Si no son muy grandes, se les da la vuelta cuando haya transcurrido la mitad del tiempo de cocción. Las grandes se colocan con la pechuga hacia abajo y se les da la vuelta en el último tercio del tiempo de cocción.

Dore las aves pequeñas y magras en el horno precalentado. Cubra los extremos de los muslos con papel de aluminio para que no se tuesten demasiado.

Guisar

No piense que los guisos son solamente un recurso para aprovechar ejemplares viejos o, simplemente, para salir de un apuro. En la mayor parte de los casos pueden conseguirse exquisitas especialidades que, además, ofrecen la ventaja de que conservan íntegramente su forma y su sabor y permiten combinarlos al gusto de cada uno con verduras, legumbres o cualquier otra guarnición.

Sofría primeramente el ave cortada en trozos a fuego vivo. Sazónela al gusto con cebolla, tocino, ajo y cualquier otro condimento que desee y verdura, si lo prefiere.

Cómo trinchar las aves

Lo primero que necesita es un cuchillo de cocina grande y bien afilado y un tenedor trinchante de dos dientes (en su defecto, podemos arreglarnos con una buena tijera de cocina). Como superficie base para trabajar lo mejor es una tabla grande de madera, a ser posible con un canal para recoger el jugo que pueda derramarse.

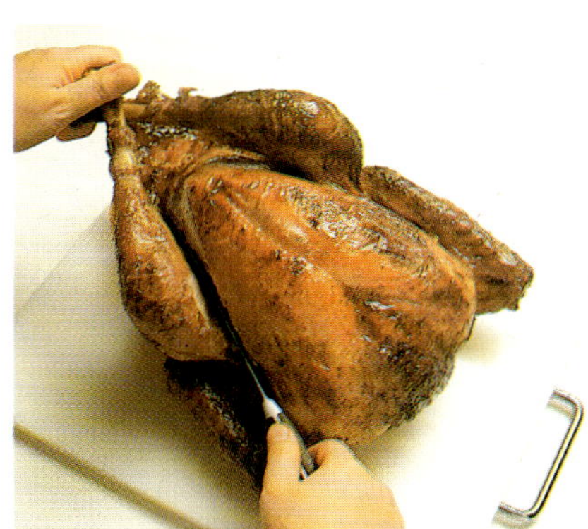

Corte primero los muslos y las alas con parte de la carne de alrededor.

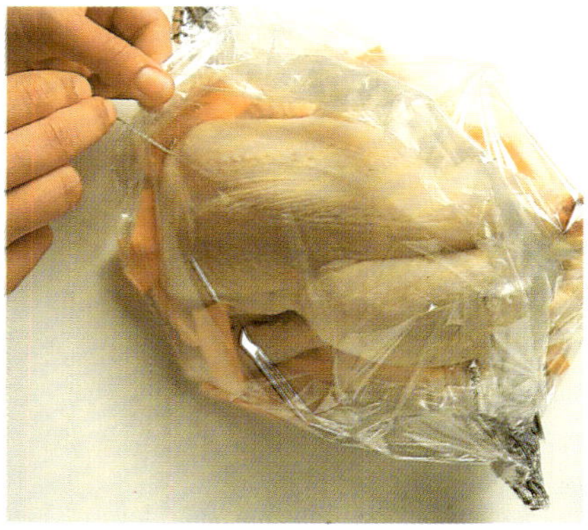

Coloque la bolsa sobre la rejilla fría del horno. Déle unos cuantos pinchazos con una aguja para que pueda escapar el vapor e introduzca la rejilla en el carril central del horno.

Trascurrido el tiempo previsto para el asado, corte una esquina de la bolsa, vierta el jugo en un recipiente y, si quiere, utilice para hacer una salsa. Apague el horno y deje en él el ave, dentro de la bolsa abierta, para que no se enfríe.

Ase las aves más bien grandes en la bandeja del horno. Una vez doradas, rocíelas repetidas veces con su propio jugo del asado, añadiéndole algo de líquido si fuera necesario.

Coloque las ocas grasas en la parrilla, y vierta en la bandeja inferior agua hirviendo para poder rociarlas con ella durante el tiempo de cocción.

Añada poco a poco agua bien caliente, caldo de gallina o de carne hasta que el nivel de líquido alcance unos 2 cm.

Según la receta elegida, añada la verdura o los ingredientes correspondientes, junto con un poco de líquido, y deje cocer tapado para que se haga a fuego medio.

Sujete el ave con un trinchante y corte la pechuga por ambos lados en lonchas oblicuas.

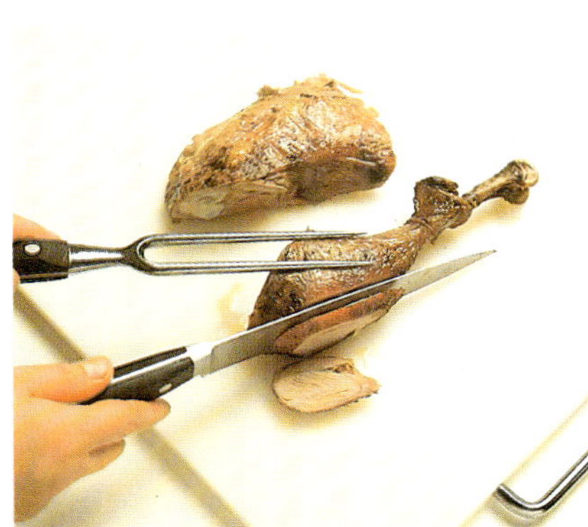

Separe las alas carnosas y los muslos y corte en lonchitas la parte superior de éstos.

Tiempos de cocción recomendados

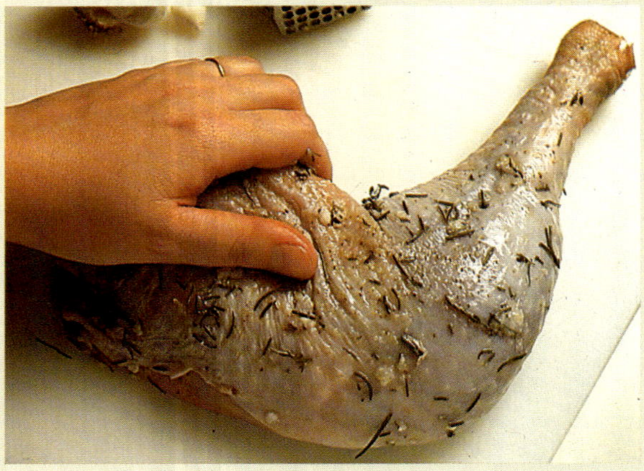

1) Antes de asar un ave sazónela y frote su carne con especias después de haberla lavado y secado. Pero antes de frotarla conviene darle un ligero masaje para que el aroma de las especias penetre mejor en el tejido.

2) Las aves grandes y grasas deben pincharse repetidas veces en la juntura de los muslos para que pueda salir la grasa por los orificios Esto puede hacerse simplemente con una aguja de hacer punto.

3) También las aves pequeñas o las troceadas que se cuezan al espetón o se asen, deben rociarse varias veces con el fondo del asado, no sólo porque de este modo se mejora su sabor, sino para evitar que la carne se reseque.

	Cocer	Escalfar	Guisar	Freír troceado
Pollitos tomateros 300-500 g	—	50 minutos	25-30 minutos	180° 5 minutos 160° 25 minutos (en total)
Pollo cebado 600-900 g	—	1½ horas	35-40 minutos	180° 6 minutos 160° 25 minutos (mitades)
Pollo de asar 1-1,4 kg	—	1½ horas	35-45 minutos	180° 8 minutos 160° 30 minutos (mitades)
Pularda 1,3-1,6 kg	1-1¾ horas	1½-2 horas	45 minutos	180° 10 minutos
Capón 1,5-2 kg	—	3 horas	1 hora	—
Gallina 1,7-2 kg	2½ horas	—	—	—
Pintada 800 g-1,2 kg	1 hora	1½ horas	35-45 minutos	180° 6 minutos
Pichón 300-400 g	1 hora	—	30-50 minutos	160° 25 minutos (en total)
Pato joven cebado 1,6-1,8 kg	—	—	50-70 minutos	—
Pato cebado 2-2,5 kg	—	—	60-80 minutos	—
Oca joven cebada 4 kg	—	—	1¼-1½ horas	—
Oca cebada 5-6 kg	—	—	1½-2 horas	—
Pavipollo 2-3 kg	—	—	—	—
Pavo 5 kg	—	—	—	—
Faisán 1 kg	1 hora	—	40-60 minutos	—
Perdiz 100-400 g	—	—	20-50 minutos	—
Codorniz 100-200 g	—	30-40 minutos	25-40 minutos	—
Pato silvestre 1-2 kg	2 horas	—	1-1½ horas	—

Las tablas de tiempos de cocción no deben tomarse al pie de la letra, como algo definitivo, ya que tanto el peso como el tamaño, la edad y la calidad del ave en cuestión influyen en la duración total del proceso. Una temperatura o un tiempo excesivos, más bien pueden perjudicar que beneficiar. También el funcionamiento de la propia cocina desempeña un papel importante. Lo mejor es probarla y conocer sus resultados. Según el tipo de cocina, puede ser más o menos conveniente comenzar o no la cocción a una temperatura elevada y cambiar posteriormente a otra más baja al final del proceso.

Asar	Horno eléctrico	Horno de convección	Horno a gas	
relleno	220° 20 minutos 30 minutos	190° 20 minutos 30 minutos	Posición 4-5 20 minutos 30 minutos	Pollitos tomateros 300-500 g
relleno	220° 35-40 minutos 45-55 minutos	190° 35-40 minutos 45-55 minutos	Posición 4-5 35-40 minutos 45-55 minutos	Pollo cebado 600-900 g
relleno	220° 40-50 minutos 50-60 minutos	190° 40-50 minutos 50-60 minutos	Posición 4-5 40-50 minutos 50-60 minutos	Pollo de asar 1-1,4 kg
relleno	200° 1 hora 1¼-1½ horas	170° 1 hora 1¼-1½ horas	Posición 3-4 1 hora 1¼-1½ horas	Pularda 1,3-1,6 kg
relleno	200° 1-1¼ horas 1¼-1½ horas	170° 1-1¼ horas 1¼-1½ horas	Posición 3-4 1-1¼ horas 1¼-1½ horas	Capón 1,5-2 kg
—	—	—	—	Gallina 1,7-2 kg
relleno	220° 30-45 minutos 45-60 minutos	190° 30-45 minutos 45-60 minutos	Posición 4-5 30-45 minutos 45-60 minutos	Pintada 800 g-1,2 kg
relleno	220° 20-30 minutos 30-45 minutos	190° 20-30 minutos 30-45 minutos	Posición 4-5 20-30 minutos 30-45 minutos	Pichón 300-400 g
relleno	220° 1-1½ horas 1¼-1¾ horas	170° 1-1½ horas 1¼-1¾ horas	Posición 3-4 1-1½ horas 1¼-1¾ horas	Pato joven cebado 1,6-1,8 kg
relleno	180° 2 horas 2½ horas	160° 2 horas 2½ horas	Posición 2 2 horas 2½ horas	Pato cebado 2-2,5 kg
relleno	180° 2½ horas 3 horas	160° 2½ horas 3 horas	Posición 2 2½ horas 3 horas	Oca joven cebada 4 kg
relleno	175° 3½ horas 4 horas	150° 3½ horas 4 horas	Posición 1-2 3½ horas 4 horas	Oca cebada 5-6 kg
relleno	180° 2½ horas 3 horas	160° 2½ horas 3 horas	Posición 2 2½ horas 3 horas	Pavipollo 2-3 g
relleno	175° 3 horas 3½ horas	150° 3 horas 3½ horas	Posición 1-2 3 horas 3½ horas	Pavo 5 kg
relleno	220° 30-40 minutos 45-60 minutos	190° 30-40 minutos 45-60 minutos	Posición 4-5 30-40 minutos 45-60 minutos	Faisán 1 kg
relleno	220° 35-45 minutos 45-50 minutos	190° 35-45 minutos 45-50 minutos	Posición 4-5 35-40 minutos 45-50 minutos	Perdiz 100-400 g
relleno	200° 20 minutos 30 minutos	190° 20 minutos 30 minutos	Posición 4-5 20 minutos 30 minutos	Codorniz 100-200 g
relleno	180° 1½ horas 1¾-2 horas	160° 1½ horas 1¾-2 horas	Posición 2 1½ horas 1¾-2 horas	Pato silvestre 1-2 kg

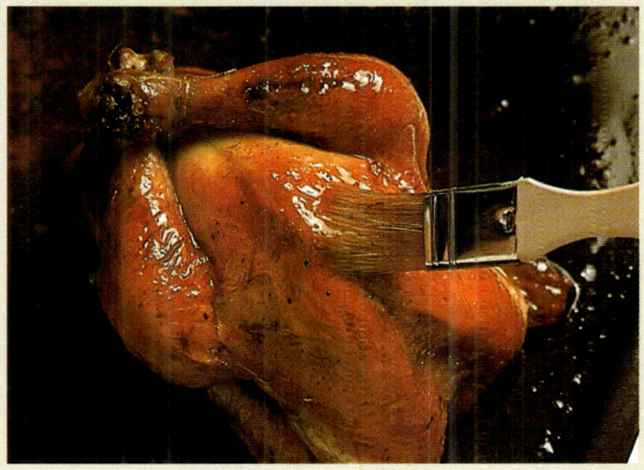

4) Según el tamaño del ave y la duración del tiempo de cocción, entre los 15 y 30 minutos antes del final es preciso rociarla con el adobo, agua salada o miel cerveza o vino. También puede aplicarse el adobo con un pincel. De este modo el ave quedará dorada y crujiente.

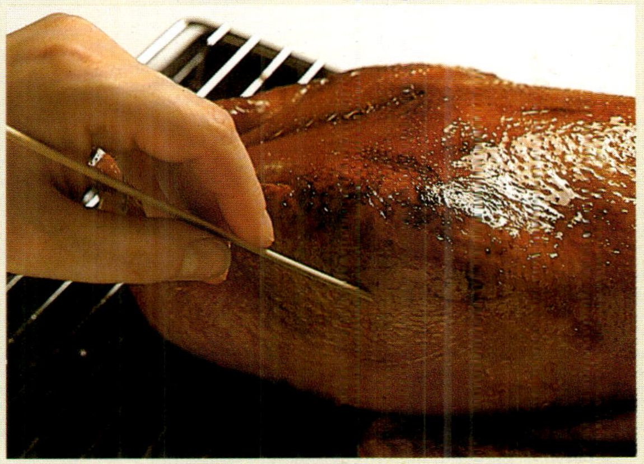

5) Transcurridas las dos terceras partes del tiempo de cocción recomendado, haga la prueba de cocción para evitar que el ave se haga demasiado. Para ello basta pincharla con una aguja y si el jugo que sale es incoloro, es decir, no presenta una tonalidad rosa, debe entender que ya está en su punto.

6) Antes de trinchar el ave desconecte el horno, sáquela del fondo de cocción, cúbrala con papel de aluminio y déjela reposar sobre la rejilla durante 10 minutos.

Sopas finas y sabrosos platos completos

Primeros platos para comidas festivas y platos principales ligeros

Consomés de ave hechos en casa

Los trozos de carne de los menudillos pueden aprovecharse para salsas y farsas.

Consomé de ave

A la derecha de la foto

- 1 kg de menudillos de gallina frescos o congelados
- 2 l de agua
- 2 cucharaditas de sal
- 1 puerro
- 2 zanahorias
- 2 tallos de apio
- 2 ramitas de perejil
- 1 cebolla
- ½ hoja de laurel
- 1 clavo
- 4 granos de pimienta blanca
- 4 yemas de huevo
- 2 cucharadas de cebollino picado

Económica
Receta famosa

Por persona, unos 1 700 kJ/ 400 kcal · 47 g de proteínas · 18 g de grasas · 16 g de hidratos de carbono

Tiempo de descongelación: 4 horas

Tiempo de preparación: 10 minutos
Tiempo de cocción: 2 horas

Descongele los menudillos si son congelados. El líquido que se forma durante la descongelación no debe utilizarse. Lávelos y póngalos en una cacerola con agua salada. Lleve a ebullición y espume varias veces durante los primeros 30 minutos. Deje cocer a fuego lento 1 hora más; el caldo debe reducirse a la mitad. • Lave y trocee la parte blanca del puerro; raspe las zanahorias, lávelas y córtelas en rodajitas. Lave las hierbas, pele la cebolla y pinche en ella el laurel y el clavo. • Transcurrida 1 hora de cocción, añada al caldo la verdura preparada y los granos de pimienta, tape y deje cocer otros 30 minutos. • Ponga las yemas en 4 platos soperos (o cuencos) y añada el consomé pasado a través de un tamiz fino. Si lo desea desgrasado, enfríelo y retire la grasa que se forme en la superficie, calentándolo a continuación. Luego viértalo sobre las yemas. Espolvoree con cebollino y sirva.

Nuestra sugerencia: Puede añadir al consomé el puerro y las zanahorias picadas.

Consomé con albóndigas de ave

A la izquierda de la foto

- 500 g de pechuga de ave
- 2 escalonias
- 1 cucharadita de sal
- 1 pizca de pimienta blanca
- 1 pizca de tomillo seco
- 10 cucharadas de biscotes rallados
- 1 cucharada de perejil picado
- 1 huevo
- 4 cucharadas de crema de leche
- 1 l de consomé de ave
- 300 g de guisantes congelados

Rápida • Fácil

Por persona, unos 1 600 kJ/ 380 kcal · 38 g de proteínas · 10 g de grasas · 31 g de hidratos de carbono

Tiempo de preparación: 30 minutos

Pase la carne por la picadora o por la máquina eléctrica. • Pele las escalonias, píquelas muy finas y mézclelas con la carne picada, la sal, la pimienta, el tomillo, los biscotes rallados, el perejil y el huevo, y añada tanta crema de leche como admita hasta conseguir una mezcla ligera. • Ponga a hervir el consomé con los guisantes, reduzca el calor y cueza lentamente. • Con ayuda de dos cucharillas húmedas, forme albóndigas con la masa y sumérjalas en el caldo, cociéndolas 10 minutos. • Sirva en seguida.

Crema de ave

Apropiada como primer plato para un menú festivo. Debe calcular el largo tiempo de cocción de la gallina.

1 kg de gallina
2 l de agua
2 cucharaditas de sal
3 puerros
1 zanahoria grande
3 tallos de apio
Unas ramitas de perejil
1 cebolla
½ hoja de laurel
2 clavos
4 granos de pimienta blanca
2 cucharadas de mantequilla
3 cucharadas de harina
2 yemas de huevo
⅛ l de crema de leche

Receta famosa
Elaborada

Por persona, unos 3 900 kJ/ 930 kcal · 54 g de proteínas · 70 g de grasas · 23 g de hidratos de carbono

Tiempo de preparación: 40 minutos
Tiempo de cocción: 2 horas

Lave la gallina interior y exteriormente y póngala a cocer con agua salada, a fuego muy lento. Espume varias veces durante los primeros 30 minutos. • En total debe cocer 2 horas y el caldo debe reducirse a la mitad. • Lave bien la parte blanca de los puerros. Raspe la zanahoria, lávela y córtela en rodajas. Asimismo, lave el apio y córtelo en rodajas. Lave el perejil. Pele la cebolla y pinche en ella el laurel y el clavo. • Al cabo de 1½ horas de cocción añada las verduras y los granos de pimienta, tape y deje cocer otros 30 minutos. Retire la gallina del caldo y corte la pechuga en lonchas, quitando antes la piel. • Cuele el caldo, déjelo enfriar y retire la grasa que se forme. Corte el puerro en trozos, derrita la mantequilla en una cacerola, sofría en ella la harina y añada 1 litro de caldo dejando cocer 10 minutos a fuego lento. • Añada a la sopa la carne y el puerro. • Deslía las yemas en la crema de leche y ligue la sopa con ello.

Sopas de gallina, picantes y suaves

La sopa apropiada para todos los gustos.

Sopa suave de gallina

A la izquierda de la foto

- 1 kg de gallina aproximadamente
- 1½ l de agua
- 1 ramillete de perejil
- 1 cucharadita de sal
- 500 g de manzanas ácidas
- 1 cucharadita de miel
- 1 cucharada de harina de avena
- ⅛ l de crema de leche agria
- 1 yema de huevo

Especialidad húngara

Por persona, unos 2 000 kJ/ 480 kcal · 54 g de proteínas · 22 g de grasas · 21 g de hidratos de carbono

Tiempo de preparación: 30 minutos
Tiempo de cocción: 1½ horas

Lave la gallina, córtela en 8 trozos y póngalos a cocer en el agua. Cueza a fuego muy lento y espume durante los primeros 30 minutos. • Lave, corte los tallos al perejil y resérvelo. • Añada a la sopa el perejil y la sal y cueza otros 50 minutos. • Pele las manzanas, sáqueles el corazón y córtelas en rodajas, luego póngalas a cocer con 4 cucharadas de agua y la miel. No deben quedar demasiado blandas. • Retire del caldo el perejil y la gallina, pélela y deshuésela, luego córtela en dados. Dore aparte la harina de avena, mézclela con la crema de leche agria y agréguela a la sopa, remueva y cueza 5 minutos a fuego lento. • Añada las manzanas y la carne a la sopa y recaliéntelas, luego retire el recipiente del fuego. • Deslía la yema en 2 cucharadas de sopa caliente y ligue la sopa. Sírvala con el perejil picado.

Nuestro consejo: Prepare la crema de leche agria añadiéndole unas gotas de zumo de limón.

Sopa picante de gallina

A la derecha de la foto

- 500 g de menudillos de gallina frescos o congelados
- 1½ l de agua
- 1 cucharadita de sal
- 1 ramillete de hierbas aromáticas
- 1 cebolla
- 200 g de filetes de pechuga de pollo
- 100 g de champiñones
- 1 cucharada de mantequilla
- 1 cucharada de curry en polvo
- 1 pizca de pimienta de Cayena
- Unas ramitas de cebollino

Fácil

Por persona, unos 1 100 kJ/ 260 kcal · 38 g de proteínas · 13 g de grasas · 2 g de hidratos de carbono

Tiempo de descongelación: 4 horas
Tiempo de preparación: 20 minutos
Tiempo de cocción: 1 hora

Descongele los menudillos si no son frescos y no utilice el líquido que se forma. • Lávelos bien y póngalos a cocer cubiertos de agua. Espume varias veces. • Pasados 30 minutos de cocción, añada la sal, el ramillete de hierbas y cueza otros 30 minutos a fuego lento. • Pele y pique la cebolla. Corte en tiras finas los filetes de pollo. Lave los champiñones y córtelos en rodajas. • Sofría la cebolla en la mantequilla, removiendo continuamente; añada las tiras de pollo hasta que estén cocidas. Fría también los champiñones durante 1 minuto y añada el curry y la pimienta. • Cuele el caldo y viértalo sobre la carne, manteniendo caliente la sopa. • No utilice los menudillos. Lave el cebollino, píquelo finamente y espolvoree con él la sopa antes de servirla.

Suaves cremas de gallina

Una con espárragos, la otra con manzanas y plátanos.

Crema de gallina con espárragos

A la derecha de la foto

- 1 ramillete de hierbas aromáticas
- 750 g de gallina
- 1¾ l de agua
- 1 hoja de laurel
- 5 granos de pimienta blanca
- 1 cucharadita de sal
- 400 g de espárragos verdes
- 150 g de guisantes
- 50 g de harina de trigo integral
- 1 dl de crema de leche
- 2 yemas de huevo
- 1 pizca de sal de hierbas
- El zumo de ½ limón
- 2 cucharadas de perifollo fresco.

Receta integral

Por persona, unos 2 050 kJ/ 490 kcal · 43 g de proteínas · 49 g de grasas · 12 g de hidratos de carbono

Tiempo de preparación: 1½ hora.

Tiempo de cocción: 1½ horas

Lave el ramillete de hierbas y píquelo finamente. • Lave la gallina y póngala a cocer cubierta de agua, con las hierbas picadas, el laurel y la pimienta en grano. Sale al gusto. Deje cocer 1½ horas a fuego lento. • Lave los espárragos y pele muy finamente el tallo. • Corte las yemas en trozos de unos 5 cm de largo y resérvelas. Corte el resto en trozos pequeños y añádalos al caldo en los 10 últimos minutos de cocción. • Cuele el caldo, mida 1 litro y llévelo a ebullición. Cueza 5 minutos los tallos de espárrago ya hechos, las yemas y los guisantes. Pele la gallina, deshuésela, corte la carne en trozos y añádalos a la sopa. • Deslía la harina en ¼ l de caldo frío y añada la mezcla a la sopa, dejándola cocer, removiendo, otros 5 minutos. Retírela del fuego. • Ligue la crema con las 2 yemas desleídas en la crema de leche. Sazónela con sal de hierbas, zumo de limón y perifollo picado.

Crema de gallina con plátanos

A la izquierda de la foto

- 500 g de menudillos de gallina frescos o congelados
- 1¼ l de agua
- 1 cucharadita de sal
- 1 ramillete de hierbas aromáticas
- 1 cebolla pequeña
- 4 cucharadas de mantequilla
- 2 cucharadas de harina
- 1 manzana ácida
- 2 plátanos
- 4 cucharadas de crema de leche
- 2 cucharaditas de zumo de limón
- 1 pizca de pimienta blanca
- 1 cucharada de almendras fileteadas

Económica • Fácil

Por persona, unos 1 600 kJ/ 380 kcal · 28 g de proteínas · 22 g de grasas · 21 g de hidratos de carbono

Tiempo de descongelación: 4 horas

Tiempo de preparación: 40 minutos

Tiempo de cocción: 1 hora

Descongele los menudillos en caso de que estén congelados, lávelos y póngalos a cocer en el agua. Espume varias veces. • Pasados 30 minutos, añada la sal y el ramillete, dejando cocer otros 30 minutos a fuego lento. • Cuele el caldo y deshuese la gallina. • Pique la cebolla y saltéela en la mantequilla, espolvoree con la harina, remueva y vierta el caldo; deje cocer la crema 10 minutos a fuego lento. • Pele la manzana y rállela fina. Pele los plátanos, aplaste uno de ellos y mézclelo con la crema de leche y la manzana rallada, añada la mezcla a la sopa y remueva. • Sazone con zumo de limón y pimienta. Sirva la crema adornada con rodajas de plátano y almendras tostadas y fileteadas.

Sopa de pavo y verduras

Se prepara con trozos de pavo o restos de pavo asado.

Ingredientes para 6 personas:
- 800 g de carne de pavo
- 2 cucharadas de aceite
- 2 l de agua hirviendo
- 1 cucharadita de sal
- 1 cebolla
- 1 ramillete de hierbas aromáticas
- 2 zanahorias
- 1 colinabo
- 150 g de judías verdes finas
- 150 g de guisantes frescos o congelados
- 150 g de coliflor en ramitos
- Unas ramitas de perifollo
- 1 pizca de pimienta blanca
- 1 cucharadita de salsa de soja

Elaborada

Por persona, unos 1 400 kJ/ 330 kcal · 31 g de proteínas · 18 g de grasas · 13 g de hidratos de carbono

Tiempo de preparación: 30 minutos
Tiempo de cocción: 1¼ horas

Lave la carne, séquela y dórela en aceite; luego déjela cocer en el agua salada. • Añada la cebolla pelada y el ramillete de hierbas. Deje cocer 1 hora. Espume durante los primeros 30 minutos. Deje la tapa entreabierta. • Raspe las zanahorias y córtelas en rodajas. Pele el colinabo y córtelo en dados. Lave las judías verdes y córtelas en trozos. • Retire del caldo la carne y la cebolla y cuélelo. Cueza en el caldo, durante 15 minutos, la verdura preparada, junto con los guisantes y la coliflor. • Corte la carne en lonchas y agréguelas al caldo. • Pique el perifollo. Sazone la sopa con sal, pimienta y salsa de soja y sírvala espolvoreada con el perifollo.

Sopa de pichón

Los pichones viejos deben guisarse o hervirse.

- 2 pichones limpios, de 400 g cada uno
- 1 cucharadita de sal
- 1½ l de agua
- 1 trozo de cáscara de limón
- 1 cebolla pequeña
- 2 puerros
- 1 trozo de apio nabo
- 1 ramita de tomillo
- 1 ramita de perejil
- 1 ramita de eneldo
- 2 yemas de huevo
- 5 cucharadas de crema de leche espesa
- 1 cucharada de puntas de eneldo fresco o perejil

Elaborada

Por persona, unos 1 800 kJ/ 430 kcal · 46 g de proteínas · 25 g de grasas · 9 g de hidratos de carbono

Tiempo de preparación: 40 minutos
Tiempo de cocción: 1 hora

Lave bien los pichones por dentro y por fuera y póngalos a cocer en el agua salada y la cáscara de limón durante 30 minutos a fuego muy lento; espume de vez en cuando. • Lave la cebolla sin pelarla, séquela, pártala por la mitad y tuéstela con el corte hacia abajo, bajo el grill o una sartén. Lave la parte blanca de los puerros y córtelos en juliana. Raspe el apio nabo, lávelo bajo el grifo y córtelo en dados. Lave las hierbas y forme con ellas un ramillete. Añada a la sopa las hortalizas y el ramillete, tape casi del todo y deje cocer otros 30 minutos a fuego lento, dejando reducir el caldo a la mitad. • Cuélelo. Retire la piel a los pichones y deshuéselos, corte la carne en tiras y échelas de nuevo al caldo. Deslía las yemas en la crema, agregue 3 cucharadas de caldo caliente y añada esta mezcla a la sopa. • Sírvala espolvoreada de eneldo o perejil.

Sopa de pato hojaldrada

Para esta sopa se necesitan cazuelitas refractarias individuales.

- 300 g de hojaldre congelado
- 250 g de pechuga de pato
- 1 cucharadita de aceite
- 1 pizca de sal y pimienta blanca recién molida
- 2 cebolletas
- 250 g de calabacines
- 100 g de champiñones
- ¾ l de caldo de gallina
- 150 g de carne de ternera picada
- 1 manojo de perifollo
- 4 cucharadas de crema de leche
- 1 yema de huevo

Muy elaborada

Por persona, unos 2 300 kJ/ 550 kcal · 25 g de proteínas · 36 g de grasas · 32 g de hidratos de carbono

Tiempo de preparación: 40 minutos
Tiempo de cocción: 15 minutos

Descongele el hojaldre y reserve lo sobrante. • Lave la pechuga, séquela, fríala por la parte de la piel, déle la vuelta y fríala otros 3 minutos, luego salpiméntela. • Lave las cebolletas y córtelas en rodajitas. Lave y seque los calabacines y córtelos en dados pequeños. Lave los champiñones y córtelos en rodajas. • Caliente el caldo. • Ponga en un cuenco la carne picada. Lave el perifollo, píquelo y mézclelo con la carne, 2 cucharadas de crema de leche y un poco de pimienta. Con una cucharilla, forme albondiguillas de la masa y déjelas reposar 10 minutos en el caldo caliente. • Corte la pechuga en tiras finas y repártalas en 4 cazuelitas, junto con las verduras. • Precaliente el horno a 220° C. • Corte unos discos de hojaldre, 2 cm más grande que el diámetro de las cazuelitas. • Bata la yema con el resto de la crema. • Vierta el caldo y las albóndigas en las cazuelitas y cúbralas con el hojaldre, pincelando con la yema batida. Hornee 15 minutos en la parte central hasta que la tapa de hojaldre se dore.

Sopas de ave polacas y húngaras

Sabrosas recetas para sopas de gallina y faisán.

Sopa de gallina Újházy

A la izquierda de la foto

- Unos 750 g de gallina
- 1 trozo grande de apio nabo
- 100 g de judías verdes
- 100 g de zanahorias
- 100 g de coliflor
- 1 cebolla grande
- 1 diente de ajo
- 1½ cucharaditas de sal
- 6 granos de pimienta negra
- 1 tomate
- 100 g de guisantes
- 50 g de fideos

Especialidad húngara

Por persona, unos 2 500 kJ/ 600 kcal · 41 g de proteínas · 39 g de grasas · 23 g de hidratos de carbono

Tiempo de preparación: 30 minutos
Tiempo de cocción: 1¼ horas

Lave bien la gallina, el apio nabo y las zanahorias, raspe, pele y corte la mitad en juliana. • Lave la coliflor y sepárela en ramitos. • Pele la cebolla y el ajo. • Ponga a cocer la gallina cubierta de agua y espume de vez en cuando. • Añada al caldo la sal, los granos de pimienta, la verdura preparada entera, la cebolla, el ajo y el tomate cuarteado. Deje cocer 1 hora. • Cueza aparte los guisantes, las judías verdes, la coliflor y la juliana de hortalizas durante 10 minutos en poca agua con sal y con el recipiente tapado. Luego escurra en un colador. • En ½ l de agua hirviendo cueza los fideos 3 minutos y escúrralos. Pele la gallina y deshuésela, luego córtela en trozos pequeños y repártalos en platos soperos, junto con los fideos y la verdura. Vierta por encima el caldo colado.

Sopa de faisán

A la derecha de la foto

- 1 faisán de 1 kg aproximadamente
- 1½ cucharaditas de sal
- 6 granos de pimienta negra
- 1 hoja de laurel
- 1½ l de agua
- 2 trozos de apio nabo
- 2 zanahorias
- 1 puerro
- 3 cucharadas de aceite de girasol
- 1 cucharada de harina de trigo integral
- ⅛ l de crema de leche
- Unas ramitas de perejil

Especialidad polaca

Por persona, unos 2.300 kJ/ 550 kcal · 55 g de proteínas · 35 g de grasas · 10 g de hidratos de carbono

Tiempo de preparación: 45 minutos
Tiempo de cocción: 1½ horas

Lave el faisán y póngalo a cocer con el agua, sal, pimienta en grano y el laurel, espumando el líquido de vez en cuando. • Deje cocer 1 hora a fuego lento con el recipiente destapado. • Raspe el apio nabo y las zanahorias y córtelos en rodajas finas. Lave el puerro y córtelo en rodajas finas. • Retire del caldo el faisán cocido y cuele el caldo. • Caliente el aceite y saltee las verduras, añada la harina, dórela y vierta luego el caldo poco a poco. Deje cocer 10 minutos. • Pele el faisán, deshuéselo y córtelo en trozos. • Añádalos a la sopa y caliéntelos. Agregue la crema de leche. • Sirva la sopa espolvoreada con el perejil picado.

Sopas de ave especiales

Una combinación caprichosa, pero exquisita, que merece la pena probar.

Sopa de pollo Sapporo

A la izquierda de la foto

- 500 g de filetes de pechuga de pollo
- 1 rábano blanco (unos 150 g)
- 1 zanahoria (unos 50 g)
- 200 g de patatas
- 1 puerro de 50 g (sólo la parte blanca)
- 200 g de judías verdes
- 2 cucharadas de grasa de coco o aceite vegetal
- 1 l de caldo de gallina
- 5 cucharadas de salsa de soja japonesa
- 2 cucharaditas de miel
- 1 pizca de sal
- 1 cucharadita de granos de pimienta verde
- 100 g de langostinos

Especialidad japonesa

Por persona, unos 1 110 kJ/ 260 kcal · 36 g de proteínas · 7 g de grasas · 16 g de hidratos de carbono

Tiempo de preparación: 45 minutos
Tiempo de cocción: 15 minutos

Lave los filetes, séquelos y córtelos en dados. • Pele el rábano, lávelo y córtelo en tiras finísimas. Pele la zanahoria y las patatas y córtelas, asimismo, en tiras muy finas. Prepare el puerro del mismo modo. • Lave y seque las judías verdes y córtelas al bies. • Caliente la grasa de coco, saltee los dados de pollo, añada la verdura y sofría todo junto, removiendo continuamente. • Agregue el caldo caliente, tape y deje cocer 15 minutos. Sazone con salsa de soja, miel, sal y pimienta verde. Finalmente, cueza los langostinos en la sopa.

Sopa de pintada con calabacines

A la derecha de la foto

- 1 pintada de 800 g aproximadamente
- 1 cucharadita de sal
- 1½ l de agua
- 1 cebolla
- ½ hoja de laurel
- 1 clavo
- 500 g de calabacines
- 1 manojo de berros silvestres o de huerta

Receta famosa
Fácil

Por persona, unos 1 300 kJ/ 310 kcal · 44 g de proteínas · 14 g de grasas · 9 g de hidratos de carbono

Tiempo de preparación: 30 minutos
Tiempo de cocción: 1 hora

Lave bien la pintada y póngala a cocer en una cacerola con agua y la sal. • Mientras tanto, pele la cebolla y pinche en ella el laurel y el clavo. • Espume el caldo los primeros 30 minutos, luego añada la cebolla y cueza 20 minutos más, dejando reducir el caldo a la mitad. • Lave los calabacines, séquelos y pártalos en trocitos. Lave los berros, séquelos, quítelos los tallos fuertes y corte las hojas en tiras, si son berros silvestres, o con unas tijeras si son de huerta, lave de nuevo y escurra. • Cueza los calabacines con la pintada durante 10 minutos. • Luego retire la pintada y la cebolla del caldo, dejando que siga cociendo hasta que la carne esté preparada. • Pele y deshuese la pintada, córtela en trozos y échelos en la sopa. • Sírvala espolvoreada con los berros.

Sopa Mulligatawny

Esta sopa, de nombre de difícil pronunciación, procede de la India.

100 g de arroz de grano largo
1¼ l de caldo de gallina
500 g de filetes de pechuga de pollo
1 zanahoria (100 g)
1 puerro (100 g)
2 cucharadas de grasa de coco o aceite vegetal
4 cucharadas de pasas de Corinto
1 manzana ácida
1 cucharada de curry en polvo
1 pizca de pimienta de Cayena
4 cucharadas de coco rallado

Especialidad • Económica

Por persona, unos 1 900 kJ/ 450 kcal · 33 g de proteínas · 19 g de grasas · 38 g de hidratos de carbono

Tiempo de preparación: 35 minutos

Lave el arroz, hasta que el agua salga clara. • Ponga a hervir el caldo y cueza en él el arroz, sin tapar, durante 20 minutos a fuego lento. • Corte la carne de pollo en dados pequeños, raspe la zanahoria, lávela y córtela en dados. Lave el puerro con agua tibia y córtelo en rodajas. • Caliente la grasa de coco o el aceite en una sartén grande y saltee primeramente los trocitos de pollo hasta que estén dorados; resérvelos. En la misma grasa sofría las verduras unos 5 minutos. Añada al arroz la carne frita y las verduras (sin grasa). • Cubra las pasas con agua caliente y déjelas reposar (cambie el agua varias veces); luego escúrralas. Pele la manzana, rállela y añádala a la sopa con las pasas. • Sazone con el curry y la pimienta de Cayena y sirva la sopa espolvoreada con el coco rallado.

Potajes de pollo y verduras

Las verduras y las aves se complementan de forma extraordinaria. Con ellas pueden prepararse excelentes platos ligeros y digestivos.

Potaje de arroz y pollo

A la izquierda de la foto

- 1½ l de agua
- 1 pollo de 1 kg
- 1 ramita de estragón, 1 de perejil, hojas de apio y tomillo
- 100 g de puerro (parte blanca)
- 2 escalonias
- 1 cucharadita de sal
- 500 g de guisantes
- 200 g de zanahorias
- 200 g de arroz de grano largo
- 1 pizca de pimienta de Cayena
- 2 cucharadas de perejil picado

Económica • Fácil

Por persona, unos 2 680 kJ/ 640 kcal · 65 g de proteínas · 18 g de grasas · 63 g de hidratos de carbono

Tiempo de preparación: 30 minutos

Tiempo de cocción: 1 hora y 20 minutos

Cueza el pollo en agua hirviendo 30 minutos, espumando el caldo de vez en cuando. • Lave las hierbas y forme un ramillete con ellas. Lave el puerro y córtelo en rodajas. Pele las escalonias y córtelas en octavos. • Pasados 30 minutos, añada al pollo las hierbas, el puerro, las escalonias y la sal, tape y cueza 30 minutos más. • Si los guisantes son frescos, sáquelos de las vainas. Raspe las zanahorias, lávelas y córtelas en trozos. Lave el arroz. • Saque el pollo del caldo y el ramito de hierbas. Agregue las verduras y el arroz y deje cocer 20 minutos con el recipiente tapado y a fuego lento. • Pele el pollo, deshuéselo y córtelo en trozos pequeños; añádalos al potaje, sazone con la pimienta de Cayena y sirva espolvoreado de perejil picado.

Potaje de verduras y pollo

A la derecha de la foto

- 1 pollo de 1 kg
- 1 cebolla
- 1 zanahoria (100 g)
- 2 puerros (200 g)
- 3 cucharadas de manteca derretida
- 1 cucharadita de sal
- 2 cucharaditas de pimentón dulce
- 1 pizca de pimienta blanca
- ¼ l de zumo de manzana sin azúcar
- 400 g de tomates
- 100 g de champiñones
- 2 cucharadas de cebollino picado

Fácil • Económica

Por persona, unos 2 200 kJ/ 520 kcal · 55 g de proteínas · 30 g de grasas · 15 g de hidratos de carbono

Tiempo de preparación: 1¼ horas

Lave el pollo y córtelo en 8 trozos. • Raspe las zanahorias, pele la cebolla y píquelas. Lave la parte blanca del puerro y córtelo en rodajas. • Caliente 2 cucharadas de manteca derretida en una cazuela grande y saltee los trozos de pollo 10 minutos hasta que estén bien dorados; resérvelos. • En la misma grasa sofría la cebolla y la zanahoria, añada el resto de la grasa y el puerro, prosiga la cocción y luego coloque los trozos de pollo sobre las verduras. Espolvoree con la sal, el pimentón y la pimienta, rocíe con el zumo de manzana, tape y deje cocer 35 minutos a fuego lento. • Pele los tomates y córtelos en trozos. • Lave los champiñones y córtelos en rodajas; añada ambos al potaje 10 minutos antes de finalizar la cocción. • Sirva el potaje espolvoreado con el cebollino picado.

Potaje de gallina con nabos

Esta receta demuestra que los nabos son mejores que su fama.

- 1 ramillete de hierbas para el caldo
- 1 gallina de 1,2 kg
- 1½ l de agua
- 2 cucharaditas de sal marina
- 5 granos de pimienta blanca
- 1 kg de colinabo o nabos
- 1 zanahoria grande
- 250 g de escalonias
- Unas ramitas de perejil
- 1 pizca de pimienta negra recién molida
- 1 pizca de sal marina

Receta integral
Económica

Por persona, unos 2 300 kJ/ 550 kcal · 66 g de proteínas · 21 g de grasas · 30 g de hidratos de carbono

Tiempo de preparación: 45 minutos
Tiempo de cocción: 1 hora y 25 minutos

Lave el ramillete de hierbas y píquelo. • Lave la gallina y póngala a cocer con la mitad de las hierbas, el agua, sal y pimienta, a fuego lento durante 1 hora; espume el caldo durante los primeros 30 minutos de cocción. Pele el colinabo, pártalo a lo largo en trozos, y estos trozos en lonchas muy finas (puede utilizar una mandolina). • Raspe la zanahoria, lávela y córtela en dados. Pele las escalonias y pártalas por la mitad. • Saque la gallina cocida del caldo y añada a éste el colinabo, la zanahoria, las hierbas restantes y las escalonias, dejándolo cocer 25 minutos. • Pele la gallina, deshuésela y córtela en trozos no muy pequeños. • Lave y pique el perejil. • Retire del fuego el potaje. Añádale la carne de ave y el perejil y rectifique la sal y la pimienta. • Sirva con pan de pueblo.

Potaje de ave con verduras variadas

Un plato invernal que sacia.

Ingredientes para 6 personas:

- 500 g de zanahorias
- ½ bulbo de apio (400 g)
- 400 g de puerro
- 1 cebolla
- 2 dientes de ajo
- 1 ramita de tomillo fresco
- 1 hoja de laurel
- 1 clavo
- 2 cucharaditas de sal marina
- 1½ l de agua
- 1 cucharadita de pimienta blanca en grano
- 1 gallina de 1,8 kg
- 2 bulbos de colinabo
- 400 g de calabacines
- 1 pizca de pimienta blanca

Elaborada

Por persona, unos 3 800 kJ/ 900 kcal · 62 g de proteínas · 62 g de grasas · 26 g de hidratos de carbono

Tiempo de preparación: 40 minutos
Tiempo de cocción: 2 horas y 10 minutos

Pele o raspe las zanahorias y el apio y lávelos junto con el puerro. Corte en trozos 2 zanahorias, el apio y el puerro. • Pique la cebolla y el ajo. Ponga a cocer la verdura preparada con agua, tomillo, laurel, clavo, sal y pimienta en grano. • Lave la gallina y añádala a la cacerola, espume los 30 primeros minutos. • Deje cocer a fuego lento 1½ horas más. • Limpie los puerros restantes, retirando las partes verdes que estén oscuras. Luego córtelos en rodajas. Corte en juliana el colinabo pelado, los calabacines y las zanahorias restantes. • Saque la gallina del potaje, cuele éste y póngalo de nuevo a hervir. Cueza en él la verdura durante 10 minutos. • Pele la gallina, deshuésela y córtela en trozos pequeños, añádalos al potaje y salpiméntelo.

Cazuelas de ave con tradición

Estas especialidades demuestran que lo sabroso puede ser, a su vez, económico.

Menudillos de oca agridulces

A la izquierda de la foto

- 250 g de frutas secas variadas
- 1 kg de menudillos de oca (alas, cuello, molleja y corazón)
- ¾ l de agua
- 1 cebolla
- 1 hoja de laurel
- 2 clavos
- 1 ramillete de hierbas para el caldo
- 1 cucharadita de sal
- 4 cucharadas de mantequilla
- 5 cucharadas de harina
- 2 cucharadas de vinagre
- 1 cucharada de azúcar
- 1 pizca de pimienta negra

Elaborada

Por persona, unos 3 100 kJ/ 740 kcal · 23 g de proteínas · 48 g de grasas · 57 g de hidratos de carbono

Tiempo de remojo: 12 horas
Tiempo de preparación: 25 minutos
Tiempo de cocción: 1½ horas

Cubra la fruta con agua y déjela remojar 12 horas. • Lave los menudillos, cuézalos en agua y espume el líquido de vez en cuando. • Pele la cebolla y pinche en ella el clavo y el laurel. Lave las hierbas y añádalas al caldo con la cebolla y la sal. Tape y deje cocer 1 hora a fuego lento. • Deje reducir el caldo un tercio. • Pasados 30 minutos, añada la fruta con el agua del remojo. • Cuele el caldo y mida ½ litro. Derrita la mantequilla en una cazuela, añada la harina, remueva, vierta el caldo y deje cocer 10 minutos a fuego lento. • Sazone esta salsa con vinagre, azúcar, sal y pimienta. Añada a la salsa la fruta, los menudillos y caliente.

Cazuela de gallina

A la derecha de la foto

Ingredientes para 6 personas:

- 1 gallina de 1,5 kg
- 2 l de agua
- 1½ cucharaditas de sal
- 1 ramillete de hierbas para el caldo
- 100 g de tocino ahumado
- 4 cebollas medianas
- 2 tomates
- 2 pimientos verdes
- 1 cucharada de aceite
- 2 cucharadas de pimentón dulce
- Sal y pimienta al gusto

Especialidad húngara

Por persona, unos 3 400 kJ/ 810 kcal · 50 g de proteínas · 63 g de grasas · 9 g de hidratos de carbono

Tiempo de preparación: 1 hora
Tiempo de cocción: 2 horas

Lave la gallina y los menudillos (reserve el hígado) y póngalos a cocer en una olla con el agua y la sal. Espume el caldo de vez en cuando. • Lave el ramillete de hierbas y añádalo a la cazuela; deje cocer 1½ horas. • Corte en dados el tocino y la cebolla. Pele los tomates y trocéelos. Retire las semillas de los pimientos y córtelos en tiras. • Cuele el caldo y mida ½ litro. Corte la gallina en 12 trozos y los menudillos en dados. • Caliente el aceite en una cazuela y fría el tocino. Dore, asimismo, los trozos de gallina. Sofría ligeramente la cebolla y los pimientos, añada el pimentón y el caldo y cueza 10 minutos más. • Pique el hígado reservado y añádalo a la cazuela, junto con los tomates, deje cocer lentamente 10 minutos. Salpimente y sirva.

Cazuelas de oca con verduras

Recetas apropiadas para utilizar restos de oca asada, pero también para la preparación de una oca pequeña.

Oca con col rizada

A la izquierda de la foto

Ingredientes para 8 personas:
- 20 g de tocino
- 3 zanahorias medianas
- 2 cebollas
- 1 kg de col rizada
- 1 oca cebada de 3 kg
- 1 cucharada de mantequilla
- 1/8 l de vino tinto con cuerpo
- 1 cucharadita de sal
- Pimienta negra al gusto
- 1 cucharada de tomate concentrado
- 1/8 l de caldo de gallina

Especialidad italiana

Por persona, unos 4 000 kJ/ 950 kcal · 44 g de proteínas · 81 g de grasas · 11 g de hidratos de carbono

Tiempo de preparación: 1 hora
Tiempo de cocción: 1½ horas

Corte el tocino en dados muy pequeños. Raspe las zanahorias y lávelas. • Pele las cebollas y córtelas en rodajas finas con las zanahorias. Lave la col y córtela en tiras finas. • Corte el ave en 16 trozos, lávelos y séquelos. • Precaliente el horno a 180° C. • Caliente la mantequilla en una cazuela de hierro y añada el tocino. Fría los trozos de oca hasta que estén dorados, añada las cebollas y zanahorias y sofríalas 10 minutos. Sacar los trozos de pechuga y resérvelos. • Añada el vino tinto, la col, sal y pimienta y cueza ligeramente. • Deslía el tomate en el caldo, rocíe con ello las verduras, tape y meta en la parte central del horno, deje cocer 1½ horas. • Pasada 1 hora, añada los trozos de pechuga.

Cazuela de oca con colinabo

A la derecha de la foto

- 1 carcasa de oca
- 600 g de carne asada de oca
- Un poco del jugo del asado
- 1/2 cucharaditas de sal
- 2 cebollas medianas
- 500 g de colinabo
- 250 g de patatas
- 250 g de zanahorias
- 50 g de manteca de oca o cerdo
- 1 cucharada de harina
- 1 cucharadita de sal
- 1 pizca de pimienta blanca recién molida
- 2 cucharadas de perejil fresco

Económica • Fácil

Por persona, unos 3 300 kJ/ 790 kcal · 28 g de proteínas · 59 g de grasas · 34 g de hidratos de carbono

Tiempo de preparación: 40 minutos
Tiempo de cocción: 50 minutos

Corte la carcasa en trozos con la tijera de aves. Pele la carne asada. Ponga a cocer la carcasa con la piel, el jugo del asado y el agua durante 30 minutos en un recipiente tapado. • Pele las cebollas y píquelas. Asimismo, pele el colinabo, las patatas y las zanahorias, luego lávelos y córtelos en dados. Corte en trozos la carne de oca. • Cuele el caldo. Caliente la manteca en una cazuela y sofría en ella la cebolla, añada la harina, remueva y vierta el caldo de oca poco a poco. Introduzca el colinabo en la cazuela, tape y cueza 20 minutos. • Añada los dados de patata, las zanahorias y la sal y deje cocer 20 minutos. Finalmente, caliente la carne con la verdura. • Sazone con pimienta y sirva espolvoreado el perejil picado.

Potaje de gallina con puerros

«Cock-a-Leekie» es una conocida especialidad escocesa.

- 1 cebolla grande
- 1 gallina pequeña (1 kg), con hígado y corazón
- 10 ciruelas pasas
- 6 cucharadas de cebada perlada
- 1 cucharadita de sal
- 1 pizca de pimienta negra recién molida
- 800 g de puerros
- Unas ramitas de perejil

Elaborada • Económica

Por persona, unos 2 300 kJ/ 550 kcal · 59 g de proteínas · 18 g de grasas · 44 g de hidratos de carbono

Tiempo de preparación: 40 minutos
Tiempo de cocción: 1½ horas

Pele y pique la cebolla. Lave la gallina y póngala a cocer con las ciruelas y el corazón casi cubierta de agua; espume el caldo varias veces. • Añada la cebolla picada, la cebada, sal y pimienta, tape y escalfe 1½ horas a fuego muy lento, es decir, por debajo del punto de ebullición. • Retire la parte verde de los puerros, corte la parte blanca a lo largo, lave bien, seque y corte en rodajas finas. • Al cabo de 1¼ horas añada el puerro y el hígado al potaje y deje cocer 15 minutos. • Ya cocida, saque la gallina del potaje, quítele la piel y huesos y córtela en tiras finas, así como el higadillo y el corazón. • Reduzca el potaje a un tercio (con la cazuela destapada). Meta de nuevo la carne en el potaje y salpimente abundamentemente. Sirva espolvoreado con perejil picado.

Waterzooi

Sopa de gallina a la flamenca, que puede prepararse también con pescado en lugar de pularda y ternera.

200 g de pecho de ternera
1¼ l de agua
2 cucharaditas de sal
6 granos de pimienta de Jamaica
6 granos de pimienta
1 pularda pequeña de 1,2 kg
200 g de puerros
200 g de zanahorias
100 g de apio
1 cebolla
2 cucharadas de mantequilla
2 cucharadas de harina
2 yemas de huevo
6 cucharadas de crema de leche
2 cucharaditas de zumo de limón

Especialidad belga
Fácil

Por persona, unos 2 900 kJ/ 690 kcal · 76 g de proteínas · 41 g de grasas · 16 g de hidratos de carbono

Tiempo de preparación: 40 minutos
Tiempo de cocción: 1½ horas

Lave la carne de ternera y póngala a cocer con el agua, sal y granos de pimienta; espume el caldo de vez en cuando y déjelo cocer 45 minutos a fuego lento. • Parta la pularda por la mitad, lávela bien, así como los menudillos, y añádala a la cazuela; deje cocer otros 45 minutos. • Prepare los puerros, las zanahorias y el apio, lávelos, ráspelos y córtelos en trozos. Pele la cebolla, pártala por la mitad y añádala a la sopa con la verdura preparada dejando que cueza 30 minutos. • Saque la carne y la pularda del caldo y cuélelo. Corte las zanahorias y el puerro en rodajas, y el apio en dados. Tire las mitades de cebolla. • Derrita la mantequilla en una cazuela, añada la harina, remueva, luego vierta el caldo y deje cocer unos minutos. • Pele la pularda, deshuésela y córtela en trozos. Añádalos a la sopa con las verduras (la carne de ternera y los menudillos pueden utilizarse para otro plato). • Deslía las yemas en la crema de leche y añádalas a la sopa, sazone con sal y zumo de limón.

Potaje de pollo con pasta

El pollo escalfado queda delicioso.

- 1 pollo de 1 kg
- 1½ l de agua
- 1 cucharadita de sal
- 3 granos de pimienta de Jamaica
- 3 granos de pimienta
- ½ hoja de laurel
- 1 ramillete de hierbas para el caldo
- 1 cebolla
- 2 dientes de ajo
- 250 g de berenjenas
- 250 g de calabacines
- 250 g de tomates pequeños
- 1 ramita de tomillo
- 1 cucharada de aceite
- 100 g de pasta para sopa

Elaborada

Por persona, unos 2 100 kJ/ 500 kcal · 58 g de proteínas · 20 g de grasas · 59 g de hidratos de carbono

Tiempo de preparación: 50 minutos
Tiempo de cocción: 1½ horas

Lave el pollo y los menudillos y póngalos a cocer con el agua, la sal, los granos de pimienta y el laurel. • Espume el caldo de vez en cuando, cociendo por debajo del punto de ebullición 1½ horas suavemente; el agua no debe apenas agitarse. • Lave el ramillete de hierbas, píquelo y añádalo al pollo cuando hayan pasado 30 minutos. • Pique la cebolla y los ajos. Lave las berenjenas y los calabacines y córtelos en dados. • Pele los tomates y córtelos en dados. Lave el tomillo. • Sofría la cebolla y el ajo picados en el aceite, añada las verduras y el tomillo y deje cocer 10 minutos a fuego lento. • Cuele el caldo y añada 1 taza a las verduras. Ponga a hervir el resto del caldo y cueza la pasta 5 minutos a fuego vivo. • Pele el pollo, deshuéselo, córtelo en trozos y añádalo a las verduras. Finalmente, agregue la pasta cocida con el resto del caldo.

Olla campesina

El caldo concentrado puede utilizarse como base para salsas.

- 800 g de muslos de pavo deshuesados
- 1 cebolla
- 1 hoja de laurel
- 2 clavos
- ½ a ¾ l de agua
- ½ cucharadita de sal
- 2 zanahorias
- 2 puerros
- 1 dl de crema de leche
- 2 cucharadas de raiforte rallado (fresco o en conserva)

Fácil

Por persona, unos 1 600 kJ/ 380 kcal · 46 g de proteínas · 16 g de grasas · 15 g de hidratos de carbono

Tiempo de preparación: 1 hora

Lave la carne y séquela. Pele la cebolla y pínchela con el laurel y los clavos. • Lleve a ebullición el agua, añada la sal, la cebolla y la carne y cuézala 45 minutos. Espume el caldo durante los primeros 20 minutos. • Raspe las zanahorias, lávelas y córtelas en rodajas. • Retire la parte verde de los puerros, córtelos por la mitad a lo largo, lávelos bien y córtelos en trozos de 2 cm. • Al cabo de 20 minutos de cocción añada la verdura preparada al caldo y cueza con la olla tapada. Bata ligeramente la crema de leche y mézclela con el raiforte. • Sirva la carne con la verdura en una sopera. Retire la cebolla. Sirva aparte la crema mezclada con el raiforte. Acompañe con pan de centeno preferentemente.

Paella

Todo un símbolo para españoles y extranjeros.

Ingredientes para 8 personas:
500 g de pollo aproximadamente
250 g de costillar de cerdo
1 cucharadita de sal
Pimienta negra recién molida
6 cucharadas de aceite de oliva
400 g de mejillones
100 g de cangrejos de mar
150 g de cigalas
150 g de gambas
300 g de arroz de grano redondo
1 cebolla
2 tomates maduros grandes
1 diente de ajo
Unas hebras de azafrán
50 g de guisantes desgranados
1 pimiento morrón en conserva

Elaborada

Por persona, unos 2 625 kJ/ 625 kcal · 51 g de proteínas · 31 g de grasas · 36 g de hidratos de carbono

Tiempo de preparación: 1½ horas

Lave bien el pollo, séquelo bien con papel de cocina y córtelo en 8 trozos, no emplee los menudillos. • Lave y corte el costillar de cerdo en trozos de 2 cm aproximadamente. • Sazone con sal y pimienta ambas carnes. Caliente en una paella 4 cucharadas de aceite y fría los trozos de pollo por ambos lados hasta dorarlos. Retírelos y resérvelos al calor. • Fría en la misma grasa el costillar de cerdo y cuando esté uniformemente dorado resérvelo con el pollo. • Lave y cepille bien los mejillones y los cangrejos, ponga los primeros en una cacerola, tápelos y déjelos cocer al vapor. Retíreles una valva en cuanto estén abiertos y filtre el líquido de cocción. • Mida este líquido y añádale agua hasta obtener 7 decilitros. • Lave las gambas y las cigalas. • Pique finamente la cebolla y el ajo y lave y ralle los tomates. Agregue el resto del aceite a la paella y sofría a fuego moderado el ajo y la cebolla 3 minutos, luego incorpore los tomates rallados y deje cocer 5 minutos más, removiendo de vez en cuando. Vierta el arroz, remuévalo durante 1 minuto y disponga por encima los trozos de pollo y costillar previamente dorados, sazone con sal y pimienta y vierta el líquido preparado anteriormente, en el que habrá desleído el azafrán. • Cuando el líquido hierva adorne con los guisantes y deje cocer 10 minutos a fuego vivo. • Tenga el horno precalentado a 200° C e introduzca en el mismo la paella, después de haberla adornado con los mejillones, los cangrejos, las cigalas, las gambas y el pimiento morrón cortado en trocitos. Deje cocer de 10 a 15 minutos sin remover, o hasta que el arroz esté seco y suelto. Sírvalo en seguida, si está seco, o déjelo reposar 2 minutos si está caldoso.

Nuestra sugerencia: Según la oferta del mercado, la paella puede prepararse de diferentes maneras, agregando más mariscos o sustituyendo éstos por carnes, como conejo o salchichas. También puede preparar la paella sólo con carnes o pescados. • Para obtener el máximo aroma del azafrán, tuéstelo 1 minuto en una sartén sin grasa y luego hiérvalo con el líquido del arroz.

Pollo guisado sureño

Pollo preparado al estilo del sur de los Estados Unidos, con judías y maíz.

- 1 pollo de 1,2 kg aproximadamente
- 2 cucharaditas de sal
- 1 cebolla
- 3 patatas medianas
- 400 g de tomates
- 200 g de judías blancas (pueden ser de lata)
- 200 g (½ lata) de maíz en grano
- Pimienta blanca recién molida
- 2 cucharadas de cebollino picado

Especialidad Elaborada

Por persona, unos 2 400 kJ/ 570 kcal · 67 g de proteínas · 22 g de grasas · 33 g de hidratos de carbono

Tiempo de preparación: 45 minutos
Tiempo de cocción: 1½ horas

Lave el pollo y córtelo en 8 trozos, luego póngalo en una cazuela cubierto de agua. • Añada los menudillos y deje cocer, destapado, 45 minutos a fuego muy lento. • Pele la cebolla y córtela en rodajas. Pele las patatas, córtelas en dados y añádalas, junto con la cebolla, 20 minutos antes de finalizar la cocción del pollo. • Escalde los tomates, pélelos, píquelos y añádalos a la cazuela con las judías escurridas, dejándolos cocer 10 minutos. • Pele el pollo, deshuéselo, córtelo en trozos y échelos de nuevo al caldo. Sazone con azúcar, pimienta y sal y caliente. Antes de servir, espolvoree con el cebollino.

Cazuela de pollo a la caucasiana

Una sabrosa especialidad con arroz y verduras, donde no debe faltar la crema agria.

1 pollo de 1 kg
½ cucharadita de sal
½ cucharadita de pimentón dulce
1 pizca de pimienta negra recién molida
4 cucharadas de aceite
1 cebolla pequeña • 1 zanahoria
200 g de apio • 150 g de pepino
150 g de calabaza (o, en su lugar, calabacines)
125 g de arroz
1 hoja de laurel
1 pizca de granos de hinojo
1 l de agua
1 pepinillo en vinagre
4 cucharadas de crema de leche agria

Especialidad rusa
Económica

Por persona, unos 2 400 kJ/ 570 kcal · 56 g de proteínas · 27 g de grasas · 36 g de hidratos de carbono

Tiempo de preparación: 30 minutos
Tiempo de cocción: 45 minutos

Lave el pollo, séquelo y córtelo en 4 trozos. • Mezcle la sal, el pimentón y la pimenta con 1 cucharada de aceite y pincele con esta mezcla los trozos de pollo; déjelos reposar 10 minutos. • Raspe y lave la zanahoria y el apio. Pele la cebolla el pepino y la calabaza. Corte toda la verdura en trozos de 3 cm. • Caliente el resto del aceite en una cazuela y sofría el pollo hasta que se dore, luego la verdura —menos el perejil y la calabaza— y sofríala también. • Lave el arroz y añádalo al pollo, junto con el laurel y el hinojo, vierta el agua, tape y deje cocer 30 minutos a fuego lento. • Precaliente el horno a 240°. Añada el pepino y la calabaza y mezcle bien. Introduzca la cazuela —sin tapar— en la parte central del horno y déjela 15 minutos. • Corte en dados el pepinillo en vinagre y mézclelo con la crema de leche agria. • Sirva en la misma cazuela y acompañe con la crema agria y el pepinillo.

Nuestra sugerencia: Prepare la crema de leche agria añadiéndole unas gotas de zumo de limón.

Pollo en cazuela de terracota

Una vieja receta de Lombardía.

- 500 g de tallos de apio
- 400 g de zanahorias
- 400 g de patatas pequeñas
- 1 pollo de 1,2 kg
- 1 cucharada de zumo de limón
- 1 cucharadita de sal
- ½ cucharadita de pimienta blanca recién molida
- 50 g de tocino en lonchas finas
- 5 cucharadas de vino blanco seco
- 1 ramita de romero fresco
- 2 hojas de salvia
- 1 cucharada de mantequilla

Especialidad italiana

Por persona, unos 2 700 kJ/ 640 kcal · 68 g de proteínas · 31 g de grasas · 30 g de hidratos de carbono

Tiempo de preparación: 25 minutos
Tiempo de cocción: 1½ horas

Sumerja en agua fría durante 20 minutos la cazuela de terracota y la tapadera. • Lave el apio, retire los hilos y córtelo en trozos de 3 cm. Raspe las zanahorias, lávelas y córtelas en rodajas. Pele las patatas, lávelas y córtelas en cuartos. • Corte el pollo en 8 trozos, lávelo, séquelo, rocíelo con zumo de limón y salpiméntelo. • Seque la cazuela del agua y cubra el fondo con las lonchas de tocino, disponga encima la mitad de la verdura, salpimente ligeramente y coloque los trozos de pollo. Luego ponga el resto de la verdura y salpimente. • Rocíe con el vino, coloque encima las hierbas y tape la cazuela. Coloque ésta en la parte inferior del horno frío. Prográmelo a 220° C y deje cocer 1½ horas. • Diez minutos antes de concluir el tiempo, destape la cazuela y añada unos copos de mantequilla.

Pollo con espárragos

Con patatas nuevas, constituye una comida ligera.

- 1½ kg de espárragos
- 2 l de agua
- 1 cucharadita de sal
- 500 g de filetes de pechuga de pollo
- 1 cucharada de manteca derretida
- 1 cucharada de mantequilla
- 1 cucharada colmada de harina
- ⅛ l de leche
- 1 pizca abundante de sal y pimienta blanca
- 1 yema de huevo
- 5 cucharadas de crema de leche
- 2 cucharadas de cebollino picado

Fácil

Por persona, unos 1 500 kJ/ 360 kcal · 30 g de proteínas · 17 g de grasas · 17 g de hidratos de carbono

Tiempo de preparación: 1 hora

Pele los espárragos. Ponga a hervir el agua y la sal y deje cocer los espárragos 15 minutos sin que queden muy blandos. • Lave y seque los filetes y córtelos en trozos de 3 cm; luego fríalos en la manteca unos 6 minutos. Sáquelos de la sartén. • Escurra los espárragos reservando una taza del caldo de cocción. • Derrita la mantequilla en una cazuela, añada la harina, remueva y vierta la leche y el caldo de los espárragos, mezcle siempre hasta obtener una salsa espesa. Salpiméntela y déjela cocer 10 minutos a fuego lento. • Corte los espárragos en trozos de 4 cm y añádalos a la salsa con los trozos de pollo. Bata la yema con la crema de leche y agregue a la salsa, retire la cazuela del fuego y espolvoree con el cebollino.

Especialidades regionales europeas

Soljanka y Garbure se llaman en su país estas sabrosas cazuelas de muslos de pollo u oca con verduras.

Cazuela a la bearnesa

A la izquierda de la foto

- 2 muslos de oca de 600 g cada uno
- 1 l de agua
- 1 cucharada de sal
- 1 cebolla
- ½ hoja de laurel
- 100 g de zanahoria
- 200 g de nabos
- 200 g de patatas
- 200 g de repollo y 200 g de judías verdes
- 150 g de judías blancas (pueden ser de lata)
- 2 ramitas de perifollo
- 1 rama de levístico
- 1 pizca de pimienta blanca
- 4 cucharadas de queso rallado
- 1 cucharada de perejil picado

Especialidad francesa

Por persona, unos 2 100 kJ/ 500 kcal · 71 g de proteínas · 13 g de grasas · 25 g de hidratos de carbono

Tiempo de preparación: 30 minutos
Tiempo de cocción: 1 hora y 50 minutos

Lave los muslos de oca y póngalos a cocer con el agua y la sal. Añada la cebolla pelada y el laurel. Cueza 20 minutos con la cazuela destapada; espume el líquido de vez en cuando, luego tape y deje cocer 1 hora más a fuego lento. • Raspe las zanahorias y los nabos, pele las patatas y córtelo todo en dados. Lave las hojas de repollo y trocéelas. • Añada a los muslos las verduras preparadas con las judías y las hierbas, tape y deje cocer 30 minutos más. • Deshuese los muslos, corte la carne en dados y agréguela a la cazuela junto con el queso, luego esparza por encima el perejil picado.

Cazuela de pollo y col

A la derecha de la foto

- 1 gallina pequeña de 1,2 kg
- 1 manojo de hierbas para el caldo · 1 cebolla
- 1½ l de agua
- 2 cucharadas de sal
- 2 granos de pimienta de Jamaica
- 600 g de repollo
- 2 pepinillos en salmuera
- ⅛ l de vino blanco seco
- Pimienta blanca recién molida
- 6 cucharadas de crema de leche
- 3 cucharadas puntas de eneldo

Especialidad rusa

Por persona, unos 2 300 kJ/ 550 kcal · 65 g de proteínas · 29 g de grasas · 11 g de hidratos de carbono

Tiempo de preparación: 30 minutos
Tiempo de cocción: 2 horas

Lave la gallina y los menudillos. • Lave y pique el manojo de hierbas. Pele la cebolla y pártala por la mitad. • Ponga a cocer la gallina en el agua con la sal y la pimienta, la cebolla y el manojo picado. Cueza destapado durante 30 minutos, espumando de vez en cuando. • Luego tape (no del todo) y deje cocer 1 hora más. • Lave el repollo y córtelo en juliana; asimismo, corte los pepinillos y agregue ambos a la gallina. • Pele la gallina, deshuésela y córtela en trozos. • Deje reducir el caldo destapado a la mitad. • Agregue la carne al caldo y sazone con el vino y la pimienta. Incorpore la crema de leche y espolvoree con el eneldo.

Arroz a la criolla

En el sur de los Estados Unidos este plato es conocido con el nombre de Jambalaya.

Ingredientes para 8 personas:
200 g de cuello de cerdo magro salado
1 pollo de 1,2 kg
1 cucharadita de sal
1 pizca de pimienta blanca
5 cucharadas de aceite
2 cebollas
1 diente de ajo
2 pimientos verdes y 1 rojo
2 tomates
¾ l de caldo caliente de gallina
250 g de arroz de grano largo.
Pimienta de Cayena
Unas hebras de azafrán
200 g de chorizo
200 g de jamón cocido desgrasado
200 g de carne de cangrejo o langosta cocida

Especialidad norteamericana

Por persona, unos 2 300 kJ/ 550 kcal · 49 g de proteínas · 35 g de grasas · 20 g de hidratos de carbono

Tiempo de preparación: 45 minutos
Tiempo de cocción: 55 minutos

Lave la carne de cerdo y el pollo, seque y corte el pollo en 8 trozos, corte la carne de cerdo en trocito de 2 cm. • Mezcle la sal, la pimienta y el aceite y rocíe con ello las carnes, tape y deje reposar 30 minutos. • Pele las cebollas y el ajo y píquelos. Corte los pimientos en trozos pequeños. Pele los tomates y córtelos en trozos. • Sofría la carne en una paella o cazuela grande, añada la cebolla, el ajo y el pimiento, vierta la mitad del caldo y deje cocer lentamente durante 30 minutos. • Luego añada los tomates, el arroz, el resto del caldo, la pimienta de Cayena y el azafrán y deje cocer otros 20 minutos más. • Corte el chorizo en rodajas y el jamón y el cangrejo o la langosta en tiras, póngalos encima del arroz y deje cocer 5 minutos más.

«Pot-au-feu»

Esta famosa especialidad francesa se prepara casi siempre con carne de vacuno. He aquí una deliciosa variación con ave.

1 pollo de 1,2 kg
¾ l de caldo de gallina
100 g de zanahorias
200 g de puerros
1 cebolla grande
500 g de chucrut
1 hoja de laurel
4 bayas de enebro
400 g de tomates
½ cucharadita de sal
1 pizca de pimienta negra recién molida

Especialidad francesa
Económica

Por persona, unos 2 100 kJ/ 500 kcal · 67 g de proteínas · 21 g de grasas · 17 g de hidratos de carbono

Tiempo de preparación: 35 minutos
Tiempo de cocción: 1 hora

Lave el pollo, el corazón y el hígado; séquelos ligeramente y corte el ave en 8 trozos. • Ponga a hervir el caldo de gallina, añada los trozos de pollo y el corazón y deje cocer con el recipiente destapado 30 minutos a fuego lento; espume el caldo de vez en cuando. • Raspe las zanahorias, lávelas y córtelas en dados. Corte los puerros (la parte blanca) en trozos de 5 cm y lávelos. Pele la cebolla y córtela en rodajas. Pique el chucrut y mézclelo con el laurel y el enebro. • Añada a la cazuela las verduras preparadas y el hígado, tape y deje cocer lentamente 30 minutos. • Escalde los tomates, pélelos y córtelos en trozos no muy pequeños. • Añádalos 10 minutos antes de concluir el tiempo de cocción y sazone con abundante sal y pimienta. • Sirva con pan blanco.

Muslos de pollo con lentejas

Una combinación poco corriente, pero sabrosa.

- 500 g de lentejas
- 1½ l de agua
- ¼ l de vino tinto
- 4 muslos de pollo de 200 g cada uno
- 2 cucharadas de caldo de gallina
- 1 hoja de laurel
- 1 trozo de guindilla
- 1 pizca de pimienta blanca recién molida
- ½ cucharadita de tomillo seco
- 1 cucharadita de albahaca seca
- 100 g de tocino ahumado
- 1 cucharada de aceite
- 2 cebollas
- 1 diente de ajo
- Sal, azúcar
- 2 cucharadas de perejil picado

Económica • Fácil

Por persona, unos 3 700 kJ/ 880 kcal · 74 g de proteínas · 26 g de grasas · 75 g de hidratos de carbono

Tiempo de preparación: 25 minutos
Tiempo de cocción: 45 minutos

Lave bien las lentejas y póngalas a cocer cubiertas con el agua y el vino. • Lave los muslos de pollo y añádalos a las lentejas junto con el caldo. Agregue también el laurel, la guindilla, la pimienta, el tomillo y la albahaca. Cueza tapado otros 45 minutos a fuego lento. • Corte el tocino en dados y fríalo en el aceite. Pele las cebollas, córtelas en rodajas y dóralas en la grasa del tocino. • Prense el ajo y añádalo a la cebolla. • Vierta todo sobre las lentejas. Sazone con sal y una pizca de azúcar y sirva el plato espolvoreado con el perejil.

Pilaf con hígado de pavo

Una variación del famoso pilaf de cordero.

- 250 g de arroz de grano largo
- ¾ l de agua
- 1 cucharadita de sal
- 500 g de hígado de pavo
- 1 cebolla grande
- 2 pimientos rojos
- 2 cucharadas de manteca derretida
- ⅛ l de caldo de verdura
- 4 cucharadas de vino blanco
- Sal y pimienta blanca al gusto
- 4 cucharadas de crema de leche
- 1 cucharada de perejil picado

Fácil

Por persona, unos 2 100 kJ/ 500 kcal · 34 g de proteínas · 16 g de grasas. · 58 g de hidratos de carbono

Tiempo de preparación: 45 minutos

Lave el arroz en un colador y déjelo cocer en el agua salada 20 minutos. • Lave el hígado, séquelo y córtelo en trozos de 2 cm. Pique la cebolla. Abra los pimientos por la mitad, retire las semillas y las membranas, lávelos y trocéelos. • Caliente 1 cucharada de manteca en una sartén, fría el hígado 4 minutos, sáquelo y resérvelo al calor. • Sofría la cebolla en el resto de la manteca, añada los pimientos y cueza otros 10 minutos más. Rocíe con el caldo de verdura, tape y deje cocer 10 minutos. • Añada el arroz, el vino y el hígado frito. Salpimente, vierta la crema de leche y sirva espolvoreado de perejil.

Guisos y fricasés

Famosas especialidades desde el Gallo al vino hasta el Pollo a la Szechuan

Pichones con salsa de chocolate

La salsa resulta exquisita preparada con caldo de ave hecho en casa.

2 dientes de ajo
4 pichones de 500 g cada uno
1 cucharadita de sal
Pimienta blanca recién molida
3 cucharadas de harina
4 cucharadas de aceite de oliva
4 cucharadas de vino
blanco seco
¼ l de caldo de gallina
200 g de escalonias
50 g de chocolate amargo

Especialidad española

Por persona, unos 2 200 kJ/ 520 kcal · 54 g de proteínas · 29 g de grasas · 17 g de hidratos de carbono

Tiempo de preparación: 40 minutos
Tiempo de cocción: 50 minutos

Pele los ajos y píquelos finamente. • Lave bien los pichones, séquelos y salpiméntelos por dentro y por fuera. Luego enharínelos y fríalos hasta que estén dorados uniformemente. Resérvelos. • En el mismo aceite fría el ajo. Añada la harina al aceite restante y rocíe con el vino y el caldo, remueva y deje cocer 5 minutos. Coloque los pichones sobre la salsa, tape el recipiente y deje cocer 50 minutos a fuego lento. • Pele y pique las escalonias y añádalas al cabo de 30 minutos. • Precaliente el horno a 100° C. • Una vez cocidos los pichones, póngalos en una fuente y manténgalos al calor en el horno. • Desgrase la salsa. • Ralle el chocolate y deslíalo en la salsa sin dejar de remover. Ésta no debe hervir más. Salpimente la salsa generosamente y sírvala con los pichones. • Como complemento puede servir arroz blanco, pan blanco de barra y una ensala mixta.

Gallo al vino

Una de las recetas más famosas de la cocina francesa.

1 gallo o pollo de 1,5 kg
½ cucharadita de sal
1 pizca de pimienta blanca
100 g de tocino ahumado
8 cebollitas pequeñas
1 diente de ajo · 2 zanahorias
1 trozo de apionabo
2 cucharadas de manteca derretida
1 hoja de laurel
1 ramita de tomillo
¾ l de vino tinto seco
150 g de champiñones
Unas ramitas de perejil
1 cucharadita de harina
2 cucharadas de coñac

Especialidad francesa

Por persona, unos 3 900 kJ/ 930 kcal · 83 g de proteínas · 47 g de grasas · 18 g de hidratos de carbono

Tiempo de preparación: 50 minutos
Tiempo de cocción: 50 minutos

Lave el gallo, séquelo, córtelo en 8 trozos y salpiméntelo. • Corte el tocino en dados. Pele las cebollas y el ajo y píquelos. Prepare las zanahorias y el perejil y córtelos en trocitos. • Caliente la manteca en una cazuela y dore el gallo y el tocino, luego añada las cebollas, el ajo y las verduras y sofría bien. • A continuación añada el laurel, el tomillo y el vino tinto y deje cocer el gallo durante 40 minutos. • Prepare los champiñones, lávelos y córtelos en dados. • Retire el gallo de la cazuela y manténgalo al calor. • Pase por el chino el fondo de cocción con las verduras. Añada los champiñones a esta salsa y déjela cocer 10 minutos a fuego muy suave. • Pique el perejil. • Ligue la salsa con la harina disuelta en frío y sazone con sal y coñac. Espolvoree con perejil picado. • Sirva con pan blanco.

Gallo al riesling

Como bebida se sirve el mismo vino.

1 gallo de 1,5 kg
150 g de escalonias
1 cucharadita de sal
2 dientes de ajo
½ ramillete de estragón fresco
80 g de mantequilla
½ cucharadita de pimienta blanca recién molida
2 cucharadas de perejil picado
½ l de Riesling alsaciano (vino blanco afrutado)
¼ l de caldo de ave
200 g de champiñones
½ cucharadita de harina
2 dl de crema de leche

Especialidad alsaciana

Por persona, unos 4 100 kJ/ 980 kcal · 81 g de proteínas · 62 g de grasas · 12 g de hidratos de carbono

Tiempo de preparación: 30 minutos
Tiempo de cocción: 35 minutos

Corte las alas al gallo. Pele las escalonias y córtelas en cuartos. Cueza 1 escalonia con las alas, un poco de sal y ¼ l de agua durante 20 minutos. • Lave el gallo, séquelo y córtelo en 8 trozos. Pele y pique el ajo. Lave el estragón y píquelo finamente. • Caliente la mitad de la mantequilla y dore en ella el gallo, añada sal y pimienta, las escalonias, el ajo, las hierbas, el vino, el caldo y deje cocer el gallo 25 minutos. • Lave los champiñones y córtelos en rodajas, espolvoréelos con harina y fríalos en el resto de la mantequilla. • Con la cazuela destapada, deje cocer el gallo 10 minutos más a fuego fuerte y reserve al calor. • Añada la crema de leche y los champiñones a la salsa, mezclándolos bien. Salpimente y rocíe con ello el ave.

Especialidades con pequeñas aves

Platos exquisitos orientales para los amantes de la cocina exótica.

Pichones rellenos de trigo

A la izquierda de la foto

4 pichones de 250 g cada uno
1 manojo de cebolletas
70 g de mantequilla
100 g de trigo molido grueso
½ cucharada de hojas de menta fresca, picadas
1 cucharadita de sal
½ cucharadita de pimienta blanca recién molida
¾ l de caldo de gallina

Especialidad egipcia

Por persona, unos 2 400 kJ/ 570 kcal · 55 g de proteínas · 32 g de grasas · 19 g de hidratos de carbono

Tiempo de preparación: 25 minutos
Tiempo de cocción: 30 minutos

Lave los pichones y los menudillos, séquelos y pique los menudillos. • Lave y pique las cebolletas; mézclelas con los menudillos y sofría la mezcla en 1 cucharada de mantequilla. • Añada el trigo y la menta picada y salpimente el relleno. • Sale el interior de los pichones y rellénelos con 2 cucharadas de farsa, luego cósalos con un bramante. • Precaliente el horno a 220° C. • Coloque los pichones en una fuente. Derrita el resto de la mantequilla y rocíe con ella los pichones. Vierta luego ½ l de caldo y deje dar un hervor sobre el fuego. • Luego meta en el horno 30 minutos, rociando los pichones de vez en cuando con su jugo. • Lleve a ebullición el resto del caldo y añádale el trigo sobrante, dejando cocer lentamente 30 minutos. Ponga en una fuente y coloque encima los pichones.

Codornices a la oriental

A la derecha de la foto

8 codornices de 100 g cada una
1 cucharadita de sal
½ cucharadita de pimienta blanca
8 lonchas de tocino ahumado (100 g)
4 cucharadas de aceite
60 g de pasas sultanas
3 cebollas medianas
4 granos de pimienta de Jamaica
1 dl de vino blanco dulce
1 diente de ajo
200 g de arroz de grano largo
¾ l de caldo de ave
1 pizca de azafrán en polvo

Especialidad libanesa
Muy elaborada

Por persona, unos 3 100 kJ/ 740 kcal · 49 g de proteínas · 38 g de grasas · 56 g de hidratos de carbono

Tiempo de preparación: 1½ horas
Tiempo de cocción: 20 minutos

Lave las codornices, séquelas y salpiméntelas; envuélvalas con el tocino y brídelas. • Dórelas en 2 cucharadas de aceite durante 10 minutos, sáquelas y manténgalas al calor. • Lave las pasas y escúrralas. Pele y pique las cebollas; sofría dos tercios en el aceite restante. Añada las pasas, los granos de pimienta, el vino blanco y la misma cantidad de agua, dé un hervor y sale al gusto. Deje cocer la salsa 20 minutos a fuego lento y pásela por el chino. • Deje cocer las codornices en esta salsa 20 minutos. Pele el ajo y píquelo; luego sofríalo con la cebolla restante. Añada el arroz lavado, el caldo de gallina y el azafrán y deje cocer 20 minutos a fuego lento. • Sirva las codornices con el arroz.

Finas variaciones con rollitos de pavo

Las partes magras del pavo ofrecen un sin fin de posibilidades para la preparación de platos ligeros.

Rollitos de pavo con queso crema

A la izquierda de la foto

- 2 zanahorias medianas
- 1 cebolla pequeña
- 3 cucharadas de manteca derretida
- 2 cucharadas de hierbas variadas picadas, como eneldo, perifollo, tomillo, perejil, melisa
- 100 g de queso crema fresco
- 1 yema de huevo
- 1 cucharada de mostaza
- Sal y pimienta
- 4 escalopes de pavo de 150 g cada uno
- ¼ l de caldo caliente de ave
- 4 cucharadas de vermut seco
- 2 cucharadas de crema de leche

Fácil

Por persona, unos 1 600 kJ/ 380 kcal · 39 g de proteínas · 22 g de grasas · 7 g de hidratos de carbono

Tiempo de preparación: 30 minutos
Tiempo de cocción: 20 minutos

Raspe las zanahorias, lávelas y córtelas en tiras finas. • Pele la cebolla y píquela. Sofría la cebolla y la zanahoria en 1 cucharadita de manteca durante 5 minutos, luego deje enfriar ligeramente. • Mezcle las finas hierbas con el queso crema, la yema, la mostaza, la sal y la pimienta. • Lave los escalopes, séquelos y esparza por encima la mezcla de queso y hierbas; luego reparta el sofrito por encima, enrolle los escalopes y sujételos con un palillo. • Caliente el resto de la manteca y fría los rollos. • Añada el caldo y el vermut, tape y deje cocer 20 minutos. • Agregue también la crema de leche al fondo de cocción y remueva. Sirva los rollitos con patatas al vapor y zanahorias espolvoreadas con perejil picado.

Rollitos de pavo con verduras

A la derecha de la foto

- 50 g de pasas
- 100 g de jamón serrano
- Unas ramitas de perejil
- 2 cucharadas de piñones
- 1 cucharada de alcaparras
- 4 escalopes de pavo de 150 g cada uno
- Sal y pimienta blanca recién molida · 1 cebolla
- 4 cucharadas de aceite de oliva
- 70 g de tomate concentrado
- ⅛ l de agua
- 2 dl de crema de leche
- 1 hoja de laurel
- 3 hojitas de romero
- 1 pizca de tomillo seco
- 1 pimiento rojo
- 1 pizca de azúcar

Fácil

Por persona, unos 2 400 kJ/ 570 kcal · 42 g de proteínas · 37 g de grasas · 16 g de hidratos de carbono

Tiempo de preparación: 45 minutos

Cubra las pasas con agua y escáldelas. • Corte el jamón en dados. Lave y pique el perejil. Escurra las pasas y mézclalas con el jamón, el perejil, los piñones y las alcaparras. • Lave los escalopes, séquelos y salpiméntelos. Cubra la carne con el relleno, enróllelas y sujételas con palillos. • Pele y pique la cebolla. • Caliente el aceite y fría los rollitos hasta que estén dorados. Incorpore también la cebolla y fríala. Añada el tomate concentrado, el agua, la crema de leche, el laurel y las hierbas. Deje cocer los rollitos 20 minutos. • Lave el pimiento y córtelo en tiras, añádalo a los rollitos, deje cocer otros 10 minutos y sazone con azúcar.

Sabrosas especialidades con pavo

La delicada carne de pato y los higadillos de pavo necesitan un tiempo de cocción muy breve, por lo que resultan ideales para preparar un exquisito plato en poco más de media hora.

Pavo guisado a la húngara

A la izquierda de la foto

- 500 g de pechuga de pavo
- 1 cebolla
- 250 g de champiñones
- 1 cucharada de zumo de limón
- 2 cucharadas de aceite
- 1 cucharada de mantequilla
- 1 dl de crema de leche
- 1 cucharadita de maicena
- 1 cucharadita de pimentón dulce
- ⅛ l de vino blanco seco
- ½ cucharadita de sal y pimienta blanca recién molida

Rápida • Fácil

Por persona, unos 1 400 kJ/ 330 kcal · 31 g de proteínas · 18 g de grasas · 7 g de hidratos de carbono

Tiempo de preparación: 30 minutos

Lave la carne, séquela y córtela en filetes finos. • Pele y pique la cebolla. Lave los champiñones, córtelos en rodajas y rocíelos con zumo de limón. • Caliente el aceite en una sartén grande. Fría la carne por ambos lados y resérvela. • Añada la mantequilla al aceite de la sartén, sofría la cebolla, añada los champiñones, tape y deje cocer 10 minutos. • Mezcle la crema fresca con la maicena y el pimentón; añada a la sartén los filetes de pechuga y la crema de leche, rocíe con el vino y deje cocer unos minutos a fuego lento. • Luego salpimente al guiso. Sírvalo con croquetas de patata o con pasta y una ensalada fresca.

Hígado de pavo con arroz y plátano

A la derecha de la foto

- 200 g de arroz de grano largo
- 2½ l de agua
- 1 cucharadita de sal
- 600 g de higadillos de pavo
- 1 cucharada de harina
- 100 g de escalonias
- 3 cucharadas de mantequilla
- 3 cucharadas de curry en polvo
- 50 g de almendras cortadas en tiras o fileteadas
- ⅛ l de crema de leche
- ⅛ l de caldo de ave
- 2 pizcas de pimienta blanca
- 2 plátanos pequeños
- 1 cucharadita de zumo de limón

Rápida • Fácil

Por persona, unos 2 700 kJ/ 640 kcal · 41 g de proteínas · 28 g de grasas · 60 g de hidratos de carbono

Tiempo de preparación: 35 minutos

Lave el arroz en un colador bajo el chorro del agua y déjelo cocer en el agua salada durante 20 minutos a fuego lento. • Lave los higadillos, séquelos con papel de cocina, córtelos en trozos regulares y enharínelos. • Pele las escalonias y píquelas, luego sofríalas en 2 cucharadas de mantequilla, añada el hígado y fríalo 5 minutos. Añada, asimismo, las almendras, 2 cucharadas de curry, la crema de leche y el caldo, deje cocer 5 minutos a fuego lento y salpimente. • Escurra el arroz en un colador. • Pele los plátanos, córtelos en rodajas y fríalas en la mantequilla restante hasta dorarlas. Mézclelas con el arroz y el curry restante y sazone con zumo de limón. Sirva el hígado con el arroz.

Higadillos de pollo con lentejas

Una comida sabrosa y llena de colorido.

- 1 l de agua
- 350 g de lentejas, preferentemente rojas
- 100 g de jamón serrano magro
- 500 g de higadillos de pollo
- Unas ramitas de perejil
- Unas ramitas de salvia
- 4 cucharadas de mantequilla
- 1 cucharada de aceite de oliva
- 3 cucharadas de caldo de gallina
- 1 cucharadita de sal
- 2 pizcas de pimienta negra

Económica

Por persona, unos 1 800 kJ/ 430 kcal · 38 g de proteínas · 25 g de grasas · 13 g de hidratos de carbono

Tiempo de preparación: 40 minutos

Deje cocer las lentejas en agua hirviendo durante 30 minutos si son rojas o 1 hora si son verdes; luego sálelas y escúrralas en un colador. • Corte el jamón en tiras finas. Lave los higadillos en agua fría, séquelos, retire las membranas y trocéelos. • Lave el perejil y la salvia y píquelos. • Caliente en una cazuela la mitad de la mantequilla y el aceite, fría el jamón y las hierbas sin dejar de remover. Añada el caldo, tape y deje cocer 5 minutos. • Caliente el resto de la mantequilla y fría en ella los higadillos 3 ó 4 minutos, removiéndolos, salpimente, mezcle con las lentejas y sirva en seguida. Acompañe con puré de patata o pan blanco de barra.

Nuestra sugerencia: Puede sustituir las lentejas por granos de maíz o guisantes, combinándolos del mismo modo con los higadillos de pollo.

Higadillos de pollo con salsa de yogur

Un plato económico y rico en proteínas.

- Perejil, albahaca y cebollino (unas ramitas de cada uno)
- 2½ yogures al natural (300 g)
- 4 cucharadas de crema de leche
- 1 cucharadita de zumo de limón
- 1 diente de ajo
- 1 pizca de sal, pimienta blanca y azúcar
- 500 g de higadillos de pollo
- 2 cebollas medianas
- 3 cucharadas de aceite
- 1 cucharada de harina
- ½ cucharadita de hierbas a la provenzal
- 1 pizca de sal
- 2 pizcas de pimienta negra recién molida

Rapida • Económica

Por persona, unos 1 400 kJ/ 330 kcal · 33 g de proteínas · 18 g de grasas · 12 g de hidratos de carbono

Tiempo de preparación: 35 minutos

Lave las hierbas, séquelas y píquelas. Mezcle el yogur con la crema de leche, el zumo de limón y las hierbas. Pique el ajo, espolvoréelo con sal, aplástelo y añádalo a la salsa de yogur. Sazone ésta con pimienta y azúcar. • Limpie los higadillos de grasa y membranas, lávelos y séquelos. • Pele las cebollas y córtelas en rodajas finas. Caliente 1 cucharada de aceite en una sartén y fría las rodajas de cebolla durante 5 minutos hasta que estén doradas, luego sáquelas de la sartén • Caliente en la sartén el resto del aceite, enharine los higadillos y fríalos, espolvoreándolos, finalmente, con las hierbas. Luego añada la cebolla, deje cocer 1 minuto más y salpimente. • Sirva con la salsa de yogur y patatas cocidas con su piel.

Corazones de pollo con verduras

Los corazones de pollo no contienen colesterol.

- 1 kg de corazones de pollo
- 1 cebolla
- 2 tallos de apio
- 250 g de zanahorias pequeñas
- 250 g de escalonias
- 250 g de patatas
- 4 cucharadas de aceite de oliva
- ⅛ l de vino blanco seco
- ¼ l de caldo de ave
- 2 pizcas de sal
- 1 pizca de pimienta negra recién molida
- Unas ramitas de perejil

Elaborada

Por persona, unos 2 200 kJ/ 520 kcal · 48 g de proteínas · 22 g de grasas · 31 g de hidratos de carbono

Tiempo de preparación: 1 hora
Tiempo de cocción: 15 minutos

Corte los corazones por la mitad y retire la grasa. Lávelos y séquelos. • Pele la cebolla y píquela groseramente; lave el apio y córtelo en trozos; raspe las zanahorias, lávelas y córtelas en rodajas; pele las escalonias y las patatas y córtelas en trocitos. • Caliente en una cacerola 3 cucharadas de aceite, sofría la cebolla, añada los corazones y dórelos ligeramente. Rocíe con el vino y sin dejar de remover, deje que éste se evapore. • Añada las verduras y el caldo, mezcle todo bien y salpimente. Tape y deje cocer 15 minutos hasta que los corazones estén tiernos. • Añada el resto del aceite y sirva espolvoreando con perejil picado.

Hígado de pavo con tomate

El hígado de pavo es rico en sustancias minerales.

- 2 cebollas grandes
- 3 tomates maduros
- 4 cucharadas de mantequilla
- 1 dl de vino blanco seco
- 500 g de hígado de pavo
- 1 cucharadita de harina
- ½ cucharadita de sal
- 2 ramitas de salvia
- 2 pizcas de pimienta negra recién molida

Económica • Rápida

Por persona, unos 1 300 kJ/ 310 kcal · 30 g de proteínas · 15 g de grasas · 12 g de hidratos de carbono

Tiempo de preparación: 40 minutos

Pele las cebollas y córtelas en rodajas. Escalde los tomates, pélelos y córtelos en octavos. • Fría en una sartén la cebolla en 2 cucharadas de mantequilla, rocíe con el vino, tape y deje cocer 5 minutos. • Añada los tomates y deje cocer, con el recipiente destapado, otros 5 minutos a fuego moderado hasta que espese la salsa. • Lave el hígado, séquelo, retire las pieles, córtelo en lonchas y enharínelas. • Lave y seque la salvia. Fría el hígado en sartén aparte hasta dorarlo ligeramente. Mézclelo con la salsa de tomate, salpiméntelo y sírvalo caliente adornado con la salvia. • Acompañe con patatas al vapor espolvoreadas con perejil picado.

Nuestra sugerencia: Si se alarga la salsa con caldo de ave, puede mezclar el hígado con arroz blanco hervido.

Higadillos con apio

Los higadillos de ave deben consumirse el mismo día que se compran.

- 750 g de higadillos de ave
- 1 cucharada de harina
- 3 cucharadas de aceite de oliva
- 1 cebolla
- 400 g de tomates pelados enlatados
- 2 tomates frescos
- 600 g de apio
- ½ cucharadita de sal
- 1 pizca de pimienta blanca recién molida
- 1 cucharadita de orégano seco
- 100 g de nueces peladas
- 1 dl de crema de leche
- Unas hojitas de toronjil

Fácil

Por persona, unos 2 800 kJ/ 670 kcal · 50 g de proteínas · 43 g de grasas · 22 g de hidratos de carbono

Tiempo de preparación: 1 hora

Lave los higadillos, séquelos y córtelos en trozos. Espolvoréelos con harina y fríalos en una sartén con el aceite hasta que se doren. • Sáquelos de la sartén y sofría en ella la cebolla picada. • Escurra los tomates en un colador y redúzcalos a puré. • Añada este puré a la cebolla y deje cocer unos minutos. Escalde los dos tomates frescos, pélelos y córtelos en octavos. • Lave el apio y córtelo en trozos de 2 cm; añádalo al puré de tomate junto con los trozos de tomate. Tape y deje cocer 15 minutos, luego sazone con sal, pimienta y orégano. • Lave las hojas de toronjil y séquelas. Trocee las nueces y añádalas al hígado con la crema de leche. Caliente el conjunto ligeramente y esparza por encima las hojas de toronjil. Acompañe con puré de patatas.

Exquisitos platos con pechuga de pollo

Deliciosos fricasés, cuyos condimentos recuerdan a la cocina asiática.

Pollo al curry

A la izquierda de la foto

- 500 g de filetes de pechuga de pollo
- ½ manojo de cebolletas
- 1 tomate grande
- ½ piña (unos 500 g)
- 2 cucharadas de manteca derretida
- 1 cucharadita de harina
- 2 cucharadas de curry en polvo
- ¼ l de caldo de ave
- 1 cucharadita de zumo de limón
- 1 pizca de sal

Rápida

Por persona, unos 1 100 kJ/ 260 kcal · 30 g de proteínas · 7 g de grasas · 21 g de hidratos de carbono

Tiempo de preparación: 30 minutos

Lave la carne, séquela y córtela en tiras de 1 cm. • Corte casi toda la parte verde de las cebolletas, lávelas y córtelas en rodajas, corte asimismo la parte blanca por la mitad o en cuartos. • Escalde el tomate, pélelo y córtelo en dados. • Corte la piña en rodajas, retirando la pare leñosa. Caliente la manteca y fría la carne, añada las cebolletas y el tomate y fría 1 minuto más. • Mezcle la harina con el curry y añádalo removiendo bien. Rocíe la preparación con el caldo, añada la piña y deje cocer 5 minutos a fuego muy lento. Sazone luego con sal y zumo de limón. Sirva con arroz blanco.

Fricasé con nueces

A la derecha de la foto

- 500 g de filetes de pechuga de pollo
- 3 cucharadas de salsa de soja
- 2 cucharadas de jerez seco
- ½ cucharadita de azúcar
- 1 pizca de sal
- 2 cucharadas de maicena
- 1 pimiento rojo
- 1 cebolla mediana
- 200 g de tallos de apio
- 5 cucharadas de aceite
- 100 g de nueces peladas
- ⅛ l de caldo de ave caliente

Rápida

Por persona, unos 1 800 kJ/ 430 kcal · 34 g de proteínas · 25 g de grasas · 14 g de hidratos de carbono

Tiempo de preparación: 35 minutos

Lave la carne, séquela y córtela en dados de 2 cm. Mezcle la salsa de soja con el jerez, el azúcar, la sal y la maicena y vierta sobre la carne. • Lave el pimiento, retírele las semillas y membranas y córtelo en tiras. Pele la cebolla, pártala por la mitad y córtela en tiras. Lave el apio, retire los hilos y córtelo también en tiras. • Dore las nueces en 1 cucharada de aceite y resérvelas. Añada a la sartén 1 cucharada de aceite y sofría primero el apio, luego la cebolla y el pimiento (cada verdura 1 minuto). Retire las verduras de la sartén. • Caliente en el recipiente el resto del aceite y fría la pechuga 3 minutos, dándole la vuelta de vez en cuando, baje el fuego y vierta el caldo. Caliente en el fricasé las verduras y las nueces. • Sirva con arroz.

Exquisitos fricasés

Los fricasés pueden prepararse con los más diversos ingredientes.

Fricasé suave de pularda

A la izquierda de la foto

- 1 pularda de 1,5 kg
- 1 hoja de laurel · 2 cebollas
- 1 cucharadita de sal
- 1 cucharadita de granos de pimienta
- 1 pizca de pimienta blanca
- 1 manojo de hierbas para el caldo
- 2 cucharadas de mantequilla
- ⅛ l de vino blanco seco
- ¼ l de crema de leche ligera
- 1 dl de crema de leche espesa
- 200 g de zanahorias
- 150 g de apio
- 1 bulbo pequeño de colinabo
- 1 puerro pequeño
- ½ cucharadita de estragón seco
- 1 cucharada de perejil picado

Elaborada

Por persona, unos 3 200 kJ/ 760 kcal · 58 g de proteínas · 49 g de grasas · 21 g de hidratos de carbono

Tiempo de preparación: 30 minutos
Tiempo de cocción: 1 hora

Separe de la pularda la pechuga y los muslos. Corte el resto en varios trozos y póngalos a cocer con el laurel, 1 cebolla pelada y lavada, sal, granos de pimienta y 1 l de agua aproximadamente. Deje cocer con el recipiente destapado durante 30 minutos a fuego lento; el caldo debe reducirse a ¼ l y luego colarlo. • La carne puede utilizarse para cualquier otro uso. Lave la pechuga y los muslos, séquelos, córtelos por la mitad y frótelos con la pimienta. • Lave el manojo y píquelo. Pele la otra cebolla y píquela finamente. Fría en la mantequilla los trozos de pularda, añada las hierbas y la cebolla y prosiga la cocción, rocíe con el caldo y el vino y deje cocer la pularda 30 minutos. Luego reduzca el caldo a la mitad. • Añada la crema de leche y vuelva a reducir a la mitad. • Prepare las zanahorias, el apio, el colinabo y el puerro, raspe o pele y corte en juliana y añada las hortalizas a la salsa con el estragón y el perejil. Deje reposar 3 minutos antes de servir.

Fricasé de pollo con mijo

A la derecha de la foto

- 1 kg de pollo
- 1 cucharadita de sal marina
- 1 hoja de laurel
- 5 granos de pimienta blanca
- 1 cucharada de hierbas para el caldo (secas)
- 1 zanahoria · 200 g de mijo
- 500 g de puerros
- 3 cucharadas de mantequilla
- 1 dl de crema de leche
- 2 cucharadas de perejil picado
- Zumo de ½ limón
- Sal y pimienta al gusto

Receta integral

Por persona, unos 2 900 kJ/ 690 kcal · 61 g de proteínas · 34 g de grasa · 46 g de hidratos de carbono

Tiempo de preparación: 30 minutos
Tiempo de cocción: 1 hora

Lave el pollo y déjelo cocer cubierto de agua con sal, laurel, granos de pimienta y las hierbas durante 1 hora. • Cuele el caldo y separe ¾ litro, utilice el resto para otro uso. • Raspe la zanahoria, córtela en dados y cuézala en el caldo junto con el mijo durante 30 minutos a fuego lento. • Lave los puerros, pártalos por la mitad, córtelos en tiras y déjelos cocer en la mantequilla 10 minutos. • Quite la piel al pollo, deshuéselo, córtelo en trozos de 4 cm y mézclelo con el mijo, los puerros, la crema y el perejil. Sazone finalmente, con zumo de limón, sal y pimienta.

Pollo Marengo

En la aldea italiana de Marengo le fue servido este pollo a Napoleón.

1 pollo de 1,2 kg aproximadamente
½ cucharadita de pimienta blanca recién molida
⅛ l de aceite de oliva
200 g de champiñones
El zumo de 1 limón
¼ l de caldo de ave
6 filetes de anchoa
2 dientes de ajo
Unas ramitas de perejil
2 ramitas de tomillo
½ hoja de laurel
400 g de tomates
12 aceitunas negras
2 huevos duros

Receta famosa
Elaborada

Por persona, unos 2 600 kJ/ 620 kcal · 63 g de proteínas · 41 g de grasas · 7 g de hidratos de carbono

Tiempo de preparación: 1 hora

Lave el pollo y los menudillos, corte el pollo en 8 trozos, séquelos y rocíelos con un poco de aceite y pimienta. • Lave los champiñones, córtelos en rodajas y rocíelos con el zumo de limón. • Caliente el caldo y trocee las anchoas. Pele y pique los ajos. Lave las hierbas, séquelas y haga un ramito con el laurel. • Dore el pollo en el aceite restante unos 10 minutos. Añada los champiñones, las anchoas, el ajo, las hierbas y el caldo caliente; deje cocer tapado 25 minutos. • Pele los tomates y córtelos en trozos no muy pequeños, añádalos al pollo, así como las aceitunas; deje cocer 5 minutos más. • Pique los huevos duros y espárzalos sobre el pollo antes de servirlo.

Pollo guisado con pimientos

La carne de pollo armoniza muy bien con los pimientos.

- 1 pollo de 1,2 kg aproximadamente
- 2 cebollas medianas
- 4 pimientos verdes
- 3 cucharadas de manteca derretida
- 6 cucharadas de caldo de ave
- ⅛ l de crema de leche agria
- 1 cucharada de pimentón dulce
- 1 cucharadita de sal
- 1 pizca de pimienta blanca recién molida
- 1 cucharada de perejil picado

Especialidad húngara
Económica

Por persona, unos 2 000 kJ/ 480 kcal · 55 g de proteínas · 28 g de grasas · 11 g de hidratos de carbono

Tiempo de preparación: 50 minutos

Lave el pollo y los menudillos (si los utiliza), séquelo y córtelo en 8 trozos. • Pele las cebollas y píquelas finamente. Corte los pimientos en tiras, retirando las semillas. • Caliente la manteca y sofría la cebolla picada sin dejar de remover. • Añada los trozos de pollo y déjelos cocer unos minutos, añada los pimientos y el caldo, tape y deje cocer 30 minutos a fuego lento. • Mientras, mezcle la crema de leche con el pimentón, la sal y la pimienta y añádala al pollo cuando hayan transcurrido 30 minutos. Deje cocer a fuego muy lento 5 minutos. Antes de servir esparza por encima el perejil. Como guarnición sirva arroz blanco.

Nuestra sugerencia: Puede preparar la crema de leche agria añadiendo a la normal unas gotas de zumo de limón.

Pollo a la bearnesa

Un plato sabroso que sacia.

- 1 pollo de 1,2 kg
- 1 panecillo del día anterior
- 150 g de jamón cocido sin grasa
- 1 diente de ajo
- 200 g de carne de cerdo picada
- 2 cucharadas de cebollino picado
- 1 l de agua
- 1 cucharadita de sal
- 1 ramita de tomillo fresco
- 2 ramitas de perejil
- 1 hoja de laurel
- 1 cebolla pequeña
- 2 zanahorias pequeñas
- 1 trozo pequeño de apio
- 2 puerros pequeños
- 400 g de col rizada
- 200 g de judías verdes

Especialidad francesa
Receta famosa

Por persona, unos 3 200 kJ/ 760 kcal · 70 g de proteínas · 47 g de grasas · 22 g de hidratos de carbono

Tiempo de preparación: 40 minutos
Tiempo de cocción: 1½ horas

Lave el pollo y los menudillos y séquelos. • Remoje el panecillo en agua fría. • Corte en trocitos el jamón y los menudillos. Pele el ajo, píquelo y mézclelo con el jamón, los menudillos, la carne picada, el cebollino y el panecillo bien exprimido. • Rellene con ello el pollo y cierre la abertura con unos palillos. • Ponga a hervir el agua con sal, las hierbas y el laurel. Deje cocer el pollo, tapado, durante 1 hora. • Pique la cebolla, limpie las zanahorias, apio y puerros y trocéelos. Corte la col en tiras finas. Parta las judías en trozos. Añada al pollo las verduras preparadas y deje cocer otros 30 minutos.

Pollo al romero

El aroma del romero le da un toque especial.

1 pollo de 1,2 kg
1 cucharadita de sal
2 cucharadas de manteca derretida
1/8 l de caldo caliente de ave
1 ramita de romero
1 manzana ácida
1 patata pequeña y harinosa
1/8 l de vino blanco seco
Sal y pimienta blanca al gusto

Económica • Fácil

Por persona, unos 1 800 kJ/ 430 kcal · 52 g de proteínas · 22 g de grasas · 8 g de hidratos de carbono

Tiempo de preparación: 1 hora

Lave bien el pollo y los menudillos, séquelos y corte el pollo en 8 trozos. Sálelo y fríalo en una cazuela con la manteca. Añada el caldo y el romero, así como el corazón y la molleja, tape y deje cocer 30 minutos a fuego lento. • Corte el hígado en trocitos; pele la manzana. Pele la patata y rállela, así como la manzana. Añada ambas al pollo, junto con el hígado picado, y vierta más caldo si fuese necesario. • Tape y deje cocer 10 minutos más. Salpimente y sirva acompañado con tallarines.

Muslos de pollo con verduras

Especialmente jugosos y sabrosos.

4 muslos de pollo de 200 g cada uno
1 cucharadita de sal
1 cucharada de pimentón dulce
2 cucharadas de manteca derretida
2 escalonias
200 g de puerros (parte blanca)
1/4 de coliflor
2 pimientos rojos
1/8 l de caldo de ave
2 cucharadas de jerez cream
2 cucharadas de cebollino picado

Económica • Fácil

Por persona, unos 1 300 kJ/ 310 kcal · 45 g de proteínas · 12 g de grasas · 9 g de hidratos de carbono

Tiempo de preparación: 20 minutos
Tiempo de cocción: 35 minutos

Lave los muslos de pollo, séquelos, sálelos, espolvoréelos con pimentón y dórelos ligeramente en una sartén con la manteca a fuego lento. • Precaliente el horno a 220° C; retire la parrilla. Pele las escalonias y córtelas en 8 trozos. Lave los puerros y córtelos en trozos de 3 cm. • Separe la coliflor en ramitos, lávelos y escúrralos. • Lave los pimientos y córtelos en trocitos. • Saque de la sartén los muslos ya dorados y póngalos en bolsas para asar individuales, junto con las verduras y el caldo. Cierre bien las bolsas y pinche la superficie varias veces con una aguja. Colóquelas en la parrilla y meta ésta en la parte central del horno durante 35 minutos. • Saque muslos y verduras de las bolsas y póngalos en una fuente. • Rocíe con el jerez, espolvoree con el cebollino picado y sirva el pollo acompañado de patatas al vapor.

Empanada de pollo

Una exquisita especialidad inglesa que puede elaborarse también con carne de gallina.

1 pollo de 1 kg · 1 l de agua
1 cucharadita de sal marina
250 g de harina de trigo integral
1 cucharadita de levadura en polvo
1 pizca de sal marina, curry en polvo y pimienta negra
175 g de mantequilla blanda
1 huevo · 1 cebolla
1 zanahoria
100 g de champiñones
1 cucharada de perejil picado
1 cucharadita de albahaca picada
½ cucharadita de sal marina
½ cucharadita de pimienta blanca
1 pizca de pimienta de Cayena
Para el molde: mantequilla
1 yema de huevo para pincelar la superficie

Receta integral

Por persona, unos 3 900 kJ/ 930 kcal · 64 g de proteínas · 58 g de grasas · 43 g de hidratos de carbono

Tiempo de preparación: 1½ horas
Tiempo de cocción: 25 minutos

Lave el pollo y cuézalo 1 hora cubierto con el agua salada. • Mezcle 200 g de harina con la levadura, la sal, el curry y la pimienta y amase con el huevo y 125 g de mantequilla. Deje reposar la masa. • Pele la cebolla, píquela y sofríala en el resto de la mantequilla. • Raspe la zanahoria y lávela con los champiñones, luego píquelos. • Fríalos con la cebolla unos minutos. • Saque el pollo del caldo, quítele la piel, deshuéselo y córtelo en trocitos de unos 2 cm. Mida ¼ l de caldo y el resto utilícelo para otro uso. • Mezcle la harina restante en el caldo y agréguelo a las verduras. Deje proseguir la cocción 5 minutos. Luego añada la carne, la sal, las hierbas y las especias. • Precaliente el horno a 200° C. Engrase el molde, enfóndelo con la mitad de la pasta extendida con un rodillo, cubra con la mezcla de pollo y verduras y tape con el resto de la pasta, pincele la superficie de la empanada con la yema y hornéela 25 minutos hasta que esté dorada.

Delicadas especialidades de los Estados Unidos

Sabrosas combinaciones de aves con crema, delicadas y muy apreciadas en América.

Pollo a la crema

A la izquierda de la foto

1 pollo de 1,2 kg
1½ l de agua
2 cucharaditas de sal
1 zanahoria grande
2 cebollas
2 puerros
3 ramas de apio
¼ l de crema de leche
2 cl de jerez cream
1 pizca abundante de sal
1-2 cucharaditas de curry en polvo
1 cucharadita de zumo de limón
4 rebanadas de pan blanco de 50 g cada una
4 cucharadas de mantequilla

Elaborada

Por persona, unos 3 600 kJ/ 860 kcal · 72 g de proteínas · 47 g de grasas · 44 g de hidratos de carbono

Tiempo de preparación: 30 minutos
Tiempo de cocción: 1½ horas

Lave el pollo y los menudillos y póngalos a cocer en el agua salada. Espume los primeros 20 minutos. Raspe la zanahoria, lávela y córtela en trozos. Pele las cebollas y córtelas en 8 trozos. Lave los puerros y el apio y córtelos en trozos grandes. • Añada las verduras al pollo y baje el fuego para que la preparación se escalfe muy lentamente 1 hora más. • Luego retire el pollo, pélelo, deshuéselo y córtelo en trozos regulares. • Ponga el pollo en una cacerola, cúbralo con la crema de leche y deje que hierva (destapado) hasta que la crema se reduzca ligeramente. Agregue el jerez, la sal, el curry y el zumo de limón y, si fuese necesario, un poco de caldo. • Fría las rebanadas de pan en mantequilla por ambos lados y prepárelas en cuatro platos. Coloque encima el pollo y sírvalo.

Pollo a la King

A la derecha de la foto.

200 g de champiñones pequeños
600 g de pechuga de pollo
1 pimiento rojo
2 cucharadas de mantequilla
1 dl de crema de leche
2 cucharadas de harina de trigo integral
⅛ l de caldo de ave
1 cucharadita de sal de apio
1 pizca de pimienta blanca recién molida
El zumo de ½ limón
1 cucharada de perejil picado

Receta integral
Rápida

Por persona, unos 1 300 kJ/ 310 kcal · 37 g de proteínas · 14 g de grasas · 7 g de hidratos de carbono

Tiempo de preparación: 35 minutos

Lave los champiñones y córteles los pies. • Lave las pechugas, quíteles la piel y los huesos y córtelas en tiras de 1 cm de ancho. • Corte el pimiento por la mitad y retire las semillas; luego blanquéelo 5 minutos en agua hirviendo salada, escúrralo y córtelo en trocitos. • Fría los champiñones y la carne en la mantequilla derretida, removiendo continuamente durante 5 minutos. • Bata la crema de leche con la harina y el caldo y añada la mezcla a la carne junto con los trozos de pimiento. Remueva y deje cocer 5 minutos más a fuego lento, añadiendo, si lo desea, algo más de caldo para conseguir una salsa ligeramente espesa. • Retire el recipiente del fuego. Sazone con la sal de apio, pimienta y zumo de limón y sirva espolvoreado con perejil.

Cremosas especialidades de pollo y pavo

Dos finas variaciones con aves.

Pollo a la circasiana

A la izquierda de la foto.

1 pollo joven cebado de 1,2 kg aproximadamente
1 cucharadita de sal
1 manojo de hierbas para el caldo
1 cebolla
1 hoja de laurel · 1 clavo
½ panecillo de la vigilia
1 cebollita pequeña
150 g de nueces peladas
2 cucharaditas de aceite
1 cucharadita de sal
1 cucharada de perejil picado
2 cucharadas de crema de leche espesa

Especialidad rusa
Elaborada

Por persona, unos 3 150 kJ/ 750 kcal · 71 g de proteínas · 55 g de grasas · 21 g de hidratos de carbono

Tiempo de preparación: 40 minutos
Tiempo de cocción: 1½ horas

Lave el pollo y los menudillos y póngalos a cocer cubiertos de agua salada. Espume el líquido a menudo durante los primeros 30 minutos. Deje escalfar el pollo muy lentamente. • Lave las hierbas y píquelas groseramente. Pele la cebolla, córtela en cuartos y clave en uno de ellos el laurel y el clavo. • Pasados 30 minutos, añada la verdura al pollo y deje cocer 1 hora más. • Remoje el panecillo en agua fría. Pele y pique la cebolla. Muela dos tercios de las nueces y pique groseramente el resto. Caliente el aceite y dore ligeramente la cebolla, añada las nueces molidas y sofría brevemente. Exprima bien el panecillo y añádalo a la mezcla de cebolla y nuez; incorpore también la sal, el perejil, las nueces picadas y la crema de leche. Remueva todo bien hasta obtener una crema. • Retire el pollo del caldo, quítele la piel y los huesos, córtelo en trozos y manténgalo al calor. • Cuele el caldo y deje que hierva con el recipiente destapado para que se reduzca. Añádale ¼ l a la crema de nueces e incorpore la carne a la salsa • Sirva con arroz blanco.

Pavo fileteado

A la derecha de la foto

Ingredientes para 6 personas:
1 kg de filetes de pavo
1 cucharada de harina
1 cebolla
2 cucharadas de aceite de semillas
⅛ l de caldo de gallina
1 ramillete de finas hierbas variadas, como perifollo, estragón y perejil
1 cucharadita de curry en polvo
1,5 dl de crema de leche espesa
1 cucharada de alcaparras pequeñas
2 pizcas de sal y pimienta blanca

Rápida

Por persona, unos 1 300 kJ/ 310 kcal · 39 g de proteínas · 14 g de grasas · 4 g de hidratos de carbono

Tiempo de preparación: 25 minutos

Lave y seque la carne, córtela en tiras finas y enharínelas. • Pele y pique la cebolla. Fría la carne a fuego vivo en una sartén con el aceite, añada la cebolla y vierta poco a poco el caldo. Deje cocer 5 minutos. • Lave y pique las hierbas. • Mezcle el curry con la crema de leche y añada a la carne, junto con las alcaparras y las finas hierbas. Salpimente al gusto. • Sirva con tallarines salteados en mantequilla y una ensalada mixta

Sabrosos platos con pollo

También con pollo pueden prepararse platos completos.

Pollo a la vasca

A la izquierda de la foto

- 1 kg de pollo aproximadamente
- 800 g de tomates
- 2 pimientos verdes
- 2 cebollas · 3 dientes de ajo
- 5 cucharadas de aceite de oliva
- ½ taza de caldo caliente de ave
- 1 cucharadita de sal
- 2 pizcas de pimienta negra recién molida
- 250 g de arroz
- ½ cucharadita de sal
- 1 cucharada de pimentón dulce

Especialidad española
Elaborada

Por persona, unos 2 900 kJ/ 690 kcal · 60 g de proteínas · 28 g de grasas · 69 g de hidratos de carbono
Tiempo de preparación: 1 hora

Lave el pollo y los menudillos y séquelos, luego córtelo en 8 trozos. • Pele los tomates y córtelos en cuartos. • Prepare los pimientos y córtelos en tiras. • Pique las cebollas y los ajos. • Caliente 5 cucharadas de aceite en un sartén y dore los trozos de pollo, añada la cebolla y el ajo picados y sofríalos sin dejar de remover. • Luego añada los tomates, los pimientos, la sal y la pimienta, tape y deje cocer 30 minutos a fuego lento. • Retire el pollo y resérvelo. • Lave el arroz y escúrralo, luego agréguelo a la sartén con los pimientos y remueva. • Añádale el doble de su volumen de agua mezclada con el caldo, sale, agregue el pollo y deje cocer 20 minutos a fuego lento. Añada el pimentón y remueva. Una vez cocido, sirva enseguida.

Pollo con salsa de cacahuetes

A la derecha de la foto

- 1 pollo de 1 kg
- 1 cucharadita de sal marina
- ½ cucharadita de pimienta blanca recién molida
- 1 cucharada de mantequilla
- 100 g de zanahorias
- 100 g de cacahuetes pelados
- 2 cucharadas de harina de trigo integral
- ½ cucharadita de cúrcuma en polvo
- ¼ l de agua caliente
- 2 cucharadas de perejil picado

Receta integral
Económica

Por persona, unos 2 300 kJ/ 550 kcal · 59 g de proteínas · 31 g de grasas · 11 g de hidratos de carbono
Tiempo de preparación: 50 minutos

Corte el pollo en 4 trozos, lávelo, séquelo y salpiméntelo. • Fríalo en la mantequilla, tápelo y déjelo cocer a fuego lento 40 minutos, dándole la vuelta una vez. • Lave las zanahorias, ráspelas y córtelas en dados. • Muela groseramente los cacahuetes y espolvoree el pollo con éstos y la harina. Dé la vuelta a los muslos, prosiga la cocción unos minutos y añada la zanahoria picada, la cúrcuma y el agua. Deje cocer 10 minutos más a fuego lento hasta que la salsa espese. • Rectifique la salsa con sal y pimienta y espolvoree el pollo con el perejil picado. • Sirva con croquetas de patata.

Pollo escalfado

Escalfar es cocer un alimento lentamente, por debajo del punto de ebullición.

Ingredientes para 6 personas:
2 pollos cebados de 800 g cada uno
2 cucharaditas de sal
1 manojo de hierbas para el caldo
4 cebollas pequeñas
1 hoja de laurel
1 clavo
4 zanahorias medianas
4 puerros
4 patatas pequeñas
Unas ramitas de perejil
1 tallo de apio
1 ramita de tomillo

Elaborada

Por persona, unos 2 000 kJ/ 480 kcal · 59 g de proteínas · 19 g de grasas · 23 g de hidratos de carbono
Tiempo de preparación: 30 minutos
Tiempo de cocción: 1½ horas

Lave los pollos y los menudillos, sálelos y póngalos en una cazuela grande o una olla. • Lave las hierbas, pele 1 cebolla, pínchela con el clavo y el laurel y añádala al recipiente. Vierta agua hirviendo hasta que los pollos queden cubiertos. Deje cocer por debajo del punto de ebullición espumando el caldo los 30 primeros minutos. Reduzca el calor para que el líquido se agite lentamente. manteniéndolo así otra hora más. • Pele las cebollas restantes, raspe las zanahorias y córtelas en cuatro trozos a lo largo y lávelas. Cuartee la parte blanca de los puerros y lávelos bien. Pele las patatas, lávelas y córtelas por la mitad. • Lave las hierbas y forme un ramito. Al cabo de 1 hora añada las verduras y las hierbas al caldo, tape y escalfe 30 minutos más. • Saque los pollos del caldo, trocéelos y sírvalos con la verdura. • Cuele el caldo y sírvalo de primer plato.

Pollo a la boliviana

Existen numerosas formas de preparar el pollo al estilo del país.

- 1 pollo de 1,5 kg
- 2 dientes de ajo
- 3 cebollas grandes
- 4 cucharadas de aceite de oliva
- ½ l de caldo de carne muy caliente
- 1 cucharadita de sal
- 1 pizca de pimienta negra recién molida
- 1 cucharadita de pimentón picante
- 400 g de tomates
- 1 pimiento rojo
- ½ cucharadita de orégano
- 1 cucharadita de comino
- 5 cucharadas de pan rallado
- 2 huevos duros
- 20 aceitunas verdes

Especialidad • Fácil

Por persona, unos 3 100 kJ/ 740 kcal · 85 g de proteínas · 39 g de grasas · 21 g de hidratos de carbono

Tiempo de preparación: 40 minutos
Tiempo de cocción: 1 hora

Lave el pollo y los menudillos y córtelo en 8 trozos. • Pele y pique los ajos. Pele las cebollas, córtelas en rodajas y sofría dos terceras partes en el aceite. Añada al recipiente los trozos de pollo y dórelos bien. • Vierta la mitad del caldo, sazone con sal, pimienta y pimentón, tape y deje cocer 40 minutos. • Pele los tomates y córtelos en trozos. Lave el pimiento y córtelo también en trocitos. • Añada al pollo los tomates, el pimiento, el resto del caldo, el orégano, el comino y el resto de la cebolla y deje proseguir la cocción con el recipiente tapado otros 20 minutos. • Finalmente, espolvoree bien con el pan rallado. • Sirva el pollo con la verdura, los huevos cortados en rodajas y las aceitunas.

Pollo con salsa de albaricoques

Una combinación poco corriente.

- 1 cebolla grande
- 500 g de albaricoques
- 1 pollo joven cebado de 1,2 kg aproximadamente
- 6 cucharadas de aceite de semillas
- 2 cucharadas de harina
- ⅜ l de agua hirviendo
- 2 cucharaditas de azúcar moreno
- 1 cucharadita de sal
- Pimienta blanca al gusto

Especialidad rumana
Fácil

Por persona, unos 2 300 kJ/ 550 kcal · 64 g de proteínas · 25 g de grasas · 26 g de hidratos de carbono
Tiempo de preparación: 40 minutos
Tiempo de cocción: 30 minutos

Pele y pique la cebolla. Lave los albaricoques con agua tibia, séquelos, pártalos por la mitad, retirando el hueso. • Lave el pollo y los menudillos, séquelo y córtelo en 8 trozos. • Luego dórelo en una cacerola con el aceite caliente y resérvelo. Retire el aceite, dejando solamente 1 cucharada. Añada al recipiente la harina, y sin cesar de remover, vierta agua hirviendo hasta conseguir una salsa espesa; déjela cocer unos minutos. • Agregue a la salsa las mitades de albaricoque, el azúcar, la sal y la pimienta. Finalmente, los trozos de pollo, tape y deje cocer 30 minutos a fuego lento. • Sirva con arroz blanco o puré de patatas y una ensalada al gusto.

Pollos jóvenes con hierbas y verduras

Especialmente indicados para asar, resultan también deliciosos acompañados con una salsa fina.

Pollo con berenjenas

A la izquierda de la foto

- 3 berenjenas medianas (600 g)
- 1 cucharadita de sal
- 1 diente de ajo
- 50 g de tocino ahumado
- 300 g de tomates maduros
- 1 pollo de 1,2 kg
- 6 cucharadas de aceite de oliva
- 1 dl de vino blanco seco
- ½ cucharadita de orégano
- Sal
- 1 pizca de pimienta blanca recién molida
- Unas ramitas de perejil

Especialidad siciliana

Por persona, unos 2 800 kJ/ 670 kcal · 66 g de proteínas · 41 g de grasas · 11 g de hidratos de carbono
Tiempo de preparación: 1 hora

Lave las berenjenas y, sin pelarlas, córtelas en dados pequeños; sálelas y déjelas reposar 30 minutos. • Pique el ajo. Corte el tocino en dados pequeños. • Escalde los tomates, pélelos y córtelos en trozos. • Corte el pollo en 8 trozos, lávelo con los menudillos y séquelo. • Caliente en una sartén con tapa 3 cucharadas de aceite, sofría el pollo con el tocino y el ajo hasta que esté dorado. • Añada el vino y deje que se evapore. • Luego incorpore los tomates, el orégano, sal y pimienta y deje cocer tapado 25 minutos a fuego lento. • Lave de nuevo las berenjenas cortadas, escúrralas y fríalas en el aceite restante 7 minutos a fuego vivo y mézclelas con el pollo. • Sirva el plato espolvoreado con perejil picado.

Pollo a las finas hierbas

A la derecha de la foto

- 1 pollo de 1,2 kg
- 3 cucharadas de mantequilla
- ½ cucharadita de sal
- Pimienta negra al gusto
- Zumo de ½ limón
- 1 dl de vino blanco seco
- 3 cucharadas de caldo de ave
- 5 escalonias
- Unas ramitas de perejil
- 5 ramitas de albahaca
- 1 limón

Económica • Fácil

Por persona, unos 2 100 kJ/ 500 kcal · 63 g de proteínas · 27 g de grasas · 5 g de hidratos de carbono

Tiempo de preparación: 45 minutos
Tiempo de cocción: 30 minutos

Lave el pollo y los menudillos y séquelos, córtelo en 8 trozos y dórelo en una cacerola con la mantequilla a fuego lento, salpiméntelo y rocíelo con el zumo de limón y la mitad del vino. • Tape y deje cocer el pollo y los menudillos 30 minutos a fuego lento dando la vuelta a la carne varias veces y agregando el caldo. • Pele las escalonias y píquelas con el perejil y las hojitas de albahaca. Lave el limón con agua, séquelo y córtelo en 8 gajos. • Saque el pollo del recipiente y manténgalo al calor. • Retire también los menudillos y el hígado. • Corte éste en trocitos. Cueza las escalonias en el fondo de cocción del pollo sin que se quemen, añada el hígado y el vino restante, cueza hasta que la salsa espese. • Caliente el ave en la salsa, espolvoree con las hierbas picadas y adorne con los trozos de limón.

Pollo con arroz e hinojo

El pollo y el hinojo se complementan muy bien.

1 kg de filetes de pechuga de pollo
1 cucharadita de sal
1 pizca de pimienta blanca recién molida
½ cucharadita de estragón
750 g de hinojo · 2 cebollas
1 diente grande de ajo
6 cucharadas de aceite de oliva
300 g de arroz de grano redondo
25 g de piñones
½ l de caldo de ave
¼ l de vino blanco seco
½ cucharadita de sal
100 g de queso parmesano recién rallado

Fácil

Por persona, unos 3 300 kJ/ 780 kcal · 74 g de proteínas · 21 g de grasas · 74 g de hidratos de carbono
Tiempo de preparación: 30 minutos
Tiempo de cocción: 20 minutos

Lave la carne, séquela y espolvoréela con sal, pimienta y estragón. • Corte las hojas verdes del hinojo y resérvelas. Prepare ahora los bulbos, córtelos en cuartos y lávelos. • Pele las cebollas y el ajo y píquelos. • Caliente el aceite en una sartén, dore la carne por ambos lados, añádale el hinojo, la cebolla y el ajo y sofríalos también. • Lave el arroz en un colador, escúrralo y añádalo a la carne, removiendo continuamente hasta que esté cubierto con el condimento. • Agregue los piñones, el caldo, sale al gusto y cueza tapado unos 20 minutos. Pique las hojas verdes del hinojo y espolvoree con ellas y el queso el arroz antes de servirlo.

Pollo con aceitunas

Un plato campestre y veraniego procedente de Italia.

1 pollo de 1,2 kg
1 ramita de romero fresco
2 dientes de ajo
2 tomates maduros
16 aceitunas negras o verdes
4 cucharadas de aceite de oliva
1 cucharada de sal
1 pizca de pimienta blanca recién molida
3 cucharadas de caldo de ave
2 ramitas de albahaca

Fácil

Por persona, unos 2 100 kJ/ 500 kcal · 63 g de proteínas · 30 g de grasas · 4 g de hidratos de carbono

Tiempo de preparación: 25 minutos
Tiempo de cocción: 30 minutos

Corte el pollo en 8 trozos, lávelo con los menudillos y séquelo. • Lave el romero, séquelo y arranque las hojas. Pele los ajos y píquelos con el romero. • Escalde los tomates, pélelos y córtelos en trozos. Deshuese las aceitunas. • Caliente el aceite en una sartén con tapa. Sofría el pollo y los menudillos a fuego moderado y espolvoree con el picadillo de ajo y romero. Salpimente, tape y deje cocer tapado 15 minutos a fuego lento. • Añada el tomate, las aceitunas y el caldo y cueza otros 15 minutos, añadiendo más caldo si fuese necesario. • Pique las hojas de albahaca y espolvoree con ellas el pollo antes de servirlo. Acompañe con arroz hervido o pan blanco de barra.

Suflé de pollo

Puede prepararse en cuatro moldes individuales si se sirve como entrada.

600 g de pechuga de pollo con hueso
1 hoja de laurel pequeña
½ cucharadita de pimienta blanca en grano
1 cucharadita de sal
2 ramitas de perejil
½ cucharadita de estragón seco
⅛ l de agua · 4 escalonias
2 cucharadas de mantequilla
2 cucharadas de harina
6 cucharadas de crema de leche
4 cucharadas de vino blanco seco
2 pizcas de pimienta blanca
4 huevos
1 cucharada de queso parmesano rallado
Mantequilla para el molde

Muy elaborada

Por persona, unos 1 600 kJ/ 380 kcal · 45 g de proteínas · 18 g de grasas · 7,5 g de hidratos de carbono

Tiempo de preparación: 20 minutos
Tiempo de cocción: 1 hora

Lave la pechuga y cuézala con el laurel, los granos de pimienta, la sal, el perejil y el estragón en el agua hirviendo y tapada 30 minutos a fuego muy lento. • Quítele la piel y los huesos y córtela en tiras finas. Cuele el caldo. • Pele las escalonias, píquelas y sofríalas en la mantequilla. Añada la harina, remueva, y agregue el caldo, la crema de leche y el vino, removiendo sin cesar durante 3 minutos. Salpimente. • Precaliente el horno a 200° C. Engrase con mantequilla el molde para suflé. • Separe las yemas de huevo de las claras. Añada a la salsa, fuera del fuego, las yemas, el queso y la carne de pollo. • Bata las claras a punto de nieve firme y añádalas a la mezcla anterior. Vierta en el molde, meta éste en el centro del horno y deje cocer 30 minutos.

Muslos de pollo con champiñones

Sirva con el mismo vino que ha utilizado para la salsa.

8 muslos de pollo
4 cucharadas de harina · 1 cebolla
1 diente de ajo
1 cucharada de mantequilla
4 cucharadas de aceite de oliva
1 cucharada de tomate concentrado
1 dl de vino tinto seco
1 cucharadita de sal
Pimienta blanca
1 pizca de mejorana seca
1 pizca de tomillo
Unas ramitas de perejil
350 g de champiñones
El zumo de ½ limón
1 cucharada de vinagre

Fácil

Por persona, unos 220 kJ/ 520 kcal · 66 g de proteínas · 22 g de grasas · 13 g de hidratos de carbono

Tiempo de preparación: 40 minutos
Tiempo de cocción: 30 minutos

Lave los muslos y enharínelos. • Pique la cebolla y el ajo. • Caliente la mantequilla y 1 cucharada de aceite en una sartén y fría los muslos, añada el picadillo de ajo y cebolla y sofríalo. • Deslía el tomate concentrado en el vino, y añádalo a la carne junto con la sal, la pimienta, la mejorana y el tomillo; dejando cocer el conjunto 30 minutos. • Lave y pique el perejil. Prepare los champiñones, lávelos y córtelos en trozos, luego rocíelos con limón. • En una sartén aparte, caliente el aceite restante. Fría los champiñones y la mitad del perejil hasta que el líquido que forman se evapore; luego añádalos al pollo, rocíe con un poco de vinagre y espolvoree con el perejil restante.

Pollo a la Szechuan

Un plato típico para saltear en la sartén.

1 pollo de 1 kg aproximadamente
3 cucharadas de salsa clara de soja
2 cucharaditas de maicena
3 zanahorias
4 cebolletas
1 chili o guindilla
4 cucharadas de aceite de sésamo (se vende en establecimientos especializados en productos orientales) o de semillas

Especialidad china

Por persona, unos 2 000 kJ/ 480 kcal · 53 g de proteínas · 22 g de grasas · 16 g de hidratos de carbono

Tiempo de preparación: 1 hora

Lave el pollo, séquelo, córtelo por la mitad y deshuéselo. • Luego córtelo en tiras de 4 cm de largo, póngalo en un cuenco, rocíelo con salsa de soja, espolvoréalo con maicena, mezcle bien y déjelo adobar tapado durante 30 minutos. • Raspe las zanahorias y limpie las cebollitas; lávelas y séquelas. Corte ambas en tiras finas. Lave el chili con agua caliente, séquelo y retírele las semillas, luego córtelo en aros muy finos. • Caliente 2 cucharadas de aceite en una sartén grande y saltee el pollo, dándole vueltas sin cesar durante 5 minutos, luego resérvelo. • Caliente en la misma sartén el resto del aceite y fría las verduras 6 minutos sin dejar de remover. Añada la carne y saltéelo todo junto 2 minutos más. • Acompañe con arroz blanco y salsa de soja.

Pechugas de pollo con salsa de queso

El sabroso Gorgonzola confiere a la salsa crema un sabor fino y aromático.

600 g de filetes de pechuga de pollo
4 pizcas de sal y pimienta
1 cucharada de harina
1 huevo
100 g de almendras peladas y picadas
3 cucharadas de mantequilla derretida
3 cucharadas de vino blanco seco
3 dl de crema de leche
100 g de queso Gorgonzola u otro queso azul
1 pizca de nuez moscada
1 pizca de azúcar

Rápida • Fácil

Por persona, unos 3 100 kJ/ 740 kcal · 52 g de proteínas · 54 g de grasas • 10 g de hidratos de carbono

Tiempo de preparación: 30 minutos

Lave los filetes, séquelos y salpiméntelos por ambos lados. Luego páselos por harina, huevo batido y almendras y presione el empanado para que quede bien adherido. • Fríalos en una sartén con la mantequilla 4 minutos por lado a fuego moderado. • Luego manténgalos al calor. • Agregue el vino y la crema de leche al fondo de cocción y deje hervir ligeramente removiendo. Quite la corteza al queso, aplástelo con un tenedor y añádalo a la salsa, removiendo continuamente hasta que se derrita. Sazone la salsa con nuez moscada y azúcar y si fuese necesario rectifique la sal y la pimienta. • Sirva la salsa con los filetes. Como guarnición son adecuadas cintas de pasta, brécol hervido rociado con mantequilla derretida o una ensalada.

Fricasé con crema de cava

Muy apropiado para un menú festivo.

- 600 g de filetes de pechuga de pollo
- 1 ramita grande de estragón
- 2 pizcas de pimienta blanca
- El zumo de ½ limón
- 2 escalonias
- 200 g de cigalas
- 50 g de mantequilla
- 2 dl de crema de leche espesa
- 1 yema de huevo
- 2 dl de cava seco
- 1 cucharadita de sal
- 1 pizca de pimienta de Cayena

Rápida

Por persona, unos 2 100 kJ/ 500 kcal · 45 g de proteínas · 30 g de grasas · 6 g de hidratos de carbono

Tiempo de preparación: 35 minutos

Lave y seque las pechugas. Lave el estragón, séquelo y pique las hojas. Sazone la carne con la pimienta, espolvoréala con el estragón, rocíela con el zumo de limón y déjele adobar tapada durante 10 minutos. • Pele las escalonias y píquelas. • Lave las cigalas, pélelas y séquelas, y, si fuese necesario, retíreles el cordón intestinal. • Saque los filetes del adobo y séquelos; conserve el adobo. Corte la carne en tiras de 1 cm de ancho y fríalas en una sartén con la mantequilla 4 minutos hasta dorarlas ligeramente. Añada la escalonia y fríala 1 minuto. Incorpore las cigalas y, sin dejar de remover, fría 1 minuto más. • Bata la crema de leche con la yema y añada la mezcla al fricasé, dejando que se caliente bien, sin dejar hervir. Rocíe con el cava y caliente la salsa sin que llegue a hervir. • Sazone con sal, pimienta de Cayena y el adobo. • Sirva con cintas de pasta verdes o croquetas de patata y guisantes finos salteados en mantequilla.

Perdices asadas con lentejas

Las perdices frescas se encuentran en pollerías especializadas, durante su temporada de caza.

- 250 g de lentejas
- 100 g de puerro (parte blanca)
- 150 g de zanahorias
- 150 g de tocino ahumado
- 2 clavos · 1 hoja de laurel
- 2 perdices de 500 g cada una
- 1 cucharadita de sal
- 2 pizcas de pimienta blanca recién molida
- 3 cebollitas de 50 g cada una
- 4 cucharadas de vino blanco seco
- ¼ l de caldo de carne (de cubito)
- 1 dl de crema de leche espesa

Elaborada

Por persona, unos 3 900 kJ/ 930 kcal · 72 g de proteínas · 54 g de grasas · 45 g de hidratos de carbono

Tiempo de reposo: 30 minutos
Tiempo de preparación: 50 minutos
Tiempo de cocción: 1 hora

Escoja las lentejas retirando las posibles piedrecillas, lávelas y escúrralas. Cúbralas con agua en una cacerola y déjelas reposar 30 minutos. • Parta el puerro por la mitad a lo largo, lávelo, séquelo y córtelo en tiras. Raspe y lave las zanahorias y córtelas en rodajitas. Quite la corteza al tocino. Añada a las lentejas el puerro, las zanahorias y la corteza del tocino, tápelas y déjelas cocer 1 hora a fuego lento y con el recipiente tapado. Al cabo de 30 minutos de cocción, añada los clavos y el laurel. • Lave las perdices por dentro y por fuera. Séquelas con papel de cocina, sálelas en el interior, y espolvoréalas con pimienta exteriormente. • Pele las cebollas y córtelas en octavos. Corte el tocino en tiras de ½ cm de grosor, fríalas hasta que estén bien doradas y crujientes, escúrralas sobre papel de cocina y resérvelas. • Precaliente el horno a 200° C. Dore las perdices en la grasa del tocino, luego colóquelas en una fuente para asar, rocíelas con la grasa del tocino y ponga a su alrededor los trozos de cebolla. • Áselas 30 minutos en la parte central del horno, luego reduzca el calor a 175° C. Añada el vino y el caldo, tape y deje proseguir la cocción 45 minutos más. • Cuando el agua de las lentejas se haya consumido totalmente, retire el laurel, los clavos y la corteza del tocino y salpiméntelas. Póngalas en una fuente de servicio honda y manténgalas al calor en el horno desconectado. • Corte las perdices por la mitad y colóquelas sobre las lentejas. • Mezcle el fondo de cocción de las perdices con la crema de leche en un cazo, y sin dejar de remover, cueza la salsa a fuego lento hasta que esté cremosa. • Viértala sobre las perdices. Fría de nuevo brevemente las tiras de tocino y espárzalas sobre las perdices para adornar el plato. • Acompañe la preparación con puré de patatas harinosas mezclado con leche y mantequilla y aros de cebolla dorados en una sartén con mantequilla.

Nuestra sugerencia: Prepare este plato en los fríos días otoñales o invernales acompañado de una ensalada de escarola.

Platos especiados de aves con frutas

Pechuga de pato o pintada son dos platos apropiados para ocasiones especiales.

Pechugas de pato flameadas

A la derecha de la foto

2 pechugas de pato deshuesadas (de unos 300 g cada una)
350 g de ciruelas damascenas
2 pizcas de sal y pimienta blanca
1 cucharada de mantequilla
2 cucharadas de coñac
2 dl de crema de leche espesa
1 pizca de canela en polvo
1 pizca de pimienta de Cayena

Elaborada

Por persona, unos 1 800 kJ/ 430 kcal · 36 g de proteínas · 23 g de grasas · 16 g de hidratos de carbono

Tiempo de preparación: 50 minutos

Lave las pechugas y séquelas. Quíteles la piel y córtela en tiras. • Lave y seque las ciruelas, pártalas por la mitad y deshuéselas. • Fría la piel del pato hasta que esté crujiente y resérvala. • En la misma grasa fría las pechugas 3 minutos por lado, salpiméntelas, sáquelas de la sartén y envuélvalas en papel de aluminio. Tire la grasa. • Caliente la mantequilla en la sartén y fría las ciruelas hasta que hayan soltado su jugo y sin que lleguen a deshacerse. • Caliente en este fondo de cocción las pechugas y las ciruelas. Añada el coñac, enciéndalo, flamee 3 minutos y luego tape la sartén. • Ponga en una fuente precalentada las pechugas y las ciruelas y resérvela al calor. • Mezcle el fondo de cocción de la sartén con la crema de leche espesa, la canela y la pimienta de Cayena y sazone con sal y pimienta blanca. • Corte las pechugas en lonchas y ponga por encima las tiras de piel frita. Sirva la salsa en salsera aparte. • Acompañe con patatas fritas y una ensalada de berros.

Pintadas a la normanda

A la izquierda de la foto

2 pintadas de 800 g cada una
1 cucharadita de sal
1 pizca de pimienta blanca
3 cucharadas de aceite
50 g de nueces peladas
½ cucharadita de tomillo seco
¼ l de sidra
2 dl de crema de leche espesa
6 cucharadas de Calvados (aguardiente de manzanas)
2 lonchas finas de tocino graso
500 g de manzanas ácidas
2 cucharadas de mantequilla
1 cucharadita de azúcar

Especialidad francesa

Por persona, unos 4 600 kJ/ 1 100 kcal · 87 g de proteínas · 74 g de grasas · 22 g de hidratos de carbono

Tiempo de preparación: 50 minutos
Tiempo de cocción: 55 minutos

Precaliente el horno a 200° C. • Lave las pintadas, séquelas, salpiméntelas y dórelas en una cazuela con el aceite, sáquelas y retire toda la grasa, dejando solamente 1 cucharada. • Fría en ella las nueces y el tomillo durante 1 minuto sin dejar de remover; agregue la sidra, la crema de leche y el Calvados. A continuación coloque las pintadas sobre la salsa con las pechugas hacia arriba y cubra éstas con 1 loncha de tocino cada una. Tape la cacerola e introdúzcala en el horno durante 45 minutos. • Pele las manzanas y córtelas en gajos, retirando las pepitas. Caliente la mantequilla y sofría las manzanas durante 10 minutos, espolvoreándolas con el azúcar. • Dore las pintadas bajo la parrilla del horno durante 10 minutos. • Reduzca la salsa y sírvala con las aves.

Pato al estilo mediterráneo

Debe utilizar solamente patos jóvenes en estas preparaciones.

Pato con aceitunas

A la izquierda de la foto

- 1 pato joven de 1,6 kg
- 1 cebolla · 1 diente de ajo
- Unas ramitas de perejil y de albahaca
- 2 cucharadas de alcaparras pequeñas
- 3 cucharadas de aceite de oliva
- 1 cucharadita de sal
- Pimienta negra recién molida
- 1 dl de vino blanco seco
- ⅛ l de caldo de ave
- 2 hígados de pato
- 250 g de aceitunas

Fácil • Elaborada

Por persona, unos 4 700 kJ/ 1 100 kcal · 79 g de proteínas · 84 g de grasas · 5 g de hidratos de carbono

Tiempo de preparación: 45 minutos
Tiempo de cocción: 1 hora

Lave el pato, séquelo y córtelo en 8 trozos. • Pele la cebolla y el ajo. Lave las hierbas y séquelas. Pique la cebolla, el ajo, las alcaparras y las hierbas. • Caliente el aceite en una cazuela y dore los trozos de pato, reduzca el calor y añada el picadillo, sofríalo 10 minutos sin dejar de remover y salpimente. • Añada el vino y remueva hasta que se evapore lentamente. Vierta el caldo, tape y deje cocer 1 hora. • Lave los hígados, séquelos y retire la grasa y las pieles, luego píquelos bien finos. Deshuese las aceitunas y añádalas al pato poco antes de concluir el tiempo de cocción, junto con los hígados. • Sirva con ensalada de tomate y pan blanco.

Pato con salsa de tomate

A la derecha de la foto

- 1 pato joven de 1,6 kg
- 2 ramitas de romero
- 6 granos de pimienta negra
- 1 dl de vino blanco seco
- 1 dl de vinagre de vino
- 1 cebolla grande
- 600 g de tomates maduros
- 4 cucharadas de aceite de oliva
- 1 pizca de azafrán en polvo
- 1 cucharadita de sal
- ½ cucharadita de pimienta negra
- 5 cucharadas de caldo de ave

Elaborada

Por persona, unos 4 200 kJ/ 1 000 kcal · 75 g de proteínas · 77 g de grasas · 9 g de hidratos de carbono

Tiempo de adobo: 3 horas
Tiempo de preparación: 40 minutos
Tiempo de cocción: 1 hora

Corte el pato en 8 trozos, lávelo, séquelo y colóquelo en una fuente. • Añádale el romero, los granos de pimienta, el vino y el vinagre. Deje adobar durante 3 horas, dándole la vuelta de vez en cuando. • Pele la cebolla y córtela en rodajas finas. Escalde los tomates, pélelos y córtelos en trozos. • Caliente el aceite en una cazuela y dore la cebolla; añada el tomate y el azafrán, salpimente, tape y deje cocer 15 minutos. • Saque los trozos de pato del adobo, escúrralos y añádalos, junto con el caldo, a la salsa de tomate, tape y deje cocer 1 hora a fuego lento; añada más caldo y rectifique la sal y la pimienta si fuese necesario. Sirva con arroz blanco y una ensalada de lechuga.

Pato con salsa de piña

Un plato agridulce famoso en los Estados Unidos.

1 pato joven de 1½ kg
1 cucharada de aceite de maíz
⅛ l de zumo de piña
¼ l de vino tinto seco
½ cucharadita de sal
2 pizcas de pimienta blanca recién molida
El zumo de 1 limón
1 cucharada de maicena
El zumo y la cáscara rallada de 1 naranja
400 g de piña fresca
1 cucharada de confitura de piña

Fácil

Por persona, unos 2 860 kJ/ 680 kcal · 46 g de proteínas · 44 g de grasas · 17 g de hidratos de carbono

Tiempo de preparación: 25 minutos
Tiempo de cocción: 1 hora

Precaliente el horno a 200° C. Lave el pato, séquelo y córtelo en 6 trozos, rocíelo con el aceite, colóquelo en una fuente y áselo 20 minutos. • Mezcle el zumo de piña con el vino, la sal, la pimienta y el zumo de limón y viértalo sobre el pato, rociándolo repetidamente durante el asado, con este líquido. • Mezcle el zumo de naranja con la maicena. • Corte la piña en 4 trozos, pélela, retire la parte central leñosa y córtela en trozos. • Al cabo de 1 hora ponga el pato asado en una fuente precalentada y consérvelo caliente en el horno desconectado. • Desengrase el fondo del asado, cuélelo y mézclelo con la preparación de maicena y zumo de naranja; deje hervir y luego agregue la cáscara de naranja rallada y algo de agua si fuese necesario. Añada a la salsa los trozos de piña y la confitura, salpiméntela y viértala sobre el pato. Sírvalo con boniatos salteados, si lo desea.

Pato con salsa de Beaujolais

Con puré de apio, un plato exquisito.

Ingredientes para 6 personas:
1 raíz de apio de 750 g
250 g de patatas
½ cucharadita de sal
1 pizca de pimienta blanca
2 cucharadas de mantequilla
1/8 l de crema de leche
2 cucharaditas de zumo de limón
Unas ramitas de perejil picado
2 patos jóvenes de 1½ kg cada uno
½ cucharadita de sal
2 pizcas de pimienta negra
Unas ramitas de mejorana
2 escalonias
¼ l de Beaujolais (u otro vino tinto joven)
50 g de mantequilla muy fina

Especialidad francesa

Por persona, unos 3 200 kJ/ 760 kcal · 83 g de proteínas · 38 g de grasas · 17 g de hidratos de carbono

Tiempo de preparación: 1 hora
Tiempo de horneado: 1 hora

Pele el apio y las patatas, lávelos y córtelos en dados, luego póngalos a cocer cubiertos de agua unos 20 minutos; escurra y reduzca a puré, añadiendo sal, pimienta, mantequilla y la crema de leche. Sazone con el zumo de limón, espolvoree con el perejil y reserve al calor. • Precaliente el horno a 220° C. • Lave bien los patos por dentro y por fuera, séquelos y salpiméntelos. • Lave la mejorana y ponga la mitad dentro de cada pato. Colóquelos en una fuente para asar y métala en el horno 20 minutos. Separe las pechugas, córtelas en lonchas y resérvelas al calor. • Pique finamente las escalonias, póngalas en una cazuela con el fondo del asado y el vino y deje que se reduzca a la mitad. • Ase el resto de los patos 40 minutos más a 200° C. • Sazone la salsa con sal y pimienta, añadiendo la mantequilla troceada. • Rocíe las lonchas de pechuga con la mitad de la salsa. • Deshuese el resto de los patos y sirva la carne y la salsa restante con la pechuga y el puré de apio.

Gulash de pato o pavo

Dos variantes de la típica especialidad húngara con matices muy diferentes de sabor.

Gulash de pavo

A la izquierda de la foto

- 500 g de pechuga de pavo
- 2 cebollas
- 1 manzana ácida
- 400 g de apio
- 2 cucharadas de manteca derretida
- 1 cucharadita de pimentón dulce
- 1 cucharadita de curry en polvo
- 1 pizca de cilantro molido
- ¼ l de caldo caliente de carne
- 1 cucharada de maicena
- 1/8 l de crema de leche
- 1 mandarina
- ½ cucharadita de sal
- 50 g de nueces peladas

Fácil

Por persona, unos 1 500 kJ/ 360 kcal · 33 g de proteínas · 18 g de grasas · 17 g de hidratos de carbono

Tiempo de preparación: 45 minutos

Lave la pechuga, séquela y córtela en trozos de 2 cm. Pele las cebollas y córtelas en 8 trozos. Lave la manzana, pélela, córtela en cuartos y éstos en rodajitas de ½ cm de grosor. Quite los hilos al apio, lávelo y córtelo en trozos. • Caliente la manteca en una sartén grande y fría los trozos de pavo hasta dorarlos. Reduzca el calor y añada la cebolla, déjela sofreír 2 minutos y sazone con el pimentón, el curry y el cilantro; finalmente, añada el caldo y los trozos de manzana y apio. Tape y deje cocer 15 minutos a fuego lento. • Mezcle la maicena con la crema de leche y añádala a la salsa, dejándola hervir brevemente. • Pele la mandarina, córtela en gajos y añádala al gulash. • Sale y sírvalo espolvoreado con las nueces.

Gulash de pato

A la derecha de la foto

Ingredientes para 6 personas:

- 1 pato joven de 1,8 kg
- 1 cucharadita de sal
- ½ cucharadita de pimienta negra
- 1 cucharadita de mejorana seca
- 6 cucharadas de aceite de oliva
- 2 cebollas
- 2 cucharadas de tomate concentrado
- 1 cucharadita de pimentón dulce
- ½ cucharadita de artemisa seca
- ¼ l de vino tinto seco
- 1/8 de caldo de ave
- 300 g de champiñones
- 16 aceitunas negras
- 1/8 l de crema de leche

Elaborada

Por persona, unos 3 800 kJ/ 900 kcal · 57 g de proteínas · 67 g de grasas · 5 g de hidratos de carbono

Tiempo de preparación: 40 minutos
Tiempo de cocción: 1 hora

Lave el pato, séquelo y córtelo en 12 trozos regulares, salpiméntelo y espolvoréelo con mejorana. • Caliente el aceite en una cacerola y dore bien los trozos de pato; luego sáquelos del recipiente. • Pele las cebollas, píquelas y sofríalas con el tomate en la grasa sobrante. Añada el pimentón, la artemisa, el vino tinto y el caldo y lleve a ebullición. • Incorpore a la salsa los trozos de pato y deje que cuezan 1 hora. • Pasados 30 minutos, añada los champiñones y las aceitunas. Cuando el pato esté cocido sáquelo de la cacerola. • Deje reducir el fondo de cocción sin dejar de remover (a la mitad aproximadamente) y añádale la crema de leche; sazone generosamente. • Caliente el pato en la salsa y sírvalo acompañada de croquetas de patata.

Alas de pavo con melocotones

Picante y refrescante con melocotones maduros.

- 750 g de alas de pavo (unas 3 alas)
- 1 hoja pequeña de laurel
- 1 ramillete de hierbas aromáticas
- 3 granos de pimienta blanca
- 1 pizca de sal marina
- 200 g de tallarines de soja o de trigo integral
- 2 l de agua
- 1 cucharadita de sal
- 750 g de melocotones maduros
- 50 g de mantequilla
- ½ cucharadita de pimienta blanca recién molida
- 1 cucharada de hojas de eneldo
- 1 cucharada de cebollino picado

Receta integral
Económica

Por persona, unos 2 400 kJ/ 570 kcal · 47 g de proteínas · 18 g de grasas · 55 g de hidratos de carbono

Tiempo de preparación: 30 minutos

Tiempo de cocción: 1 hora

Lave las alas, séquelas y póngalas a cocer cubiertas de agua con el laurel, el ramillete de hierbas, los granos de pimienta y la sal durante 1 hora. • Cueza la pasta en agua salada unos 10 minutos, luego escúrrala en un colador. • Escalde brevemente en agua hirviendo los melocotones, pélelos, pártalos por la mitad, quitando el hueso, y luego córtelos en gajos. • Caliente la mantequilla en una sartén y fría los melocotones durante 5 minutos, dándoles la vuelta de vez en cuando. • Saque las alas del caldo y déjelas enfriar. Utilice el caldo para una sopa. • Quite a las alas la piel y los huesos y corte la carne en trozos; salpiméntala. • Mezcle los tallarines con los melocotones y la carne y vuelva a calentar la preparación; sírvala espolvoreada con eneldo y cebollino.

Ragú de pavo

Una comida rápida con verduras.

- 1 cebolla grande
- 2 dientes de ajo
- 50 g de tocino ahumado
- 1 zanahoria grande
- 1 tallo de apio
- 750 g de pechuga de pavo
- 2 cucharadas de aceite de oliva
- 1 cucharadita colmada de harina
- 1/8 caldo de ave
- ¼ l de vino tinto seco
- ½ cucharadita de sal
- ½ cucharadita de pimienta negra recién molida
- 1 pizca de mejorana
- 1 pizca de tomillo
- ½ hoja de laurel

Fácil

Por persona, unos 1 700 kJ/ 400 kcal · 46 g de proteínas · 14 g de grasas · 10 g de hidratos de carbono

Tiempo de preparación: 45 minutos
Tiempo de cocción: 15 minutos

Pele la cebolla y los ajos y píquelos con el tocino. Raspe la zanahoria, lávela y píquela. Prepare el apio, lávelo y córtelo en rodajas. • Lave la carne, séquela y córtela en trozos regulares. • Caliente el aceite en una sartén con tapa y sofría la cebolla, el ajo y el tocino. Añada la zanahoria y el apio y sofría el conjunto brevemente. En otra sartén dore la carne. Incorpórela a la sartén con las verduras, espolvoréela con harina, añada el caldo y deje que dé un hervor. Vierta el vino y remueva a menudo, dejando reducir la salsa a la mitad. • Sazone el ragú con sal, pimienta, tomillo, mejorana y laurel; tape y deje cocer 15 minutos más a fuego lento. Sirva con pasta integral, puré de patata o arroz.

Sabrosos guisos con pavo

Recetas ricas en proteínas, ligeras, digestivas y fáciles de preparar en corto tiempo.

Muslos de pavo con tomate

A la izquierda de la foto

- 2 muslos de pavo de 600 g cada uno
- 2 dientes de ajo
- 1 ramita de romero
- 1 cucharadita de sal
- 1 pizca de pimienta blanca
- 3 cucharadas de vinagre
- 5 anchoas
- 400 g de tomates pelados enlatados
- 3 cucharadas de aceite de oliva
- 1 cucharada de alcaparras
- 2 yemas de huevo
- El zumo de ½ limón
- 1 cucharadita de mantequilla

Elaborada

Por persona, unos 2 100 kJ/ 500 kcal · 70 g de proteínas · 22 g de grasas · 6 g de hidratos de carbono

Tiempo de adobo: 2 horas
Tiempo de preparación: 30 minutos
Tiempo de cocción: 1¼ horas

Lave la carne y séquela. Pele los ajos. Lave el romero, séquelo y píquelo con el ajo. • Sazone la carne con sal, pimienta y el picadillo de ajo y romero; rocíela con el vinagre, tápela y déjela adobar 2 horas, dándole la vuelta varias veces. • Pique las anchoas y los tomates una vez escurridos. • Caliente el aceite en una sartén y dore los muslos uniformemente, añada las anchoas, los tomates y las alcaparras y deje cocer 1¼ horas. Añada zumo de tomate si hiciese falta. • Deshuese la carne, córtela en trozos de 3 cm y caliéntela en la salsa. • Bata las yemas con el zumo de limón y añádalas a la salsa junto con la mantequilla. Remueva y sirva.

Filetes de pavo con cilantro

A la derecha de la foto

- 250 g de escalonias
- 1 diente de ajo
- 4 filetes de pavo de 150 g cada uno
- 4 cucharadas de aceite
- ½ cucharadita de cilantro en grano machacado
- 4 pizcas de sal y pimienta blanca
- 400 g de tomates pelados enlatados
- 1 cucharadita de caldo de ave de pastilla
- ½ cucharadita de azúcar
- Pimienta de Cayena
- Unas ramitas de perejil

Fácil

Por persona, unos 1 100 kJ/ 260 kcal · 36 g de proteínas · 10 g de grasas · 9 g de hidratos de carbono

Tiempo de preparación: 40 minutos

Pele las escalonias y el ajo. Lave los filetes y séquelos. • Caliente el aceite en una sartén y añada el cilantro. Salpimente los filetes y fríalos en la sartén 1 minuto por ambos lados hasta que estén dorados. Resérvelos. • Fría las escalonias en el fondo de cocción de la carne y añada el ajo prensado y el zumo del tomate. • Corte los tomates en trozos, añádalos y sazone con el caldo instantáneo, el azúcar y la pimienta de Cayena. Deje hervir la salsa. • Coloque en la salsa los filetes y el jugo que hayan formado, tape y caliéntelos 5 minutos. • Lave y pique el perejil y espolvoree con él la carne.

Aves preparadas según formas tradicionales o extraordinarias, con sorprendentes recetas

Fritos crujientes y asados festivos

Pollo troceado y crujiente

Económico y apetitoso.

Pollo empanado a la vienesa

A la izquierda de la foto

- 2 pollitos cebados de 700 g cada uno
- 1 cucharadita de sal · 2 huevos
- 3 cucharadas de leche
- 4 cucharadas de harina
- 125 g de pan rallado
- 150 g de manteca de cerdo
- Unas ramitas de perejil
- 1 limón

Receta famosa
Rápida

Por persona, unos 2 000 kJ/ 475 kcal · 81 g de proteínas · 90 g de grasas · 31 g de hidratos de carbono

Tiempo de preparación: 45 minutos

Corte cada pollo en 8 trozos, lávelos, séquelos y sálelos. • En un plato sopero bata los huevos con la leche. Ponga la harina en un plato y el pan rallado en otro. Caliente la manteca en una sartén; enharine los trozos de pollo, sacudiendo la harina sobrante; páselos por el huevo batido y luego por el pan rallado. • Presione el empanado y fría los trozos por ambos lados en la manteca caliente unos 7 minutos hasta que estén dorados. • Póngalos sobre papel de cocina para que escurran la grasa y resérvelos al calor. • Lave y seque el perejil, corte los tallos y fríalo, asimismo. Utilice la manteca. • Lave el limón con agua caliente, séquelo y córtelo en gajos. • Sirva el pollo adornado con perejil y limón. • Como guarnición sirva una ensalada de lechuga y una ensaladilla de patatas.

Muslos de pollo asados

A la derecha de la foto

- 150 g de champiñones
- Unas ramitas de perejil
- 2 dientes de ajo
- 3 cucharadas de mantequilla
- ½ cucharadita de zumo de limón
- 8 muslos de pollo de 160 g cada uno
- ½ cucharadita de sal
- 1 pizca de pimienta blanca recién molida
- 2 cucharadas de aceite

Muy elaborada

Por persona, unos 1 900 kJ/ 450 kcal · 65 g de proteínas · 20 g de grasas · 2 g de hidratos de carbono

Tiempo de preparación: 20 minutos
Tiempo de horneado: 45 minutos

Prepare los champiñones, lávelos ligeramente y escúrralos. Lave el perejil, séquelo y arranque las hojitas de los tallos. Pele los ajos. • Prepare un puré en la batidora eléctrica con los champiñones, el perejil, los ajos, la mantequilla y el zumo de limón. • Precaliente el horno a 250° C. • Lave y seque los muslos. Levante la piel desde la parte abierta hasta el final del muslo. Introduzca dentro el relleno y tape de nuevo con la piel. Salpimente los muslos, rocíelos con aceite y colóquelos sobre la parrilla del horno, dispuesta en el centro del mismo sobre una bandeja para que ésta recoja la grasa; hornee 45 minutos. • Como guarnición sirva patatas peladas, partidas por la mitad y rociadas con una mezcla de tomillo recién picado, sal y algo de aceite. Éstas se asan en la misma bandeja que recoge la grasa que, al caer, las condimenta.

Pechuga de pollo hojaldrada

Esta receta es una especialidad del restaurante «Milchmariandl», en Graz (Austria).

Ingredientes para 8 personas:
2 pollos de 1 kg cada uno
100 g de tocino ahumado
2 cucharaditas de sal
2 pizcas de pimienta blanca
1 cucharadita de tomillo seco
1 cucharadita de salvia
100 g de champiñones
10 hojas grandes de col verde rizada
2 huevos
2 cucharadas de perejil picado
1 dl de crema de leche
1 cucharada de manteca derretida
Para la pasta:
300 g de harina
1 huevo
Sal
1/8 l de agua tibia
1 cucharada de aceite
Harina para espolvorear la superficie de trabajo
6 cucharadas de manteca para engrasar

Especialidad austríaca
Muy elaborada

Por persona, unos 3 000 kJ/ 710 kcal · 61 g de proteínas · 40 g de grasas · 30 g de hidratos de carbono

Tiempo de preparación: 1½ horas
Tiempo de horneado: 30 minutos

Quite la piel a los pollos y separe las pechugas. Deshuese el resto de los pollos y córtelo en trocitos. • Limpie los higadillos y córtelos en trozos. • Corte el tocino en tiras de 1 cm de ancho. Ponga en una fuente la carne de los pollos y el tocino, espolvoree con sal, pimienta, tomillo y salvia y deje reposar 30 minutos en el frigorífico. • Prepare los champiñones, lávelos y córtelos en rodajas. Lave las hojas de col y corte las nervaduras gruesas. • Tamice la harina sobre la superficie de trabajo, añada el huevo, la sal y la mitad del agua; amase hasta obtener una masa suave y esponjosa. Añada agua si fuese necesario. La masa debe tener un aspecto sedoso. Forme con ella una bola, pincélela con aceite, tápela y déjela reposar 30 minutos. Pique la carne que dejó reposar en el frigorífico —pero no la pechuga— 2 veces con el tocino, utilizando el disco más fino de la máquina picadora. Luego mézclela con los huevos, el perejil y la crema de leche y salpimente al gusto; tape y deje reposar 30 minutos en el frigorífico. • Derrita la manteca en una sartén; corte las pechugas en tiras de 2 cm de ancho y fríalas con los higadillos en la manteca 2 minutos, removiendo continuamente. Reserve. • Extienda la masa con el rodillo sobre una superficie enharinada. Forme una lámina muy fina de forma rectangular. Corte los bordes gruesos y engrase la masa con la manteca derretida. • Precaliente el horno a 200° C. Extienda sobre las hojas de col la mitad de la farsa de pollo, colóque en el centro las tiras de pechuga y los higadillos picados, cubra con el resto de la farsa y colóquelo todo sobre la lámina de masa, luego forme un rollo en forma de herradura; colóquelo sobre la placa del horno, pincélelo con manteca y meta en el centro del horno 30 minutos. • Durante el horneado rocíe repetidas veces con manteca derretida. • Cortar la herradura de pollo en 16 trozos iguales y sírvalos calientes. Acompañe con una ensalada mixta.

«Confit» de pato

Este plato también puede elaborarse utilizando ocas jóvenes grasas y conservándolas en una terrina de porcelana.

Ingredientes para 8 personas:
2 patos grasos de 2 kg cada uno
100 g de sal marina
1 cucharadita de pimienta blanca recién molida
1 cucharadita de tomillo seco
100 g de manteca de cerdo

Especialidad francesa
Elaborada

Por persona, unos 5 040 kJ/ 1 200 kcal · 91 g de proteínas · 98 g de grasas · 0 g de hidratos de carbono

Tiempo de preparación: 40 minutos
Tiempo de enfriado: 24 horas
Tiempo de cocción: 1-2 horas

Limpie y vacíe los patos, córtelos en 8 trozos, lávelos, séquelos y quíteles la grasa que esté a la vista, conservándola. • Mezcle la sal, la pimienta y el tomillo y frote con ello los trozos de pato; colóquelos en una cazuela de loza o vidridada, espolvoree con el resto de las hierbas y deje reposar tapado y en sitio fresco 24 horas. • Derrita la grasa reservada y la manteca de cerdo en una cazuela, agregue los trozos de pato, tape y deje cocer muy lentamente de 1 a 2 horas, sin que la carne se fría. • Pasada 1 hora, pruebe con una aguja gruesa el punto de cocción. Si los patos están hechos, el jugo de la carne es claro. • Deshuese los trozos de pato, póngalos en capas en una terrina o recipiente de porcelana y rocíe con un poco de la grasa tibia. • La grasa debe quedar unos 2 cm por encima de la carne. • Pasadas 24 horas, tape el recipiente con papel de aluminio, una tapa o un plato con una piedra encima y conserve así en el frigorífico o en la bodega (si dispone de ella). • Si solamente utiliza parte de la carne, debe derretir la grasa de nuevo y verterla sobre el «confit» restante. De esta forma tiene una duración de 10 semanas. • Antes de su consumición ponga los trozos de pato en una fuente y dórelos en el horno (a 200° C) hasta que estén crujientes. Como guarnición sirva lombarda con castañas y croquetas de patata.

Pularda rellena con coles de Bruselas

Una comida completa y rica en vitaminas.

- 1 pularda de 1½ kg
- 1 cebolla grande
- 50 g de tocino ahumado
- 200 g de higadillos de pollo
- 2 cucharadas de mantequilla
- 1 manzana ácida
- 1 cucharadita de menta picada
- 2 cucharadas de pan rallado
- 1 cucharadita de sal
- ½ cucharadita de pimienta blanca
- 1 kg de coles de Bruselas
- 1/8 l de vino blanco seco
- ¼ l de crema de leche
- 1 pizca de nuez moscada rallada

Elaborada

Por persona, unos 4 200 kJ/ 1 000 kcal · 100 g de proteínas · 57 g de grasas · 24 g de hidratos de carbono

Tiempo de preparación: 30 minutos
Tiempo de horneado: 1¼ horas

Lave la pularda y séquela. Pele la cebolla y píquela junto con el tocino y los higadillos. Caliente 1 cucharada de mantequilla y sofría la cebolla con el tocino, añada el hígado y cueza 1 minuto más, deje enfriar ligeramente. • Pele la manzana, retire las pepitas y rállela; mézclela con la menta, el pan rallado, la farsa de hígado y salpimente. • Precaliente el horno a 200° C. • Salpimente la pularda, también en su interior, y rellénela con la farsa, cosiendo luego las aberturas del cuerpo. Rocíe la pularda con el resto de la mantequilla derretida, póngala en una fuente, tápela e introdúzcala 20 minutos en la parte inferior del horno. • Lave las coles. Añada el vino, la crema de leche y las coles a la fuente y sazone con sal y nuez moscada. Pasados 30 minutos, destape y deje cocer otros 25 minutos hasta que la pularda se dore.

Pularda a la parrilla con mantequilla de mango

La mantequilla de mango es un sabroso complemento para el pollo

- 100 g de mantequilla blanda
- 3 cucharaditas de Mango Chutney (salsa preparada)
- El zumo de ½ lima
- 1 pizca de pimienta de Cayena
- 1 pularda de 1½ kg
- 2 cucharadas de aceite
- ½ cucharadita de sal
- Pimienta blanca recién molida

Fácil • Elaborada

Por persona, unos 3 000 kJ/ 710 kcal · 77 g de proteínas · 50 g de grasas · 1 g de hidratos de carbono

Tiempo de preparación: 30 minutos
Tiempo de enfriado: 1 hora
Tiempo de cocción: 30 minutos

Mezcle la mantequilla con el Mango Chutney, el zumo de lima y la pimienta de Cayena. Forme un rollo con la mantequilla de mango, envuélvalo en papel de aluminio y métalo 2 horas en el congelador. • Precaliente la parrilla eléctrica. • Corte la pularda en 8 trozos lávelos, séquelos, rocíelos con aceite y salpiméntelos. • Áselos a la parrilla 30 minutos, dándoles la vuelta dos veces por lo menos y rociándolos con el aceite. • Corte la mantequilla en 8 rodajas iguales y coloque una rodaja sobre cada trozo de pularda caliente. • Sirva con una ensalada de arroz al curry o ensalada de tomate y aguacate. Adorne con trozos de mango.

Nuestra sugerencia: Si no dispone de una parrilla eléctrica, puede asar el ave bajo la parrilla del horno o en la rejilla del mismo.

Pollos asados con condimentos refinados

El sésamo y el tomillo proporcionan a las aves un toque especial.

Pollo al sésamo

A la izquierda de la foto

50 g de granos de sésamo sin pelar. 1 cebolla
2 cucharadas de aceite de sésamo
2 cucharadas de mantequilla
1 cucharada colmada de trigo recién triturado
3 pizcas abundantes de sal y pimienta blanca · 1 huevo
1 cucharada de perejil picado
1 pollo de 1 kg

Receta integral

Por persona, unos 2 200 kJ/ 520 kcal · 57 g de proteínas · 33 g de grasas · 6 g de hidratos de carbono

Tiempo de preparación: ½ hora
Tiempo de horneado: 1 hora

Pele la cebolla y píquela finamente. • Tueste en una sartén sin grasa la mitad del sésamo. Añada 1 cucharada de aceite y 1 cucharada de mantequilla. Asimismo, incorpore la cebolla picada y el trigo triturado, sofriéndolos ligeramente, sin dejar de remover. Retire la sartén del fuego y añada 1 pizca de sal y pimienta; deje enfriar ligeramente la mezcla y añádale el huevo y el perejil. • Precaliente el horno a 220° C. Lave el pollo, séquelo, rellénelo con la mezcla y cosa la abertura. • Mezcle la sal restante con la pimienta y el sésamo sobrante y frote el pollo con esta mezcla. • Caliente el aceite restante con la mantequilla, rocíe el pollo con la mitad de la grasa y colóquelo en una fuente para asar con la pechuga hacia abajo; introduzca ésta en el horno 25 minutos, luego dé la vuelta al pollo y áselo otros 25 minutos más. Rocíe el pollo con el resto de la grasa y áselo 10 ó 15 minutos más, rociándolo varias veces con el fondo de cocción. • Desconecte el horno y deje reposar el pollo 10 minutos antes de servirlo.

Pollo al tomillo

A la derecha de la foto

½ dl de leche hirviendo
1 cucharada colmada de trigo recién triturado
50 g de puerro (sólo la parte blanca)
1 cucharada de mantequilla
1 cucharada de perejil recién picado
2 cucharaditas de tomillo seco
1½ cucharadita de sal marina
½ cucharadita de pimienta negra
1 huevo · 1 pollo de 1 kg
1 cucharada de mantequilla

Receta integral

Por persona, unos 1 700 kJ/ 400 kcal · 54 g de proteínas · 23 g de grasas · 4 g de hidratos de carbono

Tiempo de preparación: 30 minutos
Tiempo de horneado: 1 hora

Vierta la leche sobre el trigo triturado, tape y deje reposar hasta que éste aumente de volumen. • Lave el puerro, píquelo y dórelo en una sartén con la mantequilla; fría también el perejil. • Añada el trigo con la leche y deje que rompa a hervir. Enfríe ligeramente y mezcle la preparación con 1 cucharadita de tomillo desmenuzado, ½ cucharadita de sal, 1 pizca de pimienta y el huevo. • Precaliente el horno a 220° C. • Lave el pollo por dentro y por fuera, séquelo, rellénelo y luego cosa las aberturas. Sazónelo con el tomillo, la sal y la pimienta restantes. • Colóquelo en una fuente para asar con la pechuga hacia abajo, esparza por encima unos copos de mantequilla y métalo en el horno 25 minutos. • Déle la vuelta y áselo 25 minutos más. Sígalo asando otros 10 minutos, rociando el pollo varias veces con su fondo de cocción. • Desconecte el horno y deje reposar el pollo 10 minutos.

Pollo al masala

Masala es una mezcla de especias utilizada en la comida india.

- 2 trozos de jengibre fresco del tamaño de una nuez
- 2 dientes de ajo
- 1 cucharadita de sal
- ½ cucharadita de cardamomo molido
- ½ cucharadita de canela molida
- ½ cucharadita de pimienta de Cayena
- 2 cucharadas de zumo de limón
- 2 pollos de 1 kg cada uno
- 150 g de yogur
- 100 g de almendras peladas
- 80 g de pasas de Corinto
- 1 cucharada de mantequilla
- ¼ l de agua

Especialidad india

Por persona, unos 3 900 kJ/ 930 kcal · 110 g de proteínas · 51 g de grasas · 20 g de hidratos de carbono

Tiempo de preparación: 20 min.
Tiempo de adobo: 2 horas
Tiempo de horneado: 50 min.

Ponga en un mortero o picadora el jengibre, el ajo, la sal, el cardamomo, la canela, la pimienta de Cayena y el zumo de limón y mezcle bien hasta obtener una pasta fina. • Lave los pollos, séquelos, pártalos por la mitad y colóquelos en una fuente para asar con el corte hacia abajo; embadúrnelos bien con la pasta. • Reduzca a puré en la batidora el yogur, las almendras y las pasas lavadas y rocíe con ello los pollos. • Finalmente, derrita la mantequilla y viértala también sobre los pollos. • Tape la fuente con papel de aluminio y deje adobar 2 horas a temperatura ambiente. • Precaliente el horno a 200° C. Vierta sobre los pollos ⅛ l de agua, tápelos con el papel de aluminio y áselos 20 minutos en el horno. Reduzca la temperatura a 175° C, retire el papel y siga asándolos otros 30 minutos; añada más agua si fuese necesario. • Sírvalos con la salsa, arroz sazonado con azafrán y pimentón.

Pollo a la miel

Un placer para los amantes del sabor agridulce.

- 2 pollos de 1 kg cada uno
- 2 cucharaditas de aceite
- 2 cucharadas de miel líquida
- 1 cucharada de mostaza semipicante
- 2 cucharaditas de curry en polvo
- ½ cucharadita de sal

Fácil • Económica

Por persona, unos 2 900 kJ/ 690 kcal · 100 g de proteínas · 35 g de grasas · 4 g de hidratos de carbono

Tiempo de preparación: 10 minutos
Tiempo de horneado: 50 minutos

Precaliente el horno a 225° C. • Lave los pollos, séquelos y córtelos por la mitad. Engrase con aceite 4 trozos de papel de aluminio lo suficientemente grandes para envolver los trozos de pollo y coloque éstos sobre el papel con el corte hacia abajo. • Mezcle la miel con la mostaza, el curry y la sal y unte con ello los pollos. Envuélvalos con el papel de aluminio, dejando flojo el envoltorio y cerrando bien los paquetes. • Colóquelos sobre la rejilla del horno y áselos 30 minutos. Pasado este tiempo, abra los paquetes por arriba y dore los pollos 20 minutos más. • Sírvalos con arroz o patatas fritas y una ensalada mixta.

Nuestra sugerencia: Si no desea utilizar papel de aluminio, puede sustituirlo por bolsas de papel especiales para asar y agregar vino blanco en su interior. Una vez cerrada la bolsa, pínchela varias veces para que salga el aire. Luego colóquela en la parrilla del horno y ase.

Pollos dorados en freidora

Con este procedimiento el pollo troceado queda dorado y crujiente.

Alas de pollo rebozadas

A la izquierda de la foto

150 g de harina
½ cucharadita de sal
1 pizca abundante de pimienta de Cayena
2 huevos
1/8 l de cerveza
1 cucharada de aceite
12 alas de pollo
Para freír:
1 l de aceite o 1 kg de manteca de cerdo

Económica

Por persona, unos 2 500 kJ/ 600 kcal · 80 g de proteínas · 18 g de grasas · 28 g de hidratos de carbono

Tiempo de reposo: 30 minutos
Tiempo de preparación: 1 hora

Mezcle la harina, la sal y la pimienta de Cayena. Separe las claras de las yemas. Bata las yemas con la cerveza y el aceite y mezcle con la harina. Deje levar la pasta 30 minutos. • Caliente el aceite o manteca a 180° C en una freidora con termómetro. Precaliente el horno a 100° C. • Lave las alas y séquelas. • Bata las claras a punto de nieve y añádalas a la pasta. • Sumerja las alas en la pasta y fríalas en la grasa hasta que estén crujientes; precisará unos 4 minutos por cada lado. • Escúrralas sobre papel de cocina y resérvelas al calor en una fuente precalentada en el horno hasta que todas estén fritas. • Sírvalas adornadas con gajos de limón y perejil fresco. • Como guarnición es apropiada una ensaladilla de patatas con hierbas frescas y rabanitos.

Pollo frito

A la derecha de la foto

100 g de harina
½ cucharadita de sal
2 huevos
5 cucharadas de agua mineral
2 pollos de 800 g cada uno
1½ cucharaditas de sal
½ cucharadita de pimienta blanca recién molida
Para freír:
1 kg de aceite de semillas o manteca

Especialidad de los Estados Unidos
Rápida

Por persona, unos 3 200 kJ/ 760 kcal · 89 g de proteínas · 43 g de grasas · 18 g de hidratos de carbono

Tiempo de preparación: 1½ horas

Mezcle la harina con la sal, los huevos y el agua mineral y deje levar tapado 20 minutos. • Corte los pollos en 8 trozos cada uno, lávelos y séquelos. • Caliente la grasa a 180° C en una freidora con termómetro. • Precaliente el horno a 100° C. • Pase los trozos de pollo por la pasta y fríalos en la grasa 8 minutos por cada lado hasta que estén crujientes. • Escúrralos sobre papel de cocina y manténgalos al calor en una fuente precalentada en el horno. • Antes de servir, salpiméntelos al gusto. • Como guarnición sirva una ensalada de guisantes finos y maíz y pan blanco de barra.

Nuestra sugerencia: Para freír puede utilizar también pechugas o muslos de pollo.

Pularda rellena de mollejas

Un plato festivo para deleite de sus invitados.

- 1 pularda de 1½ kg
- 1 cucharadita de sal
- 1 cucharadita de estragón seco
- ½ cucharadita de pimienta blanca
- 300 g de mollejas de ternera
- 200 g de champiñones
- 2 escalonias · 1 diente de ajo
- 100 g de tuétano de novillo
- 1 cucharada de perejil fresco picado
- 2 cucharadas de coñac
- 2 cucharadas de miga de pan
- 1 huevo
- 50 g de mantequilla
- 1/8 l de vino blanco seco
- 2 dl de crema de leche espesa

Elaborada

Por persona, unos 5 040 kJ/ 1 200 kcal · 98 g de proteínas · 82 g de grasas · 11 g de hidratos de carbono

Tiempo de preparación: 45 minutos
Tiempo de horneado: 1¼ horas

Lave la pularda, séquela y espolvoréela en su interior con sal y estragón, y por fuera con pimienta. • Lave las mollejas, límpielas de pieles y grasas, póngalas en remojo 10 minutos para quitar los restos de sangre y córtelas en dados. • Prepare los champiñones, lávelos y córtelos en rodajas. Pele las escalonias y el ajo y píquelos finamente. • Mezcle bien el tuétano con las mollejas, los champiñones, las escalonias, el ajo, el perejil, el coñac, la miga de pan y el huevo y sazone con sal y pimienta. Rellene la pularda con esta mezcla y cosa las aberturas. • Precaliente el horno a 200° C. Derrita la mantequilla en una fuente para asar y dore la pularda por todas partes, luego colóquela con la pechuga hacia arriba y ásela en el horno (parte inferior) durante 1¼ horas. • Durante el asado rocíe la pularda con el vino y su fondo de cocción. Una vez asada, déjela reposar sobre la rejilla del horno. • Desengrase el fondo de cocción y mézclelo con la crema de leche en un cazo pequeño; remueva hasta que se reduzca a la mitad. • Sirva la pularda acompañada con la salsa.

Perdices y pintadas

Aves refinadas con exquisitas guarniciones.

Pintadas con puré de lentejas

A la izquierda de la foto

- 1 cebolla · 1 diente de ajo
- 50 g de grasa de jamón
- 5 cucharadas de aceite
- 300 g de lentejas rojas o verdes
- ¼ l de vino tinto · ¼ l de agua
- 1 dl de crema de leche
- 1 hoja de laurel
- 4 pintadas de 800 g cada una
- 1 cucharadita de sal
- 1 cucharadita de pimienta negra recién molida
- 3 bayas de enebro machacadas
- 4 lonchas finas de tocino graso
- 1 manojito de albahaca fresca
- 1 huevo

Elaborada

Por persona, unos 5 880 kJ/ 1 400 kcal · 178 g de proteínas · 74 g de grasas · 40 g de hidratos de carbono

Tiempo de preparación: 1 hora
Tiempo de horneado: 50 minutos

Pele la cebolla y el ajo, píquelos con la grasa del jamón y sofría todo en 2 cucharadas de aceite. Añada las lentejas, la mitad del vino, el agua, la crema de leche y el laurel; tape y deje cocer 1 hora a fuego lento. • Lave las pintadas, séquelas, salpiméntelas y frótelas con el enebro. Envuelva cada pintada con una loncha de tocino y albardíllelas (vea pág. 10). • Precaliente el horno a 220° C. • Dórelas en una fuente para asar con el aceite sobrante y métalas 20 minutos en el horno. • Agregue el resto del vino y deje cocer otros 30 minutos más. • A los 20 minutos retire el tocino y el laurel y reduzca a puré las lentejas. • Pique la albahaca y añádala al puré, junto con el huevo, salpimente y sirva las pintadas troceadas sobre el puré de lentejas.

Perdices con col

A la derecha de la foto

- 4 perdices de 600 g cada una
- 1 cucharadita de sal
- 1 cucharadita de pimienta negra recién molida
- 4 cucharadas de manteca derretida
- 1 kg de col rizada
- 1 cucharadita de mejorana seca
- 1 hoja de laurel
- 2 clavos
- 200 g de cebollitas
- 1 zanahoria grande
- 100 g de tocino ahumado

Elaborada

Por persona, unos 4 700 kJ/ 1 100 kcal · 130 g de proteínas · 66 g de grasas · 16 g de hidratos de carbono

Tiempo de preparación: 1 hora
Tiempo de horneado: 30 minutos

Lave las perdices, séquelas y salpiméntelas. • Caliente 2 cucharadas de manteca en una cacerola y fría las perdices hasta que estén doradas. Añada 3 cucharadas de agua, tape y deje rehogar unos 15 minutos. • Pique la col, sofríala en una cacerola con 1 cucharada de manteca, añada 3 cucharadas de agua, la mejorana, el laurel y 1 cebolla pinchada con los clavos, tape y deje rehogar 20 minutos. • Corte las perdices por la mitad. • Pele las cebollas restantes, raspe la zanahoria y píquelas, junto con el tocino; luego sofría en la manteca sobrante. • Precaliente el horno a 200° C. • Ponga la mitad de la col en una fuente para asar algo honda, disponga encima las perdices y luego el picadillo de cebolla y tocino; finalmente, cubra con el resto de la col y rocíe con el fondo de cocción de las perdices. Tape la fuente con papel de aluminio y métala en el horno 30 minutos.

Pintadas rellenas

Utilice con preferencia pintadas frescas.

- 200 g de setas calabaza
- 50 g de tocino ahumado
- 1 cucharadita de mantequilla
- 200 g de higadillos de pollo
- 1 cebolla pequeña
- 4 cucharadas de coñac
- 1 cucharadita de estragón seco
- Sal y pimienta al gusto
- 2 cucharadas de miga de pan
- 2 pintadas de 800 g cada una
- 1 manojo de hierbas para el caldo
- 4 cucharadas de aceite
- ¼ l de vino tinto seco
- 1 hoja de laurel
- 1/8 l de crema de leche

Elaborada

Por persona, unos 4 000 kJ/ 950 kcal · 98 g de proteínas · 56 g de grasas · 10 g de hidratos de carbono

Tiempo de preparación: 30 minutos
Tiempo de horneado: 50 minutos

Prepare las setas, lávelas, escúrralas y córtelas en rodajas. • Corte el tocino en dados y sofríalo en una sartén con las setas en la mantequilla. Deje enfriar. • Lave los higadillos y píquelos. Pique, asimismo, la cebolla y añádala a las setas, junto con el hígado, el coñac, el estragón, ½ cucharadita de sal, ½ de pimienta y la miga de pan; mezcle todo bien. • Lave las pintadas, séquelas, rellénelas con la farsa y cosa las aberturas. • Precaliente el horno a 200° C. • Salpimente las pintadas. Pique las hierbas del caldo. • Caliente el aceite en una fuente para asar grande y dore las pintadas 10 minutos; escurra el aceite. • Colóquelas con la pechuga hacia arriba, añada las hierbas picadas y áselas 10 minutos en el horno. • Añada la mitad del vino y el laurel, y al cabo de 30 minutos agregue el resto del vino poco a poco, rociando las pintadas con su fondo de cocción. • Ase las pintadas 10 minutos más sobre la parrilla del horno, tamice el fondo de cocción y mézclelo con la crema de leche, luego deje reducir a la mitad.

Pavo relleno con salsa de castañas

Una agradable combinación para el pavo asado.

Ingredientes para 6 personas:
1 pavo de 3 kg
Sal, pimienta y pimentón dulce (1 cucharadita de cada)
3 manzanas ácidas
200 g de avellanas picadas
100 g de pasta cruda de mazapán
Un poco de canela molida
El zumo de ½ limón
¼ l de caldo caliente de ave
75 g de mantequilla
1/8 l de vino blanco
150 g de puré de castañas enlatado
2 dl de crema de leche
2 cucharadas de coñac
Aceite para la fuente

Receta famosa

Por persona, unos 6 300 kJ/ 1 500 kcal · 110 g de proteínas · 100 g de grasas · 34 g de hidratos de carbono

Tiempo de preparación: 45 minutos
Tiempo de horneado: 2½ horas

Precaliente el horno a 200° C. Engrase con aceite una fuente grande para asar. • Lave el pavo, séquelo y sazónelo en su interior con sal, pimienta y pimentón. • Corte las manzanas en cuartos, pélelas, retire las semillas y córtelas en dados. Mezcle dos tercios de los dados con las avellanas picadas y el mazapán cortado en trocitos, la canela y 1 cucharada de zumo de limón. Rellene el pavo con la mezcla, cósalo y brídelo (vea pág. 10). • Rocíe el resto de las manzanas con el zumo de limón. • Ase el pavo con la pechuga hacia abajo durante 1 hora, rociándolo de vez en cuando con el caldo de ave. • Déle la vuelta y áselo 1½ horas más por el otro lado. • Luego déjelo que repose 15 minutos con el horno desconectado. • Derrita la mantequilla y mézclela con el resto de los dados de manzana. • Tamice el fondo de cocción del asado y mézclelo con el vino blanco, el puré de castañas, los dados de manzana y la crema; sazone con el coñac, la sal, la pimienta y un poco de canela. • Sirva el pavo con esta salsa y como guarnición prepare col lombarda.

Pulardas especiadas

La sidra o la fruta seca confieren a las aves un atractivo especial.

Pularda con frutas secas

A la izquierda de la foto

- 150 g de ciruelas pasas deshuesadas · 150 g de orejones
- 1 cucharada de pasas
- 3 dl de agua · 4 tostadas
- 3 cucharadas de crema de leche
- 1 huevo · 2 cucharadas de coñac
- 1 manzana ácida
- 1 pularda de 1,3 kg
- 2 cucharaditas de pimentón dulce
- 2 pizcas de sal y pimienta
- 3 cucharadas de manteca
- 1 manojo de hierbas
- 2 dl de crema de leche espesa

Elaborada

Por persona, unos 4 200 kJ/ 1 000 kcal · 74 g de proteínas · 51 g de grasas · 68 g de hidratos de carbono

Tiempo de preparación: 40 min.
Tiempo de horneado: 1¼ horas

Cueza las frutas en el agua, escúrralas y reserve el líquido de cocción. • Desmenuce las tostadas y mézclelas con la crema ligera, el huevo y el coñac. • Pele la manzana, retírele las semillas, córtela en trocitos y mézclela con las frutas y las tostadas. • Precaliente el horno a 200° C. • Lave la pularda, séquela, sálela en su interior y frótela con pimentón y pimienta interior y exteriormente. Rellénela con la farsa de frutas, cósala y brídela (vea pág. 10) colóquela en una fuente para asar y rocíela con la manteca derretida; ásela en el horno 1¼ horas. • Lave el manojo para el caldo, píquelo y póngalo a cocer 30 minutos en el líquido de cocción de la fruta, añadiendo los menucillos picados; luego cuele el caldo. • Mantenga la pularda al calor. • Dé un hervor al fondo de cocción del asado con el caldo de cocción de la fruta, mezcle con la crema de leche espesa y deje reducir la salsa.

Pularda a la sidra

A la derecha de la foto

- 1 pularda de 1½ kg
- 1 cucharadita de sal
- ½ cucharadita de pimienta blanca
- 100 g de mantequilla
- ¼ l de sidra seca
- 750 g de zanahorias
- 1 cucharada de miel
- 4 cucharadas de perejil recién picado
- 1,2 dl de crema de leche
- 1 ramillete de estragón fresco

Especialidad normanda

Por persona, unos 3 800 kJ/ 900 kcal · 80 g de proteínas · 56 g de grasas · 27 g de hidratos de carbono

Tiempo de preparación: 30 minutos
Tiempo de cocción: 45 minutos

Corte la pularda en 8 trozos, lávelos, séquelos y salpiméntelos. • Caliente en una cacerola la mitad de la mantequilla y dore los trozos de pularda, añada la sidra, tape y deje cocer 45 minutos. • Raspe las zanahorias, séquelas y córtelas en tiras de 5 cm de largo. Caliente en una sartén el resto de la mantequilla y cueza allí las zanahorias tapadas con sal y 4 cucharadas de agua durante 20 minutos, dejando que el agua se evapore; glasee las zanahorias en la miel, espolvoréelas con el perejil y tápelas, manteniéndolas al calor. • Coloque la pularda en una fuente precalentada. A fuego fuerte, reduzca su fondo de cocción a la mitad, mézclelo con la crema, el perejil y el estragón picados y sazone. • Sirva la pularda con esta salsa y las zanahorias.

Pulardas y pichones

Aves delicadas preparadas con salsa de nueces o pepinos estofados y mucha fantasía.

Pichones sobre un lecho de arroz

A la izquierda de la foto

200 g de arroz integral
4 pichones de 300 g cada uno
2 cucharaditas de sal marina
1 cucharadita de pimienta negra
50 g de mantequilla blanda
1,5 dl de crema de leche
1/8 l de vino blanco seco
1 cebolla de 250 g
750 g de pepinos
2 cucharadas de mantequilla
1 pizca de sal de hierbas
1 pizca de pimienta blanca
2 cucharadas de eneldo

Receta integral

Por persona, unos 3 700 kJ/ 880 kcal · 69 g de proteínas · 48 g de grasas · 50 g de hidratos de carbono

Tiempo de preparación: 1 hora

Cueza ligeramente el arroz en 1/2 l de agua y resérvelo. • Precaliente el horno a 220° C • Lave los pichones, salpiméntelos por dentro y por fuera y embadúrnelos bien con la mantequilla. • Colóquelos con la pechuga hacia abajo en una fuente para asar y áselos en el horno 20 minutos. Coloque al mismo tiempo en el horno la cazuela con el arroz y deje que prosiga la cocción. • Dé la vuelta a los pichones y déjelos asar otros 10 minutos, rociándolos con la crema y su fondo de asado. Finalmente añada el vino blanco. • Desconecte el horno y deje reposar allí los pichones 10 minutos. • Pele la cebolla y píquela fina. Lave los pepinos y córtelos en tiras, saltee ambos en la mantequilla y sazone con la sal de hierbas y la pimienta; déjelos cocer 15 minutos y luego mézclelos con el arroz, el fondo de cocción del asado y el eneldo; sirva el arroz en una fuente, colocando los pichones encima.

Pularda con salsa fría de nueces

A la derecha de la foto

1 pularda de 1,3 kg
1 cucharadita de curry en polvo
1 cucharadita de pimentón dulce
1 pizca de pimienta blanca recién molida · 1 cucharadita de sal
3 cucharadas de aceite de semillas
Para la salsa de nueces:
2 rebanadas de pan integral tostado
100 g de nueces peladas
1 diente de ajo
3 cucharadas de aceite de nueces
1 cucharadita de vinagre de vino tinto
1 pizca de miel
2 pizcas de sal

Receta famosa

Por persona, unos 3 100 kJ/ 740 kcal · 72 g de proteínas · 50 g de grasas · 9 g de hidratos de carbono

Tiempo de preparación: 30 min.
Tiempo de horneado: 1 hora

Precaliente el horno a 200° C. • Lave la pularda y séquela. • Mezcle todas las especias con la sal y frote la pularda con la mezcla, brídela, rocíela con el aceite y colóquela con la pechuga hacia abajo en una fuente para asar; meta en el horno 1 hora. • Déle la vuelta a los 30 minutos y rocíela de nuevo con el fondo de cocción del asado. • Ya asada, déjela en reposo 10 minutos con el horno desconectado. • Corte el pan en dados y remójelo en 4 cucharadas de agua. Muela las nueces. Exprima el pan, páselo por un tamiz y mézclelo con las nueces. Pele el ajo y píquelo. Añada a la mezcla de pan y nueces el aceite, el vinagre, 2 cucharadas de agua y el ajo, sazone con miel y sal y sirva esta salsa con la pularda.

Pastel de pichón

Para los amantes de las sospresas culinarias.

Ingredientes para 8 personas:
500 g de harina
1 cucharadita de sal
3,5-5 dl de agua
6 pichones de 400 g cada uno
1½ cucharadita de sal
½ cucharadita de pimienta blanca · 4 cebollas
4 cucharadas de manteca derretida
2 cucharadas de perejil picado
2 cucharaditas de raíz de jengibre recién rallada
1 cucharadita de cáscara de limón
½ cucharadita de comino molido
1 pizca de pimienta de Cayena
¼ de cucharadita de azafrán en polvo
1 pizca de cúrcuma
1/8 l de vino blanco
1/8 l de agua
6 huevos · 2 yemas
150 g de almendras picadas gruesas
3 cucharadas de mantequilla
½ cucharadita de canela molida
1 cucharada de azúcar
2 cucharadas de aceite
Para espolvorear:
1 cucharadita de azúcar lustre
1 cucharadita de canela molida

Especialidad marroquí
Elaborada

Por persona, unos 3 970 kJ/ 945 kcal · 82 g de proteínas · 47 g de grasas · 55 g de hidratos de carbono

Tiempo de reposo: 6 horas
Tiempo de preparación: 1½ horas
Tiempo de cocción: 1 hora

Para la masa tamice la harina en un recipiente, añada la sal y el agua y remueva hasta conseguir una masa casi líquida. Tape y deje reposar 6 horas. • Lave los pichones, séquelos y salpiméntelos. • Asimismo, lave los menudillos, séquelos y píquelos finos. Pele y pique las cebollas. • Caliente la manteca en una sartén grande con tapa, dore los pichones y resérvelos. Sofría en la misma grasa la cebolla y los menudillos, añada el perejil, todas las especias, el vino y el agua. Dé un hervor y agregue de nuevo los pichones, tape y deje cocer 1 hora. • Enfríe los pichones, quíteles la piel, deshuéselos y corte la carne en tiras finas. • Reserve la mitad del fondo de cocción y reduzca el resto a fuego vivo a 4 cucharadas; déjelo enfriar y desengráselo. • Caliente de nuevo el fondo reservado. • Bata los huevos más las 2 yemas, y añádalos, sin dejar de remover, al fondo caliente (evitando que hierva). • Añada el fondo reducido. • Dore ligeramente las almendras en 1 cucharada de mantequilla sin dejar de remover; sáquelas de la sartén, enfríelas y mézclelas con la canela y el azúcar. • Extienda la pasta con un rodillo formando 18 discos finísimos y dórelos ligeramente en una sartén seca. • Para el pastel coloque 6 discos, uno sobre otro, sobre papel de aluminio doble, formando un círculo del tamaño de la sartén y luego otros seis sobre los ya colocados, y del mismo modo. Hecho esto, ponga las almendras en el centro de los discos. • Mezcle la carne de pichón con la salsa de huevo y póngala sobre las almendras, dejando libre un borde de 7 cm aproximadamente. • Pincele el borde de la masa con mantequilla derretida y dóblelo sobre el relleno, luego cubra éste con los 6 discos restantes. • Caliente el aceite y la mantequilla restante en una sartén grande. Deslice el pastel lentamente en la sartén, retire el papel y dore la parte inferior durante 10 minutos. Dé la vuelta al pastel con ayuda de una tapadera grande y dore el otro lado 10 minutos. • Mezcle el azúcar lustre y la canela y espolvoree con ello el pastel. Sírvalo con una ensalada mixta.

Aves con exquisitos rellenos

Ambas preparaciones constituirán un éxito en los ágapes festivos.

Codornices rellenas de setas

A la izquierda de la foto

Ingredientes para 6 personas:
25 g de colmenillas secas
4 cucharadas de jerez fino
1 rebanada de pan tostado
2 cucharadas de crema de leche
6 codornices de 200 g cada una
1 escalonia
Unas ramitas de perifollo
1 cucharadita de sal
½ cucharadita de pimienta blanca
250 g de carne de ternera picada
1 pizca de nuez moscada rallada
1 cucharada de aceite
2 cucharadas de mantequilla
2 dl de crema de leche

Receta famosa

Por persona, unos 2 400 kJ/ 570 kcal · 46 g de proteínas · 42 g de grasas · 4 g de hidratos de carbono

Tiempo de preparación: 45 min.
Tiempo de horneado: 30 min.

Remoje las colmenillas en el jerez. • Quite la corteza al pan, córtelo en dados y rocíelo con la crema. • Deshuese las codornices, excepto las alas y los muslos. • Pele y pique la escalonia. Lave el perifollo, séquelo y píquelo. • Sazone las codornices con sal y la escalonia picada. • Mezcle la pimienta con la sal sobrante, la carne picada, el perifollo, la nuez moscada, el pan remojado y las setas (sin el jerez). • Rellene las 6 codornices con la mezcla y brídelas. • Precaliente el horno a 220° C. • Caliente en una sartén el aceite y la mantequilla, dore las codornices y colóquelas luego en una fuente para asar; rocíelas con la grasa, el jerez y la crema y áselas 30 minutos en la parte inferior del horno. • Ya asadas, déjelas reposar 5 minutos con el horno desconectado.

Pularda rellena de maíz

A la derecha de la foto

2 mazorcas de maíz
1 cucharadita de sal
1 pularda de 1½ kg
1 pimiento verde
2 cucharadas de mantequilla
100 g de carne de cerdo picada
1 cucharadita de sal y pimienta blanca
2 cucharadas de aceite
1 zanahoria
1 cebolla
1 diente de ajo
5 cucharadas de vino blanco
5 cucharadas de caldo de ave
1 dl de crema de leche espesa

Económica • Fácil

Por persona, unos 4 100 kJ/ 980 kcal · 86 g de proteínas · 53 g de grasas · 43 g de hidratos de carbono

Tiempo de preparación: 45 min.
Tiempo de horneado: 1¼ horas

Cueza las mazorcas de maíz en agua salada durante 40 minutos y desprenda los granos. • Lave la pularda y séquela, corte en trocitos el corazón y el hígado. • Precaliente el horno a 200° C. • Lave el pimiento y córtelo en trozos pequeños, luego sofríalo junto con los menudillos en 1 cucharada de mantequilla. Añada la carne de cerdo y el maíz y salpimente. Rellene con ello la pularda y cósala; rocíela con el aceite y ásela en la parte inferior del horno 1¼ horas. • Raspe la zanahoria y luego rállela, pele la cebolla y córtela en 8 trozos. Pele y pique el ajo y sofríalo con las otras verduras en la mantequilla restante hasta que se doren; rocíe con el vino y el caldo y deje cocer 10 minutos. Pase esta salsa por el chino y mézclela con la crema de leche. Sirva la pularda troceada con la salsa.

Filetes de pavo hojaldrados

Unas zanahorias glaseadas y brécoles con salsa holandesa son dignos acompañantes para este menú festivo.

Ingredientes para 6 personas:
600 g de pasta de hojaldre congelada
6 filetes de pavo de 150 g cada uno
50 g de mantequilla
300 g de carne picada sin grasa
1 dl de crema de leche · 2 huevos
3 cucharadas de finas hierbas recién picadas y mezcladas, como perifollo, perejil y salvia
½ cucharadita de sal
½ cucharadita de pimienta negra
½ cucharadita de pimentón dulce
1 pizca de nuez moscada rallada
150 g de avellanas molidas
1 yema de huevo
2 cucharadas de leche
Harina para espolvorear la superficie de trabajo

Elaborada

Por persona, unos 3 800 kJ/ 900 kcal · 58 g de proteínas · 5 g de grasas · 37 g de hidratos de carbono

Tiempo de preparación: 40 minutos
Tiempo de horneado: 30 minutos

Descongele el hojaldre. • Lave los filetes, séquelos y fríalos en mantequilla por ambos lados; retírelos de la sartén y déjelos enfriar. • Mezcle la carne picada con la crema, los huevos y las hierbas y sazone generosamente con sal, pimienta, pimentón y nuez moscada. • Esparza esta mezcla alrededor de toda la superficie de los filetes. • Precaliente el horno a 200° C. Ponga 4 láminas de hojaldre sobre una superficie enharinada y extiéndalas un poco con el rodillo, espolvoréelas con las avellanas molidas y, finalmente, extiéndalas con el rodillo hasta darles 1 cm de grosor. • Coloque en cada lámina un filete y envuélvalo, pincele los bordes con agua y presione. • Luego coloque los paquetitos en una placa para hornear humedecida. • Bata la yema con la leche y pincele con ello el hojaldre. Deje cocer en la parte central del horno 30 minutos.

Pavo a la americana

El tradicional pavo asado americano, para el Día de Acción de Gracias, es también exquisito en cualquier ocasión festiva.

Ingredientes para 8 personas:
1 pavo joven de unos 4 kg
2 cucharaditas de sal
½-1 cucharadita de pimienta blanca recién molida.
Unas ramitas de perejil
1 limón
2 cebollas
100 g de mantequilla
6 rebanadas de pan tostado
½ taza de leche
2 huevos
2 cucharadas de salvia seca
½ cucharadita de sal
½ cucharadita de pimienta blanca recién molida
1 cucharadita de caldo de carne concentrado
1 cucharadita de curry en polvo
¾ l de caldo de carne (instantáneo)
850 g de boniatos
2 cucharadas colmadas de azúcar
2 cucharadas de maicena

Especialidad de los Estados Unidos
Elaborada

Por persona, unos 5 000 kJ/ 1 200 kcal · 110 g de proteínas · 68 g de grasas · 39 g de hidratos de carbono

Tiempo de preparación: 1 hora
Tiempo de horneado: 3-3½ horas

Lave bien el pavo por dentro y por fuera y séquelo, haga lo mismo con los menudillos. Salpiméntelo por dentro y por fuera. • Lave y pique el perejil. • Corte el limón por la mitad y frote el exterior del pavo con el zumo. • Pele y pique las cebollas y también el hígado. • Derrita en una cazuela la mitad de la mantequilla y sofría la cebolla picada, el hígado y el perejil. Corte en dados el pan tostado y mézclelo con el picadillo de hígado y cebolla, la leche, los huevos, la salvia, la sal, la pimienta y el caldo concentrado. • Precaliente el horno a 175° C. • Rellene el pavo con la mezcla y cosa las aberturas con un bramante. • Brídelo y colóquelo en una fuente para asar. • Derrita el resto de mantequilla, añada el curry y pincele con ello la superficie del pavo, dándole una capa gruesa. Engrase, asimismo, con mantequilla un trozo de papel de aluminio y tape con él el pavo. Introduzca en la parte inferior del horno y ase de 3 a 3½ horas. • Caliente el caldo de carne instantáneo. Pasadas 1½ horas, añada al pavo la molleja, el corazón y el pescuezo, y después el caldo caliente, rociando el pavo repetidas veces con su fondo de cocción. • Pasadas 3 horas, haga una prueba para ver si está en su punto; clave una aguja de bridar gruesa en la parte más gruesa de un muslo. Si el jugo que sale es claro, es que el pavo está en su punto, pero no si es rosado. Ya asado, sáquelo del horno y déjelo reposar tapado con el papel de aluminio. • Aumente la temperatura del horno a 220° C. Pele los boniatos y colóquelos en la fuente 1 hora antes de finalizar la cocción del pavo, espolvoréelos con azúcar y métalos en el horno (en la parte central) durante 40 minutos o hasta que se doren. • Trinche el pavo y póngalo con los boniatos en una fuente precalentada. Desconecte el horno y manténgalo allí caliente. • Desengrase el fondo de cocción del asado. Pique el corazón y la carne del pescuezo. Retire la molleja. • Hierva el caldo con el fondo del asado en un cazo. Añada la carne y corazón picados. Deslía la maicena en 2 cucharadas de agua y ligue con ello la salsa, rectifique la sal y la pimienta y sirva la salsa con el pavo. • Acompáñelo con arándanos rojos y guisantes finos salteados con mantequilla.

Faisanes asados

Las guarniciones de calabacines y croquetas de patata son muy adecuadas para el faisán.

Faisán con salsa de tocino

A la derecha de la foto

- 1 faisán de 1,2 kg
- 1 cucharadita de sal
- ½ cucharadita de pimienta negra
- 4 lonchas finas de tocino graso
- 50 g de mantequilla
- 50 g de tocino ahumado
- 1 zanahoria · 150 g de puerro
- Unas ramitas de perejil
- 2 bayas de enebro
- 2 cucharadas de aceite
- ½ cucharadita de sal
- 5 granos de pimienta
- ½ l de agua
- 1/8 l de mosto de uva
- 3 cucharadas de jerez seco
- 1/8 l de crema de leche espesa

Elaborada

Por persona, unos 4 200 kJ/ 1 000 kcal · 65 g de proteínas · 78 g de grasas · 12 g de hidratos de carbono

Tiempo de preparación: 40 minutos
Tiempo de horneado: 40 minutos

Precaliente el horno a 220° C. • Lave y seque el faisán. Córtele las alas y salpiméntelo en el interior. • Coloque las lonchas de tocino sobre la pechuga y sujételas. • Caliente la mantequilla en una fuente para asar y dore el faisán uniformemente, luego colóquelo sobre la pechuga y áselo 40 minutos en la parte inferior del horno; 10 minutos antes de concluir el asado, retire el tocino y coloque el faisán con la pechuga hacia arriba para que se dore. • Para la salsa corte el tocino ahumado en dados. Raspe la zanahoria, lávela y píquela. Lave el puerro, córtelo a lo largo y luego en rodajas. Pique el perejil. Machaque el enebro. • Caliente el aceite en una sartén y fría el tocino, las alas y los menudillos. Añada la verdura, el perejil, el enebro, la sal, los granos de pimienta y el agua y deje cocer 20 minutos. • Pase la salsa por el chino. • Reserve el faisán al calor. • Mezcle el fondo del asado con la salsa y viértalo en un cazo, agregue el mosto y el jerez y hierva hasta que la salsa se reduzca a ¼ de litro. Finalmente, añada la crema de leche.

Faisán relleno

A la izquierda de la foto

- 1 faisán de 1,2 kg
- 100 g de jamón serrano
- 75 g de tocino ahumado
- 6 hojas de salvia
- 1 cucharadita de sal
- ½ cucharadita de pimienta negra
- ½ cucharadita de cáscara de limón rallada
- 4 cucharadas de aceite de oliva
- 4 lonchas finas de tocino graso
- 1/8 l de vinno blanco seco

Elaborada

Por persona, unos 3 700 kJ/ 880 kcal · 68 g de proteínas · 65 g de grasas · 10 g de hidratos de carbono

Tiempo de preparación: 20 minutos
Tiempo de horneado: 40 minutos

Lave y seque el faisán. Corte en trocitos el jamón y el tocino. Pique la salvia y mézclela con sal, pimienta, cáscara de limón, jamón y tocino. • Precaliente el horno a 220° C. Sale el interior del faisán, rellénelo con la mezcla y bridelo. • Caliente el aceite en una fuente para asar y dore el faisán, colóquelo con la pechuga hacia arriba y cubra ésta con las lonchas de tocino. • Meta la fuente en el horno 40 minutos y rocíe el faisán a menudo con el vino y el fondo de cocción del asado. Diez minutos antes de concluir el asado retire las lonchas de tocino para que se dore

Supremas de pavo con salsa de yogur

La pechuga de pavo es apropiada para prepararla con una salsa muy condimentada.

1 kg de pechuga de pavo con huesos
2 dientes de ajo
½ cucharadita de sal
1 pizca de pimienta negra recién molida
6 cucharadas de aceite de girasol
1 pimiento rojo y 1 amarillo
200 g de puerros
500 g de pepinos
1 manojito de perifollo
1/8l de caldo caliente de ave
¼ de yogur

Especialidad búlgara

Por persona, unos 1 800 kJ/ 430 kcal · 54 g de proteínas · 17 g de grasas · 13 g de hidratos de carbono

Tiempo de preparación: 40 minutos
Tiempo de horneado: 45 minutos

Lave y seque la pechuga de pavo. • Pele los ajos, píquelos, macháquelos con la sal y la pimienta y mézclelos con 1 cucharada de aceite. Unte bien la carne con esta mezcla y déjela adobar tapada en el frigorífico durante 30 minutos. • Precaliente el horno a 200° C. • Lave los pimientos y córtelos en trocitos. Retire al puerro la parte verde oscura, lávelo y córtelo en rodajas de 1 cm. Pele el pepino y córtelo en trozos. Lave y pique el perifollo. • Caliente el resto del aceite. Coloque la pechuga en una fuente para asar, rocíela con el aceite caliente y métala en el horno 30 minutos. • Ponga alrededor de la pechuga los pimientos y el puerro, añada el caldo caliente y deje cocer 10 minutos. Luego añada el pepino y cueza 5 minutos más. • Mantenga al calor la carne y las verduras en una fuente precalentada dentro del horno desconectado. • Mezcle el fondo de cocción del asado con el yogur y sirva en salsera aparte espolvoreando con el perifollo.

Filetes sabrosos de pavo

Verduras tiernas y finas hierbas dan a la carne este aroma especial.

Escalopes de pavo con calabacín

A la izquierda de la foto

- 1 kg de calabacines pequeños
- 4 escalonias
- 4 cucharadas de aceite de girasol
- 1/4 l de caldo caliente de ave
- 1 cucharadita de pimentón dulce
- 3 pizcas de pimienta blanca
- 4 escalopes de pavo de 150 g cada uno
- 1 pizca abundante de sal de hierbas
- El zumo de 1/2 limón
- 2 cucharadas de perejil picado
- 2 cucharadas de salsa de soja

Receta integral

Por persona, unos 1 800 kJ/ 430 kcal · 35 g de proteínas · 25 g de grasas · 18 g de hidratos de carbono

Tiempo de preparación: 40 minutos

Lave bien los calabacines, séquelos y córtelos en tiras gruesas. Pele las escalonias, córtelas por la mitad y luego en tiras finas. • Caliente en una sartén grande 2 cucharadas de aceite. Sofría las escalonias, añada los calabacines, tape y deje rehogar 5 minutos a fuego lento. Añada el caldo, sazone con pimentón y 1 pizca de pimienta, tape y deje cocer 10 minutos más, dejando la tapadera un poco entreabierta. Finalmente, destape y deje cocer los calabacines hasta que el líquido se haya consumido. • Aplaste los escalopes, salpiméntelos y fríalos 2 ó 3 minutos en una sartén aparte con el resto del aceite. Deben quedar bien dorados. • Sazone la verdura con la sal de hierbas y el zumo de limón, espolvoréela con el perejil y sírvala con los escalopes. Rocíe la carne con la salsa de soja y acompañe con patatas al vapor.

Escalopes de pavo a la salvia

A la derecha de la foto

- 4 hojitas de salvia fresca
- 1 diente grande de ajo
- 1 hígado de pavo
- 1 trozo de cáscara de limón
- 50 g de jamón serrano desgrasado
- 3 filetes de anchoa
- 1 cucharada de alcaparras
- 8 escalopes pequeños de pavo de 80 g cada uno
- 4 cucharadas de aceite de oliva
- 1 cucharadita de sal
- 1/2 cucharadita de pimienta blanca
- El zumo de 1/2 limón

Fácil • Rápida

Por persona, unos 1 600 kJ/ 380 kcal · 55 g de proteínas · 17 g de grasas · 2 g de hidratos de carbono

Tiempo de preparación: 35 minutos

Lave la salvia, séquela y córtela en tiras finas. Pele y prense el ajo. Lave el hígado, quítele las membranas y la grasa y córtelo en trocitos. Luego pique finamente la cáscara de limón, el jamón, las anchoas y las alcaparras y mézclelos con el hígado y el ajo. • Lave y seque los escalopes. En una sartén grande con la mitad del aceite fría el picadillo. Fría los escalopes en otra con el resto del aceite de 2 a 3 minutos; añada la salvia y el zumo de limón y colóquelos en una fuente precalentada con el picadillo. Sirva con arroz con guisantes.

Pato asado crujiente

Los patos jóvenes son los más apropiados para asar, pero deben tener un poco de grasa.

Pato silvestre asado

A la derecha de la foto

- 200 g de setas calabaza u otras
- 100 g de tocino ahumado
- 1 cebolla
- 2 cucharaditas de mantequilla
- 1 cucharadita de estragón seco
- 4 cucharadas de coñac
- 1 cucharadita de sal
- ½ cucharadita de pimienta blanca
- 300 g de carne picada sin grasa
- 4 cucharadas de miga de pan
- 1 pato silvestre joven, de 1½ kg
- 4 cucharadas de aceite
- 2 manzanas
- 1/8 l de caldo de ave caliente
- 1/8 l de vino blanco seco

Elaborada

Por persona, unos 5 460 kJ/ 1 300 kcal · 89 g de proteínas · 90 g de grasas · 17 g de hidratos de carbono

Tiempo de preparación: 40 min.
Tiempo de horneado: 1½ horas

Prepare las setas, lávelas y córtelas en rodajas. Corte la mitad del tocino en lonchas y el resto en dados finos. • Derrita la mantequilla y fría en ella los dados de tocino y la cebolla hasta que esté transparente, agregue las setas y sazone con estragón, coñac, sal y pimienta. Mezcle el relleno frito con la carne picada y la miga de pan. • Precaliente el horno a 200° C. • Lave el pato, séquelo, rellénelo, cósalo y brídelo. Caliente el aceite en una fuente para asar y dore el pato a fuego vivo, luego métalo en la parte inferior del horno durante 1½ horas. • Pele las manzanas, retire las pepitas y córtelas en gajos. • Una vez hayan transcurrido 30 minutos del asado, añádalas al pato junto con el caldo. Al cabo de 1 hora agregue el vino blanco y rocíe el pato con su fondo de cocción. • Manténgalo caliente con el horno desconectado. • Tamice el fondo de cocción, sazone y sirva con croquetas de patata.

Pato con almendras

A la izquierda de la foto

- 1 pato de 1,8 kg
- 1 diente de ajo
- ½ l de agua
- ½ cucharadita de sal
- ¼ l de jerez seco
- 1 cebolla
- 1/8 l de aceite
- 150 g de almendras peladas
- 1 cucharada de maicena
- 1 pizca de pimienta blanca recién molida
- 1 pizca de azúcar
- 4 cucharadas de salsa de soja

Elaborada

Por persona, unos 5 800 kJ/ 1 400 kcal · 89 g de proteínas · 110 g de grasas · 14 g de hidratos de carbono

Tiempo de preparación: 30 minutos
Tiempo de cocción: 1½ horas

Lave el pato y los menudillos y séquelos. Pele el ajo y píquelo. Corte las alas y el pescuezo al pato y póngalos a cocer con el agua, la sal, el jerez, el ajo y los menudillos. • Corte el pato en cuatro trozos, incorpórelos al caldo y deje cocer éste 1 hora a fuego lento. • Cuele el caldo, desengráselo y hierva de nuevo a fuego vivo hasta reducirlo a 3 dl. • Deshuese la carne. Pele la cebolla y córtela en rodajas. • Caliente el aceite en una sartén honda, dore la cebolla y las almendras y resérvelas. • Fría los trozos de pato (con la piel hacia abajo) en el aceite hasta que estén bien dorados y resérvelos al calor en una fuente precalentada. • Deslía la maicena en agua fría y ligue con ella el caldo; sazónelo con pimienta, azúcar y la salsa de soja y sirva el plato adornado con rodajas de cebolla y las almendras.

Pato a la naranja

Una preparación clásica para patos jóvenes.

Ingredientes para 6 personas:

- 1 pato joven listo para asar, de 1,6 kg aproximadamente
- 1 zanahoria mediana
- 1 trozo de apio nabo
- 1 cebolla mediana
- 3 naranjas y 1 limón
- 1 cucharadita de sal
- 1 pizca de pimienta
- 2 cucharadas de aceite
- 3,5 dl de caldo de ave caliente
- 70 g de azúcar
- 4 cucharadas de vinagre de vino
- 4 cucharadas de licor de naranja (Cointreau)
- 2 cucharadas de maicena
- 2 cucharadas de confitura de naranja

Especialidad francesa
Receta famosa

Por persona, unos 3 200 kJ/ 760 kcal · 49 g de proteínas · 49 g de grasas · 28 g de hidratos de carbono

Tiempo de preparación: 45 minutos
Tiempo de horneado: 1¼ horas

Lave bien el pato y séquelo. • Raspe y lave la zanahoria y el apio nabo, séquelos y píquelos. Pele la cebolla y píquela también. • Pele 1 naranja sin que queden restos de la membrana blanca interior; luego córtela a lo largo con ayuda de un cuchillo muy fino. Corte la cáscara (muy fina) de otra naranja y del limón en juliana. • Precaliente el horno a 200° C. • Exprima 2 naranjas y el limón; mezcle los zumos y resérvelos. • Salpimente el interior del pato y brídelo (vea pág. 10). • Caliente el aceite en una fuente para asar y coloque el pato con la pechuga hacia abajo; áselo 15 minutos en el horno. Ponga a su alrededor los dados de zanahoria, cebolla y hierbas. Áselo 15 minutos por lado, luego póngalo con la pechuga hacia arriba, rocíelo con el caldo caliente y áselo 25 minutos más. • Mientras, derrita el azúcar en un cazo. Añádale las cáscaras cortadas en juliana y prosiga la cocción 30 minutos a fuego lento. • Una vez el pato asado, póngalo en una fuente precalentada y déjelo 10 minutos en el horno desconectado. Desengrase el fondo de cocción del asado, mézclelo con el vinagre, remueva y hierva 1 minuto. Retire del fuego y mezcle con el licor. • Deslía la maicena en 2 cucharadas de agua fría y añádala a la salsa, déle un hervor y luego mézclela con la confitura de naranja. Salpimente al gusto. • Retire el bramante al pato y trínchelo. • Cubra el pato con la naranja fileteada y sirva la salsa en salsera aparte. • Acompañe este plato con judías verdes finas salteadas con mantequilla.

Nuestra sugerencia: Si desea la salsa desgrasada, deje enfriar por completo el fondo de cocción del asado y luego retire la capa de grasa de la superficie. Caliente de nuevo el fondo antes de mezclarlo con el vinagre y los zumos. En este caso envuelva el pato en papel doble de aluminio y consérvelo caliente en el horno a 80° C.

Ocas asadas festivas

Con salsa picante y un relleno de frutas son un regalo para el paladar.

Oca con salsa de arándanos

A la izquierda de la foto

Ingredientes para 6 personas:
1 oca joven cebada de 3 kg
2 cucharaditas de sal
1 cucharadita de pimienta negra
1 taza de compota o confitura de arándanos
1/8 l de vino tinto seco
1 pizca de clavo molido
Nuez moscada
1 cucharadita de azúcar

Elaborada

Por persona, unos 5 920 kJ/ 1 410 kcal · 64 g de proteínas · 129 g de grasas · 5 g de hidratos de carbono

Tiempo de preparación: 20 minutos
Tiempo de horneado: 2½ horas

Precaliente el horno a 180° C. • Lave la oca, séquela y salpiméntela. • Corte los menudillos en trocitos; bride el ave y colóquela con la pechuga hacia abajo en una fuente para asar. Añada ¼ l de agua hirviendo y ase 1 hora en la parte inferior del horno. • Luego déle la vuelta y pinche los muslos varias veces para que salga la grasa. Ase 1 hora más, rociando a menudo con el fondo de cocción. • Pasadas 2 horas, pincele repetidas veces el ave con agua fría salada. • Estará en su punto cuando al pincharla el jugo salga claro. • Déjela reposar 20 minutos con el horno desconectado. • Mezcle la compota o confitura con el vino tinto y las especias. Añada agua hirviendo al fondo de cocción del asado, cuele y remuévalo con la salsa de arándanos, dé un hervor y sazone la salsa.

Oca rellena de frutas secas

A la derecha de la foto

Ingredientes para 8 personas:
100 g de pasas sultanas
200 g de ciruelas pasas deshuesadas
200 g de higos secos
2 naranjas. 1 oca de 4 kg
2 cucharaditas de sal
1 cucharadita de pimienta negra

Elaborada

Por persona, unos 6 550 kJ/ 1 560 kcal · 65 g de proteínas · 129 g de grasas · 40 g de hidratos de carbono

Tiempo de preparación: 40 min.
Tiempo de horneado: 3½ horas

Precaliente el horno a 180° C. Ponga en remojo las pasas y las ciruelas durante 15 minutos y escúrralas. Lave los higos con agua caliente, séquelos y píquelos. Lave las naranjas con agua muy caliente, pélelas y córtelas en gajos; corte en tiras finas la cáscara. • Lave y seque el hígado y el corazón de la oca, píquelos y mézclelos con las frutas y la cáscara de naranja. • Lave la oca, séquela, salpiméntela por dentro, rellénela con la mezcla frutas y cosa la abertura. • Bride el ave y póngala a asar sobre la rejilla del horno, poniendo debajo una bandeja para recoger la grasa. Vierta en el recipiente bajo la rejilla ¼ l de agua hirviendo. Ase la oca 3½ horas, rociándola con el líquido del recipiente. • Pasada 1 hora, déle la vuelta. Pinche los muslos para que salga la grasa. Durante las 2½ horas restantes rocíe la oca varias veces con agua fría salada. Retire la grasa del fondo de cocción y deje reposar 20 minutos en el horno desconectado. Acompañe el ave rellena con las naranjas; añada agua al fondo de cocción, cuele y sirva con esta salsa.

Oca tradicional navideña

Para la oca asada con relleno de manzanas y castañas las mejores guarniciones son unos ñoquis de patata y lombarda con manzanas.

Ingredientes para 8 personas:
750 g de castañas
½ l de caldo de pollo
1 oca de 5 kg
3 cucharaditas de sal
1 cucharadita de pimienta blanca
500 g de manzanas ácidas
100 g de pasas
½ cucharadita de artemisa seca
¼ l de agua hirviendo
1 cucharada de harina
½ cucharadita de azúcar

Elaborada

Por persona, unos 6 870 kJ/ 1 635 kcal · 76 g de proteínas · 124 g de grasas · 58 g de hidratos de carbono

Tiempo de preparación: 1 hora
Tiempo de horneado: 4 horas

Precaliente el horno a 175° C. • Practique a las castañas un corte en forma de cruz y áselas en el horno hasta que reviente la cáscara. Pélelas. Póngalas a hervir en el caldo unos 10 minutos, escúrralas y enfríelas. • Lave la oca, séquela y salpiméntela. • Pele las manzanas y córtelas en rodajas (retirando el corazón). Lave las pasas, séquelas y mézclelas con las rodajas de manzana, la artemisa y las castañas. • Rellene el ave con la mezcla, brídela y cosa la abertura. Póngala en una fuente para asar con la pechuga hacia abajo, rocíela con el agua hirviendo y ásela 4 horas. • Al cabo de 1 hora déle la vuelta y pinche varias veces los muslos para que salga la grasa. Ase 2½ horas más, rociándola repetidas veces con el fondo de cocción del asado. • A las 3½ horas rocíela con agua fría salada para que quede crujiente. • Déjela reposar 20 minutos en el horno desconectado. • Desengrase la salsa si lo desea. Añada agua al fondo de cocción, cuélelo, añada más agua y ligue la salsa con la harina desleída en un poco de líquido. Sazone la salsa con sal, pimienta y azúcar.

Pasteles, tartaletas
con finos rellenos
y exquisitas ensaladas
para el bufet festivo

Las aves en la cocina fría

Parfait de pavo dos salsas

Para acompañar con un vino exquisito nada mejor que este fino parfait.

Ingredientes para 6 personas:
400 g de hígado de pavo
400 g de pechuga de pavo
2 escalonias
50 g de mantequilla
1 cucharadita de sal
2 pizcas de pimienta de Jamaica molida
Pimienta negra recién molida
Mejorana seca
Tomillo
Azúcar
2 copas de Armagnac o vino de Oporto (4 cl)
5 claras de huevo
3 hojas de gelatina
¼ l de crema de leche espesa
1/8 l de caldo de ave
Para las salsas:
4 manzanas ácidas
1 cucharada de azúcar
1 pizca de canela molida
1/8 l de sidra
200 g de confitura de arándanos morados
El zumo de 1 limón
½-1 cucharadita de jarabe de arce
Sal y pimienta de Cayena al gusto

Apropiada como entrada

Por persona, unos 1 900 kJ/ 450 kcal · 34 g de proteínas · 24 g de grasas · 20 g de hidratos de carbono

Tiempo de preparación: 1½ horas
Tiempo de enfriado: 1 día

Limpie el hígado de pieles y grasa, lávelo, séquelo y córtelo en lonchas. Lave la pechuga, séquela y píquela en trocitos. Pele las escalonias y píquelas. • Caliente la mitad de la mantequilla en una sartén y fría allí el hígado 7 minutos a fuego lento, dándole la vuelta continuamente. Sáquelo de la sartén y en la misma grasa sofría las escalonias, añada el resto de la mantequilla y la pechuga y fría 10 minutos a fuego moderado, removiendo de vez en cuando. • Deje enfriar la carne, y luego píquela dos veces con el disco más fino de la picadora. Pique el hígado y mézclelo con la carne. Sazone la farsa con sal, pimienta de Jamaica, pimienta negra, mejorana, tomillo y azúcar y agréguele el aguardiente o el Oporto. Resérvela en el frigorífico y déjela enfriar. • Bata las claras y 1 pizca de sal a punto de nieve. Remoje la gelatina en agua fría y bata la crema de leche hasta que esté bien firme. • Caliente el caldo, escurra bien la gelatina, échela en el caldo y remueva hasta que se haya diluido por completo. Deje enfriar removiendo continuamente hasta que empiece a cuajarse. Saque el parfait del frigorífico, mézclelo con las claras a punto de nieve y la crema y, finalmente, con el caldo gelatinoso. Viértalo en un recipiente o terrina de porcelana, y alise la superficie; luego cúbralo con papel de aluminio doblado y métalo en el frigorífico 24 horas. • Antes de servirlo, pele las manzanas y córtelas en trocitos retirando las pepitas. Cuézalas con azúcar, canela y sidra unos 10 minutos a fuego lento, redúzcalas a puré o páselas por un tamiz y luego déjelas enfriar. Mezcle los arándanos con el zumo de limón y sazone con el jarabe de arce, la sal y la pimienta de Cayena. Sirva ambas salsas con el parfait frío y acompáñelo con tostadas calientes.

Empanada de pollo a la rusa

Un plato tradicional para menús festivos.

Ingredientes para un molde de 30 cm de diámetro:
Para la masa: · 250 g de harina
3 cucharadas de agua
½ cucharadita de sal
120 g de mantequilla
Para el relleno:
800 g de carne de pollo cocida, sin piel ni huesos
50 g de mantequilla
200 g de arroz de grano largo
½ cucharadita de sal
500 g de champiñones
½ cucharadita de sal
1 pizca de pimienta negra recién molida
3 huevos duros
1/8 l de crema de leche espesa
1 ramillete de eneldo
1 ramillete de perejil
Para pincelar la superficie:
1 yema
1 cucharada de crema de leche
Para el molde:
Mantequilla

Elaborada

Cortada en 8 porciones, cada una contiene aproximadamente 2 250 kJ/535 kcal · 46 g de proteínas · 27 g de grasas · 43 g de hidratos de carbono

Tiempo de preparación: 1 hora
Tiempo de reposo: 2 horas
Tiempo de horneado: 30 minutos

Tamice la harina, haga un hueco en el centro y llénelo con el agua y la sal, reparta la mantequilla cortada en copos por el borde. Mezcle bien los ingredientes y amáselos hasta obtener una masa fina. Formar un rollo con la misma, envuélvalo en papel de aluminio y déjelo reposar 2 horas en el frigorífico. • Para el relleno corte la carne en dados pequeños. • Caliente en un cazo la mitad de la mantequilla, añada el arroz y sofríalo sin dejar de remover, vierta agua hasta cubrir el arroz, sale, remueva de nuevo y deje cocer 20 minutos a fuego lento. • Prepare las setas, lávelas, escúrralas y córtelas en rodajas. Luego sofríalas en el resto de la mantequilla hasta que el líquido se evapore. Salpimente al gusto. • Pele los huevos duros y córtelos en dados finos. • En un recipiente mezcle el arroz cocido con la carne, las setas y los huevos picados. Añada la crema de leche y mezcle todo bien. Pique el eneldo y el perejil una vez lavados, añádalos al relleno y sazone de nuevo con sal y pimienta. • Precaliente el horno a 220° C. Engrase el molde con mantequilla. Extienda la masa sobre la superficie de trabajo enharinada, formando dos discos, uno del tamaño del molde y el otro algo más grande. Coloque el disco grande sobre el molde engrasado y pínchelo varias veces con un tenedor. Reparta el relleno sobre el fondo, alisando la superficie. Tape con el otro disco de masa y cierre los bordes presionando a su alrededor. Pinche la superficie de la empanada para que el vapor que se forma durante la cocción salga con facilidad. • Bata la yema con la crema de leche y pincele con ello la superficie de la empanada. • Hornéela 30 minutos o hasta que se dore. Puede servirse caliente o fría.

Empanada de perdiz

Una empanada especial muy apropiada para entrada.

Ingredientes para 6 personas:
Para la masa: · 250 g de harina
100 g de mantequilla
1 cucharadita de sal · 1 huevo
Para el relleno:
2 perdices asadas de 600 g cada una · 2 escalonias
100 g de champiñones
½ manojito de albahaca
300 g de carne de ternera picada
2 huevos · 1 cucharadita de sal
1 dl de crema de leche espesa
1 pizca de pimentón picante
1 pizca de jengibre en polvo
Harina para la superficie de trabajo

Muy elaborada

Por persona, unos 3 360 kJ/ 800 kcal · 56 g de proteínas · 53 g de grasas · 35 g de hidratos de carbono

Tiempo de preparación: 40 minutos
Tiempo de horneado: 45 minutos

Prepare una masa con la harina, la mantequilla, la sal y el huevo. Tápela y déjela reposar en el frigorífico hasta que el relleno esté hecho. Pele las perdices y deshuéselas, saque enteras las pechugas y pique el resto. • Pele las escalonias y córtelas en trozos. Lave los champiñones y séquelos. Lave la albahaca, retire los tallos y píquela junto con la carne de perdiz, las escalonias y los champiñones; luego mezcle el picadillo con la carne picada, 1 huevo, la sal, la crema de leche, el pimentón y el jengibre. Sazone generosamente. • Precaliente el horno a 200° C. • Divida la masa en dos partes y extiéndala con un rodillo formando dos rectángulos sobre la superficie de trabajo enharinada, de 15 × 30 cm. • Ponga sobre uno la mitad del relleno, coloque encima las pechugas y luego la otra mitad de la farsa, cubra con el resto de masa y cierre bien los bordes, presionándolos. Pincele la superficie con huevo batido y pinche varias veces la empanada con un tenedor. • Horneéla 45 minutos en la parte inferior del horno.

Terrina de hígado de pollo

Con el picadillo ya preparado, puede hacer la terrina fácilmente.

Ingredientes para 6 personas:
- 600 g de higadillos de pollo muy frescos
- 100 g de tocino ahumado en un trozo
- 2 cebollas
- 1 ramita de tomillo y 1 de romero frescos
- Unas ramitas de perejil
- 25 g de setas calabaza u otras secas
- 1 cucharadita de sal
- Tomillo, romero, clavo en polvo, canela molida, nuez moscada y jengibre en polvo (½ cucharadita de cada)
- 5 cucharadas de jerez
- 500 g de salchichas *Bratwurst*
- 2 dl de crema de leche espesa
- 2 hojas de laurel
- 4 lonchas finas de tocino ahumado

Elaborada • Fácil

Por persona, unos 3 080 kJ/ 735 kcal · 35 g de proteínas · 60 g de grasa · 7 g de hidratos de carbono

Tiempo de preparación: 1 hora
Tiempo de horneado: 45 minutos

Retire las pieles y la grasa de los higadillos, lávelos y séquelos con papel de cocina. Quite la corteza al tocino y córtelo en trocitos regulares. Pele la cebolla y píquela. Lave las hierbas con agua tibia y séquelas. Ponga aparte el tomillo y el romero Pique el perejil, retirando antes los tallos. Tape las hierbas y resérvelas en un cuenco. • Fría los dados de tocino en una sartén, añada la cebolla picada y sofríala. Luego incorpore el hígado y, sin dejar de remover, fríalo 3 minutos a fuego moderado. Agregue las setas secas, la sal, las hierbas, las especias y el jerez y siga friendo 1 minuto más; luego deje enfriar. • Precaliente el horno a 175° C. • Ponga a hervir 2 litros abundantes de agua. Pique los higadillos un poco gruesos y mézclelos con el picadillo de salchicha, la crema de leche y el perejil picado; sazone de nuevo. • Llene una terrina refractaria de hierro colado, de barro o porcelana con esta mezcla, ponga encima las ramas de tomillo, romero y el laurel y cubra con las lonchas de tocino ahumado. • Tape la terrina con papel de aluminio doble y colóquela en una cazuela o fuente para asar honda; vierta agua hirviendo hasta llegar a 4 cm por debajo del borde de la terrina. • Cueza en el horno 45 minutos. • El baño María no deberá sobrepasar los 80° C. Mida con un termómetro de carne o de los de hacer conservas la temperatura del horno. Retire la cazuela del horno y saque la terrina. • Deje enfriar la terrina sin sacarla del molde. • Sírvala cortada en lonchas o retire porciones con una cuchara. Acompáñela con mostaza de frutas, salsa Cumberland, pan blanco de barra recién sacado del horno, o panecillos aromatizados con cebolla y tocino.

Tarta de pato

Lo más adecuado para halagar el paladar de nuestros invitados.

Ingredientes para 1 molde de 26 cm de diámetro

Para el relleno:

- 2½ l de agua
- 2 cucharaditas de sal
- 1 pato de unos 2 kg
- 1 manojo de hierbas para el caldo
- 1 cebolla
- ½ hoja de laurel
- 2 clavos
- 100 g de champiñones
- 4 cucharadas de mantequilla
- 3 cucharadas de harina
- 1 yema de huevo
- 1 cucharadita de sal
- Pimienta blanca recién molida
- ½ cucharadita de tomillo seco
- 1 clara de huevo

Para la masa:

- 350 g de harina
- 150 g de mantequilla
- 1 yema de huevo
- ½ cucharadita de sal
- 8-10 cucharadas de agua muy fría

Para el molde:

- Mantequilla

Para pincelar la superficie:

- 1 yema

Elaborada

Cortada en 12 porciones cada una, contiene unos 2 600 kJ/620 kcal · 35 g de proteínas · 44 g de grasas · 24 g de hidratos de carbono

Tiempo de preparación: 2½ horas
Tiempo de horneado: 1 hora

Ponga a hervir el agua con la sal. • Lave el pato y los menudillos y sumérjalos en el agua hirviendo (reserve el hígado). Cueza el pato a fuego lento, espumándolo durante los 30 primeros minutos de cocción. • Lave el manojo de hierbas, pele la cebolla, córtela por la mitad y pínchela con los clavos y el laurel. Añada las verduras al pato cuando éste haya cocido 30 minutos y prosiga la cocción 1 hora más. • Para la **masa**, tamice la harina y forme un hueco en el centro. Reparta la mantequilla en copos por el borde de la harina. Vierta en el hueco la yema, la sal y el agua y amáselo todo bien. Envuelva la masa en papel de aluminio y déjela reposar en el frigorífico. • Enfríe el pato, pélelo y deshuéselo, luego pique la carne con el disco más fino de la picadora. • Desengrase el caldo, ya frío, y mida ¼ de litro. • Pique el hígado en trocitos. Lave los champiñones y píquelos finos. Caliente la mantequilla en una sartén y fría en ella el hígado y los champiñones, espolvoree con harina y dore ligeramente. Vierta el caldo poco a poco, remueva y deje cocer 5 minutos. Retire el recipiente del fuego, añada la yema y sazone con sal, pimienta y tomillo; mezcle la preparación con la carne de pato. • Bata la clara a punto de nieve y únala con cuidado al relleno. • Precaliente el horno a 220° C. • Engrase el molde con mantequilla. Extienda la masa en 2 láminas iguales y 1 más pequeña. Extiende las dos grandes con el rodillo hasta que tengan el tamaño del molde. Cubra con una lámina de masa grande el fondo del molde, pinchándola varias veces con un tenedor. Con la lámina pequeña haga una tira para unir el fondo con la tapa. Ponga el relleno sobre el fondo de masa, tape con la lámina grande y cierre con la tira de masa, presionando con los dedos. • Pique la superficie con un palillo, haciendo dibujos en forma de rombos para que así pueda salir el vapor interior. Bata la yema y pincele con ella la superficie de la tarta. Hornee 1 hora en la parte inferior del horno y deje enfriar en el molde antes de servir.

Aspic de oca

Una forma poco común de servir la oca. Resulta exquisita y, además, fácil de preparar cuando hay invitados.

Ingredientes para 6 personas:

- 1 oca de 3 kg aproximadamente
- 500 g de huesos de ternera
- 2 cebollas
- 1 cucharadita de sal
- 1 trozo de cáscara de limón
- 1 hoja de laurel
- 2 clavos
- 4 granos de pimienta
- 4 granos de pimienta de Jamaica
- ½ cucharadita de tomillo seco
- Albahaca y estragón (1 pizca de cada)
- 1¾ l de agua
- ½ l de vinagre
- 1 manojo de hierbas para el caldo
- 12 hojas de gelatina
- Unas ramitas de perejil

Elaborada

Por persona, unos 5 290 kJ/ 1 260 kcal · 60 g de proteínas · 98 g de grasas · 3 g de hidratos de carbono

Tiempo de preparación: 1 hora
Tiempo de cocción: 2 horas
Tiempo de enfriado: 4 horas

Separe los muslos de la oca y corte el cuerpo en 4 trozos. Póngalos en una cazuela grande con los menudillos, el cuello y los huesos de ternera (todo bien lavado). Añada las cebollas peladas y picadas gruesas, la sal, la cáscara de limón, el laurel, los clavos, las dos clases de pimienta en grano, el tomillo, la albahaca, y el estragón. • Ponga a hervir el agua. Rocíe con vinagre la carne y los menudillos y vierta agua hirviendo hasta que queden cubiertos. Cueza 2 horas a fuego lento, espumando el caldo a menudo. • Lave el manojo de hierbas y añádalas al cabo de 1 hora de cocción. • Finalizado el tiempo de cocción, retire las hierbas, la carne y los menudillos y deje enfriar el caldo. • Cuélelo, déjelo enfriar en la nevera y retire la grasa que se forme en la superficie. • Pele los trozos de oca, deshuésela y córtela en trozos regulares. • Corte las zanahorias en rodajas, así como el apio y el nabo del manojo de hierbas. • Ponga la gelatina en ½ l de agua fría y déjela ablandar 10 minutos. Caliente en un cazo 5 cucharadas del caldo de ave y añádalo a la gelatina sin dejar de remover. Sazone generosamente. • Lave el perejil, séquelo y corte las hojas. • Enjuague una fuente grande con agua fría (si tiene dibujo, el aspic resulta más decorativo). • Vierta dentro una capa fina de aspic y deje que cuaje en el frigorífico. • Decore con unas rodajas de verdura y perejil, cubra con otra capa de aspic y deje solidificar de nuevo. • Ponga ahora la carne de oca, el resto de la verdura y el perejil, acabando de rellenar con el aspic sobrante. • Reserve el aspic 4 horas en el frigorífico para que cuaje completamente. • Antes de servirlo separe los bordes con un cuchillo caliente, sumerja el molde brevemente en agua caliente y vuelque el aspic en una fuente. • Sírvalo con patatas fritas en mantequilla (cocidas antes con piel) y ensalada agridulce de remolachas o habas.

Nuestra sugerencia: La grasa de oca que se retiró de la superficie puede utilizarse para potajes de col o legumbres.

Tartaletas de pollo e hinojo

Deliciosas con un vino rosado.

Ingredientes para 6 tartaletas:
- 200 g de harina de trigo integral
- Sal, hinojo molido, granos de anís y pimienta blanca (1 pizca de cada)
- ½ cucharadita de levadura en polvo · 100 g de mantequilla
- 2 huevos pequeños
- 400 g de hinojo fresco
- 1/8 l de caldo de pollo
- 400 g de carne de pollo cocida
- 1 cucharada de aceite de oliva
- 1 cucharada de zumo de limón
- 1 cucharada de mayonesa
- ½ cucharadita de sal de hierbas
- ½ cucharadita de pimentón dulce
- 1 pizca de pimienta de Cayena
- 1 limón
- Mantequilla para engrasar 6 moldes de tartaleta de 8 cm ∅

Receta integral
Económica

Por tartaleta, unos 1 600 kJ/ 380 kcal · 18 g de proteínas · 22 g de grasas · 27 g de hidratos de carbono

Tiempo de preparación: 90 min.

Prepare una pasta quebrada con la harina, la sal, el hinojo, el anís, la pimienta, la levadura en polvo, la mantequilla y los huevos. • Corte un trozo de los tallos del hinojo. Reserve parte de las hojas verdes y lávelas. • Lave las bulbos de hinojo, córtelos en trozos y luego en tiras de ½ cm. Cueza el hinojo en el caldo 15 minutos a fuego muy lento, con el recipiente tapado, luego escúrralo. • Precaliente el horno a 180° C. • Engrase los moldes con mantequilla. • Extienda la masa con el rodillo y forre con ella los moldes. Deje cocer la pasta 15 minutos en el horno y deje enfriar luego las tartaletas sobre una rejilla. • Corte la carne en trocitos y mézclela con el hinojo, el aceite, el zumo de limón, la mayonesa y las especias. • Corte el limón en medias rodajas. • Llene las tartaletas con la ensalada de pollo y adorne con el limón y el hinojo.

Tartaletas de pollo y uvas

Un buen refrigerio para media noche.

Ingredientes para 6 tartaletas:
- 200 g de harina de trigo integral
- ½ cucharadita de sal
- ½ cucharadita de levadura en polvo
- 2 huevos pequeños
- 100 g de mantequilla
- 400 g de carne de pollo cocida (sin piel ni huesos)
- ⅟₂ cucharadita de sal y
- ½ cucharadita de pimienta blanca recién molida
- 500 g de uvas blancas
- 8 pepinillos
- 100 g de queso crema fresco
- 6 cucharadas de crema de leche
- 2 cucharadas de tomate concentrado
- ¼ de cucharilla de albahaca seca
- 18 hojas de albahaca fresca
- Mantequilla para engrasar 6 moldes de tartaleta de 8 cm. ∅

Receta famosa
Receta integral

Por tartaleta, unos 2 400 kJ/ 570 kcal · 30 g de proteínas · 35 g de grasas · 35 g de hidratos de carbono

Tiempo de preparación: 1 hora

Mezcle la harina, la sal y la levadura, haga un hueco en el centro y vierta allí los huevos, reparta la mantequilla por el borde de la harina y amáselo todo rápidamente. • Corte en dados la carne de pollo y salpiméntela. Parta las uvas por la mitad y retire las pepitas. Pique los pepinillos. • Bata con la batidora de varillas el queso fresco, la crema de leche, el tomate y la albahaca y mezcle con los pepinillos, las uvas y la carne. • Precaliente el horno a 180° C. • Engrase los moldes con mantequilla. Extienda la masa con el rodillo, forre con ella los moldes y cueza 15 minutos en la parte central del horno. • Deje enfriar las tartaletas, rellénelas con la ensalada de pollo y adorne con hojitas de albahaca.

Croissants de ave

Estos croissants de hojaldre pueden servirse calientes o fríos, acompañados de ensalada o de un buen vino.

Ingredientes para 10 croissants:
- 300 g de masa de hojaldre congelada
- 400 g de filetes de pechuga de pollo
- 200 g de champiñones
- 2 cebollas
- 2 cucharadas de mantequilla
- 1 cucharadita de sal
- ¼ de cucharilla de pimienta blanca recién molida
- 1 cucharadita de tomillo seco
- 2 cucharadas de crema de leche
- 1 clara de huevo
- 1 yema de huevo
- 1 cucharada de leche evaporada

Receta famosa

Por cada croissant, unos 800 kJ/ 190 kcal · 12 g de proteínas · 11 g de grasas · 12 g de hidratos de carbono

Tiempo de preparación: 1 hora
Tiempo de horneado: 20 minutos

Descongele la masa extendiendo las láminas sobre la superficie de trabajo. • Lave la carne, séquela bien y píquela muy fina. Lave los champiñones, séquelos y píquelos también. Pele y pique las cebollas. • Derrita la mantequilla en una sartén grande y sofría la cebolla. Añada los champiñones, la sal, la pimienta y el tomillo y remueva hasta que el líquido se evapore. Retire la sartén del fuego, añada la crema de leche y deje enfriar. • Incorpore a la mezcla de champiñones la clara y la carne de ave picada. • Bata la yema con la leche evaporada. • Precaliente el horno a 200° C. • Enjuague con agua fría una placa de hornear. • Extienda las láminas de hojaldre con un rodillo, formando unos rectángulos alargados sobre la superficie de trabajo enharinada, luego recorte 10 triángulos y coloque en la parte ancha el relleno. Enrolle la pasta formando una media luna y pincele los croissants con la yema batida. • Póngalos en la placa de hornear y cuézalos durante 20 minutos o hasta que estén dorados.

Codornices trufadas

Exquisitas para un almuerzo regado con cava.

4 codornices listas para asar
1 cucharadita de sal
½ cucharadita de pimienta blanca
2 ramitas de albahaca fresca
200 g de hígado de oca
1 cucharada de mantequilla
2 pizcas de sal y pimienta blanca
2 cucharadas de vino de Madeira
2 cucharaditas de trufas picadas (enlatadas)
2 cucharadas de biscotes desmenuzados
2 cucharadas de manteca derretida
½ escarola
2 mandarinas pequeñas sin pepitas
2 cucharadas de zumo de naranja
½ cucharadita de sal
1 cucharada de aceite de semillas

Receta famosa

Por persona, unos 2 940 kJ/ 700 kcal · 34 g de proteínas · 59 g de grasas · 12 g de hidratos de carbono

Tiempo de preparación: 1¼ horas

Lave las codornices, séquelas y salpiméntelas por dentro. • Lave la albahaca, séquela y corte las hojas en tiras finas. Lave el hígado, séquelo y píquelo; luego fríalo en la mantequilla y salpiméntelo. Añada 1 cucharada de vino de Madeira y deje cocer 5 minutos con la sartén destapada. Pique bien finos los trozos de trufa y mézclelos con la albahaca, los biscotes y el hígado. • Precaliente el horno a 200° C. • Rellene las codornices con la mezcla y brídelas. • Caliente la manteca en una fuente para asar y dore las codornices uniformemente, luego áselas en el horno durante 20 minutos. • Lave bien la escarola y córtela en tiras. Pele las mandarinas y córtelas en gajos muy finos. Mezcle el zumo de naranja con la sal, el resto de vino y el aceite y aliñe con ello las mandarinas y la escarola. • Deje enfriar las codornices, quíteles el bramante y sírvalas con la ensalada.

Aves troceadas bien presentadas

Exquisitas composiciones invernales con guarnición de coles de Bruselas y brécoles.

Pollo con brécoles

A la izquierda de la foto

- 1 pollo tierno de 1,2 kg
- 1 cebolla · 1 zanahoria
- 1 tallo de apio
- 2 cucharadas de manteca
- 3 cucharadas de vinagre de Jerez
- ¼ l de agua · 1 ramita de tomillo
- 1 cucharadita de sal
- 8 cebollitas
- 800 g de brécoles
- 1 cucharadita de azúcar
- 1 cucharada de mantequilla
- 5 cucharadas de zumo de naranja
- ½ cucharadita de sal y pimienta
- 4 cucharadas de aceite de semillas

Receta famosa

Por persona, unos 2 800 kJ/ 670 kcal · 72 g de proteínas · 36 g de grasas · 23 g de hidratos de carbono

Tiempo de preparación: 1 hora
Tiempo de cocción: 30 minutos

Lave el pollo, córtelo en 8 trozos y séquelo. • Pele la cebolla y trocéela. Raspe la zanahoria y córtela en trozos, así como el apio limpio. • Dore el pollo en una sartén con la manteca, añada las verduras y sofríalas. • Vierta el vinagre, el agua, el tomillo y la sal, tape y deje rehogar 30 minutos. • Pele las cebollitas, prepare el brécol y sepárelo en ramitos. • Retire los trozos de pollo y cuele el fondo de cocción. • Cueza las cebollitas en ese fondo unos 10 minutos y luego escúrralas. • Cueza el brécol en ½ l de agua durante 10 minutos y déjelo enfriar. • Caliente en un cazo la mantequilla, añada el azúcar y glasee las cebollitas. • Mezcle el zumo de naranja con la sal, la pimienta y el aceite; viértalo sobre los brécoles y sírvalo con el pollo y las cebollitas glaseadas.

Muslos de oca con ensalada de coles de Bruselas

A la derecha de la foto

- 4 muslos de oca de 350 g cada uno · 1 cebolla
- 1 zanahoria
- 3 cucharadas de manteca
- 1 cucharadita de sal
- ¾ l de caldo de ave caliente
- 6 cucharadas de vinagre de vino blanco · 6 cucharadas de jerez
- 800 g de coles de Bruselas
- 1 cucharadita de sal
- 1 manzana ácida grande
- 2 escalonias
- 2 cucharaditas de zumo de limón
- 2 cucharadas de aceite de semillas
- 1 pizca abundante de azúcar
- 1 cucharada de perejil picado

Fácil

Por persona, unos 2 700 kJ/ 640 kcal · 86 g de proteínas · 24 g de grasas · 19 g de hidratos de carbono

Tiempo de preparación: 45 min.
Tiempo de cocción: 40 minutos

Lave los muslos. Pele la cebolla y trocéela. Raspe la zanahoria, lávela y trocéela. • Caliente la manteca en una cacerola grande y dore los muslos, añada las verduras y sofríalas. Vierta el caldo, el vinagre, el jerez y prosiga la cocción 40 minutos a fuego muy lento. Retire los muslos y deje que se enfríen. Cuele el fondo de cocción y hiérvalo hasta reducirlo a ¼. • Cueza las coles, limpias, en abundante agua desalada 20 minutos y escúrralas. • Pele la manzana, quítele las semillas, cuartéela y luego córtela en rodajitas. Mezcle el zumo de limón, el aceite, el azúcar, el perejil, el caldo, las coles y la manzana. Sirva con los muslos de oca.

Supremas de ave con finas ensaladas

Para aprovechar lo mejor de cuanto ofrece el mercado en invierno.

Suprema de pavo mechada

A la derecha de la foto

- 50 g de tocino ahumado
- 1 kg de pechuga de pavo en un trozo
- ½ cucharadita de sal
- ½ cucharadita de pimienta blanca recién molida
- 2 cucharaditas de pimentón dulce · 1,5 dl de vino blanco
- 2 cogollos de endibia roja de Verona
- 1 pizca de sal y pimienta blanca
- 200 g de piña fresca
- 2 cucharaditas de zumo de limón
- 2 cucharadas de vino blanco
- 2 cucharaditas de miel

Muy elaborada

Por persona, unos 1 700 kJ/ 400 kcal · 60 g de proteínas · 11 g de grasas · 12 g de hidratos de carbono

Tiempo de preparación: 40 minutos
Tiempo de cocción: 40 minutos

Corte el tocino en tiras de ½ cm de grosor y resérvelas en el congelador para que se endurezcan. • Lave la pechuga y séquela. • Precaliente el horno a 200° C y retire la parrilla. Meche la pechuga con las tiras de tocino. Sazónela con sal, pimienta y pimentón y métala en una bolsa especial de asar con el vino blanco. Cierre la bolsa y pinche la parte superior varias veces con una aguja. Póngala sobre la parrilla y ase 40 minutos en la parte inferior del horno. • Lave los cogollos enteros de endibia roja, colóquelos en una fuente y salpiméntelos. • Pele la piña y córtela en dados retirando la parte leñosa. • Sirva la piña esparcida sobre la ensalada y rocíela con el zumo de limón. Caliente el vino blanco y deslía en él la miel, luego aliñe con ello la ensalada. • Deje enfriar la suprema, córtela en lonchas y sírvala con la ensalada. Rocíe la carne con la salsa fría.

Suprema de pato con ensalada de endibia

A la izquierda de la foto

- 2 pechugas de pato deshuesadas, con piel, de 300 g cada una
- 2 cucharadas de mantequilla derretida
- ½ cucharadita de sal
- ½ cucharadita de pimienta blanca recién molida
- 3 cogollos de endibia · 2 tomates
- 200 g de calabacines · 1 cebolla
- ½ cucharadita de sal
- 1 cucharada de zumo de limón
- 1 cucharada de jarabe de arce
- 2 cucharadas de aceite de nueces
- 1 cucharada de cebollino picado

Receta famosa

Por persona, unos 1 400 kJ/ 330 kcal · 40 g de proteínas · 11 g de grasas · 21 g de hidratos de carbono

Tiempo de preparación: 20 minutos

Lave la carne, séquela y fríala 15 minutos en la manteca, salpiméntela y deje que enfríe. • Prepare las endibias, lávelas, séquelas y córtelas en rodajas. • Escalde los tomates, pélelos y córtelos en dados. Pele los calabacines y córtelos también en dados. Pele y pique finamente la cebolla. Mezcle todos los ingredientes de la ensalada y sazónelos con sal, zumo de limón, jarabe de arce y aceite; espolvoree con el cebollino picado. • Corte las supremas en lonchas muy finas y sírvalas con la ensalada.

Tiernas supremas de ave

Deliciosas con castañas glaseadas o kiwis.

Supremas de faisán a la salvia

A la izquierda de la foto

- 2 faisanes jóvenes de 1 kg cada uno
- 1 cucharadita de sal
- 1 pizca abundante de pimienta blanca
- 2 ramitas de salvia fresca o
- 1 cucharadita de salvia seca
- 2 cucharadas de manteca derretida
- 50 g de tocino ahumado cortado en lonchas muy finas
- 250 g de castañas
- 1 cucharada de mantequilla
- 2 cucharaditas de azúcar

Elaborada

Por persona, unos 3 300 kJ/ 790 kcal · 81 g de proteínas · 42 g de grasas · 31 g de hidratos de carbono

Tiempo de preparación: 1 hora

Lave los faisanes, séquelos y salpiméntelos en su interior. Lave la salvia fresca y séquela; desmenuce la salvia seca. Coloque la mitad de la salvia que vaya a utilizar en el interior de los faisanes. • Precaliente el horno a 220° C. • Caliente la manteca en una sartén y dore los faisanes 5 minutos a fuego vivo, colóquelos en una fuente para asar y rocíelos con la manteca; cubra las pechugas con las lonchas de tocino y ase las aves 30 minutos en la parte inferior del horno. • Practique a las castañas un corte en forma de cruz y hiérvalas en agua 20 minutos. • Deje enfriar los faisanes. • Pase las castañas por agua fría y pélelas. • En un cazo derrita el azúcar en la mantequilla y glasee las castañas; déjelas enfriar. • Separe las pechugas de los faisanes, córtelas con el tocino en lonchas de 1 cm de grosor y sírvalas con las castañas. Espolvoree con el resto de la salvia. (Utilice el resto de la carne para otro plato.)

Supremas de pollo con kiwis

A la derecha de la foto

- 800 g de pechugas de pollo con piel y huesos
- 1 l de caldo de ave
- 1 tallo de apio
- 1 puerro
- 4 kiwis
- 1 naranja
- 1 limón
- 1 cucharada de mantequilla
- 1 cucharada de azúcar
- 1 pizca de sal
- 1 pizca de pimienta de Cayena

Fácil • Rápida

Por persona, unos 1 300 kJ/ 310 kcal · 49 g de proteínas · 5 g de grasas · 21 g de hidratos de carbono

Tiempo de preparación: 45 minutos

Lave las pechugas. Ponga a hervir el caldo y cueza las pechugas 10 minutos, espumando el caldo varias veces. • Prepare el apio y el puerro, córtelos en trozos y cuézalos con las pechugas otros 10 minutos a fuego muy lento. • Pele los kiwis, córtelos en rodajas de ½ cm de grosor y póngalos en una fuente formando un círculo. • Lave la naranja con agua caliente, séquela y corte la mitad de la cáscara en tiras finísimas; espárzalas sobre los kiwis. • Exprima la naranja y el limón. • Derrita la mantequilla y dore en ella el azúcar, añada los zumos de las frutas y redúzcalos a 2 cucharadas. Sazone con sal y pimienta de Cayena. • Quite la piel y los huesos a las pechugas, córtelas en lonchas y coloque éstas en el centro del círculo de kiwis. Rocíe con la salsa de naranja y sirva.

Pollos con salsas picantes

Dos platos ideales para una excursión campestre acompañados de un vino ligero.

Pollo con mayonesa de anchoas

A la derecha de la foto

- 1 pollo listo para asar de 1,2 kg aproximadamente
- Unas ramitas de perejil
- 3 ramitas de albahaca fresca
- 1 manojo de hierbas para el caldo
- 1 cebolla
- 1 hoja de laurel
- 1 clavo
- 100 g de atún enlatado
- 4 filetes de anchoa
- 1 cucharada de alcaparras
- 1 pepinillo en vinagre
- 4 cucharadas de mayonesa (50 % de materia grasa)
- 1 cucharadita de zumo de limón
- 1 pizca de sal y pimienta blanca

Elaborada

Por persona, unos 2 300 kJ/ 550 kcal · 71 g de proteínas · 30 g de grasas · 3 g de hidratos de carbono

Tiempo de preparación: 30 minutos
Tiempo de cocción: 1½ horas
Tiempo de enfriado: 2 horas

Lave bien el pollo y póngalo en una cazuela con los tallos del perejil, la albahaca y el manojo de hierbas. Pele la cebolla, córtela por la mitad, pinche en ella el clavo y el laurel y añádala a la cazuela. Vierta agua hirviendo hasta cubrir todos los ingredientes. • Cueza 30 minutos, espume el caldo y redúzcalo, prosiguiendo la cocción 1 hora más. • Escurra el atún y píquelo con las anchoas, las alcaparras y el pepinillo. Mezcle el picadillo con la mayonesa y sazónela con el zumo de limón, la sal y la pimienta. Pique las hojas de perejil y añádalas a la mayonesa de anchoa. • Enfríe el pollo en el caldo, sáquelo, deshuéselo luego y córtelo en trozos. Sírvalo con la mayonesa.

Pollo al estragón

A la izquierda de la foto

- 2 dientes de ajo
- 1 pollo listo para asar de 1,2 kg aproximadamente
- 4 cucharadas de aceite de oliva
- 2 hojas de laurel
- El zumo de 1 limón
- ¼ l escaso de vino blanco seco
- 4 cucharadas de vinagre de estragón
- 1 cucharadita de sal
- 1 pizca de pimienta blanca
- 1 cucharada de estragón recién picado
- ½ limón
- 12 aceitunas negras

Fácil

Por persona, unos 2 400 kJ/ 570 kcal · 62 g de proteínas · 33 g de grasas · 5 g de hidratos de carbono

Tiempo de preparación: 20 minutos
Tiempo de cocción: 40 minutos
Tiempo de enfriado: 1 hora

Pele los ajos y píquelos. Lave el pollo, córtelo en 8 trozos y séquelo. • Caliente el aceite en una cacerola, agregue el pollo, el ajo, el laurel y rocíe con zumo de limón. Vierta el vino, el vinagre, la sal y la pimienta, tape y deje rehogar 40 minutos a fuego lento, dando la vuelta al pollo de vez en cuando. • Una vez hecho, sáquelo del recipiente y reduzca el fondo de cocción a fuego vivo. • Coloque el pollo en una fuente, rocíelo con la salsa fría y espolvoréelo con el estragón. Adorne con gajos de limón y aceitunas.

Muslos de pollo adobados

Un plato apropiado para días calurosos. Sírvalo con pan blanco de barra y el mismo vino empleado para el adobo.

- 2 dientes de ajo
- 1 guindilla
- ¼ l de vino blanco seco
- 1 cucharada de mostaza de Dijon
- 1 cucharadita de hierbas provenzales
- 1 pizca de pimienta negra recién molida
- 8 muslos de pollo de 150 g cada uno
- 1 cucharadita de sal
- 6 cucharadas de aceite de oliva

Fácil

Por persona, unos 1 900 kJ/ 450 kcal · 62 g de proteínas · 17 g de grasas · 3 g de hidratos de carbono

Tiempo de preparación: 15 minutos
Tiempo de adobo: 3 horas
Tiempo de horneado: 45 minutos

Pele y pique el ajo. Corte la guindilla en aros después de lavarla y quítele las semillas. Mézclela con el ajo, el vino, la mostaza, las hierbas y la pimienta. • Lave y seque los muslos, sálelos, colóquelos en una fuente refractaria y rocíelos con el adobo. Tape y deje reposar 3 horas en el frigorífico. Durante este tiempo dé la vuelta a la carne varias veces. • Precaliente el horno a 200° C. • Saque los muslos del adobo y vierta éste en otro recipiente. Pincele los muslos con aceite, colóquelos de nuevo en la fuente y métalos 45 minutos en la parte central del horno. • Durante el asado rocíelos a menudo con el adobo. • Diez minutos antes de concluir el asado aumente el calor a 250° C y coloque la fuente bajo el grill para que los muslos se doren. • Déjelos enfriar y sírvalos con el líquido del adobo.

Nuestra sugerencia: Si lo desea, puede preparar más cantidad de muslos en la bandeja del horno.

Pechuga de pavo rellena

Apropiada para un bufet frío.

Ingredientes para 8 personas:
- 400 g de espinacas tiernas
- 2 cebollas medianas
- 2 dientes de ajo
- 1 panecillo
- 50 g de queso parmesano
- 50 g de queso para fundir
- 2 cucharadas de aceite de oliva
- 1 huevo
- 1 cucharadas de pan rallado
- 2 cucharadas de almendras fileteadas
- ½ cucharadita de sal
- ½ cucharadita de orégano seco
- 1 pizca de pimienta negra recién molida
- 1 pizca de nuez moscada rallada
- 1 pechuga de pavo sin piel ni huesos de 1½ kg aproximadamente
- ½ cucharadita de tomillo seco
- 4 cucharadas de manteca
- 1/8 l de agua hirviendo
- 200 g de champiñones
- 2 escalonias
- Unas ramitas de perejil
- 1 cucharada de mantequilla
- 1 pizca de sal y pimienta
- ¼ l de crema de leche ligera
- ¼ l de crema de leche espesa

Elaborada

Por persona, unos 2 500 kJ/ 600 kcal · 54 g de proteínas · 35 g de grasas · 16 g de hidratos de carbono

Tiempo de preparación: 1 hora
Tiempo de horneado: 1½ horas
Tiempo de reposo: 6 horas

Prepare las espinacas, lávelas, caliéntelas en una cacerola con su propia agua, escúrralas y píquelas. • Pele las cebollas y los ajos y píquelos. • Remoje el panecillo en agua fría. • Ralle el queso parmesano y corte en dados el queso para fundir. Caliente el aceite en una sartén y sofría la cebolla y el ajo durante 5 minutos sin que se doren. Añada las espinacas y remueva hasta que el líquido se evapore, luego póngalas en un cuenco. • Exprima el panecillo y mézclelo con el queso, el huevo, el pan rallado, las almendras, la sal, el orégano, la pimienta y la nuez moscada y añada todo esto a las espinacas. Sazone la farsa generosamente. • Precaliente el horno a 200° C. • Cosa con un bramante las partes de la pechuga por donde extrajo el hueso. Haga un corte profundo en la pechuga, rellene con la farsa de espinacas y cosa. • Sazone la carne con sal, pimienta y tomillo y colóquela en una fuente para asar. Caliente bien la manteca y rocíe con ella la pechuga. Meta la fuente en la parte inferior del horno 1½ horas. Rocíe la pechuga con el fondo de cocción durante el asado. • Para la salsa prepare los champiñones, lávelos y córtelos en rodajas. Pele y pique las escalonias. Lave y pique el perejil. • Caliente la mantequilla en una sartén y sofría los champiñones 3 minutos a fuego vivo, añada las escalonias y el perejil y sofría todo. Sazone con sal y pimienta y retire del fuego. • Añada las dos cremas, tape y resérvela en un sitio fresco. Deje enfriar la pechuga, envuélvala en papel de aluminio y métala en el frigorífico 6 horas. • Luego córtela en lonchas no muy finas y sírvala con la salsa fría.

Galletitas integrales con paté de ave

Galletas recién hechas, revestidas con delicados rellenos para saborear con un buen vino.

Ingredientes para 25 galletas:
200 g de harina de trigo integral
1 pizca de sal, curry en polvo, pimienta blanca y pimentón dulce
½ cucharadita de levadura en polvo · 1 huevo
100 g de mantequilla
1 cucharada de semillas de sésamo sin pelar · 1 cebolla
1 cucharada de mantequilla
200 g de hígado de pavo
1 pizca de pimienta negra
3 cucharadas de crema de leche
½ cucharadita de tomillo picado
½ cucharadita de mejorana picada
2 cucharaditas de perejil recién picado · 1 pizca de sal marina
Mantequilla para la placa de horno

Receta integral
Económica

Por galletita, unos 340 kJ/ 81 kcal · 3 g de proteínas · 5 g de grasas · 5 g de hidratos de carbono

Tiempo de preparación: 45 min.
Tiempo de horneado: 10 min.

Mezcle la harina, la sal, el curry, la pimienta, el pimentón y la levadura en polvo. Haga un hueco en el centro y casque allí el huevo. Distribuya la mantequilla en copos por el borde de la harina y amase todo bien. Extienda la masa formando un rollo de 15 cm de largo por 5 cm de grueso y envuélvalo en las semillas de sésamo. • Pique la cebolla y sofríala en la mantequila. Lave y seque el hígado, córtelo en trozos de 2 cm y añádalo a la cebolla, tape y sofría 5 minutos; luego enfríe la preparación, sazónela con pimienta y mézclela con la crema de leche, el tomillo y la mejorana. Reduzca todo ello a puré en la batidora. Añada el perejil y sazone con sal. • Precaliente el horno a 200° C. Engrase una placa de hornear con mantequilla. • Corte el rollo de masa en rodajitas de ½ cm de grosor y hornéelas 10 minutos. • Deje enfriar las galletitas sobre una rejilla y úntelas con el paté de hígado. Adorne al gusto.

Ensalada de ave y mango

Una receta un tanto original y de sabor exquisito.

- 125 g de arroz integral de grano largo · 1 cucharadita de semillas enteras de cardamomo
- ½ cucharadita de sal
- ½ cucharadita de curry en polvo
- 3,5 dl de agua
- 3 filetes de pavo de 150 g cada uno · El zumo de ½ limón
- 1 pizca abundante de pimienta blanca recién molida
- 1 mango maduro de 300 g
- 2 cucharadas de crema de leche espesa
- 2 cucharadas de aceite de sésamo y 2 cucharadas de zumo de limón
- ½ dl de caldo de gallina desgrasado
- 2 cucharadas de eneldo · 4 cucharadas de granos de sésamo

Receta integral
Fácil

Por persona, unos 1 800 kJ/ 430 kcal · 25 g de proteínas · 21 g de grasas · 37 g de hidratos de carbono

Tiempo de preparación: 50 min.

En una cazuela con el agua salada cueza el arroz con el cardamomo y el curry 35 minutos a fuego lento y tapado. • Lave los filetes, séquelos, rocíelos con zumo de limón y sazónelos con pimienta. Cuando falten 10 minutos para finalizar la cocción del arroz ponga encima los filetes y déles la vuelta a los 5 minutos para que cuezan por el otro lado. • Escurra el arroz y corte los filetes en tiras. • Lave el mango, córtelo en trozos alargados y pélelos. • Mezcle el arroz con la carne, el mango, la crema de leche, el aceite de sésamo, el zumo de limón, el caldo, el resto de sal y curry y el eneldo. • Tueste el sésamo en una sartén seca, removiéndolo hasta que tome color. Espolvoree con ello la ensalada.

Ensalada india de arroz

Para los amantes de la cocina exótica.

- 125 g de arroz integral de grano largo · 1 cucharadita de caldo de verduras instantáneo
- 200 g de pollo cocido
- 2 plátanos
- 1 cucharadita de zumo de limón
- 150 g de yogur
- 1 cucharada de crema de leche
- 1 cucharada de aceite de sésamo
- 2 cucharadas de vinagre de vino blanco
- 1,2 dl de caldo de pollo
- 1 cebolla · 1 guindilla
- 150 g de piña natural pelada
- 1-2 cucharaditas de jengibre recién rallado
- 1 cucharadita de curry en polvo
- 1 ramita de melisa

Receta integral
Fácil

Por persona, unos 1 300 kJ/ 310 kcal · 15 g de proteínas · 8 g de grasa · 45 g de hidratos de carbono

Tiempo de preparación: 45 min.

Cueza el arroz en ¼ l de agua y el caldo de verdura, con el recipiente tapado, durante 35 minutos y a fuego muy lento. • Corte la carne en tiras, pele los plátanos, corte uno de ellos en rodajas y rocíelo con zumo de limón. Aplaste el otro plátano y mézclelo con el yogur, la crema de leche, el aceite, el vinagre y el caldo de pollo. • Pele la cebolla y píquela finamente. Corte la guindilla por la mitad, retire las semillas y píquela fina. Corte la piña en dados. • Mezcle el arroz con la carne, los dados de piña, las rodajas de plátano, la cebolla y la guindilla. Rocíe con esta salsa la ensalada y sazónela con el jengibre, el curry y sale, si fuese necesario. • Pique la mitad de la melisa y mézclela con la ensalada. Adorne con el resto la ensalada. Para darle color puede incorporar unas tiras finas de pimiento y cáscara de limón.

Ensaladas con un toque especial

Las aves son especialmente indicadas para la elaboración de ensaladas delicadas.

Pechuga de codorniz en ensalada

A la izquierda de la foto

- 4 codornices de 150 g cada una
- 1 cucharadita de sal
- 4 granos de pimienta negra
- 1 tallo de apio · 2 escalonias
- 1 cogollo de endibia roja
- ¼ de cogollo de endibia
- 100 g de hierba de los canónigos
- 1 naranja pequeña
- 1 cucharada de zumo de naranja recién exprimido
- 1 cucharada de vinagre de Jerez
- 1 pizca de sal y pimienta negra
- 2 cucharadas de aceite de oliva
- 2 cucharadas de mantequilla

Apropiada como entrada

Por persona, unos 1 300 kJ/ 310 kcal · 34 g de proteínas · 17 g de grasas · 11 g de hidratos de carbono

Tiempo de preparación: 1 hora

Lave las codornices y póngalas a cocer cubiertas de agua, con la sal y pimienta en grano. Espume el líquido, manteniéndolo por debajo del punto de ebullición. • Lave el apio y córtelo en trozos pequeños. Pele las escalonias y córtelas en cuartos. • Añada ambos a las codornices y prosiga la cocción 30 minutos a fuego muy lento. • Lave las verduras de la ensalada y escúrralas. Trocee la endibia roja y corte en tiras la endibia. Lave la hierba de los canónigos. Pele la naranja, córtela en rodajas finas y añádala a la ensalada. Mezcle el zumo de naranja con el vinagre, la sal, la pimienta y el aceite. • Pele las codornices, separe las pechugas y corte el resto de la carne en trocitos. • Fría las pechugas en una sartén con la mantequilla, 1 minuto por lado; fría el resto de la carne ligeramente en mantequilla. • Aliñe la ensalada con la salsa y coloque la carne encima.

Ensalada de ave con maíz

A la derecha de la foto

- 100 g de sémola de maíz
- 3,5 dl de agua
- 1 cucharadita de caldo de verdura instantáneo
- 1 pimiento verde y 1 pimiento rojo
- 2 tomates medianos
- 400 g de carne de pollo cocida
- 2 cucharadas de aceite de oliva
- 1-2 cucharadas de vinagre de manzana
- 1 cucharadita de romero y de tomillo
- ½ cucharadita de pimentón dulce
- 1 pizca de pimienta negra recién molida
- 2 cucharadas de cebollino picado

Receta integral
Fácil

Por persona, unos 1 100 kJ/ 260 kcal · 27 g de proteínas · 5,5 g de grasas · 25 g de hidratos de carbono

Tiempo de preparación: 40 minutos
Tiempo de cocción: 1 hora

Ponga a hervir la sémola en el agua y el caldo de verdura instantáneo y luego déjela reposar tapada 1 hora fuera del fuego. Corte los pimientos a lo largo en 4 trozos, retire las semillas y blanquéelos 5 minutos en agua salada, escúrralos y córtelos en tiras finas. • Pele los tomates y córtelos en octavos. • Corte la carne de pollo en tiras. • Mezcle el maíz ya cocido con el aceite, el vinagre, las hierbas, el pimentón, la pimienta, las tiras de pimiento y la carne de pollo, reparta por encima los tomates y espolvoree con el cebollino picado.

Ensaladas de ave con verduras delicadas

Exquisitas ensaladas para mimar a los sibaritas.

Ensalada de ave con espárragos

A la izquierda de la foto

- 1 pollo de 1 kg
- 1 cucharadita de sal
- ½ cebolla
- ¼ de hoja de laurel
- 1 clavo · 100 g de puerros
- 1 zanahoria mediana
- 1 tallo de apio
- 1 kg de espárragos verdes
- 2 cucharadas de vinagre de manzana
- ½ cucharadita de sal
- 1 pizca de pimienta blanca
- 1 pizca de azúcar
- 4 cucharadas de aceite de semillas
- 2 cucharadas de cebollino picado

Apropiado para entrada

Por persona, unos 2 100 kJ/ 500 kcal · 58 g de proteínas · 26 g de grasas · 17 g de hidratos de carbono

Tiempo de preparación: 40 minutos
Tiempo de cocción: 1¾ horas

Lave el pollo y los menudillos, sálelos y póngalos a cocer cubiertos de agua. Espume el líquido los primeros 15 minutos y deje escalfar el pollo 1½ horas a fuego muy lento. • Pele la cebolla, pinche en ella el laurel y el clavo y añádala al pollo. • Lave el puerro y córtelo en trozos. Raspe la zanahoria y córtela en tiras. Raspe el apio, lávelo y córtelo por la mitad. • Añada las verduras al cabo de 30 minutos de cocción. Acabe de cocer el pollo con el recipiente destapado. • Lave los espárragos y pele el tallo. • Saque el pollo del caldo, cuele éste y póngalo de nuevo a hervir. Corte los espárragos en trozos de 5 cm, cuézalos 15 minutos en el caldo y añada las yemas a los 8 minutos de cocción. • Pele el pollo, deshuéselo y corte la carne en trozos. • Escurra los espárragos, reservando el caldo. • Enfríe la carne y los espárragos. • Mezcle el vinagre, la sal, la pimienta, el azúcar y el aceite y rocíe con ello la carne y los espárragos. Sirva la ensalada espolvoreada con el cebollino.

Pechuga de pato con ensalada de setas

A la derecha de la foto

- 200 g de cantarelos
- 1 pechuga de pato deshuesada de unos 300 g
- 1 pizca de pimienta negra
- ½ cucharadita de mejorana seca
- 4 cucharadas de aceite de nueces
- 30 g de tocino ahumado
- 1 cogollo de lechuga hoja de roble
- 2 escalonias
- 4 cucharadas de vinagre
- ½ cucharadita de sal

Apropiada como entrada

Por persona, unos 960 kJ/ 230 kcal · 20 g de proteínas · 14 g de grasas · 5 g de hidratos de carbono

Tiempo de preparación: 45 minutos

Prepare las setas, lávelas y escúrralas. • Lave la pechuga, séquela y sazónela con pimienta y mejorana; luego fríala en 1 cucharada de aceite caliente 5 minutos por lado y sáquela de la sartén. • Pique el tocino y fríalo en la misma sartén hasta que se dore. Añada las setas y fría 2 minutos más. • Lave la lechuga y escúrrala. Pele y pique las escalonias y añádalas a la ensalada con el vinagre, la sal y el resto del aceite. Corte la pechuga en lonchas finas y sírvala con las setas y la ensalada.

Hígado de pato con ensalada de col lombarda

Con peras y jerez constituye una receta original.

- 400 g de hígados de pato
- 1 pizca de canela molida, clavo molido, cilantro machacado y tomillo seco
- 500 g de col lombarda
- 1 cucharadita de sal
- 5 cucharadas de vinagre de vino tinto
- 4 cucharadas de aceite de girasol
- 1 lechuga
- 8 lonchas finas de tocino ahumado (50 g)
- ½ cucharadita de sal
- 1 pizca de pimienta blanca
- 6 cucharadas de jerez cream
- 2 cucharadas de crema de leche
- 1 cucharadita de zumo de limón
- 1 pizca de sal y pimienta
- 4 mitades de pera (enlatadas)
- 4 cucharaditas de gelatina de grosellas

Fácil

Por persona, unos 1 700 kJ/ 400 kcal · 26 g de proteínas · 23 g de grasas · 18 g de hidratos de carbono

Tiempo de preparación: 50 minutos

Lave y seque los hígados y córtelos en trozos de 2 cm. Sazónelos con la canela, el clavo, el cilantro y el tomillo. • Corte la col lombarda en tiras muy finas, aplástelas con el aplastapatatas y déjelas reposar 5 minutos. • Luego mézclelas con la sal, el vinagre y el aceite. • Cubra una fuente con las hojas de lechuga. • Fría el tocino hasta que esté bien crujiente y resérvelo. Fría el hígado 5 minutos en la grasa del tocino, salpiméntelo, añada 5 cucharadas de jerez y reserve al calor. • Mezcle la crema de leche con el zumo de limón, la sal, la pimienta y el resto del jerez y vierta sobre la lechuga. Coloque encima la lombarda. Disponga sobre ésta el hígado con su fondo de cocción. Corte el tocino en trozos y espárzalos sobre el hígado. Rellene las mitades de pera con la gelatina de grosella y adorne con ellas el plato.

Ensalada de cebada y carne de pavo

Esta ensalada de carne de pavo, cereales y ciruelas pasas es rica en sustancias nutritivas.

150 g de cebada integral
1 l de agua
1 muslo de pavo de 800 g aproximadamente
2 pizcas de pimienta negra recién molida
1 manojo de hierbas para el caldo
100 g de ciruelas pasas deshuesadas
1 puerro de 50 g (sólo la parte blanca)
2 cucharaditas de caldo de verdura (concentrado)
2 cucharadas de aceite de girasol
2 cucharadas de vinagre de vino tinto
2 cucharadas de crema de leche espesa
½ cucharadita de sal

Receta integral
Fácil

Por persona, unos 2 100 kJ/ 500 kcal · 47 g de proteínas · 15 g de grasas
46 g de hidratos de carbono

Tiempo de remojo: 12 horas
Tiempo de preparación: 30 minutos
Tiempo de cocción: 50 minutos

Cubra la cebada con agua, tape y déjela 12 horas en remojo. • En una cazuela grande ponga la cebada con el agua de remojarla. Lave el muslo, séquelo y espolvoréelo con pimienta; colóquelo sobre la cebada, tape el recipiente y deje cocer 50 minutos a fuego lento. • Al cabo de 30 minutos dé la vuelta al muslo. Lave las hierbas, píquelas y añádalas cuando falten 15 minutos para concluir la cocción. Añada más agua si fuese necesario. Escurra la cebada en un colador. Deshuese la carne y córtela en trozos de 3 cm. Espolvoréela con el resto de la pimienta. • Lave las ciruelas, séquelas y córtelas en 4 trozos. Corte el puerro en rodajas. • Ponga a hervir 1 taza de agua y deslía allí el caldo de verdura. • Mezcle la cebada con las ciruelas, el puerro, la carne de pavo, el caldo de verdura, el aceite, el vinagre, la crema de leche y la sal. • Si lo desea, puede añadir a la ensalada un poco de vinagre y sal.

Ensaladas como plato principal

Bien reposadas es como mejor saben.

Ensalada de patata con pechuga de pavo

A la izquierda de la foto

- 750 g de patatas
- ¼ l escaso de caldo de pollo
- 2 cebollas rojas
- 2 aguacates maduros
- 2 pizcas de pimienta negra recién molida
- 3-4 cucharadas de vinagre de vino blanco
- 2 cucharadas de aceite de girasol
- 300 g de pechuga de pavo asada o ahumada
- ½-1 cucharadita de sal de hierbas
- 2 cucharadas de eneldo

Receta integral
Económica

Por persona, unos 2 100 kJ/ 500 kcal · 24 g de proteínas · 28 g de grasas · 37 g de hidratos de carbono

Tiempo de preparación:
40 minutos
Tiempo de cocción:
30 minutos

Lave las patatas bajo el grifo y cuézalas 30 minutos cubiertas de agua. • Ponga a hervir el caldo de pollo. • Pele las cebollas y córtelas en rodajas finas. • Corte los aguacates por la mitad, saque el hueso, pele las dos mitades y córtelas en tiras. • Enfríe las patatas bajo el agua fría, pélelas y córtelas en dados. Añada a éstos el caldo caliente sazonado con pimienta. Asimismo, incorpore la cebolla y el aguacate, el vinagre y el aceite. • Corte la carne en dados finos. Sazone la ensalada con sal de hierbas y añada la carne, mezclando bien. • Espolvoree con eneldo antes de servir.

Ensalada de pato

A la derecha de la foto

- 75 g de avena integral
- 3,5 dl de caldo de pollo
- 400 g de col rizada
- 1 l de agua
- 1 cucharadita de sal
- 1 cebolla roja
- 400 g de carne de pato cocida, sin piel ni huesos
- 1 cucharada de aceite de girasol
- 2 cucharadas de vinagre de vino tinto
- 1 cucharadita de salsa Worcester
- 1 pizca de pimienta negra recién molida

Receta integral
Fácil

Por persona, unos 1 800 kJ/ 430 kcal · 26 g de proteínas · 22 g de grasas · 30 g de hidratos de carbono

Tiempo de preparación:
50 minutos

Mezcle la avena con el caldo y déjela hervir 5 minutos, luego baje el fuego y deje cocer 40 minutos más a fuego muy lento. • Lave la col, retire las partes duras y corte las hojas en tiras finas. Blanquéelas 5 minutos en agua hirviendo salada y escúrralas en un colador. • Pele las cebollas, córtelas a lo largo en 4 trozos y luego éstos en tiras finas. • Corte la carne en tiras finas. • Escurra en un colador la avena cocida. Cuando esté tibia mézclela con la col, el aceite, el vinagre, la salsa Worcester y la pimienta; añada, si fuese necesario, un poco del caldo donde coció la avena. • Poco antes de servir agregue la cebolla y la carne.

Ensalada de apio con pechuga de pavo

Ave y apio tierno, una combinación que siempre sabe bien.

300 g de tallos de apio
2 pimientos amarillos
400 g de pechuga de pavo asada o ahumada
1 cebolla pequeña
4 cucharadas de mayonesa (50 % de materia grasa)
1 yogur descremado
2 cucharaditas de mostaza picante
1 cucharadita de jarabe de arce
½ cucharadita de sal
1 pizca de pimienta blanca recién molida

Indicada como entrada
Fácil

Por persona, unos 870 kJ/ 210 kcal · 27 g de proteínas · 7 g de grasas · 10 g de hidratos de carbono

Tiempo de preparación: 30 minutos

Separe los tallos de apio y córtele las hojas, lávelas con agua, séquelas y resérvelas. Lave los tallos, séquelos y retire los hilos, luego córtelos en trocitos de 1 cm. • Corte los pimientos por la mitad, retire las semillas y las membranas y córtelos en tiras. • Corte la pechuga en lonchas de 1 cm de grosor y éstas, a su vez, en tiras de 1 cm. • Pele la cebolla, rállela y mézclela con la mayonesa, el yogur, la mostaza, el jarabe, la sal y la pimienta. • Mezcle todos los ingredientes de la ensalada con la salsa, tape y deje reposar a temperatura ambiente. Sirva con galletas saladas.

Ensalada de ave con naranjas

Y, por supuesto, a mayor apetito, mayor cantidad de arroz.

1 pollo asado de 1,2 kg
2 naranjas medianas
2 rodajas de piña
100 g de arroz de grano largo hervido
2 cucharadas de zumo de piña
1 cucharada de zumo de naranja
½ cucharadita de sal
2 yemas de huevo
1 cucharadita de mostaza suave
1 pizca de pimentón dulce
1 pizca de pimentón picante
4 cucharadas de aceite
5 hojas de menta fresca

Rápida • Fácil

Por persona, unos 2 500 kJ/ 600 kcal · 66 g de proteínas · 27 g de grasas · 30 g de hidratos de carbono

Tiempo de preparación: 30 minutos

Pele el pollo, deshuéselo y córtelo en trozos regulares. • Pele bien las naranjas sin que queden restos de membrana blanca en su interior. Córtelas en gajos y retire las pepitas. Pele las rodajas de piña y córtelas en trozos. • Mezcle la carne de pollo con el arroz, las naranjas y la piña. • Mezcle el zumo de piña con el de naranja, sale y remueva. Bata las yemas con la mostaza y el pimentón y añada poco a poco el aceite. Mezcle el zumo de frutas con esta mayonesa y añádala a la ensalada mezclando todo bien. • Lave las hojas de menta, séquelas, córtelas en tiras y adorne con ellas la ensalada.

Nuestra sugerencia: Si dispone de tiempo suficiente, recomendamos sustituir el pollo asado por uno recién cocido; de esta manera puede servir el caldo antes de la ensalada.

Exquisitas combinaciones de ave con frutas

Ensaladas picantes, ligeras y de fácil digestión para la estación más calurosa del año.

Cóctel de pavo con salsa de yogur

A la izquierda de la foto

Ingredientes para 6 personas

- 1 l de agua
- 1 cucharadita de sal
- 1 muslo de pavo de 1 kg
- 2 plátanos · 2 manzanas ácidas
- El zumo de ½ limón
- 1 piña pequeña
- 200 g de uvas negras
- 2 dl de crema de leche espesa
- 3½ yogures
- 1 pizca abundante de sal y pimienta blanca recién molida
- 1 copa de coñac (2 cl)
- 6 ramitas de menta

Receta famosa

Por persona, unos 2 100 kJ/ 500 kcal · 38 g de proteínas · 20 g de grasas · 42 g de hidratos de carbono

Tiempo de preparación: 1½ horas

Cueza el muslo de pavo en el agua salada hirviendo y con el recipiente tapado, durante 1 hora. • Pele los plátanos, córtelos por la mitad a lo largo y luego en rodajitas. Pele y corte las manzanas en dados, retirando las pepitas; mézclelas con los plátanos y rocíelo todo con zumo de limón. • Corte la piña en rodajas y luego éstas por la mitad, pélelas y retire la parte leñosa del centro; corte la pulpa en dados pequeños. Lave las uvas, pártalas por la mitad y retire las pepitas. • Pele el muslo y deshuéselo, corte la carne en trocitos y déjela enfriar. • Bata la crema de leche y mézclela con el yogur, la sal, la pimienta y el coñac. Sazone con ello la fruta y la carne y adorne la ensalada con hojitas de menta.

Ensalada de ave con frutas

A la derecha de la foto

- 600 g de filetes de pechuga de pollo
- 2 cucharadas de manteca derretida
- 1 cucharadita de sal
- ½ cucharadita de pimienta blanca
- 500 g de fresas
- 150 g de brotes de soja enlatados
- 2 cucharaditas de jengibre en almíbar, cortado en dados finos
- 1 cucharada del almíbar de jengibre
- 1 cucharada de vinagre a la albahaca
- 1 cucharada de salsa de soja
- 1 pizca de sal y pimienta de Cayena
- 2 cucharadas de aceite de oliva

Fácil

Por persona, unos 1 200 kJ/ 290 kcal · 37 g de proteínas · 11 g de grasas · 11 g de hidratos de carbono

Tiempo de preparación: 40 min.

Lave los filetes, séquelos y córtelos en tiras de 1 cm de ancho. • Caliente la manteca en una sartén y fría la carne 8 minutos, dándole la vuelta de vez en cuando. Salpiméntela y escúrrala sobre papel de cocina para que éste absorba la grasa. Deje enfriar la carne. Lave las fresas, escúrralas, retire los pedúnculos y córtelas por la mitad. Escurra los brotes de soja, lávelos y mézclelos en una fuente con las fresas, la carne y el jengibre. • Mezcle el almíbar de jengibre con el vinagre, la salsa de soja, la sal y la pimienta de Cayena y vierta esta salsa sobre la ensalada. Tápela y déjela reposar 10 minutos.

Rellenos delicados

Relleno de manzana y castañas

Este relleno para el pavo o la oca, tradicional, sabroso y navideño, también es adecuado para el pato doméstico o silvestre. Las castañas pueden sustituirse, si se desea, por ciruelas pasas deshuesadas y remojadas en un poco de vino blanco seco. En las aves grandes el relleno de manzana y castañas se puede enriquecer con unos dados de pan blanco fritos en mantequilla y almendras picadas. Tratándose de un ave silvestre, también pueden sustituirse las manzanas por uvas sin pepitas partidas por la mitad. Las cantidades que se indican se refieren a una pieza de tamaño mediano. Le sugerimos este ejemplo:

Pele 500 g de manzanas ácidas y retíreles el corazón; luego córtelas en 8 trozos. Cúbralas con vino tinto seco y déjelas macerar hasta que adquieran un tono rosado (aproximadamente 2 horas).

Relleno de carne picada

Sirve para todo tipo de aves, sobre todo cuando la pieza debe proporcionar más porciones de las que resultarían sin rellenarlo. El sabor puede variar según los gustos. Cuando el ave es bastante grasa debe emplear carne magra de ternera o de cordero; si se trata de piezas magras, es recomendable usar carne picada de varias clases o de cerdo. Los rellenos de carne picada se esponjan con miga de pan o brioches remojados y huevos. Con los menudillos picados del ave y las hierbas recomendadas en la receta se redondea el sabor al gusto personal. Le sugerimos este ejemplo:

Remoje en agua fría 1 ó 2 panecillos pequeños. Corte en dados 3 escalonias y dórelas. Exprima el pan y mézclelo con 350 a 500 g de carne picada, 2 huevos, las escalonias, ½ cucharadita de sal y sendas pizcas de artemisa seca y de cilandro hasta obtener una pasta.

Relleno de pan

Resulta muy adecuado en los casos en que no se ha previsto acompañar el ave rellena con una guarnición fuerte, sino simplemente con una ensalada o verdura. Este tipo de relleno tal vez pueda resultar a primera vista como algo carente de fantasía, pero no es así. Con un poco de arte se puede obtener un sabor fuera de lo común y combinarlo con variedad de ingredientes poco corrientes: fruta cocida con vino, hierbas frescas picadas, almendras tostadas y picadas, pasas o pasas sultanas, jengibre en almíbar, semillas tostadas de sésamo, pepitas de girasol, daditos de jamón o los propios menudillos del ave (corazón, higadillos, etc.) picados y fritos. Le sugerimos este ejemplo:

Según el tamaño del ave, ralle la corteza de 3 ó 4 panecillos duros, córtelos luego por la mitad y remójelos en vino blanco.

Relleno de trigo sarraceno

Esta farsa, jugosa y muy rica en sustancias nutritivas, hace innecesario cualquier otra guarnición. El relleno puede sazonarse al gusto y mejorar su sabor a base de ingredientes bien definidos: champiñones y otras setas, ajo, gomasio (mezcla de sésamo y sal marina), hierbas frescas picadas, granos de maíz, espinacas, apio, cebollas. La farsa puede hacerse también con arroz integral, en lugar de la harina de trigo sarraceno. Ésta también puede sustituirse por espelta, mijo o lentejas cocidas. Le sugerimos este ejemplo:

Tueste en una sartén seca 250 g de trigo sarraceno, removiéndolo bien hasta que se dore.

Practique a 500 g de castañas un corte en cruz en la punta. Áselas en la placa del horno precalentado a 220° C durante 30 minutos o hasta que estalle la cáscara. Al cabo de 10 minutos vierta sobre ellas 1 taza de agua fría para que, al sacarlas del horno, no se resequen. Cuando se hayan entibiado pélelas y meézclelas con las manzanas troceadas y escurridas.

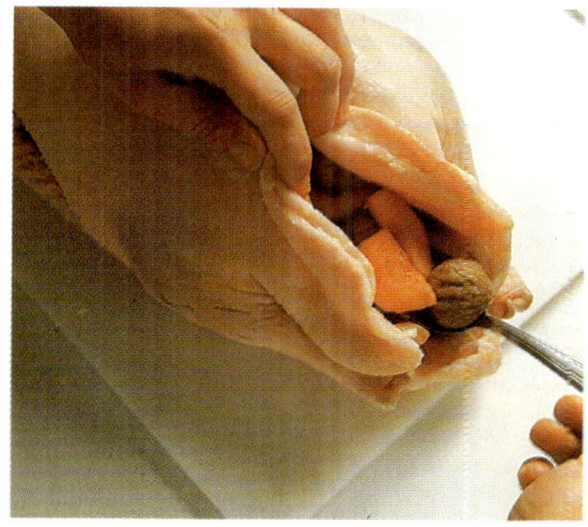

Mezcle ½ taza de aceite con una buena pizca de pimienta blanca y pimentón. Pincele con ello el ave por fuera y por dentro y frótela interiormente con ½ cucharadita de sal. Introduzca el relleno de manzanas y castañas en el interior y cosa la abertura. Mientras el ave se asa, pincélela varias veces con el aceite especiado y, finalmente rocíe con el vino tinto.

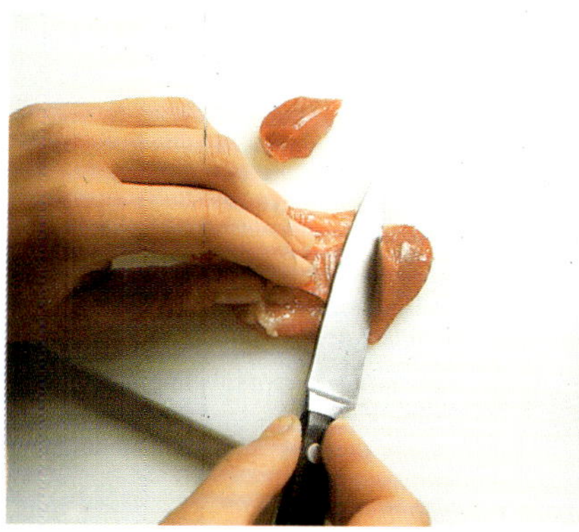

Quite la membrana de la molleja del ave y píquela finamente con el corazón y los higadillos, añada un poco de mantequilla ablandada y fría durante 3 minutos, dando vueltas de vez en cuando, luego mezcle con 2 cucharadas de perejil y amase con la carne picada.

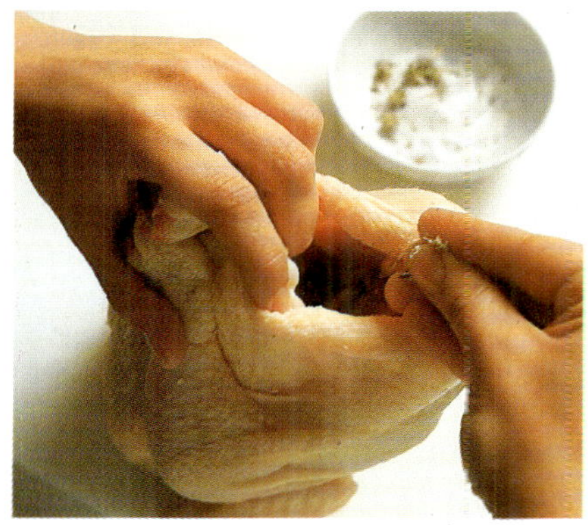

Aromatice el ave con sal, artemisa seca y cilandro molido (frotándola hasta que quede revestida de una finísima capa). Rellénela con la farsa de carne picada, cosa la abertura del ave y ásela hasta que esté dorada y crujiente.

Fría a continuación de 100 a 150 g de dados de jamón, champiñones cortados en trocitos y los menudillos del ave picados en una sartén con mantequilla derretida, removiendo a menudo.

Escurra los panecillos, salpiméntelos y mézclelos con 1 cucharadita de jengibre picado, 2 cucharadas de salsa de soja, almendras tostadas, 1-2 huevos y la mezcla de champiñones, rellenando luego el ave con la masa resultante. De 15 a 30 minutos antes de finalizar el tiempo de cocción pincele el ave con el vino blanco en que remojó los panecillos.

Fría 2 nabos, 2 cebollas y 2 dientes de ajo en un poco de mantequilla hasta que las cebollas estén transparentes. Añada el trigo sarraceno y 1/8 ó ¼ l de vino blanco seco y deje cocer lentamente durante 5 minutos.

Mezcle la farsa con 1 cucharadita de tomillo picado, 1 cucharada de aceite de sésamo y la cantidad de granos de cereal necesaria para obtener una masa que pueda extenderse. Sazone el relleno con sal y un poquito de tomillo seco y mézclelo con 2 claras batidas a punto de nieve.

Lo que conviene saber sobre las aves

Aunque en el mercado pueden encontrarse aves frescas como congeladas, los gustos del consumidor se decantan por las primeras. Entre las aves de corral cabe destacar las gallinas, en sus diferentes clases y categorías, en base a su edad y peso, así como las pintadas, los patos, las ocas, los pavos o los pichones. La carne de ave posee gran valor nutritivo específico y de calidad, como, por ejemplo, la de aves jóvenes, pobres en grasa y, por consiguiente, especialmente indicadas para dietas. La carne de ave es rica en proteínas de gran valor nutritivo, en sustancias minerales y vitaminas. Su grasa proporciona valiosos porcentajes de ácidos grasos no saturados que el organismo no puede producir por sí mismo, por lo que es preciso aportárselas con la alimentación diaria. Por otra parte, la carne de ave es pobre en hidratos de carbono y fibras, resultando así un excelente complemento fisiológico-nutritivo para combinar con verduras, legumbres, patatas, cereales integrales y fruta.

Las aves en la cocina

La carne de ave recién sacrificada se puede conservar cruda 2 días en la nevera en una fuente tapada con un plato y a una temperatura de 2 a 6° C. En las mismas condiciones puede conservarse de 3 a 4 días si está ya cocida. En el congelador de 2 estrellas puede conservarse de 1 a 2 semanas, y en el de 1 estrella, durante un máximo de 3 días.

Las aves congeladas enteras o troceadas, así como la mayor parte de los animales sacrificados, se venden ya listos para congelar. Para descongelarlos se les quita el envoltorio y se dejan reposar en un colador sobre un cuenco, aunque es preferible hacerlo lentamente en el frigorífico. Según lo que pesen, así será el tiempo requerido. A temperatura ambiente, tratándose de un ave de 1 a 6 kg, puede calcular entre 8 y 30 horas; en el frigorífico necesitará de 20 a 44 horas.

Peso	Temperatura ambiente	Frigorífico
Hasta 1 kg	8 horas	20 horas
1½ kg	15 horas	28 horas
2 kg	20 horas	30 horas
3-4 kg	24 horas	36 horas
5-6 kg	30 horas	44 horas

Si excepcionalmente necesita conseguir una descongelación más rápida, bastará poner el ave tal y como viene envuelta, bajo el chorro del agua corriente fría y así se ahorrará casi 3 horas de espera. En todo caso debe sacarle el líquido sanguinolento que se forma en su interior y lavar el ave a fondo una vez descongelada bajo el chorro del agua fría, tanto por dentro como por fuera, y luego secarla debidamente. Los recipientes y los cubiertos que hayan entrado en contacto con el líquido de la descongelación deben lavarse a fondo con un buen detergente. En ningún caso debe descongelar el ave sobre la superficie de trabajo.

El aroma de las aves congeladas, que generalmente suele perderse un poco, se puede mejorar frotándolas por dentro y por fuera con aceite especiado y dejándolas luego reposar en una fuente cubierta con un plato durante unas horas, a temperatura ambiente, o de 12 a 24 horas en el frigorífico. Para este proceso, denominado adobo seco, resulta especialmente adecuado un aceite de sabor neutro mezclado con no demasiada Cayena, curry en polvo, jengibre recién molido, ajo machacado o, si lo prefiere, pimienta o hierbas (secas o recién picadas). Entre las especias más idóneas para las aves cabe destacar la albahaca, el estragón, la levística, la mejorana, el orégano, el romero y la salvia. Para ½ taza de aceite bastarán ½ ó 1 cucharadita de estas especias. Si utiliza hierbas secas, 1 cucharadita será suficiente, y si se trata de hierbas frescas, 4 ó 5.

Aves domésticas

También se puede adobar el ave una vez descongelada y todavía húmeda. El adobo deberá ser lo suficientemente abundante para cubrirla por entero; en otro caso, será preciso darle la vuelta cada hora para que actúe uniformemente. El proceso necesita de 6 a 12 horas. Si tiene prevista una salsa, puede aprovechar el adobo o parte del mismo para prepararla. He aquí a título de ejemplo tres sabrosas recetas:

Marinada de vino blanco
2-3 cucharadas de zumo de limón, 1/8 l de vino blanco, 1/8 l de zumo de manzana natural, 1 pizca de azúcar y de pimienta blanca recién molida, 10 hojas de menta fresca groseramente picada o 1 cucharadita de menta seca.

Marinada de suero de mantequilla
1 cebolla picada, 1/8 l de suero de mantequilla o yogur, 4 cucharadas de salsa de soja, 1 cucharada de rizoma de jengibre fresco picado, 4 cucharadas de vinagre de vino blanco.

Marinada de vino y aceite
5 cucharadas de vinagre de vino blanco, 1/8 l de vino blanco seco, 1 cebolla picada, 3 dientes de ajo picados gruesos, 6 cucharadas de aceite de oliva.

Tratándose de aves recién sacrificadas, hay que comprobar siempre si están bien limpias. Los posibles restos de plumones en la piel pueden quitarse con unas pinzas, también deben eliminarse los restos de sangre en la cavidad central, el tejido pulmonar y renal. Por razones estéticas es aconsejable cortar las glándulas sebáceas y la rabadilla. Dichas glándulas sebáceas, en sí, no influyen en el sabor, a no ser que se trate de ejemplares viejos. Si el ave aún conserva la cabeza, los extremos inferiores de las patas y el cuello, debe cortárselos, pudiendo aprovechar estas partes para la preparación de un caldo, junto con los menudillos.

Las aves congeladas, así como algunas frescas comercializadas, llevan en su interior una bolsita con los menudillos limpios. Sólo se necesita, pues, extraerla. Lo que no debe olvidar nunca es lavar bien por fuera y por dentro las aves frescas, cualquiera que sea su procedencia.

Aves domésticas

Pollo tomatero
De 5 a 6 semanas y entre 300 y 500 g de peso. Se ofrece fresco o congelado y listo para cocinar en establecimientos selectos, aunque con poca frecuencia. Es apto para servir en porciones individuales. Estos pollitos, con apenas grasa, carecen de un sabor acentuado. Cuando tienen unas 10 semanas y son algo más pesados se ofrecen a la venta como pollos tomateros grandes, pero, por lo general, suelen elaborarse principalmente en el sector gastronómico. A menudo se preparan deshuesados, empanados o rellenos de una farsa exquisita, asados y servidos con salsas especiadas.

Pollo cebado
De 8 a 10 semanas y entre 600 a 900 g de peso, se ofrecen recién sacrificados y, por lo general, listos para cocinar. Los menudillos (corazón, hígado y molleja) pueden ir en una bolsita en su interior. Los pollos cebados son de carne clara, tierna, casi sin grasa y con sabor poco definido, por lo que suelen prepararse a la parrilla rociados con salsas especiadas, empanados, fritos o rellenos y asados, como el pollo asado a la vienesa.

Pollo para asar
De 12 a 16 semanas y entre 1 a 1,400 kg de peso, se ofrece fresco y, por lo general, listo para cocinar. Los menudillos limpios pueden incluirse en su interior en una bolsita o sin haberse retirado. Los pollos para asar poseen ya una delgada capa de grasa bajo su fina piel, que, unida a su alimentación, les proporcionan un sabor concreto característico. La capa de grasa protege además, la carne delicada, por lo que resultan excelentes no sólo para asar al horno sino también para la parrilla. También son muy indicados para rellenar, especialmente con farsas de sabor discreto. Para platos con salsa y ensaladas se recomienda escalfarlos, a fin de obtener un sabroso caldo. En porciones son especialmente aptos tanto para empanar como para freír rebozados en una pasta. También se pueden freír o emparrillar deshuesados y empanados.

Pularda
De 16 a 22 semanas, y entre 1,300 a 1,600 kg de peso, se ofrecen generalmente recién sacrificadas y listas para la cocción. Los menudillos limpios (corazón, hígado y molleja) van incluidos en su interior en una bolsita, o no se han retirado todavía. Las pulardas tienen más grasa que los pollos para asar, pero se pueden preparar del mismo modo, ya que su carne es tan tierna, compacta y jugosa como la de los pollos más pequeños. La piel puede comerse sin el menor reparo, a menos que siga una dieta pobre en grasas.

Pollo cebado

Gallina

Lo que conviene saber sobre las aves

Las pulardas son muy indicadas también para escalfar; en este caso también pueden cocerse el corazón y la molleja para obtener una salsa sabrosa; luego se retiran del plato una vez listo. El hígado, en cambio, se usa generalmente por separado para rellenos o para saltear en mantequilla y afinar una salsa. Las razas cebadas con piensos de alta calidad que se traducen en una carne blanca y compacta, pero tierna, son conocidas por sus nombres de origen.

Capón
Pollo joven, castrado, entre 1,500 y 2 kg de peso. Se ofrecen en el mercado principalmente en época navideña, siendo en la gastronomía profesional donde desempeñan un papel destacado. Con este tipo de crianza se obtiene un excelente sabor y la carne resulta más tierna. Pueden venderse limpios y listos para cocinar, con los menudillos incluidos en su interior en una bolsita o bien sin preparar. Pueden cocerse del mismo modo que las pulardas de calidad.

Gallina
Generalmente suele tratarse de gallinas ponedoras de unos 2 años, con un peso de entre 1,700 y 2 kg, recién sacrificadas y listas para la cocción, con los menudillos incluidos en su interior (corazón, hígado y molleja). Su calidad es mucho mejor que su fama. Aunque tienen bastante grasa, proporcionan una carne compacta de marcado sabor. El consomé de gallina resulta extraordinario por su calidad y su exquisito sabor si se deja enfriar y luego se le quita la capa de grasa. Así preparado, se puede usar también para salsas. La piel se quita cuando se trata de platos guisados, potajes, sopas y ensaladas, con el fin de que no resulten demasiado grasos. La gallina no es apta para asar ni para emparrillar.

Pintada
De 12 a 16 semanas y entre 800 g y 1,200 kg, se ofrecen generalmente sólo recién sacrificados y con los menudillos incluidos en los establecimientos especializados. Se trata de una especie doméstica, descendiente de un pollo salvaje del este de África, que actualmente se cría ya en granjas. Desaparecida la raza original hace apenas un milenio, las actuales pintadas aún conservan un sabor característico propio de la carne silvestre, por lo que suele decirse que es una mezcla de pularda y de faisán. Por esta razón están consideradas como una variedad exquisita dentro de las aves. Las pintadas campesinas o de payés han sido cebadas con un pienso especial de cereales proteínicos selectos. El sabor fino de la pintada puede acentuarse mediante una discreta adición de laurel, escalonias, vino blanco seco o tomillo. Una buena combinación se obtiene también con chucrut aromatizado con vino y uvas blancas.

Pato joven cebado
Según el tipo de cría los ejemplares oscilan de 8 a 10 semanas y entre 1,600 a 2,5 kg de peso. Se ofrece generalmente fresco y listo para la cocción con los menudillos. El pato joven cebado no tiene aún demasiada grasa y resulta muy indicado para asar o emparrillar, ya sea relleno o no. También puede escalfarse cuando se trata de preparar alguna especialidad concreta. Cortado en porciones, resulta también exquisito si se reboza en pasta y se fríe.

Pato cebado
De 1 año aproximadamente y entre 2 y 2,500 kg, se ofrece fresco con sus menudillos (corazón, hígado, molleja). A esta edad el pato ya es bastante graso, por lo que, especialmente al asarlo, es preciso quitarle varias veces la grasa que va desprendiendo. Los modos de preparación son los mismos que en el caso anterior del pato joven.
Los patos campesinos o de payés proceden, excepcionalmente, de alguna granja donde hasta el momento de ser sacrificados se han criado en relativa libertad. En los demás casos se trata de ejemplares de cría masiva que suelen pesar entre 1,6 y 1,8 kg. El macho puede pesar hasta 3,5 kg, pero su contenido en grasa es un 20 % inferior al de un pato normal de tamaño equivalente. Los cebados a mano son suficientemente grasos como para prepararlos como *confit* (ver receta pág. 80) en su propia grasa. El famoso pato de Rouen, de cría especial, con un peso de hasta 3 kg, no se sacrifica del modo habitual, sino por asfixia. Los componentes especiales de su sabor característico son el resultado de la permanencia intacta de la sangre en el cuerpo del ave en virtud de tan discutible procedimiento. Estos patos deben asarse a una temperatura lo más alta posible, pero durante poco tiempo, para que al servirlos su carne conserve aún parte de la sangre. El pato, en general, mejora notablemente de sabor —ya sea congelado o fresco— rellenándolo la víspera con vino tinto o blanco tras cubrir la pechuga con la piel extendida del cuello y atándola bien. La pechuga rosada del pato asado, hoy tan en boga, tiene el inconveniente de que, debido a la brevedad del proceso de cocción, la carne suele resultar demasiado clara y blanda, por lo que es preferible cortarla en lonchas, quitarle la piel y asarla por separado hasta que quede crujiente. Luego, si es necesario, se corta la piel en trozos y se coloca sobre las lonchas asadas.

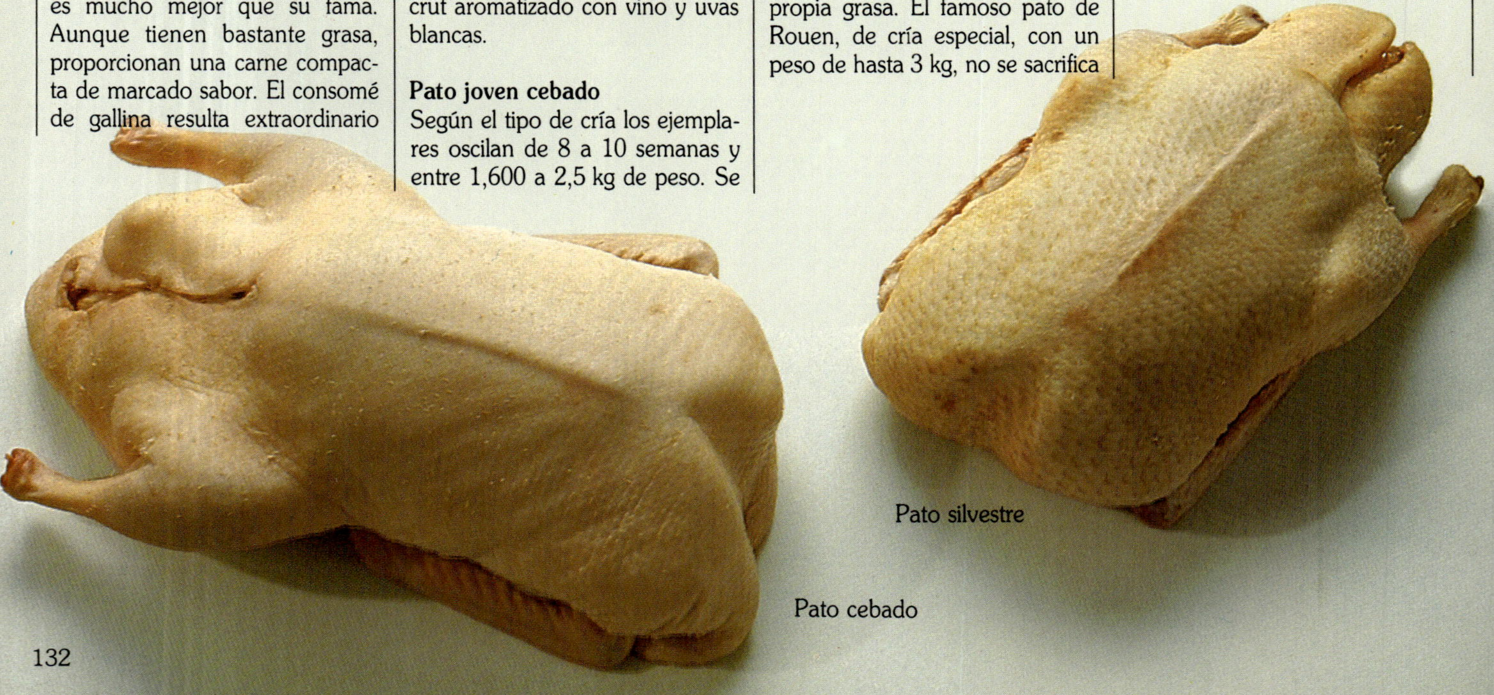

Pato silvestre

Pato cebado

Aves domésticas

Oca cebada joven
De 3 a 5 meses y de unos 4 kg de peso. Se ofrece, generalmente, fresca o congelada, aunque la tendencia actual es adquirirla recién sacrificada y lista para la cocción, con los menudillos en su interior (corazón, hígado y molleja). Las aves de 5 meses todavía tienen el primer plumaje. Su espoleta es flexible y son menos grasos que las de mayor edad. No obstante, de un peso de unos 4 kg, 500 ó 600 g son de grasa.

Oca cebada
Relativamente joven aún, de edad comprendida entre 7 y 10 meses, las ocas cebadas se ofrecen congeladas o frescas y listas para la cocción con los menudillos en su interior (corazón, hígado y molleja). Su carne tiene ya el sabor característico del animal que ha sido criado al aire libre desde la primavera hasta finales del otoño a base de cereales y finas hierbas que favorecen su desarrollo. Sólo poco antes de sacrificarlas se les alimenta o ceba con pienso reforzado. Si han sido alimentadas con avena, este cereal aporta a su carne un sabor especialmente agradable. Las ocas mayores de 1 año no valen para un asado festivo, pues su carne resulta ya algo dura. El mejor modo de prepararlas es escalfarlas o bien cocerlas y utilizar su carne para farsas. La oca vieja se reconoce por su esqueleto osificado y por el color de su grasa, tirando a amarillo oscuro. Puede conseguir que las ocas, los patos y las pulardas desprendan ya buena parte de su grasa si antes de asarlos las calienta al vapor. Para ello lo primero que ha de hacer es pincharlos con una aguja gruesa por todo el cuerpo, sin llegar a la carne, es decir, traspasando sólo la piel para que ésta pueda soltar la grasa. Después coloque la pieza sobre una rejilla dispuesta sobre un recipiente lo suficientemente grande, tape bien (si es preciso, poniendo algún peso sobre la tapa). Hecho esto, y según el tamaño del ave y su contenido en grasas, deje que cueza al vapor de 15 a 40 minutos. Finalmente, proceda a asarla de la forma prevista, aunque reduciendo un poco el tiempo de cocción.

Pavo
Ave originaria de América Central, de la que apenas existen ya ejemplares silvestres. Se cría en granjas sometidas a normas que garantizan una calidad uniforme tanto de las aves enteras como de sus partes comercializadas por separado. Existen tres tipos de pavo como resultado de tres fases distintas de ceba durante la cría.

Pavipollo
De 9 a 11 semanas y entre 2 y 3 kg de peso, pueden adquirirse congelados o frescos con los menudillos (corazón, hígado y molleja). Los pollos de pavo son muy apreciados por su carne tan blanda y la facilidad con que pueden asarse enteros en el horno, rellenos o sin rellenar.

Pavo joven
A partir de la segunda fase de cebado, cuando su edad oscila de las 12 a las 16 semanas y pesan de 3 a 5 kg, los llamados pavos jóvenes se ofrecen en el mercado congelados o frescos con sus menudillos. Las articulaciones cartilaginosas de estos pavos son aún flexibles, ya que no han tenido tiempo para osificarse. Su carne acusa ya, sin embargo, un cierto aroma y es más jugosa que la de los pavipollos, así como más grasienta.

Pavo cebado
Se dice del que ha pasado la tercera fase de la ceba y ha alcanzado ya un peso de 5 a 8 kg. Estas aves voluminosas, pero aún jóvenes, proporcionan, por lo general, las partes finas apreciadas para toda clase de recetas, ya sean frescas o congeladas.

Partes de las aves

Tanto los pollos como las gallinas, los patos, las ocas o los pavos se pueden adquirir troceados lo que significa que para una o dos personas siempre existe la posibilidad de incluirlas en el menú sin necesidad de comprar una pieza entera.

Alas, cuello y recortes
Las alas, el cuello y los trozos sueltos resultantes del proceso de sacrificar las aves industrialmente, así como los recortes de los muslos y las pechugas, se usan preferentemente para sopas y consomés y también para fondos de salsas finas. Los de oca o pavo contienen suficiente carne como para poder preparar un plato independiente. A veces estas partes sueltas se ofrecen congeladas. En principio pueden cocerse en tal estado, ya que de lo que se trata es de aprovechar su extracto. No obstante, por razones de higiene recomendamos descongelarlas de la forma habitual, es decir, poniéndolas en un colador sobre un cuenco y, una vez retirado el líquido que sueltan, lavarlas a fondo antes de cocinarlas.

Oca cebada

Pavo

Lo que conviene saber sobre las aves

Higadillos de ave
Pueden adquirirse congelados o frescos. En el primer caso es preciso descongelarlos y quitarles cualquier residuo de grasa o hiel, lavarlos a fondo, escurrirlos, secarlos y prepararlos luego según la receta elegida.

Cuellos de ave
Son apropiados para rellenar y —junto con las alas y mollejas— para la preparación de caldos. Es preciso lavarlos a fondo antes de cocerlos según la receta. Para rellenos hay que desprender la parte carnosa de color rojo oscuro de la piel dura y gris que cubre.

Corazones de ave
Si están congelados, deben descongelarse siempre. También es imprescindible quitarles cualquier residuo de sangre o de trozos de piel y lavarlos a fondo. Como los corazones de pollo o gallina son de pequeño tamaño, para no invertir demasiado tiempo en la preparación de un plato, es preferible utilizar los de oca o de pavo, aunque conviene recordar que los de pollo y gallina son los únicos totalmente exentos de colesterol.

Muslos de ave
Los muslos de ave proporcionan suculentos platos, máxime si tenemos en cuenta que para muchas personas comer un muslo es uno de sus deseos culinarios. Los de pollo suelen pesar alrededor de 165 g. Los de pato, unos 200 g; los de oca, de 350 a 500 g, y los de pavo, casi 1 kg. Estos últimos también pueden venderse cortados por la mitad. La parte superior viene a pesar, por término medio, unos 700 g, y la inferior, 300 g. También se venden alas sueltas de pavo, de unos 300 g de peso.

Pechugas de ave
Para los entendidos constituyen la parte preferida, entre otras razones por ser la menos grasa. Las de pavo se venden en filetes o enteras. Calcule 150 g por porción. Las pechugas de oca pesan unos 700 g. Las ahumadas se consideran una exquisitez y su peso oscila entre los 350 y 400 g. También las pechugas de pato, de 300 a 400 g, se ofrecen ahumadas. Las de pollo con piel y hueso pesan unos 220 g. Sin piel y sin hueso reciben el nombre de supremas, y suelen pesar unos 140 g.

Aves silvestres

De la gran variedad de aves de caza existente en otros tiempos perduran, principalmente, el faisán, la perdiz, la codorniz, el pato y el pichón o la paloma silvestre. En algunos países se permite cazar el tordo, la becada y el ganso silvestre, pero en la mayor parte de los países europeos estas especies están protegidas por la ley. No obstante, incluso el faisán y la codorniz apenas si pueden ya sobrevivir y multiplicarse en plena naturaleza, por falta de los hábitats adecuados y por la destrucción o contaminación progresiva de su alimentación idónea. Se encuentran en cotos o reservas en los que, transcurrido el período de veda, se encuentran a disposición de los cazadores. La carne de la caza de pluma, como se denomina propiamente a las aves silvestres, es más magra que la de las domésticas. Los ejemplares jóvenes proporcionan una carne tierna excelente para asar. La carne algo más dura de los animales adultos es adecuada para guisar, ya que de ese modo resulta más delicada. En términos generales, todas las aves silvestres se distinguen por un sabor especial, entre suave y fuerte, que se acentúa teniéndolas algún tiempo colgadas al aire libre antes de desplumarlas. No obstante, en la cocina moderna se tiende a evitar ese olorcillo característico propio de las aves colgadas durante largo tiempo, y en la actualidad se considera suficiente mantenerlas colgadas tan sólo 24 ó 48 horas, tiempo suficiente para que cobren más sabor sin que lleguen a oler. Las codornices y los patos silvestres son una excepción a este respecto, ya que en ningún caso deben colgarse; por el contrario, deben cocinarse nada más abatidas.
Las aves silvestres jóvenes deben asarse moderadamente, con el fin de que su carne quede rosada y jugosa. Para no perjudicar el aspecto ni el sabor de esta carne, tan tierna y magra, se suelen cubrir con lonchas de tocino o incluso se envuelven totalmente con dichas lonchas. Para albardillarlas, es decir, para revestirlas de tocino, éste debe ser preferentemente graso y fresco, sin ahumar. Poco antes de finalizar la cocción debe retirarse el tocino para que la carne se dore. Si desea servir también el tocino utilizado, es conveniente, por razones de sabor, emplear tocino ahumado. Respecto al relleno, tanto en el caso de las aves domésticas como en las silvestres, el modo de proceder es el mismo. Bridar o coser las aberturas del cuerpo y rellenarlo según se desee. Si tuviera alguna duda acerca de si el ave adquirida es o no lo suficientemente joven, será preferible guisarla. Las aves adultas pueden adobarse previamente durante 2 ó 3 horas, preferentemente con vino blanco, vinagre suave de vino blanco, especias, cebolla o escalonias troceadas y ½ hoja de laurel. Para la preparación de platos guisados se puede sazonar la salsa con una parte del adobo.

Paloma torcaz o pichón

Faisán

Aves silvestres

Paloma torcaz
La paloma torcaz o los pichones de 6 a 10 semanas y entre 300 y 400 g de peso no figuran con demasiada frecuencia en las ofertas de las volaterías, pero son los únicos que realmente resultan adecuados para asar o emparrillar (rellenos o sin rellenar). Estas aves jóvenes, domésticas o silvestres, tienen la carne blanca, las pates acre (los ejemplares adultos, algo más oscuras, tirando a pardo grisáceo). Su pico es relativamente grueso y las plumas pectorales conservan toda su suavidad. Pero incluso una vez desplumados y listos para cocinar los pichones jóvenes se reconocen porque conservan flexible la espoleta, a diferencia de los adultos, que es rígida y dura.
Los pichones domésticos, es decir, los criados para el consumo, tienen un sabor más fino que los silvestres. Con los ejemplares adultos se pueden preparar platos guisados, sopas o farsas. En cambio, para asar o emparrillar deben ser jóvenes. Conviene albardillarlos, es decir, revestirlos de tocino, para así evitar que su delicada carne se seque.

Faisán
Los faisanes de granja pesan alrededor de 1 kg; las hembras, entre 865 y 800 g. En cambio, los silvestres alcanzan pesos del orden de los 1 250 y 1 050 g, respectivamente. Se trata de una de las aves silvestres más frecuentes. Los ejemplares de menos de un año se reconocen por el cónico espolón romo que presentan en la superficie posterior de las patas. En los adultos este espolón termina en punta. Las hembras menores de un año tienen, en lugar de espolones, una especie de verruga. En las adultas esta especie de verruga es más alargada, con apariencia de espolón. Los faisanes jóvenes tienen la espoleta tierna. Mientras se mantiene abierta la veda, los faisanes se ofrecen frescos, bien sean limpios o listos para cocinar, y también sin desplumar. Los de un año pueden adquirirse congelados y listos para asar en los establecimientos especializados. Los ejemplares jóvenes pueden asarse rellenos o sin rellenar. Los adultos es preferible guisarlos o usar su carne para queneas, terrinas o patés. El fino y aromático sabor característico del faisán no debe desvirtuarse con la adición de especias fuertes o con excesivas cantidades de una especia determinada.

Perdiz
El peso de una perdiz oscila entre 100 y 400 g. Las piezas abatidas deben ser vaciadas cuanto antes y luego colgadas al aire libre sin desplumarlas. Para asar solamente son adecuadas los ejemplares jóvenes. Es fácil reconocerlas por el color, entre amarillo y pardoamarillento, de sus patas y su pico negro. Además, el extremo de la espoleta de los ejemplares jóvenes aún es flexible y su plumaje carece aún de la mancha pectoral blanca que presentan después del cambio de pluma otoñal. Los adultos se reconocen por el color pardo oscuro de las patas, por el pico claro y por las plumas redondeadas de las alas. La oferta de perdices frescas suele ser escasa. Pueden prepararse asadas, cuando son jóvenes, y guisadas, cuando son adultas, en cuyo caso es preciso dejarlas previamente en un adobo a base de vino blanco durante 48 horas.

Codorniz
El peso de una codorniz oscila entre 100 y 200 g. Las de granja suelen pesar más. Es una de las aves silvestres más pequeñas y exquisitas. En tiempos se cazaban por millones durante sus vuelos migratorios entre Ucrania y el norte de África. Hoy en día su número ha decrecido notablemente. La mayor parte de las codornices que se ofrecen en el mercado proceden de granjas avícolas, lo que permite sacrificarlas justamente cuando han alcanzado la edad idónea para su consumo, es decir, cuando su capa de grasa ha adquirido el grosor suficiente. Los ejemplares jóvenes tienen las patas de color amarillo claro. Se venden a veces listas para cocinar. Las frescas deberán estar ya desplumadas, único modo de poder escoger las más grasas. En general, no es necesario albardillarlas, ya que su característica es precisamente la capa natural de grasa que tienen debajo de la piel.

Pato silvestre
Los patos silvestres suelen pesar, según la especie y la edad, entre 1 y 2 kg. El peso de la hembra oscila entre 1 150 y 1,500 kg; el del macho, entre 750 g y 1 kg. Los ejemplares jóvenes se reconocen por la facilidad con que se desprende la piel de las alas. Al asarlos su carne debe quedar de color rosado. Es preferible guisar los patos adultos tras haberlos adobado.

Perdices

Codornices

Índice general de la A a la Z

Índice general de la A a la Z

R

S

T

W

Los autores

Annette Wolter

Es una de las más destacadas autoras de libros de cocina en el ámbito lingüístico alemán. Durante veinte años se ha dedicado a temas culinarios y de administración del hogar, en cuyo campo ha logrado una gran profesionalidad como colaboradora de grandes revistas para la mujer. En la actualidad Annette Wolter es una auténtica especialista en el ámbito gastronómico y autora de varios libros, habiendo sido galardonada en diversas ocasiones con el premio de la Academia Gastronómica de Alemania. Las recetas de sus libros ponen claramente de manifiesto la lograda conjunción entre lo más exquisito del arte culinario tradicional y la cocina moderna, sana y sabrosa.
Entre sus exitosos libros figura «Kochen heute» («Cocinar hoy») y varios volúmenes de la serie «Cocina exquisita», algunos de ellos publicados en su versión castellana por Editorial Everest, S. A., como «El gran libro de la repostería», «La cocina fría» y «Especialidades del mundo entero».

Elke Alsen

Tras obtener el título de ecotropóloga, Elke Alsen no tardó en acumular una vasta experiencia profesional en diferentes sectores sociales relacionados con la alimentación sana y nutritiva de los jóvenes. En la cocina experimental de una gran editorial de Hamburgo, que más tarde le encomendaría su dirección, su labor consistía en desarrollar nuevas recetas, crear los correspondientes bodegones para su reproducción fotográfica y, finalmente, confeccionar los textos para la redacción. Aunque, entre tanto, ya ha formado su propia familia, con esposo, hijos, casa, jardín, perro y gato, la señora Alsen continúa trabajando como estilista de fotografía gastronómica y, como en el caso de la presente obra, descubriéndonos sus secretos culinarios.

Marieluise Christl-Licosa

Nacida y educada en el Tirol, vivió en Milán varios años, junto con su esposo y sus cuatro hijos, dedicando buena parte de su tiempo a la recopilación de recetas de todas las regiones italianas, tanto del campo como de las gentes del mar y de los chefs y cocineras de casas señoriales, con los que estableció contacto en el curso de sus numerosos viajes. Actualmente es profesora de italiano en un centro estatal de enseñanza de Munich e imparte cursos de cocina italiana. Varios de sus libros publicados por la editorial Gräfe und Unzer han sido, a su vez, publicados por la Editorial Everest, S. A., en versión castellana, como, por ejemplo, «El gran libro de la cocina italiana». Obviamente sus magníficas recetas para la cocina de las aves forman parte importante de la presente obra.

Marey Kurz

Procede de una familia germanobáltica y hace veinte años que viene cocinando, con especial esmero y dedicación, para su esposo e hijos. Por razones de salud hubo de dedicar especial atención al estudio de la cocina integral hasta convertirse en una auténtica especialista, que no sólo logró curarse de sus dolencias, sino que, al mismo tiempo, se granjeó el reconocimiento de todos en favor de este tipo de alimentación. El éxito fue tal que la señora Kurz comenzó a acariciar la idea de publicar un libro sobre el tema, y así fue como en 1983 apareció su primera obra, titulada «La cocina integral, rápida y fácil». Poco después publicaba su segundo libro, sobre «La soja en la cocina integral», y una tercera obra, con el título de «La alimentación integral que gusta a los niños». Todas las recetas contenidas en la presente obra sobre alimentación integral son, por supuesto, aportación suya.

Hannelore Mähl-Strenge

Vive con su familia en Hamburgo. Ecotropóloga de profesión, dirigió durante dos años los comedores de una gran editorial de la ciudad hanseática, donde acrecentaría su experiencia y conocimientos prácticos, sobre todo lo referente a la creación de nuevos menús llenos de imaginación. Al mismo tiempo, comenzó a colaborar en la redacción de textos culinarios para afamadas revistas. Desde hace varios años se dedica a la fotografía gastronómica profesional en sus propios estudios, para agencias, revistas y agencias publicitarias cinematográficas. Toda esta apretada actividad no le impide seguir con su afición de inspirarse en las ofertas de los mercados para ofrecer a su esposo, a sus hijos y a sus invitados las más variadas creaciones, algunas de las cuales, dentro de la cocina de las aves, tenemos la satisfacción de haber incluido en la presente obra.

Annedore Meineke

En un principio ejerció como profesora de economía doméstica, pero no tardó en cambiar el aula por la cocina experimental de una famosa revista ilustrada alemana, creando recetas de los más variados tipos para toda clase de lectores y para todas las ocasiones festivas y de la vida cotidiana: menús dietéticos, regímenes alimenticios para curas de adelgazamiento, etc. Entre tanto, la señora Meineke, ya casada, mima a los suyos con exquisitas y siempre sorprendentes recetas, sin dejar por ello de colaborar con numerosas revistas gastronómicas o, como en este caso, con nuestra editorial, aportando interesantísimas muestras de su asombrosa imaginación y gran experiencia.

Brigitta Stuber

Muniquesa de pura cepa, sin pensarlo dos veces se convirtió en esposa y madre poco después de finalizar sus estudios, lo que le obligó a aprender por sus propios medios y con no poco esfuerzo todo lo relacionado con las tareas del hogar, incluyendo, por supuesto, la cocina, tema éste por el que siempre sintió especial predilección. Sus asombrosos conocimientos no tardaron en divulgarse entre sus amistades, quienes la animaron a dedicarse a la redacción gastronómica como profesional, actividad que no tardó en convertirse en realidad en las páginas de destacadas revistadas. Desde 1980 Brigitta Stuber es lectora de la editorial Gräfe und Unzer Verlag, titular de la presente obra en su edición original en lengua alemana, en cuya publicación ha colaborado como coautora de manera destacada.

Renate Zeltner

Doctorada en Historia e Historia del Arte, comenzó en el propio hogar a estudiar a fondo todo tipo de libros de cocina, llegando a adquirir extraordinarios conocimientos sobre la materia, que más tarde pudo aplicar profesionalmente como lexicógrafa de una importante editorial. Un buen día consideró llegado el momento de escribir sus propias recetas y sus experiencias culinarias y no limitarse, como hasta entonces, a la dirección editorial de obras de otros autores. La Editorial Gräfe und Unzer ha editado ya un libro suyo, titulado «Das neue Pilzkochbuch», publicado a su vez en versión castellana por Editorial Everest, S. A. («Nueva cocina de las setas»). En la presente obra se han incluido varias de sus mejores creaciones para el caso concreto de la cocina de las aves.

Pete A. y Susi Eising

No sólo son dos excelentes profesionales de la fotografía gastronómica, sino auténticos gourmets y, además, entusiastas cocineros. Pete es americano y ciudadano suizo al tiempo que castizo muniqués, ya que cuando contaba tan sólo un año sus padres se trasladaron a Munich donde al correr de los años realizaría sus estudios de fotografía y conocería a su actual esposa, Susi. Con el mayor entusiasmo y dedicación trabajó durante algún tiempo en los estudios fotográficos de gastronomía Teubner, mientras que su esposa se dedicaba al retrato. Desde hace seis años el matrimonio trabaja en su propio estudio, preferentemente para el sector alimentario, gastronómico y vinícola.

Fotografía de la portada: Pato a la naranja (receta en la página 99).

«Cocinar mejor que nunca»

Aves
Las más incitantes maneras de cocinar aves de caza y de corral, con indicaciones sobre su compra, limpieza, trinchado y presentación

Pescado
Las más codiciadas maneras de cocinar pescados y mariscos, con indicaciones sobre su compra, limpieza, preparación y presentación.

Ensaladas
Los modos más delicados de preparar ensaladas, con indicaciones sobre su compra y presentación.

Carnes
Las más delicadas recetas para cocinar y servir las más diversas carnes, con indicaciones sobre su compra, trinchado y presentación.

Repostería
Las recetas más apetitosas para preparar pasteles, tartas, pastas y bollos, con indicaciones sobre su horneado y presentación.

Verduras
Las mejores maneras de cocinar y servir verduras, con indicaciones sobre su compra y preparación sin que pierdan su valor nutritivo.

Sopas y guisos
Las más atractivas maneras de cocinar y servir sopas, caldos, cremas, menestras, cocidos y guisos.

Postres
Las más sabrosas maneras de preparar y servir postres nuevos y tradicionales: helados, frutas, dulces, etc.

Pasta
Las más seductoras maneras de cocinar y servir todo tipo de pasta, con indicaciones sobre su compra, cocción y presentación.

Tentempiés y piscolabis
Las más ingeniosas maneras de preparar y presentar tapas, canapés, aperitivos y entremeses calientes o fríos.

Título original: *Geflügel*

Traducción: *Eladio Martínez Bernaldo de Quirós*

Carretera León-La Coruña, km 5
LEÓN
ISBN: 84-241-2382-4
Depósito legal: LE. 1269-1988
Printed in Spain - Impreso en España

EDITORIAL EVERGRÁFICAS, S. A.
Carretera León-La Coruña, km 5
LEÓN (España)

NIGHT'S BLAC S

THE EDOM FILES

BY KENNETH HITE
GARETH RYDER-HANRAHAN
JOHN ADAMUS
STEPHANIE BRYANT
DENNIS DETWILLER
EMMA MARLOW
RUTH TILLMAN
BILL WHITE

PUBLISHER: CATHRIONA TOBIN

AUTHORS: JOHN ADAMUS (THE SLAYER ELITE), STEPHANIE BRYANT (DAY OF THE WEHRWOLF), DENNIS DETWILLER (FOUR DAYS OF THE BAT), KENNETH HITE (THE CARMILLA SANCTION), EMMA MARLOW (THE MOLDAVIAN CANDIDATE), GARETH RYDER-HANRAHAN (THE HARKER INTRUSION), RUTH TILLMAN (BLOOD CODA), BILL WHITE (STOKER: FIRST BLOOD).

CARTOGRAPHY: CHRIS HUTH, WILL JOBST, GILL PEARCE, SIMON ROGERS, RALF SCHEMMANN. OVERLAND AND AREA MAP DATA ORIGINATED IN MAPBOX.

ART DIRECTION: GARETH RYDER-HANRAHAN, CATHRIONA TOBIN

COVER ART: MARY LILLIS

INTERIOR ART: JESÚS BLONES, LUIGI CASTELLANI, RAINA KUPTZ, AMANDA MAKEPEACE, OLIVIA ONGAI, MARGARET ORGAN-KEAN, MIGUEL SANTOS, ALICIA VOGEL.

COVER DESIGN: CHRIS HUTH

LAYOUT: CHRIS HUTH

EDITING AND DEVELOPMENT: KENNETH HITE, GARETH RYDER-HANRAHAN

COPYEDITING: CHRISTOPHER SMITH ADAIR

SECURITY CONSULTANT: SIDNEY BISHOPSGATE

PLAYTESTERS: PETER MEDRANO, ANGIE MEDRANO, JENNIE MEDRANO, MIKE UHLIR, CHRIS RIVAS, BORUS GALKIN, MICHAEL BIRT, DARA MCMAHON, ALEX "KB" ALTMAN, BOOMER, EDEL RYDER-HANRAHAN, NEIL KELLY, CHRIS CROFTS, CHRISTINE MANSELL, MARK MCCANN

ACKNOWLEDGEMENTS HELPER AGENTS (DAY OF THE WEHRWOLF): TOBIAS STRAUSS, STEVEN WARZEHA, JOHN BRYANT

ARCHITECTURAL ADVICE (THE HARKER INTRUSION): PAUL TUCKER

CONTENTS

OUR SECRET HISTORY

None of us said a word of the other operations, and none of us ever shall.

— John Seward

INSTITUTIONS ARE AS IMMORTAL — AND AS inhuman — as any vampire. For more than a hundred years, Operation Edom worked in secret to thwart supernatural dangers and glean an understanding of the true nature of the monsters it fought. The operation's case files are the secret history of the 20th century, telling of a Europe gone strange and vampire haunted. The Cold War was colder than the grave.

This book contains eight adventures based on ***The Dracula Dossier*** campaign. In chronological order, they run:

- *Stoker: First Blood* (1877): In this prequel to *Dracula*, British adventurers exploring the Balkans thwart a vampiric horror.
- *The Carmilla Sanction* (1948): As the Soviets seal off Vienna, an Edom hit team hunts the notorious vampire Carmilla — but can it find her among all the decoys she's created?
- *Blood Coda* (1971): A Romanian ballet company defects to the West, but there's a vampire hidden among the dancers.
- *The Slayer Elite* (1980): A mysterious employer hires a team of elite mercenaries to carry out an operation in England. Its target: Edom.
- *Day of the Wehrwolf* (1981): A prisoner exchange for a captured Edom officer leads the Agents into a race against time to stop the bombing of Radio Free Europe.
- *Four Days of the Bat* (1989): Edom investigates an attack on one of its hidden stations even as the Berlin Wall falls and the Soviet Union collapses.
- *The Moldavian Candidate* (2005): A long-cold Edom case file is the key to thwarting a Conspiracy plan to assassinate the American vice president and escalate the War on Terror.
- *The Harker Intrusion* (201–): An entry vector to the main ***Dracula Dossier*** campaign, giving one way for a team of Agents to acquire the stolen Dossier.

PREGENERATED CHARACTERS

This book contains three sets of pregenerated characters. *Stoker: First Blood* and *The Slayer Elite* each have their own custom set, tailored to the unique needs of those missions. The third set is a generic group of Edom officers that can be used with any of the other historical missions (*The Carmilla Sanction, Blood Coda, Day of the Wehrwolf, The Moldavian Candidate*). You've got permission to photocopy or print these character sheets for your own use; there are more pregenerated characters for download at **www.pelgranepress.com**

It also includes *The Zalozhniy Crossover*, a guide to running ***The Dracula Dossier*** alongside or right after a ***Zalozhniy Quartet*** campaign, and to interleaving their fictional worlds.

If you're not using ***The Dracula Dossier*** campaign, see *An Edom Primer* on page 10.

USING THE MISSIONS

Putting *The Harker Intrusion* aside, there are many different ways to use these historical adventures in your ***Night's Black Agents*** campaign. Pick the approach that fits your style best.

ONE-SHOT

The simplest approach is to treat these missions as stand-alone one-shots. Give the players pregenerated Agents, and dive straight in. We've designed these missions to be playable in one to three regular sessions. Use them as a taster to whet appetites for a longer ***Night's Black Agents*** run or as a break from your regular campaign, or run one at a game convention.

Pregenerated player characters for *Stoker: First Blood* can be found on pages 28–34, pregens for *The Slayer Elite* on pages 95–101. A team of generic Edom officers are on pages 180–186; you'll find more pregenerated characters for download on the Pelgrane Press website at **www.pelgranepress.com**

Overture

Use these adventures to mark act breaks in your ***Dracula Dossier*** to give you a chance to catch your breath and consider what to do next, and give the players a definite sense of completion, drawing a line under their previous exploits and signaling that things are going to get weirder and tougher from now on. You can even use ***The Edom Files*** missions to set up themes and foreshadowing for the next arc of the campaign — running *Blood Coda* puts the players in a conspiratorial, clue-gathering mindset suitable for the more restrained London sequences of the early campaign; running *Day of the Wehrwolf* makes them think of being behind enemy lines, and of exploiting fault lines and divisions in the Conspiracy, which is perfect for a mid-campaign expedition into Romania.

Here's one possible schema:

STOKER: FIRST BLOOD

Level 1 — Initial investigations; the Agents get the Dossier, learn about the existence of Edom and vampires, poke at a few scabs.

BLOOD CODA

Level 2 — Pursued by the authorities, the Agents probe the connections between Edom and the Conspiracy. Has Edom's deal with the devil really made the world safer?

THE MOLDAVIAN CANDIDATE

Level 3 — Uncovering the darker details of Edom's history and evidence that the organization has been infiltrated by Dracula pushes the Agents into open war with both Edom and the Conspiracy.

FOUR DAYS OF THE BAT

Level 4 — Traveling to Romania, the Agents search for Dracula's Castle, and get enmeshed in the intrigues and dangers of a collapsing Conspiracy as rival agencies try to take down the Count.

DAY OF THE WEHRWOLF

Level 5 — Flipping an old Legacy in the ruins of Dracula's Castle, the Agents learn the location of Edom's most secret headquarters.

THE SLAYER ELITE

Level 6 — Taking down "D" gives the Agents the information they need to finally hunt down and destroy Dracula himself.

Flashback

You can integrate these missions directly into a ***Dracula Dossier*** campaign as flashbacks. The Agents track down someone who knows about some old Edom scandal. A few glasses of scotch and/or a few Interpersonal spends later, and the witness is ready to tell the real story. Cue flashback, hand out pregenerated characters, and have the players actually play through the historical events instead of having the witness recount them.

Two things to keep in mind with flashbacks:

- **Keep outcomes uncertain until you've played through them.** Be vague — talk about "that operation in Vienna" as opposed to "that time Edom killed Carmilla." Players are unpredictable; maybe they'll kill Carmilla in the flashback, maybe they'll let her get away; maybe they'll come up with some elaborate catch-and-release plan to turn her against Dracula. Keep things as loose as possible before the flashback canonizes what really happened.
- **Keep the witness clear of events.** While it's tempting to have some old NPC talk about what he did back in the war, you run the risk of setting up contradictions if the person framing the flashback was directly involved in the events. As an obvious example: you have, say, the Retired MI6 Asset Runner frame the flashback for *Blood Coda*, only for the Asset Runner to get eaten by vampires in play. If he's dead, how can he be telling the story? Yes, you can get away with "Mwhaha, the Master raised me from the dead — this is a trap!" once or twice, or paper plot holes over with vampiric hypnosis, but it's best not to make a habit of it.

Instead of living witnesses, diaries, stolen case files, recordings, and other documents also offer windows into the past.

Unto the Fourth Generation

If you're running a century-spanning campaign, then you can run these adventures as part of your historical epic. If the player characters are closely associated with or even part of Edom, then dropping them into the missions is easy. However, if the Agents aren't working with Edom, you'll need to do a little extra work to sneak them in at the start.

Backstory

Of course, you don't have to play through these adventures at all. They're historical events, after all — just make them part of the backstory of your campaign. When the players break into that bountiful archive at Exeter, or interrogate the poor Retired KGB Agent about Edom's past activities, you can entertain them with cryptic references to the Wehrwolf monitoring station or the opera incident.

Stripped for Parts

Another option is to take elements out of these historical adventures and pull them into the present day. The action of *Four Days of the Bat*, for example, is explicitly tied to the fall of the Berlin Wall, but you could grab the concepts of a disused Edom listening post, or a Conspiracy defector, or all the weirdness involving Nenorocit and transplant them into present-day Romania or Munich.

MISSION STRUCTURE

All the missions follow the same structure:

Eyes Only Briefing: A summary of the mission and backstory for the Director's use.

The Spine: How the mission is likely to play out.

Entry Vectors: Ways to get the player characters involved, including suggestions for using the mission as a Flashback.

Scene-By-Scene Breakdown: The meat of the mission. Each scene lists the scenes that lead in and out of it, giving a clear road map for the Director from initial hook to bloody denouement.

Encounter: Finally, each mission includes an Encounter — a monster, NPC, location, object, or node — formatted in the same way as the ones in the *Director's Handbook*. Drop these into your *Dracula Dossier* campaign after you've played through the mission, or have them trigger the Flashback that ties the mission into the overall campaign.

MISSION	LOCATION	DATE	PREGENERATED CHARACTERS	FLASHBACKS	ENCOUNTER
Stoker: First Blood	Bulgaria	1877	pp. 28–34	The Hungarian (DH, p. 94), any Edom archive, George Stoker's diaries from Ireland (DH, p. 235)	**LOCATION:** The Devil's Cave
The Carmilla Sanction	Vienna	1948	Generics, pp. 180–186	Former Gehlen Org (DH, p. 82), "Van Sloan" (DH, p. 87), NATO Liaison (DH, p. 125)	**PERSON:** Callimar
Blood Coda	London	1971	Generics, pp. 180–186	"Cushing," (DH, p. 92), MI5 Deputy (DH, p. 95), Retired MI6 Asset Handler (DH, p. 98), Balkans Specialist (DH, p. 91), the government records at the Norman Shaw Buildings (DH, p. 193)	**PERSON:** Dr. Olga Lupan
The Slayer Elite	Whitby Greece London	1980	pp. 95–101	Any MI6 NPC, Any Duke of Edom, Retired KGB Agent (DH, p. 97)	**MONSTER:** Lord Ruthven
Day of the Wehrwolf	Barcelona Switzerland Munich	1981	Generics, pp. 180–186	Defector (DH, p. 93), SRI or Securitate files (DH, p. 156)	**PERSON:** Leon Ortenau
Four Days of the Bat	Berlin	1989	Generics, pp. 180–186	Former Gehlen Org (DH, p. 82), Retired KGB Agent (DH, p. 97), any middle-aged Conspiracy goon	**OBJECT:** The Dracula Deed
The Moldavian Candidate	France Zurich Davos	2005+	Generics, pp. 180–186	Tabloid Journalist (DH, p. 134, Icelandic Diplomat (DH, p. 119), MI5 Deputy (DH, p. 95), Lord Godalming (DH, p. 43).	**NODE:** Belle Mage Resorts
The Harker Intrusion	Morocco London Romania	Now	Generics, pp. 180–186	None	The Dracula Dossier

AN EDOM PRIMER

The Edom Files is part of ***The Dracula Dossier*** campaign, along with (deep breath) ***Dracula Unredacted, Director's Handbook, The Hawkins Papers***, and ***Edom Field Manual***. If you're using this book on its own, without reference to the other supplements, you'll need to know a few key concepts.

Dracula — the novel by Bram Stoker — isn't a novel. It's the heavily edited after-action report of an attempt to recruit a vampire as a spy. The British learned of the existence of vampires during the Russo-Turkish War (as described in the opening scenario in this book, *Stoker: First Blood*), and tried to lure Dracula to England in 1894. It all went horribly wrong, it got covered up, and they released an edited version of Stoker's report as disinformation.

Those involved in the attempt to recruit Dracula became the founders of Operation Edom, a century-long secret operation within MI6. Edom's purpose changed over the course of the 20th century. At times, it focused on understanding vampires, especially their strange connection to earthquakes and "telluric energy currents," and their inhuman biology (which Edom weaponized as the "Seward Serum," an injectable drug that gives its users enhanced speed and strength). In other periods, Edom was an undercover vampire-hunting unit, thwarting Dracula's plans across the world. In 1940, Edom attempted to reawaken Dracula in order to use him as a weapon against the Nazi invasion of Romania; in 1977, Edom discovered a mole within MI6 who was in league with Dracula. And in the present day, Edom's working with Dracula again, using him as a weapon in the War on Terror (or is *he* using *them?*)

Edom's mysterious director is known only as "D." His key subordinates are the Dukes of Edom, known by biblical code names.

EDOM GLOSSARY

1894 OPERATION: The original attempt to recruit Count Dracula as an asset. A heavily edited and bowdlerized account of the operation was released as Bram Stoker's famous novel; Edom retained the original case notes.

1940 OPERATION: In 1940, Edom parachuted a commando team into Romania, with orders to locate Dracula and use him as a weapon against the advancing Third Reich. By installing Dracula as dictator, Edom hoped to deny the Nazis control of the Romanian oil fields. That operation went terribly wrong, and only a few members of the Edom team survived.

CHAIN HOME DEEP: Edom's network of early-warning listening posts, set up to detect earthquakes and shifts in the telluric currents that might be signs of vampiric activity.

CUP-AND-DROP BLAZE: Edom's logo, depicting a droplet of blood inside a chalice.

D: The mysterious director of Operation Edom.

DR. DRAWES: Edom's chief researcher and vampire expert.

DUKES OF EDOM: Edom's field operatives. There are eleven dukedoms; when a duke dies or retires, a replacement takes over the title and portfolio. The dukes and their responsibilities are:

- Alvah (Eastern Europe operations)
- Elah (Research and Archives)
- Iram (Transport and logistics)
- Jetheth (Security and terminations))
- Kenaz (Western Europe operations)
- Magdiel (SIGINT and ELINT)
- Mibzar (Explosives and demolitions)
- Oholibamah (Internal operations)
- Pinon (Artefact recovery)
- Teman (Anti-vampire countermeasures R&D)
- Timnah (Political liaison)

HMS FROSERPINE: Edom's top-security military base and holding facility, located on a disused oil-rig off the coast of Scotland.

JACK: A user of the Seward Serum; usually used to refer to Edom special forces

LEGACY: A descendant of one of the members of the original 1894 crew.

MOLE HUNT: A reference to an incident in 1977/78 when Edom was tasked with finding a highly-placed mole in British intelligence. The investigation proved that Dracula still had a network of mind-controlled minions in the United Kingdom. Edom eventually ferreted out the mole, but sustained serious damage to its spy networks in Romania. Some believe that Edom never caught the real mole, and that Dracula still has agents within Operation Edom itself.

RING: Formerly the county house of the Godalmings; now possibly Edom's headquarters

RIVAL VAMPIRE PROGRAMS: Other groups attempting to recruit vampires as agents, or to create supernatural weapons from vampire blood. Edom suspects several nations of hosting their own vampire programs, including Germany, Russia, China, Turkey, the United States, and the Vatican.

SEWARD SERUM: A drug made from extremely dilute vampire blood that gives its users enhanced speed and strength (like a Renfield). The effects of Seward Serum end when the user is exposed to sunlight.

TELLURIC VAMPIRE: The theory that vampires are somehow connected to the Earth's geomagnetic field. In Stoker's original novel, Dracula's castle is destroyed by an earthquake when Dracula is stabbed; there were historical earthquakes in 1894, 1940 and 1977, corresponding to periods of signficant vampire activity.

STOKER: FIRST BLOOD

In this scenario, the Agents get thrown into the Great Power politics of the late 19th century, with vampires added into the mix. This is the "secret origin" scenario for Operation Edom, offering not just historical insights into the Great Game of espionage in the East, but an opportunity to discover the scientific underpinnings of vampirism. As a one-shot adventure, it is intended to evoke the slightly campy Gothic melodrama of a Hammer Horror period piece.

EYES ONLY BRIEFING

In this adventure, a group of late-19th-century Europeans finds itself caught up in the middle of a Balkan war as the long-simmering tension between the Ottoman Empire and the Russian Empire breaks out into open warfare. The overt casus belli has to do with the cruel and malicious treatment of Bulgarian Christians at the hands of their Turkish overlords, the tsar having taken it upon himself to stand as protector of Christianity in the Balkans. As Europeans in Constantinople, the PCs have been asked by agents of the sultan to document and recover potential evidence of a massacre by Christians against Muslim citizens in the Ottoman province of Bulgaria, hidden in a cave near the small town of Tirnova (Tarnovo). It is hoped that this will provide political cover for the British government by influencing English public opinion, thereby enabling a credible threat of military intervention on Turkey's behalf to prevent Russia from capturing the city of Constantinople, and so acquiring a Mediterranean port from which it could threaten British imperial interests. In short: the stakes are high!

THE SPINE

The mission begins with **The Road to the Devil** (p. 13). Starting in Constantinople, where the Agents are briefed by Osman Hamdi Bey, their path brings them northwest from the city to an Ottoman-controlled area in the Balkans just south of the Danube river crossings where the Russians are preparing their invasion with the help of their Roumanian allies.

They leave the train from Constantinople at a small whistle-stop village and continue their journey mounted, heading into the Balkan Mountains that lie between them and their destination. They face a choice as they travel: take a slightly easier but longer route through the relatively wide Shipka Pass, or take the steeper and more difficult but shorter Hainkoi Pass. Time is of the essence, but trying for this shortcut may produce its own delays.

The choice of route shapes the likely order of events. Going by the longer Shipka Pass allows the characters to talk to the inhabitants of **The Town of Tirnova** (p. 17) before arriving at **The Devil's Cave** (p. 18), possibly gaining useful background information. In the cave, they are attacked by ghoulish creatures led by a diabolical dervish calling himself Iblis Akbar. This is Ekim Dal, who was killed in this cave a year ago by Bulgarian rebels associated with an ancient but nearly defunct quasi-vampiric secret society called the Bratstvoto na Drakona (the Brotherhood of the Dragon). This encounter is probably complicated by the arrival of Russian Cossack scouts under the command of a dashing cavalry general, who may attempt to capture or detain the characters (**There's a War On**).

No doubt fleeing the Russians or in their clutches, the characters arrive at **The Villa** (p. 22) that was once Ekim Dal's home (and the site of a ruined fortress that once belonged to the Brotherhood). His widow, Arzu Dal, is now a lamia, having died during childbirth and been resurrected during an earthquake in 1875. She had been exposed to the telluric infection during her confinement due to a quack nostrum proffered by a Romany midwife (and in fact it was she who passed the contagion on to her husband). The widow pines for her lost love, Ekim Dal, who must rest by day in the cave where he died. Meanwhile, she sleeps in the family cemetery, near a meandering brook that lies between the two places and which neither can cross. Her eunuch-minions collect child-slaves from the local area as *devshirme* ("blood tax"); their blood is drained to fill the widow's bath and feed her two-year-old dhampir son.

Conversely, should the party go by the Hainkoi Pass, stragglers may be harried en route by the remnants of the bloodily suppressed Brotherhood, whose power was largely broken during the massacres following the uprising last year. The PCs may venture into the widow's **Villa** (p. 22) first, despite the superstitious-seeming protests of their guides, since it lies along the Hainkoi road. They meet the widow, who probably attempts to seduce one of their unsuspecting number in order to turn him into a servitor and minion. This seduction attempt is often the climax of the adventure, leading to a set-piece fight against the widow and her minions when the would-be lover is rescued or comes to his senses. If it succeeds, however, the widow attempts to manipulate her new lover and his friends into either (a) uniting her with her husband or (b) helping her flee to Constantinople with enough excavated earth from her Bulgarian grave to sustain her for a long while.

At some point, things probably get too hot for the characters, and they wind up heading for the relative safety of Constantinople, pursued variously by the Russians, the Brotherhood, the widow, Iblis Akbar, or some combination. However, they should carry the important intelligence that vampires exist, and have a long history in the Balkans.

ENTRY VECTORS

This adventure is set before either *Dracula* or the establishment of Operation Edom, so it doesn't fit into a *Fields of Edom* or *Unto the Fourth Generation* campaign frame (although, thinking about it, you could run this adventure, then segue into the 1894 events with older versions of the pregenerated characters, you madly ambitious fool, you). It works great as a one-shot teaser for a longer campaign.

As a Flashback, George Stoker's report might be found in any Edom archive like Exeter, Seward's Asylum, or Ring; he might also have left copies at a location in Ireland. The Hungarian (***DH***, p. 94) has access to his grandfather's documents; Turkish intelligence (and possibly the Red Horses; ***DH***, p. 76) likewise have a copy of any report given to Osman Hamdi Bey. Modern-day Agents might be interrogating a vampire (or reading her interrogation reports at the "Black Light" site; ***DH***, p. 204) and learn the true origin of Edom.

THE AGENTS

There are seven pregenerated player characters provided for this adventure, but four to six PCs is probably about the right size for a play group. The Director should be prepared as needed to introduce any characters *not* selected as NPCs to serve as resources, rivals, and foils.

- **George Stoker, M.D.** (British physician): Stoker has volunteered as a physician for the Red Crescent, and has agreed to accompany the group as physician before proceeding to the front to assist with medical operations there. *(Drive: Compassion)*
- **Arminius Vámbéry** (Hungarian linguist): Vámbéry is a friend and confidant of the Turkish official dispatching the English on this mission, and is thus the sultan's trusted agent in this regard. *(Drive: Fame and Fortune)*
- **Frederick Burnaby** (British soldier-adventurer): Burnaby represents the British Crown on this mission; he also has contacts in the nascent British intelligence community. *(Drive: Adventure)*
- **Archibald Forbes** (British war correspondent). Forbes is a representative of the British press, who will hopefully spread the version of the truth that will sufficiently ameliorate British public opinion so that Her Majesty's Government may intervene if necessary to prevent Russia from gaining unfettered access to the Mediterranean. *(Drive: Truth)*
- **Andrew F. Crosse** (British geologist): Crosse hopes to extend what is recorded about the geology of Bulgaria, which is very little. He has been invited on the theory that a geologist will be able to make an authoritative examination of the cave where the massacre is alleged to have taken place. *(Drive: Knowledge)*
- **Annie Smith Peck** (American classicist): Annie has convinced Vámbéry of her intellectual bona fides, or forced him to concede them, and is accompanying the group to broaden her experience as a student of the classics at the University of Michigan. Her assignment from the school may include an in-depth interview with Vámbéry. *(Drive: Curiosity)*
- **Kerem Amanoglu** (Ottoman soldier): Amanoglu is the sole survivor of his squadron of bashi bazouks irregular cavalrymen; the rest were killed in the Bulgarian uprising of 1876 and its sequel. He has been to the Cave of Iblis in Tirnova, and has agreed to lead the others to it. If Kerem is not a player character, he shows up as an NPC on page 14. *(Drive: Vindication)*

RULES ADJUSTMENTS

In addition to the rules changes for Victorian-era characters and adventures (***DH***, p. 325), certain other changes recommend themselves for this adventure.

The core rules (***NBA***, p. 18) refer to **a certain Interpersonal ability** using a barnyard epithet. This sort of vulgarism is abhorrent to Victorian sensibilities, and so the ability in question is identified as **Insight** in this adventure.

Additionally, **Traffic Analysis** as a Technical ability seems to be more than a little anachronistic both as a phrase and in terms of what it represents; in this adventure, it is subsumed under a skill called **Computation** that is similarly useful for sifting through large amounts of data, particularly in aid of cryptographic efforts, but which presumes that a great deal of calculation by hand is involved.

In a similar vein, **Human Terrain** as an Academic ability is more properly called **Philology** in the 19th century — though it covers nearly exactly the same ground.

Furthermore, **Network** to mean one's associates and acquaintances is a very late-20th-century term; better in this 19th-century context is **Contacts**.

By the same token, the **Shrink** ability should be referred to as **Alienist**.

Finally, the Social Class ability for servants in the Ottoman Empire is renamed **Seraglio** rather than **Below Stairs**.

NEW ABILITY: CULTURE (INTERPERSONAL)

More importantly, because most PCs will be foreign to the setting, this adventure introduces a Culture ability, to reflect the difficulties of cross-cultural interaction emerging from factors aside from language. It is an Interpersonal ability and reflects knowledge of a particular culture. Thus, characters begin with 1 point in their native culture (in this case, broadly construed as "Western [European]," "Slavic," or "[Middle] Eastern"); points in other cultures reflect extensive study of or travel in foreign regions.

As with Social Class abilities, a character attempting to interact across cultural boundaries using Insight, Flattery, Flirting, Negotiation, or Reassurance must spend 1 point from his or her Culture pool or from his or her Languages pool, assuming a common language. This spend reflects a stranger's ability to gain the sympathetic attention of someone from another culture by identifying common ground or trading upon the reputation of their own culture.

An inability or unwillingness to make this spend may or may not produce successful results, but complications will definitely ensue; such complications include possible:

- **hostility**, perhaps manifesting in acts of violence (−3 Health damage) or threats, overt or covert (2-point Stability test)
- **theft, pilferage, or robbery** (1d3 Preparedness loss, or the expenditure of a Social Class pool point)
- **loss of face or social standing** (a 1-point loss from an Interpersonal ability)

Furthermore, the Director may justifiably demand a greater spend, or a spend from a specific Culture pool, if an NPC is particularly xenophobic, suspicious, or hostile to strangers. Note that this works in tandem with Social Class, so that an Investigator attempting to garner information from an NPC who is both from a different social class and a different culture has to pay out of two pools.

None of this is necessary for interactions between player characters, of course, regardless of their culture of origin.

VAMPIRE BUILDS

This adventure presumes that you'll be using some form of the "telluric vampire" build discussed in *The Dracula Dossier*. If not, you can just use the standard damned or supernatural versions of the monsters described here. However, the quasi-scientific logic underpinning some scenario information must be modified, replaced, or ignored when you run the game relying on the presumption of supernatural or damned vampires. Have the various villagers emphasize Dal's crimes, his cruelty, and his renunciation of God; play up the darkness and the connection of the cave to the underworld — descending into the Devil's Cave means descending into Hell. An Interpersonal spend might prompt one of the villagers to give a PC a crucifix or some other holy symbol; throw in some unholy weirdness (stones crawling like insects, voices speaking from deep underground, wild ghost stories about the villa) to firmly position vampires in the realm of the supernatural.

Keep the earthquakes even if you're going for supernatural vampires: they herald the approach of infernal powers, not of mephitic stresses. If you haven't decided which interpretation of vampires to use, drop hints for both and let the truth fall out in play. Given that many groups will be playing simply to enjoy staking some vamps, this should work out fine.

THE ROAD TO THE DEVIL

SCENE TYPE: Introduction/Action
LEAD-OUTS: The Town of Tirnova, The Devil's Cave, The Villa, The Mountain Village of Arbanasi

The adventure begins in Constantinople, where the characters' travels have brought them for one reason or another. By way of exposition, choose the most suitable PCs (Vámbéry, Burnaby, and Forbes in particular, and the other Europeans to a lesser extent; Amanoglu should remain offstage at this point) to interact with a Turkish bureaucrat named Osman Hamdi Bey regarding the assistance he hopes they can render him. If Ármin Vámbéry is not a PC, this is a good time to introduce him, as a polyglot and resourceful traveler whose experience and skills will enhance the mission. Allow the PCs to contribute points from **Contacts** (i.e., Network) to augment his utility.

THE SUBLIME PORTE

The PCs are greeted by Osman Hamdi Bey in his small office, having passed through the Sublime Porte, a gateway leading to the cluster of buildings in the shadow of the sultan's palace that houses the ministerial offices of the Ottoman government. His office is cluttered with rather good paintings in the Impressionist style and archaeological souvenirs from Palestine. He smokes foul-smelling Turkish cigarettes and strokes his bearded chin thoughtfully when listening to others speak.

Hamdi Bey serves them strong bitter coffee and reviews the geopolitical situation. The following points are salient: (1) Russians are mobilizing in Romania for an attack on the Ottoman Empire that amounts to a modern-day Crusade, and (2) Turkey's need for British support in the case of war is very high, given Turkey's inadequate war preparations. However, (3) the climate of British public opinion is currently very much against the Ottoman Empire, given reports of atrocities committed by Turkish soldiers in suppressing a Bulgarian insurrection last year. **Military Science** confirms that Britain's Mediterranean and other Eastern interests would be quite significantly threatened if Russia were to gain control of the Ottoman capital of Constantinople,

permitting a Russian Black Sea fleet to sail through the Dardanelles and into the Aegean Sea, from which it could threaten Egypt and even Gibraltar.

Osman Hamdi Bey then explains what he wants from the PCs. He has heard reports of a massacre of Turkish civilians in Bulgaria, the evidence of which is preserved in a cave near the town of Tirnova. There is a prisoner who knows where the cave is and can lead the characters there (core clue); Hamdi Bey has arranged for the prisoner to be brought to a convenient place along the route to await them. He wants the PCs, as disinterested observers, to examine the evidence themselves and bring back their sworn testimony and whatever other evidence they can obtain about violence against Muslims in the area. **History** suggests that credible proof of atrocities by Christians in Bulgaria against Muslims probably won't be enough to stop the war, but it will certainly enable the British government to believably suggest to the Russians that sustained aggression against certain key Ottoman possessions will provoke a wider war in a way that the tsar almost certainly does not want. **Osman Hamdi Bey** (French-speaking Ottoman artist, archaeologist, and bureaucrat, age 34): Osman Hamdi is a thoughtful and scientifically minded individual. He has connections with the reform-minded group known as the "Young Turks" and is thus under a cloud with the new administration, Sultan Abdul Hamid II having come to power last year with the expressly conservative agenda of stifling reforms promulgated by progressive elements and championed by his deposed brother Murad V. Osman Hamdi hopes by obtaining the PCs' testimony to demonstrate his value to the powers-that-be of the Ottoman Empire and thus retain his position in the Protocol Office. Because of Hamdi Bey's cosmopolitan background, those with Western cultural backgrounds need not spend to interact with him (see the rules adjustments about Culture, above). **Insight** suggests that he possesses a strong admiration for the culture and scientific achievements of the West as well as a scholarly and artistic bent. **Bureaucracy** allows a character to assess Hamdi's status to be that of a mid-level functionary seeking to curry favor with higher-ups. **Art History** and **Archaeology** can be used to gain Hamdi Bey's respect, win his favorable opinion, and if spent augment a character's Preparedness pool, reflecting gifts bestowed by the Ottoman official.

Once the PCs at the meeting have agreed to take on this mission, as quickly as possible account for the presence of other PCs on the journey, either in an official or unofficial capacity. Gloss over any travel preparations that are required, explaining that you will rely on the use of Preparedness tests and Investigative ability spends to determine what equipment and weapons are on hand at any given time. Some players will want to make sure that a specific item is available prior to departure; as Director, you may permit this at your discretion, requiring a spend of some kind or not as you think appropriate.

THE ROAD

It is 160 kilometers from Constantinople (or Istanbul) to Adrianople (Edirne) just south of the Balkan Mountains, the last major terminal before the end of the line at Philippopolis. Lay out Handout #1 and establish that the PCs are debarking at a little village called Hermanli, 65 kilometers past Adrianople. Hermanli lies at the foot of a steep, winding road leading over the Balkan Mountains to the town of Tirnova, their destination. The time is about midday. The party of Europeans is met by a rough-looking and gruff-talking bashi-bazouk leader named Demir Kozen Akinji, who urges them to make ready to travel. Akinji and his men have a prisoner; this is Kerem Amanoglu, the man that Osman Hamdi Bey sent them to find.

(core) **Interrogation:** He relates his account of what he saw in the cave near Tirnova (if Amanoglu is an NPC, allow PCs to spend points from **Contacts** to establish his utility after they get the information from Amanoglu's background).

DEMIR KOZEN AKINJI AND HIS MEN

Kozen Akinji is the fiercely scowling leader of a bashi-bazouk troop that has been detailed to accompany the PCs to Tirnova, and he is as cagey and as larcenous a cutthroat as ever roamed these hills. **Military Science** allows a character to recognize that Kozen Akinji and his men are little better than bandits, irregular troops with the sort of discipline that will shatter when exposed to determined opposition. **Insight** permits a character to identify deep-rooted avarice as Kozen Akinji's primary motivation, but that he also hates and fears the Bulgarian natives of this region (Of course, both of these realizations depend upon the appropriate **Social Class** and **Culture** spends).

Any appropriate Interpersonal ability: Demir Kozen Akinji and his men participated in the suppression of the rebellion last year, and killed many people, but they were righteous in doing so because those they slew, down to the youngest child and even the babes in arms, were all *ejderha kardesligi* (ej DER ha kar DESH lee), that is, dragon brothers, and so cursed in the eyes of God. When stabbed in the heart their flesh burns from their bones; this is how they are known for what they are.

- 1-point spend: A character who spends a point of an Interpersonal ability, having paid very close attention to the stories of the bashi-bazouks, gains a dedicated pool point of Vampirology.

Some PCs may be discomfited by the coarse simplicity and alien manners of their traveling companions; anyone without Eastern Culture and Working Class must test Stability at Difficulty 4 for lacking one and Difficulty 5 for lacking both to avoid a 2-point loss when and if they make camp or are otherwise forced to spend time in close proximity to the bashi-bazouks.

Turkish Male Names: Ahmet, Ali, Berat, Hasan, Huseyin, Ibrahim, Ismail, Mehmet, Mustafa, Osman, Suleiman, Yusuf

Turkish Female Names: Ayse, Azra, Belinay, Ela, Elif, Emine, Fatma, Hatice, Meryem, Yagmur, Zehra, Zeynep

DEMIR KOZEN AKINJI

GENERAL ABILITIES:
Athletics 6, Health 8, Riding 6, Shooting 8, Weapons 6

HIT THRESHOLD: 4

ALERTNESS MODIFIER: −1

STEALTH MODIFIER: +0

DAMAGE MODIFIER: +1 (rifle-mounted spike bayonet), +1 (M1874 Peabody-Martini single-shot breech-loading rifle; requires a round to reload unless he spends a point of Shooting)

TURKISH SOLDIERS OR BASHI-BAZOUKS

GENERAL ABILITIES:
Athletics 3, Health 4, Riding 3, Shooting 4, Weapons 3

HIT THRESHOLD: 3

ALERTNESS MODIFIER: −1

STEALTH MODIFIER: +0

DAMAGE MODIFIER: +1 (rifle-mounted spike bayonet), +1 (M1874 Peabody-Martini single-shot breech-loading rifle; requires a round to reload unless the rifleman spends a point of Shooting)

OVER THE MOUNTAINS —

From Hermanli the road snakes upward through the hills, growing steeper as it approaches the mountains. It is 51 kilometers to Jeni-Zagra, where the road forks. The straighter but more difficult Hainkci Pass road goes nearly straight up for 40 kilometers and then descends by stages for another 40 kilometers to the rolling hill country around Tirnova. The longer but easier road heads west for 32 kilometers to Eski-Zagra before turning north and rising slowly along the flanks of the mountain into the wide Shipka Pass for a distance of about 19 kilometers; the road then winds down through the hills toward Tirnova across a distance of about 51 kilometers.

Languages (Greek) or **Philology:** In Greek, the Balkan Mountains are known as the Haemus, which some authorities say derives from the word *haema*, or blood.

CROSS-COUNTRY TRAVEL

The Difficulty of cross-country travel, whether on foot or on horseback, is equal to the traveler's chosen average rate of speed in kilometers per hour, −1 Difficulty for particularly flat, open, or well-paved routes and +1 Difficulty for particularly rough, broken, or hilly country. Increase the Difficulty further if the traveler is particularly heavily laden (+1) or if the traveler has not rested within the past 12 hours (+1 per missed rest period). Add additional modifiers as appropriate. Test **Riding** if on horseback, or **Athletics** if walking. On a success, the traveler moves at the desired rate of speed for up to 8 hours, and then must make another test if further travel is required. On a failure, the traveler (or the horse) must either (a) take 1 point of damage to Health per point by which the test was missed, but keep up the desired speed, or (b) slow to a rate of speed in kilometers per hour equal to the test's die roll minus 1, potentially falling behind companions on the road (unless they adjust their speed). Give each horse 4 points of Health before it comes up lame; require a **Preparedness** test at Difficulty 5 or a **High Society** spend to have a new horse be available.

FROM HERMANLI TO JENI-ZAGRA

Demir Kozen Akinji sets a grueling pace along the road from Hermanli to Jeni-Zagra, which he hopes to make by nightfall, traveling at a steady canter the whole way (Difficulty 5 **Riding** test). This lets the group reach Jeni-Zagra in just over six hours of travel. If anyone begins to fall behind, however, he slows the speed of the escort to match, though he complains with fierce gesticulations and expressive scowls, and makes camp by the side of the road if necessary.

Should the PCs find themselves camping out of doors overnight, do two things: (1) have wolves howl in the night, requiring those with **Outdoor Survival** to test Stability at Difficulty 4 and those without to test at Difficulty 5 to avoid a 2-point loss from the atavistic fear and sleepless anxiety those howls produce, and (2) permit a character with **Outdoor Survival**, should he or she be on watch during the night, to detect a stealthy figure spying on the group in the dark before attempting to slip away unnoticed.

At Jeni-Zagra, the group must make a decision. Demir Kozen Akinji recommends the easier route via the Shipka Pass, arguing that it will allow them to cross the distance with greater speed. **Insight** suggests that he is withholding information. The truth can be bribed out of him (**Negotiation**), but he is immune to threats: he has heard rumors that e derha kardesligi have been seen along the Hainkoi Pass. Another NPC with the party, if any, plumps for the Hainkoi Pass route, on the grounds of urgency, and the PCs have to put in their oar. The NPC whose opinion is rejected feels slighted and may take advantage of whatever opportunity for petty revenge presents itself.

THE SHIPKA PASS ROAD

At Difficulty 3 (an average speed of 5 kmph), it takes a full day of traveling to reach the village of Shipka at the mouth of the pass, and then another day's travel at the same speed but +1 Difficulty to get through the pass and then descend to Tirnova. They probably wind up camping out overnight. Along the Shipka Pass road, they meet Turkish refugees headed south, and a force of about 5,000 Turkish soldiers detailed to guard the pass. The refugees can report that the Russians have been shelling the Danube river fortresses for several days, and it's suspected that they'll cross somewhere along the river very soon.

Languages (Turkish): Many of the Turks living north of the mountains have left for safe havens in Istanbul and Rumelia (i.e., on the southern side of

THE BROTHERHOOD OF THE DRAGON

This once-widespread Bulgarian clan is now a shadow of its former glory. It had historical roots in Balkan Mountain copper mining, and the ancestors of the Brethren had lived with the telluric miasma below the surface of the earth for so many generations that they became commensal hosts for the virus, essentially symbiotes. Currently, they know they were once elite warriors of a Bulgarian Empire, but they have lost or forgotten the secrets of their ancestors. Their mythology links them to the serpent who was cast out of the Garden of Eden, but who retained knowledge of eternal life. Because their numbers have indeed been drastically reduced by Ottoman efforts to suppress them, they despise the Turks. By the same token, despite the tsar's claim to be protector of Bulgaria, they do not trust the Russians, and have put their faith in a Prince of Dragons who lives somewhere in the north. They seek revenge against the bashi-bazouks who slaughtered their people, but may be persuaded to negotiate with the English. They know about the monster in the cave — which they had considered to be sacred to them — but do not understand it. In any event, they remain unwilling to face its power. If they learn about the widow, they definitely attack to destroy her; they may attack the villa anyway, if they suspect it is undefended or underdefended, with the aim of looting it.

BRETHREN OF THE DRAGON

GENERAL ABILITIES: Aberrance 8, Hand-to-Hand 8, Health 12, Weapons 8
HIT THRESHOLD: 5
ALERTNESS MODIFIER: +2
STEALTH MODIFIER: +1
DAMAGE MODIFIER: +1 (sword), +0 (bite; extended canines)
ARMOR: −2 to all physical attacks and impacts; immune to toxins
FREE POWERS: Regeneration (telluric power)
OTHER POWERS: Boneless Flexibility, Electrical Senses (telluric power), Summoning (telluric power)
BANES: beheading, fire, metal blade or stake through the heart
REQUIREMENTS: drink blood (as Addictive Disorder)

BULGARIAN MALE NAMES: Bogdan, Borislav, Dragomir, Grozdan, Krasimir, Lyuben, Momchil, Nedelcho, Radomir, Stefan, Valko, Zlatko
BULGARIAN FEMALE NAMES: Aneliya, Bilyana, Darina, Desislava, Gergana, Kalina, Mila, Nadeja, Ognyana, Rayna, Svetlana, Zora
BULGARIAN PATRONYMICS: Bulgarians have a patronymic based on their father's name. Choose another male name, and add the suffix -ov/ev (for men) or -ova/eva (for women) to the name.
BULGARIAN SURNAMES: Blagunov(a), Draganev(a), Ganin(a), Georgiev(a), Ivanov(a), Nikolov(a), Petrov(a), Petrinsk(i/a), Radin(a), Stambolov(a), Tsetsanov(a), Zelenogorsk(i/a). Male surnames usually end in -ov, -ev, -ir, or -ski; female surnames usually end in -ova, -eva, -ina, or -ska.

the Balkan Mountains), while others have sought refuge in the fortresses of the Quadrilateral, to the east. A few have gone to the *timar* (small fief) that was once the home of Ekim Dal, may God grant him blessings in heaven! His widow has opened her doors to those in need, in the hills a few miles south of town, but the villa of Ekim Dal is no strong fortress.

THE HAINKOI PASS ROAD

The way via Hainkoi Pass is shorter by about 24 kilometers than the Shipka Pass road, but much rougher: the whole 80-kilometer route is at +1 Difficulty, and once past Hainkoi (16 kilometers uphill from Jeni-Zagra), there are no villages or other places to stay the night until within 16 kilometers of Tirnova, and that place — the villa (p. 22) of the widow of Ekim Dal — has seen much tragedy.

Along the Hainkoi Pass, stragglers are attacked by Dragon Brethren, who stealthily approach and prey upon the hindmost, fleeing once the alert is raised. If no PCs straggle behind, an NPC Turkish soldier does, and vanishes seemingly into thin air (though allow **Notice** and **Outdoor Survival** spends to pick up the trail, which leads northeast, toward a once-prosperous village called Arbanasi (p. 22), about 16 kilometers west of Tirnova through rough country).

THE TOWN OF TIRNOVA

SCENE TYPE: Pipe
LEAD-IN: The Road to the Devil
LEAD-OUT: The Devil's Cave, The Villa, There's a War On

The timing of the PCs' arrival matters. A scouting force of Russian cavalry arrives in Tirnova by about noon of the fourth day after the PCs set out from Constantinople. Under the most typical circumstances, this means that the PCs arrive in Tirnova (by the end of the third day out), spend the night in the town, and then make their way to the cave just before the Russians get to Tirnova. If, however, they have traveled too slowly, they find themselves having to evade or deceive the Russians in order to reach their objective, and they probably find themselves harried by Cossacks once they emerge from the cave. See *There's a War On* (p. 21) for details on the Russian foe.

Tirnova is an important regional center in this part of Bulgaria. It is set along the banks of a small river and surrounded by rocky wooded hills and cliffs; the ruins of a fortified wall run along a ridgeline looking over a bend in the river at the edge of town. A small detachment of Muslim soldiers occupies a run-down old fortress on a nearby hilltop, but it is little more than a local militia (*NBA*, p. 69); **Military Science** declares them to be almost wholly unready for combat. The road through town leads north to the Danube town of Sistova, about 64 kilometers away, and the countryside to the north flattens out to become rolling hills, fields, and farmland. Tirnova itself is occupied mainly by ethnically Bulgarian Christians, though there are a few Muslims, Circassian exiles forced out of the Russian Caucasus by the tsar nearly 15 years earlier.

Geology: The hills surrounding the town appear to comprise a combination of black shale and sandy limestone. The former is a sedimentary rock made up of clay minerals mixed with quartz and calcite particles; the latter is almost entirely composed of calcite mixed with sand and other minerals. The work of Mr. Darwin, following Mr. Lyell, suggests that the calcite originates in the shells of ancient sea organisms, which then forms mineral structures subject to the action of plutonic forces.

History: This town was the capital of the Second Bulgarian Kingdom, also known as the Bulgarian-Wallachian Empire, which existed between the end of the 12th and the beginning of the 15th century before being conquered by the Ottomans.

Military Science: The sounds of cannon fire in the distance sound like the preparatory bombardment that would precede a general assault, probably against the river fortresses.

Philology: The population of the town is divided along religious and ethnic lines, with an Orthodox population of ethnic Bulgars outnumbering a Muslim population of ethnic Circassians, many of whom are leaving the town in anticipation of a Russian attack. There seem to be very few men of military age among the Christian occupants of the town.

BULGARIAN TOWNSFOLK —

The Bulgars of the town (**Culture (Slavic)**) hope for a Russian victory, and travelers in company with Turkish soldiers find them fearful and reticent to speak. Nonetheless, the PCs may interact with the local innkeeper, shopkeepers, and other small tradesmen in the town (**Middle Class**) as well as servants and laborers (**Lower Class**). Many had friends and family members who were killed by Turkish troops during the suppression of last year's insurrection, and some have fled from villages burned by them. They really hate the Turks; the name Ekim Dal is in particular despised among them.

Languages (Bulgarian): When the Russians come, they will drive out the rest of these villainous Turks! They're all devil worshippers like that monster Ekim Dal. I hope their bodies all get thrown into the deepest pit of Devil's Cave [Dyavolskoto].

WHAT THE BULGARIANS THINK OF EKIM DAL

Interpersonal abilities reveal a little more about Ekim Dal. He was the tyrannous landlord of a small manorial holding just outside the town who was held by many to be responsible for the disappearance of a number of girls and young women from outlying villages over the years. He was killed by patriotic Bulgarian heroes during the April 1876 uprising; the earth shook on the night he died, and everyone knows that happens when the Devil comes to claim an evil man's soul and bear it away to Hell.

A great deal of trust or sufficiently convincing persuasion (i.e., a spend of **Reassurance** or **Culture**) is required for the full truth to be revealed. When the insurrection came, members of the local revolutionary committee waylaid Ekim Dal and some of his men on the road to Tirnova from his home. They slew several and captured the rest, whom they brought to the Dyavolskoto, or Devil's Cave, a few miles outside of town. After a pro forma trial, they executed Dal and his six men and left them to rot on the floor of the cave. Only one or two of the Bulgarian men with direct knowledge of those events are still in town; many fled when the Turkish army arrived to put down the rebellion.

WHAT THE BULGARIANS KNOW ABOUT DYAVOLSKOTO

Devil's Cave has a bad reputation because of the sulfurous odors emanating from its depths. It is also said to have been used as the headquarters of a notorious band of brigands responsible for repeatedly pillaging the hitherto prosperous village of Arbanasi, in the hills east of Tirnova, in the late 18th and early 19th century.

MUSLIM TOWNSFOLK —

Muslims who live in Tirnova have settled here after being deported from the Caucasus by the order of the tsar.

Circassian Male Names: Alko, Bagh, Chawis, Dat, Foqua, Guaza, Hebale, Jatawe, Kitsu, Lostan, Mamsir, Nasca

Circassian Female Names: Abaku, Babine, Dadusha, Gulaz, Hetsatsa, Pizhine, Qandisha, Quamay, Sasa, Tewzhan, Wila, Zhan

WHAT THE CIRCASSIANS SAY ABOUT EKIM DAL

The story of Ekim Dal is a sad one. Before he was killed last year, he had many troubles. His wife was a great beauty from a noble family in Istanbul, who sorrowed because she could bear no children, and so feared he would put her aside, and there was much turmoil in the household as the two bickered. Eventually, she did almost bear him a son, but he was sickly and died during birth. The wife stayed in seclusion for nearly a year; it took the earthquake of 1875 to bring her forth. For his part, it is said that Ekim Dal, until then a pious man, had renounced God once his son died. But God is not mocked! During the uprising of 1876, only last year, Ekim left his villa with a small troop to join the defense of Tirnova, but they never arrived. The bodies of some of his men were later found near the road that runs between Tirnova and Arbanasi. Dal and six of his comrades were never found. It's said that his widow has gone mad and mourns near the graves of her stillborn children.

WHAT THE CIRCASSIANS SAY ABOUT IBLIS MAGARA

The Devil's Cave is known as little more than rumor to the Circassians; supposedly it lies in the hills between Tirnova and the mountain village of Arbanasi. The Bulgarian hills are riddled with caves, and many were used as hiding places by bandits and rebels against the sultan's authority. Iblis Magara is supposed to be cursed.

THE DEVIL'S CAVE

SCENE TYPE: Core
LEAD-INS: The Road to the Devil, The Town of Tirnova, the Villa
LEAD-OUTS: There's a War On, The Villa

With a guide of any sort, the PCs reach the cave without any great difficulty, though the cave mouth is located off the beaten track high up on the flanks of a hillside overlooking the road between Tirnova and Arbanasi. Allow the party to begin to explore the cave. They will probably begin with the bowl-shaped area and then probe more deeply, but any Turkish soldiers (including the bashi-bazouks of Demir Kozen Akinji) are highly unwilling to go there. It takes some sort of spend to persuade them otherwise; a 1-point spend gets two to agree while a 2-point spend motivates a full half-dozen. Demir Kozen Akinji always comes with them.

THE CAVE

There do not seem to be any bodies near the cave mouth, but the passage goes deeper, curving slightly as it does, so that it is difficult to see how far back the cave actually goes. The floor of the cave is rocky and irregular but affords relatively secure footing in most places. About eight meters inside the cave the passage begins to widen. A row of upward-projecting stalagmites and downward-hanging stalactites (that to the more imaginative queerly resemble fangs in an open mouth; test Stability at Difficulty 3 to avoid a 2-point loss) mark the true entrance into the cave.

Geology: This is a limestone cave, formed as a result of acidic groundwater

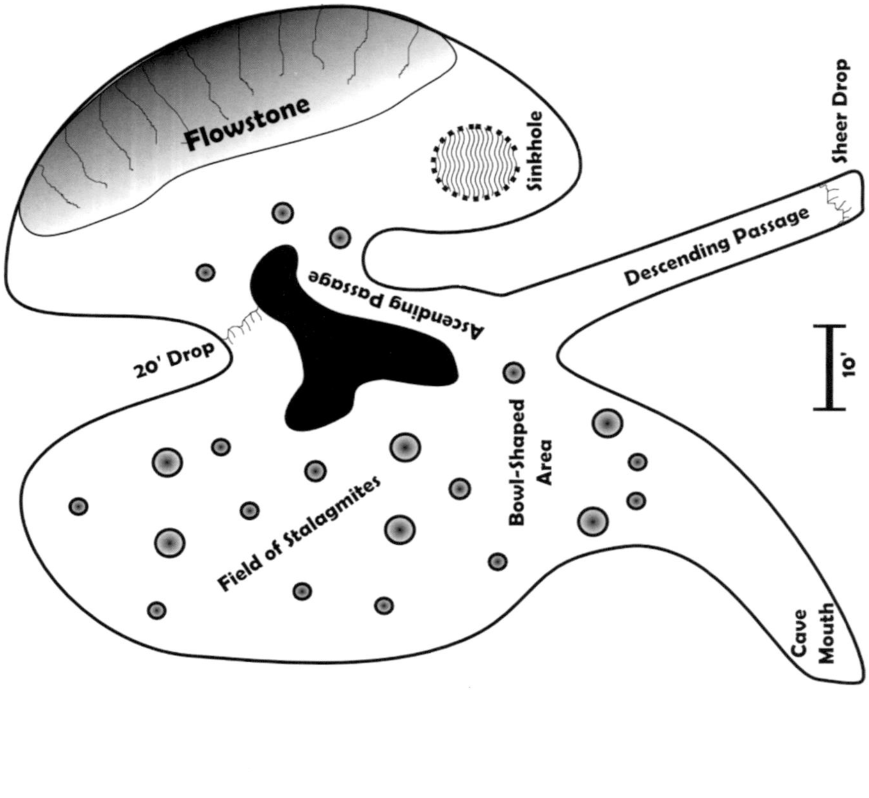

IN MEDIAS RES

If you intend to run the adventure in a single four-hour session (as, for instance, a convention game), there is a strong case to be made for beginning the adventure as the characters enter Devil's Cave. If the fight with Iblis Akbar and the ghouls is sufficiently interesting, the players will remain engaged despite the lack of in-play context, and the PCs will gain some information during it. Additional information emerges as the players deal with the aftermath of their fight or flight, and you can point them toward the widow and see what develops. Flashbacks can be used to justify spends that retroactively establish facts on the ground, and you can "travel by map" before opening the scene if you like.

seepage dissolving the calcium carbonate matrix of the stone. Rust staining along the walls indicates high iron content. There are signs of tectonic activity fairly recently — unweathered cracks in the walls and floors signal some kind of ground shifting or a mild earthquake no more than five years ago.

THE BOWL-SHAPED AREA –

Beyond this is a bowl-shaped area, relatively free of obstructions, where the bodies were originally placed; it is currently empty. Two passages branch off at oblique angles at the right of the bowl-shaped area. One passage slopes gently upward as it moves forward; the other curves back sharply and begins to descend.

Archaeology: Traces of sporadic or at best periodic human settlement over at least the past 1,000 years is quite evident, but no one seems to be living here now.

Notice or **Archaeology:** You uncover what appear to be oblong wooden beads among the crevices in the bowl-shaped area.

Culture (Eastern) or **Philology:** The beads are *misbaha,* or prayer beads, mainly used by Sufis (that is, dervishes) to recite the *tasbih* (short prayer) of Fatimah, and to symbolize the 99 names of God.

Geology: There is a vein or thin dike of blood-red marble (the metamorphic form of limestone) in the center of the bowl-shaped area; its color can probably be attributed to a high iron content in the area. The effect is similar to the reddish variety of Ruscita marble found in Wallachia. However, the patterning of the stone is curiously turbulent or chaotic, quite unlike the smooth laminate layering of most marble, and the resulting substance is strangely friable.

This marble tube is the product of the vampire Iblis Akbar's tunneling ability (see below), which involves the manipulation of telluric forces. The molecules of the limestone are pushed aside and then recrystallize in transmuted form as soft, porous stone in the vampire's wake.

THE STALAGMITE CAVERN –

Beyond the bowl-shaped area, a high-roofed cavern is crowded with stalactites and stalagmites.

Notice: A battered copy of the Koran, stained with blood and damaged by water, lies amid the field of stalagmites, as if flung violently away.

Outdoor Survival: Bat guano has accumulated in the cavern, but none of it is fresh; the bats seem to have abandoned this cave for some reason.

THE ASCENDING PASSAGE –

This gently sloping passage leads upward from the bowl-shaped area to the flowstone chamber.

THE FLOWSTONE CHAMBER –

The ascending passage leads to another cavern where the far wall and much of the floor are covered with a rusty-orange mineral formation comprising bulbous-looking crystals that resembles nothing so much as a petrified fungus garden.

Archaeology: This area may have been the site of human habitation at some point in the past; there are clearly the remains of a fire pit in the center of this area.

Geology: The mineral formation is called flowstone, and is composed of calcite deposits left behind by water flowing through an underground area.

Outdoor Survival: There had to have been somewhere for the smoke to go — some sort of chimney in the roof of the cave — or else any inhabitants would have been literally smoked out of their home

THE SINKHOLE

A sinkhole in the lower end of the flowstone chamber drops sharply into the depths, to a total of perhaps 25 to 30 meters; there is liquid at the bottom of the hole.

THE 6M DROP

An opening in the flowstone chamber overlooks the stalactite cavern, although the two are separated by a drop of about six meters.

THE DESCENDING PASSAGE –

This passage descends in increments until it reaches a sheer drop of some 18 meters or more. At first glance, it looks to be a dead end, but **Notice** or **Outdoor Survival** or **Geology** (core clue) spots a passage leading into the darkness that grows narrower and narrower. Only someone supremely confident or sufficiently desperate (3-point Stability test) is willing to struggle past the narrowest part to where the passage widens slightly, eventually leading to an egress near *The Villa* (p. 22) of Ekim Dal.

ATTACK OF THE DAMNED –

Sketch out a map of the cave as the PCs explore it, making sure to have a sense of each PC's specific location within the cave. As the PCs are gathering information, intimate wrongness via **Sense Trouble** tests that allow a PC to hear stealthy footsteps skittering closer and closer somewhere in the darkness, to smell a charnel reek of blood wafting upon them, or to see a grim, angry-seeming face watching them from the shadows amid the stalactites before vanishing. Have the ghouls attack piecemeal from the shadows and then retreat, using their speed, their stealth, and their Spider Climb ability to cut off the party's retreat from the cave and herd them deeper within. Make sure to convince the players that the ghouls are a serious threat by picking off any bashi-bazouks who have been brought along as guards.

The stats for a feral vampire (*NBA*, p. 150) are used as the basis for Iblis Akbar, formerly Ekim Dal, who rose again as a vampire, having been infected with the telluric bacterium by his wife after her vampiric quickening two years ago. Risen from the dead, as he thinks by the hand of Satan, he has taken up a new twisted sort of piety and now wishes to spread the worship of Iblis, but he has yet to leave the cave because of the intolerability of telluric discontinuities. Frankly, it is possible that he has been driven mad by the memory of his wife's bloody perversions.

If slain, Ekim Dal's destruction causes a small earthquake (possibly large enough to cause a cave-in).

IBLIS AKBAR

GENERAL ABILITIES: Aberrance 9, Hand-to-Hand 9, Health 9

HIT THRESHOLD: 5

ALERTNESS MODIFIER: +2

STEALTH MODIFIER: +1

DAMAGE MODIFIER: +1 (axe), +0 (bite), −1 (fist, kick)

ARMOR: −1 (tough skin), firearms and projectiles do only half damage after armor

FREE POWERS: Drain (to Health cap of 18), Regeneration (telluric power)

OTHER POWERS: Extra Attack (see ***NBA***, p. 74; first extra attack is free, further attacks in a round cost 2 Aberrance or Hand-to-Hand points each), Infection (telluric power), Necromancy (telluric power), Spider Climb (telluric power), Strength (telluric power), Tunneling (to enter/exit telluric grave via magnetic earth-shifting, leaving behind marble "wake"), Vampiric Speed (telluric power)

BANES: destructive electrical resonance, lunar rocks, meteoric iron, metallic stake to the heart, sunlight

BLOCKS: discontinuities, garlic, strong EM fields, ultraviolet light

COMPULSIONS: obey dame

DREADS: garlic, mirrors, symbols of previous identity

REQUIREMENTS: drink blood, sleep on native soil

Note that, as suggested in the ***Director's Handbook*** for telluric vampires, Iblis Akbar doesn't become totally helpless during daylight hours; instead, his Regeneration ability is reduced to 2 Health per hour and he pays double Aberrance to activate his abilities.

GHOULS

Iblis Akbar created these revenants from the bodies of his men. They appear as gaunt and emaciated feral humans, are possessed of a cunning but bestial sentience, and do not remember their former lives.

GENERAL ABILITIES: Aberrance 9, Hand-to-Hand 9, Health 9

HIT THRESHOLD: 4

ALERTNESS MODIFIER: +2 (enhanced smell)

STEALTH MODIFIER: +1

DAMAGE MODIFIER: +1 (talon), +0 (bite; extended canines; plus worrying: double damage on second consecutive bite hit on same target (***NBA,*** p. 150))

ARMOR: −1 (tough skin); firearms and projectiles do only half damage after armor

FREE POWERS: Unfeeling

OTHER POWERS: Extra Attacks (see ***NBA***, p. 74; first extra attack is free, further attacks in a round cost 2 Aberrance or Hand-to-Hand points each), Spider Climb (telluric power), Vampiric Speed (telluric power)

BANES: fire, sunlight.

COMPULSIONS: obey sire (these ghouls hide in the cave among the stalactites, and do not go far from their sire but hunt small game such as rats and bats that can be found within the cave)

When the PCs are well and truly discomfited, he comes boiling forth from the ground in the center of the bowl-shaped area, shrieking, "Iblis Akbar!" (i.e., "Satan is great!"). **Notice** may permit a PC to realize that he avoids the sinkhole and the flowstone surface. (They are discontinuities that disturb the telluric bacteria.) He attacks violently, but his assault may perhaps be at least temporarily checked by confronting him with his old identity of Ekim Dal (require a **Languages** spend in Turkish as well as 1 other point of an Interpersonal ability, appropriately described or played out). The Koran or the prayer beads can be usefully incorporated into this action, for though Iblis Akbar recoils at the sight of them, the PCs are able to see the pain and fear in his eyes. He retreats if necessary by tunnelling, leaving a vein of marble behind.

ESCAPE

Should the forces of Iblis Akbar prove too overwhelming, the PCs' efforts may bend towards escape. A number of possibilities exist. The PCs may attempt to climb down the sheer drop (test **Athletics** at Difficulty 5 to avoid a slip or fall that does +1 damage) and follow passages leading to an exit; to represent this quickly, require an **Outdoor Survival** or a **Geology** spend to find their way through the cave system without injury (−2 Health damage) or discomfiture (2-point Stability test).

Similarly, someone may climb down or jump into the sinkhole, which ends in a pool that drains into an underground stream. A strong swimmer may be able to follow the current to a place where the stream emerges, but require a 2-point **Outdoor Survival** or **Geology** spend to make the passage without succumbing to fear and claustrophobia (4-point Stability test) as well as injury (−2 Health damage). Player characters may deduce from the presence of a fire pit the existence of a chimney leading upward from the flowstone cavern to the surface. Require a Difficulty 8 **Athletics** test to be able to reach the ceiling of the cave, but allow retries and help from other PCs via **Preparedness** tests to possess helpful equipment that grants a +2 bonus to the roll or an Investigative ability spend as if using the Tag-Team Tactical Benefit (TTTB) rule. Once in the chimney, a Difficulty 4 **Athletics** test allows passage to the surface; failure means that someone gets stuck, and eventually the ghouls come for the unfortunate victim.

THE CAVALRY ARRIVES!

If all else fails, the PCs can be saved by the arrival of a troop of Cossacks on a long-range scouting mission led by General Skobeloff, the dashing young Russian cavalry commander, and accompanied by an American foreign correspondent named Januarius McGahan. McGahan hates the Turks with a passion and regards them as a low and degenerate race. He urges Skobeloff to exact vengeance for the slaughter of Bulgarian innocents.

SKIRMISH RULES

If the Cossacks storm into the cave while a fight is still going on between the PCs on one side and Iblis Akbar and the ghouls on the other, you may wish to abstract the portion of the fight that does not involve player characters. Assume there are three Cossacks per ghoul and roll one die per NPC Cossack or ghoul; you may wish to differentiate the dice by color. On a 6, a Cossack die does a hit to one ghoul; it takes two hits to take down a ghoul. On a 4, 5, or 6, a ghoul die kills a Cossack, since Cossacks can only take one hit. You may also use this rule to abstract any combat between bashi-bazouks and the ghouls. Give Demir Kozen Akinji two hits and let him hit on a 5 or 6; give Iblis Akbar three hits, and let him hit like a ghoul.

End the scene when all the PCs have either (1) been captured, killed, or driven off by Iblis Akbar and the ghouls, (2) escaped from the cave, or (3) been taken captive or detained by General Skobeloff and his soldiers.

The Russians want to bring the PCs back to Bucharest for Grand Duke Nicholas to make a decision. During the trip north, a fog rises, offering a chance to take action to escape.

THERE'S A WAR ON

SCENE TYPE: Chase
LEAD-INS: The Devil's Cave, The Town of Tirnova
LEAD-OUT: The Mountain Village of Arbanasi

At some point, probably after the PCs emerge from the cave, they find the war is proceeding in earnest. Tirnova may be occupied by Russian troops, and the PCs have some information worth relaying back to the Foreign Office as well as reporting to Osman Hamdi Bey. It may be necessary to chase the PCs somewhere, such as Arbanasi, using Cossacks on horseback or Dragon Brethren on foot. The Cossacks are mounted on hardy Don horses with broad chests, clean lines, and well-muscled legs. Because of the hilly and wooded nature of the countryside, even PCs on foot might be able to evade mounted pursuit by cutting overland. This variation of *NBA*'s chase rules provides some tension:

- Allow PCs to spend Investigative or use General abilities to get a head start of 1–3 spaces on the Thriller Chase Track. Set the length of the Chase Track at 7–12 spaces or so.
- Have the pursuers automatically move 1 or 2 spaces on the track each turn without fail.
- Allow PCs to flee one space by rolling 4+ with a relevant ability or two spaces by rolling 7+ with that ability. Failure indicates that the PC stays in place.

Virtually all paths and roads in the region end up at Arbanasi sooner or later. Unless the Agents specifically avoid inhabited regions on their way to the Villa, they'll pass through The Mountain Village of Arbanasi.

Some PCs may be captured by the Russians. If the PCs are unable to come up with a reasonable plan, use Iblis Akbar or the Dragon Brethren to create a disruption or distraction that lets them steal some horses and escape. These include heavy fogs or storms (via telluric weather control) or attacks by wolves or bears (via telluric summoning).

COSSACKS

GENERAL ABILITIES: Athletics 4, Health 4, Riding 6, Shooting 4, Weapons 3
HIT THRESHOLD: 3
ALERTNESS MODIFIER: +0
STEALTH MODIFIER: +0
DAMAGE MODIFIER: +1 (sabers), + (muzzle-loading flintlock rifles)

The Russian commander is General Skobeloff; he claims to have little time for wild tales of the supernatural, but attempts to bring back anything unusual or potentially useful to St. Petersburg

THE MOUNTAIN VILLAGE OF ARBANASI

SCENE TYPE: Alternate
LEAD-IN: There's a War On, The Road to the Devil
LEAD-OUT: The Villa

If the party is separated, some PCs may wind up in the village of Arbanasi. This once prosperous village is now a shadow of its former self. **Architecture** (also **Art History**) allows a visitor to recognize that many of its churches date back to the 17th and 18th centuries, and are exemplars of the Bulgarian National Revival style — a movement inspired by pride in Bulgarian history and national heritage. It is part of the demesne of Ekim Dal, and the population is a mix of Greek and Bulgarian villagers. They aid those who can convincingly demonstrate their anti-Ottoman bona fides; others they capture and seek to turn over to the Russians. They can elaborate on the crimes of Ekim Dal, naming specific young women over the course of the past three years whom he has caused to disappear.

(alternate core) **Reassurance** or **Theology:** A Greek Orthodox priest points out that another girl disappeared only a few days ago, and that Ekim Dal is supposed to be dead! The crowd mutters and frowns at this. Canny travelers may be able to muster an angry pitchfork- and torch-wielding mob to march to the villa of Ekim Dal with the appropriate **Negotiation** or **Military Science** spend.

THE VILLA

SCENE TYPE: Action
LEAD-INS: The Devil's Cave, The Road to the Devil, The Mountain Village of Arbanasi, The Town of Tirnova

This building rises from a hillside overlooking the Tirnova-Hainkoi road; above it is the barest ruin, a heap of crumbling stones that may once have been an old fortress. The hillside is covered with a well-tended peach orchard, and a low round hilltop below the house is the site of the family cemetery, which offers a vantage on a meandering brook that winds around the foot of the hill. The house itself appears to be typical late 19th-century Ottoman construction, imposingly tall and angular in design. It is made of grey stone with a slate roof and pierced with many tall windows along its front and sides; each is rectangular with an arched-head jamb. The rear of the villa is distinguished by a mosque-like dome; however, a piece of the dome's roof appears to have collapsed, and there are cracks in some of the walls.

Visitors of reputable mien are made welcome. Some families from Tirnova are staying here, Turkish merchants returning to Constantinople. They are anxious about the upcoming war, and flee in a panic at the first sign of Russian activity. It is entirely possible that the villa is abandoned by everyone except the widow and her servants and child-slaves, and that it will become a headquarters for Russian troops planning to push south into the Balkans.

THE HOUSEHOLD

The servants (**Seraglio, Culture (Eastern)**) are hard-pressed but loyal to their mistress, Arzu Dal, wife of the missing and presumed dead Ekim Dal. **Insight** reveals that they are in fact deathly afraid of her, particularly the slave-children who are watched carefully at all times by eunuch servitors as they carry out their tasks.

Important servants include:

- The chief eunuch whom she entrusts with the responsibility of slaughtering and draining the blood of the child-slaves she uses for her baths; he also brings blood in bottles to the Romany dry nurse who cares for the widow's dhampir child. He buries their bodies in the peach orchard, and keeps a memento of each one in his bed

VILLA OF EKIM DAL

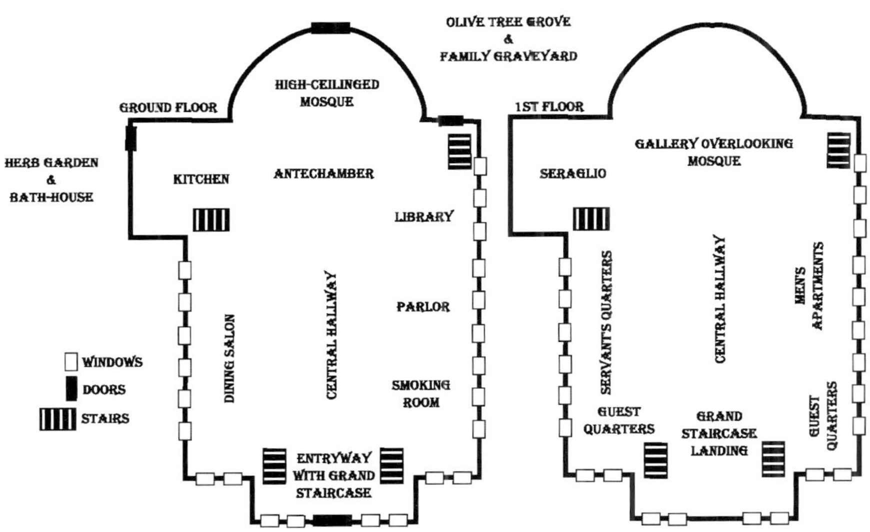

chamber; there are dozens of little caps, kerchiefs, veils, locks of hair tied with ribbon, and other gewgaws of childish frippery in an ornate wooden box under his bed. **Intimidation** breaks him if he thinks his men and his mistress have abandoned him, and **Flattery** tricks him at least briefly. He is quick to resort to revelatory violence — i.e., a fight that shows us what he cares about. He carries the key to the bathhouse, which is locked during the day. Inside, **Forensic Pathology** allows traces of blood to be definitively identified; **Notice** merely allows unpleasant stains to be observed.

- The Romany midwife and dry nurse who possesses dark secrets. She nurses the widow's two-year-old child on blood in a private chamber in the seraglio, and gives strangers malicious looks when she chances on them. She knows the truth: that the mistress died in childbirth after a terrible pregnancy that the midwife had tried to alleviate with a poultice of herbs taken from a wild patch near the ruins of the old fortress. But the baby was born blue like death and choked on milk but thrived on blood. The master went mad and forswore God after his wife went into the ground, and would not see his child. When the earthquake woke the mistress from her deathly sleep, the master swore to praise Satan, and personally led his men out to collect children for the blood tax. Then one day he never came back, and the mistress mourns in her loneliness.
- The young cook, a slave-girl from Istanbul, who is deathly afraid of the chief eunuch and thinks he means her harm. **Flattery** makes her weep and reveals that she's hiding something. **Reassurance** gives her the courage to share her bizarre knowledge. She imagines that she has heard a baby wailing somewhere in the house, and she knows that there is a dark secret about the bathhouse, where no one ever goes.
- The Circassian gardener and groom who knows where the widow sleeps by day in the dirt of the cemetery, and where she roams across the grounds by night. A practical man, **Negotiation** affords him the stake he needs to start over, and he leaves as soon as practicable thereafter.
- The imam whom she has drained of vitality so that a 30-year-old man seems to be nearly three times that age. He is nearly mad, and the widow Arzu Dal has forbade him from speaking words of the Koran. **Reassurance** calms him down enough to tell the story of the witch's foul but irresistible kisses.

CHIEF EUNUCH

GENERAL ABILITIES:
Athletics 6, Health 12, Weapons 8
HIT THRESHOLD: 3
ALERTNESS MODIFIER: +0
STEALTH MODIFIER: +1
(in the orchard)
DAMAGE MODIFIER: +1 (scimitar or shovel), −1 (blood-draining needles)

EUNUCHS

GENERAL ABILITIES:
Athletics 3, Health 6, Weapons 4
HIT THRESHOLD: 3
ALERTNESS MODIFIER: +0
STEALTH MODIFIER: +0
DAMAGE MODIFIER: +1 (scimitar or shovel), −1 (blood-draining needles)

MIDWIFE

GENERAL ABILITIES:
Athletics 4, Health 8, Weapons 12
HIT THRESHOLD: 3
ALERTNESS MODIFIER: −0
STEALTH MODIFIER: +0
DAMAGE MODIFIER: −2 (knitting needles), +0 (caustic vials)

THE VILLA

The seraglio is of course off limits; it is here that young Akram Dal (the widow's son, really not much more than a superannuated infant) is cared for. In the library, studious PCs find maps of the local area that identify this site as an important fortress for the Brotherhood of the Dragon. Other reports in Bulgarian talk of the "miasma of the deep" and the "blood curse" emerging from underground; the mountain of which Devil's Cave is a part comes in for scrutiny as a possible source.

THE WIDOW (TELLURIC LAMIA)

Her name is Arzu Dal, but her servants refer to her only as "the mistress" or "the widow." By day she is nowhere to be found (she sleeps in a hidden grave in the family cemetery, but by night she is sad and lovely, a widow in her early 30s mourning her lost husband in a ruined graveyard outside her home. She wears a veil for mourning, but her dark eyes and what can be seen of her pale skin are alluring to any red-blooded mortal potentially susceptible to such charms. She bathes in blood to soften and soothe her scaly skin.

If destroyed, the widow's death causes a small earth tremor.

STONE PLAGUE CARRIER: The target of her embrace must make a Difficulty 4 Health test or contract a severe case of Stone Plague disease. The victim loses 2 Athletics pool points and takes −2 Health damage per day until death or cure, as skin and internal organs harden into stone-like consistency. Otherwise, the victim contracts a minor case, losing 1d6−2 Athletics pool points due to stiffness and skin plaques until treated via a Diagnosis spend.

GENERAL ABILITIES: Aberrance 16, Hand-to-Hand 4, Health 10

HIT THRESHOLD: 5

ALERTNESS MODIFIER: +2

STEALTH MODIFIER: +2

DAMAGE MODIFIER: +0 (bite; fangs), +0 (crushing embrace)

ARMOR: Stony (immune to weapons doing less than +1 damage; heavier weapons do −2 damage; any attack may make pieces of stony skin spall or chip off; immune to normal fire and electricity; vulnerable to acid and chemical-based attacks; has −5 armor against extremely heavy blows, as from a fall or a direct hit with a cannon ball)

FREE POWERS: Addictive Bite (test Stability versus Difficulty equal to accumulated bite damage or victim becomes addicted to bite, per Addictive Disorder; ***NBA***, p. 84), Anaesthetic Bite (victim remembers pleasurable sexual encounter, Difficulty 6 Stability or helping PC's Alienist test to pierce hazy memory), Drain (bite ages victim, 1 year per point of Health damage, −1 maximum Health *rating* per each 5 years of superannuation).

OTHER POWERS: Cause Sleep (per Mental Attack rules; ***NBA***, pp. 131–132; not if self or target insulated), Clairvoyance (costs 1 Aberrance to see through victim's eyes; not if insulated), Control Earthquakes (telluric power; costs 1 Aberrance for minor, 2 for moderate, 4 for strong, 8 for major earthquake), Control Weather (telluric power; costs 1 Aberrance for fog, mist, or rain w/thunder and lightning; 2 for a big storm or blizzard), Enter Dreams, Infection (telluric power), Necromancy (telluric power; can create ghouls from recently dead), Regeneration (telluric power; to full Health in half an hour if on native soil, double time for each lesser step of connection), Spider Climb (telluric power), Stone Plague (see text), Strength (spend for feats of strength), Tunneling (to enter/exit telluric grave via magnetic earth-shifting)

BANES: destructive electrical resonance, lunar rocks, meteoric iron, metallic stake to the heart, sunlight

BLOCKS: discontinuities, garlic, strong EM fields, ultraviolet light

COMPULSIONS: bathe in blood

DREADS: garlic, mirrors, symbols of previous identity

REQUIREMENTS: drink blood, sleep on native soil

- **Chemistry:** Having analyzed the sample we recovered during the fight, we conclude that the stony material that forms her skin is mainly calcium carbonate — the same compound that's found in oysters and egg shells.
- **Geology:** The material of her skin has the hardness of marble, which is a metamorphic form of dolomite or limestone. However, the process that creates marble requires enormous heat and pressure, so how does a woman grow a marble shell?

BRINGING EVERYTHING TOGETHER —

At this point, you have a lot of elements in play: Iblis Akbar, the widow, the Russians, maybe the townsfolk of one town or another seeking to rescue a young child given up to the mistress. In the villa, the widow toys with the PCs, seeking to seduce and drain one of the male PCs while assigning the chief eunuch to tap a female PC's blood or subdue the other PCs. Your job now is to ramp up the pressure and see what shakes loose.

If your players have a vampire corpse to examine, allow each point of **Diagnosis** spent to reveal a power (free or telluric), as well as a bane or requirement, as time permits. Armed with this knowledge, the PCs may be able to devise some means whereby they can counter the very real strengths of the vampires.

Alternately, realizing they are overmatched, they may be forced to flee over the mountains.

The adventure ends when they've made it back to Constantinople and reported back to Osman Hamdi Bey.

LOCATION: THE DEVIL'S CAVE

There's a much better known Devil's Cave, or Devil's Throat, in southern Bulgaria, close to the Greek border. According to myth, it's the place where Orpheus descended into the underworld to rescue his love Eurydice from the clutches of Hades. The Devil's Cave explored by the British expedition during the Russo-Turkish War, though, is much closer to the Romanian side of the country.

Tirnova has become Veliko Tarnovo, "Great Tarnovo," in recognition of its long history. With a population of around 90,000, it's one of the largest and most important cities in the region, and has a growing economy. The old town's been swallowed up by industrial districts and suburbs. The village of Arbanasi, by contrast, has changed little since the 1870s. It survives on tourism.

The villa, if the Agents check it out, was destroyed in 1952 by Bulgarian government forces. **Research** digs up a reference to it being used as a shelter by "enemies of the people." (Throw in a reference to a "VH" if you want to hint that Van Helsing was working with the Russians after he vanished.) **Archaeology** amid the ruins might discover some clue pointing at the Russian vampire program (*DH*, p. 76), like a rune-engraved anti-vampire bullet or the broken remains of a stolen Earthquake Device (*DH*, p. 266).

Finding the Devil's Cave in the mountains requires an **Outdoor Survival** spend (or **Data Recovery**, to spot it from s atellite photos).

COOL: The cave mouth was buried in a landslide in 1977, and the rubble is thickly overgrown. Clearing it takes several days work with earth-moving equipment, or **Explosive Devices** in a hurry. The cave hasn't been entered in decades. The one element of interest is the pool of stagnant water in the sinkhole; **Chemistry** confirms that it has leached some unusual properties from the surrounding stones, and now works like telluric holy water (*NBA*, p. 140). The water loses its effectiveness against telluric vampires over time, so the Agents must return here regularly to stock up.

Optionally, there's an ancient and withered ghoul or two here — little more than dry bones and crumbling papery skin, but still, horribly, alive …

WARM: The Warm interpretation for the Devil's Cave depends on the outcome of your play-through of *Stoker: First Blood*. Who knows about the cave?

- **The Conspiracy:** The mountain is now owned by a mining company, Dal Minerals; possibly with ties to Leutner Fabrichen (*DH*, p. 146), a Conspiracy version of the Petroleum Executive (*DH*, p. 127), or owned by a Dracula-connected bank like Klopstock & Billreuth (*DH*, p. 145). They've excavated the original cave site. The mining facility is guarded by Dragon Brethren, and if Ekim or Arzu Dal are still active, then they re here too. Inside, servants of the Count labor to dig deep into the earth. It is the entrance to a vast and hitherto unsuspected network of caverns beneath the mountains. This might be an entrance to the vaults of Zalmoxis (*The King Under the Mountain*, *DH*, p. 293) or maybe there's an army of cerneati (*DH*, p. 66), entombed for unknown centuries.
- **Operation Edom:** Edom has a spy or two in Veliko Tarnova, and has the cave under observation. Any vampires here have long since been removed (they're either in chains on HMS *Proserpine* (*DH*, p. 169) or on slides at Seward's Asylum (*DH*, p. 195)). Edom conducted geological experiments here in the 1930s; in 1941, when the RAF bombed the Bulgarian capital of Sofia, it arranged for a bomber to target the mountainside and bury the cave entrance, leaving only the secret entrance near the villa. The cave went undiscovered until recently, when Edom reopened it as an off-the-books black site. Elvis (*DH*, p. 50) or an Edom-aligned Black Site Interrogator

(*DH*, p. 104) might be encountered here; so might Edom's vampire.
- **The Turks:** The Turks mounted an expedition to the Devil's Cave within weeks of the original Agents reporting back to Osman Hamdi Bey; they took the remains of the Dals and any other relics they could find. One of their men, though, was caught in some weird occult backlash and … absorbed into the cave, falling into one of Ekim Dal's "graves." One rock formation now resembles a human face; spilling blood in the cave awakens him. His code name is Neme; the Kirmizatlar (*DH*, p. 76) use him as a seer, much like Van Helsing used Mina, awakening him on certain auspicious days of the year to question him about the rumors of the earth and news of distant events. These days, there's a webcam and a remote-activated demolition charge to ensure that no Bulgarian civilians or unauthorized personnel disturb the sleeper.
- **The Russians:** The Russian vampire program didn't get a close look at the cave until the 1950s, by which time any relics were long gone. They sealed off the Devil's Cave, but left the back tunnel

open. Records of the Devil's Cave eventually fell into the hands of an ex-FSB officer named Elena Sokolov who's turned to organized crime; she's now working with criminal elements in Eastern Europe (maybe the Smuggler (***DH***, p. 131) or the Human Trafficker (***DH***, p. 118)), and the cave's used as a storage cache for illegal goods. She has connections to the Conspiracy — either she's supplying something for it, or she's using supernatural creatures for security. (If you want to be really nasty, she's on the same road to becoming a lamia as Arzu Dal). If defeated and **Interrogated**, she reveals something about the Russian vampire program before throwing herself into the depths of the cave to trigger the next stage of her vampiric transformation.

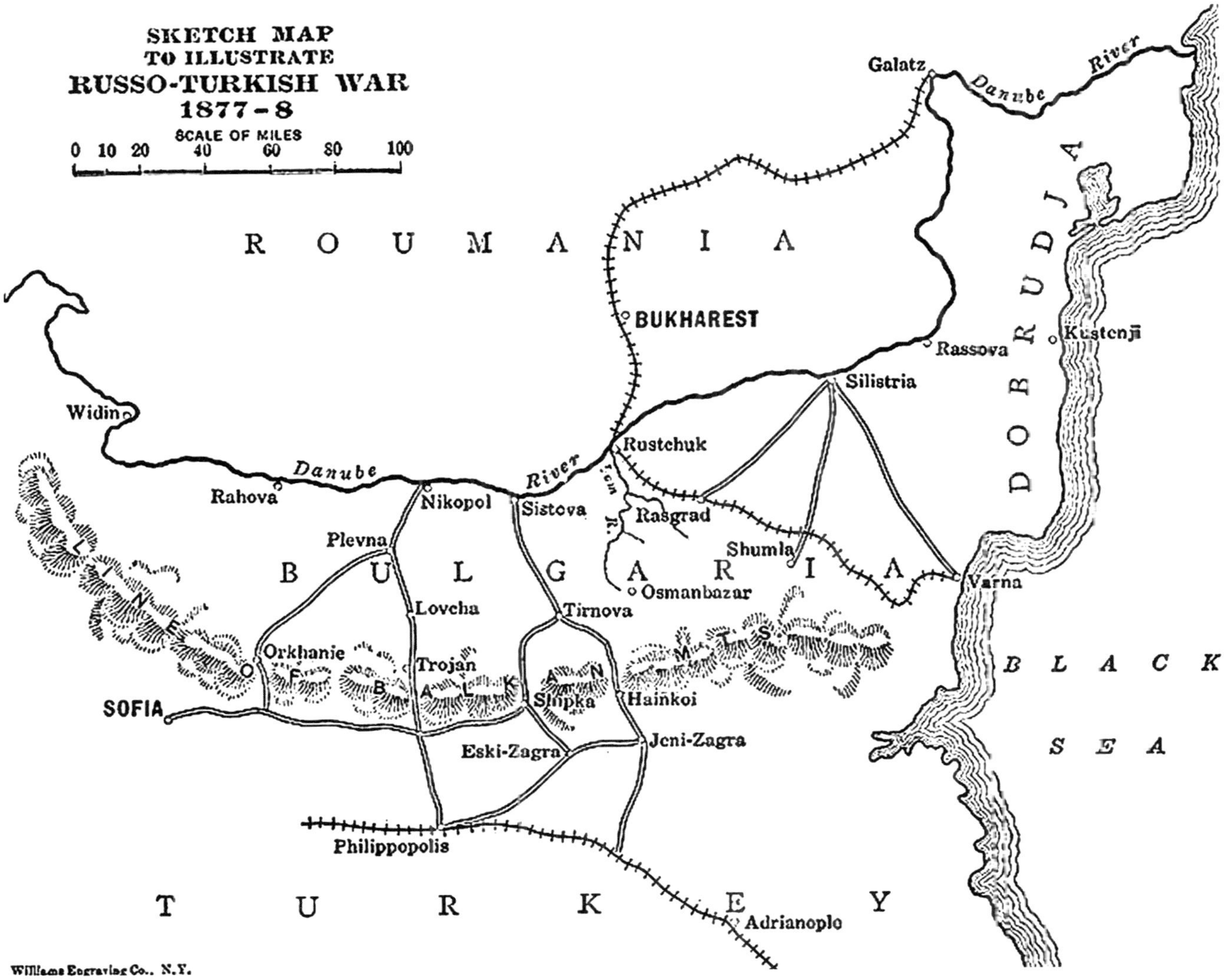

Source: Lucius Hudson Holt, Ph.D., *The History of Europe from 1862 to 1914* (New York, NY: The Macmillan Company) [public domain image]

INVESTIGATIVE ABILITIES

ACADEMIC

Ability	Rating	Pool
Accounting		
Archaeology		
Architecture		
Art History		
Criminology		
Diagnosis	4	
Geology		
History	1	
Languages	2	
English	*Latin*	
French	*Russian*	
Greek	*Turkish*	
Law		
Military Science		
Occult Studies		
Philology		
Research	2	
Vampirology		

INTERPERSONAL

Ability	Rating	Pool
Below Stairs		
Bureaucracy		
Cop Talk		
Culture *Western* (native)	2	
Culture		
Culture		
Flattery		
Flirting		
High Society	2	
Insight	1	
Interrogation		
Intimidation		
Middle Class		
Negotiation	1	
Reassurance		
Streetwise		
Tradecraft		
Working Class		

TECHNICAL

Ability	Rating	Pool
Astronomy		
Chemistry	1	
Computation		
Cryptography	3	
Forensic Pathology		
Forgery		
	1	
Notice		
Outdoor Survival	1	
Pharmacy		
Photography		
Telegraphy		
Urban Survival		

Anglo-Irish physician (male) ■ *Age 23 (born 1854)*

You are the youngest son of a genteel Anglo-Irish family from Dublin. Possessed of an adventurous streak and a desire to do good, you accepted a British Army commission after medical training and volunteered to serve as a member of a British organization for the relief of sick and wounded Turkish soldiers, the Stafford House Commission. Over the past year, you have helped set up and run a number of Turkish military hospitals along with other British physicians. Recently, you were transferred to the newly formed Red Crescent organization and assigned to take charge of an ambulance unit stationed in Shipka. You hope to make a name for yourself that is at least as vaunted as that of your eldest brother, Thornley, who though only ten years older than you is already the chair of anatomy at the Royal College of Surgeons in Dublin, and you keenly feel the weight of the family motto, *Quid verum atque decens* ("Whatever is true and honorable").

DRIVE *Compassion*

COVERS

CONTACTS

WEAPONS/ARMOUR/GEAR **MOD**

SPECIAL ABILITIES

HARD TO HIT: Your Hit Threshold is 4.

MEDICAL TRAINING: The Difficulty of Stability tests involving the effects of violence or disease on a human body are lowered by −1 as long as you are able to examine the victim dispassionately.

FAMILY CONNECTIONS: You are the youngest son of a large and talented family. Whenever you spend High Society, you may refresh 1 point by making reference to or producing news, other information, or small gifts sent to you by your recently widowed mother, your artistic sister, your theatre critic brother, one of your two medically trained brothers, or your brother in the Indian Civil Service.

GENERAL ABILITIES

Ability	Rating	Pool
Alienist	2	
Athletics	10	
Conceal		
Contacts	8	
Cover		
Diguise		
Driving		
Explosive Devices		
Filch		
Gambling	2	
Hand-to-Hand	4	
Infiltration		
Mechanics	2	
Medic	12	
Piloting		
Preparedness	6	
Riding	2	
Sense Trouble	4	
Shooting	2	
Surveillance		
Weapons	2	

HEALTH 12 11 10 9 8 7 6 5 4 3 2 1
0 -1 -2 -3 -4 -5 -6 -7 -8 -9 -10 -11 -12

STABILITY 8 7 6 5 4 3 2 1
0 -1 -2 -3 -4 -5 -6 -7 -8 -9 -10 -11 -12

HIT THRESHOLD [4]

INVESTIGATIVE ABILITIES

ACADEMIC

Ability	Rating	
Accounting	1	
Archaeology		
Architecture		
Art History		
Criminology		
Diagnosis		
Geology		
History	1	
Languages	4	
Hungarian, Arabic, Austrian, Bulgarian, Danish, English, French, German, Latin, Greek, Roumanian, Russian, Sanskrit, Turkish		
Law		
Military Science		
Occult Studies	1	
Philology	2	
Research		
Vampirology		
....		

INTERPERSONAL

Ability	Rating	
Below Stairs		
Bureaucracy		
Cop Talk		
Culture *Slavic (native)*	1	
Culture *Eastern*	1	
Culture *Western*	1	
Flattery		
Flirting		
High Society	1	
Insight	1	
Interrogation		
Intimidation		
Middle Class		
Negotiation	1	
Reassurance		
Streetwise		
Tradecraft	1	
Working Class	1	
....		

TECHNICAL

Ability	Rating	
Astronomy		
Chemistry		
Computation	1	
Cryptography		
Forensic Pathology		
Forgery		
....	1	
Notice	1	
Outdoor Survival		
Pharmacy		
Photography		
Telegraphy		
Urban Survival		
....		
....		

Hungarian linguist (male) ■ *Age 45 (born 1832)*

Born in a poor family of Hungarian Jews, you quickly recognized that your talent for languages could carry you far, and you resolved to make your fortune as a linguistic scholar. You traveled to Constantinople as a young man and made a living as a tutor and translator while corresponding with the Hungarian Academy of Sciences, translating the work of Ottoman historians to which you had access. When you were 29 years old, you disguised yourself as a Muslim and journeyed through Persia and Central Asia, at some risk to yourself, for a period of nearly three years. The resulting book about your travels, which you published twelve years ago, made your reputation as an expert on the Near East and secured you an academic position as a professor at the Royal University of Pesht. Additionally, you have made many useful friends and correspondents in British society because of the English-language version of your book. Recently, in fact, you were approached by representatives of the British Foreign Office who are willing to pay you to help them counter Russian attempts at gaining influence in Central Asia and the subcontinent.

DRIVE *Fame and Fortune*

COVERS

CONTACTS

WEAPONS / ARMOUR / GEAR — **MOD**

SPECIAL ABILITIES

INNOCENT BYSTANDER: While in disguise, you may spend Disguise pool points on any Surveillance test to observe, follow, or surprise an opponent (***NBA***, p. 60), or to Jump In to combat (***NBA***, p. 75).

EAR FOR LANGUAGES: You may choose a number of languages equal to your Languages rating in which you speak the language indistinguishably from a native speaker.

OSMANLI: Because of your connections with high-ranking officials of the sultan, you need not spend in order to gain access to official archives of the Sublime Porte (the Ottoman government) and its adjuncts; with an appropriate spend, you can gain access to secret, sealed, or otherwise restricted records.

GENERAL ABILITIES

Ability	Rating	
Alienist		
Athletics	6	
Conceal	6	
Contacts	10	
Cover	6	
Diguise	10	
Driving		
....		
Explosive Devices		
Filch	4	
Gambling		
Hand-to-Hand		
Infiltration	2	
Mechanics		
Medic		
Piloting		
....		
....		
Preparedness	4	
Riding		
....		
....		
Sense Trouble	4	
Shooting	2	
Surveillance	2	
Weapons		
....		

HEALTH: 8 7 6 5 4 3 2 1 / 0 -1 -2 -3 -4 -5 -6 -7 -8 -9 -10 -11 -12

STABILITY: 12 11 10 9 8 7 6 5 4 3 2 1 / 0 -1 -2 -3 -4 -5 -6 -7 -8 -9 -10 -11 -12

HIT THRESHOLD [3]

INVESTIGATIVE ABILITIES

ACADEMIC

Ability	Rating	Pool
Accounting		
Archaeology		
Architecture		
Art History		
Criminology		
Diagnosis		
Geology		
History		
Languages	2	
English, *German*, *Arabic*, *Russian*, *French*, *Turkish*		
Law		
Military Science	3	
Occult Studies		
Philology		
Research		
Vampirology		

INTERPERSONAL

Ability	Rating	Pool
Below Stairs		
Bureaucracy	2	
Cop Talk		
Culture *Western* (native)	2	
Culture		
Culture		
Flattery		
Flirting	1	
High Society		
Insight	2	
Interrogation	1	
Intimidation	2	
Middle Class	2	
Negotiation		
Reassurance		
Streetwise		
Tradecraft	1	
Working Class		

TECHNICAL

Ability	Rating	Pool
Astronomy		
Chemistry		
Computation		
Cryptography	1	
Forensic Pathology		
Forgery		
Notice		
Outdoor Survival	2	
Pharmacy		
Photography		
Telegraphy		
Urban Survival		

British Army officer (male) ■ *Age 35 (born 1842)*

The son of an Anglican parson in Yorkshire, you joined the cavalry at age 17 after being educated in England and Germany. Seeking an outlet for your adventurous spirit, you took up ballooning and made a number of ascents in England and France. Over the past few years, you have been a war correspondent in Spain and the Sudan; before that you traveled to Russia. Two years ago, you journeyed through Russian Asia to Khiva despite the tsar's proscription on European travelers; last year you rode on horseback from Scutari to Erzerum in Asia Minor to observe the Russian frontier. You are currently in Constantinople serving as a representative of the Stafford House Committee, the British Red Cross organization, but this is in truth merely a cover for your work as an agent of the British Foreign Office.

DRIVE *Adventure*

COVERS

CONTACTS

WEAPONS/ARMOUR/GEAR MOD

SPECIAL ABILITIES

BALLOONIST: Your Piloting ability includes your ability to manage a balloon.

GRIT YOUR TEETH: When you fail an Athletics test, you may spend points from your Athletics pool to turn the failure into a success. You may also spend Health for Athletics 1-for-1.

HARD TO HIT: Your Hit Threshold is 4, not 3.

RIPOSTE: When you are fencing and an attacker rolls a 1 and misses you, you may immediately spend Weapons to do damage to your opponent on a 1-for-1 basis.

SHARPSHOOTER: You may spend 4 Shooting and 1 Stability to make an extra Shooting attack this round.

STRONGEST MAN IN THE BRITISH ARMY: When you do something involving the exercise of physical strength (e.g., lifting heavy things), you may refresh 1d6−2 Athletics or the amount of your Athletics spend, whichever is less (minimum 1), at the end of the scene.

GENERAL ABILITIES

Ability	Rating	Pool
Alienist		
Athletics	10	
Conceal		
Contacts	4	
Cover		
Diguise		
Driving		
Explosive Devices		
Filch		
Gambling	4	
Hand-to-Hand	4	
Infiltration		
Mechanics		
Medic		
Piloting	4	
Preparedness	4	
Riding	6	
Sense Trouble	4	
Shooting	8	
Surveillance		
Weapons	8	

HEALTH: 10 9 8 7 6 5 4 3 2 1 / 0 -1 -2 -3 -4 -5 -6 -7 -8 -9 -10 -11 -12

STABILITY: 10 9 8 7 6 5 4 3 2 1 / 0 -1 -2 -3 -4 -5 -6 -7 -8 -9 -10 -11 -12

HIT THRESHOLD [4]

INVESTIGATIVE ABILITIES

ACADEMIC

Ability	Rating	Pool
Accounting		
Archaeology		
Architecture	1	
Art History	1	
Criminology	1	
Diagnosis		
Geology		
History	1	
Languages	2	
English, *Greek*, *French*, *Latin*, *German*, *Russian*		
Law	1	
Military Science		
Occult Studies		
Philology		
Research		
Vampirology		

INTERPERSONAL

Ability	Rating	Pool
Below Stairs		
Bureaucracy		
Cop Talk		
Culture *Western* (native)	2	
Culture		
Culture		
Flattery	1	
Flirting		
High Society		
Insight	1	
Interrogation		
Intimidation		
Middle Class	2	
Negotiation	1	
Reassurance	1	
Streetwise		
Tradecraft		
Working Class		

TECHNICAL

Ability	Rating	Pool
Astronomy		
Chemistry		
Computation		
Cryptography	1	
Forensic Pathology		
Forgery	1	
Notice	1	
Outdoor Survival		
Pharmacy		
Photography		
Telegraphy	1	
Urban Survival		

British journalist (male) ■ *Age 39 (born 1838)*

You are the son of a Scottish clergyman. After attending university in Aberdeen, you joined the Royal Dragoons and served for ten years before becoming a war correspondent. During the 1870–1871 Franco-Prussian War you covered the siege of Metz and accompanied the Prussians as they entered Paris, and it was during that war that you learned the value of making sure that your telegraphic dispatches arrived back in London before any of your competitors — you are alway making arrangements and contingency plans to get yourself or your reports to the nearest telegraph office. You've seen fighting in Spain and Serbia (where you accompanied a detachment of Russian soldiers), and you traveled to India in the company of the Prince of Wales. Now you've been assigned to report on the developing hostilities between Russia and Turkey. Like most Britons, you were quite shocked to learn of the atrocities committed by the soldiers of the sultan in Bulgaria, and deplore the murder of innocents, but if you are honest with yourself, you are eager to find similarly riveting material for your readers. However, your real responsibility lies in finding the truth and sharing it with the British public.

DRIVE *Truth*

COVERS

CONTACTS

WEAPONS/ARMOUR/GEAR — **MOD**

SPECIAL ABILITIES

IN THE NICK OF TIME: You may spend Preparedness to have retroactively prepared or deployed specific helpful actions or interventions, such as a convenient horse or a timely distraction.

ONCE A DRAGOON: While on horseback, you reduce the Difficulty of tasks related to enduring the rigors of cross-country travel by −1.

GENERAL ABILITIES

Ability	Rating	Pool
Alienist		
Athletics	6	
Conceal		
Contacts	10	
Cover		
Diguise		
Driving	2	
Explosive Devices		
Filch	4	
Gambling	2	
Hand-to-Hand		
Infiltration	4	
Mechanics		
Medic		
Piloting		
Preparedness	8	
Riding	6	
Sense Trouble		
Shooting	4	
Surveillance	4	
Weapons	2	

HEALTH

10 9 8 7 6 5 4 3 2 1

0 -1 -2 -3 -4 -5 -6 -7 -8 -9 -10 -11 -12

STABILITY

10 9 8 7 6 5 4 3 2 1

0 -1 -2 -3 -4 -5 -6 -7 -8 -9 -10 -11 -12

HIT THRESHOLD [3]

INVESTIGATIVE ABILITIES

ACADEMIC

Ability	Rating	Pool
Accounting		
Archaeology		
Architecture	1	
Art History		
Criminology		
Diagnosis		
Geology	1	
History	1	
Languages	1	
English		
German		
Latin		
Law	1	
Military Science		
Occult Studies		
Philology	1	
Research	1	
Vampirology		

INTERPERSONAL

Ability	Rating	Pool
Below Stairs		
Bureaucracy		
Cop Talk		
Culture *Western* (native)	1	
Culture		
Culture		
Flattery		
Flirting		
High Society	1	
Insight		
Interrogation		
Intimidation		
Middle Class		
Negotiation	2	
Reassurance		
Streetwise		
Tradecraft		
Working Class		

TECHNICAL

Ability	Rating	Pool
Astronomy	1	
Chemistry	2	
Computation	2	
Cryptography		
Forensic Pathology		
Forgery		
Notice	1	
Outdoor Survival	1	
Pharmacy		
Photography		
Telegraphy		
Urban Survival		

British geologist (male) ■ *Age 25 (born 1852)*

You are passing through Constantinople after having completed a grand tour round about the Carpathians, traveling along the Danube and across the countryside in Hungary, Serbia, and Roumania while visiting sites of interest to you, including Hungarian mines, Wallachian vineyards, and the picturesque cities of the Balkans. All in all you found it a pretty fine adventure, with many charming young maidens in native costume to be seen, a few exciting near run-ins with brigands and robbers to be had, and an ample sufficiency of interesting mineral samples to be gathered, catalogued, and compared. Though your father (himself a scientist of no small account, one of the earliest experimenters with electricity) encouraged in you a passion for the physical sciences, geology is your central fascination — the notion of chthonic forces deep within the earth shaping and molding the terrestrial forms around is for you strangely and powerfully compelling.

DRIVE *Knowledge*

COVERS

CONTACTS

WEAPONS/ARMOUR/GEAR — MOD

SPECIAL ABILITIES

HARD TO HIT: Your Hit Threshold is 4 rather than 3.

A STICKY WICKET, EH?: You may use Explosive Devices instead of Athletics when hurling sticks of dynamite and similar handheld explosives.

ELECTRICIAN'S PATRIMONY: With the right equipment, you may spend Chemistry to produce electrical or electromagnetic effects.

EVERYTHING HAS A WEAK SPOT!: If you have access to explosives and the time to set them, you may spend 1 point of Architecture (for man-made structures) or Geology (for natural ones) in order to increase the damage Class of the explosion (see ***NBA***, pp. 67–68) by 1.

EXTRAORDINARY INVENTIVENESS: You may spend Mechanics as Preparedness as long as you can provide some more-or-less plausible account of what materials or equipment you were able to repurpose for your stated end.

GAME HUNTER: You are at +1 to hit when using Shooting to attack animals.

GENERAL ABILITIES

Ability	Rating	Pool
Alienist		
Athletics	8	
Conceal		
Contacts	4	
Cover		
Disguise		
Driving		
Explosive Devices	8	
Filch		
Gambling		
Hand-to-Hand	4	
Infiltration		
Mechanics	8	
Medic		
Piloting		
Preparedness	4	
Riding	4	
Sense Trouble	4	
Shooting	8	
Surveillance		
Weapons		

HEALTH
10 9 8 7 6 5 4 3 2 1
0 -1 -2 -3 -4 -5 -6 -7 -8 -9 -10 -11 -12

STABILITY
10 9 8 7 6 5 4 3 2 1
0 -1 -2 -3 -4 -5 -6 -7 -8 -9 -10 -11 -12

HIT THRESHOLD [4]

INVESTIGATIVE ABILITIES

ACADEMIC

Ability	Rating	Pool
Accounting		
Archaeology	2	
Architecture	1	
Art History	2	
Criminology		
Diagnosis		
Geology		
History	2	
Languages: *English, Arabic, French, Italian, Latin, Greek, Portuguese, Russian, Spanish, Turkish*	3	
Law		
Military Science		
Occult Studies		
Philology	1	
Research	1	
Vampirology		

INTERPERSONAL

Ability	Rating	Pool
Below Stairs		
Bureaucracy		
Cop Talk		
Culture *Western* (native)	1	
Culture		
Culture		
Flattery		
Flirting	1	
High Society		
Insight		
Interrogation		
Intimidation		
Middle Class	2	
Negotiation		
Reassurance	2	
Streetwise		
Tradecraft		
Working Class		

TECHNICAL

Ability	Rating	Pool
Astronomy		
Chemistry		
Computation	1	
Cryptography		
Forensic Pathology		
Forgery		
Notice	1	
Outdoor Survival		
Pharmacy		
Photography		
Telegraphy		
Urban Survival		

American archaeology student (female) ■ *Age 27 (born 1850)*

You were born to a well-to-do Rhode Island family, youngest daughter of a Providence lawyer and congressman. Refused admission to Brown University where your father and brothers were educated because of your sex, you set off on your own. Eventually, you wound up in Michigan, where you taught mathematics and languages in Saginaw before entering college at the University of Michigan. You have a wide-ranging interest in all historical matters, and have little patience for those hidebound and deplorable purveyors of the canard of female intellectual incompetence.

DRIVE *Curiosity*

COVERS

CONTACTS

WEAPONS/ARMOUR/GEAR — **MOD**

SPECIAL ABILITIES

BORN MOUNTAINEER: Whenever you do something related to climbing, you may refresh 1d6−2 Athletics or the amount of your Athletics spend, whichever is less (minimum 1), at the end of the scene.

HARD TO HIT: Your Hit Threshold is 4

GENERAL ABILITIES

Ability	Rating	Pool
Alienist	4	
Athletics	8	
Conceal	[illegible]	
Contacts	6	
Cover		
Diguise	6	
Driving		
Explosive Devices		
Filch	4	
Gambling		
Hand-to-Hand	4	
Infiltration		
Mechanics		
Medic		
Piloting		
Preparedness	4	
Riding	4	
Sense Trouble	6	
Shooting		
Surveillance	4	
Weapons	2	

HEALTH: 12 11 10 9 8 7 6 5 4 3 2 1 / 0 -1 -2 -3 -4 -5 -6 -7 -8 -9 -10 -11 -12

STABILITY: 8 7 6 5 4 3 2 1 / 0 -1 -2 -3 -4 -5 -6 -7 -8 -9 -10 -11 -12

HIT THRESHOLD [4]

INVESTIGATIVE ABILITIES

ACADEMIC

Ability	Rating	Pool
Accounting		
Archaeology		
Architecture		
Art History		
Criminology		
Diagnosis		
Geology		
History		
Languages	1	
Turkish		
English		
French		
Law		
Military Science	1	
Occult Studies		
Philology		
Research		
Vampirology	1	

INTERPERSONAL

Ability	Rating	Pool
Bureaucracy		
Cop Talk		
Culture		
Culture *Eastern* (native)	2	
Culture		
Flattery	1	
Flirting		
High Society		
Insight	1	
Interrogation	1	
Intimidation	2	
Middle Class		
Negotiation		
Reassurance		
Seraglio	1	
Streetwise	2	
Tradecraft		
Working Class	1	

TECHNICAL

Ability	Rating	Pool
Astronomy		
Chemistry		
Computation		
Cryptography		
Forensic Pathology		
Forgery		
Notice	2	
Outdoor Survival	2	
Pharmacy		
Photography		
Telegraphy		
Urban Survival	2	

Ottoman soldier (male) ■ *Age 22 (born 1855)*

You were born in Istanbul to a slave in the household of an important Ottoman official, but left as soon as you were old enough and made a living as a beggar and street laborer. As a young man, you found yourself in the company of a troop of *bashi-bazouks*, irregular cavalry nominally in service to the Turkish army but supplementing your small stipend from the sultan with acts of banditry against peasants in the countryside and insufficiently well-protected travelers. When the Bulgarians rebelled last year, you were sent to the area near Tirnova to help suppress the uprising. Ambushed by Bulgarian rebels, most of your troop was cut down in the wooded hill country outside the town. You fled, and sought refuge from pursuit in a cave you chanced upon. When you went in, however, you were first unnerved by the way the rock formations in the cave looked like the teeth of a wild animal, and then you saw at least half a dozen dead men lying in unnatural positions, their hands bound and their throats cut. You beat a retreat and made your way by various adventures to the headquarters of Salim Pasha's brigade at Osmanbazar, where you were accused of cowardice and other crimes. Now you are a prisoner in the hands of a squadron of bashi-bazouks, who are taking you to meet a fate that you suspect will be unpleasant. Your only hope is that the letter you had sent to your old master pleading for his intervention (if only to spare your mother, his loyal and well-loved servant, the shame of your ignominious execution) meets with Allah's favor and brings you succor.

DRIVE *Vindication*

COVERS

CONTACTS

WEAPONS/ARMOUR/GEAR — **MOD**

SPECIAL ABILITIES

CRACK SHOT: When you spend Shooting to fire a rifle at a target and had time to aim, you refresh 1d6−2 Shooting or the amount of your spend, whichever is less (minimum 1).

HARD TO HIT: Your Hit Threshold is 4

KEEN SENSES: You may use your Sense Trouble rating (not pool) to determine your order of action in a combat or contest.

RIDE LIKE THE WIND: Once per mounted chase, you can gain a 3-point refresh by uttering a brief narrative description of your actions in all their glorious detail.

MASTER SCOUT: NPCs are at −2 Alertness to detect your presence if you are hiding or attempting to move stealthily; PCs are at −2 to Sense Trouble against you similarly.

INURED TO DEATH: The Difficulty of Stability tests involving physical violence are reduced by −1, and you reduce the loss from a failed test by 1 point.

GENERAL ABILITIES

Ability	Rating	Pool
Alienist		
Athletics	8	
Conceal		
Contacts	4	
Cover		
Disguise		
Driving		
Explosive Devices		
Filch		
Gambling		
Hand-to-Hand	6	
Infiltration	8	
Mechanics		
Medic		
Piloting		
Preparedness		
Riding	8	
Sense Trouble	8	
Shooting	8	
Surveillance		
Weapons	4	

HEALTH: 12 11 10 9 8 7 6 5 4 3 2 1 / 0 -1 -2 -3 -4 -5 -6 -7 -8 -9 -10 -11 -12

STABILITY: 8 7 6 5 4 3 2 1 / 0 -1 -2 -3 -4 -5 -6 -7 -8 -9 -10 -11 -12

HIT THRESHOLD [4]

THE CARMILLA SANCTION

After World War II, Edom spends some time closing out old accounts, taking advantage of Britain's continuing deployment of forces all over the Continent, and of the confusion and turmoil that has revealed secrets kept for centuries. Secrets such as the whereabouts of a certain vampire who fed on British subjects in 1837. In April of 1948, as the British occupation of Austria becomes entangled in the burgeoning Cold War, your team arrives in the remote Austrian province of Styria with a simple mission: terminate the Countess Carmilla Karnstein. If you can find her. If she hasn't already made powerful friends. If that's really your mission.

This scenario probably offers more opportunities for the players if at least one Agent is female. This is not anachronistic: not only were there many female SOE assets in the Resistance, MI6 recruited from them after the war. For example, SOE assistant section head (and crack rifle shot) Vera Atkins hunted Nazi war criminals on the ground in Germany in 1946 and 1947.

Add Radiotelegraphy 2 to two of the pregens on pp. 180–186 if you're using them. Ignore or cross out Digital Intrusion / Computer Use.

EYES ONLY BRIEFING

The Styrian aristocrat Mircalla Karnstein became a vampire at the age of 18 in 1698 and eventually recruited a number of associates, assigns, and Renfields into her company. By posing as her family, retainers, and so forth, they aided her to stalk, seduce, and kill her chosen targets: young women of gentle birth. In 1837, she unwisely drained the niece and ward of the influential and single-minded General Spielsdorf, who recruited a professional vampire hunter, Baron Vordenburg, and nearly destroyed her. Only the last-minute substitution of a peasant girl for herself, and her foresight in leaving mesmeric triggers in the Vordenburg bloodline (an earlier Baron had been one of her lovers), allowed her to escape.

Mircalla's *lustmord* target at the time, an English girl living in Styria named Laura Holley, survived and around 1848 wrote a long letter to a female friend describing the events from her own bewitched

SOURCES

This adventure draws a little bit from the Trevanian novel (and Clint Eastwood film) *The Eiger Sanction*, and a lot from Carol Reed's masterpiece of film noir, *The Third Man*. (And a little bit from Graham Greene's novelization of his own script.) Watch that film, if at all possible, before running this scenario: Reed's skewed angles and stark shadows make the flavor and feel of bombed-out, desperate, occupied 1948 Vienna tangible throughout.

Also, it would be ideal if everybody — Director and players alike — read J. Sheridan Le Fanu's novella "Carmilla" before play begins. Published in 1871, it's in the public domain and available for free online from Project Gutenberg. Valancourt Books publishes a critical text of "Carmilla" edited and annotated by Jamieson Ridenhour, and makes it available dirt cheap on Kindle.

HISTORICAL NOTES

Three of the major NPCs are historical figures: Franz Herbert, Martin Herz, and Robert Verbelen. Operation SILVER is real. The Soviets did, in fact, close Vienna from April 11–13, 1948. Feel free to adjust these dates as needed for the dramatic needs of the scenario. Also, I was unable to locate the French Forces HQ and Legation in occupied Vienna, so I assigned them two very classy possibilities.

perspective. Somehow that letter wound up in the papers of a German "medical philosopher" who wrote under the name "Martin Hesselius" and died shortly after completing his (now lost) monograph on Laura's manuscript. How the Irish journalist and novelist J. Sheridan Le Fanu ended up with his "Hesselius" notes and source material is likewise mysterious. He turned them into a series of supernatural stories, eventually publishing the Laura-Mircalla narrative in 1871–1872 as the novella "Carmilla" (the name Mircalla used while seducing Laura Holley).

Although Mircalla had killed Hesselius in 1851 and destroyed his research on vampirism, Le Fanu had (inadvertently?) exposed her secret twenty years later. She traveled to Dublin, haunted and drained Le Fanu, recovered the Hesselius papers, and returned to her home ground to lie low. Mircalla went into seclusion in an unknown schloss somewhere in the Styrian hinterlands, only venturing out to distant spas and watering holes to kill every few decades, and sleeping between excursions. But at some point, alert for any signs of vampire activity, Edom discovered even these isolated murders, noted the common MO, and resolved to terminate Mircalla — Carmilla — when the time was right.

In April 1948, the time is right. The British have — coincidentally? — received Styria as part of their Occupation Zone in Austria. Edom has found the new Schloss Karnstein on the slopes of the Leichenberg in the Niedere Tauern branch of the Austrian Alps, assembled a team of crack Agents, and sent them there to give Countess Carmilla Karnstein the true death.

But Carmilla has not been idle in the meantime. During the chaos of the fall of Austria in 1945, she used her associates, her supernatural charisma, and her wealth to assemble a dozen girls, all "displaced persons" — refugees from the Soviets, innocents freed from concentration camps and political prisons, relatives of war criminals, unfortunates whose homes and families had been destroyed — anyone with nowhere to go and no one to trust. But they all had something in common besides that. The twelve girls Carmilla recruited all resembled her: dark-haired and -eyed, pale-complected, fine-featured, and beautiful. She Renfielded them, and over the winter remolded them all into her ideal camouflage. She procured false papers for all of them from a Romanian forger named Popescu and sent the girls back to Vienna in the spring of 1946 to establish their covers for the time that she would have need of them.

In April 1948, Carmilla has need of them. Warned of the Edom hit team's approach, she fled to Vienna and went to ground among her doppelgängers, killing one of them and assuming her identity. The Soviets have — coincidentally? — closed Vienna for three days, but when they relax their grip, she plans to flee Austria and resume her career of seduction and murder. It's been too long.

THE SPINE

After their **Briefing**, the Agents assigned to the **Schloss Karnstein** strike team cross the Leichenberg in **The Climb**, then attack **The Nest**, destroying Carmilla's allies. However, during **The Mop-Up** they discover that their main target has flown the coop for Vienna. Did Carmilla's vampiric senses warn her, or could she have been tipped off?

When the Agents call in their actions, they discover that the Russians have closed off Vienna, which lies deep in the Soviet occupation zone of Austria. If the Agents can follow Carmilla to **Vienna** and somehow succeed at **Cutting In** to the city, they may be able to find her before the Russians open the city again and she escapes forever. At this point, the game becomes a sandbox: the Agents can dig through Occupation Authority files in The **Kommandatura**, look for allies or intel at the **Hôtel Vordenburg**, or search the seedy side of the city's **Demimonde** for the **Twelve Little Ingénues**. If they succeed at **Solving the Mystery** they may intercept Carmilla at the **Westbahnhof** or at least take one last shot on the **Munich Express**.

VIENNA

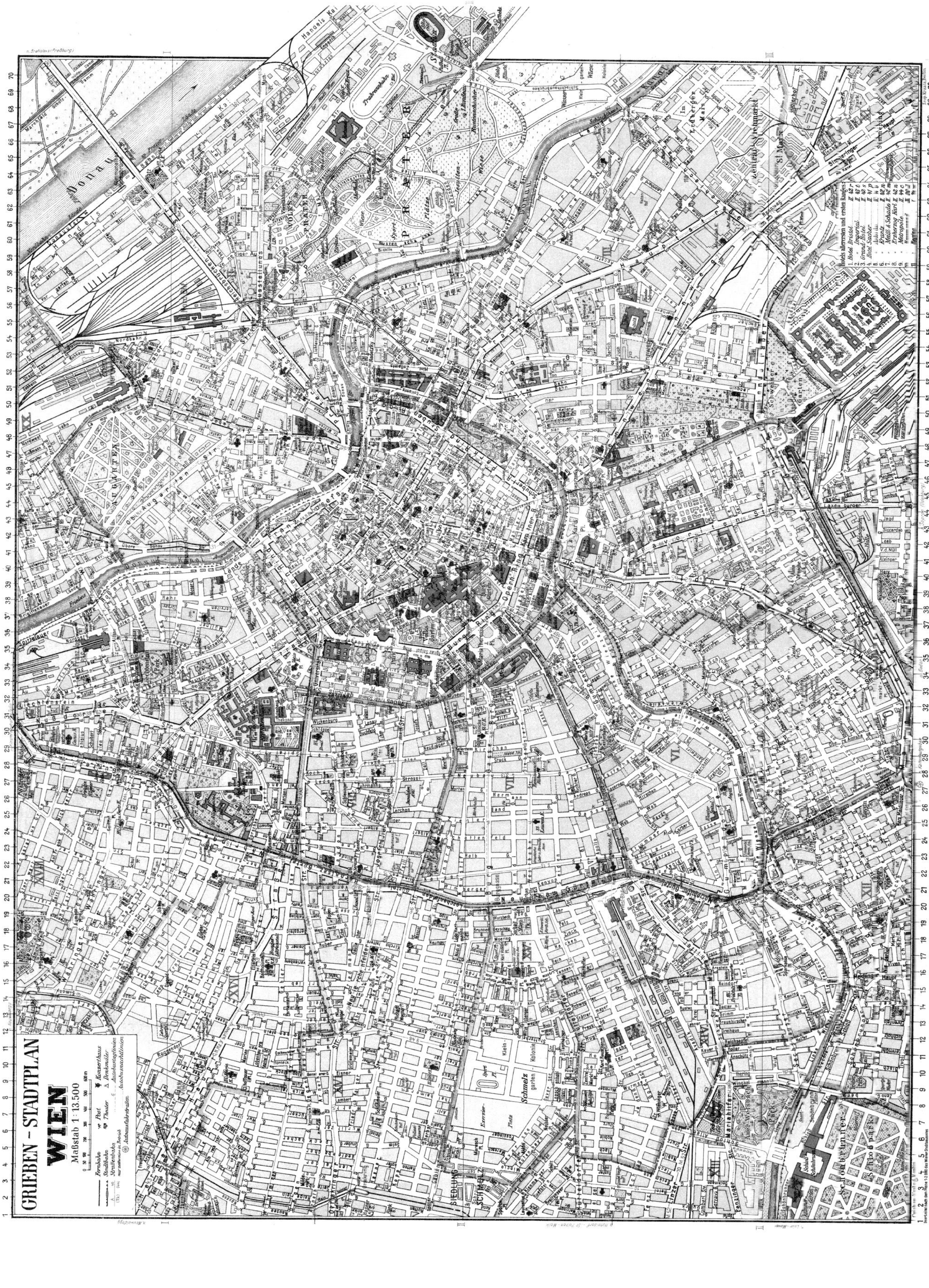

ENTRY VECTORS

As a Flashback, this operation might figure in the memories of the Former Gehlen Org (***DH***, p. 82) or "Van Sloan" (***DH***, p. 87), or in records assembled by a less-than-Innocent NATO Liaison (***DH***, p. 125). Assuming the Agents succeed in their mission, it becomes a legendary success for Edom: an uncompromising win for the forces of good over the Un-Dead, recalled with pride by Dukes like Elvis and Oakes. Of course, if Timnah got his way and Carmilla became an Edom asset (*And Find for Herself a Place of Rest*, below), the Agents might hear the story from her own lips in a holding cell on HMS *Proserpine* (***DH***, p. 169) … or in whatever abandoned rural building she holds them, zip tied and bleeding out.

In a one-shot adventure in which the Agents are all operatives of Edom, the entry vector is simple: Alvah or Jetheth orders you to go to Styria and terminate Carmilla Karnstein. Years of painstaking intelligence work, seismic analysis, and interrogating Austrian war criminals have given Edom a fix on the new Schloss Karnstein (she abandoned the original in the 1780s), and that's all you need to know.

In an ongoing Edom campaign in the 1940s, such as *Unto the Fourth Generation* (***DH***, p. 325), the Director may want the Agents to develop the target for Edom. Drop one clue per adventure or per three months or so of game time; although these are all technically "core clues," they realistically turn up over the years from 1945 to 1948.

- To begin with, **Tradecraft** and **Vampirology** (both needed) notice something strange about the "death" of Carmilla in the novella. It's identical — almost word for word — with the report of a 1693 Polish vampire or oupire published by the monk Antonin Calmet in his 1751 treatise *On the Apparitions of Vampires*. The state of Carmilla's corpse, meanwhile, is almost word for word the same as the description of 1725 Serbian vampire Peter Plogojowitz in the same work. Laura doesn't see Carmilla staked; she only reports this mélange of details third-hand from the "Imperial Commission." **Law** reminds the reader that the Austrian Empress Maria Theresa had ended such Commissions in 1755. The whole thing stinks of a classic cover-up, in other words.
- **Art History:** "Carmilla" first appeared in serial form in 1871–1872 in the London magazine *The Dark Blue*, and Le Fanu included the novella in his collection *In a Glass Darkly*, published later in 1872. LeFanu died, aged 58, in February of 1873 after increasing bouts with severe bronchitis — just as if some supernatural force were slowly chcking him to death. (**Vampirology** reminds you that Carmilla's peasant victims likewise choked to death.) *The Dark Blue* went out of business that year and its editor suddenly emigrated to America (**Research**).
- A suitable Interpersonal ability (**High Society**, for instance) gets an Agent access to the Le Fanu papers in the Bodleian Library at Oxford. His notebooks refer to "using the L. Holley letter for the new tale, as funds are much needed." **Art History** indicates that there's something missing: no first manic draft of "Carmilla," only an assured final draft, unlike Le Fanu's normal working methods.
- **Criminology, Traffic Analysis**, and **Research** slowly pull together shocked hints of lesbianism in gossip columns with reports of exsanguination murders and "sudden onset consumption" of teenage girls in such spas as Biarritz, Dieppe, Cannes, Baden, and Varna every

AND FIND FOR HERSELF A PLACE OF REST

Assign the code names (or code-named pregens) as seems appropriate, but give FOX to the player most likely to enjoy playing an agenda at odds with the rest of the group. There's always one.

FOX has his own objective, or more specifically, he has Timnah's objective. That Duke wants to recruit a more malleable vampire than Dracula: who better than an 18-year-old girl? At the very least, having friendly access to Carmilla should significantly advance Edom's vampire research program. Timnah has instructed FOX as follows:

- Go along with the first stage of the mission and clear out Schloss Karnstein, to remove Carmilla's support system.
- Get Carmilla alone and pass along Timnah's offer: sanctuary in Britain and passage out of Vienna in exchange for becoming an Edom asset.
- If she refuses, FOX should endeavor to capture her and return her to Britain against her will.
- Either way, extract Carmilla cleanly. To that end, FOX is issued two diplomatic passports (a thin **Cover** 2, but they shouldn't need to be checked on their one use) for a Foreign Office parent and daughter; and matching tickets on the daily BOAC flight out of Schwechat airfield to London, cleared and countersigned by RAF and occupation authorities. FOX is also issued a precleared bill of lading for a coffin-sized box, to be shipped on that same flight under diplomatic pouch, if Carmilla needs to be extracted less obviously or less voluntarily.

In a one-shot, a duplicitous FOX should be considered part of the default scenario and assigned as mentioned. In an ongoing 1940s Edom campaign, you should foreshadow this development in previous sessions, with Timnah (and all the active Dukes, really) grooming individual protégés from among the player Agent group.

Of course, you may not feel that such un-mutual play fits with any of the characters. You might still suggest it to the most likely miscreant, but if he rejects the role, leave Timnah's offer out of the adventure. Timnah doesn't tip her off: Carmilla spooks because she's worried by the escalating Berlin crisis and fears that the Russians will cut off access to Vienna (or World War III will begin) before she can escape Austria.

twenty years (1892, 1912, 1932) and conflates them with Carmilla's MO. **Vampirology** suggests she's bingeing and then resting in well-fed torpor.

- If you already have some sort of telluric or seismic vampire-sensing equipment or NPCs in play, **Geology** or a relevant Interpersonal ability obtains readouts tracking telluric activity peaking every twenty years above the Pöls valley in Styria, and again in 1945.
- After British forces enter Vienna in 1945 and seize bank records, **Accounting** can begin to track the money spent at those resorts back to specific bank accounts; **Accounting** or **Research** after that locates a remote schloss in the Pöls valley in the Styrian Alps bought after the 1848 Revolution using funds from one of those accounts.
- Alternately, applying **Traffic Analysis** and **Military Science** to the Anglo-American records of the liberation of Austria and interrogations of POWs and Austrian war criminals gives a very short list of castles and manors in Styria never approached by the occupation authorities or by the Nazis.

The rest is just **Bureaucracy** to get a strike on Carmilla approved. In April 1948, you succeed.

BRIEFING

SCENE TYPE: Introduction or Flashback
LEAD-IN: None or The Mop-Up
LEAD-OUT: The Climb or Cutting In

In 1948, Edom still operates under the wartime practice of code names in the field. Assign code names to the Agents: OWL, FOX, MOTH, WOLF, RAT, BACKE. (Pronounced "Bake," the last is a Scots term for the bat, used to prevent confusion between BAT and RAT on the radio.) If you're using pregenerated characters, write these code names on the character sheets instead of "real names." Remind the players that they are part of a professional Service — they have to stay in contact with their superiors and follow orders, even on a clandestine vampire hunt.

Jetheth, as the Duke in charge of wet work, briefs the Agents on the mission. If they didn't uncover the Entry Vectors, he summarizes them in whatever detail the Director likes. He is clipped, professional — an SOE veteran and stone killer.

Their mission parameters are as follows; the Director may present them as intercut montages during Jetheth's briefing.

- The Agents fly BOAC into Venice under cover as electrical specialists working to restore the Austrian national power grid. This is a free **Cover** 4 provided by Edom.
- The Agents are ordered to maintain total operational security on this mission. Neither the British military, nor MI6 — especially including the MI6 agents on the ground in Station A (Austria) — are cleared for the Agents' existence, much less their operation. Edom cannot afford the exposure, especially on a mission to sanction an 18-year-old girl. **Tradecraft** (1-point spend) picks up something in Jetheth's manner when he gives this order: Without saying it in so many words, he believes that there's a major leak in MI6. (Which there is.)
- The Agents fly into Graz in Styria on an RAF Douglas Dakota. There they acquire a truck full of electrical equipment — including a seismograph and a powerful radio relay set. The truck also holds weapons (Sten 9mm submachine guns, +1 damage; kukri knives, +0 damage; stakes and hammers), a field radio, and any equipment the Agents requisitioned for the sanction.
- The Agents drive to Bretstein, in the next valley west from Schloss Karnstein, and establish a safe house. (As part of the montage, this requires no spends.) They leave the vehicle there with its relay active, and carry a field radio up and over the spine of the Leichenberg mountain in order to descend on the schloss from above, achieving both operational and tactical surprise. Ideally this assault occurs during daylight hours.
- The Agents are ordered to maintain radio silence until after the assault on the Schloss Karnstein.

The montage (or flashback) ends with Jetheth saying "Once more unto the breach, then, and good hunting."

SCHLOSS KARNSTEIN

Schloss Karnstein (originally Schloss Machsenstrom) is a large, rambling structure perched on a crag above the Pöls valley, jutting out from the east face of the Leichenberg. Built in 1185 by the Knights Hospitaller, Schloss Machsenstrom became a royal Hapsburg fortress managed by the counts of Purgstall during the Turkish invasions of the 16th and 17th centuries. When the Purgstall line became extinct in 1835, the schloss laid vacant until Carmilla bought it as a refuge the next decade.

THE CLIMB

SCENE TYPE: Hazard/Introduction
LEAD-IN: Briefing or None
LEAD-OUT: The Nest

This scene opens *in medias res*, with the Agents climbing along the ridge of the Leichenberg, 2,400+ meters above sea level. While the Leichenberg is not particularly high for an Alp, it is a rough, craggy mountain with no natural paths over it. Also, the winter of 1948 was another bad one; as late as April, snow still clings to the summit. But even a slow thaw is enough to make the climb immensely treacherous: whole stretches of snow could give way at any time, the near-melt ice might crack open into a crevasse, and uneven refreezing (or the strange micro-tremors that Styria is prone to) can trigger avalanches. Any Agent with **Outdoor Survival** recognizes this as a tricky, even diabolical, mountain.

On the bright side, nobody in the schloss can possibly expect an approach from the mountain crest. Unless someone makes a mistake.

The first part of the climb, up the west face of the Leichenberg, requires 1-point **Outdoor Survival** spends from all Agents to cope with the tricky conditions. Increase the Difficulties for all subsequent tests on the climb by +1 for any Agents who don't spend a point (or have a point spent for them — more experienced survival experts can spend points on behalf of others).

Some of the challenges here apply to the whole group; others are for individuals.

GROUP TESTS

- Rope the whole team over the crest of the ridge without exposing the assault but without moving too fast for safety. Difficulty 5 **Athletics** test, Piggybacked (***NBA***, p. 49). Fail and choose between: −1 damage to the Agent with the lowest Athletics, or losing 1 hour.
- Crevasse! The snow falls away around one climber (roll randomly), who must make a Difficulty 5 **Athletics** test or take +0 damage from the fall. Extricating the fallen Agent is a Difficulty 4 **Athletics** test, Piggybacked, that loses 2 hours. Each half hour shaved off that loss adds +1 to the Difficulty: e.g., losing only 1 hour means a Difficulty 6 Athletics test. The leader can spend 1 **Outdoor Survival** (once) to lower the extrication Difficulty by −1. Failing the extrication test drops another random Agent into the spreading crevasse, with the same consequences.
- Below the snow you find an icy, slick rock chimney. Choose between chimneying down and recovering 2 hours or working around it and losing 2 hours. Chimneying requires the Agents to descend one at a time, with the Agent behind the descender serving as an anchor. (The last Agent to descend has no anchor.) Chimneying is a Difficulty 6 **Athletics** test, which cannot be Piggybacked. The descending Agent and her anchor can Cooperate (***NBA***, p. 50), and either one can be the "leader." A failed descent either costs the descender +1 damage (a fall) or costs the team half an hour. Working around the chimney is a Difficulty 4 **Athletics** test; failure loses 1 more hour.

INDIVIDUAL TESTS

- The Agent with the highest **Outdoor Survival** rating (ties go to the Agent with the higher Athletics rating) has been watching over the whole team on the whole mountain, trusting to instinct and reflex to keep her own footing. She must make a **Sense Trouble** test at Difficulty 4 to avoid a bad slip and −1 damage.
- An Agent (ideally one who has been bitten or otherwise wounded by a vampire, or one who is sensitive to magic or telluric effects for some other reason) suddenly feels an electric charge move through his body, as though he'd stepped on a live wire. He must make a 3-point Stability test; failure also alerts the schloss to his approach.
- Whichever Agent carries the radio must step very lightly across a patch of ice-glazed rock. He must make an **Athletics** test at Difficulty 6 to keep his footing. Failure does +3 damage, which the Agent can divide between lost Health for himself and damage to the radio. Each point of damage adds +1 to the Difficulty of the **Mechanics** test to fix the radio (base Difficulty 4).

Each use of **Medic** to heal damage costs the team half an hour.

Run between three and five tests that appeal to you; stop if you accidentally cripple the party or if things start to get boring. This is the setup, not the delivery; this is the sizzle, not the steak.

If the Agents lose a total of 5 hours on the mountain, then they reach the schloss at sundown.

For each Agent who bleeds (the Director should decide which injuries spill blood along with the regular contusions, bad sprains, broken ribs, etc.) one of the schloss' inhabitants is awake and alert during the next scene.

If any member of the team dies on the mountain, or if for whatever reason someone fires a gun, the entire schloss awakens. Gunfire or loud noises can also trigger an avalanche: roll a die for each trigger, adding a further +1 to the result each time. A result of 5+ causes an avalanche (three instances of +0 damage each, and a loss of 2 hours): all Agents must make an **Athletics** test (Difficulty equal to the avalanche die result) to suffer only half damage.

GROUND FLOOR

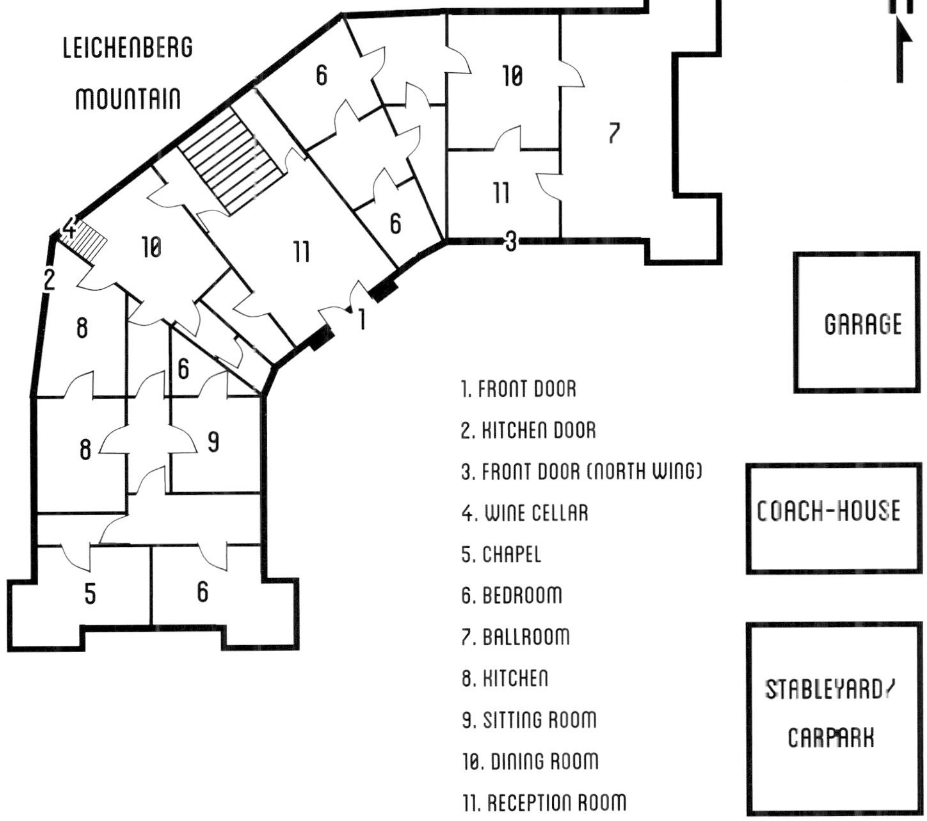

FIRST FLOOR

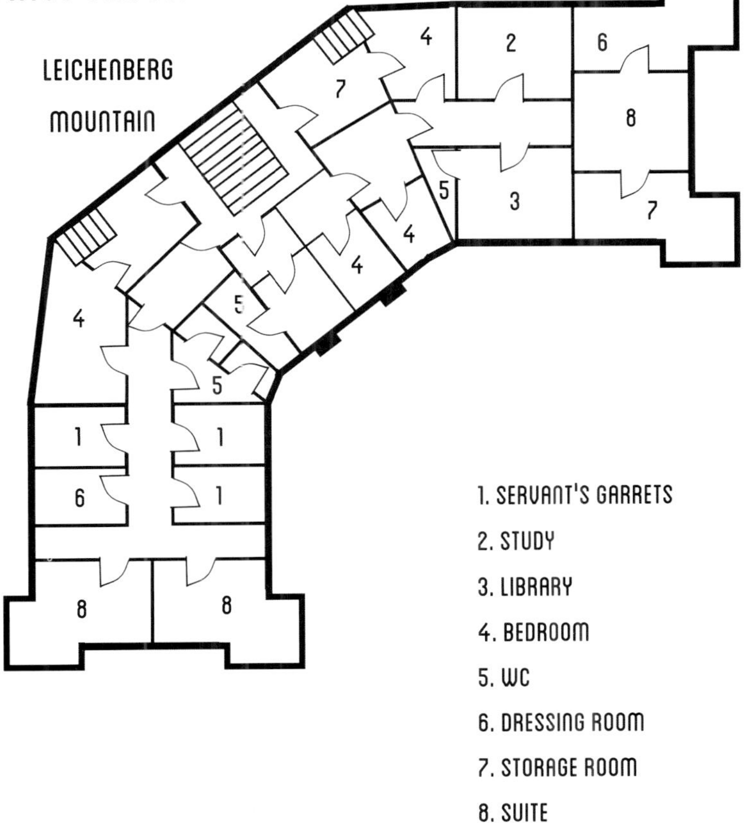

THE NEST

SECOND FLOOR

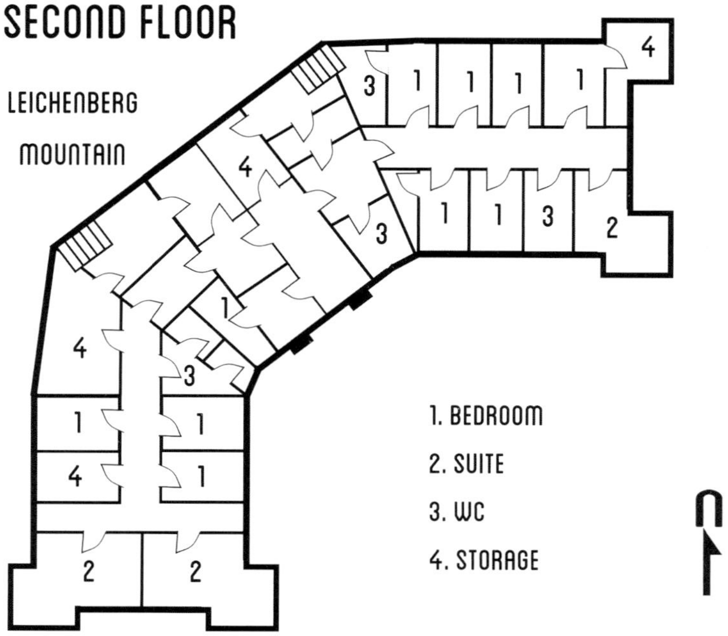

THIRD FLOOR

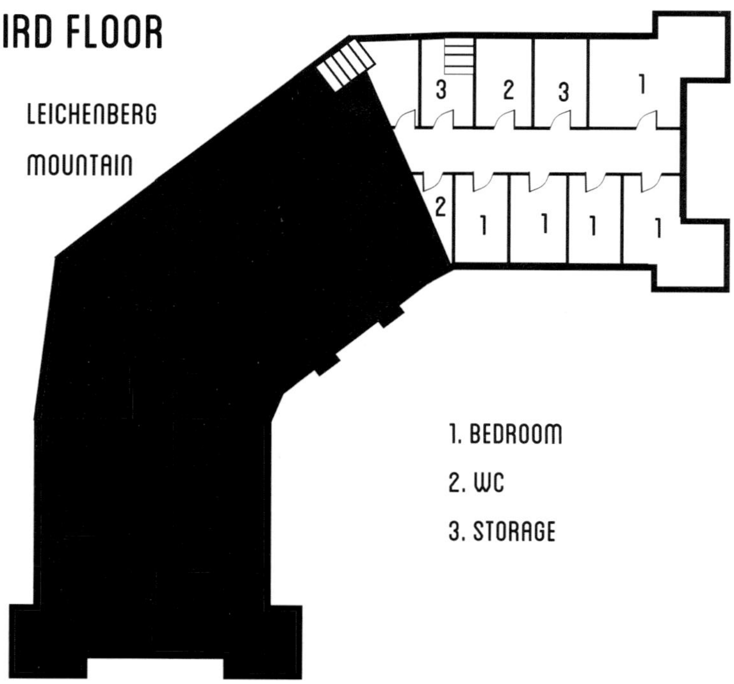

SCENE TYPE: Combat
LEAD-IN: The Climb
LEAD-OUT: The Mop-Up

Getting into the schloss is actually pretty easy, especially from the mountainside. It's an enormous building (two three-story wings and a four-story north wing), and there's simply no way to guard it all. Any plan the players suggest is fine, such as:

- Toss a grappling hook across and climb through a window (both tests **Athletics** Difficulty 4) of the deserted (**Notice**) north wing.
- Sneak across the stableyard/carpark (**Infiltration** Difficulty 5 to avoid waking the servants sleeping in the coach-house) and pick the medieval-seeming locks on the front door or kitchen garden door of the main wing (**Infiltration** Difficulty 3).
- Clamber around the mountainside (**Athletics** Difficulty 4) and go in through the rusted-and-warped-shut postern door of the north wing (**Mechanics** Difficulty 5 to do so quietly).
- Abseil onto the roof from the mountainside (**Athletics** Difficulty 4) and climb down an enormous unused chimney (**Architecture** identifies one old enough to grant man-sized access).

Once inside, the team must search a hundred rooms from unused servants' garrets to enormous ballrooms to the wine cellar. **Notice** and **Architecture** quickly spot which rooms and which wing (the central three-story wing) are in steady use. Play this out by ear, but if the Agents actually have tactical surprise, killing the schloss' inhabitants shouldn't be impossibly difficult. Toss in an **Infiltration** test (Difficulty 4) to keep them honest. Assuming no alerts on the mountain or elsewhere, give the Agents automatic surprise (***NBA***, p. 60) until the first gunshot is fired.

Again, strategies the players suggest should tend to work unless they're obviously demented. Allow **Military Science** spends to provide tactical advantages, pointers to the foes, or suggestions of hallways to take to cut them off from the exit, etc. Feel free to allow or invent suitable TFFBs (*NBA*, pp. 107–108).

THE INHABITANTS

That said, if the vampire nest in Schloss Karnstein gets a chance to fully wake up, or if the Agents have delayed their insertion until after sundown … all bets are off. (All **Infiltration** and other stealth Difficulties increase by +3, for starters.) Even without Carmilla, there are some very nasty customers here.

"MOTHER"

An older woman, one of Carmilla's first assigns, turned in 1720. She poses as Carmilla's mother when needed. Her greatest power is her hypnotic, mesmerizing voice. If she can speak with an Agent, she can convince him to protect her against his comrades.

She sleeps in a second-story suite, in an immense four-poster bed hung about with rare damasks and fine tapestries, now somewhat mildewed. Inside the curtains, the bed is covered in grave earth and a century-old layer of dust.

GENERAL ABILITIES: Aberrance 15, Hand-to-Hand 9, Health 13
HIT THRESHOLD: 5
ALERTNESS MODIFIER: +2
STEALTH MODIFIER: +1
DAMAGE MODIFIER: +0 (bite; extended canines) or −1 (slap/claw or throw)
ARMOR: −1 (tough skin)
FREE POWERS: Drain, Infravision, Unfeeling
OTHER POWERS: Addictive Bite, Cloak of Darkness, Mesmerism (voice; +2 Difficulty to resist), Spider Climb, Strength (tests needed for feats of strength; ***NBA***, p. 137), Turn to Creature (owl, cat; only at sunset or midnight), Vampiric Speed
BANES: beheading, stake to the heart, sunlight (prevents use of all vampiric powers)
BLOCKS: cannot enter a dwelling without being invited, cannot move while staked in her coffin
COMPULSIONS: obey Carmilla
DREADS: crucifixes and holy objects, hymns and church bells, garlic
REQUIREMENTS: drink blood

PALE MAN IN BLACK

Depending on the circumstances, he poses as a superior servant, brother, or convenient outsider. He has only been with Carmilla for 150 years. He is a ghoul, devouring the bodies of the girls Carmilla kills when she is done with them. With his free Extra Attack and antique Austrian cavalry revolver, he is a very dangerous foe when not surprised sleeping.

He sleeps in the wine cellar on a bed of young girls' bones, in a medieval Hospitaller stone sarcophagus with the crosses carefully defaced or broken off. If an Agent with **Vampirology** sees the Pale Man sleeping or snarling, making a 1-point spend tells that he's not a vampire or a Renfield (the teeth are wrong).

GENERAL ABILITIES: Aberrance 9, Hand-to-Hand 9, Health 9, Shooting 9, Weapons 13
HIT THRESHOLD: 4
ALERTNESS MODIFIER: +2 (enhanced smell)
STEALTH MODIFIER: +1
DAMAGE MODIFIER: +1 (talon), +0 (bite; extended canines; plus worrying: double damage on second consecutive bite hit on same target (***NBA***, p. 150)); +1 (rapier, if he is awake and can arm himself from the hall), +2 (M1870 Gasser 11mm revolver, always near him)
ARMOR: −1 (tough skin); firearms and projectiles do only half damage after armor
FREE POWERS: Infravision, Regeneration (all damage refreshes next scene), Unfeeling
OTHER POWERS: Extra Attacks (see ***NBA***, p. 74; first extra attack is free, further attacks in a round cost 2 Aberrance or Hand-to-Hand points each; cannot attack twice with his revolver), Heat Drain, Spider Climb, Strength (tests needed for feats of strength; ***NBA***, p. 137).
BANES: beheading, fire
COMPULSIONS: obey Carmilla, eat corpses
DREADS: crucifixes and holy objects, hymns and church bells, eating normal food
REQUIREMENTS: eat corpses

MATSKA

Carmilla's in-house witch, born in Italy of African parents shipped there by Portuguese slavers. Baron Vordenburg acquired her in 1692 as a servant during a fashionable vogue for "blackamoors." Carmilla recognized wasted talent when she smelled it and recruited Matska while seducing Vordenburg into concealing her tomb.

She wears a brightly colored turban and a black dress over several shifts and slips. Ritual scars cover her face; her teeth are filed to points. She sleeps in a ground-level chamber, the old schloss chapel now converted to her magical rites. (A 2-point **Occult Studies** spend identifies iconography and sigils of Hekate, Oya, the Morrígan, and Lilith.) If surprised, she is found crouched and unseeing in an almost impossible position in the center of a large chalked drawing on the altar, as though she were a bag of bones left empty by some outside force. If she awakens, she puts on her ghost shifts and gets some needles and sachets of poison.

GENERAL ABILITIES: Aberrance 13, Hand-to-Hand 5, Health 9
HIT THRESHOLD: 4
ALERTNESS MODIFIER: +1
STEALTH MODIFIER: +1 (can raise it to +3 with 1 Aberrance)
DAMAGE MODIFIER: +0 (bite; filed teeth), poison (flung or jabbed by surprise or as Hand-to-Hand attack; use tetrodotoxin (***DH***, p. 87) with halved onset time; inhaled same as injected; add 5-point Stability test for horrifying all-consuming hallucinations)
ARMOR: −3 against bullets (enchanted silk shifts)
FREE POWERS: Darkvision, Regeneration (next new moon), Resurrection (next new moon)
OTHER POWERS: Cloak of Darkness, Magic, Necromancy, Spider Climb
BANES: beheading, fire, crucifixes and holy objects (burns for −1, +0 to the face)
COMPULSIONS: obey Carmilla
DREADS: bright light such as sunlight
REQUIREMENTS: perform rites to her death-goddesses at the new moon

THE SERVANTS

There are six manservants in the schloss. Two sleep in the coach-house between the stables and the garage (**Infiltration** test at Difficulty 5 to avoid waking them with a ground approach to the schloss), two sleep on the ground floor of the schloss off the kitchen, two sleep on the third story of the central wing of the schloss. The servants in the coach-house share a bunkroom, the servants in the schloss each have their own tiny quarters.

They are standard Renfields (***NBA***, p. 152; ***DH***, p. 57), to be drained in case of emergency and replaced from the stolid peasantry hereabouts.

Once awake, they wield metal clubs (+1); the servants in the coach-house also have long, silver-studded horse whips (+0; can hit one Close and one Point-Blank foe in same strike). The ground-floor servants, once awakened, move to the gunroom on the second story and load double-barrelled hunting shotguns (+1 per barrel, can fire both barrels at once; takes 1 round to reload).

HORSES

Carmilla created these four horrid vampire horses during an early experimental phase, and keeps them around out of sentiment. They eat human flesh, but that diet has been lacking recently, so they're relatively sluggish and dull. (After their first successful bite attack, or their first opportunity to bite a dead or unconscious foe, their Aberrance and Alertness increase as noted.) They only startle and begin neighing if a warm human passes within 30 meters (upwind) of the stables; **Outdoor Survival** or a 1-point **Infiltration** spend warns Agents to keep downwind. If they do neigh, their horrific coughing snarl awakens the servants in the coach-house immediately.

Outdoor Survival notes their strange nature, as if their ebony coats, blazing red eyes, and sharp, ridged teeth weren't giveaway enough.

TRAMPLE: Against a prone or supine foe (such as someone just knocked down by a rear and plunge attack) the horse may trample the next round for free. In the round when the horse tramples, it can only bite attack another foe.

GENERAL ABILITIES: Aberrance 9 (13 after feeding), Fighting 8, Health 10 (cap 18)
HIT THRESHOLD: 3 (large)
ALERTNESS MODIFIER: +1 (jumps to +3 after feeding)
STEALTH MODIFIER: +0
DAMAGE MODIFIER: +2 (bite; ridged teeth), +3 (kick or trample), +4 (rear and plunge)
ARMOR: −2 (thick hide)
FREE POWERS: Drain (by eating flesh), Infravision, Regeneration (all damage refreshes next night)
OTHER POWERS: Although the horses have unnatural strength and speed, it's unlikely to matter in a combat setting. The horses' vehicle Speed is 0, not −1.
BANES: beheading, fire, silver
COMPULSIONS: obey Carmilla, eat flesh
DREADS: crucifixes and holy objects, hymns and church bells, eating normal food
REQUIREMENTS: eat flesh
The horses are contained in stalls; it takes them 3 rounds to kick the stalls to pieces and free themselves. By spending 2 Aberrance, they can do it in 2 rounds; only if truly enraged (by being shot, say) do they spend 4 Aberrance and break out of the stall immediately.

THE MOP-UP

SCENE TYPE: Core
LEAD-IN: The Nest
LEAD-OUT: Cutting In or Briefing (Flashback)

After securing the schloss, the Agents can spread out and search it for traces of Carmilla. She was clearly here not too long ago, and left in something of a hurry (**Notice**): she left behind not only her retainers but valuable jewelry, prized high-couture dresses (**High Society**), and so forth. Her rooms remain clean and pleasant-smelling — moreso than the rest of the schloss. **Driving** (used investigatively) notes that a small, high-powered sports car was very recently parked in the garage. She has somehow skipped out ahead of the attack, which **Tradecraft** deems a little too coincidental.

Other core clues include:

- **Notice** detects a pile of "grey card" identity papers burnt in Carmilla's fireplace; **Forgery** identifies them as good fakes of the "Vienna Pass" internal passports used in Vienna.
- The castle titles (both to this schloss and to the original schloss and town of Karnstein nearer Graz), the Karnstein patent of nobility, and the bank passbooks are missing from the muniment room. (**Architecture** to find the muniment room; **Accounting** to notice missing papers.) She can recreate her identity years or decades later from those papers.
- **Art History** or **Forgery:** The portrait of Mircalla Karnstein on the wall is a copy of the 1698 original. It may, or may not, be an accurate depiction of Carmilla as she looks today — though it does include the telltale mole on the neck mentioned by Le Fanu's story.
- **Cop Talk** in Pöls and Judenburg (the two towns south of the schloss) gets a description of a black car speeding along the road to Vienna just after sundown last night.
- **Notice:** The empty south wing was used by at least six, and possibly a

dozen, people three years ago: there are stale sheets on six beds, for example, and empty cans of food.

- 1-point spend: The Agent finds abandoned dresses for young girls piled in a closet and one or two lipsticks; and in one dayroom, a tattoo machine with a congealed brown-black ink reservoir.
- 2-point spend: The Agent finds dark brunette hair in some of the rooms, cut not fallen out; also finds graffiti written on three of the bed frames: *MIRCALLA LIEBT MICH, ICH HEISSE NICHT CARMALLI*, and *CARMILLA + IRMA*.

With spends, the Agents can figure out the following:

- **Driving** (2-point Investigative spend): The missing car is a black (fresh paint ding on the door frame of the garage) Alfa Romeo (spare parts) sports car (space in garage).
- **Network** (2-point spend or Difficulty 5 test) with British Army occupation authorities in Graz violates the Agents' orders from Jetheth but generates a report of a black two-seater crossing the Semmering Pass checkpoint into the Soviet zone an hour before curfew last night.
- If any Renfields survive, a 1-point spend each of **Vampirology** and **Interrogation** gets them to boast that "You shall never find the mistress amongst her shadows in Vienna! She has laid her plans too cleverly!"

VIENNA

When the Agents get around to calling in the situation, the Edom duty officer tells them that just today the Soviets have closed down Vienna "just like Berlin." Vienna is deep in the Soviet zone of Austria, and the Russians control all the entry points. No civilian may enter or exit. No aircraft may land or take off, even from Allied airfields. British (and American, and French) personnel must show military ID to use the highway leading into the city. Jetheth's orders are clear: this must remain a completely dark operation. The Agents cannot let themselves get onto a Soviet watch list. Edom does have one friendly in Vienna, an asset operating out of the Hôtel Vordenburg in Landstraße, in the British zone.

And the good news is this: Carmilla is, for now, trapped in Vienna with 1.7 million other people. "Go in and get her," says Jetheth.

SCENE-SETTING IN VIENNA

In 1948, Vienna is not the city of romance, desserts, and waltzes. It is a bombed-out ruin, under foreign occupation. Windows are black holes in grimy walls, where there are walls at all. The Viennese are hungry and sometimes starving, sullen and sometimes violent, impoverished and sometimes desperate. Coffee and cigarettes are the true currencies (not the "occupation schilling" or even military scrip), along with the bodies of Viennese as thugs or lovers. Everywhere you look, something has been destroyed, and what grows in its place is seldom healthy. Nothing is clean.

But the main streets are clear of rubble, and some flickers of sin and liveliness have returned, especially in the American sector where Marshall Plan aid slowly trickles in. Theaters and concert halls are open, playing "more good music in a week than you could hear in a month in New York," as John Dos Passos wrote in 1946. Even the Soviets have rebuilt the Ferris wheel at the Prater amusement park in their sector. Make sure the bleak shadows of ruin have the light of humanity as a counterpoint.

HEAT IN VIENNA

Failing a Heat roll in Vienna attracts the attention of not just the Viennese police but of the occupying power militaries. The American and French authorities merely obstruct the Agents, possibly imprison them for 12 or 24 hours, and eventually turn them over to the British to expel. The British authorities can perhaps be talked around with a **Network** test, at the risk of blowing the mission. For the Soviet response, see *The Russian Competition* (p. 48), but it begins with a forcible abduction from the streets of Vienna.

All Heat gains in Vienna during this adventure increase by +1. Agents also gain 2 Heat in Vienna if they are caught out of doors during curfew, even if they show Allied military ID. The Russians, at least, cross-check every ID, and the Agents are unlikely to appear on the approved list.

CUTTING IN

SCENE TYPE: Hazard
LEAD-IN: The Mop-Up or Briefing
LEAD-OUTS: Kommandatura, Hôtel Vordenburg, Demimonde

The Agents have to cross the border of the Soviet zone and travel overland to Vienna, then somehow sneak into the city without alerting the Russians, or ideally anyone else.

INTO SOVIET AUSTRIA

Crossing into the Soviet zone from British-occupied Styria in a vehicle is only possible at the Semmering or Wechsel Passes. Both have reinforced checkpoints: a squad of Red Army soldiers (three veteran Soldiers and nine conscript Militia; ***NBA***, p. 69) commanded by two MGB officers (security Police; ***NBA***, p. 69) in radio contact with Soviet headquarters in Vienna. **Cover** tests are at Difficulty 5 (for Allied military ID) or Difficulty 6 (for Soviet ID, which also requires Red Army or MGB uniforms). They are armed with Mosin-Nagant M91/30 rifles (7.62mm, +1 damage) mounted with cruciform bayonets (+1 damage mounted, −1 damage loose).

Crossing on foot is another mountaineering test, as the roads are all guarded: abstract all the various challenges into an **Athletics** Difficulty 6 test. (Agents with **Outdoor Survival** make it a Difficulty 5 test.) Agents who fail suffer −1 Health damage. The worst part of this plan is that it costs more time: 6 hours if everyone succeeds at the test, plus 1 hour for each Agent who fails.

All that said, any sensible scheme to cross into Soviet-occupied Austria — **Network** to know a back-road black-market smuggler, hiding in a food truck or on a freight train (**Infiltration** or **Conceal** Difficulty 6 at the checkpoint; can be Piggybacked), should have a reasonable chance of success. The adventure happens in Vienna, after all.

INTO ALLIED VIENNA

Once inside the Soviet zone of Austria, stealing a car is fairly simple (**Infiltration** or **Driving** test, Difficulty 3). Even hijacking a truck isn't impossible: **Criminology** reminds the Agents that black-market criminal gangs using old Wehrmacht weaponry still wander the Austrian countryside, even in the Soviet zone. Faking such a hijacking is just a matter of **Languages (German)** and perhaps leaving suitable false trails with a **Military Science** spend and a **Preparedness** test (Difficulty 4) to load the Sten guns with German-made 9mm ammo.

Getting across the barbed wire into the Allied portion of Vienna is, at bottom, an **Infiltration** test, Difficulty 4. This is not 1983 Berlin: the entire city perimeter isn't guarded with spotlights and land mines. However, if the Agents have failed a **Cover** test or otherwise attracted attention crossing into Soviet-occupied Austria, the Russians have patrols out, raising the Difficulty by +2. The patrol is four soldiers (one WWII veteran Soldier and three conscript Militia; ***NBA***, p. 69) in a jeep, armed as above. A firefight with this patrol raises Agents' Heat by +3.

IN VIENNA

Once inside Vienna, the Agents can choose for themselves how to find Carmilla. The primary options are:

- Use official records or police or intelligence files to look for targets of interest (*Kommandatura*, opposite).
- Contact the Edom friendly (*Hôtel Vordenburg*, p. 49).
- Penetrate the shadowy underground of Vienna's criminal and sex trades (*Demimonde*, p. 50).

KOMMANDATURA

SCENE TYPE: Core
LEAD-INS: Cutting In, Hôtel Vordenburg, Demimonde
LEAD-OUTS: Demimonde, Hôtel Vordenburg, Westbahnhof

The central "Inner City" of Vienna is jointly controlled by the four powers (UK, US, USSR, and France), with command authority rotating week by week. This week, it's the Soviets' turn, and they're using it. Military police patrols are officially supposed to be multinational ("four men in a jeep"), but the Red Army guards and MGB plainclothesmen are out in force in their own sectors, and even making running raids into the other Allies' sectors.

Things, therefore, are tense at the Kommandatura, the headquarters of the Inter-Allied Command in the old Justizpalast. In theory, anyone arrested by the military police is supposed to be brought here for initial questioning. In fact, plenty of people disappear into the Soviet Forces headquarters at the Palais Epstein in their zone, or go right into the Soviet-run prison at Hardtmuthgasse.

Thus, the criminal records here are not as useful as they could be. Access is controlled, of course, but a military uniform (**Disguise** Difficulty 2) gets an Agent in the door, and getting access to the file room just takes **Cover**, or **Infiltration**, at Difficulty 4. **Research** or **Criminology** (a 1-point spend of either finds the relevant files in under an hour) uncovers the following arrest records:

- Clar-Mila Vilsen (p. 52; material witness to a murder; unlicensed prostitution)
- Llacrima Rocarne (p. 53; receiving stolen goods; suspicion of black marketeering)

- Millarca Karneberg (p. 53; breaking curfew)
- Mira Call (p. 53; allowing US soldiers into an off-limits establishment, address of the Kit-Kat Club is in the record)
- Mircalla Kernstier (p. 54; nurse at the Hospital, called in for routine questioning about missing morphine and penicillin)

None of the women served any more than a week's jail time. The pictures in their files are all nearly identical (**Notice**): attractive brunettes with dark eyes, slim features, and a mole on the neck. A 1-point **Photography** spend notes a slight blurring effect explainable by either a poorly adjusted lens, too-rapid development, or yes (**Vampirology**), vampire blood.

Ideally while sneaking alone around the Kommandatura complex, one Agent catches a glimpse of a beautiful brunette carrying papers or typing at a desk. **Notice** detects her strong similarity to the portrait of Mircalla Karnstein, down to the mole on her neck. She is Lara Clim (p. 53).

THE AMERICAN ZONE

The US Legation is at the Hotel Bristol. **Infiltration** Difficulties are all 4 here thanks to the many, many extra doors and windows. **Cover** test Difficulties are 6 for Soviet ID holders, 5 for civilians, 4 for uniformed British or French military or American civilian ID, 3 for uniformed US military. Anyone in any official capacity can get inside, and even drink proper bourbon at the bar (where they may be waited on by Millarca Karneberg (p. 53)); Difficulties apply to getting past or avoiding the public waiting areas. Gossip with diplomats (**Reassurance, Negotiation**) gets the dirt on Carmalli di Pietra (p. 52) and Lara Clim (p. 53; mistresses of mere colonels are beneath notice) and the word that the Kit-Kat Club (p. 50) is the place to go for action.

US Forces Austria headquarters is at the Bank of Austria building. **Cover** test Difficulties are +1 to those in the Legation. Unlike most of the other command buildings in Austria, the Bank was designed for security: **Infiltration** Difficulties are 6 at all times. Agents may see Marcilla Fleischbrock (p. 53) at work as a typist, or leaving work at dusk.

However, breaking into the Bank is less a victory than it sounds. At the Counter Intelligence Corps (CIC) offices (430th CIC Detachment), Agents discover warehouse-sized rooms in the basement, choked with piles and files full of paper: one week's intelligence take for US Forces Austria is 850,000 letters, 27,000 phone calls, and 10,000 censorship intercept reports. The CIC asset files are more manageable (assuming you can get past the guard at the door), and reveal that Carmalli di Pietra (p. 52) is a CIC asset, run by Robert Verbelen (p. 50).

A 3-point **Research** spend can also come up with one file that the Agents don't already have.

MARTIN HERZ

Tradecraft (or a 1-point **Network** spend from a contact in position to know) tells the Agents that the Americans in Austria rely instead on a single genius analyst, Martin Herz. An Austrian American who spent 1922–1936 in Austria, Herz served in the war as a psychological warfare expert with SHAEF, rising to major. In 1945 he became the US Forces liaison to the Austrian government. He joined the Foreign Service in 1946 and now works in the US Legation in Vienna.

A 31-year-old genius who knows it, Herz affects a "Prussian" demeanor with Austrians and a condescending expertise with Americans below general rank. He has contacts throughout Austrian and Viennese society, and Agents can soften him up by name-dropping (**High Society**) or good old **Flattery**. Subtle **Interrogation** won't work, given his psychological warfare expertise, and neither does **Bullshit Detector**.

He absolutely knows and will dish dirt on:

- Alma Cril (p. 52; involved in art smuggling)
- Clar-Mila Vilsen (p. 52; Ukrainian prostitute, likely MGB informant)

He also shares the gossip at the Legation about Carmalli di Pietra (p. 52) and Lara Clim (p. 53).

With spends and a good **Cover**, he unwinds further. Treat Herz as a "wild card" information dispenser; he could know about anything or anyone in Vienna — except vampires.

THE BRITISH ZONE

The Agents should ideally avoid sneaking around the official British headquarters, as a chance recognition could blow their cover. (A Difficulty 4 **Disguise** test fixes that.) If they wish to risk it, **Cover** test Difficulties are 6 for Soviet ID or civilians, 5 for uniformed US or French military, 4 for those holding British military papers.

The British Forces HQ is Schönbrunn Palace. Agents may spot Llacrima Rocarne (p. 53) meeting her colonel at the gates or even inside. MI6 Station A operates out of the Schönbrunn and has copies of all the arrest records at the Kommandatura. It also has a file on:

- Carmalli di Pietra (p. 52; mistress of a Russian diplomat, **Tradecraft** 1-point spend notes her connection to the American CIC)
- Carmilla Leibfels (p. 52; coffee-shop operator, **Tradecraft** 1-point spend notes that her shop is an MI6 safe house)
- Lara Clim (p. 53; works at the Kommandatura, mistress of a French general)
- Llacrima Rocarne (p. 53; mistress of a British colonel, black market ties)
- Millarca Karneberg (p. 53; maid at Hotel Bristol; **Tradecraft** notes she is a known associate of an MI6 asset, "Edelweiss," involved in both neo-Nazi activity and Operation Gladio (*DH*, p. 163))

The buildings are all, however, immense wedding-cake Austrian architecture, so a cunning **Infiltration** is not impossible (Difficulty 4 at night, 5 by day).

The British Legation is at the Hotel Sacher; **Infiltration** Difficulties are 3 by night and 4 by day. **Cover** Difficulties are 5 for Soviet ID, 4 for civilians, 3 for Allied or UK uniformed military. Anyone in any official capacity can get inside, and even drink proper whisky at the bar; the Difficulties apply to getting past or avoiding the public waiting areas. Diplomats here provide the same leads as at the US Legation (p. 47).

THE FRENCH ZONE

The French splashily commandeered the Hofburg Palace for their forces' HQ and talk loudly about the changes made since they were last here under Napoleon. (If the Director wants to throw a huge wild card into the mix, the Hofburg holds the Spear of Destiny in its museum. See ***The Spear of Destiny*** from Pelgrane for more.) It's easy to get into the outer buildings of the complex (**Cover** or **Infiltration** Difficulty 4 for all), but French security around their actual headquarters is fairly tight: **Cover** test Difficulties are 6 for non-French military or civilians, 5 for French civilians, and 4 for uniformed French military. Lara Clim (p. 53) can get in, as she has a pass from her lover. **Infiltration** into the core HQ (or, yes, the Spear display) is Difficulty 6.

French intelligence, the SDECE, operates out of the Hofburg in a relatively discreet former stable. There is only one entrance to the SDECE offices, guarded at all times by two French paratroopers (Special Operations Soldiers; ***NBA***, p. 70). Their files are card-indexed and organized. Suborning a file clerk is easier than breaking or faking your way in: finding a suitable target at the Kit-Kat Club or some other den of vice and flipping him (***NBA***, p. 112) with Coercion or Ideology (if an Agent can pull off pretending to be MGB) gets the following files:

- Alma Cril (p. 52; Bulgarian citizen; known fence for stolen art)
- Carmalli di Pietra (p. 52; mistress of Soviet diplomat; suspicion of ties to Americans)
- Carmilla Leibfels (p. 52; coffee-shop operator, possible MI6 asset)
- Lara Clim (p. 53; works at the Kommandatura, mistress of a French general; MGB asset)
- Marcilla Fleishbrock (p. 53; clerk-typist at US Forces Austria HQ; living above her means, possibly approachable target)
- Mira and Irma Call (p. 53; singers and brothel-keepers, unknown allegiance)

If the Agents instead suborn Lara Clim or Alma Cril, she can still get in, but won't bring out her own file.

Alma Cril (p. 52) meets her high-end clients at the French Legation in the Ritz-Carlton Hotel. **Infiltration** is Difficulty 4 here; it abuts a number of other 19th-century buildings that provide easy access to upstairs windows or airshafts. **Cover** tests are −1 Difficulty from the Hofburg. Anyone in any official capacity can get inside; tests apply to getting past or avoiding the public waiting areas. Diplomats here provide the same leads as at the US Legation (p. 47).

THE SOVIET ZONE

Entering the Soviet zone of Vienna is simple. Leaving may be more difficult. Patrols spot-check papers for civilians and military alike (except Red Army and uniformed MGB), but it's a Difficulty 3 **Cover** test assuming the Agents have Vienna passes ("grey cards") and their Heat is below 4. (Otherwise, the Difficulty of their **Cover** test in the Soviet zone becomes their Heat +1.)

Getting into an official Soviet command building is much harder. **Cover** tests are Difficulty 6 for uniformed Allied military, Difficulty 5 for those holding Soviet papers. Like the other commandeered buildings in Vienna, **Infiltration** is not impossible (Difficulty 5 by night, 6 by day).

The Soviet Forces HQ at Palais Epstein, where a giant picture of Lenin glowers down on the passersby, is a good place to meet a Red Army **Network** contact. Only Allied military are allowed in.

The Soviet Legation is at the Hotel Imperial; **Infiltration** Difficulties are −1 here thanks to the many, many extra doors and windows. Anyone in any official capacity can get inside; the Difficulties apply to getting past the public waiting areas. Carmalli di Pietra (p. 52) can be spotted meeting her diplomat lover for lunch or dinner. Soviet diplomats don't gossip but they do drink an awful lot; an Agent with patience and **High Society** (or who makes a Difficulty 4 **Athletics** test to just bull through the alcohol) can hear all about Alma Cril (p. 52), Carmalli di Pietra (p. 52), and Lara Clim (p. 53),

THE RUSSIAN COMPETITION

Hardly a week passes in Austria without some person disappearing without trace … last seen being invited by Soviet personnel to enter a waiting vehicle.

— Martin Herz, 12 April 1948

Guy Burgess or Donald Maclean or some other Soviet spy has tipped off the Russians that MI6 is sending a clandestine team into Austria. This eventually rings bells not only in the MGB (previously the NKVD) but also in the Soviet vampire project, whatever it is.

Their responses are very different.

The **Special Bureau No. 1** of the MGB, the successor to the old wartime SMERSH, activates a three-man kill team and sends it to Vienna to take out the Agents. The only rule: the Agents must die inside the Soviet zone of Vienna or Austria. These are Special Police (***NBA***, p. 70) armed with 7.62mm Tokarev pistols (+1 damage). They try to lure the Agents into solo rendezvous in the Soviet zone and one by one shoot them from ambush. Once that stops working, they drive up in a truck or large car and abduct the Agents from anywhere (reinforced by two MGB Soldiers; ***NBA***, p. 69).

The **Tayniya Ekspeditsiya** ("Secret Expedition," or TE; ***DH***, p. 76) team is the same size as the Agent team. They, too, are Special Police (***NBA***, p. 70) armed with 7.62mm Tokarevs loaded with silver bullets (or magnetized bullets for telluric vampires). They also have an Ikon of St. Andrei, the sight of which flash-boils vampire blood after about 5 minutes of continuous exposure. For the Renfielded Carmilla-duplicates, it merely causes a harsh sunburn; the TE team shoots them in the head and heart and leaves them. They kill every Carmilla-duplicate they can find in their search for Carmilla, which even hardened Edomites should find excessive. Their orders are to kidnap Carmilla and bring her back to the Soviet Union to serve as the biological basis for a true vampire project — whether they plan to follow those orders is up to the Director.

The Director can use these wild card elements to amp up tension or danger; she can omit either or both if the standard scenario is taut enough. Also, if the TE doesn't exist in her campaign, she should adjust it to fit her Soviet vampire project, or leave it out if there is no such thing.

and that Llacrima Rocarne (p. 53) is who to see for the black market.

The MGB prison in Vienna is at Hardtmuthgasse. **Infiltration** Difficulties are +1 here. And wouldn't you know it, this is where the cross-tabbed index card files of the MGB in Vienna are kept. If an Agent can somehow get in (and reads Russian) it takes only 15 minutes to pull the following files:

- Alma Cril (p. 52; Bulgarian citizen; known fence for stolen art)
- Carmalli di Pietra (p. 52; mistress of Soviet diplomat; suspicion of ties to Americans)
- Clar-Mila Vilsen (p. 52; Ukrainian-born; prostitute; MGB stringer for information on her clients; a 1-point **Tradecraft** spend notes that she hasn't had an official MGB handler for several months)
- Lara Clim (p. 53; Polish citizen; works at Kommandatura; a 1-point **Tradecraft** spend deciphers the marginal codes indicating she is an MGB asset)
- Llacrima Rocarne (p. 53; Spanish citizen; mistress of a British colonel; no records available for her supposed Catalan parents, **Tradecraft** knows this is very unusual given the NKVD's very thorough dredging of the Spanish Republic's files)
- Millarca Karneberg (p. 53; maid at US Legation; suspected of Nazi ties)

The guards at the Palais Epstein and Hardtmuthgasse have dogs (***NBA***, p. 69).

HOTEL VORDENBURG

SCENE TYPE: Alternate/Blowback
LEAD-INS: Cutting In, Kommandatura, Demimonde
LEAD-OUTS: Demimonde, Kommandatura

The Vienna town house of the Barons Vordenburg has fallen on ill times. The current baron, Klaus Vordenburg, was an enthusiastic Nazi who vanished in 1945 (and thus makes a lovely connector to the Former Gehlen Org (***DH***, p. 82), the Neo-Nazi (***DH***, p. 85), Argentina (***DH***, p. 225), or even Projekt Draugr (***DH***, p. 320)). The Soviets looted his mansion in the summer of 1945 before leaving what became the British zone; it remains bare walled and empty except for a camp bed, deal table, and chair of the cheapest kind.

A locked British Army footlocker under the bed holds terrain maps of Austria, especially of Styria, outdoor gear, a Luger 9mm (+1 damage), and a pair of binoculars. Examining the maps with **Cryptography** indicates hidden routes over the borders into Bavaria or Yugoslavia.

It takes a 2-point spend of **Notice** (or a lot of time to search and a 1-point spend) to find the loose wainscoting on the empty back bedroom wall. Behind it are a thick roll of British gold sovereigns, several issues of a ranting journal called *Der Wachtpost* (**Occult Studies** identifies it as post-Nazi apocalyptic gospel; **Vampirology** detects an increasing note of Un-Dead imagery), and a candid photograph of an attractive young brunette. The word *Millarca* is written on the back of the photo over and over.

FRANZ HERBERT

A 1-point spend of **Human Terrain** places the 35-year-old Franz Herbert as a "Saxon," a Romanian German (2-point spend narrows his accent and slang to Bistritz in Transylvania (***DH,*** p. 203)). He is the Edom asset, code named Planter, running a network of occult neo-Nazi survivalists in Hungary and Romania called the South-East Watch (SOWA). **Tradecraft** establishes his bona fides; **Shrink** notes his monomania. His Edom assignment is to look out for vampires in those countries, and he believes they portend the rebirth of the Reich. Herbert knows Hitler purposely destroyed the Third Reich to allow a better breed of Aryan to rise from the ruins, and that the Führer waits in hiding to return transfigured and bearing invincible weapons.

He knows Millarca Karneberg (p. 53), and **Flirting** can tell he's infatuated with her. He has a sort of preternatural vampire-sense, although in his case it's explicitly erotomanic. He says that Millarca has herself become transfigured ("a female-principle of the Führer!") because he saw her and knew she had risen. Subtle **Interrogation** gets him to admit that it may have been her "possessing one of her other shadows, so many dark goddesses in Vienna," but he does indeed seem to have a line on the true Carmilla.

He promises to go find her for the Agents so they can put her in touch with the Führer, er, Master.

And of course, when the Agents return for their meet, he is dead. He might have been killed by the TE (p. 48; shot with silver bullet), by Millarca (p. 53; neck snapped from behind (**Forensic Pathology**)), or by the true Carmilla (throat torn out and crushed from the front). The Director can leave clues in whichever direction she'd like to send the Agents; the Hôtel Vordenburg also makes a great place for an ambush by Carmilla or the MGB.

DEMIMONDE

SCENE TYPE: Core
LEAD-INS: Cutting In, Kommandatura, Hôtel Vordenburg
LEAD-OUTS: Kommandatura, Hôtel Vordenburg, Westbahnhof

The Agents may decide to hunt Carmilla through the seedy underworld of Vienna. Call for **Preparedness** tests to have lots of cigarettes on hand; they're the easiest bribe-and-barter system in the city. A modicum of asking around and **Streetwise** spends gets the dirt on any of the Carmilla-duplicates' shady secrets, except the actual espionage assets like Carmilla Leibfels (p. 52). But the Agents can score intel and even meetings with Alma Cril (p. 52), Clar-Mila Vilsen (p. 52), Llacrima Rocarne (p. 53), or Thug bosses (***NBA***, p. 70) representing "Die Geisterin" and the narcotics ring, who talented Agents can follow back (**Surveillance** Difficulty 5) to Maricall Metzenstein (p. 53) and Mircalla Kernstier (p. 54), respectively.

Just keep the meets smoky and low end; the schnapps is terrible and the coffee is worse, but nobody ever admits it. Hold them in echoing public libraries or churches, off-limits clubs in the sewer tunnels or bombed-out buildings, upstairs concerts or cabarets, and basement gambling halls or beer gardens amid the rubble. See the Dive Bar (***DH***, p. 255) and perhaps the River Dockyards (***DH***, p. 258) for rules and details to adapt.

POPESCU

Agents who go looking for forgers of grey cards discover (**Streetwise** or **Forgery**) that the best of the best is "Mr. Popescu," a Romanian. This should trigger their antennae, and indeed the fortyish, dapper forger is the man whom Carmilla hired to cover her tracks. He never betrays a client, especially one tied to certain other very powerful entities he's not at liberty to name. **Bullshit Detector** can tell he's keeping Her secrets, and he's a little bit nervous. Directors can tie him into the Dracula Conspyramid (***DH***, p. 16) as well, if they'd like: every conspiracy can use a forger.

Agents may have to **Interrogate** him in a vacant, rubble-strewn lot, or break

into his flat (**Infiltration** Difficulty 5, guarded by paid-off Vienna Police; ***NBA***, p. 69) and find the notebook where he carefully writes down all his clients' pertinent details as insurance.

He can turn up floating in the Danube, his throat torn out, if need be even before the Agents think to find the forger.

THE NAZI UNDERGROUND

Agents may look for the Nazi underground in Vienna, either because they've glommed onto Millarca Karneberg's (p. 53) secret or because they figure the Nazis have ways to get people out of the country secretly. After a long night of attending tiresome political meetings, a 1-point spend of **Human Terrain** (or a suitable **Network** contact) points the Agents to Robert Verbelen, a 37-year-old with a scrubby mustache, receding hairline, and jug ears. He's a former Belgian SS assassin and currently wanted war criminal.

He's now running the Paperclip ratlines out of Austria for the CIC, so yes he can indeed get people out of the country. Just not right now, with the Soviets so stirred up. Agents who threaten to expose him to the French authorities (**Intimidation**) get his immediate cooperation; he knows Millarca Karneberg, his asset Carmalli di Pietra (p. 52), and Franz Herbert (p. 49). If Carmilla has approached him, he will flip on her — since he plans to immediately warn Carmilla, and then call in the Americans to boot.

If the Agents pester Verbelen too much, an American (**Military Science** can tell he's US Army in mufti, so probably CIC) approaches them at some point to give them a message at gunpoint. "Your mother warns you to beware of the assassin." This quote from Le Fanu may be a lucky coincidence, or a lead to the soon-to-be CIA vampire project (***DH***, p. 76). If they take the warning, nothing further happens to them; if they keep surveilling or hassling Verbelen, their Heat increases by +1 as the CIC puts out paper on these annoying types.

BLACK MARKET

The largest black market in Vienna is in the Karlsplatz, in the Inner City practically under the eyes of the Kommandatura. The Resselpark behind it leads into the Soviet zone, so unless the black marketeers have angered the Soviets (not likely, given the Red Army's dependence on the black market for any decent provisions whatsoever) they cannot be pursued by the military police if they flee a raid.

This is an excellent place to save those Preparedness points and buy things like uniforms from any of the occupying powers, or climbing gear, or gasoline, or whatever. It's also a good place to make **Streetwise** contact (overt or covert) with Alma Cril (p. 52), Llacrima Rocarne (p. 53), the narcotics ring (p. 54), or weapons dealers if need be.

KIT-KAT CLUB

The hottest club in Vienna is this off-limits burlesque run by Mira and Irma Call (p. 53). If you're stuck for a location for a meet, or for a suspicious doppelgänger to visit, use it. On a back alley not terribly far from the Danube in the American zone, the Kit-Kat Club offers smokes and drinks of all kinds, and alludes to earthier pleasures still. Mira and Irma act as Carmilla's "switchboard" in the city, gathering intel from all the duplicates and coordinating their actions if need be.

The Club occupies the basement and all three stories of a former townhouse; it's a cabaret, brothel, and black-market co-workspace. Mira and Irma have pull with the French and American authorities, and dirt on the British and Soviet ones.

Getting backstage involves setting up a liaison with one of the showgirls (Mira and Irma pick their targets, although a 2-point **Flirting** spend from Agents of either gender might not be wasted). Female Agents can slip back there using **Disguise** (Difficulty 4) and discover any amount of evidence from narcotics use (pointing to Mircalla Kernstier, p. 54) or a dead john (pointing to Clar-Mila Vilsen, p. 52) to a coffin full of earth and a handy shroud.

Anyone the Director needs to invent or introduce as an NPC is here: A moonstruck American reporter gladly tells a sympathetic female Agent about the recent influx of "gorgeous black-haired girls" over the last day or so. A boyishly charming black-market mogul sets up a deal with the Soviets for a "miniscule piece of the action, really, just tell them Harry sent you." A world-weary French commando shows every sign of recent vampiric caresses. A sweaty Soviet diplomat disappears upstairs or downstairs for "special treatment" from one of the lovelies of the chorus. A Scottish MI6 agent out of Station A drinks and whores and gathers intel — perhaps the commander could serve as a back channel?

TWELVE LITTLE INGENUES

In 1946, Carmilla created twelve Renfield doppelgängers to serve as camouflage and distractions. Now she has killed one of them and taken her place, and waits for the Soviet curtain to lift.

Which one is the real Carmilla? Whichever one you like.

Or more likely, whichever one your players like. As they run into more and more of the false Carmillas, they may pick one they suspect more than the others, or they may take against one of them in the roleplaying moment. Each girl has an "innocent" base description, and a red herring (with a clue) that might cause observers to believe she also holds a vampiric secret. This might be a lie or a rumor, or it might be the truth. Given that they're all Renfields, they might all have gravitated into various shadow dealings. Feel free to swap the red herrings around if you like, but mark up the scenario so you don't lose track of the changes you've made.

Start by playing each girl as innocent. If the players have no particular response to a duplicate, keep her in the "innocent" column — the true Carmilla should evoke a strong reaction.

If the players disagree strongly about one girl, play up her red herring as vampirically as you can. Don't commit yourself yet, but give them a reward for engagement, and let them narrow the field down.

If the players all agree about and react strongly to one girl, play up her red herring as well.

One of the two reddest herrings turns out to be the real Carmilla. Standard procedurals either go with the first suspect (only after the second suspect distracts the investigators) or with the second suspect (who comes along as the first suspect is cleared as a red herring), but you needn't be married to this structure.

If the players never fixate on, or believe the worst of, any doppelgänger, they may just be trying to "follow the clues." In that case, you can feed them a clue to the one you like portraying best, via Martin Herz (p. 47), Franz Herbert (p. 49), Popescu (opposite), Robert Verbelen (opposite) or some other NPC. Or via their messy death, if you'd like.

The important thing is that once you've decided which one is Carmilla — and remember, it should be a girl the players react strongly to — lock it down and stick with it. In this scenario, you can always cover up a misstep with a "second impersonation" or other mistaken identity trick, but doing it at all is a little hinky, and doing it more than once reads as unfair.

THE GIRLS

The physical descriptions of all the Carmillas sound much alike: very attractive, dark brunette hair dark eyes (brown or black), "rich" but pale complexion, fine features, and languid movements. To vary them, describe (without using actors' names) each doppelgänger who makes an impression as a different young woman who still matches the description above:

Natalie Portman in *Closer*, Barbara Steele in *Black Sunday*, Chlöe Grace Moretz in *Let Me In*, Audrey Hepburn in *Sabrina*, Winona Ryder in *Beetlejuice*, Nina Dobrev in *The Vampire Diaries*, Gene Tierney in *Laura*; take your choice of gamines or femmes fatales.

The personality notes for each duplicate appear after their "innocent" paragraph.

All the doppelgängers are Renfields, with moles tattooed on their necks (**Disguise** test to spot the fake moles, 15 minutes of close observation and Difficulty 6) and mesmerically induced psychosomatic hatreds of holy symbols, hymns, crossing the Danube except at slack tide, and so forth. Difficulties for tests against blocks and dreads are at −2.

GENERAL ABILITIES: Aberrance 9, Hand-to-Hand 6, Health 9, Weapons 6
HIT THRESHOLD: 4
ALERTNESS MODIFIER: +2
STEALTH MODIFIER: +1
DAMAGE MODIFIER: +0 (stiletto), +1 (garrote, +3 to target's Hit Threshold for throat attack), −1 (fist, choke, kick)
ARMOR: none
FREE POWERS: Enhanced Hearing (+2 to Alertness Modifier for sounds), Unfeeling
OTHER POWERS: Mesmerism (eye contact, voice, prolonged contact with or sight of her hair), either Strength (tests mandatory for feats of strength; ***NBA***, p. 137) or Vampiric Speed
BLOCKS: cannot enter a dwelling without being invited, crucifixes and holy objects, running water, wild roses
DREADS: crucifixes and holy objects, hymns and church bells, garlic

ALMA CRIL

Alma is a Bulgarian actress, mostly in "Greek revivals" or "Empire farces" that involve wearing diaphanous robes. She is the muse and mistress of a German-Hungarian pianist and composer named Georg-Hedwig Beinek, and attends what passes for Society functions in Vienna in his company.

PERSONALITY NOTES: Grandiloquent, always gazing into male conversation partners' eyes, speaks of art in a cartoonishly exalted fashion, assumes great knowledge and expertise beyond her years.

RED HERRING: ART SMUGGLING

Art History indicates that her knowledge of the old masters is indeed eerily accurate. This is because she has become a gifted self-trained fence of art and antiquities for the Vienna aristocracy. She arranges with Corsican motor-pool techs in the French Forces HQ (p. 47) to smuggle the art out of the city on supply trucks through the French zone of Austria and into Switzerland, where it gets dropped off in a handy bank (perhaps Klopstock & Billreuth; ***DH***, p. 145), and everyone gets a little richer.

CARMALLI DI PIETRA

Carmalli is Tyrolese Italian by birth, and the mistress of Russian diplomat Oleg Zutykin by vocation. She is a familiar face at Legation functions, and seems interested in taking a more adventurous (or less vodka-soaked) lover if a handsome Agent catches her eye.

PERSONALITY NOTES: Seductive, fiery and eerily calm by turns, eyes always roving over the men in the room.

RED HERRING: CIC

That's because she is an asset of the US Counter Intelligence Corps. (A 1-point **Tradecraft** spend notes her room-scanning pattern as OSS training.) She passes on intel from her Russian lover and his compatriots as she gets it, and is always interested in earning a little bonus by informing on some other admirer. Her control is Robert Verbelen (p. 50), so she can arrange exfiltration to Yugoslavia or Italy.

CARMILLA LEIBFELS

Carmilla Leibfels works at a coffee shop in the Simmering district (British zone) with her elderly mother, Frau Petra Leibfels. (Herr Leibfels died in the bombing.) She never leaves the shop until well after dark, and sleeps on the premises. She is a late riser, but very popular with the afternoon crowd. She flirts shamelessly except when her mother is watching.

PERSONALITY NOTES: Chatty, outgoing, can hold very hot coffee pots with no sign of pain, never allows anyone to go into the basement with her.

RED HERRING: OPERATION SILVER

The coffee here is excellent, which attracts both customers and Agents with **Streetwise** who know it means she has a hookup of some kind for the good stuff. They may also **Notice** the Aërated Bread Company (***DH,*** p. 182) packets around the buns, implying her hookup comes from London and even the secret services. As indeed it does; MI6 uses the coffee shop as a safe house and as a station in Operation SILVER — in the basement Station A has tapped the phone lines into the Hotel Imperial, giving them complete knowledge of the Russian plans. With her supernatural hearing, Carmilla thus has early warning of the Russians' reopening the city.

CLAR-MILA VILSEN

A Ukrainian who can be seen in any social circle in Vienna from Legation concerts to gunrunners' dives, Clar-Mila is a prostitute. Her trade is legal in Vienna, with a license from the city's medical authority. Her license is a forgery (obtained from Popescu) as she worries (needlessly) a medical examination might uncover her Renfield condition. As a Ukrainian by birth, she is exceptionally vulnerable to Soviet pressure — she could be deported to Odessa at any time. Hence, her second career as a stringer for the MGB.

PERSONALITY NOTES: Cool, superior, almost annoyingly calm and unruffled at all times, **Shrink** believes she presents as a sociopath.

RED HERRING: KILLER

Being an MGB stringer would be enough for most young women, but Clar-Mila is also a serial killer. She kills men who are too brutal to her or to her friends, using her Renfield strength to surprise them in the street and strangle them with a garrote, or throw them out of their apartments, or just snap their necks. She has no MO, but a 1-point spend of **Criminology** and some time with the Vienna Police records turns up a dozen dead men, seven of whom were her known associates. She killed her last MGB handler, Vasily Korchevsky, when he got grabby, and made it look like he fell downstairs and broke his neck.

LARA CLIM

Born in now-Polish Silesia, Lara works in the Kommandatura as a file clerk and secretary with the French occupation authority. Her lover, the French general Henri-Louis Bonnot, got her the job, and she works surprisingly assiduously at it, often taking extra shifts in evenings and nights to make up for her frequent late arrivals.

PERSONALITY NOTES: Open, curious, easily impressed by stories of derring-do and spycraft, reads spy novels and trashy Westerns in French and English.

RED HERRING: MGB

Like Clar-Mila, her nationality makes her vulnerable to Soviet pressure: she could be returned to either the Soviet zone of Germany or to Communist Poland at any time. She serves as an MGB spy against the French, and as a general MGB asset within the Kommandatura. **Tradecraft** and **Surveillance** (Difficulty 5) spot her leaving a dead drop or in hushed conversation with a Russian-looking civilian.

LLACRIMA ROCARNE

The Catalan mistress of British Army Col. James Featheringstonehaugh ("Fanshaw"), Llacrima ("It means tears, darling, it is the name of my life") works as a hostess in the restaurant of the Grand Hotel Vienna in the Soviet zone. The better class of Soviet officers billet themselves there, and the food is up to more than the standard.

PERSONALITY NOTES: Looks tragic at any opportunity, self-dramatizing, prone to sarcasm and invective. She toadies nobody, and of course they love her more for it.

RED HERRING: BLACK MARKET

The food at the Grand Hotel is so good because Llacrima is active in the black market. She is a universal fixer; thanks to her weird knowledge of her fellow doppelgängers' actions she knows where almost anything can be bought in the city. If her name hasn't already come up, **Streetwise** brings it up after a day in Vienna.

MARCILLA FLEISCHBROCK

Marcilla is a clerk-typist-researcher at the US Forces Austria HQ. Alone of the duplicates, she wears glasses and keeps her hair in a bun. She eats alone, and often picks up other typists' shifts when they go on dates. She seems invisible, a part of the Bank furniture — although **High Society** notes that she wears Paris-cut dresses and a Burberry raincoat. She has access to the CIC file warehouse (p. 47).

PERSONALITY NOTES: Almost stereotypically mousy and self-effacing, demure, never makes eye contact. Play her like the vapid girl in a 1950s romance — "Why Miss Fleischbrock, without your glasses, you're ... *beautiful!*"

RED HERRING: BLACKMAIL

She picks up shifts to type things on other machines, things like blackmail notes. She gathers lots of dirt on the Viennese from the US Forces files, and from her fellow doppelgängers. She mostly targets fellow Viennese, rather than occupation personnel, because she doesn't want to attract Kommandatura investigation. Her apartment demonstrates unmistakably (**Accounting**) that she lives well above her means — so she vampirically drains others' bank accounts.

MARICALL METZENSTEIN

Maricall works at a refugee hostel on Alserbachstraße in the American zone, keeping track of displaced persons as best she can and helping arrange funds from the UN and the occupation authorities. Something of a "girl of all work," she is that indispensable person without whom the organization would grind to a halt. She goes to fancy balls to raise funds, and ventures into grim alleys to rescue refugees who have fallen into bad company. "When does she find time to sleep?" ask her employers.

PERSONALITY NOTES: Focused, driven, very serious about the plight of refugees or anything else.

RED HERRING: THIEF

Maricall doesn't sleep, except in the few hours just around dawn. Instead, she prowls the night as the thief known in Viennese rumor as Die Geisterin ("The Female Ghost"). She steals jewels, art, money from other mobs, and once even a shipment of cash to the Kommandatura. She disposes of the goods with Alma Cril (p. 52) or Llacrima Rocarne (p. 53) through cut-out thugs. **Cop Talk** with either the Kommandatura staff or the Vienna Police turns up her existence; a 2-point **Criminology** spend and a 2-point **Traffic Analysis** spend narrow down the center point of her crimes to a few blocks around the Alserbachstraße.

Her Stealth Modifier is +2.

MILLARCA HARNEBERG

Millarca is a barmaid and chambermaid at the Hotel Bristol. After her shift ends at 10:30 (curfew time) she slips out to work as a barmaid at an off-limits club in the upper story of a bombed-out church near the Ottakring Cemetery in the French zone. Following her is remarkably difficult (**Surveillance** Difficulty 7); an Agent who does follow her can tell her evasion patterns resemble those used by the Gestapo (**Tradecraft**) and specifically by the hardline Nazi Werwolf resistance (1-point spend).

PERSONALITY NOTES: Friendly, welcoming and challenging at the same time, plays up to the biggest Agent (highest Athletics rating if not pre-established).

RED HERRING: NAZI UNDERGROUND

Over the last two years, Millarca has made herself a valuable courier for the Nazi underground in Vienna. She is on good terms with Franz Herbert's SOWA group (p. 49), with the Werwolf resistance at Knittefeld near Schloss Karnstein (Agents can find out about that from British Army HQ), Robert Verbelen (p. 50) and Paperclip, and the militia run by Hugo Rössner, an MI6 asset code-named 'Edelweiss" attached to Operation Gladio in Austria. With all those contacts, Millarca can get someone across the border into Bavaria (SOWA), into Italy (Werwolf), or Yugoslavia (Verbelen)

Franz Herbert can put the Agents in contact with any of these organizations if need be, as well. He is, of course, obsessed with Millarca.

MIRA AND IRMA CALL

Mira and Irma get their perfect English from their English father, and their smoky "Marlene Dietrich" accent from their Austrian mother. They claim to be twins for the erotic charge it gives the punters, but are actually just sisters. (Unless that's a lie, too.) Their musical act (in cat-themed costumes) is the highlight of their Kit-Kat Club artistically although other performers show more skin.

PERSONALITY NOTES: Cartoonish vamps, smoking cigarettes from long holders and lounging on things, bored but hungry looking.

RED HERRING: VICE RACKET

One hardly needs a red herring to make an off-limits cabaret in occupied Vienna look seedy and weird, but Mira and Irma manage it. They run a brothel out of the upstairs, with the chorus as call girls. They cater to rich weirdos including stalkers and erotomaniacs who just scream "Renfields" (but aren't); their clients include a blood fetishist and someone who wants the girl to be very very cold and still.

MIRCALLA KERNSTIER

Mircalla is a nurse at the Vienna General Hospital in Alsergrund in the American zone. She works the late shift, traversing the enormous complex on her various errands in her starched white uniform. Agents with **Diagnosis** can easily get onto the wards, but so can anyone with a doctor's jacket or a medical officer's uniform: the enormous hospital complex dates back to the 17th century and also hosts an insane asylum, an electro-pathological museum, and a medical university.

PERSONALITY NOTES: Laconic, professional, always moving in walk-and-talk fashion albeit never hasty, attracts attention from lunatics if she's near the asylum ward.

RED HERRING: NARCOTICS

Mircalla traffics in morphine and penicillin, controlling a fairly powerful gang in the American and British zones; she has half a dozen Thugs (***NBA***, p. 70) dressed as orderlies stashed on the grounds at all times: she just hands off drugs to them and goes on her way. She supplies drugs to the Kit-Kat Club (p. 50), and penicillin to Llacrima (p. 53) and her contacts. The Director can freely indulge her penchant for addiction-metaphor vampirism. Any Agent with **Pharmacy** who tests (or samples) the heroin available in Vienna knows it's cut from hospital grade morphine — that points right to Mircalla even without evidence per se.

SOLVING THE MYSTERY —

As the identity of the real Carmilla is up to the Director in this sandbox portion of the scenario, the way to solve the mystery should be up to the players. There are already so many red herrings and distractions that any forthright plan being successful won't look like a gimme.

The players may come up with any number of approaches, such as:

- Steal the TE ikon (p. 48) and expose every suspect to it (**Filch** or **Hand-to-Hand** for the ikon; **Cop Talk, Tradecraft**, and **Streetwise** for the suspects).
- Clear one duplicate by any means (gazing at her mole, for example; p. 52) and crash-deprogram her with an **Intimidation-Shrink** TTTB (**Shrink** test Difficulty 8; ***NBA***, p. 110) and holy water hydrotherapy (**Vampirology** spend). Use her to find Carmilla with **Hypnosis** (***DH***, p. 31) or just to clear other girls.
- Find and stake out Carmilla's car (**Cop Talk, Notice** spends, **Conceal, Surveillance**). Nobody as selfish as Carmilla gives up a 1932 Alfa Romeo 8C 2300 Spider. It's parked in an abandoned building in the Meidling district of the British zone, covered in canvas. Setting it on fire might draw her out.
- Standard police work on someone she killed while here: Popescu, Herbert, or one of Clar-Mila's recent kills if Carmilla took her place (**Criminology, Cop Talk**).
- Get blood from all the duplicates and drip it in holy water; the blood that foams most explosively is Carmilla's (**Vampirology** plus a lot of very delicate **Filch** tests).

Again, anything sensible that moves the players through the scenario should be allowed to uncover the real identity of Carmilla Karnstein.

CARMILLA KARNSTEIN

Countess Mircalla Karnstein was born in 1679 and vampirized in 1698 at a court ball. Her sire died shortly thereafter in her arms and (or as?) she drank his blood. Thus, she has been an independent vampire for 250 years. She may have been forced into occasional alliances with Dracula over the centuries, but in 1948 is not (yet?) a formal part of his Conspiracy.

She is a beautiful brunette, appearing about 18 years old, although with cosmetics she can seem somewhat younger or as old as 30. She has a mole on her neck that she covers up with makeup. She prefers to seduce and drain young women of gentle birth. Others she chokes to death, instantly or over a week's time.

She can manifest a pulse or a reflection in the mirror by spending 1 Aberrance.

GENERAL ABILITIES: Aberrance 26, Hand-to-Hand 15, Health 17, Shooting 6, Weapons 6

HIT THRESHOLD: 6

ALERTNESS MODIFIER: +2

STEALTH MODIFIER: +3

DAMAGE MODIFIER: +1 (dagger) or −1 (bite; extended canines) or −0 (fist, choke, kick)

ARMOR: −1 (tough skin)

FREE POWERS: Drain, Infravision, Regeneration (all damage from physical weapons regenerates at the next sunset; can regrow limbs or eyes in a year), Unfeeling

OTHER POWERS: Addictive Bite, Apportation (into her coffin, any place holding her native earth or shroud, or any house she has been invited into; can walk through walls), Cloak of Darkness, Dominance, Enter Dreams, Heat Drain (lost Athletics points never recover above Athletics 2), Infection (those who drink vampire blood only), Mesmerism (eye contact, voice, prolonged contact with or sight of her hair), Send to Sleep, Spider Climb, Strength, Turn to Creature (cat, panther; only at sunset or midnight), Turn to Mist, Vampiric Speed

BANES: beheading, crucifixes and holy objects, stake to the heart, sunlight (prevents use of all vampiric powers)

BLOCKS: cannot enter a dwelling without being invited, crucifixes and holy objects, running water, wild roses, cannot move while staked in her coffin

COMPULSIONS: use a name that is an acronym of her original name ("Mircalla")

DREADS: crucifixes and holy objects, hymns and church bells, garlic

REQUIREMENTS: drink blood must sleep in her shroud each night

ESCAPE

Once the Soviets lift travel restrictions under Allied pressure — which is to say, in two or three days, once the adventure has given up most of its juice — the city is suddenly open. All Vienna seems to want to leave town. This includes all of the doppelgängers who can; they head for the railway stations to cover Carmilla's exit. All of them have the necessary exit papers, acquired months ago from Popescu or their highly placed patrons: just fill in the date and go.

Urban Survival identifies five stations with trains heading out of Austria.

This is where the Director can assuage her conscience if the mystery solution seemed too easy. Carmilla has every intention of dodging the Agents by fair means or foul: she may tell the Russians where they are, recruit thugs to waylay them, or use the contacts her cover identity has already made to amp up the Heat on them.

Carmilla does her best (via Llacrima or Carmilla Leibfels) to get the British military police to arrest the Agents in the Westbahnhof on any grounds whatsoever: she's not above planting drugs or stolen British documents on them the night before. This might involve a **Sense Trouble** test (Difficulty 8) to detect a break-in by Die Geisterin that night, or to detect contraband dropped in their coat that morning.

She sends Mircalla Kernstier or Carmilla Leibfels to pick up her car and drive it to the Miedling station; she'll meet it later. She may even switch identities again, either by murdering and replacing another girl, or just by exchanging papers with one of her shadows.

In other words, Carmilla leads the Agents on a merry trip of **Surveillance** tests, ambushes, and misdirection.

WESTBAHNHOF

SCENE TYPE: Antagonist Reaction / Final Confrontation

LEAD-INS: Kommandatura, Demimonde

LEAD-OUT: Munich Express

Carmilla heads for the Westbahnhof with Paris as her ultimate destination The station is immense, crowded, and full of steam clouds, baggage carts, and ragged people trying to get tickets out

STATION	ZONE	DESTINATIONS	DOPPELGÄNGERS
Franz-Josefs-Bahnhof	American	north to Czechoslovakia and Berlin	Marcilla Fleischbrock Maricall Metzenstein Millarca Karneberg
Miedling	British	Zurich, Munich, Hamburg, Graz	Carmilla Leibfels Mira and Irma Call Mircalla Kernstier
Nordbahnhof	Soviet	military transport only to Prague and Warsaw	Clar-Mila Vilsen
Südbahnhof	Soviet	south to Yugoslavia, Trieste, Hungary	Carmalli di Pietra Llacrima Rocarne
Westbahnhof	French	west to Germany, France north to Czechoslovakia and Poland	Alma Cril Lara Clim

If you have a copy of ***Double Tap***, run this as a Thriller Surveillance Chase (***DT***, p. 84). The Westbahnhof varies between a Normal and a Cramped chase. Carmilla has a Speed advantage over the Agents. If she gets a Lead of 10, she boards the Munich Express and leaves Vienna. If you don't, this is a full **Surveillance** contest.

The Russians (either batch; p. 48) might be here complicating matters, too.

If she is completely balked at her attempt to board the train, she makes a break for the city. That night, she contacts the Nazis (Herbert or Verbelen) as Millarca and arranges passage out of the country on a ratline.

MUNICH EXPRESS

SCENE TYPE: Final Confrontation / Escape
LEAD-IN: Westbahnhof

This is the "one last chance" if the Agents didn't manage to stop Carmilla in the train station, and if they managed to evade the various authorities she set to stop them.

Carmilla has her own compartment, and if she knows the Agents are still on her trail, she tried to get at least one other duplicate on board secretly. She either:

- switches identities completely and hides in the baggage car folded up in a small trunk (not a coffin; how gauche)
- or sets about seducing and mesmerizing the most influential person on board (an American Colonel Kuhler, with the CIC) to gain his protection all the way to Paris

The Agents have to find and kill an 18-year-old girl on a crowded train. Even non-mesmerized men willingly defend her against violent attack, and there are a lot of soldiers on the Munich Express.

AUSTRIAN OCCUPATION ZONES

Vienna	1
Soviet Occupation Zone	2
American Occupation Zone	3
British Occupation Zone	4
French Occupation Zone	5

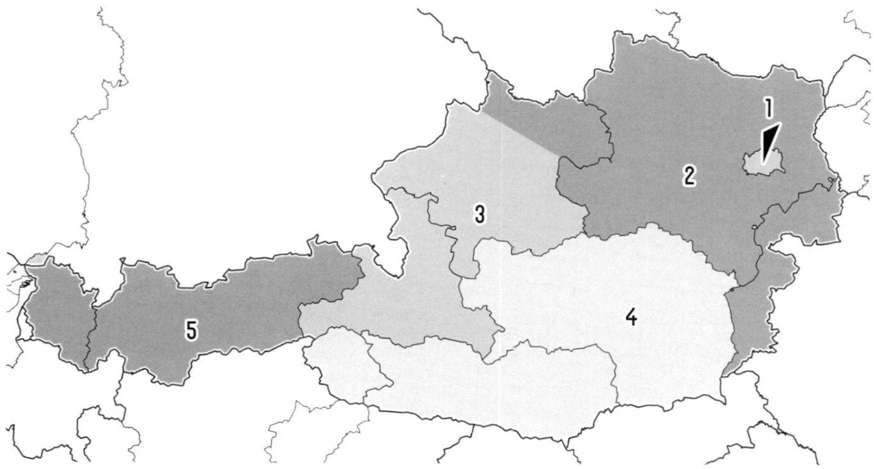

VIENNA OCCUPATION ZONES

International Zone	1
Soviet Occupation Zone	2
American Occupation Zone	3
British Occupation Zone	4
French Occupation Zone	5

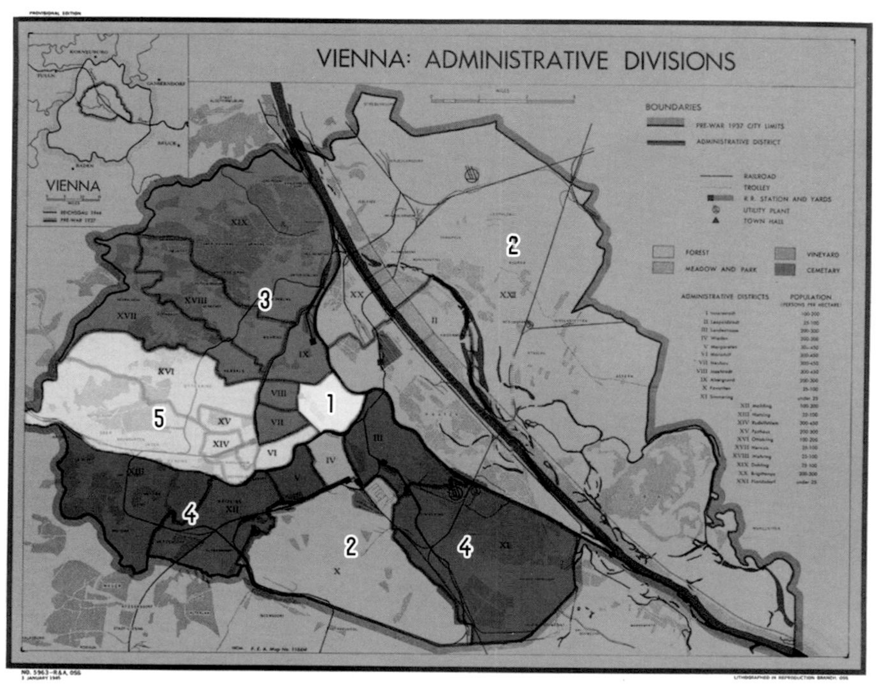

PERSON: CALLIMAR

POSSIBLE ROLE: Go-between, source of 1940s and 1970s gossip

DESCRIPTION: mid-80s, but looks 60-ish at most, skin tight but still healthy over high cheekbones, slender build and impressive (surgically enhanced?) décolletage, designer dress, raven hair with just a streak of steel grey (expensively dyed?), dark eyes behind darker sunglasses, solarium tan that somehow looks good on her, beauty mark on her neck

INNOCENT: Callimar — she seems to have just the one name, like Cher — is a habitué of four-star hotels in genteel resort towns (Zermatt, Varna, Monaco, Lake Como) who keeps small but elegant pieds-à-terre in London, Munich, and Rome. She's the sort of person the porters on the Orient Express (***DH***, p. 248) greet by name and provide her favorite cocktail unasked (Campari, Drambuie, and vodka: a vampira). A runway model in Milan during the late 1950s and early 1960s, and a cult actor in Hammer and giallo horror films in the 1960s and 1970s, she now lives off well-invested favors from earlier admirers, and perhaps off a stipend from one or two gentlemen more interested in a lady of experience than in a flavor of the week.

Her name comes up (or Agents with **High Society** or **Tradecraft** recall it) when the Agents want to meet someone in the Conspyramid, or in some wealthy organization that might oppose the Conspyramid. "See Callimar. If you can get on her good side, she can get you a meeting." She responds well (an invitation to a party, for example) to **Flattery** and **Flirting**, but provides valuable introductions or assistance only after very discreet **Negotiation** or slightly less discreet **High Society** name-dropping.

Attempts to **Research** her background hit a brick wall in 1950: **Tradecraft** strongly suspects "Callimar Mesokamen" must have obtained a new identity around then, probably from someone highly placed in an intelligence service.

ASSET: Aging slowly thanks to her Renfield blood, Callimar is, of course, a surviving Carmilla doppelgänger (assuming the Agents and the Soviets between them left one alive). She's an infinitely classier version of the Former Gehlen Org (***DH***, p. 82); she mostly handled meetings between the various intelligence services and Italian organized crime, but occasionally took on odd courier and black-bag jobs herself.

Decide her patron agency based on her original red herring, although she is certainly capable of having switched sides or simply branching out. Whoever she (mostly) worked for, her position in Italy gave her insider knowledge of Operation Gladio (***DH***, p. 163), whatever is going on at Santa Maria la Nova in Naples (***DH***, p. 239), and the Vatican vampire program if there is one (***DH***, p. 76). She likely knows other intelligence veterans, especially female ones such as the CIA Agent (***DH***, p. 91), and mingles socially with the Anthropologist (***DH***, p. 90), Art Forecaster (***DH***, p. 103), Hungarian (***DH***, p. 94), Icelandic Diplomat (***DH***, p. 119), Journalist (***DH***, p. 120), Petroleum Executive (***DH***, p. 127), Sculptor (***DH***, p. 100), and Turkish Agent (under his cover identity at least; ***DH***, p. 136).

Any of the above might be her current sponsor, handler, or lover — or all three. For the others, she knows their dirty secrets — including financial or romantic ties to the Conspyramid.

She may also be an Edom asset, run by Oakes (***DH***, p. 52) in exchange for being allowed to live un-dissected.

MINION: If Carmilla survived *The Carmilla Sanction*, then Callimar is still her servant and stalking horse. If Carmilla has joined the Conspiracy — either to seek revenge on or protection from Edom — then so has Callimar, although her job is to muddy the waters and keep MI6 (and by extension Edom) unwilling to terminate her in fear of what last testament she might have left with a law firm. If Carmilla remains independent, then Callimar's job is to keep Dracula from claiming her — possibly by feeding him impudent would-be slayers like the Agents. If Carmilla took Timnah's offer and works for Edom as an independent contractor, Callimar sets up jobs and maintains Carmilla's covers — and once she recognizes the Agents as a threat to Edom, she feeds them to Dracula.

One final possibility: Callimar *is* Carmilla. Her grey streak is makeup, as is the rest of her apparent age (**Disguise** Difficulty 5 after half an hour's close observation). The décolletage may still be surgical or expert undergarments expertly worn. If the Agents show signs of suspecting her imposture, she won't bother betraying them to Edom or feeding them to Dracula: she'll tear out their throats before the ice in their cocktails can melt, feed the bodies to a suddenly materialized ghoul bodyguard, and vanish into a new identity.

DEFINING QUIRKS:

- smiles broadly, revealing sharp (but not unnaturally so) canines
- spoils her black cat (with one steel-grey stripe in its fur) rotten: "Who's a naughty pussy? Marcelli, that's who! Yes, you are, not eating your num-num caviar"
- languid stroking motions of the hands and fingers

INVESTIGATIVE ABILITIES: High Society Languages (English, French, German, Italian, Russian), Streetwise, Tradecraft

GENERAL ABILITIES: Cover 8, Disguise 8, Filch 5, Gambling 5, Network 20

ALERTNESS MODIFIER: +2

STEALTH MODIFIER: +1

BLOOD CODA

In this operation, Dracula's artistic Bride plays on Cold War rivalries to infiltrate the upper-class British art scene. It occurs in November of 1971, a mere six years before the mole hunt tears Edom apart. As part of a larger campaign, it gives the Director a chance to establish "the way we were" for the era. Was Edom a functional organization between regular events or fraught with petty infighting?

Inside the theater, think *The Red Shoes* or productions of *Phantom of the Opera*, from silent to musical. For color outside the theater, think the original *Tinker Tailor Soldier Spy*. To see the broader Covent Garden area as it was at the time, try Hitchcock's *Frenzy*, which was shot on location a month before the scenario takes place.

EYES ONLY BRIEFING

The stage is the Cold War's lesser-known front. The Eastern Bloc prided itself on impeccably trained dancers and a dominance in the field of ballet that rivaled ice skaters and hockey teams. In the West, ballet companies wrote opinion pieces on the death of propagandistic Soviet ballet and the creativity encouraged by a free capitalist society's exchange of artistic ideas. Though a military tactician might scoff, in this tense world of artists the defection of a prominent Soviet dancer was on par with the "Miracle on Ice."

In 1971, artists in the Socialist Republic of Romania — separated from direct Soviet control but still behind the Iron Curtain — brace for a dramatic upheaval. Head-of-state Nicolae Ceausescu delivered his "July Theses" calling for the start of a mini–Cultural Revolution. By November the speech has become an official document of Romania's Communist Party.

Thus, when the Ballet Brasov contacts British authorities to arrange safe passage from communist Romania and asylum in England, Her Majesty's minister of state for the arts has every reason to believe its fear of purge and every motivation to snatch up the company before the Americans get it. But their background checks do not uncover the true mission of the company's talented young director, Ileana Dragoi.

She is a vampiric assign, one of Dracula's Brides. On her sire's instructions, she is to choose targets in Britain's art scene and upper class and bring them under her mesmeric control. While the effect on art itself might have a broader impact if a Bride infiltrated the British rock scene, the more respectable ballet gives her access to the upper classes and those in power.

DRACULA AND ART

Ever since his initial overtures to the philosophical madman Renfield and the painter Francis Aytown, Dracula has been working to establish a network among artists in Britain. Why? Perhaps he finds their artistic temperaments particularly susceptible to his mesmeric influence. Perhaps he seeks to subtly influence culture through their work, softening the country up for his arrival. Or perhaps he's simply an art lover.

If you've already included Aytown's material in your campaign, you may wish to add a few hints or threads tying it to the present. The overall threat in this scenario is not directly to the powers-that-be in England, but a subtler attempt to infiltrate the high art scene and bleed over into the upper classes that patronize it.

PLAYBILL

Before getting into the story, let's look at the forces at work, the major players, and the ballet itself. Don't worry, you don't have to know anything about ballet to run the scenario.

ILEANA DRAGOI (THE BRIDE)

Ileana Dragoi was born Mihaela Cristescu in 1917. Before the war, she was a prima ballerina in the Romanian state ballet. When the company shut down during the war, she joined the resistance against Antonescu's government. Her disappearance in 1942 caused little surprise among her confederates. Most assumed she'd been captured and died in captivity.

When Mihaela's "daughter" Ileana surfaced in 1959, she was welcomed as a prodigy by the state ballet and quickly began taking on leading roles. She refused photographs and interviews on the grounds that they distracted her from her art. In 1968, Ileana formed the Ballet Brasov. Her company developed a reputation for its principal dancers' speed and athleticism.

With only 29 years of un-life, Ileana does not yet have the bonuses of older Linean assigns.

GENERAL ABILITIES: Aberrance 11, Hand-to-Hand 5, Health 7
HIT THRESHOLD: 5
ALERTNESS MODIFIER: +2
STEALTH MODIFIER: +1
DAMAGE MODIFIER: +0 (bite; extended canines) or −1 (fist, kick)
ARMOR: −1 (tough skin)
FREE POWERS: Drain, Infravision
OTHER POWERS: Addictive Bite, Cloak of Darkness, Mesmerism (eye contact or voice), Spider Climb, Strength, Vampiric Speed
BANES: beheading, crucifixes and holy objects (+0 damage; +1 on face), stake to the heart, sunlight (prevents use of all vampiric powers)
BLOCKS: cannot enter a room without being invited, crucifixes and holy objects, running water, wild roses
COMPULSIONS: obey sire
DREADS: crucifixes and holy objects, garlic, mirrors
REQUIREMENTS: drink blood, must sleep in her native soil each night

Although she spends much of her life in the theater's shadows or under the stage's too-bright lights, someone keeping a close eye on her might **Notice** she casts no shadow.

THE PRINCIPALS

Like many companies, the Ballet Brasov has multiple primary male and female lead dancers, known as the principals. These four are Ileana's Renfielded dancers, regularly taking small doses of her blood. The benefits they enjoy not only give them a mastery over their art (Vampiric Speed) but also allow them to spill their blood in the service of art and experience a vampiric healing factor.

GENERAL ABILITIES: Aberrance 9, Hand-to-Hand 8, Health 9, Weapons 7
HIT THRESHOLD: 4
ALERTNESS MODIFIER: +2
STEALTH MODIFIER: +0
DAMAGE MODIFIER: −1 (fist, kick); +0 (knife or improvised piercing/bludgeoning weapons)
ARMOR: none
FREE POWERS: Enhanced Hearing (e.g., heartbeats, pulse; +2 Difficulty to evade); Regeneration (2 Health per round, thanks to their steady diet of Ileana's blood)
OTHER POWER: Vampiric Speed; for second power, see each person's description.
COMPULSIONS: drink blood (as Addictive Disorder), obey Ileana

Daria Ivanovna is the daughter of a minor Soviet liaison stationed in Romania. Ileana began cultivating her at the Romanian state ballet. Only after successfully dosing Daria with her blood and observing the results did Ileana embark on forming her own company. Daria is the "firstborn" of Ileana's Renfields and the closest thing Ileana has to a daughter. She plays Magda in *Strigoii*. Other power: **Cloud Men's Minds, Mesmerism**.

Martin Petrescu was considered too old for leading roles in the Romanian state ballet. Ileana lured him to her new company with the promise to revive his aging career. Despite the grey at his temples, he dances like a young man of 20. He plays the Duke's son in *Strigoii*. Other power: **Strength** (tests mandatory for feats of strength; see *NBA*, p. 137).

Stela Lahovary is the company's youngest, newest principal. Unlike the others, she joined Ballet Brasov immediately after completing her training with private teachers. She plays the fiancée/bride in *Strigoii*. Other power: **Spider Climb**.

Denis Baicu wishes he could be Ileana's lover. Instead, he has settled for cultivating a flirtation with Stela. His smoldering eyes reveal his true passion as they follow Ileana's movements. He plays the King of the Strigoii in *Strigoii*. Other power: **Summoning**.

THE DOCTOR

Like many companies, the Ballet Brasov has its own physician. Dr. Olga Lupan is a short-haired, businesslike woman in her early 50s. A product of the Soviets' egalitarian medical schools, she keeps the dancers on their feet with salves, braces, massage, and a curious assortment of pills.

Her ingenuity provides an additional service to the company's director — nourishment without the common risks of turning victims, catching a communicable disease, or leaving a trail of corpses. She draws blood and then delivers it to Ileana. Ileana does not intend to live like this forever, but found the method useful on the voyage to England when she had no access to fresh prey and couldn't waste her stagehands. Lupan works with Watson to continue providing blood.

Lupan behaves loyally without being a Renfield. She considers her methods humane and scientific. The Director may decide that she serves Dracula directly or has her own motives for working with vampires. Players may casually encounter her at *The Reception, Behind the Scenes*, or when making inquiries about the health of the corps. If they use **Diagnosis** to ask her about the physical condition of anemic stagehands or those with obvious IV marks, she responds with information about poor nutrition in Romania and talks about giving the stagehands "vitamin injections." **Chemistry** determines the "vitamin" concoctions she produces contain legal stimulants as well as actual vitamins.

THE CORPS

The rest of the Ballet Brasov consists of around twenty other dancers — approximately two-thirds female — ten male stagehands, and eight seamstresses. Ileana has Renfielded whatever number of stagehands is convenient for the Director, but not quite all of them (see *The Inside Man*, p. 67). Unlike the principals, they don't receive frequent doses of her blood. A small dose and her mesmerism are enough to keep them devoted. As for the other dancers and seamstresses, Ileana keeps them quiet and loyal through a mixture of mesmerism and fear.

THE BALLET: STRIGOII

While the ballet is not a necessary part of the scenario, the Director may find using information about it adds flavor to her narration. The *strigoii* are a Romanian folk-legend, damned souls unable to find rest beyond the grave, often depicted as vampires. In this ballet, a peasant girl becomes a strigoi in order to take a bloody revenge on the nobleman who assaulted her.

The first act is a village fair in which a beautiful peasant girl, Magda, is pursued by the Duke's son, who is already engaged to marry a noblewoman. In the second act, he follows her home while she continues to rebuff his advances. After a violent fight in which she attempts to flee, he captures her and carries her offstage. The third act depicts Magda's rejection by her fellow villagers. An old crone instructs her that, if she truly wants revenge on the Duke's son, she should seek out the strigoii who are known to haunt the mountain. The act ends in a dark mountain scene with the King of the Strigoii biting the girl's arm — blood dripping off her hand. In the final act, the Duke's son's wedding festivities in the village square are cut short by a party of strigoii. The ballet ends in darkness with a spotlight illuminating Magda and the King as they bite the Duke's son and his bride's throats.

COMPANY LODGINGS

Everyone but Ileana is staying at a seedy hotel near the opera house. Watson has booked the entire hotel, a former apartment building, with money from Royal Opera House donors and advance ticket sales. The principals share a pair of rooms, and the rest sleep five or six to a room. Ileana supposedly has her own suite, but Agents shadowing her at the end of a night see her disappear into the opera house's outbuildings on Mart Street, with Martin Petrescu in tow (see *Rats in a Trap*, p. 69).

THE SETTING: THE ROYAL OPERA HOUSE IN COVENT GARDEN

The massive landmark that is the Royal Opera House was constructed in 1858 after a fire destroyed the second theater built on the spot. The hulking building put a final touch on the domestication of an area that had been frequented by playwrights and prostitutes. It has since become synonymous with Covent Garden, the larger area in which it stands. In 1961 it houses the Royal Ballet and Covent Garden Opera Company (renamed the Royal Opera in 1968). The opera house contains four tiers of seating and boxes. The highest level seats are an amphitheater, starting around the proscenium arch and reaching nearly as high as the flies.

Besides the opera house, the Covent Garden district contains the Covent Garden Market and Floral Hall. The market hall is a block-spanning neoclassical creation of stone, iron, and glass which may remind players of a railroad station. The Floral Hall, an airy construction of iron and glass stands alongside the opera house. It was originally intended to showcase flowers, but declining sales turned it into an exotic fruit market which was eventually used by the opera house for storage.

By the 1960s, the area dealt with severe traffic congestion, leading city planners to begin debating moving the market elsewhere, a move that didn't occur until the 1970s. From dawn until evening, Agents should expect to encounter lorries carrying pallets of produce, men and women wheeling around vegetable crates on handcarts, bicyclists, business people out on a stroll, and women shopping for the day's produce. The outdoor area is crammed with tiny stalls that can't find or afford space in the market.

ARRIVAL

The Ballet Brasov arrived in London a couple weeks before coming to the Agents' attention. It has had enough time to start settling in, but not enough to do serious damage. The company fled just after Nicolae Ceausescu's speech, traveling by night from Brasov to the port city of Constanta, where it bribed or otherwise finagled passage to Istanbul. There, it contacted the British embassy, the members were accepted as defectors, and they arranged to travel by boat to London. The Ballet Brasov is scheduled to perform from the end of November through the beginning of December, when the resident company begins its performances of *L'Apres-midi d'un faune*.

THE SPINE

The Agents start at their home base in the **Land of Edom** where they become aware of the Ballet Brasov and its suspicious director, Ileana, and pick up one or more leads to explore. **The Student Spy** has information about the company and its plans here. If they check out **The Warehouse** where the company stores its equipment, they may begin the task of destroying the assign's backup grave soil. Or they may head to the **Halls of Power** to meet Quentin Watson, the man responsible for bringing the company to England. Research on Watson shows there's more to his motives than meets the eye.

Whether they get a proper invitation from Watson or find another way into **The Reception**, Agents have a chance to see the company perform and be forced to defend themselves against mental attacks. When they head **Behind the Scenes**, they'll become familiar with the opera house's interior and inhabitants, and pick up a clue and a contact, Vasile Costin, who wants to meet somewhere safer than the opera house.

Following up on clues found in the warehouse and backstage, they discover the **Procurement** ring Watson has set up to keep Ileana fed without the hassle of leaving corpses around. Once they talk to Costin, **The Inside Man**, they'll get more information on Ileana Dragoi, most importantly where she sleeps. But it's hard to keep secrets around Dracula's Brides, and her assassins take out Costin.

When the Agents attempt to trap Ileana, they're caught like **Rats in a Trap** by her stagehands and a Renfielded dancer. Once free, they can either confront the **Queen of the Flies** directly or teach her that **Turnabout Is Fair Play**. Either way, she's headed for **Her Last Curtain Call**.

ENTRY VECTORS

This scenario can be incorporated into a century-spanning ***Dracula Dossier*** game or done as a one-shot. The Director may choose from among these leads and should feel comfortable adapting them to fit circumstances and characters her players have already encountered.

- **Art History:** Reading descriptions of the company in various art sections, you keep noticing mentions of the dancers pushing the thresholds of human ability. When combined with the company's Romanian origin, it merits a closer look.
- **Bureaucracy:** Edom, or a particular Agent, has a source at Her Majesty's Customs and Excise Office who notifies them if certain objects of interest pass through import. The source reports the Ballet Brasov imported a dozen crates of Romanian soil. The forms designate it as prop material.
- **Vampirology:** The word "strigoii" jumps out at you in an article about the Ballet Brasov's upcoming performance. An aside mentioning that director and chief choreographer Ileana Dragoi declined to appear in the photograph puts this in the "further investigation" pile.

As a Flashback, any of the 1977-era Edom crew ("Cushing" (*DH*, p. 92), the MI5 Deputy (*DH*, p. 95), the Retired MI6 Asset Runner (*DH*, p. 98), the Balkans Specialist (*DH*, p. 91)) might recall the incident. There are files relating to it both in Edom's archives, and in the government records at the Norman Shaw Buildings (*DH*, p. 193)

Paranoid players may draw a connection between Edom's defunct working group Dancer (*DH*, p. 333) and the ballet company. They might even be right.

61

LAND OF EDOM

SCENE TYPE: Introduction
LEAD-OUTS: The Student Spy, The Warehouse, The Halls of Power

Starting at Edom's HQ allows the Director to describe the organization as it fits into her campaign. When not trying to raise Dracula, what does its daily routine look like? Possible locations include:

- Ring (*DH*, p. 172), which has likely been **warm** in the past but may or may not be up-to-snuff now, depending on the tone the Director wishes to set.
- Carfax (*DH*, p. 185), particularly if the Director plans to lead into the 1977 mole hunt.
- A Georgian house on the outskirts of London, surrounded by wrought-iron fences and subtle top-of-the-line (for the 1970s) security measures.
- The Department of Health and Social Security, Department of the Environment, or other mundane bureaucratic institution's basement.
- A high-tech floor of Century House in Lambeth, London, home of MI6 and a mere two kilometers from the Royal Opera House.

During the scenario, Agents may wish to use a safe house as their base of operations to avoid drawing unwanted guests back to Edom. But with home base so close by, they'll have more opportunity to retrieve equipment between scenes. The Director may require **Surveillance** tests (Difficulty 4) if she decides they're being watched by Ileana's agents.

Whether the Agents pick up the lead through the Entry Vectors or off a desk at Edom, they've got three possible fronts to start the investigation. If they use **Tradecraft** to get in touch with MI6, they're directed to the Agency's newest Romanian culture expert, *The Student Spy* (p. 62). If they use **Accounting** or **Cop Talk** with Customs, they'll get directions to *The Warehouse* (pp. 62) which the Ballet Brasov has rented for storing their equipment. They may use **Bureaucracy** to directly approach the minister of state for the arts in the *Halls of Power* (p. 63).

THE STUDENT SPY

SCENE TYPE: Core
LEAD-INS: Land of Edom, The Warehouse, The Halls of Power
LEAD-OUT: The Reception, The Warehouse, The Halls of Power

Mabel Garrott is reading for a PhD in Romanian cultural history at the School of Slavonic and East European Studies in London. See the ***Director's Handbook***, page 91, for further description of who she'll become as an asset, though she is currently in her early 20s. Edom became aware of her while sharing information on Romania with MI6. If the Agents are aware of her through a contact at MI6, someone may use **Network** to arrange an introduction. **Tradecraft** allows Agents to pass themselves off as MI6. Using **Art History**, an Agent may present himself as her peer and conduct the inquiry as a purely scholarly discussion.

Garrott agrees to a meeting in a student café near her school and can give information on the following points:

Ileana Dragoi: Daughter of dancer Mihaela Cristescu who disappeared, presumed dead, during WWII. Ileana came out of nowhere at 17 and joined the Romanian state ballet. She's said to be the spitting image of her mother, but a far better dancer.

(core) **Ballet Brasov:** A complete coup for Britain's Minister of State for the Arts David (Viscount) Eccles. If the Agents aren't yet aware how significant ballet in the Cold War is, Garrott can give them a synopsis. The ministry is holding a preview of their new ballet, *Strigoii*, and a *Reception* (p. 64), tomorrow night at the Royal Opera House's adjacent Floral Hall.

Strigoii: If Agents ask her about the word's meaning, Garrott explains a strigoi is a kind of undead spirit in Romanian folklore. Their spirits can't enter the afterlife, so they're cursed to remain here. They draw their life force from their victims' blood.

THE WAREHOUSE

SCENE TYPE: Alternate / Antagonist Reaction
LEAD-IN: Land of Edom, The Student Spy, The Halls of Power
LEAD-OUT: The Reception, The Student Spy, The Halls of Power

Ballet Brasov has rented a warehouse two blocks north of the Royal Opera House, in a side road off Long Acre. Several thugs lounge casually against its closed doors with a total of twice the number of Agents inside and out, including one or two leaders. For thugs, use the stats on ***NBA***, p. 70. Use the "gym rat" modifiers for thug leaders. The thugs carry blackjacks and knives (−1) and, of course, their own two fists (−2). Thug leaders have 9mm pistols if Agents begin shooting.

The Director may wish to remind her players that, as they're in the middle of London, any killing requires a reasonable effort for successful cover-up to avoid Heat. Gunfire draws the police, and most of the thugs only have handheld weapons anyway.

Architecture or **Streetwise** suggests the Agents may be able to get in via the fire escape with an **Infiltration** test (Difficulty 4). If so, the Agents enter the catwalks above the warehouse floor and may attempt to get the drop on the thugs with **Infiltration** tests against the thugs' Alertness Modifier. At least one hired British thug lives long enough at −1 Health to be **Interrogated**.

The warehouse contains usual supplies for any ballet or theatre company — racks of costumes, two-story backdrops folded into large plastic bags, and crates full of set pieces. Agents only find three boxes of soil, stashed under a pile of backdrops.

(core) **Interrogation:** A captured or dying British thug can tell them he's just hired to make sure nobody breaks in here. He doesn't know anything about anything except that there's some big reception tonight at the Floral Hall. He helped some stagehands move over a dance floor and some curtains.

(core) **Vampirology:** Agents can spoil the earth either by dumping it out and/or by using a bane on it. As this vampire has human accomplices, garlic should be thoroughly mixed with the soil or holy water poured in. Anything like a cross or wafer that can be removed isn't your best bet.

Diagnosis: The two Romanian men among the thugs both show signs of advanced anemia. A physical examination turns up IV marks on their forearms.

HALLS OF POWER

SCENE TYPE: Pipe/Alternate
LEAD-INS: Land of Edom, The Student Spy, The Warehouse
LEAD-OUTS: The Reception, The Student Spy, The Warehouse

The minister of state for the arts is far too busy to meet with Agents as he also holds the position of paymaster general. Quentin Watson, the assistant who managed the company's voyage and immigration, sits down with Agents to answer any questions they have about the company. Agents may either approach him using a suitable **Cover** or go straight to **Cop Talk** — both yield useful information.

Watson's primary shtick is PR-based. He can explain the significance of ballet in the Cold War, and talk up the company's virtuosity. He encourages the Agents to attend a performance.

Cop Talk: If he knows Agents are with a special government agency ("Say no more, mum's the word!") or believes them to be with the police, Watson tells them that the company's director has confided a fear of Securitate agents tailing her group.

Flattery: He's quite proud of bringing such a large group over. He flew to meet the company in Istanbul, where they had fled by boat from Constanta, chartered a ship for them, and flew back here to make arrangements.

Art History: The minister of state for the arts is sick of these new-fangled performance artists and appreciates traditional art like ballet. Maybe this company is a tad avant-garde, but their training is good solid traditionalism.

Bullshit Detector: He's never actually been to a ballet and doesn't care much about them. He has no artistic interest in seeing them succeed. Something else motivates him.

Agents may make a 1-point **Flattery, Flirting, High Society**, or **Cop Talk** spend to get an invitation to *The Reception* (p. 64) tonight. Watson would either love for them to be there or appreciate their assistance in helping him find any dangerous elements.

Quentin Watson's promising career in the Conservative Party ground to a halt due to the political maneuvering of his former classmate and rival Edna McGregor. He went from being the man who helped win the election and assistant to Margaret Thatcher, the party's rising star, to being shuffled away as assistant to the minister of state for the arts. The party may feel obliged to employ him for now, but if he can't pull off something extraordinary he expects to be dropped next time an election comes around.

While Mrs. Thatcher, now his boss' boss, may not value the arts, she appreciates a blow against communism in any arena. He plans to take full advantage of this opportunity, and he will do whatever is necessary to make the company's performances and integration successful. After spending his early 20s in the army and the rest of them doing whatever it took to keep his political bosses happy and in office, he's not particularly fazed by vampires. If he's plotting a more personal revenge, that will come later.

He's sympathetic to Ileana, thanks to a touch of mesmerism, believing her relationship with Dracula to have been a life-or-death decision made in the dangerous climate of WWII. He considers her as much a victim of the vampire as of her communist government. Her medicalized method of feeding is, to him, proof of her inherent goodness. She wouldn't risk killing someone or passing on her corruption — although unfortunate accidents happen.

QUENTIN WATSON

DEFINING QUIRKS:

- uses petroleum jelly on his teeth to improve his smile;
- swallows just a little too often;
- always locking around for the next person to glad-hand

INVESTIGATIVE ABILITIES: Bureaucracy, Flattery, High Society, History, Human Terrain, Languages, Negotiation
GENERAL ABILITIES: Athletics 8, Driving 3, Hand-to-Hand 5, Health 7, Shooting 7, Weapons 4
HIT THRESHOLD: 4
ALERTNESS MODIFIER: +1
STEALTH MODIFIER: +0
DAMAGE MODIFIER: −2 (fist, kick), −1 (edged weapon), +0 (9mm pistol, final scene only)

If Agents look him up, they find:

- **Research:** Newspaper reports after the Conservatives' summer 1970 victory include pictures of him with major figures. One is subtitled, "Newly elected Prime Minister Edward Heath thanks Assistant Campaign Manager Quentin Watson for his work with the country's youth."
- **Bureaucracy:** You know from Conservative Party members that Mrs. Thatcher doesn't value the arts. Moving from her staff to that of someone under her, particularly in the arts, is a clear demotion.
- **Network:** He has a reputation for being "the guy who knows a guy."

THE RECEPTION

SCENE TYPE: Core
LEAD-INS: The Student Spy, The Warehouse, Halls of Power
LEAD-OUT: Behind the Scenes

Agents can use any combination of **High Society** (*"I go to all these things!"*), **Network** (*"Need an 'and guest,' dear?"*), **Cover** (*"Augustus Q. Maplebrook IV has an invitation thanks to his recent donations"*), a 1-point **Forgery** spend, or successful **Disguise** test (Difficulty 4; wait staff) to sneak into the reception. If they've been to see Quentin Watson they may have a legitimate invitation. Those with **Art History, Flirting**, and **High Society** can mingle freely, while the rest feel out of place in this kind of situation.

It's a beautiful November night in the Floral Hall. The glass and iron provides a chilly boundary between guests and the November air. Bright electric lights reflect off the glass walls, dimming the world outside while making the well-heeled guests visible to all passersby. At one end, free-standing curtains conceal a rectangular area, likely a portable dance floor. At the other, Agents may sample hors d'oeuvres and admire enlarged photos of the principal dancers. **Photography** confirms that these are not faked.

The crowd includes a handful of politicians, some celebrities, and wealthy donors. Agents using **Tradecraft** detect a substantial undercover presence from MI5 but nothing apparently from the Securitate. Quentin Watson moves among guests, glad-handing and smiling. If Agents did not visit him, they may use **Bureaucracy** to detect his role as the night's organizer and host. They may approach him as they would have in *Halls of Power* (p. 63). If Agents report back to him a lack of Securitate presence, he suggests they may wish to visit *Behind the Scenes* (opposite) tomorrow and have a more thorough look around.

PAS DE PREVIEW

Once the fashionably late have arrived, Watson calls for everyone's attention. It's the moment they've been waiting for — the Ballet Brasov's principals are going to give them a private performance, two pas de deux from *Strigoii*. A small string-and-percussion group sets up beside the curtained area, and soon only two spotlights illuminate the red hangings.

The curtains pull back to reveal Martin and Stela as the Duke's son and his bride. They perform a traditional, exquisitely precise pas de deux from the ballet's fourth act.

Art History: It's on par with top British dancers but nothing otherwise out of the ordinary.

Diagnosis: Martin's stamina is impressive for his apparent years. His jumps and lifts appear effortless.

After the pair takes its bows, the lights go out entirely. When they come on again, Daria and Denis stand in the middle of the stage — she in a torn black dress, he in a matte black tunic — facing each other. Drums roll and bows attack strings as the dance begins. This pas de deux, from act three, is far more modern in style, a passionate exchange between two powerful bodies. Daria, as Magda, expresses hesitation at offering herself to the King of the Strigoii and attempts to flee. The drums' tempo and insistency increase as the dance become more heated. Agents may find their pulses speeding up and their breaths coming heavier.

As the dance reaches its climax, the entranced audience lets out a gasp as Denis plunges his head down on Daria's neck. She jerks still and a trickle of blood escapes his mouth, running down her arm. The dance resumes languidly, as the King manipulates a dazed Magda in an imitation of the earlier dance. Blood continues to flow — occasional drops flying off as she moves. The strings go silent and the drums beat in time with the audience's hearts as the King pulls open his tunic and uses one sharpened fingernail to open a line of blood on his chest. He pulls her head to him. The lights fade.

When the lights come up again, the curtains are closed again. A string quartet remains behind, performing selections from the ballet as guests begin to recover and mingle. Many appear to be in a daze. Agents must make a Difficulty 3 **Stability** test to resist a Mesmerism attack from Daria's dance. Those who fail to resist are Mesmerized, as described below.

GUESTS OF HONOR

As Agents attempt to shake off the mental attack and evaluate what they just witnessed, Ileana and her principals drift in.

Human Terrain: Daria steps into the hall ahead of Ileana, inviting her with a gesture to follow. It is a smoothly ritualistic action between the two, like a Jewish person touching a mezuzah or a Catholic crossing herself.

Flirting: Denis escorts Stela on his arm. He occasionally gives his companion a smile in response to something she says, but his eyes continually watch Ileana. Ileana, on the other hand, only has eyes for Daria and Watson.

(core) **Vampirology:** The scene just enacted was an accurate representation of the process by which a vampire creates their assign. If the blood was real, the dancers must be Renfields and probably taking regular doses of an assign's blood to heal.

Diagnosis: The "stage" blood on Denis' chest flowed more like blood from an actual wound than something artificial. Daria is wearing a scarf, likely confirming the presence of bite marks on her neck.

A **Shrink** test (Difficulty 4) allows the Agent to analyze the room's mood. It wasn't just you. The entire crowd seems a bit stunned by the performance. As Daria and Ileana weave from person to person, shaking hands, staring into eyes, you get a strong sense that something deeper is going on. Even the people you've identified as MI5 agents look longingly after Ileana after she's dropped their hands and moved on.

Ileana approaches the Agent who currently has the lowest Stability (if Agents tie for lowest Stability, she chooses one and only approaches that one). The moment her eyes meet the Agent's, an icy chill runs through his veins. The Director should roll for Ileana to make a mental attack vs. the Agent's Stability, spending at least 2 Aberrance. If she succeeds (4 or higher), the Agent's brain begins to fog and they must choose whether or not to try resisting. Because she's only an assign, the first 2 points of Aberrance spent do not add to her total. To resist, they must beat her roll with Stability.

If the Agent fails, they are mesmerized. This results in:

- a +1 difficulty to attack Ileana or any of her agents
- nightmares about blood (each morning must make a 3-point Stability test)
- seeing blood causes a 3-point Stability test

These are not the same effects as those on others under her mesmeric influence, as she controls the outcome. Watson, for example, may feel a rush of protective instinct whenever he looks at her.

BEHIND THE SCENES

SCENE TYPE: Core
LEAD-IN: Reception
LEAD-OUTS: Procurement, The Inside Man

While the Royal Opera House may be the Ballet Brasov's home base, it's comparatively easy for the Agents to infiltrate. By day, the backstage area bustles with the activity of its resident and visiting companies. Performers, stagehands, managers, and couriers flow in and out its doors. Agents may use **Forgery** to create suitable worker IDs (**Cover** 0, so no spend) to get them in. A 1-point spend of **Reassurance, Bureaucracy**, or **Cop Talk** with the door manager also works.

THE DOOR MANAGER

Harvey Cole, door manager for the last 15 years and stagehand before that, is a burly man with a broad mustache and an easy grin. He enjoys a good piece of gossip, not about his favorites but certainly about something as new and strange as the Ballet Brasov. With a suitable **Cover**, Agents may feel comfortable approaching him.

Art History: If an Agent engages him on the type of performance he likes best, he'll praise solid, traditional ballet "like *Sleeping Beauty* and *Swan Lake*, none of this *L'app rez middy dune fawn* (*L'Après-midi d'un faune*) like what the ballet company's rehearsing now or these foreigners' *Strig oi*." He liked the story the ballet did earlier this year of "the poor Russian princess who escaped the Communists" (*Anastasia*) and understands these dancers ran away from those violent bastards.

Flattery: Flattering his knowledge of this enormous building gets Agents any information they want from *Setting* (p. 60) about locations in the opera house. He can tell them which storage rooms are being used by the Ballet Brasov: the storage area in the stage's northwest back corner.

Agents may use **Architecture** instead to figure out the layout as they go or make a 1-point spend to have looked up the plans ahead of time. This won't tell them which rooms the company is using, but they'll have a decent guess.

THE ROYAL OPERA HOUSE IN COVENT GARDEN

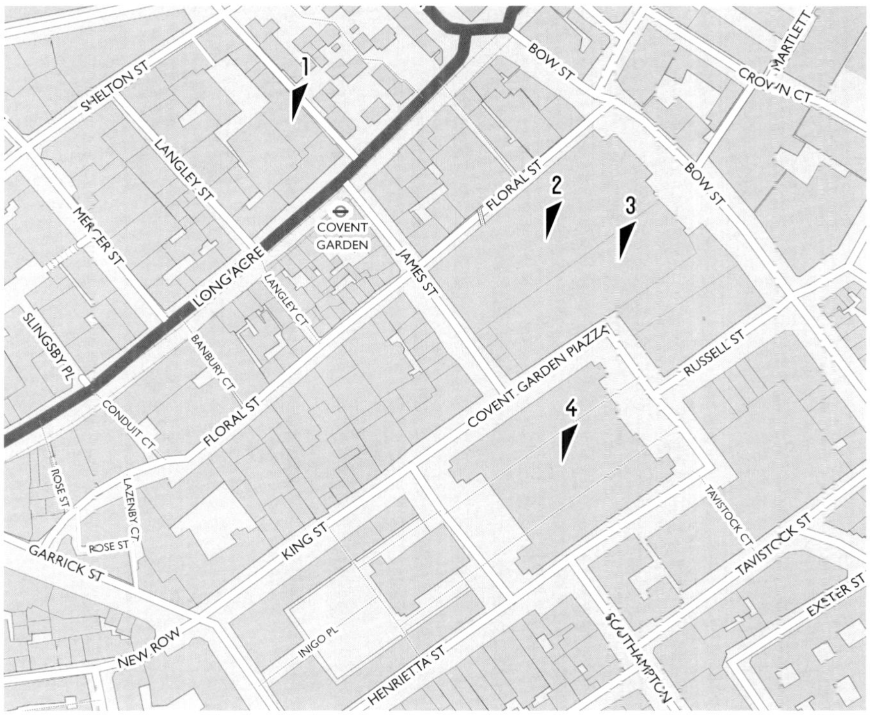

Warehouse	1	Floral Hall	3
Royal Opera House	2	Covent Garden Market	4

BACKSTAGE

The stage wings contain two recesses for storing scenery to be used during the performance, each 5 meters wide and 3.5 meters deep. Beyond those, moving toward the back, one encounters the narrow flights of stairs leading up to the flies, over 13 meters above the stage. From the main balcony in the flies, laterally moving wing ladders reach up to two 2.5 m wide galleries spaced at another

6 meters, the second coming within 3 meters of the ceiling.

The main basement is under the orchestra stalls. The ill-lit space has been parceled into a few cavernous dressing rooms, cramped rehearsal areas, and a canteen where weary singers, dancers, and stagehands congregate at long tables.

In the 1930s, growing need for space forced the opera house to acquire buildings on Mart Street, just behind the stage, as additional offices, storage rooms, and dressing areas. The offices occupy the upper, nicer floors, while old scenery is relegated to the basements and sub-basements. These are not supposed to be used by the Ballet Brasov, but they're where the Agents are later directed by *The Inside Man*.

Architecture: The main stage is 26 meters wide and 12 meters deep. It is divided into five horizontal sections, each 2.5 meters deep, that can be raised or lowered. The first two can be moved up 2 meters or down 2.5, the last three up 3 meters or down 2.5. The mechanisms for raising and lowering the floor are under the stage and could be used by any Agent who makes a successful **Mechanics** test (Difficulty 4). It contains several trapdoors.

THE BRASOV SANCTUM —

Home base for the Brasov's stagehands and seamstresses is a large room behind the stage, on the northwest side. It contains costumes which need cleaning or repair (the rest are in dressing rooms). There are sewing baskets, a few sewing machines, card tables, and lunch sacks. Dr. Lupan uses a corner to patch up injured dancers.

The Agents may use **Intimidation** or **Reassurance** to convince any Brasov-adjacent persons they have a reason to be here and will be out of the way shortly.

Chemistry can confirm several fabric cleaning products present could be used to remove most traces of blood.

(core) **Notice:** In the trash, Agents find a discarded blood bag. They find unused bags with the rest of Lupan's medical equipment.

(core) **Tradecraft:** A Romanian stagehand makes a brush pass, slipping a piece of paper into an Agent's hands. The note reads:

> *Help me! In danger. Have information. Isle of Dogs. Tomorrow noon. West India Company pier 34.*

PROCUREMENT

SCENE TYPE: Action/Reveal
LEAD-IN: Behind the Scenes
LEAD-OUT: The Inside Man

To learn more about the source of Ileana's blood supply, Agents need to track Dr. Lupan to it. A **Surveillance** test (Difficulty 4) allows them to observe her leaving the opera house with her medical kit. Using a second **Surveillance** test (Difficulty 4) or a **Driving** test (Difficulty 4), they may follow her to an industrial park in the vicinity of Smallford.

It takes Agents somewhere between 45 and 75 minutes to reach the warehouse in Smallford, depending on the traffic. By day, the industrial park is unguarded. If the Agents arrive at night, they may encounter a private security guard (***NBA***, p. 69) making rounds. Dr. Lupan parks outside a unit on the end of its row. If Agents wait for her to leave before entering or visit the industrial park's offices first, she spends about 30 minutes in the unit.

Agents wishing to learn more about the warehouse may break into the park's offices at night using an **Infiltration** test (Difficulty 5) and dodge security, or walk in the front door during business hours and spend a point of **Cop Talk** or **Bureaucracy** to obtain the lessee's name: Quentin Watson.

HOLDING PEN

When the characters approach the warehouse itself, **Infiltration** finds the door isn't locked, likely indicating guards inside. Whether the Agents charge through the door or try talking their way in is up to them. Inside the unit are just five thugs and one leader (use same stats and weapons as *The Warehouse*, p. 62). If Agents don't bother knocking, the men are startled from playing cards on a folding table and leaning against the wall. On several mattresses behind them lie four young women, bound and gagged.

If Agents arrive while Dr. Lupan is present, she is drawing blood from one of the young women. This operation takes place near the back of the warehouse, in a rusty examination chair with restraints. It stands beside a large table, a couple pieces of newer electronic medical equipment, a few bottles of chemical reagents, a small refrigerator, and a pile of wooden shipping boxes. The table contains apparatus which any Agents recognize as being used for drawing blood and several sterile blood bags which match ones they may have found at the opera house.

At least one thug who hits −1 Health stays alive for questioning afterward. They're all thoroughly British and unaware of the true purpose here.

Interrogation or **Cop Talk:** A "government man" matching Watson's description recruited them to help with a secret government project. These women are all commie agents who came here with a new disease the Russians cooked up in their labs. They were supposed to spread it by sleeping with English blokes. The doctor comes and tests their blood every couple days.

Their job is just to guard the women — make sure they don't get out. The man warned them that commie agents might realize the jig is up and come looking for the women. **Bullshit Detector** reveals that they absolutely believe this story. They feel rather important to have been selected, plus this job pays well and will make their records disappear.

(core) **Interrogation:** The men thought the stacked boxes contained more medical equipment. They transported them from the West India Company docks along with boxes of the blood-drawing equipment, but didn't take all the boxes on the pier. They don't remember the pier number, but confirm 34 if the Agents prompt.

The wooden boxes, seven in all, contain nothing but dirt. Agents may nullify these by smashing or using banes as they did if they pursued *The Warehouse*.

BREAKING THE SUPPLY CHAIN

Between their time in the warehouse and the fight, the women are coping with shock.

Languages (Russian) or **Reassurance:** They were recruited by an Englishman, again matching Watson's description, who told them he worked for the government and could find them jobs. He offered to drive them to the nice place in the country where they'd be working, and they ended up here. Every two days, Dr. Lupan comes and takes someone's blood. They feel very weak afterward. One woman died, they think, because after the second time the doctor took her blood she wouldn't wake up and the men took her away.

Diagnosis: The women all show signs of advanced anemia. Between them, they have lost enough blood to keep an assign well fed. A hospital in St. Albans could treat them.

Diagnosis or **Chemistry:** The equipment is used for running tests on blood. A 1-point spend of either recognizes specific chemicals as reagents used to culture blood for syphilis tests.

If Dr. Lupan is present, **Interrogation** substitutes for the above spend and confirms deductions about or provides an outline of Ileana's feeding habits. Agents may deal with her non-lethally by removing her to Edom's HQ for further interrogation about her mistress.

PURSUING WATSON

After helping the women, the Agents may wish to confront Quentin Watson. If the Director wishes to play the confrontation at the end, she may ask them if they'd rather get information from the stagehand first as they also have a clue to follow up at the docks. She may also use time as a factor. Watson won't be in his office past 5, and while he may be at the opera house, so will Ileana and the others. If Agents make it there before 5, Watson may have them removed by security.

Or, the Director may move *Neutralizing Watson* (p. 71) forward to this point. In this case, Watson has just received news of what transpired at the warehouse. He's scrambling to acquire money and tickets for him and Ileana to leave the country. The scene could occur in his office or in a car park outside. If Agents use **Shrink** to come up with nonviolent resolutions, they keep him in reserve to help them against Ileana, such as when she calls him for help in *Her Last Curtain Call*.

If Agents kill Watson now, they confront Ileana alone or Ileana and Daria in *Her Last Curtain Call*, assuming Ileana lives that long.

THE INSIDE MAN

SCENE TYPE: Core / Antagonist Reaction
LEAD-INS: Behind the Scenes, Procurement
LEAD-OUT: Rats in a Trap

Vasile Costin's note asks the Agents to meet him at noon at the former West India company docks on the Isle of Dogs. Because these docks cannot support modern shipping containers, traffic here is on a decline and entire sections are shut down. Dock 34 is in a closed section, but **Cop Talk / Intimidation / Negotiation** lets your Agents convince any security that they belong here. If Agents wish, they may bring a motorboat and approach from the water.

The meeting place is unusually quiet compared to the city's noise. Agents hear activity at the docks' other end and the passing of boats on the river, but it's almost peaceful here.

SPILLING THE BEANS

Vasile fades into view with a surprising use of **Tradecraft** for someone who's supposedly a stagehand. He's in his late 40s, portly but powerful enough to move large sets. He addresses the Agents in English, asking for assurances first. He wants the Agents to swear they won't use what he's telling them to lock him up in a madhouse if they don't believe him. Using a crowbar, he opens two boxes of dirt still on the docks as a sign of good faith, telling Agents they'll understand what these are in a moment. **Reassurance** (*"We just want your information"*) or **Negotiation** (*"Let's see what you've got for us"*) both work well here (core clue).

What Vasile can tell them:

- **Tradecraft:** He was assigned by the Securitate to watch the Ballet Brasov from when the first rumors of their planned defection reached his bosses a year ago. Ileana is a vampire (Vasile doesn't understand that assigns are different). He expects the Agents to react with more shock than they probably show. He's been barely hanging onto his Stability against Ileana's mesmerism. He's only survived by pretending to go along with it. He recognized their type, one professional to another, and wants their help because he's in over his head.
- **Vampirology:** People think it's stage blood, but the dancers actually bite each other and greedily lap up the blood. They're not vampires, he thinks; they're something else. After rehearsals Ileana meets the principals in their dressing room. She lets them drink from her wrist, giving extra to Daria, her "pet." (He spits the word as though it were obscene.)
- **Tradecraft:** Ileana sleeps in a Mart Street annex's sub-basement. He's brought a crudely sketched map to help them find it. She'll be asleep from now until maybe 4 p.m. today. If the Agents hurry from here, they can catch her.
- **Cop Talk:** How did they get out of Romania? She has connections, police and agents in the Securitate who are not loyal to Ceausescu. Maybe she just paid them off, but he suspects there was something darker at play. Part of his job is to return and report those people to his superiors.

AND THE BLOOD

Before Vasile can give the Agents any more dirt, Ileana's execution squad arrives. She'd never planned to let him return to his superiors but considered it better to keep an eye on a spy she knew than one she didn't. The Director may call for Difficulty 4 **Sense Trouble** tests for Agents to spot a speedboat, filled with four of the same brand thug they've previously encountered and a man standing apart, holding a sniper rifle. Agents who succeed have a chance to get a shot off simultaneously with the sniper. Fortunately for the Agents, the man is only gunning for Vasile.

Agents may take their own motorboat or, if they came by foot, hotwire a nearby one with a Difficulty 4 **Mechanics** test and chase the assassins westward up the Thames back toward the Covent Garden region. For the purposes of this scene, assume the speedboat's driver has 6 points in Piloting. The sniper has 6 points of Shooting left, having just spent 2 to take out Vasile. Use the rules for a cramped chase (***NBA***, p. 54). To make things interesting, ensure both vehicles encounter tourist river cruisers, tug boats, and commercial vessels.

If the Agents succeed in catching up, they may engage in close-quarters combat with the thugs on the boats (the Director may wish to increase Difficulty or require **Athletics** tests for balance). If things go badly for the Agents, the thugs are more focused on getting out in one piece than finishing them off. If the Agents manage to take a goon alive, they can use **Interrogation** to find out who hired him. He'll give a description which matches Quentin Watson.

Should the Agents fail, the thugs and assassin vanish on the Thames, leaving no trace.

RATS IN A TRAP

SCENE TYPE: Trap / Antagonist Reaction
LEAD-IN: The Inside Man
LEAD-OUTS: Queen of the Flies, Turnabout Is Fair Play

The Agents have the location of Ileana's final box of Romanian soil in the opera house's outbuildings on Mart Street. If possible, they should head directly there after the scene on the Thames. They only have until 4 p.m. to catch Ileana, or so they think, or they'll have to wait another day.

The map Vasile drew them leads to a large, musty room in the basement's back corner. The untrained observer sees a hodgepodge of dusty set pieces and old scripts. **Urban Survival** sees that the area closer to the target room has been disturbed recently.

The overhead light in this room has been removed; Agents may use a **Preparedness** test (Difficulty 4) to have a flashlight if they hadn't thought to mention it earlier. In the back corner, half-dug into the earth, is the box. Opening the box, they find it empty.

At this point, the Director should call for a **Sense Trouble** test (Difficulty 4). On a success, Agents have just enough time to make an opposed **Athletics** test against Martin Petrescu and a pair of stagehands who are trying to shut them in. Use Thug stats (*NBA*, p. 70) for the stagehands. If the Agents succeed, they'll be in combat with Martin and the stagehands while the rats or similar vermin swarm in as below. Vermin attack everyone present.

If they fail either test, Agents are trapped in the dark room as something heavy bars the door. Then, from holes in the walls, the rats stream in.

Use rat swarm stats from *NBA*, p. 155, or make them similar to the large black rats from Billington & Sons in the *Director's Handbook*, p. 143. If Agents are unarmed, they may use Difficulty 3 **Athletics** tests to make improvised weapons from the wood of Ileana's box. Use a swarm of bats from a hole near the ceiling, or of spiders or flies (*NBA*, pp. 154–155) entering from a thousand tiny holes in the walls, if a player has a rat phobia.

Agents may break down the door and whatever's barring it with a Difficulty 14 **Athletics** test (see *Continuing Challenges* in *NBA*, p. 50). Meanwhile, other Agents must keep them vermin free.

The sound of gunshots in the sub-basement brings people from the opera house's offices and dressing rooms upstairs running in about 5 rounds. It requires **Cop Talk, Reassurance**, or a similar Interpersonal ability to avoid having the police brought in.

After escaping, the Agents can either hunt down Ileana (*Queen of the Flies*, below) or set a trap for her (*Turnabout Is Fair Play*, p. 70).

QUEEN OF THE FLIES

SCENE TYPE: Penultimate Confrontation
LEAD-IN: Rats in a Trap
LEAD-OUT: Her Last Curtain Call

Once Agents have escaped the sub-basement, they may try to locate Ileana. Harvey Cole can tell them she's onstage doing some last-minute technical rehearsals. She's slightly distracted by her focus on the dancers, so Agents may try an **Infiltration** test at Difficulty 8. A success allows them one attack while her defenses are down.

Once she is able to react to the Agents' presence, Ileana spends 2 Aberrance and uses her Spider Climb ability to get higher and away from the action. She perches on a catwalk in the flies, about three stories above the stage. Her Renfielded dancers attack the PCs, attempting to shield her. They use powers as described on page 152 of *NBA*, such as vampiric speed or summoning more rats/spiders (page 155 of *NBA*) to attack the Agents and, when able, try to join her. Martin may be out of the picture at this point, depending on how things transpired earlier.

If an Agent has been mesmerized, not only do they suffer a +1 Difficulty to attacks against Ileana and her principals, but they also become vulnerable to further mesmeric attacks vs. Stability from either Ileana or her pet, Daria. Further attacks from Ileana do not require the 2-point Aberrance spend, although she may add Aberrance points to her die roll to add a higher Difficulty. Daria must spend 2 Aberrance before her first attack, but may attempt further attacks after a success without the spend.

Ileana knows the Agents are making things too hot for her and observes the fight more than she participates. Unless her principals can kill the Agents, she flees. Triggers for her to flee, at the Director's discretion, include:

- one of her principals is killed or mortally wounded (despite being Renfielded, her principals die at −1 Health)
- the Agents have her surrounded
- her principals are clearly losing

She spends 2 Aberrance to use Cloak of Darkness and attempts to flee. This gives her an excellent chance of getting away, particularly if the Director wishes the Agents to have a final encounter at the airport. She attempts to take Daria with her. If Daria has points left over, she uses 2 Aberrance to Cloud Men's Minds and improve their chances of escape.

KILL OR CAPTURE?

Let players decide what means they'll use to neutralize Ileana. Ask what kind of instructions the Agents have been given in the past regarding this kind of vampiric presence. If unsure, Agents may phone home to Edom, which encourages capture. Ultimately, the choice comes down to how players see their Agents, with their backgrounds and Drives, handling the situation.

CAPTURE

Edom always needs more data about vampires, and things have been rather slow lately. A strong, young assign would be tremendous fun for Edom's scientists. Moreover, Edom's Dukes have questions about her Master. And who knows, Edom may be able to use her in a future operation.

On the other hand, catching a vampire is a lot trickier than killing one. You'll either need to lure her into some kind of trap or cage or beat her to within −11 Health of her life and transport her quickly before she wakes up. Edom itself is equipped to keep her indefinitely. Taking her alive won't solve the problem of her Renfields.

KILL

Your primary task is to keep Britain safe, no matter what those lab-coated (pejoratives) and armchair officers think. Maybe Edom was something different before, but nowadays it's mostly about cleaning up your predecessors' mess, and the last thing you want to do is get people at HQ scheming about Dracula again. Most of her Renfields will recover after a few years of therapy.

On the other hand, you're going to face backlash from HQ, and this torpedoes your chances of promotion for another five years or until the next big thing happens.

TURNABOUT IS FAIR PLAY

SCENE TYPE: Penultimate Confrontation
LEAD-IN: Rats in a Trap
LEAD-OUT: Her Last Curtain Call if Ileana escapes

After escaping from the sub-basement, the Agents may attempt to set a trap for Ileana using theatrical elements they've discovered during their investigation. Ensuring she doesn't rise again requires the use of banes, ideally beheading or staking.

Ideas include:

- Setting a trap under the stage and using its trap doors and mechanical controls to drop Ileana in.
- With **Infiltration** (Difficulty 8), Agents could sneak up to the flies while she coaches her principles onstage. A successful **Mechanics** test at Difficulty 5 could use the classic sandbag trick to momentarily stun Ileana, or even all four with a spectacular success (Difficulty 9). Agents in the wings could then use **Athletics** (Difficulty 7) to attempt a successful staking, although they'd certainly have some Interpersonal cleanup to do afterward. Or are the sandbags full of holy water?
- Making a lethal attack against Daria that requires Ileana to choose between saving her or fighting the Agents. If she tries to save Daria, she'll be temporarily vulnerable to the Agents' attacks, although this does not stop the other principals from attacking.
- If the Agents are aware of Ileana's affection for Daria, they may take her hostage as part of a trap — although they'll have to catch her first.

HER LAST CURTAIN CALL

SCENE TYPE: Final Confrontation
LEAD-INS: Queen of the Flies, Turnabout Is Fair Play
LEAD-OUT: Aftermath

Ileana attempts a retreat to lose herself in the streets of Istanbul and from there, perhaps back to Romania. Leaving the Agents to fight her principals, she flees to the stage door, seizes the telephone from Harvey Cole, who is in the process of reporting the fight to the police, and places an urgent call to Quentin Watson.

After Agents kill or shake off her principals, they find the backstage area distracted from the fight by Cole's savaged body. Ileana drained him to recover her Health and scrawled the word *ISTANBUL* in blood on the wall behind his corpse. No doubt she hopes her principals to join her there. **Traffic Analysis** knows flights to Turkey leave from Heathrow, not Gatwick or another regional airport. If your vampires are old-school or telluric and prefer to flee England by ship, possibly sporting a jaunty straw hat ala Dracula, then see Other Ports on page 172 of the ***Director's Handbook*** for possible exit vectors, and move the final confrontation from Heathrow to, say, Dover.

If Agents manage to be in hot pursuit, they exit the opera house just in time to see her pulling a motorist out of her vehicle and driving off. If not, they'll see the scene being reported by the motorist to two police officers and, armed with **Cop Talk** and a police radio (**Preparedness** test Difficulty 4 or 1-point **Electronic Surveillance** spend) they locate and catch up to the stolen car. Ileana plans to meet Watson in an abandoned car park near the airport or ferry terminal, pick up money and a passport, ditch the car, and get a ride the rest of the way.

Once they enter a chase situation, Ileana pulls from remaining Aberrance for any spends on Driving tests. If she has none left or the Director wants to save them, she crashes if she rolls a 1. Agents may force her off the road or pursue her to her destination.

NEUTRALIZING WATSON —

Watson tries to meet her with £500 for travel expenses and a falsified passport she had him acquire as part of her backup plan. Watson also carries a Browning Hi-Power Mark I (9mm, 13 shots) saved from his days in the armed forces. If he's in the picture, Agents must go through him to get Ileana, or at least deal with him as they attack her. If Agents are disinclined to shoot him, a **Shrink** test (Difficulty 4) gives them insight into Interpersonal approaches to talk him down:

- 1-point **Negotiation** or **Reassurance** spend: He's in over his head, but Agents may offer him a way out. If he helps them bag Ileana, they'll send a message to his superiors through the powers-that-be that he was of assistance in neutralizing a communist agent. They'll even say that he tipped them off to suspicions of Ileana's behavior. While Watson's shots won't kill Ileana, Agents may use his cooperation to startle and distract her.
- 1-point **Intimidation** or **Vampirology** spend: Does Watson realize that even if Ileana gets away, he'll never see her again? Renfields don't have a good history with sanity. If they kill her, maybe he'll recover. If they don't, well, he might as well kill himself now because it's all downhill from here. The type of spend determines whether the Agent delivers the information in an overpowering or coldly academic manner. The Director may choose to have Watson stand down or commit suicide, depending on table mood

AFTERMATH

Even if the Agents are able to cleanly kill or capture Ileana, the operation leaves them with loose threads to tie up. These include:

ILEANA

Capture: She is the source of corruption that flows through Edom's veins six years on and leads to the catastrophic mole hunt. While not a proper vampire, one of Dracula's Brides makes an excellent candidate for observation and ... research. A team of Edom's scientists sets out to find exactly what makes Ileana tick.

Kill: Well this *is* awkward — as a comparatively young assign, her body ages but does not break apart on death. They have to get rid of the body and cover up their involvement in the situation. Agents may take Heat and suffer a loss of reputation within Edom.

WATSON

Agents may choose to take Watson in alive. If so, and if Ileana is dead, he'll not remember anything from the last six months or so but eventually regains his sanity. The women rescued from Smallford are willing to testify against him if the Agents let it go to court, but he considers the whole thing a horrible, mysterious dream. If Ileana lives or manages to escape to Istanbul, he eventually ends up in a mental ward or, given the British mental health system's dissolution, on the street, gradually becoming a Dwight Frye character.

THE BALLET BRASOV

Capture Ileana: The fragile surface tension of her company breaks, scattering stagehands, seamstresses, and dancers to the wind. Her principals are accepted into the Royal Ballet, but their minds gradually fray to a point where they must be dismissed one-by-one. Over the next few years some very broken Romanians are implicated in attacks throughout the greater London area.

Kill Ileana: Her hold over the company breaks. The surviving principals lose their remarkable talents. The Royal Ballet auditions them for possible places in the company but is surprised by their mediocre skills and wonders if the company's supposed talent was merely communist propaganda. The corps dancers' skills are undiminished.

PERSON: DR. OLGA LUPAN

POSSIBLE ROLE: Medical expert on vampires / backstreet physician

DESCRIPTION: mid-90s, bald (and doesn't have the vanity to wear a wig), walks only with extreme difficulty (or mid-90s but looks late 40s thanks to unnatural rejuvenation, short hair, severe makeup, cold professionalism)

INNOCENT: Edom arrested Lupan in the aftermath of the Brasov incident, and interrogated her for months until they were sure she had given them all she knew. They treated her as a defector from the Soviet Union afterwards, and helped her establish a new life in the West. She eventually obtained a new medical license, and worked as an NHS doctor until retiring in the late 1980s. Edom never stopped monitoring her, and she knew that if she ever talked about what she saw, she would be punished. She intends to take her secrets with her to the grave.

These days, she's in a retirement home in England (maybe the same one as Lucy Blythe; *DH*, p. 41). **Negotiation** is needed to convince her to talk — the threat of retribution from Edom has little power over her at this age, but she wants something in exchange from the Agents (a promise they'll take her body back to Russia? A syringe of vampire blood? An oath to destroy Edom? Or maybe she knows Jacqueline Seward (*DH*, p. 47) and fears that Edom has plans for the younger doctor). Lupan can describe the events of 1971, but also knows about the Retired KGB Agent (*DH*, p. 97) and might hint at the existence of any of the various serums or the Russian vampire program.

ASSET: A medical professional without many scruples and with a working knowledge of vampires? Hello nurse! Edom recruited Lupan after the 1971 incident, making her an offer she dared not refuse. Tracing her medical history with **Research, Bureaucracy**, or **Network** gives clues to Edom's research operations, possibly pointing at the NHS unit at Seward's Asylum (*DH*, p. 195), the vampire holding facilities at Slains (*DH*, p. 177) or HMS *Proserpine* (*DH*, p. 169), or illegal experiments at Strasba Orphanage (*DH*, p. 223).

If Lupan's still alive at her chronological age, then she's retired — presumably at an Edom facility. (Again, she could be Lucy Blythe's roommate, or a neighbor of "Van Sloan" (*DH*, p. 87) at some Welsh assisted-living community for spies.)

Of course, with her access to vampire blood, unnatural rejuvenation can't be ruled out. Lupan could be "Dr. Drawes" (*DH*, p. 50) or work closely with him on HMS *Proserpine*.

Alternatively, maybe Lupan was returned to the Soviet Union, or even traded for another spy in some Cold War prisoner exchange. She was later recruited (or recontacted) by the Russian vampire program; she worked as their vampire science expert until she retired. Old MI6 files send the Agents to Moscow to track her down — is she now some old Russian babushka who watches old tapes of the ballet on her TV while waiting to die in her flat, or has she acquired enough vampire lore to restore her youth and strength? (Or — **Bullshit Detector** — does she plan on trading the Agents to Dracula or Edom in exchange for a second lease on life?)

MINION: Two options. If Lupan stayed in England after 1971, then she spent the rest of the 1970s under surveillance and occasional harassment by Edom and MI5. She never got her medical license back, but found work as a nurse. The Conspiracy recontacted her in the early 1980s, and bought her loyalty with vampire blood. If it fully restored her youth, then she's posing as her own daughter who she left behind as a baby in Russia in 1971. If she's still physically ancient, then she lives alone in a small flat in London, but is still surprisingly hale.

Either way, she's a back-alley medic and phlebotomist for the Conspiracy. If it needs a gunshot wound stitched up, or a victim exsanguinated efficiently into a few blood bags, it goes to the old woman. Regular visitors to her flat might include the Arms Runner (*DH*, p. 102), Human Trafficker (*DH*, p. 118), Smuggler (*DH*, p. 131), and any criminal assets in the UK. She's responsible for mixing up the poison the Conspiracy uses on "Cushing" (see the Minion take on *DH*, p. 93). **Diagnosis** spots that the same doctor sewed up the last three bad guys the PCs took down, suggesting they're all getting treated in the same place. Stake out her flat and use **Traffic Analysis** to get clues pointing at the neighboring Conspiracy nodes.

Option two is that she went back East, and ended up in Romania. Again, tracing her medical work history (**Research** or **Network** spends; Data Recovery is unlikely to work as records from Romania in that era aren't all digitized) points at places of interest. Maybe she worked at Pitesti Prison (*DH*, p. 218), Strasba (*DH*, p. 223), or near Castle Dracula (*DH*, p. 207).

DEFINING QUIRKS:

- never shows emotion beyond stoic fatalism
- brilliantly observant — like Dr. Joseph Bell with a bloodletting knife
- Russian accent she's never managed to lose

INVESTIGATIVE ABILITIES: Diagnosis, Forensic Pathology, Pharmacy, Vampirology

GENERAL ABILITIES: Medic 12

ALERTNESS MODIFIER: +0

STEALTH MODIFIER: −1

THE SLAYER ELITE

In the fall of 1980, Lord Ruthven, a man of noble origins and mysterious affairs, contracts six expendable agents to complete a very straightforward but nigh-impossible task: to stop Operation Edom. His plan is divided into thirds: Operation IANTHE, a quick-and-dirty strike on an MI6 training facility; Operation MALVINA, an infiltration of a society function (and clandestine meeting) in Athens; and finally Operation AUBREY, the very ambitious attack on the Cambridge Circus itself.

To Ruthven, the Agents are useful pawns sent on a one-way mission — to eliminate Operation Edom (or at least significantly maim it) and not come back.

Make no mistake, this operation is a meat grinder.

Agents can refresh Investigative and General abilities between operations (after IANTHE and MALVINA) as at the end of an adventure, but do not gain experience build points.

Directors have a decision to make: either use pregenerated characters (six are provided with this scenario; pp. 95–101) or supply their own as part of a flashback or separate experience from their current campaign. The fact that this scenario can easily result in a complete party wipeout militates against using it as an early campaign seed without extensively changing the third act.

Given this scenario's high potential death rate, the Director may want to include all six pregens from the beginning regardless of the number of players in her group. She should allow the players to direct the leftover "communal" NPCs — and then encourage a player whose first character dies in action to take one of the spares over as their main Agent.

Alternatively, she may want to introduce new pregens (from those provided, or crafted by the Director to fill specific holes) as the PCs die, at the beginning of each new mission. The player whose previous Agent died gets one of the "new fish" and back they go into the deep end.

The other possibility for a higher-**MIRROR** game is to introduce those new pregens as replacements for killed-off player characters — but leave them as NPCs or include notes to sufficiently predatory players urging them to act as if Ruthven has brought their "new Agents" in to "finish the cleanup" at the end.

EYES ONLY BRIEFING

Lord Ruthven is an actual titled noble, though it's unclear whether his title is part of the Scottish peerage or as the Earl of Marsden. While not as notorious as Dracula, Ruthven is a vampire, and believes himself the "nobler" of the two. With Operation Edom expanding, and tasked with vampire elimination, Ruthven fears that its crosshairs will one day fall onto him, and he cannot allow that to happen. Likewise, he realizes that attempting to stop Edom can get traced back to him, so he contracts the Agents, all of whom have a grudge against MI6 or no substantial ties to it.

Ruthven designs three operations, each designed to hurt Edom in different ways. The first, IANTHE, strikes its supplies. The second, MALVINA, gathers intelligence data on future plans as well as eliminating key intelligence assets attending a meeting. The third, AUBREY, is Ruthven's master stroke. Using the materiel and intelligence gained in the previous ops, his tools penetrate the Cambridge Circus, deal what he thinks is a crippling blow to Edom, and leave a trail of bodies with no ties back to himself.

Throughout the first two operations, the Agents are pressed to their limits — not killed, but certainly pushing life's envelope. The last op is outright suicide if attempted head on, which is why Ruthven needs the previous two ops to be successful. Any failures prior to AUBREY will be met with swift terminations.

This is an ambitious and brutal counterplay against Edom, and this is Ruthven's design.

THE SPINE

This plan is divided into three main components:

- **The "Abbey," Whitby:** Once the team is assembled, Ruthven organizes them to rendezvous at the Whitby Lighthouse, and orders the team to seize gear and destroy a weapons depot and communications hub known as "the Abbey."
- **Athens, Greece:** Information found at the Abbey allows Ruthven to launch his second attack, this time less ostentatious than a full assault — he orders the team to infiltrate an undercover meeting between UK and Soviet operatives, focusing specifically on eliminating the British emissaries and blaming the Russians for it.
- **Cambridge Circus, London:** Having struck at supplies and allies, Ruthven's last orders are to muster all forces and disrupt the Circus. He suggests a flanking maneuver, sending in a few Agents first to let the remainder in, then, with the team fully assembled, lay siege to the Circus from the inside. No one will survive this attack, and that's how Ruthven wants it.

ENTRY VECTORS

The only way into this scenario is through Lord Ruthven's hiring hall.

HORNING IN

It's possible, if you're running a very proactive Edom campaign set in 1979–1980, that your Agents pick up rumors of Ruthven's enmity — perhaps they thwart him at some previous opportunity, and they're the reason he's decided Edom must die. In that case, they need to credibly uncover his plan somehow:

- Shoptalk and gossip-mongering with **Tradecraft**, or **Electronic Surveillance** of a target, might pick up Ruthven's feelers to known hard cases with reasons to hate MI6.
- A credible offer (**Negotiation**) to his sometime associate Ziska (a female Circassian ghoul currently working with the Turks against the Soviets; finding her involves bracing Alvah or a lot of **Research** spends in files they're not supposed to access) might provide the outline of his plan. She wants the Agents to deliver her (doubtless dangerous and unpleasant) favor first — and then she insists they kill the Soviet team as part of MALVINA.
- If the Agents are on the outs with Oholibamah or Teman, he may exile them to security duty at the Abbey in Whitby, where they discover Ruthven's advance scouts sniffing around (**Notice, Sense Trouble**). When the Duke rejects their worried report, they decide to take matters into their own hands.

With Ruthven's plan discovered (at least in outline), you can run a quick "ambush and impersonate" op against some of Ruthven's chosen team, leaving the Agents on the dangerous inside of a mission to take out Edom. One that perhaps they may find themselves more in sympathy with, depending on how your campaign has gone previously.

LOOKING BACK

More likely, you'll either run this adventure as a one-shot Flashback with the expendable pregens or keep it a part of Edom's shadowy history. There are a number of ways for the present-day Agents to uncover what happened, either from previous ops or from random chatter and character backstories. Former Soviet characters like the Retired KGB Agent (*DH*, p. 97) might know part of the story (Operation MALVINA), while others such as the MI5 Deputy (*DH*, p. 95) might recall the UK-based events of IANTHE and AUBREY. A Duke might even hire the Agents to uncover the events of 1980 with an eye to siccing them on Ruthven!

The Director should salt as many leads as she feels necessary, or customize them to suit her campaign. These leads come from outside this scenario: from other adventures in *The Dracula Dossier*, or perhaps from other ops in the Director's previous campaign.

THE DRACULA DOSSIER

Information obtained from Operation Edom may allude to any of the three "incidents" (Whitby, Geneva, "the Circus bust-up") that occurred in 1980.

- **Vampirology:** There are references in some field notes about Ruthven, but nothing substantial. There are mentions of a wedding in Rome and unclear notes about Scottish peerage. The file looks like it has been whitewashed (**Tradecraft**), or possibly the original was simply destroyed or withdrawn (**Research**).
- **Data Recovery** or **Cryptography:** Older files on mostly discarded or encrypted media mention the three "skirmishes" or "incidents," but they're very whitewashed. The reports make

IT'S 1980

It's very important to remember that this scenario takes place in 1980. This means not only are there different social climates (the Cold War is still on, the Soviet Union hasn't fallen, Thatcher is in her second year as prime minister being significant ones), but different technological climates as well. The Internet and cellular technology haven't proliferated yet, email is restricted to same-mainframe systems (except for a few hippies), and the Web won't even be around for another 13 years.

The UK intelligence community runs on a dedicated mainframe, ship-mounted satellite phones, and coded telex messages.

Generate characters with the 'Cold War build" (*DH*, p. 330); six such pregenerated, expendable Agents appear on pages 95–101.

Likewise, Directors are encouraged to steep this scenario in 1980 culture: West versus East conflict, mistrust, spiraling social and economic collapse, and hardline nationalism are all safe plays here. The Clash and the Jam are on the radio. (So is ABBA, but not quite in theme.) The Iranian hostage crisis, Northern Ireland, and American elections dominate broadsheet headlines. The tabloids are full of pictures and gossip about Prince Charles' new girlfriend, the "Sloane Ranger" socialite Diana Spencer.

it appear as though there were barely more than a series of quick scuffles that MI6 or Edom easily managed.

- 2-point **Research** spend: The names of those people killed during Operation AUBREY exist on one handwritten note, but it is unclear whether or not they were MI6-affiliated.

OTHER VECTORS

- Since this occurs in 1980, it's possible that this scenario is the predecessor to the Director's current campaign, and a few decades later, Ruthven contacts the new Agent team to try again.
- **Traffic Analysis** or **Research:** Conspiracy-theory websites draw very sketchy and nebulous tethers between these three incidents. Information culled together can be presented to the Agents as a Flashback or as an aside during their current operations.

GATHERING THE TEAM

The Agents for this scenario are a mix of British reprobates and problem children from other military services. Ruthven offers them sanitized and generic records under assumed bland identities while they work for him, as well as promises of expunged records, wealth, and freedom if they're successful. At no time do the Agents know they're walking into their deaths.

Assembling this motley crew can be handled either as a quick sidebar, with people meeting in a single London location and the Ruthven emissary briefing them on IANTHE, or by establishing relationships between teammates and then in pairs or groups gathering for this briefing.

THE RUTHVEN EMISSARY, POLIDORI

Polidori is one of Ruthven's many mortal servitors. He is a young man in his mid-20s, but carries himself as though he is much older. He is genuinely pleased to be in Ruthven's employ and enjoys many benefits as a result. Ruthven uses him throughout the United Kingdom as a courier. Polidori has no idea of Ruthven's true nature; were he to find out, it would not outwardly faze him in the least. He would simply complete his current mission, then commit suicide by drinking cyanide.

GIVING DETAILS ON RUTHVEN

If pressed, Polidori describes Ruthven as a strong-featured man with expensive tastes, a persistent ambitious streak, and shrewd business sense. He describes Ruthven's wealth in broad terms saying it "comprises a variety of corporations and investments that allow him to pay people well."

More interestingly, no **Research** the team can do before the meet gives any more details. Ruthven stays out of the papers, and especially out of the business sections. Even *Debrett's* is no help: the Scottish peerages are a mares' nest, and there are several different creations under the Earldom of Marsden. The current Lady Ruthven of Freeland, for example, is an 82-year-old doyenne of charity and Conservative member of the House of Lords more normally referred to as the Dowager Viscountess Monckton of Brenchley.

They may possibly uncover the name as that of the lead character in a pair of Regency-era romances, *Glenarvon* and "The Vampyre," both of which (**Art History**) were published only to blackguard Lord Byron. The latter was written in 1819 by one John Polidori, so perhaps "Ruthven" is also a pseudonym, **Tradecraft** suggests.

THE TEAM ITSELF

With one of the team in prison, and two actively wanted criminals, assembling them begins as a matter of bureaucracy and bribery. Polidori arrives at their cell or hideout to make an offer: Complete three jobs for Ruthven, and earn a complete pardon, total anonymity, and enough money to live anywhere in the world comfortably. If the jobs are not completed, they'll be returned to prison and their executions will be expedited. And if they doubt it, Polidori insists that yes, Ruthven is that powerful.

Polidori meets the remaining three Agents at their homes, addresses them by their real names, and makes similar offers of wealth and anonymity.

OPERATION IANTHE

A smash-and-grab mission aimed at weakening Edom's supply chains, communications, and arsenal — and at obtaining the raw material for Ruthven's ultimate objective.

THE IANTHE BRIEFING

SCENE TYPE: Introduction
LEAD-OUTS: Hanging Around, First Impressions

The briefing occurs in a comfortable London restaurant on Coventry Street after hours (or in the Director's preferred clandestine, high-end but low-profile, destination). Each Agent receives a folder with information, along with a small envelope containing £1,000 to be used to procure their own supplies. Each Agent also receives a Walther PP .32 semi-automatic pistol. Any Agent with **Shooting** and experience in Northern Ireland knows these weapons are standard Royal Ulster Constabulary issue, and therefore common in both British security and Irish terrorist arsenals.

Polidori assures them that if they'd like more hardware for future operations, they are welcome to whatever they can pick up during the strike on "the Abbey."

He then plays a cassette with a message from Ruthven:

I apologize for my inability to meet you personally; I'm attending to the details of your future assignment, and in lieu of my attendance at this meeting, Polidori is authorized to distribute an additional sum of three thousand pounds to each of you upon successful completion of your task. Please remember that you're being hired for three operations, and that while the risks are high, so are the rewards. Information on Operation Ianthe is available in the briefings Polidori has for you, and you'll notice that you have two methods of completing this task — either through deception at the gates or through a more aggressive strategy of infiltration.

No matter which method you choose, your objectives are clear: Eliminate at least half of the supply cache, and retrieve for me the latest intelligence from the Nursery. You may keep whatever supplies you do not disrupt or eliminate. Upon successful completion of this task, you are to return to this place and make rendezvous with Polidori for further instructions on your second assignment. I wish you good luck, and may you work well together. As a reward for your cooperation, each of you who survives the first assignment will receive twenty thousand pounds wired to the bank account of your choice.

PLAYING RUTHVEN

Ruthven's voice drips arrogance and confidence. It is not a nasally sound; it's a patrician giving orders to his subordinates. His voice has a completely neutral Received Pronunciation ("BBC Announcer") accent, which a 2-point **Languages** spend by a native Briton pegs as learned and possibly disguised, not natural.

If in your campaign vampire voices cannot be recorded, the voice is that of a Renfield reading a script. A 1-point spend of **Bullshit Detector** notices the slightly artificial pauses and emphases inherent in non-spontaneous monologue.

THE INFORMATION

The folder contains pages of memos, supply inventories, and timetables for guard duties. The information is roughly on point, and details the personnel and contents of the Abbey.

INFORMATION ABOUT THE ABBEY

- It is an MI6 and Defence Intelligence Staff (DIS) supply cache, communications center, and training post. MI6 field agents and low-ranking military intelligence officers are posted there prior to short-term deployment, or sent there for periodic training and evaluations.
- Both **Tradecraft** and **Military Science** deduce from the foregoing that facility administration is likely to be somewhat confused: uniformed officers (from any branch) and plainclothes operatives may be entering or inside the facility at any time. The short-term assignments mean the security staff is unlikely to know every face.
- From the outside on the level of Whitby town (below the cliffs), the Abbey looks like a plain government-style office building. It sits 2.5 km west of town along the shore, a glass-and-brick square. An access road winds down off the Sandsend-Lythe road to the facility.
- A pair of alarmed fences rings the perimeter, and two different guard posts act as gatekeepers. The outermost guard checks for identification, whereas the interior guard checks for password designations and appointments. There is fencing along the seaward side, but not along the cliff side; the fences end embedded into the cliff face on both sides of the Abbey.
- The bulk of the facility is underground, tucked into the sea cliffs. It's a pair of parallel corridors with rooms sandwiched between the passageways. Each corridor is wide enough to accommodate vehicle traffic. One corridor leads to the motor pool.
- At the far end of the complex lies a motor pool and weapons storage facility: the Holding Tank. It is one of two primary targets in this operation. A tunnel leads from it through the cliffs to a concealed and counterweighted hangar door that does not open from the outside. According to the briefing packet, it only opens during scheduled maneuvers.
- Only vehicles registered to the Abbey motor pool can enter the Holding Tank. (Other vehicles park on the tarmac outside the Abbey building.) The packet does not contain enough information to forge a motor pool registry pass (**Forgery**).
- The facility also houses a Cessna 172 four-seater prop plane hangared in a Nissen hut on the seaward edge of the base.
- The room at the dead center of the complex, halfway down the

hall, is the Nursery, a Royal Corps of Signals outpost for decrypting messages. A lot of chatter comes into that room, and some of it pertains to Edom. It is the second of two primary targets in this operation.

THE INSTRUCTIONS

Polidori tells the Agents to meet at the Whitby Lighthouse in two days, then call a London phone number he provides and give a simple message.

If the team chooses to infiltrate stealthily (*Hanging Around*, below), they are to say, “It looks like a good day for a hike.”

If the team chooses to deceive the guards at the gate (*First Impressions*, below), they are to say, “I think we'll be doing some sightseeing.”

WHITBY

Whitby is a port city in North Yorkshire, with a population of about 13,000. It's a fishing and tourist destination as well as an old hub for mining and whaling. The Abbey was dug out in 1940, and recently recommissioned as a signals center following the North Sea oil boom.

The town lives and dies by its fishing economy, though the locals also benefit from the military presence as well. The people are used to many new faces coming and going, assuming they're tourists, military officers, or military contractors posted at the facility on a short term jag.

The team can use this to their advantage, depending on how they choose to enter the base for IANTHE.

HANGING AROUND

SCENE TYPE: Action
LEAD-IN: The IANTHE Briefing
LEAD-OUTS: Reaching the Objectives, Firefight, Escape and Evasion

If the team chooses a stealth infiltration, they need abseiling gear (**Preparedness** Difficulty 4), and need to wait until nightfall. The Abbey posts patrols around the shore area (one man, one dog) but they're not much of a threat to a well-armed team.

Two patrols also sweep the cliff top (a stretch of dunes and grass literally above the base), and the team needs to neutralize them both in order to have an easier time abseiling down the cliffs and into the base.

BRITISH ARMY MP

GENERAL ABILITIES: Athletics 4, Hand-to-Hand 4, Health 3, Shooting 5, Weapons 3
HIT THRESHOLD: 3
ALERTNESS MODIFIER: +0
STEALTH MODIFIER: +0
DAMAGE MODIFIER: −1 (baton), +1 (L9A1 Browning 9mm pistol), −2 (fist, kick)

GUARD DOG

GENERAL ABILITIES: Athletics 7, Fighting 4, Health 3
HIT THRESHOLD: 3
ALERTNESS MODIFIER: +3 (downwind; i.e., from the sea), +1 (upwind)
STEALTH MODIFIER: −1
DAMAGE MODIFIER: +0 (bite)

If the dog gets a round to act, it barks first to attract more patrols before attacking.

Once the guards and their dogs are no longer a threat, the team can abseil down the side of the sea cliff (either as six individuals or in divided teams as they see fit) and bypass the gates. This plan, however, is not without its flaws.

First, there are two guard towers (not mentioned in Polidori's briefings; these are brand new installations) with (high-UV) spotlights. The Abbey won't fire up the lights until there's a problem (as the lights are bright and the town has complained before), but being lit by multiple lights means there's little point in stealth. Each tower has four lights and two guards posted in nine-hour shifts.

Second, once they reach the ground, if the Agents remain dressed for a stealthy climb, anyone in a uniform could stop and question them. This leads to a threat of exposure.

Third, depending on where they abseil from and if they don't coordinate their efforts, it's possible for the entire team to spread out across the facility's campus.

Abseiling down the side of the seacliff requires a pair of **Athletics** tests against a Difficulty of 6 (it's dark, and the cliff is wet and slick), the first made to start the abseil, the second made at the halfway point. Failing the first test leads to a fall from a 50-meter cliff onto concrete (base damage of 12 Health before Breakfall (***NBA***, p. 80)); failing the second leads to half as much injury.

If the Agents arouse too much suspicion, a *Firefight* happens (p. 80).

FIRST IMPRESSIONS

SCENE TYPE: Hazard
LEAD-IN: The IANTHE Briefing
LEAD-OUTS: Reaching the Objectives, Firefight, Escape and Evasion

If the team elects to go through the main gate, the Agents need to secure a few things in advance:

- A vehicle of some kind. The brief they received outlines three types of vehicles most frequently seen on site: jeeps, town cars, and convoy trucks. Any of these are often seen on the roads and in town. The convoy trucks come in off the nearest

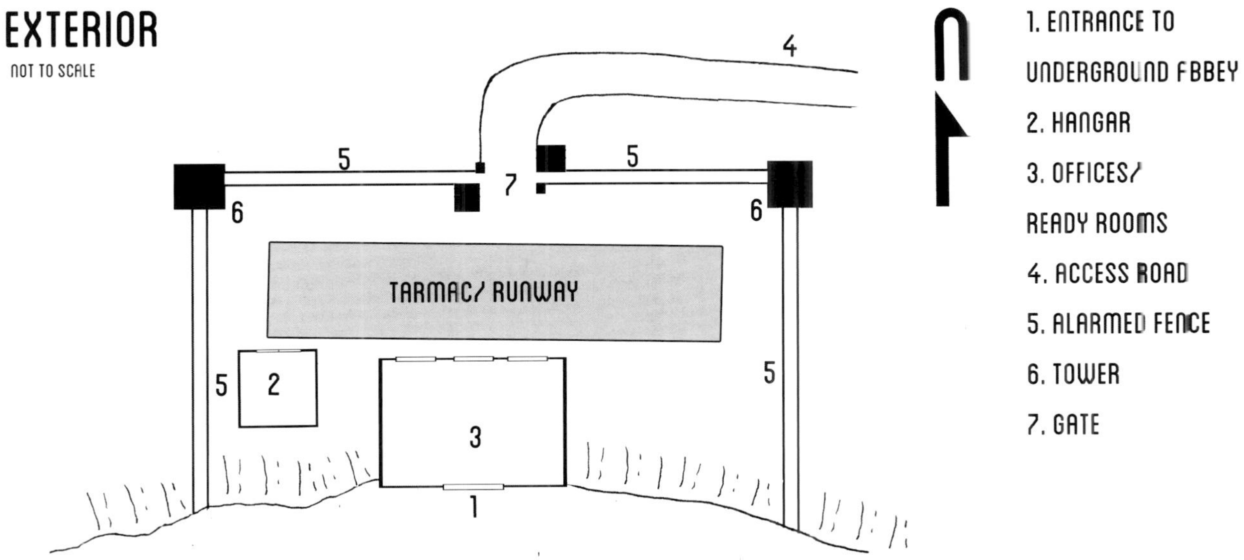

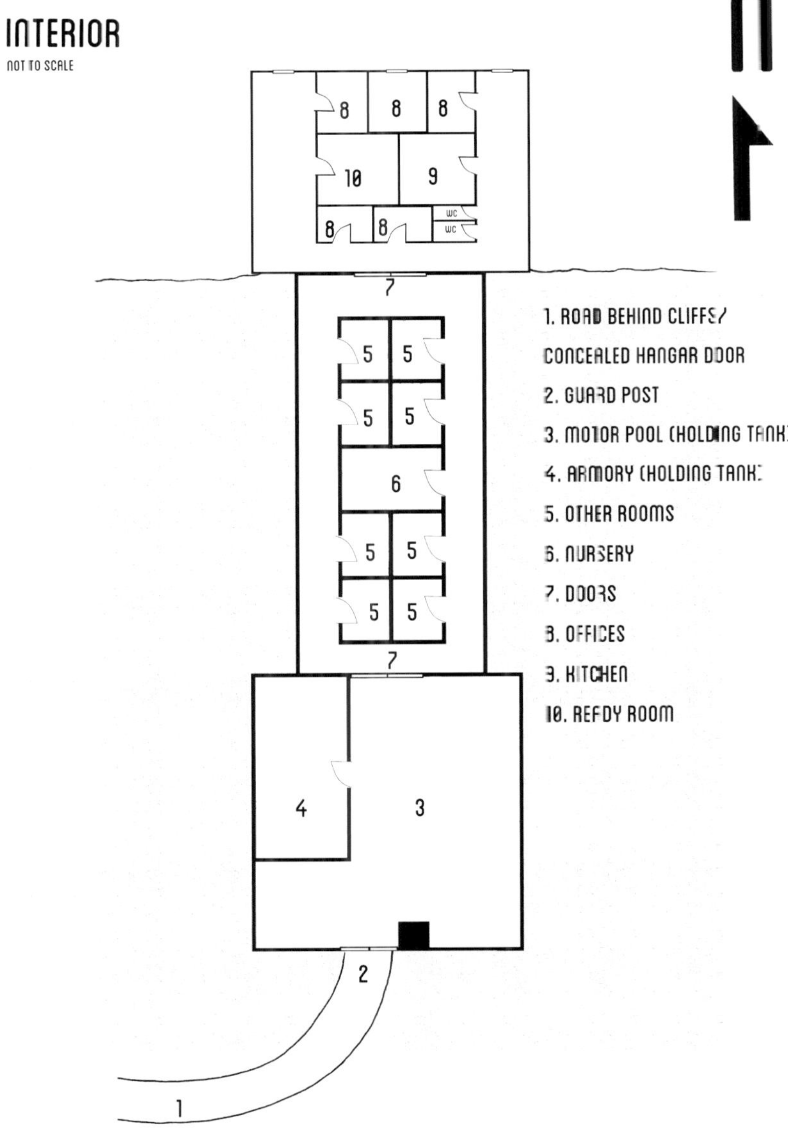

highway (the A171). A quick test (Difficulty 4 **Infiltration**, Difficulty 5 **Mechanics**) boosts any car they need.

- Plausible cover identities. They can use **Forgery** for any badges or uniforms as needed, but they need to put some **Cover** behind them to make the Difficulty 5 **Cover** test at the first gate.
- With the right vehicle and right identity the team can make it to the second gate, but getting past the guard looking for the code word (it's changed every 24 hours) requires a spend (1-point if the Agents have been subtle until now; 2-point if they haven't). Guards on gate duty either get the job as a punishment (**Intimidation** or **Flattery**) or take it too seriously and see themselves as the first (and best) line of defense (**Bureaucracy** or **Military Science**).

Once past both gates, they are free to park anywhere except the Holding Tank, and assuming they keep their covers intact, have no trouble *Reaching the Objectives* (p. 80).

If the Agents blow their cover, a *Firefight* happens (p. 80).

FIREFIGHT

SCENE TYPE: Antagonist Reaction
LEAD-INS: Hanging Around, First Impressions
LEAD-OUTS: Reaching the Objectives, Escape and Evasion

When things get violent, either intentionally or otherwise, the Agents meet with resistance. Initially, the security team offers them a chance to surrender, but should they escalate the situation, it's possible to get into a protracted shoot-out.

ABBEY SECURITY FORCES

GENERAL ABILITIES: Athletics 8, Driving 3, Hand-to-Hand 5, Health 7, Shooting 7, Weapons 4
HIT THRESHOLD: 4
ALERTNESS MODIFIER: +1
STEALTH MODIFIER: +0
DAMAGE MODIFIER: +1 (L1A1 7.62mm self-loading rifle), +1 (L9A1 Browning 9mm pistol), −1 (Fairbairn-Sykes combat knife), −2 (fist, kick)
ARMOR: −2 vs bullets (flak jacket)
Edom assets on site carry kukri knives (+0 damage), but are otherwise armed the same.

REACHING THE OBJECTIVES

SCENE TYPE: Hazard
LEAD-IN: Hanging Around, First Impressions, Firefight
LEAD-OUT: Escape and Evasion

If the team successfully breaches the facility, it can achieve its objectives either as smaller teams, or as a group, one objective at a time.

THE HOLDING TANK

The door to this sector of the Abbey is reinforced steel, with one guard (use MP (p. 78), before alert; Security Forces (above), after alert) posted around the clock at the door. Either using the guard's keys or breaching the door (**Explosive Devices** Difficulty 3) grants access.

A narrow corridor leads past the armory to the motor pool. The guard's keys fit the reinforced steel door to the armory from this corridor.

ARMORY

This large room is practically a vault. The team can stock up on any or all of the following supplies, with their only concern being how to get the supplies out:

- L1A1 self-loading rifles (7.62mm, +1; no full auto setting)
- L9A1 Browning 9mm pistols
- Walther PP .32 pistols
- hand grenades
- smoke grenades (smoke covers 8 m radius for 4–6 rounds, +3 to Hit Threshold)
- tear gas grenades (as smoke, +1 to Hit Threshold; ***NBA***, p. 81)
- ammunition (7.62mm rifle and pistol, .32 and 9mm pistol)
- armor-piercing rounds (7.62mm rifle and pistol, .32 and 9mm pistol)
- grenade launchers (to be mounted on L1A1 SLR)
- C4 plastic explosive
- M72 LAWS (Light Anti-Armor Weapons System) rocket launcher and rockets (Class 3 explosive; 200-meter effective range; out to 1,000 m with Extended Range (***NBA***, p. 67))
- land mines
- metal hunting crossbows with wooden bolts, for some reason

Some of the equipment is marked in crates as *SIS/EDOM*, and they contain much the same as above, also including ampules of water and chunks of trees. (1-point **Notice** spend: one of the EDOM crates still has a routing sticker on it, a string of three-digit numbers beginning with 611. Poor OPSEC.) The EDOM crates also hold AK-47s (7.62mm, +0; full auto setting possible) and Tokarev TT-33 pistols (7.62mm, +1), all with Romanian armory markings (1-point **Military Science** spend). A 1-point **Notice** spend picks out the scent of garlic from the gun oil and cordite.

Once the team stocks up, destroying the supply cache is possible using its own contents (**Explosive Devices** Difficulty 2; higher for larger or more creative bangs).

MOTOR POOL

The motor pool lies just past the armory and houses not only the same jeeps, convoy trucks, and sedans as those parked by the gates, but also a few boats on trailers to make use of the coastline. A large, counterweighted hangar door (operated at a guard station to the far rear of the chamber: two guards as page 77) lets vehicles exit on the other side of the cliffs.

THE NURSERY

This room is staffed 24 hours a day, and while there's no guard posted outside, the guard is just inside the door. The rest of the staff are unarmed and won't put up a fight if threatened. The danger here is that since this is a correspondence hub, London can be notified of a security breach and any violence on site.

The files Ruthven is after are scattered throughout the room, in stacks on various desks, on large reel-to-reel recording tapes and 200 mm floppy disks. A quick **Data Retrieval** or **Cryptography** spend reveals that invariably there is false information mixed in with the accurate data, but the team is tasked only with collection, not dissemination.

Once both objectives are complete, the Agents can make good their escape.

ESCAPE AND EVASION

SCENE TYPE: Action
LEAD-INS: Reaching the Objectives, First Impressions, Hanging Around, Firefight
LEAD-OUT: Rendezvous With Polidori

If the team has completed its objectives (or needs to abort), it needs an exit strategy. A firefight (above) is one valid strategy, but it likely attracts too much attention. There are easier ways:

- **By Land:** Assuming their covers are intact, or assuming they've reduced the number of obstacles on the ground, it's possible to drive a vehicle right out of the gates like nothing's wrong. If the Abbey becomes aware of their activities, it may be necessary to ram the gates on their way out. This likely leads to a chase through the town of Whitby and onto the highway.
- **By Air:** With luck and a 3-point **Piloting** spend, the Cessna (p. 77) can be used to carry the team and gear out, rather overloaded unless they've lost a couple of Agents. Of course, getting clearance to fly out is essentially impossible, but the Agents can subtly prep the craft (**Mechanics** or **Piloting** tests, Difficulty 3) and

clear the tarmac (half an hour of subtly driving parked vehicles out of the way, or one dramatic ramming job with a convoy truck) and take off by surprise. Then it's just a matter of flying low along the coast and popping up in a radar null zone (**Tradecraft**). There are no pursuit aircraft available, but rifle fire is very likely. And if an alert guard gets a surviving LAWS rocket limbered up …

- **By Sea:** The third option also utilizes the coast, but involves backing a trailer with a boat down to the beach, then getting offshore. This is the slowest method (it takes a pair of 2-point **Driving** spends to move the trailer into position and hotwire the boat) but the safest. If the team has a head start (and has sabotaged the other boats), there's not enough time to pursue across the water.

If need be, a convenient storm can brew up and disrupt pursuit. The Agents *are* working for a vampire, after all.

RENDEZVOUS WITH POLIDORI

SCENE TYPE: Interval
LEAD-IN: Escape and Evasion
LEAD-OUT: The MALVINA Briefing

Once the Agents have completed their objectives and any and all pursuits are over, they return to London and meet back up with Polidori, who congratulates them, takes possession of their haul from the Nursery, and compensates them for completing IANTHE. If Agents need medical attention, Polidori has a silent, Teutonic-looking doctor standing by: he rapidly patches, splints, sutures, injects, and otherwise mends them (**Diagnosis** or **Military Science** recognizes the style of a very efficient combat medic) for a die + 4 worth of Health. No hospitalization is offered or provided, but whatever was in those shots (possibly a dilute Seward Serum) proves very effective in the short and medium term at least. In the long term — a month — it's fatal.

Agents can refresh Investigative and General abilities now, as though the adventure were over (*NBA*, p. 92). They do not receive any experience build points.

Polidori asks for a recap of the operation, lauds them for the positives and politely chastises them for any negatives. (**Tradecraft** or **Military Science** can tell he's done this sort of thing before, but even a spend can't determine for which service unless the Director would like to lay a trail somewhere.) He then distributes information on the second operation: MALVINA.

OPERATION MALVINA

A sneak-and-hit operation aimed at sowing distrust of Edom within MI6 and with the Russians.

THE MALVINA BRIEFING

SCENE TYPE: Introduction
LEAD-IN: Rendezvous With Polidori
LEAD-OUT: Concorde to Athens

Operation MALVINA begins with another recorded message from Ruthven.

Congratulations on your successful efforts in Whitby. While that operation asked for your intensity, this next task asks for your delicacy. I am sending you to Athens, where you will infiltrate a meeting between Russian and British delegates during a party. Your task is to eliminate the British contingent and make it appear as though the Russians orchestrated this attack. I do not care how you make this happen, just that you do, and do so without yourselves getting blamed. Similar to the last operation I will offer money upon completion — fifty thousand pounds to each of you who survives and makes contact with Polidori after the assignment. Polidori will provide you the necessary information. We will speak again when this task is done.

Polidori then breaks down the particulars of this task a little more concretely:

1. The team will travel to Athens, and enter the villa where the meeting is being held. Polidori will provide a liaison and quarters in Athens, and cover and credentials to attend the function.
2. The team will locate the British delegation in attendance.
3. The team will eliminate the British delegation, making it appear as though the Russians lured it into an ambush.
4. The team will exfiltrate via the airport and immediately meet with Polidori back in London.

THE INFORMATION

The provided dossiers this time include blueprints of the villa (Directors are encouraged to make these as simplistic or as complex as they need), the announced schedule of the party (it occurs tomorrow at 10 p.m., black tie), and some light reading on the background of the likely attendees, mostly Greek shipowners and their upper-tier clients in the world of British and European logistics and import companies. It's basically a big, tax-deductible excuse for a junket to Greece sponsored by the shipowners. A smattering of politicos and bankers plan to meet here to plot the upcoming admission of Greece to the European Community.

If the Director wishes to lay trails or plant clues for the future/present campaign, the attendees might include:

- Hans Axel and Jeremy Paterson talking about a possible merger of their shipping firms this decade (*DH*, p. 141)
- Charles Hapgood IV (*DH*, p. 145), perhaps nervous about his new business partners, be they Edom or Romanian
- the current scion of the Vámbéry family (The Hungarian; *DH*, p. 94)
- a spry 60-ish Former Gehlen Org (*DH*, p. 82)
- or any other interesting survivor of the 1977 mole hunt

Tradecraft (or **Sense Trouble**) notes that the files include no specifics on the British attendees. If the Agents mention this point, Polidori admits that the challenge of this assignment is that no one knows who the British attendees are, or what branch of government they're from, or the exact reasons they're meeting with the Russians. (A 1-point **Bullshit Detector** spend tells the Agents he's lying, but not about which assertion.)

He can say he's fairly sure there are three people, they'll be staying together in Athens, and they'll likely not be armed. And he knows from a contact on the ground in Greece (who will meet the team at the airport) that there are also three Russians.

Additionally, to a reader with **Military Science** or **Criminology,** the files highlight three methods of eliminating the British attendees:

- taking them out at their hotel in Athens (*Room Service*, below)
- taking them out en route to the villa (*Traffic Jam*, p. 84)
- taking them out at the party before/during/after the meeting with the Russians (*Meet the Russians*, p. 84)

Polidori closes the discussion by saying each team member has been paid (providing money routing slips if anyone requests proof), and distributes another £5,000 to each Agent for expenses, and to prepare for the assignment as they see fit. He instructs them to meet at Heathrow Airport tomorrow morning for their flight, a Concorde charter to Athens.

CONCORDE TO ATHENS

SCENE TYPE: Travel
LEAD-IN: The MALVINA Briefing
LEAD-OUT: Hotel Grande Bretagne

The team enjoys a 90-minute flight to Athens on the Concorde, providing ample time to discuss tactics and covers from the comfort of the first class lounge. Some of the party attendees (not the Edom delegation) are also flying British Airways' pride to Athens, if the Director wishes to mix things up or foreshadow a bit.

But the Agents spend most of the flight looking over the possible covers that Polidori has provided. The briefing includes three possible cover stories and identity documents (free **Cover** pools) to get the team into the party:

- The Agents are journalists with German and Italian press credentials, covering the party as a social event. (**Cover** 5).
- The Agents are a private security firm from Luxembourg tasked with providing an additional layer of security for the château. (**Cover** 3).
- The Agents are MI6/SAS undercover, dispatched on the trail of the terrorists who struck the Abbey. (**Cover** 2).

They need to decide on a cover before deplaning in Athens' Hellinikon International Airport and meeting Polidori's liaison, "Percy."

ATHENS, GREECE

Athens' population in 1980 is well over 800,000, with over 3 million in the metropolitan area. Even in 1980, it is crowded, polluted, and exhilaratingly corrupt and alive. Even in October, it's still warm, smelling of smog, retsina, and grilling lamb. Athens' port Piraeus is the busiest in the Mediterranean, driving an economy of shipbuilding, exports (particularly agricultural products and fish), and tourism.

MEETING "PERCY"

Ruthven's liaison "Percy" is a gruff fireplug of a man with a Russian accent and a German suit, who looks less like a "Percy" than anyone imaginable. A 1-point spend of **Military Science** or **Tradecraft** identifies him as likely former Spetsnaz. He doesn't talk about his work although his driving is more than professional quality (**Driving** or **Tradecraft**), and he's obviously not here to talk people to death. If they ask about Ruthven, Percy won't describe his employer beyond "good-looking man, sort of Italian, like movie star."

Percy meets the team at the airport terminal, collects its bags, and escorts the Agents to a large but inconspicuous waiting limousine. (There are a lot of them waiting for the Concorde.) He then asks what cover and method of attack they've selected. He distributes invitations to the party and collects the unused cover credentials at this time. Once he gets that information, he tells the team he has tracked both the British and Russian groups to the same hotel, though neither knows the other is staying there. He went ahead and booked the team a suite as well.

He spends the rest of the drive silent.

PLAYING "PERCY"

Percy is tough. He knows he's tough. He's so tough he doesn't have to prove it, even though he condescends to show you toughness just before he finishes you. He has a short temper and prefers to discuss things with his fists in your face rather than by using his words — tendencies beaten out of him by the GRU as bad tradecraft. As a result, he speaks and moves very little, and only when spoken to directly.

HOTEL GRANDE BRETAGNE

SCENE TYPE: Establishing Shot
LEAD-IN: Concorde to Athens
LEAD-OUTS: Room Service, Traffic Jam, Meet the Russians

The Hotel Grande Bretagne is a huge hotel on Syntagma Square just below the Acropolis. The Greek Parliament and National Gardens are just across the street on the other corner. Even with over 300 rooms, this legendary hotel is regularly booked to capacity. Percy has managed to get the team one large suite on the second floor, but does not know where the British or Russians are.

The hotel lobby is crowded at all hours of the day and night, making it difficult to find the specific British or Russian delegates (**Surveillance** difficulty 5 minimum; **Tradecraft** spend *required* to spot intelligence operatives), but the bustle does make meetings slightly more anonymous (−1 to Difficulty of **Surveillance** tests to avoid being seen).

ROOM SERVICE

SCENE TYPE: Action
LEAD-IN: Hotel Grande Bretagne
LEAD-OUTS: The AUBREY Briefing, Meet the Russians

Upon hearing that the British targets are in the same hotel, the team may want to shift plans and take care of the problem before the meeting with the Russians even starts. Since so many people come in and out of the hotel, it's difficult to pin down which of the many British guests are the ones meeting with the Russians.

There are a few ways to track down the room if they want to set a trap:

- a room-by-room search while posing as hotel staff (Difficulty 4 **Disguise** (failsafe test; ***NBA***, p. 184); spend 3 points total from **Notice** *and* **Tradecraft** to spot the hair on the door frame)
- Suborn the front desk (2-point spend of any: **Flirting**, **Negotiation** (bribery), **Intimidation**; 1-point **Bullshit Detector** spend tells the Agents that the front desk will warn the British ops)
- Spend the afternoon tailing a few Brits and systematically figuring out who it could be (Difficulty 5 **Surveillance** (failsafe test; ***NBA***, p. 184); 1-point spend of **Tradecraft**)

Make this hunt substantial, but not difficult — the point is to find the targets and then eliminate them, not to exhaust the Agents with red herrings.

Eventually, the British team can be found on the fourth story in Room 455.

The lock on the door is a standard Yale (Difficulty 3 **Infiltration**). Alternately, the Agents might free climb (**Athletics** Difficulty 5) or abseil (**Athletics** Difficulty 3) down from the roof and enter through the large exterior windows (failure results in a 15-meter fall onto wet stone, and likely a broken limb or two).

A search of the room (**Notice**) uncovers the following:

- A briefcase found in the closet. A tiny metallic-silver stickum star has been pasted to each hinge, almost invisible (1-point **Notice** spend) against the metal. Attempting to open the briefcase detonates a small explosive device inside, releasing a cloud of white phosphorus and seriously burning the opener (+2 damage for two rounds minimum). Once the charge has detonated, it emits a second cloud of grit (powdered potassium), that if washed off deals an additional burn (+3 damage for one round). Difficulty 8 **Sense Trouble** (6 if opener has **Explosive Devices**) to notice the briefcase is rigged before opening it; Difficulty 5 **Explosive Devices** to defuse it without ignition.
- Under one nightstand, one chair, and the desk, a loaded Walther PPK (+1, 9mm) is taped (a total of three guns).

A further 1-point spend of **Notice** lets the Agents know there's something else here to find. After a successful **Conceal** test (Difficulty 6; the Director may choose to run this as a failsafe test as well), the team also discovers:

- A second briefcase, exactly identical except for the absence of little stickum stars, found under a cutout section of carpet. The handle contains a spring-loaded razor that slices open the palm (−1 damage to the palm and a lot of blood) of someone opening it with brute force (**Sense Trouble** Difficulty 7 to spot; Difficulty 5 if opener has **Mechanics**). It's a simple combination lock (the code to open it is 611, or a Difficulty 3 **Infiltration** test). The case is packed with bearer bonds in the amount of $1.25 million.
- A shaving mirror in the bathroom (from a travel kit) has a false back. Behind it is an Identikit (not photographic) picture of a 40-ish looking man. The name *Yuri Kolchak* is printed on the top in English. Across the picture the words *INDULGENCE APPROVED* have been stamped in red ink; in the margin a note in green ink reads *Only After Box Secured*. In the bottom corners of the picture are two little silver stickum stars. (If the Director would rather put some other Russian vampire's name, or *Dorjiev* (see ***The Zalozhniy Quartet***), on the picture, she should feel free.)

If the team waits long enough (until 9:30 p.m. or so, after dinner), the British return to the room. Each is armed with a Walther, and well trained. Also, instead of just three agents, there are six men. Ruthven's intel was incomplete.

EDOM LAMPLIGHTERS

GENERAL ABILITIES: Athletics 12, Driving 6, Hand-to-Hand 12, Health 6, Shooting 12, Weapons 8
HIT THRESHOLD: 4
ALERTNESS MODIFIER: +1
STEALTH MODIFIER: +1
DAMAGE MODIFIER: −2 (fist, kick), −1 (combat knife), +0 (chair or lamp), +1 (silenced Walther PPK 9mm pistol)

> ## WHAT'S IN THE BOX?
>
> The "box" the Edom team is picking up from the Russians contains whatever works best to heighten the danger and intrigue in the Director's campaign, or foreshadow events in the later ***Dracula Dossier***. It can be anything from Conspiracy intel to nuclear material to "superstitious artifacts" being unloaded from the Hermitage vaults for hard currency to even a coffin ...
>
> We encourage the Director to alter the size and shape of the box as she sees fit.

If one of these three survives, he turns out to be a young Elvis, Oakes, or Osprey (***DH***, pp. 50, 52), just making his bones as a lamplighter.

The other three are hired muscle, part of Edom's local Balkan network. Just who they are depends on the Director's notions of Edom's post-mole hunt activity. They might be second-generation Iron Guard (***DH***, p. 83), remnants of the Dragos network (***DH***, p. 93), Turkish vampire-hunting Red Horses (***DH***, p. 76), or garden-variety Greek fascist leg-breakers.

LOCAL TALENT

GENERAL ABILITIES: Athletics 6, Hand-to-Hand 8, Health 4, Shooting 4 Weapons 6
HIT THRESHOLD: 3
ALERTNESS MODIFIER: +1
STEALTH MODIFIER: +1
DAMAGE MODIFIER: −2 (fist, kick), −1 (combat knife, blackjack); one of them has a silenced Walther (+1)

Once the British agents are eliminated, the Agents can choose to impersonate them and still attend the meeting with the Russians (hope they've got some **Tradecraft** left, although a kindly Director might allow players to swap 3 points of **Disguise** for 1 of Tradecraft in this circumstance) or simply contact Percy to take them back to the airport. They need to clean up whatever mess and ruckus they created before they can leave, of course (2-point spend of **Criminology**, a Difficulty 5 failsafe **Conceal** test, and lots of bleach, if nothing else comes to mind).

If the meeting doesn't happen, the Russians (especially that bastard vampire Yuri Kolchak) can survive to become thorns in the players' present-day 21st-century characters' sides, and key links in Dracula's Russian Conspyramid.

TRAFFIC JAM

SCENE TYPE: Chase
LEAD-IN: Hotel Grande Bretagne
LEAD-OUTS: The AUBREY Briefing, Meet the Russians

The team has arrived early enough in advance of the party that it can scout the best route to the villa (a 1-point Investigative **Driving** spend; the last half of the trip has only one possible route along the coastal highway, Greek National Road 91) as well as acquiring suitable transportation to catch up to and overtake whatever the British are using to reach the meeting. It's Difficulty 4 **Infiltration** or Difficulty 5 **Mechanics** to steal a car, but renting with cash under a false name (Difficulty 2 **Cover** test) or even buying a used (or stolen) car in Athens for cash are simple (1-point **Negotiation** or **Streetwise** spends). Getting a good car is a test of **Driving** (Difficulty 4); souping up (***NBA***, p. 102) a good-enough car takes all evening (Difficulty 5 **Mechanics**) at a garage.

The villa where the party is being held is the Villa Beaufort (named after a French admiral who died defending Crete from the Turks), 40 km from the hotel, near the town of Anavyssos southeast of Athens along the Attic coast. By car, the roads run through urban Athens, grimy Ilioupoli, glamorous Glyfada (the "Beverly Hills" of Athens), and finally into coastal mountains between fishing towns. National Road 91 (EO91) is only two lanes, winding along the coast through dangerous curves, past sheer drop-offs directly into the Aegean. This makes a tough chase tougher (increase all **Driving** difficulties by +1). Add in the incoming un-seasonable storm (increase all **Driving** difficulties by another +1 — could a vampire be about?), and this chase becomes an action centerpiece.

Elements to be aware of during this chase:

- the roads are at best wide enough for two cars
- there are no shoulders on either side — but the British Range Rover can most likely edge up the mountainside a little better than the Agents' pursuit car
- in many places, there isn't even a guardrail
- there are many blind curves
- the installed overhead lights are few and far between
- the road is frequently congested with local and tourist traffic going the other way: trucks, rich idiots in German sports cars, even the occasional farm cart crossing the highway

The Agents' best bet is to either send the British vehicle (a Range Rover) off the road and into the lake, smash it against the cliff wall at high speed, or shoot to kill. The British, naturally, try to do the same to the team. The local talent drives ahead of the British team in a banged-up but sturdy-looking Lancia.

Having disposed of the British in what (assuming no shots were fired) resembles a normal traffic accident, the Agents can either go on to the meeting blind or head back to Athens for the midnight flight to London.

MEET THE RUSSIANS

SCENE TYPE: Alternate
LEAD-IN: Hotel Grande Bretagne, Room Service, Traffic Jam
LEAD-OUT: The AUBREY Briefing

If the team cannot eliminate the British operatives beforehand (or chooses to impersonate them at the meeting), they head to the Villa Beaufort that evening. It's a newer building for Greece, all flat slate roof and golden limestone, only dating back to the mid-17th century; **Architecture** predicts there's at least one cellar tunnel leading out of it somewhere. It's got all mod cons laid on: electric lights outdoors, a fountain and a swimming pool, and a radio mast.

The parking areas are full of exotic sports cars, luxury limousines, and sedans. A few yachts float a mile off shore; the dock is festively lit.

The party begins at 10 p.m., which means nobody important arrives until midnight (**High Society** or **Human Terrain**). The Anglo-Russian meetup is timed for 1 a.m. in a library on the second story of the villa — it's the largest and most discreet room available. (Note: Directors are encouraged to move the meeting's location as suits their needs.)

Security at the villa is tight, with guards posted in pairs at the front and side doors and armed guards patrolling the parking areas. Getting a weapon through security requires a simultaneous distraction (suitable Interpersonal byplay perhaps, from one Agent) and a Difficulty 5 **Conceal** test. (Without a distraction, the Difficulty rises to 7; pistols cannot be smuggled through with silencers attached.) The British briefcases are examined but not opened or checked — apparently the British team passed the word (or applied some pressure) to whoever's in charge when it set up the meet.

PLAYING THE RUSSIANS

The Russians are friendly, but deadly. They're armed, have no qualms about killing everyone in the villa, but are otherwise happy to see their friends the British in order to exchange the box for money. There's a sense of lethal confidence in everything they say and do. During the meeting, to underscore their points if need be, one Russian toys with a pistol suppressor.

SECURITY

GENERAL ABILITIES: Hand-to-Hand 5, Health 4, Shooting 5, Weapons 5
HIT THRESHOLD: 3
ALERTNESS MODIFIER: +1
STEALTH MODIFIER: +0
DAMAGE MODIFIER: −1 (baton), +1 (9mm Beretta Cheetah pistol), −2 (fist, kick)

The guards use scrambled walkie-talkies to communicate. Any guard taken down provides one, useful for eavesdropping or disinformation. Hacking a civilian walkie-talkie to match their frequency is a 2-point spend of **Electronic Surveillance, Radiotelegraphy**, or Investigative **Mechanics**.

INSIDE THE VILLA BEAUFORT

The party is a formal black tie affair. Indoor security personnel are also in formal wear, with red pocket squares to distinguish themselves (**Notice**).

Décor is French Empire. A string quintet plays in the main ballroom. Two full-service bars (one at either end of the space) keep the many guests hydrated while they chat. Waiters carry silver trays of champagne, caviar, and hors d'oeuvres; platters of olives, cheeses, *dolmata, keftedakia, kalamári*, and other Greek delicacies tempt grazers around the various ground floor rooms.

The three Russians can be found clustered next to the fireplace, drinking vodka and holding court with a few fashionable socialists, admiring a painting of Napoleon and describing how Russian winters beat everyone and everything who wanted a piece of the Motherland.

Should the team attempt contact (1-point **Tradecraft** spend to impersonate MI6 approach procedures), one Russian speaks to a waiter and the party excuses itself. The waiter nods, then approaches the team a few minutes later and passes the word that their friends are waiting in the upstairs library.

UPSTAIRS

Once the Agents make their way to the library, the Russians greet them as friends, offering vodka and (coincidentally gun-locating) embraces.

When the talk turns to business, the Russians ask to see the money. If pressed to show the box (and the Director has kept the box smaller than a coffin), they put it on the table and insist on seeing the money before handing it over. If the Director has increased the size of the box, the Russians offer photos with accurate time and date stamps (**Photography** detects no tampering) of the box being stored in a locker at Athens Hellinikon International Airport and once they see the money they hand over the key.

Between the Russians' focus on the money and their training (+1 Alertness Modifier), switching briefcases at any time inside this room is a Difficulty 7 **Filch** test.

In the event the team's cover is blown, the Russians do not hesitate to draw weapons. But if they get their money, they don't care too much about the Agents' cover.

The Russians may well include "Yuri Kolchak." If he's a vampire or some other monster, it's up to the Director to set his stats, but he's unlikely to be anything more than a recent assign (*NBA*, p. 145), as making him a full vampire or even a feral (*NBA*, p. 150) risks killing the team before AUBREY can get under way. The Agents may never try killing him (why do MI6 any favors?), in which case they never do discover what that weird stuff behind the mirror was all about.

The Russian party might also include a young KGB agent introduced as "Dmitri" (*DH*, p. 97).

THE RUSSIANS

GENERAL ABILITIES: Athletics 12, Hand-to-Hand 12, Health 6, Shooting 12, Weapons 8
HIT THRESHOLD: 4
ALERTNESS MODIFIER: +1
STEALTH MODIFIER: +1
DAMAGE MODIFIER: −2 (fist, kick), −1 (combat knife), +1 (integrally silenced 9mm Makarov PB pistol)

Any gunfight longer than a few seconds — even with silencers — attracts armed security and sends the whole villa into a panic as people pour out of doors, bodyguards produce more guns, and everyone stampedes for their cars.

If you need Percy to show up with a Range Rover for an exfiltration over the mountains, he does. This might also be a good opportunity for a combined **Preparedness** (In the Nick of Time; *NBA*, p. 33) and retroactive **Network** spend for a local ally with a speedboat.

If any Agents survive, they return to the Athens airport and fly back to London for the final meeting with Polidori.

OPERATION AUBREY

Ruthven's final master stroke. He plans to conceal his own existence in Edom's records, while covering up the intrusion with a bomb blast. If Edom files and agents get destroyed in the process, all the better.

THE AUBREY BRIEFING —

SCENE TYPE: Introduction
LEAD-INS: Room Service, Traffic Jam, Meet the Russians
LEAD-OUTS: The Diversion, The Siege, The Infiltration

Polidori is happy to see any survivors from Operation MALVINA, and immediately pays them. He also takes full notes "to pass along" and heaps equal amounts of praise and criticism on the team for the events of the last mission. If they need healing, the Teutonic medico is there again, as at the end of IANTHE (p. 81). At the Director's discretion, any new or replacement Agents appear here.

Agents can refresh Investigative and General abilities now, as though the adventure were over (***NBA***, p. 92). They do not receive any experience build points.

When all that is taken care of, he distributes the final dossiers on their last mission: AUBREY.

As the Agents study them, a telephone rings, and Polidori answers it. He speaks a few words in Gaelic (1-point **Human Terrain** to recognize; 2-point spend or **Languages (Irish)** to notice it's archaic Scots Gaelic, not Irish; **Languages (Gaelic)** to decipher, "Yes, they're here. We're ready to begin."), then hangs up and plays the cassette, their final message from Ruthven:

I must congratulate you on your most recent efforts. Polidori and Percy both informed me you did well, and I am eager to see the fruits of your labors. With the Abbey stymied, you've crippled a significant communications hub. With the meeting disrupted and the Russians to blame, you've exposed a weakness that we will now exploit. I challenge you to bring down the Circus. [pause] Specifically, there are two tasks I require. First, you will enter the records room and place into it the two binders that Polidori will provide. Second, I want you to leave a package behind. It's quite sensitive, so I encourage care when you handle it.

I know this task will not be easy. I know you will face the full might of the Crown's opposition, but having heard what you've accomplished so far, I have every confidence in you. To that end, I have deposited seventy thousand pounds for each of you in an escrow account, to be paid into your designated accounts when I have word of your success. That is in addition to the rewards — adjusted records and final bonuses — promised to those of you who complete this mission, which I shall deliver to you personally.

Unlike other operations where I have trusted your expertise, I would like to make this Herculean task a bit easier for you by sharing with you my suggestion for your strategy and — as I believe the term is — some intel.

You cannot just walk into the Circus. It's heavily guarded, fortified, and has far too many security checkpoints. There are six of you. Two of you will need some manner of diversion to lure the exterior force away, then join two more of you in a siege to buy time for entry. The final two, under cover of this diversion, deliver the binders and my package to the records. How you divide up these tasks I leave for you. Twice a day, at ten in the morning and four in the afternoon, a messenger service delivers and receives packages; you may find that useful to know. Polidori has photographs of the requisite uniforms and vehicles. Additionally, you may benefit from knowing that a subterranean approach is possible, allowing you to bypass three of the layers of security. It's possible you may wish to perform this operation under cover of darkness; if so, Polidori may make a suggestion to you. I wish you good luck in your efforts, and upon your completion of this task, please contact Polidori so that he may bring you to my home straightaway for my sincere congratulations and your deserved reward.

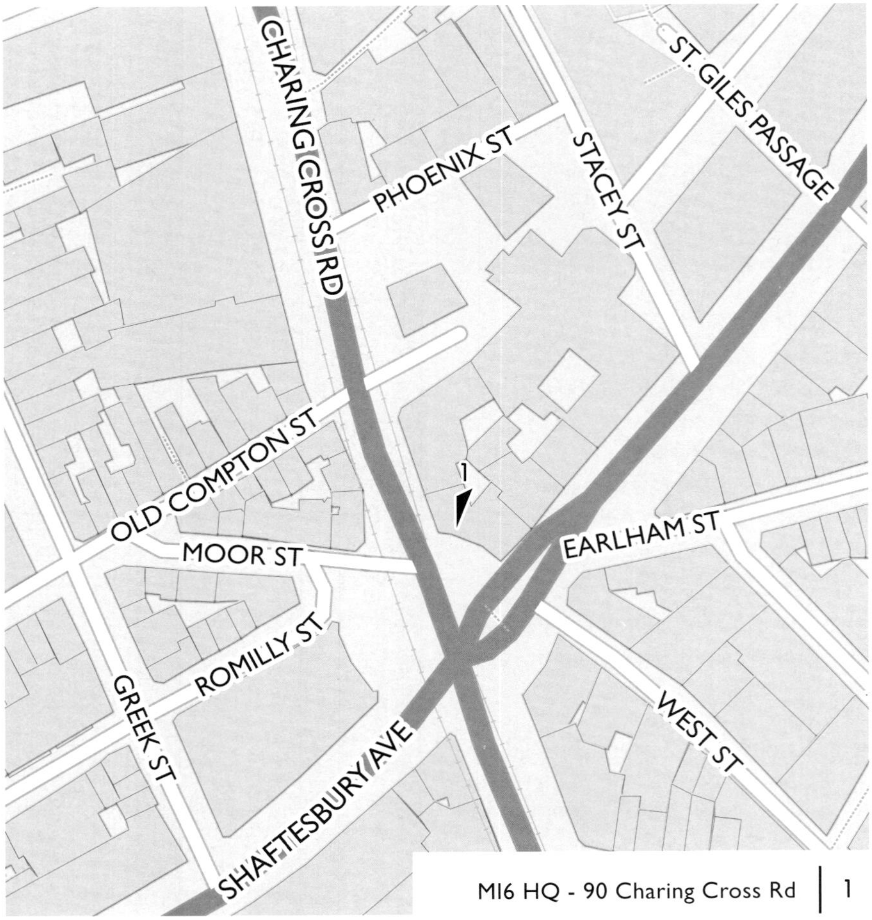

MI6 HQ - 90 Charing Cross Rd | 1

CIRCUS OR CENTURY?

In the boring old real world, as opposed to the world of John le Carré novels, the SIS headquarters in 1980 is not at the wonderfully neo-Gothic Cambridge Circus, but at Century House in Lambeth. A 22-story glass-and-steel tower in the grim International Style, it is (in the words of a 1985 audit) "irredeemably insecure." Its (one level deep only) basement car park abuts *two* Underground tunnels, apartment blocks stare in its windows, and a secluded path runs right behind it. Attackers could easily flee down the nearby Lambeth North Underground steps and, in those pre-ubiquitous-CCTV days, be hidden almost instantly. (Against that, the building has its own concealed Tube station.)

Directors may wish to move Operation AUBREY to Century House as a sop to realism; if so, Polidori points out this vast panoply of weak points. Securing the elevator shafts and *Die Hard*–ing their way up and down becomes the Agents' priority in a Century House assault.

Directors who prefer a compromise between fiction and history in the spirit of ***The Dracula Dossier*** may consider this last possibility. Perhaps it is only the Edom offices (and other secret long-running projects) that MI6 based out of Cambridge Circus, and former intelligence officer le Carré deliberately moved "the Service" to the Circus in his novels as misdirection — or as an attempt to out Edom himself.

Once the tape is done, Polidori places pictures and maps of the four-block radius around the Circus on the table, along with the thick D-ring binders Ruthven wants placed in the Circus records.

At first look, the binders just hold pages upon pages of computer-printed numbers, one to three digits long, separated by single spaces. Each binder contains roughly three to four hundred pages. A 1-point **Cryptography** spend (or **Notice** recognizing the format of the raw traffic the group seized in IANTHE) indicates these are MI6 codebooks; a 2-point spend (of **Cryptography** or **Tradecraft**) guesses they are falsified information or transmission logs, possibly dating back to the 1950s. Deciphering them by eye in the time available is sheerly impossible. A 1-point **Notice** spend does pick out the code group "611" repeated at the beginning of a number of the pages: a routing number?

Director's note: 611 is the kabbalistic value of the word "Edom." Only if a player asks about the Kabbalah and spends a point of **Occult Studies** should you mention it.

INFORMATION ABOUT THE CIRCUS

The Circus (Cambridge Circus) is the large fortress of a building at the rough intersection of Shaftesbury Avenue and Cambridge Circus. The building actually is two buildings nestled against one another, as well as a below street-level warren of offices and meeting rooms.

- The entrance is at 90 Charing Cross Road, and has a posted armed SAS guard as well as an undercover plainclothes guard nearby. Each man is relieved every ten hours.
- The man in charge of the Circus is referred to as "C," which might stand for "Chief" or "Control," though little is known about him beyond his fearsome reputation as a strategist and a high likelihood of military service with the SOE or a similar clandestine group. He is referenced as "C" in two memos in the prepared briefing: first, describing his preferred lunch order (filet of sole), and second, describing his requisition of a new desk and a pair of "quilted leather doors."
- The security force that guards the Circus is referred to as "the baby-sitters." The staff of the Circus is referred to as "intelligence officers," although the female secretarial pool is called "the mothers."
- Baby-sitters are incredibly well armed at all times, perpetuating the urban legend that the Circus has an armory to rival Catterick Garrison (the largest UK military installation in the world, in Yorkshire near Whitby).
- The Circus walls are 1 m thick, concrete over steel and lead columns. The windows are glass, but there are interior metal shutters in some offices. No room with windows houses significant work.
- The phone and power lines are subterranean, in their own piping conduits. The Circus has several backup generators in the event of power outages.

PLANNING AND PREPARATION

The briefing concludes with Polidori giving the team two full days to make all the arrangements they need to lure the guards away, keep them occupied, and infiltrate the Circus.

Polidori suggests the first decision should be whether or not the assault is to happen in daylight (when there are people around, leading to more chaos, making it easier to enter or escape) or at night

(reducing the number of guards and the amount of traffic, possibly).

A daytime operation requires more organization, since there are more variables to contend with: civilian traffic, foot traffic, collateral liabilities to name a few. This plan of attack highlights deception and misdirection over stealth.

The nighttime operation, Polidori promises, has far fewer guards to contend with, but is more physically rigorous, valuing stealth over deception. Also, a nighttime operation reduces civilian and collateral liabilities, and Polidori has already determined a suitable entry point.

He leaves the choice up to them, but won't issue monies to make preparations until they choose. Once decided, he hands over £10,000 cash on the spot. He tells them to pick a time and place for the infiltration team to assemble, where he says he will give those Agents Ruthven's other package.

THE DIVERSION

SCENE TYPE: Hazard
LEAD-IN: The AUBREY Briefing
LEAD-OUTS: The Siege, The Infiltration

The diversion's job is to clear a path for the infiltration (p. 90). Any additional information is a bonus, especially if it makes the job easier.

MUDDYING THE MESSENGER

If the team wants to make use of the MI6 messenger service as per Ruthven's message, the service's trucks (including the one in the surveillance photos) can be found hours earlier in a poorly secured lot off Endell Street. Its usual driver (Polidori's intel, or a subtle look at the time sheets in the office) is a decorated Aden veteran, but since then has become an alcoholic who haunts the bars in the area most evenings (an Investigative 1-point spend of **Surveillance** finds which one). Sympathetic **Flattery** gets him talking about his tedious job delivering unread loads of paper to the sort of time-serving bureaucrats who fumbled away the Empire. **Reassurance** that it's just a prank and a hundred quid get him to take the day off; it's Difficulty 3 **Filch** and a 2-point spend of **Forgery** to get his papers and keys lifted, copied, and returned while he's still telling his problems to the face man.

ADVENTURES IN BABY-SITTING

More intel comes from subtly tagging along on after-shift pub crawls (Difficulty 7 **Surveillance**), overhearing various baby-sitters complaining about their jobs and wanting drinks. Splashing some of Polidori's money around can make the evening a bit more interesting (and the hangover the next day more intense).

Making friends with the baby-sitters is best done over numerous drinks. Conversations about the specifics of what they do arouse suspicion (they all talk about their jobs in international finance), but with **Tradecraft** (*"I'm one of you"*), **Flattery** and **Cop Talk** (impersonating an officer of the rival MI5 *"thinking about crossing the street — what's it like doing the real work?"*), or even **Shrink**, a few baby-sitters may give up more information than they ought, and some that was not detailed during the brief, including:

- Circus security includes plainclothes officers, or "pavement artists," assigned to follow suspicious people on the street. (+2 Difficulty to any covert, disguised, or stealthy actions near the Circus.)
- Two parts of the roof are flat. They're supposed to become guard posts, but the budget wallahs are still wrangling over which department should pay for them.
- Aside from the messenger service twice a day, there's a food delivery at noon. Other than that, cars aren't permitted to stop or idle.
- There's no truth to the rumor that the street has landmines hidden in it.

WHAT'S THAT SOUND?

Urban Survival determines that the best place to shift focus from the Circus is across the street and slightly down the block, just at the entrance of Moor Street. It's on an angle from the Circus, it's away from the full intersection, and it's a bottleneck made by high buildings and a narrow driveway. A stalled stolen truck or false medical emergency can create a momentary distraction, but it takes something really substantial (like a fake IRA bombing, or a huge colorful antinuclear march) to warrant more than just some angry guards yelling. Reward player creativity here.

The moment the diversion turns violent (when the Agents pull weapons on the guards), move straight onto the siege. It may be necessary to negotiate multiple distractions somewhat simultaneously or staggered over the course of the operation to keep the guards jittery and off balance.

Only one diversion has to work, and it only has to work long enough for one or two Agents to slip into the Circus.

THE SIEGE

SCENE TYPE: Combat
LEAD-IN: The AUBREY Briefing, The Diversion
LEAD-OUTS: The Infiltration, Exit Vectors

The siege kicks off whenever the team draws weapons or opens fire on the baby-sitters. The Circus guards won't take the first shot without threat or provocation, preferring to defuse situations through intimidation and bullying. There are, after all, police to handle most things: the Circus happily calls the Special Branch on anyone who seems theatrical, insane, or out of the ordinary. Fighting the police makes a great diversion, but a lousy tactic; use Special Police (***NBA***, p. 69) and keep 'em coming.

More likely, a gun battle erupts. During the day, a gunfight can consume a lot of real estate; there are busy streets and plenty of pedestrians. Baby-sitters won't shoot the innocent, though the Agents may not have the same compunction. There's also vehicle traffic on the street, so the shuffle of cars provides cover but also makes targeting difficult (all Hit Thresholds increase by +1).

The advantage to a daylight siege is the panic. People will, despite better judgment, want to see what's going on, and in doing so, catch a stray bullet. This also acts as a secondary distraction for any daylight infiltration.

This is also a good case for snipers mounted on roofs opposite (Difficulty 7 **Infiltration** test to set up and hide in sniper's nest) rather than direct confrontation. Picking off baby-sitters early on makes the unavoidable ground assault less of an immediate massacre.

The team is at a distinct disadvantage in firepower unless it's brought every piece of hardware from the Abbey as well as whatever it's acquired since. But the goal here is to either winnow down the baby-sitters (there's no way to completely eliminate them; there are always too many) or buy time to let the infiltration happen.

A nighttime siege plays on its unexpectedness. Especially with the smoke grenades from the Abbey (or dare we mention the LAWS rocket), the fight becomes less about going toe-to-toe with an armed opposition and more about guerrilla warfare.

Employing snipers at night is also feasible, though again, it inevitably leads to a firefight against steep odds.

While the siege is happening, infiltration can begin.

CIRCUS BABY-SITTERS

GENERAL ABILITIES: Athletics 12, Driving 6, Hand-to-Hand 12, Health 8, Shooting 12, Weapons 8
HIT THRESHOLD: 4
ALERTNESS MODIFIER: +2
STEALTH MODIFIER: +1
DAMAGE MODIFIER: −2 (fist, kick), −1 (Fairbairn-Sykes combat knife), +1 (L9A1 Browning 9mm pistol), +1 (Heckler & Koch MP5 9mm submachine gun), flash-bang grenade
ARMOR: −2 vs. bullets (flak jacket)

CIRCUS INTELLIGENCE OFFICERS

GENERAL ABILITIES: Athletics 6, Driving 6, Hand-to-Hand 9, Health 8, Shooting 7, Weapons 5
HIT THRESHOLD: 3
ALERTNESS MODIFIER: +1
STEALTH MODIFIER: +2
DAMAGE MODIFIER: −2 (fist, kick), +0 (large improvised weapon), +1 (silenced Walther PPK 9mm pistol, 1 in 6 chance until they reach the armory)
ARMOR: none until they reach the armory, then −2 vs. bullets (flak jacket)

Given time to reach the Circus' armory, baby-sitters and intelligence officers can appear with any weapons the Director wishes, not least lots of flash-bang grenades (*NBA*, p. 97) and combat shotguns (+1 damage, +2 at Close range)

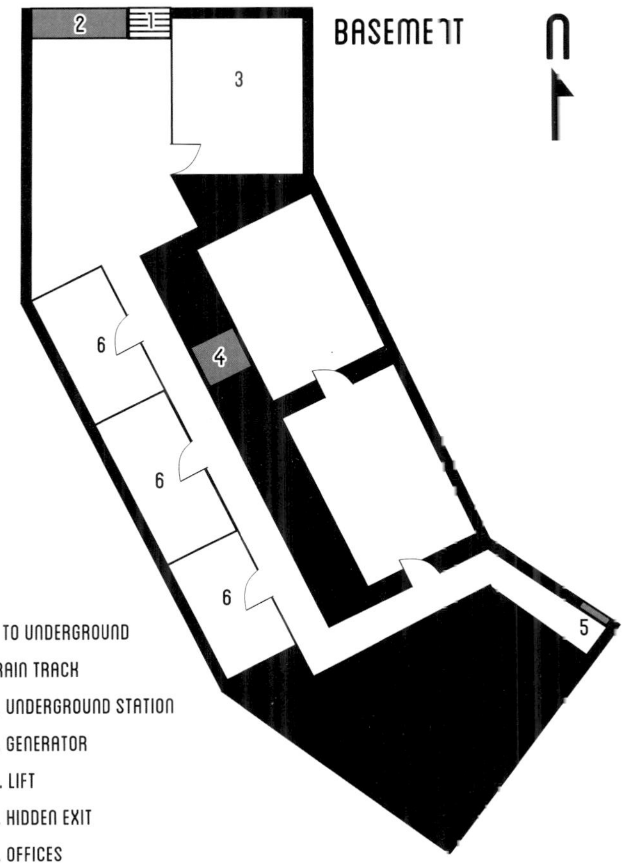

1. TO UNDERGROUND TRAIN TRACK
2. UNDERGROUND STATION
3. GENERATOR
4. LIFT
5. HIDDEN EXIT
6. OFFICES

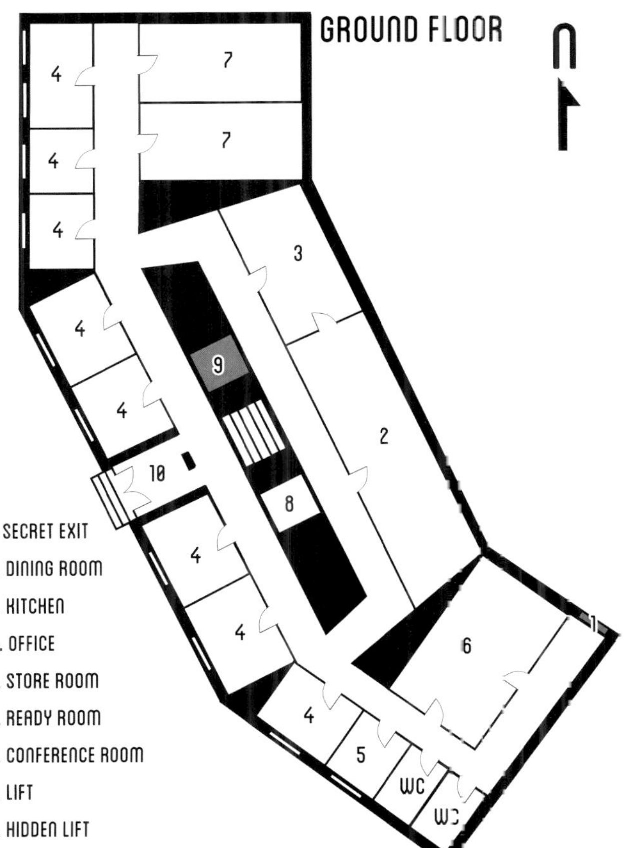

1. SECRET EXIT
2. DINING ROOM
3. KITCHEN
4. OFFICE
5. STORE ROOM
6. READY ROOM
7. CONFERENCE ROOM
8. LIFT
9. HIDDEN LIFT
10. RECEPTION

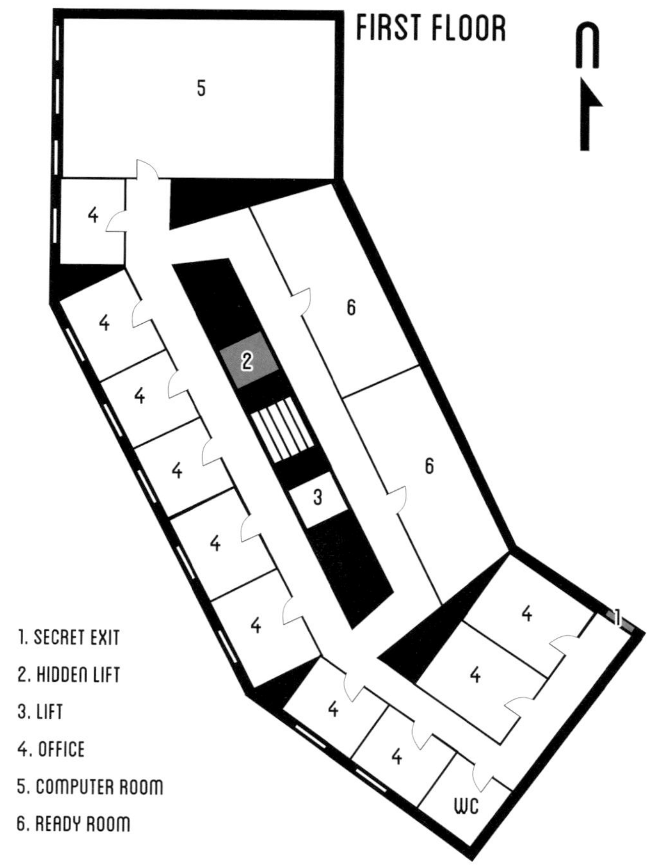

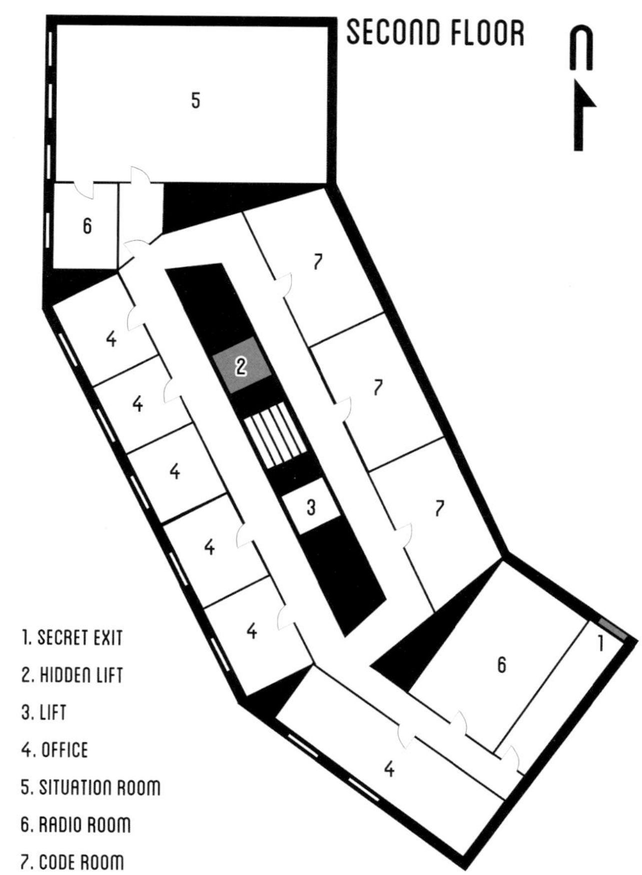

THE INFILTRATION

SCENE TYPE: Stealth
LEAD-INS: The AUBREY Briefing, The Diversion, The Siege
LEAD-OUT: Exit Vectors

Using **Notice** while casing the joint reveals a pretty standard men's dress code for the people coming in and out of the Circus — dark suits, drab ties, and brown overcoats. The goal is to appear as unassuming and not-flashy as possible. These clothes are easily purchased from shops in the area.

When the infiltration team meets Polidori, he gives them Ruthven's other present for MI6. The device is about the size of a shoebox, and can be carried under an arm along with a false binder. To activate the device, the Agent needs only to lift the lid and set it back on top; this starts a timer. The device does not tick and shows no outside sign of being anything other than a pair of shoes sent to be cleaned and repaired. "Leave rapidly, and don't tinker with it. It's very delicate."

DAYTIME

A daylight infiltration of the Circus, regardless of the method of distraction, makes use of deception. Most obvious is the idea of using **Disguise** to masquerade as someone and then enter the building. There's no security keycards or ID to show; the baby-sitters know each Circus staffer by sight. (This is why it's vital to get the baby-sitters outside looking somewhere else.) The lack of physical ID is also a security measure — it's hard to replicate human knowledge, even if it's possible to trick it.

Another possibility involves getting yourself shot at the exact moment the siege begins and running into the Circus "to take cover." This has its upside and downside. Someone in the Circus is, after all, expecting some Edom lamplighters, carrying a "box" even, to return from Greece — possibly with murderous Russians following them! Seeding the ground with useful rumors to that effect might lower the baby-sitters' guard, at least as far as the imposture goes.

Once past the initial security, the Agent(s) **Notice** that no doors are labeled — this is an additional security measure. You have to know where you're going and who you need to speak to, as well as have the chance to compartmentalize and not have any awareness of what else happens at the Circus past your own duties.

If the Agent is carrying the binders openly during the infiltration (and before the siege), a mother asks politely to have additional paperwork "shelved," code for filed in the records room. With spends of **Tradecraft** and **Flattery**, the Agent can tease directions for the records room out of the mother. Of course, it's all the way at the rear of the building, and on the fourth story.

The "records room" is practically the entire floor, a system of conveyors and elevators to ferry documents and material to waiting mothers for delivery to the proper offices, amid stacks of filing cabinets and cubbies holding folders and binders. Dropping off the false documents takes no time: simply hand them to a mother and leave the room.

The danger here is this happening during the siege. Then, a posted baby-sitter stops the Agent and asks for the day's keyword. The Agent can try to run a bluff with a good story and a 6-point combo spend of **Tradecraft, Reassurance**, and **Bureaucracy**. (Mentioning "EDOM" or "611" reduces the required spend by 1 point each.) More likely, the baby-sitter quickly draws a weapon and orders the Agent to his knees. Failure to comply results in a gunshot wound, or at the very least a firefight.

NIGHTTIME

In the event of a nighttime infiltration, Polidori sets up a meet with the Agents at quarter to midnight, on the roof of St. Giles-in-the-Fields church three blocks away. Roof access is simply a matter of climbing a ladder, as the church is constantly under renovation.

Once on the roof, Polidori provides each Agent assigned to the infiltration mission a black balaclava and a large duffel bag, somewhat very happy to do so. Inside the duffel bag, he explains, is the method for entering the Circus — a black, bat-winged, collapsible hang glider. "Given the correct wind conditions," he says, "which as it happens obtain at present, it is an easy 90-meter glide to the flat part of the Circus roof." Once landed, the Agents have to free climb down the side of the building, find an unlocked window, and then navigate the halls to plant the files.

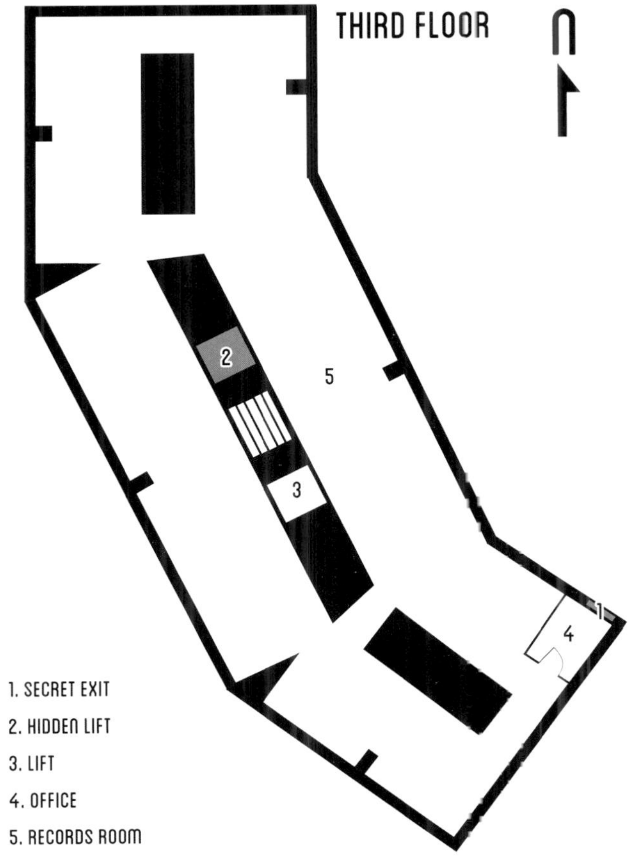

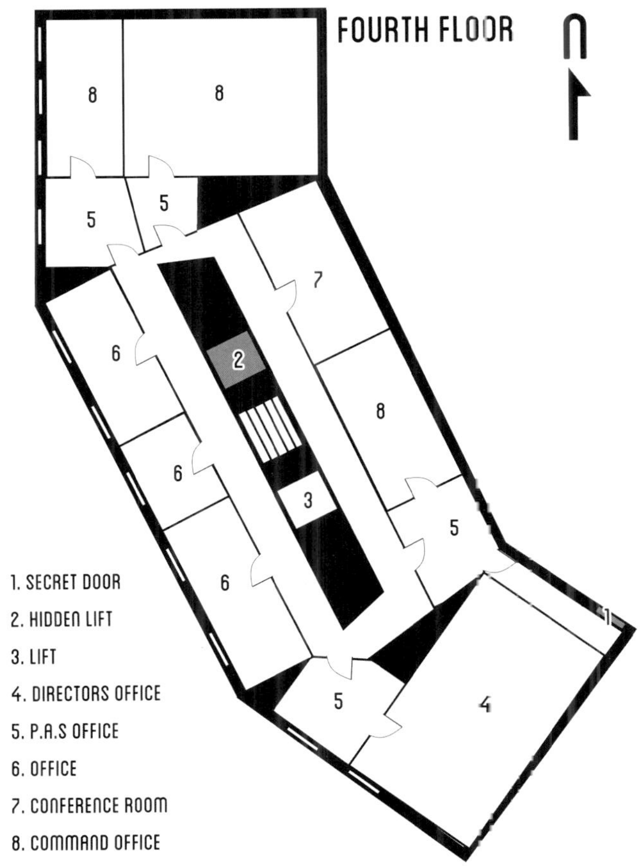

"This should be no trouble for operatives of your caliber."

Piloting the hang glider is fairly straightforward, but getting it moving and oriented is a different story. This task comprises three tests:

- First, an **Athletics** test (Difficulty 4) to get up to speed and get airborne.
- Second, a **Piloting** test (Difficulty 4) to stay on the right approach vector.
- Third, an **Athletics** test (Difficulty 4) to land on the roof safely.

Failing the first test means the pilot and glider haven't left the church roof. Failing the second can send the glider off course, either by a matter of a few feet or many feet, maybe even to street level or into the building. Failing the third test can lead to overshooting the landing spot, or causing sufficient noise to bring a baby-sitter to investigate.

Once on the roof, the Agents collapse and hide the gliders; then the climb down can begin. Abseiling ropes would be too obvious, as the building's lighter-colored brickwork shows long shadows cast by the street lighting below. The best plan, as Polidori suggested, is to scale down in stages, open a window from the outside, and get access.

The climb down is difficult but not impossible (**Athletics**, Difficulty 5), but the Agents must take care to avoid climbing past any lit windows. People work at the Circus 24 hours a day, so it's possible to see people inside working (and have them see burglars outside).

Finding a blacked-out window is also not hard, but they're not designed to be easily opened from the outside. It takes a bit of finesse (Difficulty 5 **Infiltration**) to get a window open. Once inside, there's still the matter of **Disguise** to look like a Circus staffer as well as finding the records room.

What Ruthven's intel does not say is that no records get shelved at night, so security is intensified. There are two armed guards on duty (one patrolling the hallway, one at the end of the hallway), and getting stopped by either of them requires giving the evening's keyword as well as providing a signature to be compared to a sample before any additional access is granted. As an additional wrinkle, the signature is not the person's name, but rather a code word specific to each employee, written out and initialed. Failure to provide keyword and signature results in guns drawn and a no-win situation. Should infiltration fail while the siege is still going on, additional forces within the building are mobilized to overwhelm the attackers.

DELIVERING RUTHVEN'S PACKAGE

The other package Ruthven wants brought into the Circus is a small and volatile explosive device. He's paid talented terrorists to craft him a very intricate machine that will burn hot, die fast, and leave a good-looking disinformation payload.

The device is as described on page 90, except the timer is a 20-second timer. Polidori's goal is to give the Agents as little time as possible to investigate the device, for obvious reasons.

The device has two principal objectives:

- First, to deal substantial damage to whatever room it's placed in. It's a Class 3 high explosive (***NBA***, p. 67). There's also a cylinder of compressed air wrapped in several layers of broken glass, metal shards, pulverized aluminum, shredded paper, demagnetized computer tapes, and rock salt. The explosion is designed to cause numerous injuries (double damage within the debris range) and concussive damage as well as leave the shredded paper and tape around.
- Second, the disinformation payload is Ruthven's genius. The paper is bits of memoranda, cut up and torn so that no three pieces can be matched together easily. The tape is likewise demagnetized with just enough data remaining to taunt the investigators. Ruthven plans that following the explosion these paper and tape bits will litter the scene, giving the impression that some valuable MI6 intel has been destroyed — all the better to distract the investigators from his phony data dump.

Twenty seconds is not enough time for an Agent to escape the blast radius without suffering incredible harm. Even if the Agent manages to escape injured (unlikely), the chaos (particularly with the heightened security and siege outside) results in him getting shot or at the very least discovered swiftly.

EXIT VECTORS

On the off chance that there are any survivors, Percy meets them the following evening to escort them to Ruthven's estate in Scotland. The house is large and well furnished. It's also remote, sitting out on a moor, the only building in the area for many kilometers.

Ruthven is pleased to see the surviving Agents, and has Percy pour glasses of 50-year-old whisky. He chats for a bit, toying with them (and letting their blood fill with tasty whisky), then orders Percy to leave the room and lock the door from the outside. Then Ruthven spends the rest of the night slowly toying with and ultimately killing his hired agents.

MEANWHILE, IN THE NEXT CENTURY —

The ultimate outcome of the 1980 events remains up to the Director.

The main outcome, if Ruthven's plan succeeded, is his removal from all Edom files. Remaining reports of his existence are put down to Soviet vampire-program disinformation, or to deliberate cover stories created by the 1977 mole.

The Edom files do document the AUBREY assault as an attempt to steal Edom intel by "unknown non-state political actors," possibly the IRA, or Kurds opposed to whatever the Turks are doing with vampires.

MONSTER: LORD RUTHVEN

A scion of Clan Ruthven in Perthshire, Scotland, Patrick Ruthven became a vampire as the result of a magical spell ("a black clout") cast by the witch Christian Stewart in 1596. King James VI hung her for her crime, but Ruthven impersonated and mesmerized his way into the Earldom of Marsden in 1661 by supporting the returned Charles II. In the mid-18th century he attached himself to the 5th Lord Byron ("the Devil Byron"), great-uncle to the poet. This connection (and perhaps another, closer one, to the great-nephew) led Lady Caroline Lamb to use "Ruthven" as a code name for the poet Byron in her roman à clef *Glenarvon* (1816). John Polidori may have learned something of the real truth, but Ruthven forced him to drink prussic acid in 1821. Since then, he has kept a very low profile, having seen witchcraft trials up close and not wanting to attract royal or official attention. He commits his murders on the Continent, where such things belong.

He is a handsome, dark-complected man with curly black hair and grey eyes. His facial expression of condescending ennui almost never changes, save for transports of rage or malicious glee. He is stupendously wealthy, and dresses in fashionable but subtle clothing of black or dark charcoal. Women find him supernaturally attractive. He can manifest a reflection in the mirror by spending 1 Aberrance.

He resents Dracula's primacy, considering him a barbarian. Appealing to his pride without appearing to threaten his safety is likely the best way to bring Ruthven in against Dracula; Agents who have badly harmed Edom (killed more than one Duke, destroyed a major Edom facility) receive the closest thing to respectful attention he has for mortals.

Ruthven may be a covert director of Burdett's Private Bankers (***DH***, p. 143) or Sotheby's (***DH***, p. 198; his relative Alexander Patrick Greysteil Ruthven, 2nd Earl of Gowrie, was Chairman of Sotheby's from 1985 to 1994) or at least the animating spirit behind the Extraordinary Objects Department (***DH***, p. 161). He's a possible owner of such choice items as the Earth-Disturbance Urn (***DH***, p. 265), the Jeweled Dagger (***DH***, p. 270), or the Anthropologist (***DH***, p. 90), who after all came all the way from Romania to his old hometown of Edinburgh.

GENERAL ABILITIES: Aberrance 41, Hand-to-Hand 27, Health 27, Shooting 16, Weapons 16

HIT THRESHOLD: 7

ALERTNESS MODIFIER: +3

STEALTH MODIFIER: +3

DAMAGE MODIFIER: +3 (sword) or +1 (bite; extended canines) or +0 (fist, kick) or +1 (Beretta 70 .22 LR automatic pistol)

ARMOR: −1 (tough skin)

FREE POWERS: Drain, Infravision, Regeneration (all damage from physical weapons regenerates at the next sunset; can regrow limbs or eyes in a year), Resurrection (if exposed to moonlight), Unfeeling

OTHER POWERS: Addictive Bite, Apportation (into any house he has been invited into), Cloak of Darkness, Control Weather, Dominance, Enforce Oath (mesmeric compulsion), Infection (those who drink vampire blood only), Magic, Mesmerism (eye contact, voice), Mind Reading, Spider Climb, Strength, Turn to Creature (wolf; only at sunset), Turn to Mist, Vampiric Speed

BANES: beheading, crucifixes and holy objects, fire, stake or blessed sword to the heart, sunlight (prevents use of all vampiric powers)

BLOCKS: crucifixes and holy objects, running water, wild roses

COMPULSIONS: foster evil

DREADS: crucifixes and holy objects, horses, garlic

REQUIREMENTS: drink blood, must sleep near a black cloth soaked with the blood of his victims (the "black clout" that made him a vampire)

THE SLAYER ELITE: PREGENERATED CHARACTERS

The player characters are:

- Workname SMILEY: Cuckoo
- Workname THE SWEDE: Muscle
- Workname RED: Bang-and-Burner
- Workname FEATHER: Wire Rat
- Workname HORSE: Wheel Artist
- Workname VRACH: Medic

The characters are built on 22 Investigative points and 85 General points. If you have fewer than five players …

4 players	+2 Investigative points each
3 players	+4 Investigative points each
2 players	+12 Investigative points each

As it's a one-shot, each Agent has reduced Cover and Network. They're built using the Cold War–era rules described on page 330 of the ***Director's Handbook*** — using Data Retrieval instead of Data Recovery, Radiotelegraphy as a separate Ability due to its importance, and swapping the less hacker-y Computer Use for Digital Intrusion.

INVESTIGATIVE ABILITIES

ACADEMIC

Ability	Rating	Pool
Accounting	1	
Archaeology		
Architecture	1	
Art History	1	
Criminology		
Diagnosis		
History		
Human Terrain	1	
Languages	1	
Law		
Military Science		
Occult Studies		
Research		
Vampirology		

INTERPERSONAL

Ability	Rating	Pool
Bullshit Detector	1	
Bureaucracy	1	
Cop Talk		
Flattery	1	
Flirting	1	
High Society	2	
Interrogation		
Intimidation		
Negotiation	1	
Reassurance	1	
Streetwise	1	
Tradecraft	1	

TECHNICAL

Ability	Rating	Pool
Astronomy		
Chemistry		
Cryptography		
Data Retrieval		
Electronic Surveillance	1	
Forensic Pathology		
Forgery	1	
Notice	2	
Outdoor Survival	1	
Pharmacy		
Photography		
Radiotelegraphy		
Traffic Analysis	1	
Urban Survival	1	

DESCRIPTION You grew up as a street kid in Marseilles, picking the pockets of tourists and selling fake watches and knockoff jewellery. You graduated from that to seduction, burglary, and elaborate con games. You're the perfect liar, the perfect smiling face.

An MI6 agent in Monte Carlo ratted you out to the flics, and now you're serving time, and waiting for your revenge.

BACKGROUNDS: Cuckoo

PREVIOUS PATRON: None (always freelance)

SOURCES OF STABILITY

- **SYMBOL** Your Rolex wristwatch. It's genuine — unlike all the ones you sold.
- **SOLACE** Your old teacher, Gaspal
- **SAFETY** A hotel in Italy where an old lover of yours works

COVERS

-
-
-
-
-

NETWORK CONTACTS

-
-
-
-
-

WEAPONS/ARMOUR/GEAR MOD

-
-
-
-
-
-

HIT THRESHOLD [3]

SPECIALS

MOS (AUTOSUCCESS 1/GAME): Sense Trouble

DISGUISE 8+ (CONNECTED COVER): When you create a Cover, you can make your alternate identity be someone personnally known to a given NPC

FILCH 8+ (NO SLIPUPS): Spend points after you roll the die, on a 2 for +1 basis

GAMBLING 8+ (LUCK OF THE DEVIL): Roll a die at the start of the game. At any point, swap that result for any other die roll

INFILTRATION 8+ (OPEN SESAME): Open basic locks without rolling

GENERAL ABILITIES

Ability	Rating	Pool
Athletics	4	
Computer Use		
Conceal		
Cover	8	
Diguise	8	
Driving		
Explosive Devices		
Filch	8	
Gambling	8	
Hand-to-Hand	4	
Infiltration	8	
Mechanics		
Medic		
Network	7	
Piloting	1	
Preparedness	5	
Sense Trouble	2	
Shooting	2	
Shrink	4	
Surveillance	4	
Weapons	2	

HEALTH [8] 7 6 5 4 3 2 1
0 1 2 3 4 5 6 7 8 9 10 11 12

STABILITY [8] 7 6 5 4 3 2 1
0 1 2 3 4 5 6 7 8 9 10 11 12

INVESTIGATIVE ABILITIES

ACADEMIC

Ability	Rating	
Accounting		
Archaeology		
Architecture	1	
Art History		
Criminology	1	
Diagnosis		
History		
Human Terrain	1	
Languages	1	
Law	1	
Military Science	2	
Occult Studies	1	
Research		
Vampirology		

INTERPERSONAL

Ability	Rating	
Bullshit Detector	1	
Bureaucracy		
Cop Talk		
Flattery		
Flirting		
High Society		
Interrogation	1	
Intimidation	1	
Negotiation	1	
Reassurance		
Streetwise	1	
Tradecraft	1	

TECHNICAL

Ability	Rating	
Astronomy		
Chemistry		
Cryptography		
Data Retrieval		
Electronic Surveillance	1	
Forensic Pathology		
Forgery	1	
Notice	1	
Outdoor Survival	2	
Pharmacy		
Photography	1	
Radiotelegraphy		
Traffic Analysis	1	
Urban Survival	1	

DESCRIPTION You served with the Swedish Army, where you learned to the virtue of self-discipline, and the will to power. The Army could not contain you, nor satisfy you, so you became a mercenary, a one-man army. In the eternal recurrence of combat, you impose your will over others through directed force. Yours is the philosophy of the bullet and the strong arm. Strength is truth; avoidable weakness is a moral failing.

You have no particular animus against British intelligence save that it is one more tool of the weak to keep the strong from seizing their rightful place, in Rhodesia most recently.

BACKGROUNDS: Muscle

PREVIOUS PATRON: Various small groups in the Balkans and Africa

SOURCES OF STABILITY

- **SYMBOL** Your well-thumbed copy of *Thus Spake Zarathustra*
- **SOLACE** The grave of your buddy Karl
- **SAFETY** Your remote hunting cabin in northern Sweden

COVERS

-
-
-
-
-

NETWORK CONTACTS

-
-
-
-
-

WEAPONS/ARMOUR/GEAR MOD

-
-
-
-
-
-

HIT THRESHOLD [4]

SPECIALS

MOS (AUTOSUCCESS 1/GAME): Athletics

ATHLETICS 8+ (HARD TO HIT): +1 Hit Threshold

HAND-TO-HAND 8+ (EYE OF THE TIGER; THRILLER COMBAT): Spend 1 Hand-to-Hand to ascertain opponent's fighting ability; access special combat moves

SHOOTING 8+ (THRILLER COMBAT): Access special combat moves

GENERAL ABILITIES

Ability	Rating	
Athletics	8	
Computer Use		
Conceal	2	
Cover	5	
Diguise		
Driving	4	
Explosive Devices	4	
Filch		
Gambling		
Hand-to-Hand	8	
Infiltration	4	
Mechanics	2	
Medic	2	
Network	7	
Piloting	2	
Preparedness	6	
Sense Trouble	4	
Shooting	8	
Shrink		
Surveillance	2	
Weapons	4	

HEALTH **10** 9 8 7 6 5 4 3 2 1
0 1 2 3 4 5 6 7 8 9 10 11 12

STABILITY **8** 7 6 5 4 3 2 1
0 1 2 3 4 5 6 7 8 9 10 11 12

INVESTIGATIVE ABILITIES

ACADEMIC

Ability	Rating	Pool
Accounting		
Archaeology		
Architecture	2	
Art History		
Criminology	1	
Diagnosis		
History		
Human Terrain	1	
Languages	1	
Law	1	
Military Science	1	
Occult Studies	1	
Research		
Vampirology		

INTERPERSONAL

Ability	Rating	Pool
Bullshit Detector	1	
Bureaucracy		
Cop Talk	1	
Flattery		
Flirting	1	
High Society		
Interrogation		
Intimidation	1	
Negotiation		
Reassurance		
Streetwise	1	
Tradecraft	2	

TECHNICAL

Ability	Rating	Pool
Astronomy		
Chemistry	2	
Cryptography		
Data Retrieval		
Electronic Surveillance		
Forensic Pathology		
Forgery	1	
Notice	1	
Outdoor Survival		
Pharmacy		
Photography	1	
Radiotelegraphy		
Traffic Analysis	1	
Urban Survival	1	

DESCRIPTION You're a former IRA bomb-maker. You were ratted out to the British, so you had to flee to Europe to avoid arrest. You've been arseing around on the continent for a few years now, trying to stay one step ahead of Interpol and bloody MI6. You're rapidly running out of friends and cash …

BACKGROUNDS: Bang-and-Burner

PREVIOUS PATRON: Ex-Provisional IRA

SOURCES OF STABILITY

- SYMBOL A crucifix your mother gave you
- SOLACE Your uncle Michael
- SAFETY Michael's cottage in Ireland

COVERS

-
-
-
-
-

NETWORK CONTACTS

-
-
-
-
-

WEAPONS/ARMOUR/GEAR MOD

-
-
-
-
-
-

HIT THRESHOLD [4]

SPECIALS

MOS (AUTOSUCCESS 1/GAME): Conceal

ATHLETICS 8+ (HARD TO HIT): +1 Hit Threshold

EXPLOSIVE DEVICES 8+ (BIGGER BANG): Spend an extra 3 points for more boom

MECHANICS 8+ (SWISS ARMY PREP): Spend Mechanics as Preparedness

SHOOTING 8+ (THRILLER COMBAT): Access special combat moves

GENERAL ABILITIES

Ability	Rating	Pool
Athletics	8	
Computer Use		
Conceal	4	
Cover	5	
Diguise	2	
Driving	4	
Explosive Devices	8	
Filch	2	
Gambling	2	
Hand-to-Hand	2	
Infiltration	2	
Mechanics	8	
Medic		
Network	7	
Piloting	1	
Preparedness		
Sense Trouble	2	
Shooting	8	
Shrink		
Surveillance	4	
Weapons	2	

HEALTH 8 7 6 5 4 3 2 1 / 0 1 2 3 4 5 6 7 8 9 10 11 12

STABILITY 6 5 4 3 2 1 / 0 1 2 3 4 5 6 7 8 9 10 11 12

INVESTIGATIVE ABILITIES

ACADEMIC

Ability	Rating	
Accounting	1	
Archaeology		
Architecture	1	
Art History		
Criminology	1	
Diagnosis		
History		
Human Terrain	1	
Languages	1	
Law		
Military Science	1	
Occult Studies	1	
Research	1	
Vampirology		

INTERPERSONAL

Ability	Rating	
Bullshit Detector	1	
Bureaucracy	1	
Cop Talk		
Flattery		
Flirting		
High Society		
Interrogation	1	
Intimidation		
Negotiation		
Reassurance		
Streetwise	1	
Tradecraft	2	

TECHNICAL

Ability	Rating	
Astronomy		
Chemistry	1	
Cryptography		
Data Retrieval	1	
Electronic Surveillance	1	
Forensic Pathology		
Forgery	1	
Notice	1	
Outdoor Survival		
Pharmacy		
Photography	1	
Radiotelegraphy	1	
Traffic Analysis	1	
Urban Survival	1	

DESCRIPTION You followed your brother into the Army, and into clandestine ops, although you were better suited for the technical side of things and he was always on the sharp end. He was KIAed a few years ago; you did some digging and found his death to be suspicious. When you tried to get some real answers, they tried to kill you too, and you've been on the run ever since. There's something rotten within MI6, but you haven't got close enough to find out what it is yet.

BACKGROUNDS: Wire Rat

PREVIOUS PATRON: Ex-Defence Intelligence

SOURCES OF STABILITY

- SYMBOL A photograph of your brother in uniform
- SOLACE Your psychologist and counselor
- SAFETY Your parents' house in Manchester

COVERS

-
-
-
-
-

NETWORK CONTACTS

-
-
-
-
-

WEAPONS/ARMOUR/GEAR MOD

-
-
-
-
-
-

HIT THRESHOLD [3]

SPECIALS

MOS (AUTOSUCCESS 1/GAME): Preparedness

PILOTING 8+ (GRAND THEFT AERO/AQUA; GEAR DEVIL): Steal any standard vehicle automatically for 1 point; access Thriller Chase rules

PREPAREDNESS 8+ (IN THE NICK OF TIME): Put schemes in place retroactively

SURVEILLANCE 8+ (THE WIRE): +1 Electronic Surveillance

GENERAL ABILITIES

Ability	Rating	
Athletics	4	
Computer Use	2	
Conceal	3	
Cover	5	
Diguise		
Driving	2	
Explosive Devices	2	
Filch	2	
Gambling		
Hand-to-Hand	4	
Infiltration	4	
Mechanics	4	
Medic		
Network	7	
Piloting	8	
Preparedness	9	
Sense Trouble	2	
Shooting	4	
Shrink		
Surveillance	8	
Weapons	6	

HEALTH 7 6 5 4 3 2 1 / 0 1 2 3 4 5 6 7 8 9 10 11 12

STABILITY 7 6 5 4 3 2 1 / 0 1 2 3 4 5 6 7 8 9 10 11 12

INVESTIGATIVE ABILITIES

ACADEMIC

Ability	Rating	
Accounting	1	
Archaeology		
Architecture		
Art History		
Criminology	1	
Diagnosis		
History		
Human Terrain	1	
Languages	1	
Law	1	
Military Science		
Occult Studies		
Research	1	
Vampirology	1	

INTERPERSONAL

Ability	Rating	
Bullshit Detector	1	
Bureaucracy		
Cop Talk	2	
Flattery		
Flirting	1	
High Society		
Interrogation		
Intimidation	1	
Negotiation	1	
Reassurance		
Streetwise	2	
Tradecraft	1	

TECHNICAL

Ability	Rating	
Astronomy		
Chemistry		
Cryptography		
Data Retrieval		
Electronic Surveillance		
Forensic Pathology	1	
Forgery	1	
Notice	1	
Outdoor Survival		
Pharmacy		
Photography		
Radiotelegraphy		
Traffic Analysis	1	
Urban Survival	2	

DESCRIPTION You worked as a driver and enforcer for the Italian mafia for many years, sinning outside the church and confessing your sins inside it. The heat was getting to you — the police were too close to identifying you — when your old parish priest slipped a note through the grill of the confessional. On it was a phone number, and that led you here …

BACKGROUNDS: Wheel Artist

PREVIOUS PATRON: Mafia getaway driver

SOURCES OF STABILITY

- SYMBOL Your lucky coin
- SOLACE Your confessor, a priest in Turin
- SAFETY A holiday home in Sardinia

COVERS

-
-
-
-
-

NETWORK CONTACTS

-
-
-
-
-

WEAPONS/ARMOUR/GEAR MOD

-
-
-
-
-
-

HIT THRESHOLD [3]

SPECIALS

MOS (AUTOSUCCESS 1/GAME): Weapons

DRIVING 8+ (GRAND THEFT AUTO; GEAR DEVIL): Steal any car automatically for 1 point; Thriller Combat moves

WEAPONS 8+ (QUINCEY MORRIS' BOWIE KNIFE; THRILLER COMBAT): Throw a knife without penalties; access Thriller Combat moves

GENERAL ABILITIES

Ability	Rating	
Athletics	4	
Computer Use		
Conceal	2	
Cover	5	
Diguise	2	
Driving	8	
Explosive Devices	2	
Filch	2	
Gambling	2	
Hand-to-Hand	4	
Infiltration	4	
Mechanics	4	
Medic	2	
Network	7	
Piloting	1	
Preparedness	2	
Sense Trouble	2	
Shooting	4	
Shrink		
Surveillance	4	
Weapons	8	

HEALTH

8 7 6 5 4 3 2 1

0 1 2 3 4 5 6 7 8 9 10 11 12

STABILITY

8 7 6 5 4 3 2 1

0 1 2 3 4 5 6 7 8 9 10 11 12

INVESTIGATIVE ABILITIES

ACADEMIC

Accounting		
Archaeology		
Architecture		
Art History		
Criminology		
Diagnosis	1	
History		
Human Terrain	1	
Languages	2	
Law		
Military Science	2	
Occult Studies		
Research	1	
Vampirology		

INTERPERSONAL

Bullshit Detector	1	
Bureaucracy	1	
Cop Talk	1	
Flattery		
Flirting		
High Society		
Interrogation	1	
Intimidation	1	
Negotiation	1	
Reassurance	1	
Streetwise	1	
Tradecraft	1	

TECHNICAL

Astronomy		
Chemistry	1	
Cryptography		
Data Retrieval		
Electronic Surveillance		
Forensic Pathology	1	
Forgery		
Notice	1	
Outdoor Survival	1	
Pharmacy	1	
Photography	1	
Radiotelegraphy		
Traffic Analysis	1	
Urban Survival	1	

DESCRIPTION You're ex–Soviet Marines, the last survivor of a unit that was subjected to an experimental bioweapons test near Odessa. When it went wrong, you knew you'd be killed to cover up the fiasco. Instead, you hopped a freighter for Istanbul and the West, and found employment as a mercenary.

BACKGROUNDS: Medic (*vrach* is Russian for "Doctor")

PREVIOUS PATRON: Red Army bioweapons specialist

SOURCES OF STABILITY

- **SYMBOL** Your grandfather's hunting knife
- **SOLACE** The bartender at your favorite café in Paris
- **SAFETY** An abandoned Soviet weapons testing ground in the Ukraine — you know where the safe zones are

COVERS

-
-
-
-
-

NETWORK CONTACTS

-
-
-
-
-

WEAPONS/ARMOUR/GEAR — MOD

-
-
-
-
-
-

HIT THRESHOLD [4]

SPECIALS

MOS (AUTOSUCCESS 1/GAME): Stability

ATHLETICS 8+ (HARD TO HIT): +1 Hit Threshold

INFILTRATION 8+ (OPEN SESAME): Open basic locks without rolling

MEDIC 8+ (MEDICAL SCHOOL OF HARD KNOCKS): +1 Diagnosis

SHRINK 8+ (TALK IT OUT): +1 Bullshit Detector

GENERAL ABILITIES

Athletics	8	
Computer Use		
Conceal	2	
Cover	5	
Diguise		
Driving	2	
Explosive Devices		
Filch		
Gambling		
Hand-to-Hand	4	
Infiltration	8	
Mechanics	4	
Medic	8	
Network	7	
Piloting	3	
Preparedness	2	
Sense Trouble	2	
Shooting	6	
Shrink	8	
Surveillance	2	
Weapons	4	

HEALTH

9 8 7 6 5 4 3 2 1

0 1 2 3 4 5 6 7 8 9 10 11 12

STABILITY

6 5 4 3 2 1

0 1 2 3 4 5 6 7 8 9 10 11 12

DAY OF THE WEHRWOLF

February, 1981. The talking heads on the television know best. The political landscape in Europe is tense, but manageable. Russian aggression can be contained by patience, or at most by a few targeted sanctions. Terrorism is a legitimate tactic of rebellion, and occurs spontaneously to resist Western influence. Change the channel; it's all the same. We know what's happening, the heads say. You're just chasing shadows.

Operation Edom chases those shadows, and many others. Working in the half world between spying and the supernatural, they encounter wolves in many forms. Not all wolves, says the fairy tale, show their fur on the outside.

EYES ONLY BRIEFING

Romanian dictator Nicolae Ceausescu — possibly encouraged in his mania by Dracula — decides to end the stream of warmongering, capitalist propaganda from the so-called Radio Free Europe (RFE) station in Munich. The Romanian Securitate Directorate for Foreign Intelligence (DFI) contracts with a freelance (but socialist freedom-loving) terrorist named Carlos, "al-Deeb," to destroy RFE in a bombing.

There are two werewolf packs in play — one is a local pack from Bonndorf, Germany, that has dominated the Black Forest and lower Alps area, including Zurich, for centuries. The other is Carlos' cell, a group of a dozen brash, loud young men who have been sniffing and growling around the next-nearest pack for months, clashing in Zurich. They use the Silbertal ski lodge in Lenzerheide, Switzerland, as their base of operations; Carlos doesn't want to risk a BND investigation by staging his operation out of Germany.

Switzerland also has another asset that Carlos knows about — there's an Edom station there, a small listening post that monitors telluric currents running through the Alps. That listening post gives Carlos the second vector for his plan — and his second target. Dracula wants Carlos to strike at Edom, so he's kidnapped an Edom officer and secretly infected her with the werewolf curse. He intends to trade her back to Edom just before the full moon, so she transforms into a slavering killing machine while being debriefed at Ring or another key Edom facility.

If Carlos' plan works, then both Radio Free Europe and Edom will be crippled by simultaneous surprise attacks.

CARLOS, "AL-DEEB"

Carlos is a Venezuelan revolutionary, an idealist, an international terrorist, and ... a moon-cursed werewolf, the alpha of his pack. He is brilliant and romantic about everything — his guns, his women, his political ideals. He works for pay, to be sure, but never for anyone he doesn't respect or whose politics support capitalism, Westernism, or the American Way.

By appearances, Carlos is a tall man with sandy-brown hair, well built, with a disarming smile. He has the chiseled chin of a model, and often uses "international playboy" as his cover identity. In truth, he grew up in slums and poverty, and has fought his entire adult life to change the world.

Carlos was not born a werewolf, but was bitten early as part of his initiation into the PLO, for whom he has worked for years. They gave him the code name al-Deeb, which translates as "golden jackal" or "grey wolf" depending on how you read it. His current mission is to support the Ceausescu regime through revolutionary acts in Munich.

The "revolution" that Carlos is constantly fighting is always a binary "us vs. them" scenario, and he's incapable of seeing the world as anything else. The idea that he is being used to further a different agenda than what he's been sold is both incomprehensible and repellant to him. He is a true idealist, which makes him especially dangerous.

GENERAL ABILITIES: Aberrance 10, Hand-to-Hand 14, Health 10
HIT THRESHOLD: 4
ALERTNESS MODIFIER: +2
STEALTH MODIFIER: +2
DAMAGE MODIFIER: +2 (bite in hybrid form) and worrying (see ghoul; *NBA*, p. 150); +0 (bite in wolf form) and worrying (see ghoul; *NBA*, p. 150)
ARMOR: −1 vs. any (fur)
FREE POWERS: Pack Tactics (see ghoul; ***NBA***, p. 150), Regeneration (all damage refreshes next scene, except silver damage).
OTHER POWERS: Extra Attacks (in hybrid form; see ***NBA***, p. 74; first extra attack is free, further attacks in a round cost 2 Aberrance or Hand-to-Hand points each)
BANES: silver

CARLOS' PACK

Al-Deeb has a pack of fellow werewolves, all of whom share his curse. They're all young men, mostly from Spain (former ETA separatists) and Italy (former Prima Linea Marxist-Leninists), recruited from communist or radical socialist groups. They're all under the sway of al-Deeb, and are incapable of questioning his orders or acting against him. He's their alpha — their leader, their messiah. They'd die for him.

Assume Carlos has a number of werewolf goons equal to the number of Agents. So, if you've got four player characters, opposition at the Silbertal Lodge would be four wolves, plus Carlos, plus Raul, plus optionally the Blau sisters.

GENERAL ABILITIES: Aberrance 8, Hand-to-Hand 10, Health 8
HIT THRESHOLD: 4
ALERTNESS MODIFIER: +1
STEALTH MODIFIER: +2
DAMAGE MODIFIER: +2 (bite in hybrid form) and worrying (see ghoul; ***NBA***, p. 150); +0 (bite in wolf form) and worrying (see ghoul; ***NBA***, p. 150)
ARMOR: −1 vs. any (fur)
FREE POWERS: Pack Tactics (see ghoul; ***NBA***, p. 150), Regeneration (all damage refreshes next scene, except silver damage).

OTHER POWERS: Extra Attacks (in hybrid form; see ***NBA***, p. 74; first extra attack is free, further attacks in a round cost 2 Aberrance or Hand-to-Hand points each)
BANES: silver

In addition, he has a small number of other followers, code-named Team October. Team October is composed of entirely human and mortal revolutionaries who are ideologically in line with Carlos and his group, but either hail from countries that Carlos doesn't trust or simply haven't proven themselves to the pack as a whole. For the most part, they know they are on the lower rung of the hierarchy, but are anxious for the opportunity to show their loyalty and competence.

Because they are human, Team October has little chance of surviving the full onslaught by the werewolves on the 21st. Their mission objectives are to set the primary explosives, which the werewolves will use as a signal to start killing anyone fleeing the building.

Use the generic terrorist stats on *NBA*, p. 70, for Team Ocotber.

THE ORTENAU PACK

The other pack of wolves in this scenario is made up of natives of the Swiss town of Lenzerheide. Twenty years ago, a "wild dog" attacked four children in a playground One of the children was killed; the other three survived despite their injuries. They survived, but they were not unchanged — all three contracted the curse of lycanthropy, although the symptoms would not become evident for years. (Depending on your campaign and your choice of horror, the first change might be triggered by hormonal changes during puberty, by the loss of virginity, by a shift in the telluric currents, by Dracula's awakening in the 1977 quake …)

The three survivors are Mala Ortenau, now a manager at the Silbertal Lodge and the sisters Angeline and Frangelica Blau. The boy who died was Mala's brother Stefano. Mala had the guidance of her eccentric great-aunt, Baba Windeck, who attempted to cure her lycanthropy; the two Blau girls ran wild, although as pack alpha, Mala discovered she was able to command them to a degree.

Mala considers herself to be cursed, and chains herself up at the full moon. The Blaus use the curse to justify whatever hedonist or illegal things they want to do, but — usually — stop short of killing, out of a desire to avoid attracting the attention of the authorities if nothing else.

GENERAL ABILITIES: Aberrance 12, Hand-to-Hand 6 Health 12
HIT THRESHOLD: 4
ALERTNESS MODIFIER: +2
STEALTH MODIFIER: +2
DAMAGE MODIFIER: +2 (bite in hybrid form) and worrying (see ghoul; ***NBA***, p. 150); +0 (bite in wolf form) and worrying (see ghoul; ***NBA***, p. 150)
ARMOR: −1 vs. any (fur)
FREE POWERS: Pack Tactics (see ghoul; ***NBA***, p. 150), Regeneration (all damage refreshes next scene, except silver damage).

OTHER POWERS: Extra Attacks (in hybrid form; see ***NBA***, p. 74; first extra attack is free, further attacks in a round cost 2 Aberrance or Hand-to-Hand points each)
BANES: silver

Carlos & Mala

Carlos' choice of the Silbertal Lodge as his base of operations was no coincidence. He wants to recruit the Blau sisters to his pack — the sisters are hedonistic and apolitical right now, but Carlos believes he can awaken them to the international struggle against capitalism, or at least use them as weapons. Angeline Blau has already proved her worth — she seduced Evan Kolinsky and got him to spill Edom's secrets, which allowed Carlos to select Genevieve MacDougal as his Trojan wolf to strike at Edom.

Mala's unhappy about a pack of international terrorists descending on her quiet lodge, and doesn't appreciate her "sisters" being taken by another alpha. However, she's not willing to risk fighting back against Carlos on her own, especially as Carlos might threaten her beloved great-aunt, Baba Windeck.

The Agents may be able to change that equation.

Running the Operation

This adventure seems fairly complex, mostly because of the many possible side trails, possible guest stars, and optional scenes. Don't worry about those unless you want to.

Shortening the Scenario

The real "super-spine" of the scenario goes like this: *Trade-Off* (p. 108), *Debriefing* (p. 108), *Eis Disco* (p. 112), *Silbertal Lodge* (p. 113), *Radio Free Europe* (p. 120). That's it. Five scenes, done in four hours.

Other tricks to shorten *The Day of the Wehrwolf* in play:

- Start with pregenerated character sheets to reduce time at the start of the session.
- Skip *Scalp-Hunting* entirely and start the scenario with the prisoner exchange in Zurich (*Trade-Off*, p. 108). This introduces Raul so the Agents know what kind of person they're dealing with later.
- Genevieve openly volunteers information about her capture and her injuries in *Debriefing* (p. 108), so the Agents do not need to spend too much time interrogating her.
- Kill Kolinsky off during the ambush: MacDougal caught him with a bullet before the pack brought her down, or the wolves got hungry, or Carlos sent Dracula a message.
- Assume a certain reasonable Edom-training level of preparation for fighting werewolves: a magazine of silver bullets per Agent, for example, is reasonable. For wolfsbane or other stuff, that's why there's Preparedness.
- Employ a montage sequence for interrogating the terrorists rather than roleplaying hormonal Marxist shapechanging thugs each time.

In the History of Wolves

In real history, terrorists paid by Ceausescu did indeed detonate a bomb at the Radio Free Europe complex in Munich on February 21, 1981. The bomber was Bruno Bréguet, a Swiss terrorist and member of the Organization of the Armed Arab Struggle — better known as "the Carlos Group," after its leader, the Venezuelan terrorist Ilich Ramírez Sánchez, himself better known as "Carlos the Jackal." The police named him "Carlos" after the name on one of his false passports; *The Guardian* named him "the Jackal" in 1975 after a reporter spotted the Frederick Forsyth spy thriller *The Day of the Jackal* in an apartment Carlos had been using. (It belonged to the apartment's owner; Ramírez Sánchez never read it.)

Whether the Carlos in this adventure is the same person as Ramírez Sánchez — whether Ilich Ramírez Sánchez is "really" a werewolf in the campaign universe — is the Director's call.

But *something* made our history's Carlos suddenly throw away four months of meticulous preparation, and at the last minute move the date of the RFE bombing from February 14 to February 21 — to the last night of the full moon.

Linguistic Note

The Arabic word *al-deeb* can either refer to the golden jackal, or to the grey wolf.

Time Pressure

The clock is ticking in this adventure! The Agents get involved in the plot just eight days before things come to their dramatic climax.

Absent any interference from Edom or the BND, the timeline plays out as so:

- November 1980: Carlos sends elements of Team October to Munich to begin surveillance of the Radio Free Europe building, while his pack remains at its lair in Hungary, planning the attack on the Edom side of the operation.
- December 1980: The Romanians supply Carlos with the location of Edom's Chain Home Deep station in Switzerland; Carlos starts looking for a way to infiltrate that station, and finds Angeline Blau. He convinces her to seduce Evan Kolinsky.
- January 1981: Carlos smuggles explosives supplied by the Romanian SRI to Raul, his Spanish bomb-maker.
- February 1981: Carlos' pack move to Lenzerheide to put the Edom phase of the plan into operation.
  - February 13: *Scalp-Hunting*, arresting Raul, halts the bomb-making that would have been used to blow up Radio Free Europe as initially scheduled on February 14. Carlos raids the Edom base at Zermatt.
  - February 15: Raul is returned to Carlos in Zurich during a prisoner exchange.
  - February 17: Carlos and his team leave the ski lodge in vans and sports cars to drive to Munich to get into position.
  - February 18: Full moon.
  - February 21: Carlos, the werewolves, and the human bomb team all descend on Radio Free Europe in Munich, causing an enormous fire and great chaos. The werewolves kill several journalists and technicians. Radio Free Europe doesn't recover before the fall of the Berlin Wall in 1989.

WEREWOLVES OF EDOM

Why hasn't Edom (or another vampire program) recruited werewolves? Werewolves may not be as powerful as vampires, but they're much easier to handle, and don't have the same drawbacks or dietary issues. Where are the dog soldiers?

For one thing, not everyone can become a werewolf. Maybe there's a genetic component. Maybe only those who have sinned in a particular way can be cursed. Maybe you need a little animal in your soul to start with. Everyone else can still be *infected* with the curse, but they don't survive the first transformation. Some turn into wolves, but can't turn back again or die in a frenzy of violence. Others don't transform at all, but just die of seizures and heart attacks.

Whatever the cause, acquiring a werewolf soldier isn't as simple as injecting Sergeant Jenkins with werewolf blood and waiting until the next full moon. Rest uneasy; they have top people working on it. Top people, like "Dr. Drawes."

Other options for added complexity:

LEADER OF THE PACK: Dracula is the alpha of alphas, the king of the werewolves. All werewolves instinctively and utterly obey his commands. If Edom created its own army of werewolves, then Dracula could take control of them all with a thought.

NOT DISCOVERED YET: It took Edom years to find Dracula, and decades afterwards to work out where it'd gone wrong in trying to control him. Werewolves are even harder to find than vampires, as they're completely human most of the time, and they don't necessarily leave a neat trail of bloodless corpses to follow. Give Edom a live specimen, and it'll get to work on extracting and bottling the curse.

WIPED OUT: There aren't many werewolves left. Were they hunted to death in medieval pogroms? Maybe the Nazis or Soviets feared that lycanthropy would be used against them, and so they purged Eastern Europe of every werewolf pack they could find. The wolves in this adventure, near peaceful and well-governed Switzerland, are one of the few packs lucky enough to have escaped the hunters.

RIGHT HERE, RIGHT NOW: Edom *has* werewolves — either the Seward Serum is really a distilled form of lycanthropy, or there's a den of wolves on Dartmoor (near Exeter, by the by — *The Baskerville Dossier*, anyone?). Its wolves aren't suited to the current mission of assassinating terrorist targets but it has them in reserve if things get ugly — or desperate. Consider adding *Release the Hounds* to the Edom pyramid as a Row Three response.

OPERATION WERWOLF: No discussion of weird science, secret military programs, and werewolves can go by without a mention of Operation WERWOLF, the last-ditch plan by the Third Reich to prepare guerilla resistance forces in Germany in advance of the Soviet invasion. If you're running with *They Saved Hitler's Blood*, (***DH***, p. 320) then of course the secret Nazis have werewolf shock troopers.

- The other ticking clock is MacDougal's transformation into a werewolf, which happens when the full moon rises. She might start to change on any day from the night of the 16th onwards; spending **Reassurance** or **Pharmacy** can delay her change, but if she hasn't received a full cure by the 18th, she's doomed (see *Rabid Dog*, p. 119).

CHYRONS

To reinforce the time crunch, introduce each new scene (or at least each dramatic scene) with a chyron written on a note card. A chyron is that cool place-and-time slug that introduces a scene in the *Bourne* trilogy or the TV show *Alias*. For example, before *Scalp-Hunting*, hold up a card labeled:

BARCELONA
13 FEB 1981
7:03 P.M.

Have cards already labeled *LONDON, ZURICH, ZERMATT, LENZERHEIDE*, and *MUNICH*, and as the scene opens write the current game date and time below them. Don't sweat exact times, and it can only help if you nudge the elapsed time up by an hour or so. (Dry erase boards work even better, or Pelgrane's own Noteboard; ask for it by name.)

TRAVEL TIMES

When the Agents travel somewhere or spend time preparing for something, it consumes some of their lead time against Carlos' plan. Approximate travel times by car in 1981 are as follows:

- Barcelona to Zurich: 12 hours
- Silbertal Lodge (Lenzerheide): 90 minutes southeast of Zurich
- Zermatt: 4 hours south of Zurich, 5 hours west of Lenzerheide
- Zurich to Munich: 4 hours

The middle of winter in Germany and the Swiss Alps has unpredictable, cold weather. Many of the travel and driving obstacles can be overcome with a sufficiently skilled driver, of course. All that said, if the Agents look like they might short-circuit the scenario, or you need to soak up some time, have a winter storm blow in and double all drive times in Switzerland and the Alps. (Perhaps Dracula has noticed them.) Driving test Difficulties in a storm increase by +2.

WELCOME TO THE UNDERWORLD

The Day of the Wehrwolf makes an excellent "cherry scenario," with the Agents starting as regular MI6 operatives who discover the existence of the supernatural, and of Edom, as it plays out. In this version, add an Edom NPC out of CHD Zermatt (p. 111) who brings the silver-lined handcuffs to the *Scalp-Hunting*. Ideally, he dies in the fight. If not, he plays the delicate role of luring the Agents in by warning them off: *"You don't understand what's involved. Get out now while you can remain safely ignorant."* Another possibility: choose one player character for Edom to soften up beforehand. Her Edom handler

I SING THE WEREWOLF TELLURIC

If your vampires are unambiguously damned or supernatural, your werewolves can be equally impossible — they are cursed to transform into hideous beasts when the moon is full. The sins staining their souls become manifest in their flesh, and they become savage wolf-people, and it's all "oh no, silver" and pentagrams and Lon Chaney until dawn.

However, if you're going with our pseudoscientific telluric vampires, or want to mix things up a little, here are some alternate takes on the werewolves:

- **INFECTION:** Werewolves are what you get when someone is infected with both the rabies virus and the telluric bacteria. Rabies causes an inflammation of the brain, which disrupts the bacteria's natural connection to telluric currents, limiting the bacteria's ability to mutate the host. A bite from a werewolf passes on the infection, but in most cases the bacteria gets burnt out in a few weeks after only a single agonizing change at the full moon. Only those with a genetic susceptibility to the bacteria become permanent werewolves (and if the Ruvari Szgany have this condition, it might explain Dracula's interest in the clan).
- **INJECTION:** "Werewolves" are just long-term (ab)users of the Seward Serum. Edom didn't create the serum so much as rediscover it from clues in old Romanian folk tales and alchemy texts. In centuries past, vampire slayers brewed "magic potions" from the blood of their foes to give them the strength and speed they needed for the next fight. Over the generations, the effects of the serum became hereditary, but the werewolves retain the knowledge of how to brew up the potion. MacDougal was forced to drink the potion by her captors — making her a werewolf would put her under the dominance of Carlos, the alpha wolf.
- **INCEPTION:** Werewolves don't transform into wolf-people. The curse makes them faster, stronger, hairier, yes, but it doesn't turn them into beasts. Instead, it releases pheromones that trigger an instinctive predator/prey response in humans. Those meeting a werewolf must make a Difficulty 2 **Stability** test immediately; those who fail feel unaccountably twitchy and fearful, and cannot use Intimidation or Interrogation for the rest of the scene. If you lose Stability in an encounter with a werewolf (for any reason) you remember the werewolf as being a hideous wolf-monster, not a human being.
- We're assuming that werewolves can change form at will (if you want to bother tracking Aberrance, say they've got to make a test to change; Difficulty 2 at the full moon, 4 at other times, +1 Difficulty during the day). More thematic werewolves might only change form at moonrise, or you could tie it to Dracula's shapeshifting in the novel and say they can change only at sunset/ sunrise, midnight/midday, and the slack of the tides (whatever *that* means in landlocked Switzerland).

passes her the handcuffs before the snatch mission: *"You'll be wanting these."*

MacDougal is likewise a "straight" MI6 analyst, grabbed by Carlos to get Raul back, and you can skip *CHD Zermatt* and *Rabid Dog* as she's not being aimed as a weapon against Edom. The Director can use her to feed "this must be werewolves" lines to the Agents if they unaccountably remain skeptical. If you wish, formally introduce Edom either in *Edom Meddles* (p. 111) or as a doomed NPC team from CHD Zermatt that attacks the Silbertal Lodge just in time to let the Agents escape Carlos' pack.

The Agents who survive the operation return to London expecting a normal debriefing in the Circus (or Century House; p. 87). Instead, a car with tinted windows takes them into the countryside to a near-abandoned stately home called Ring. Here, their NPC Edom contact congratulates them on stopping (or at least mitigating the impact of) Carlos' plan. *"Welcome to Operation Edom, chaps. Now that you've met werewolves,"* he says as we fade out, *"let me tell you about the vampires ..."*

THE SPINE

Assigned to grab a terrorist described as "supernaturally strong," the Agents duly go **Scalp-Hunting** for Raul, a bomb-maker in Barcelona. But Carlos, "al-Deeb," werewolf terrorist, needs him back and forces a **Trade-Off** by snatching an Edom analyst, Genevieve MacDougal. In her **Debriefing**, she fingers her partner Evan Kolinsky as a double agent, and provides a lead to the **Eis Disco** in Zurich. (Following The Kolinsky Trail to **Find the Traitor** provides an alternate path to Munich.) At Eis Disco, the Agents find Carlos' pack moving in on the local werewolves' territory, and making enemies and mistakes enough to reveal their own den, the **Silbertal Lodge** in Lenzerheide, Switzerland. (**A Meet With Mala** might get the same result.) In the **Blood and Snow** the Agents have a chance to kill Carlos and stop his plot — the bombing of **Radio Free Europe** in Munich. If they don't, they have to do it in **Munich**, while the timer is ticking ...

ENTRY VECTORS

The bad guys provide a convenient entry vector into this scenario. Raul Rodriguez is under orders to get caught by Edom in Spain, so they have informants leak information about a bomb-maker with possible IRA connections to MI6, with enough supernatural spice to suggest that Edom should be involved.

If the player characters aren't part of Edom, then consider introducing Petrie (p. 111) as an old contact of the Agents. When the wolves kidnap MacDougal, he captures Raul to trade for her, and calls in the Agents for support. Start with *Trade-Off* instead of *Scalp-Hunting*.

As a Flashback, the NATO Liaison (***DH***, p. 125), Former Gehlen Org (***DH***, p. 82), Retired KGB Agent (***DH***, p. 97), or any ex-MI6 or ex-Securitate NPC could give the story of what happened, as might Leon Ortenau (p. 122).

SCALP-HUNTING

SCENE TYPE: Action/Introduction
LEAD-OUT: Trade-Off

Barcelona, 13 February. It's a cold, wet evening, with a chill wind whipping through the city from the north-east.

In a one-bedroom apartment in Barcelona, the Agents operate a sting to bring down a "supernaturally strong" suspect.

The yellowing plaster walls of this student apartment in Barcelona, Spain, are covered with posters of Che Guevara and Zapata. An acoustic guitar leans against a battered sofa which holds a jumble of sheets and pillows, in the living room. A kitchenette (with window fire escape) leads to the bedroom and a tiny bathroom beyond. The bedroom dresser and sad twin-sized bed, stripped of its sheets, are easily overshadowed by the room's heavy wooden desk, two desk lamps, and a mess of wires, components, and explosive materials. A duffel bag next to the desk holds several pipe bombs, while the "main bomb" appears to be in the process of being installed in pieces into a dark green footlocker on the bed. Raul's inside listening to music.

The Agents are … well, their approach is up to them. Their orders are to capture Raul Tomás Rodriguez; they've been issued with a sedative syringe and a pair of handcuffs (silvered, if Edom already knows about werewolves in your campaign), along with whatever other gear they might need for a smash-and-grab (6-point **Preparedness** pool for kidnapping gear). They're operating without the sanction or knowledge of the Spanish authorities, by the way, so they need to keep this quiet. There's an Edom outpost on Gibraltar they can retreat to if necessary. Once Raul is in custody, they're to bring him to the airport, where there's a charter plane waiting to bring him back to England (or maybe some other black site — handling him after that is Edom's problem, not the Agents').

So — kick in the door, punch Raul in the face / jam a syringe in his neck, and render him out to the airport.

- **Pharmacy** gives a 4-point Tactical Fact-Finding Benefit to Hand-to-Hand here, as the Agents are ready to sedate Raul. He'll go down after a round of struggling once injected.
- **Explosive Devices** recognizes the equipment on the table as bomb components. It looks like he's working with blocks of plastique manufactured by the Bulgarian company Leutner Fabrichen (***DH***, p. 146); from the discarded wrapping, he had access to forty or fifty *kilos* of plastic. That's a lot of boom. Most of the explosive is gone though — already shipped out.
- **Bullshit Detector** or **Tradecraft:** Raul went down a little too easy. You'd have thought a tough guy like him would put up a better fight.
- 1-point **Notice** or **Astronomy** spend: There's a calendar on the wall with the 18th circled. The 18th is the next full moon.

RAUL TOMÁS RODRIQUEZ

A Spanish-born student with revolutionary ideals and boot-camp level training in explosives. Raul was recruited into Carlos' pack only three years ago, at age 19. He's an excellent soldier for the pack, however, eager to learn everything he must to support the revolution.

Raul is short, stocky, with dark brown hair and a dark complexion. His eyes are black but always appear to be mirthful, even when that humor is not lighthearted or kind. Use the generic werewolf stats for Raul (p. 103).

INTERROGATING RAUL

While the Agents aren't supposed to interrogate Raul, they may do so after grabbing him or on the flight to Zurich. **Interrogation** gets the following clues:

- He's a bomb-maker by trade. It takes time (**Interrogation**) to get the name of his employer (al-Deeb) out of him.
  - And a **Tradecraft** or **Languages** spend to know who al-Deeb is and what the code name means.
- He was building a bomb for an upcoming attack. He doesn't know where or when al-Deeb will strike, other than "soon."
- He gave the bomb to a courier; he doesn't know where the courier's going.
- **Bullshit Detector:** Raul's much, much too confident. Either he's sure that he's going to be released soon, or he thinks he'll be able to break out.

CHANGE OF PLANS

When the Agents make contact with Edom the next morning (either at the airport, or by calling in — remember, this is 1981, so no one has mobile phones), they're informed of a sudden change of plans. They're told the following:

- Last night, a secret listening post in Switzerland was attacked. It's believed the assailants are part of the same cell as Raul Rodriguez. At least one of the MI6 staff there was taken prisoner.
- The assailants have made contact with MI6 and want to make a trade — Raul for their prisoner. Edom doesn't know how they know that Raul was captured, but they suspect that Raul's apartment must have been under surveillance. (Optionally, drop heavy hints that Edom's going to blame the player characters for this whole mess — *'If you'd been more careful trailing Raul, we wouldn't be scrambling to make a trade under duress.'*)
- The Agents are to bring Raul to Zurich immediately, and then follow instructions from the Swiss airport. Securing the safe return of the MI6 prisoner is their new top priority.

ZURICH, SWITZERLAND

TRADE-OFF

SCENE TYPE: Introduction
LEAD-IN: Scalp-Hunting
LEAD-OUT: Debriefing, Silbertal Lodge

If this is a one-shot or convention game, start with this scene.

A day or two after capturing Raul, the Agents find themselves in Zurich airport to make the exchange. Ask the players if they flew from Barcelona to Zurich, or if they went via London, or if they drove across France to get to Switzerland.

The Zurich Kloten Airport is a bustling airport in Switzerland, the largest airport in the country. It is sleek and "modern" (for 1981), having been recently renovated in the 1970s. Huge swathes of glass architecture, balcony overlooks, and curving hallways give it a somewhat retro-futuristic look. Swiss guards armed with machine guns serve as security in this airport — a stance against the rise in terrorism that has plagued the air industry over the past decade.

On arrival, the Agents hear a tannoy announcement calling for Raul Rodriguez to visit the car hire desk. There's a car rented in his name, and in the glovebox there's a map with an isolated mountain road marked, as well as a time — midnight tonight. Clearly, it's the time and place for the exchange. Getting there means some tough driving across the mountains. If the Agents want to get there ahead of time, they'll need to make a **Driving** test, Difficulty 4 (this is a failsafe test, so they can't fail; if they don't beat the Difficulty, they pick up a point of Heat from the Swiss police).

At the rendezvous, there's no sign of anyone until just before midnight, when a car identical to the one the PCs are driving shows up. In it are four young men; they look similar to Raul, and he clearly recognizes them. The captured MI6 officer, Genevieve MacDougal, is tied up in the trunk.

The plan is for the Agents and the terrorists to get out of their cars, swap car keys, and then both drive away. **Military Science** or **Sense Trouble** guesses

they've got a dead man's switch or some other security measure to ensure that if the Agents try double-crossing them, they'll be able to kill their hostage. (There's a small radio-controlled bomb under the car, and one of the goons has a detonator in his pocket. Disarming it needs **Explosive Devices**, Difficulty 3; **Notice** sees him keeping one hand in his pocket.)

The goons don't give names, and have the same alpha-dog swagger as Raul, all young, immortal, and virile. The leader arrogantly tosses the keys of his car towards one of the Agents, deliberately aiming the throw short so the player character has to scramble in the snow. "Better get her somewhere warm quick," he says, jerking a thumb towards the car. "Don't fucking follow us."

If the Agents fucking follow them at a distance, then it's a Difficulty 6 **Driving** or **Surveillance** test (driver's choice) to keep them in sight without being spotted. Snow on the road makes the drive even tougher. The goons head towards *Silbertal Lodge* (p. 113); if the Agents lose them, then **Urban Survival** spots the same car in Zurich outside the *Eis Disco* (p. 112).

THE HOSTAGE

MacDougal's tied up in the trunk of the second car, bound and gagged. **Pharmacy** suggests that she's also been sedated; **Diagnosis** tells the Agents she's been roughed up but not severely beaten, and is suffering from hypothermia after being locked in the boot of the car for a few hours in the middle of winter. They can't fly her back to England until tomorrow, so they should find somewhere to hole up or drive back to Zurich and rest. Run *Debriefing*.

DEBRIEFING

SCENE TYPE: Core
LEAD-INS: Trade-Off, The Smoking Gun
LEAD-OUTS: Bibliothek Vordenburg, Eis Disco, Silbertal Lodge, CHD Zermatt, Boucherie Zalita

Genevieve MacDougal is understandably under a great deal of stress and anxiety. In the last few hours, she's been betrayed, ambushed, assaulted, drugged, and then imprisoned. She's not a field operative; her idea of spying is sitting in nice Swiss coffee shops meeting informants, not shooting people. She's shaken; spending **Reassurance** or **Shrink** and making her endless cups of tea calms her nerves enough to get her to explain what happened.

While tending to her injuries, both mental and physical, the Agents may also pick up on some other clues:

THE EDOM SAFE HOUSE

The obvious place to go is Edom's safe house in Zurich. This is a two-story home of newer construction in a nice neighborhood in Zurich's suburban area. The brick exterior's large windows face the street. A small garden in the front provides a setback from the road. A fat yellow tabby cat lounges on the porch, coming and going as it pleases. The water and electricity are both on, and the kitchen is stocked with shelf-stable food. Two bathrooms serve for the house; one of them has stainless steel countertops and bathtub (easily sterilized) and a field surgeon's first aid kit. There is far too much bleach in this house, and the garden shed out back has a rather significant amount of stored lye.

Three bedrooms upstairs appear fairly normal except for the walk-in closets with extremely strong doors and locks. The closet off the master bedroom also has a pair of shackles bolted into the wall, which is one of the shared walls with the neighbor's house.

In the attic are four footlockers containing various conventional guns and weapons — this counts as a free cache (***NBA***, p. 94; it can be a haven, too, if the Agents have managed to spend enough points to need a refresh).

- **Diagnosis:** She's been punched and kicked, and even bitten on one shoulder. None of her injuries are life threatening, and she hasn't been raped.
- **Pharmacy:** She's been injected with both sedatives (probably a phenobarbital) and some sort of stimulant, possibly an amphetamine. That's a CIA interrogation technique discovered in the MKULTRA experiments.
- **Vampirology** or **Occult Studies:** There's weird silver threading around her wounds. It's not a vampire bite … it reminds you of something you've read about werewolves. Maybe you should check out the *Bibliothek Vordenburg* (p. 110) for texts on this matter.
- **High Society**, **Human Terrain**, or **Tradecraft:** MacDougal … you know those features, and from her behavior and accent, you're guessing she's from a wealthy background. She's got serious family connections — she's the niece of the current Lord Chancellor. No wonder Edom wants her back so urgently.

MACDOUGAL'S STORY

She tells the Agents the following information (redact as necessary if you're keeping Edom offscreen for the most part):

- She works for Edom. She's part of a three-person team operating a listening post in the town of Zermatt, in the southwest of Switzerland (*CHD Zermatt*, p. 111).
- Her supervisor there is David Petrie; the third member of the team is Evan Kolinsky.
- Petrie was always very cold and distant, and was often away for long periods without warning. She got to know Kolinsky very well; she thought of him as a friend.
- Kolinsky spent a lot of time in Zurich. She suspects he had a girl there.
- Kolinsky convinced her that Petrie had switched sides and is taking bribes from the Soviets, and that they should follow Petrie to a meeting with his handlers.
- He mentioned that a contact in the Boucherie Zalita tipped him off about Petrie's treachery
  - ➤ (core) **Streetwise:** The Boucherie is a place to pick up illegal weapons.
- (core) **Streetwise:** She also knows that Kolinsky spent a lot of time at the Eis Disco in Zurich.
- That meeting was an ambush — an excuse for Kolinsky to lure her into the woods, where she was ambushed by the men who kidnapped her.
- She doesn't know what happened to Kolinsky, but the Agents can follow up on either of the core clues (*Boucherie Zolita* (p. 110) or the *Eis Disco* (p. 112)). Alternatively, if you want to cut the Kolinsky side trail, then she can remember Kolinsky running into the forest, pursued by a huge silver wolf with piercing blue eyes, and a few moments later she heard him scream. (The wolf was Angeline Blau.)
- Everything's a blur after that. They brought her to a basement — she remembers seeing old ski gear and broken chairs with a silver *V* on them.
  - ➤ (core) **Research** lets the Agents tie that logo to the *Silbertal Lodge* (p. 113).
- **Languages:** They spoke English, but she also heard some of them using Spanish, Italian, German, and Romanian, suggesting a mixed group. They may have asked her questions — she doesn't remember.
- She got the impression that they were planning something big, and that "the others have gone ahead already," and that "Raul is preparing the bomb."
- She feels responsible for Raul getting away — if she hadn't been so stupid to listen to Kolinsky, then the Agents would still have Raul, and they'd know what the attackers are planning.

MEDICAL TREATMENT

If the Agents want to examine MacDougal's wounds more closely, they can break or bluff their way into a local hospital. The sounds of monitors and patients murmuring, and footsteps on the cool, white tiled floors, mingles with a pervasive antiseptic smell. The emergency department of the hospital is only slightly faster-paced, mainly with car accidents and drunks on this mid-February visit.

Diagnosis confirms that the silvery threads around the injection site are unnatural — and expanding. It looks like MacDougal has been infected with some supernatural contagion or curse. She's also showing signs of an allergic reaction to silver.

The hospital has a few lecture rooms, which contain historical artifacts from past medical eras. Among these is an injectable solution of silver sulfadiazine (SSD). There are only a few vials of the stuff in a display case with some other curious historical medical artifacts and devices. **Filching** it is Difficulty 4.

One dose of SSD injected into a werewolf kills it in a matter of minutes (although the wolf will be very dangerous in the meantime!).

MOVING ON

Edom wants the Agents to bring MacDougal back to England immediately, or at least put her on a plane so she can be reunited with her influential family. MacDougal wants to stay and help the Agents track down Kolinsky and the kidnappers. If the Agents go with this option, they need to find a place to stash her — if she's seen by any of the other werewolves other than Mala, then Carlos realizes that the Trojan-wolf part of his plan has failed, and he goes to his plan B on that score, which is murder the Agents in *Blood and Snow* (p. 117).

If the Agents decide to accompany MacDougal home, or put her on a plane back to London, run *Edom Meddles* (opposite), then *Rabid Dog* (p. 119).

BIBLIOTHEK VORDENBURG –

SCENE TYPE: Alternate/Pipe
LEAD-IN: Debriefing, Edom Meddles
LEAD-OUTS: Baba Windeck

The Vordenburg collection was founded by Baron Vordenburg, a German occultist and alleged vampire hunter (**Vampirology** connects him to Carmilla). Parts of the library were lost during WWII (looted by the Nazis, or the Soviets, or the Nazis got it first and then the Soviets grabbed it from them), including several artifacts like the baron's vampire hunting kit, but some of the books survived and form the core of this collection. This research library (not a lending library) is located in any large city, such as Zurich, Munich, or Freiburg. The library contains several major collections, including an extensive history of the region, a sizeable occult and "alternative religions" section, and numerous works of art and historical artifacts. One current exhibit showcases the art and history of Romania, up to the end of World War II, when it joined the Soviet bloc.

Research confirms that MacDougal's injury resembles a werewolf bite. There are rumors of a ritual that can remove the curse — but only if performed before the victim changes for the first time.

Research also turns up a newspaper article from the early 1960s, describing a horrific attack on a playground in Lenzerheide by a "wild dog." Three children were injured in the attack, and a fourth died from his wounds a few days later. The naked body of a man was discovered in the woods several days later, killed by a gunshot wound. The man was later identified as a former German soldier who was believed to have been killed in 1945; the authorities were baffled as to how he remained at large for more than fifteen years.

- (alternate core) **Flattery** or **Occult Studies:** Chatting to the unexpectedly personable librarian, you learn there's a woman in the Lenzerheide region who dabbles in the occult, a kind of "hedge witch" who used to visit the library a lot. He digs up her contact details — *Baba Windeck* (p. 118).

WORD FROM EDOM

If the players need a hint, or don't want to risk a detour to find the library, then Edom can give them the key facts in a phone call.

BOUCHERIE ZALITA ———

SCENE TYPE: Hazard
LEAD-INS: Debriefing, Find the Traitor, Silbertal Lodge
LEAD-OUTS: Silbertal Lodge

Alexis and Marta, a large man and his equally large wife, operate the Boucherie. They sell drugs and guns on the side. They don't keep any weapons or contraband at the Boucherie itself — it's all stored in lockups and hidden caches around the city. By default, the Boucherie is in Zurich, but it can be moved elsewhere. If the Agents use **Network** to source weapons or equipment, point them here.

The place reeks of blood and refrigerated raw meat. Numerous cuts of ham and beef are on display in the refrigerated counter. In the back, a large meat locker has enormous sides of beef hanging in cold storage, ready to be cut and presented for sale. Behind the shop, a pack of four guard dogs keeps watch, preventing interlopers from interrupting its supply of delicious scraps.

OBSERVING THE BOUCHERIE

Neither Kolinsky nor Carlos' pack have any direct contact with the Boucherie for the rest of the mission — they've already done their business here. Still, tapping phones or watching the visitors here gives the following clues:

- **Streetwise:** The owners of the Boucherie have arrangements with several Swiss border guards, allowing them to smuggle illegal goods in and out of the country. Knowing about their operations gives ammunition for blackmailing them into cooperating.
- **Criminology:** The Zalitas are scrupulously fair, selling to anyone. They're not part of Carlos' gang, nor are they aligned with any other terrorist or criminal groups. They're Swiss organized crime — as neutral as the rest of the country.

BREAKING IN

The Agents need to get past the dogs in order to get in (Difficulty 4 **Infiltration**, **Pharmacy** spend to drug them, **Outdoor Survival** spend to know how to calm them). Inside, the Agents find the following:

- **Accounting:** Someone purchased a large number of guns — if the Agents know the size of the team at the Silbertal Lodge, they can tell that Carlos bought more guns than that team could reasonably use. He's got a second squad out there (*Team October*, p. 103).
- **Notice:** There's a map under the counter; it was used recently, and the Silbertal Lodge in Lenzerheide is circled.

QUESTIONING THE BUTCHERS

Alexis and Marta refuse to discuss their business with outsiders. You can buy meat, or you can buy drugs and guns, but their client list is not for sale. A **Negotiation** spend gets some information, as does uncovering their arrangement with the cops and threatening to expose it (leveraged clue). Straight Intimidation is ignored; if the Agents escalate to violence, that's certainly an option, but Alexis and Marta have scrupulously maintained their identities as upstanding citizens, so killing them is worth 4 Heat. Use Thug stats (***NBA***, p. 70) for the pair — Alexis counts as a gym rat, and he's got Special Weapons Training with his cleaver for +1 damage.

- If the Agents get them talking, they admit they delivered some merchandise to the Silbertal Lodge.
- They have never heard of Kolinsky, or Petrie, or Edom. (Kolinsky lied when he told MacDougal about his source.)

CHD ZERMATT

SCENE TYPE: Alternate
LEAD-IN: Debriefing
LEAD-OUTS: Find the Traitor

Edom's station in the small Swiss town of Zermatt looks unremarkable from the outside — a little chalet in the mountains, overlooking the valley below. Only (**Electronic Surveillance**) the radio aerial nestled among the chimneys, or (**Mechanics**) the heavy-duty generator at the back, or (**Military Science**) the unusually thick walls and the windows with excellent fields of fire hint that it might be anything more than it seems.

In the basement of the chalet is a Chain Home Deep station, part of Edom's telluric monitoring network. This particular station normally has three staff members — supervisor David Petrie, and technicians MacDougal and Kolinsky. All three are missing when the Agents arrive; Kolinsky's fled, MacDougal is in the Agents' custody or back in England, and Petrie is simply missing.

There's no sign of forced entry, but the front door is unlocked and the interior has been quickly and efficiently searched (Carlos' men came here after capturing MacDougal.) Examining it picks up the following clues:

- **Electronic Surveillance:** There's an Edom flash-transmission device in the basement; the kidnappers used it to tell Edom they had MacDougal and to arrange the trade for Raul. That implies they knew a great deal about Edom's operations.
- If you're using the optional *Find the Traitor* plotline, then Kolinsky returned here after MacDougal was kidnapped and grabbed his belongings; he packed a bag and left. In his haste, he dropped a clue (**Notice**). In the living room, there's a bookcase, and on one shelf there's a row of phrase books (carefully alphabetized — there's little else to do here). The Romanian phrase book is missing.
    - **Criminology** or **Tradecraft** suggests that if Kolinsky left in a panic, he might try defecting to the Romanians via the embassy in Bern (veteran Edom agents may know that the infamous traitor, Nicholas Loman, the Alleged Mole (***DH***, p. 89), tried to do the same thing, but ended up running across country). Following this clue brings the Agents to *Find the Traitor* (p. 112).

While the Agents are here, the phone rings — it's David Petrie, observing them through a spyglass. See *Edom Meddles*.

EDOM MEDDLES

SCENE TYPE: Antagonist Reaction
LEAD-OUTS: Find the Traitor, Bibliothek Vordenburg, Eis Disco

David Petrie is the head field officer at Zermatt. He's an Edom veteran; he was in Romania when the fangs came out back in 1978, and this assignment is an informal furlough for him to recover from the injuries he suffered there. He walks with a limp, and is blind in one eye. He wears a scarf to hide the ugly wounds around his neck, and gloves to hide the missing fingernails. He kept both MacDougal and Kolinsky in the dark about his history and his current activities, and neglected the running of the station. He blames himself for not spotting that Kokinsky had fallen for a swallow, and for letting MacDougal get kidnapped, and is determined to redeem himself. At the same time, he knows that he's not half the man he was, so he's going to use the Agents as his pawns and muscle.

A **Tradecraft** spend lets an Edom Agent have met Petrie before, and know the outline of his dossier — veteran field operative, part of the Romanian section under Alvah, barely made it out alive in 1978, refused to retire, sent to Switzerland to recover, formerly respected now considered unreliable and hard to work with.

The Agents might encounter him at *CHD Zermatt* (above); otherwise, he picks up their trail from the *Trade-Off* (p. 108).

Petrie uses all his considerable tradecraft and experience to stay ahead of the Agents, and communicate through phone calls, dead drops, and the occasional deep throat meeting in some alleyway in Zurich or shadowy mountain wood in Lenzerheide. He'll begin his first conversation with the Agents using an Edom call/response code ("Watchman, what of the night?" / "The morning cometh" / "And also the night"), but he'll work with non-Edom spies if he has to.

Use Petrie to push or pull the players depending on the needs of your scenario. Some options:

- As a note of caution: If the players latch onto the idea that getting MacDougal back to England is their objective, then he warns the Agents to take a closer look at the case, insisting that they ignore Edom's demands to return the young officer immediately. *"This stinks. They must have been watching Zermatt for weeks; why blow it all in a panic? What's their real endgame?"*
- As encouragement: Conversely, if the players are hesitant about investigating, then Petrie can hint that the Agents are on the right trail. *"You've seen it, haven't you? Keep going. The only way out is through."*
- As a clue dispenser: Petrie can point the Agents at the *Bibliothek Vordenburg* (opposite) (*"If we were back in England, I'd send you down to Ring to read CASE TALBOT, but here … there was an old German hunter named Vordenburg …*), or at the *Eis Disco* (p. 112) (*"Kolinsky, the idiot boy … got picked up by some whore of a girl working for the enemy, and couldn't keep his mouth shut afterwards. Find her at the ice club*), or at *Find the Traitor* (p. 112) (*"He's run to Bern. Quick, and you can catch him at the Kirchenfeldstrasse …*)
- As a guardian angel: If the Agents get into trouble, then Petrie can step in, either with advice (*"Here's a map to a buried Edom cache; you'll see a cap-and-drop blaze on the rock on top of it. It's got guns / passports / silver bullets / handcuffs / money"*) or a silver bullet sniper shot at just the right moment.
- As the real villain: Optionally, this whole scheme is Petrie's doing. He didn't escape from Romania — he was allowed to leave after swearing eternal loyalty to the Master. His aim now is to get back into Edom's good graces and put himself back on the fast-promotion track to a Dukedom, maybe even the directorship. He's therefore arranged this high-profile threat that he can help thwart, repairing his reputation with MI6.

DAVID PETRIE

GENERAL ABILITIES: Athletics 6, Driving 5, Hand-to-Hand 5, Health 6, Shooting 9, Weapons 5
HIT THRESHOLD: 3
ALERTNESS MODIFIER: +3 (professional paranoia)
STEALTH MODIFIER: +2 (Bucharest Rules survivor)

FIND THE TRAITOR

SCENE TYPE: Alternate
LEAD-INS: CHD Zermatt, Edom Meddles, Eis Disco
LEAD-OUTS: Eis Disco, Boucherie Zalita

Evan Kolinsky's birthday is in March. He's pretty sure he's not going to live to see it.

A few weeks ago, he met a girl, Angeline Blau, at the Eis Disco. She was wild and liberated and exciting, and Kolinsky was completely unable to resist her. He drank too much, talked too much, and didn't notice when she expertly moved the conversation onto Kolinsky's co-workers. She picked holes in his cover story, then smiled as if to say *"It's all right, your secrets are safe with me."* And when Kolinsky finally realized how much he'd given away and tried to stop seeing Angeline, Carlos and the rest of the pack strongarmed him into returning to the Eis Disco, where they blackmailed him into leading MacDougal into a trap.

So, he's given away Edom secrets to a woman, and helped a gang of international terrorists kidnap one of his fellow officers. Kolinsky knows that if he goes back to England, the best he can hope for is a very long prison sentence; more likely, it'll be a sudden heart attack or a traffic accident. They're good at traffic accidents. He's therefore on the run, and has the vague plan of defecting to Romania. The Romanians know about Edom; there was the whole mole hunt flap a few years ago. Surely he can buy safety there with what he knows.

Intercepting Kolinsky before he defects is a simple matter of putting a watch on the Romanian Embassy in Bern for a few days. Kolinsky plans on walking in through the front door once he's shaken any pursuers, like Petrie (even if Petrie isn't chasing him, Kolinsky's paranoia has overwhelmed him, and he's seeing Edom kill squads everywhere). It's a **Surveillance** test (Difficulty 4) to spot Kolinsky in Bern; if the test fails, he spots the Agents and it's a foot race to get to the embassy in time. Shooting or assaulting Kolinsky openly draws a lot of Swiss Heat; better to grab him quietly.

INTERROGATING KOLINSKY

Interrogation breaks Kolinsky instantly, and he blurts out everything he knows.

- He identifies Angeline Blau as the girl who seduced him at the *Eis Disco* (below).
- He told Angeline and her friends about the Zermatt station, and Petrie and MacDougal. They already knew about Edom, he swears (**Bullshit Detector** confirms that he's telling the truth, although he's obviously trying to play down how much he gave away).
- Angeline has a sister, Frangelica, and a close friend called Mala. There are also some men, mostly Spanish he thinks, led by someone called Carlos. He suspects they're criminals — he knows they were buying supplies from the *Boucherie Zalita* (p. 110).
- Petrie isn't a traitor, as far as he knows.
- Please let him go — Edom will kill him. He knows he was stupid, but look, MacDougal's safe, no harm done, everything's worked out, please let him go …

The smart play may be to let Kolinsky go, but only after **Intimidating** him into becoming a double agent for Edom.

Alternatively, if you want an action scene and to foreshadow *Rabid Dog*, then **Diagnosis** spots that Kolinsky was also infected with the werewolf curse, just like MacDougal, and the stress of being caught triggers his transformation.

EIS DISCO

SCENE TYPE: Core
LEAD-INS: Debriefing, Edom Meddles, Find the Traitor
LEAD-OUTS: A Meet With Mala, Silbertal Lodge, Find the Traitor, The Smoking Gun

This nightclub in Zurich is about 11 degrees colder than the outside air, being kept at a frosty 4.5°C). The bar itself lines the walls and is made of curved and sculpted blocks of ice, illuminated from below by fluorescent lights that shine up through the carved ice. Four bartenders and three waitstaff keep the drinks flowing. Two women in skintight ice blue dresses are seated at the bar, near the entrance. There are roughly a dozen young men from all over, plus a small pack of more local boys. They wear polyester and velour with lots of gold jewelry.

In the center of the dance floor is a stage in the round where live bands and DJs perform electro-disco pop music for the masses. Lights from the stage spin out to the dance floor regularly, as well as smaller flashing blue and white lights from above. The music is loud and has a strange, unsettling undertone to it, a steady, primal beat.

Run *A Meet With Mala* as part of this scene if the Agents haven't encountered her yet.

- **Human Terrain** or a description from Kolinsky identifies the two girls as the Blau sisters. **Flirting** also draws their attention.
  - A **Diagnosis** or **Notice** spend spots old scars on their forearms and legs; they look like very old bite marks.
  - If asked about Kolinsky, they pretend to be bored — he's old news. One of the pair starts aggressively flirting with their interrogator to deflect attention, while her sister signals to any of Carlos' men in the bar that there may be a problem here.
  - If there aren't any of Carlos' men nearby, then **Interrogation** gets Angelina's side of the Kolinsky story, including the fact that he's fled to Bern (*Find the Traitor*, above).
  - They laugh and dismiss any insinuations that they're werewolves. **Bullshit Detector** confirms they're lying — press them on this, and it'll lead into *Blood and Snow* (p. 117) as soon as the sisters can manage it.
  - Following the sisters leads to the *Silbertal Lodge* (opposite) in Lenzerheide.
- If the Agents show up unannounced, then some of Carlos' men are here too — call for a **Surveillance** or **Disguise** test (Difficulty 5) to avoid being spotted. If spotted, run *Blood and Snow* (p. 117).

- If the Agents aren't spotted, they can follow Carlos' goons back to the lodge, or **Filch** a room key out of a werewolf's pocket. Alternatively, they could try grabbing one of the werewolves — that leads to *The Smoking Gun* (p. 118), or *Blood and Snow* (p. 117) depending on how successful the snatch attempt is.

A MEET WITH MALA

SCENE TYPE: Alternate
LEAD-INS: Baba Windeck, Eis Disco, Silbertal Lodge, Blood and Snow
LEAD-OUTS: Silbertal Lodge, Baba Windeck

Mala Ortenau is in her mid-20s. Despite her height, she manages to be unassuming, quietly slipping away or blending into the background. She works behind the desk at Silbertal Lodge, although she's doing a correspondence course in art history with a university in Lucerne. She lives in a loft apartment above a bakery in Lenzerheide, where the smells of fresh bread and pastries float up through the air ducts (she regularly brings fresh-baked pastries to her great-aunt, Baba Windeck). A spiral iron staircase leads to a trap door in the ceiling, granting roof access. The loft itself is spacious and well lit with a dozen wide windows and balconies. The floors are hardwood, and sound echoes throughout the loft. Mala is an amateur artist herself, so nearly every wall is covered in canvases.

- **Art History:** The canvases are mostly abstract images, suggesting lurking shadows in the woods dashed with blood-red marks of violence. They speak of trauma in her past. The only non-abstract piece is a portrait of an old woman, Baba Windeck.
- **Conceal** test, Difficulty 5: Stashed behind the vent in the bathroom, Mala has a single revolver loaded with silver bullets.
- **Notice:** There's a bright red ski jacket hanging up in Mala's closet, which mostly hides the heavy-duty manacles hanging from a hook.

ENCOUNTERING MALA

The Agents can run into Mala at the Eis Disco, at Baba Windeck's house, or at the lodge. She might also show up to rescue the Agents if they're in trouble. If encountered at the lodge or the disco, she tries to deflect the Agents away from the scene for their own protection (*"Sorry, the hotel's full"* or *"They're closing the bar in a minute — if you want a drink, there's a late-night bar down the street"*); **Bullshit Detector** picks up what she's trying to do. If encountered at her great-aunt's house, she's much more aggressive and demands to know who the Agents are and what they want with Baba Windeck.

- If the Agents get a chance to observe the interplay between Mala and Carlos at the lodge, then **Human Terrain** gives an impression of the relative power structure — she resents him, but isn't willing to risk challenging him without support, and he's taking the Blau sisters away from her.
- Asking around Lenzerheide with **Reassurance** or **Streetwise** (or checking records with **Research**) turns up Mala's backstory. She was one of four children attacked by a wild dog twenty years ago, and her younger brother died shortly afterwards. Her parents never really recovered from the trauma, and her great-aunt *Baba Windeck* (p. 118) really raised her.

To get Mala's cooperation, the Agents might use:

- **Cop Talk** or **Tradecraft** to convince her they are secret agents who know what they're facing. The Agents need to walk a fine line — if they claim to be wholly mundane police, then Mala assumes they don't know what they're up against and warns them off. If they come on too strong and pretend to be fearless werewolf slayers, then Mala assumes they're here to kill her pack too, and flees at the first opportunity.
- **Negotiation:** You want Carlos gone; we want him dead. In this approach, the Agents need to show they're capable of defeating Carlos, and must promise to protect Baba Windeck no matter what happens.
- If the Agents have Genevieve MacDougal with them, and suggest that Mala can help Genevieve find a cure and thus avoid the same curse that haunts Mala, that also convinces Mala to cooperate.

Mala wants Carlos gone, the safety of Baba Windeck guaranteed, and to be left alone once all this is over. She'd like to protect the Blaus, but knows that possibility may already be closed off. Everything else is off the table.

Mala can:

- introduce the Agents to *Baba Windeck* (p. 118), and help them use the ritual to cleanse MacDougal
- warn the Agents not to send MacDougal back to England before the full moon
- supply them with maps of the lodge
- tell them about Carlos, his movements, his gang, and what she knows of his plans (she knows they're planning something, but doesn't know Radio Free Europe is the target)

SECOND CHANCES

If the Agents blow their first shot at allying with Mala, then you can give them a second chance at *Baba Windeck's* house or during *Blood and Snow*. If they really screw up, then add Mala to Carlos' retinue.

SILBERTAL LODGE

SCENE TYPE: Core
LEAD-INS: Debriefing, Eis Disco, Boucherie Zalita, Bibliothek Vordenburg, A Meet With Mala, Trade-Off
LEAD-OUTS: The Smoking Gun, A Meet With Mala, Evening Attire Appropriate, Boucherie Zalita, Munich

The Silbertal Lodge is a 200-year-old building in the Swiss Alps. The building is an aging beauty, in dire need of modernization. It still has a wired switchboard telephone system, with a phone operator.

The large, open foyer is the only part of the lodge that's been recently renovated, and boasts a warm, wooden floor and a marble-topped registration desk. Keys on fobs hang on a board behind the counter, numbered by room. Directly across from the entrance is a large fireplace, flanked by silk-upholstered sofas. Stairways lead upwards to the left and right. The dining room to the right serves a prix-fixe dinner and a "tea" at midday. There are no elevators, other than a dumb waiter for room service meals.

BASEMENT

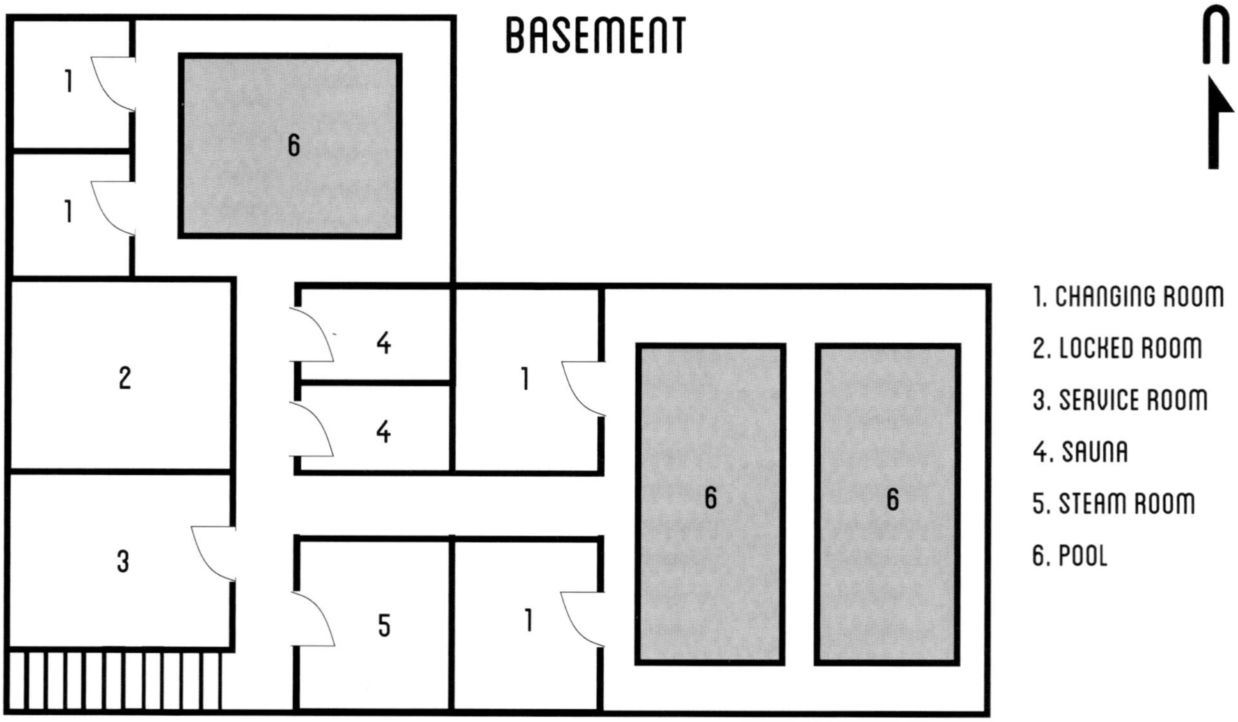

1. CHANGING ROOM
2. LOCKED ROOM
3. SERVICE ROOM
4. SAUNA
5. STEAM ROOM
6. POOL

GROUND FLOOR

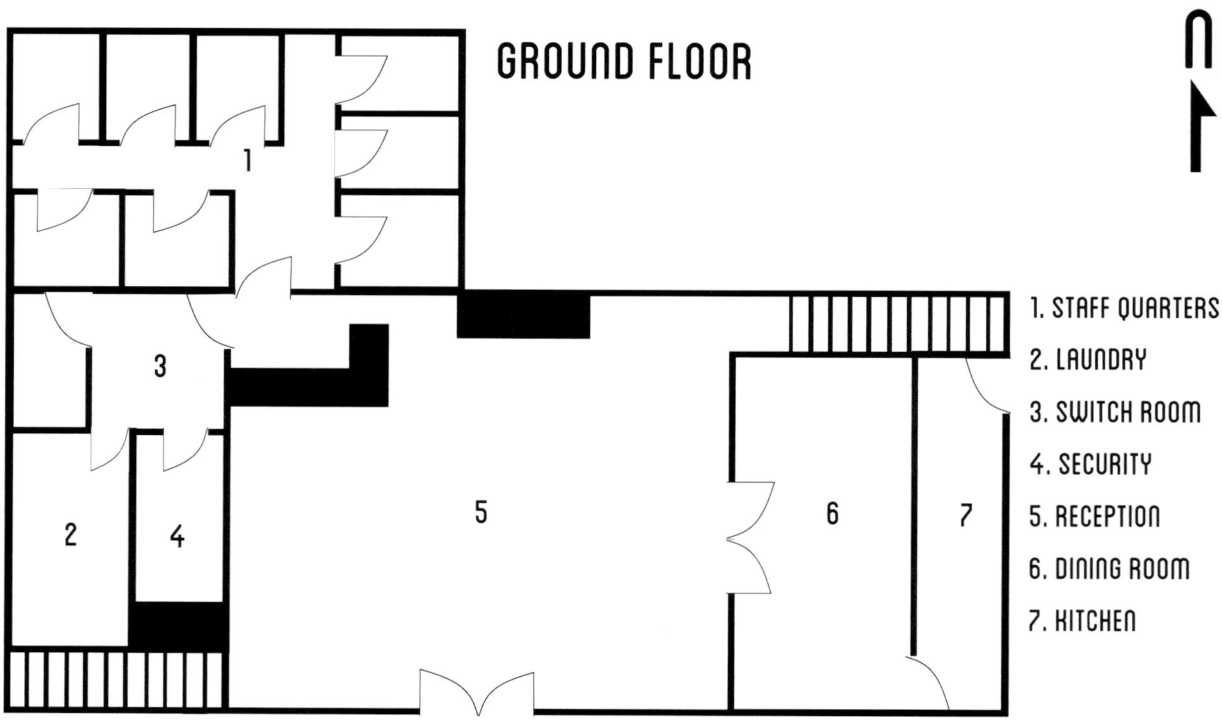

1. STAFF QUARTERS
2. LAUNDRY
3. SWITCH ROOM
4. SECURITY
5. RECEPTION
6. DINING ROOM
7. KITCHEN

FIRST FLOOR

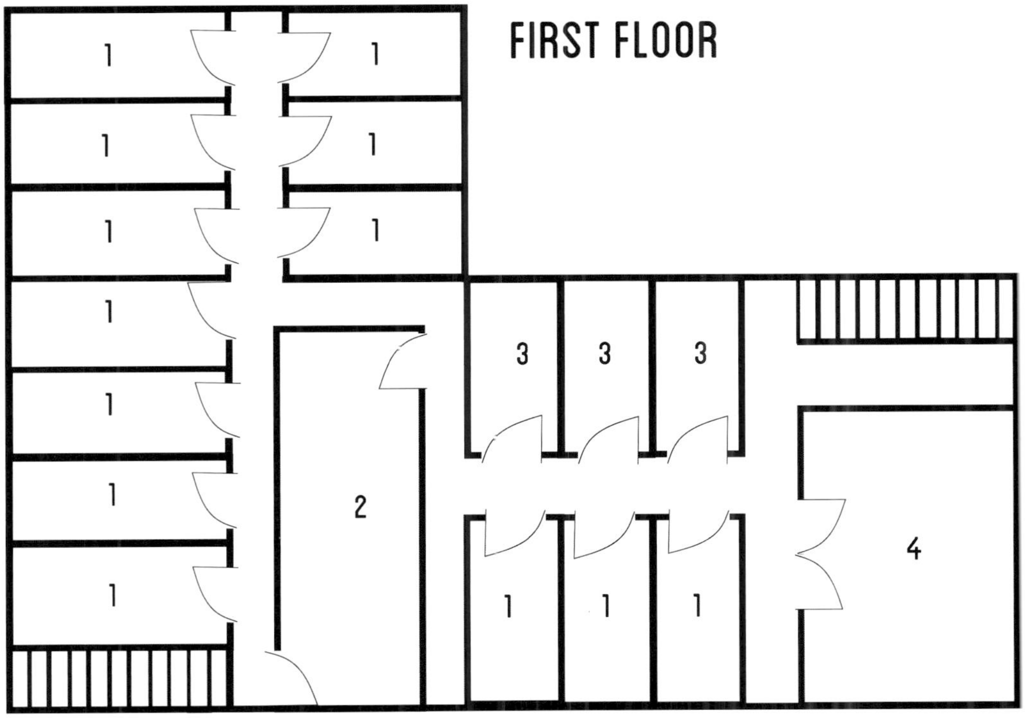

1. BEDROOMS
2. GYM
3. MEETING ROOM
4. RESTAURANT

SECOND FLOOR

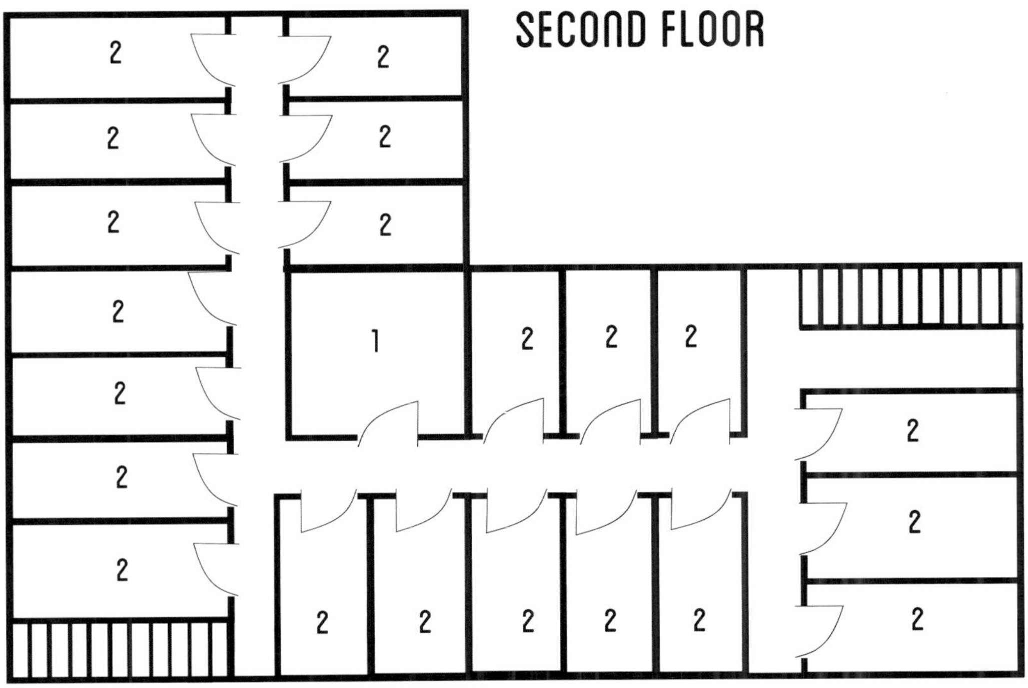

1. SERVICE ROOM
2. BEDROOMS

Mala Ortenau may be behind the desk when the Agents arrive; run *A Meet With Mala* (p. 113).

Behind the registration desk is the "back of the house" portion of the lodge, with the staff quarters (mostly unused, though there is an elderly groundskeeper who still has quarters here), laundry, switchboard, security room, and the safe deposit boxes. If the public-facing portions of the lodge are an aging beauty, the back rooms are a senile hoarder who keeps all her broken furniture and old newspapers. There are balconies outside each suite, although it's a bit of a climb to get between them. Every two suites is connected with a lockable door.

The gang itself stays on the fourth level, with Carlos and Raul. There are only a handful of other guests; normally, the lodge would be quite full during the skiing season, but Mala's deliberately "lost" a number of reservations to keep people away from the werewolves. The werewolves eat in the lodge — see *Evening Attire Appropriate* (below).

Checking with the switchboard (**Traffic Analysis**) gives a core clue pointing to *Munich* (p. 119) — Carlos makes multiple calls there every day to members of Team October.

The werewolves don't socialize in the lodge during the day. They prepare in their rooms, or train in the mountains, or make supply runs to Zurich or the *Boucherie Zalita* (p. 110). The best time to approach them is during dinner (see *Evening Attire Appropriate*, below).

Guard Dogs

Remember that as far as the pack knows, the Agents should be back in England with the about-to-wolf-out MacDougal. If any of Carlos' pack spots the Agents or MacDougal, they realize that their plan has failed and switch to the backup

strategy of "eat the pesky spies." If any of the Agents stayed out of sight during Raul's capture and subsequent trade to the werewolves, then they can enter the lodge freely. Otherwise, the Agents need to use **Disguise** (Difficulty 6, as you need to disguise your body odor too) or whistle up a **Network** contact to spy on the lodge. They could also cultivate Mala as a spy (*A Meet With Mala*, p. 113) or try …

Sneaking In

Getting into the lodge is easy. The only secure area is the fourth level, where the werewolves are staying. At all times, there's at least one guard patrolling the floor or watching the stairs (**Infiltration** Difficulty is 7 — a base of 5, +2 for the werewolf's Alertness. If the Agents have Mala's help and keys, the base difficulty drops to 2 for a total of 4).

A search of the rooms turns up:

- **Explosive Devices:** Bomb-making equipment, identical to the components found at Raul's apartment in *Scalp-Hunting* (p. 107). There's about ten kilos here.
- **Streetwise:** Weapons bought from the Boucherie Zalita.
- **Photography:** Surveillance photos of CHD Zermatt and the staff there.
- (core) **Photography + Urban Survival:** Lots and lots of surveillance photos of the Radio Free Europe / Radio Liberty building in *Munich* (p. 119). That's got to be the bomber's main target.
  - ➤ **Military Science:** These sketch maps also depict the building. A note here in the corner gives a "20 plan" and a "5 plan." It looks like the numbers refer to the size of bomb — in the 5 plan, they blow open an entrance from the sewers below and then werewolves storm the building. In the backup 20 plan, they just blow the building to pieces.
- **Astronomy:** A page of some detailed calculations, with annotations in Romanian, calculating the exact time of the full moon over certain places in England (Ring (***DH***, p. 172), Exeter (***DH***, p. 167), Whitby (***DH***, p. 177), Slains Castle (***DH***, p. 176), central London, Heathrow Airport, and the home of the Lord Chancellor, Genevieve MacDougal's uncle).

Evening Attire Appropriate

SCENE TYPE: Alternate
LEAD-INS: Silbertal Lodge
LEAD-OUTS: The Smoking Gun, Munich

If the Agents choose not to engage Carlos and his pack during the day, dinner is served at night, with seating at 8 p.m. Carlos eats in the lodge with at least one other werewolf; the rest of the pack may make trips to Zurich, as the nightlife in Lenzerheide is lacking. As the date of their departure to Munich approaches, the trips to Zurich stop as the pack gathers.

This scene is rife with Interpersonal opportunities, some of which can be core clues.

- (alternate core) **Flirting** with Carlos or one of the other werewolves might let an Agent get close enough to observe Carlos making calls to Team October in *Munich* (p. 119).
- (alternate core) Similarly, **Flattery** coupled with **Human Terrain** or a **Cover** as a fellow-traveler communist gets the hint that "something big" is going to happen in both *Munich* (p. 119) and London soon.
- **Human Terrain** works out that there's a pre-existing but strained relationship between Mala Ortenau the receptionist and the Blau sisters, that Carlos is running the show, and that the Blau sisters are falling into his orbit.
- **Languages** overhears one of the terrorists talking to himself in German; he's clearly giving himself a crash course in the language. Offer to tutor him, and you've got a friend.
- **Streetwise** spots a deck of cards in the pocket of one of the werewolves, which leads into **Gambling** as a way to spy on the pack.

If the Agents lure one of the wolves away from the pack, run *The Smoking Gun* (p. 118) if they can subdue him, or *Blood and Snow* if it all goes wrong.

Poisoning the dinner is an option for amoral Agents. Normal toxins aren't enough to take down a werewolf, but something exotic like silver sulfadiazine might do the trick.

BLOOD AND SNOW

SCENE TYPE: Antagonist Reaction
LEAD-OUTS: A Meet With Mala, The Smoking Gun

You've got a pack of angry hormonal trigger-happy Marxist terrorist werewolves. There's going to be a fight. Let's run through the various ways that Carlos and his team might strike back at the player characters.

Some ground rules first:

- While Carlos has no compunction about killing the Agents, he wants to avoid heat. He's days away from carrying out a major terrorist operation in the heart of Germany, and the Swiss are notoriously security conscious. Fistfights, "wild animal attacks," and muggings in alleyways are fair game, but not running gun battles on the streets of Zurich. In Lenzerheide, he's got a freer paw to cause carnage, but still tries to keep a leash on his minions.
- His goons are overconfident — being able to heal from near-lethal damage overnight does that to you. They're more likely to go for brawls and beatdowns than shootouts. They've got plenty of guns in the lodge if they need to tool up, but they aren't routinely armed.
- Werewolves are very, very good at tracking, and Carlos likes to plan his strategies in depth. If a situation doesn't suit the pack, have it retreat and stalk the Agents for a while before choosing the optimum time to attack. **Outdoor Survival** or **Urban Survival** spends allow Agents to avoid leaving scent trails.
- If the players are in big trouble (and given how tough werewolves are, that's quite likely), you can use Mala (*A Meet With Mala*, p. 113) or *Edom Meddles* (p. 111) to have a convenient NPC pull the Agents out of danger, or else tell them with **Military Science** that they should retreat. Let the Agents fall back and regroup, mark a day or two off the timeline, and then let them come at the mission from a new angle.
- If the Agents manage to capture one of the wolves, run *The Smoking Gun* (p. 118).

So, possible attack vectors …

ALLEYWAY BRAWL

LOCATION: Anywhere urban or indoors — Zurich, Lenzerheide, in the Silbertal Lodge, Munich

OPPOSITION: Two to three werewolves

TACTICS: The werewolves attack using Hand-to-Hand. They go for Reckless Attacks (***NBA***, p. 76) and lots of Called Shots and Smashes (***NBA***, p. 72 and 76, respectively) to deal lots of damage. Even if they get hit themselves, they know they'll heal. Murder isn't the goal — it brings too much heat. They'll be satisified with just putting the Agents down for a few days.

LA BELLE DAME

LOCATION: Lenzerheide or Munich

OPPOSITION: One or both Blau sisters (or Mala if she's turned against the Agents), or a sexy Italian werewolf

TACTICS: Attempt to seduce an Agent; lure the victim somewhere private. Turn into werewolf form and attack. **Flirting** or **Bullshit Detector** (or **Sense Trouble**) realizes what's going on and gives the Agent a chance to flee.

THE CURSE

LOCATION: Anywhere

OPPOSITION: A single werewolf, in wolf form

TACTICS: A large dog — maybe a wolf — leaps out of the shadows, sinks its teeth into the calf of an unfortunate Agent, and then flees. A **Sense Trouble** test (Difficulty 6) lets the Agent flinch away from the threat and avoid the bite. A bitten Agent is infected with the curse, and needs the same treatment as MacDougal to survive.

DOGS CHASING CARS

LOCATION: The Agents are driving on a twisty country road, anywhere in Switzerland

OPPOSITION: The full pack — one werewolf per player character, plus Carlos and Raul

TACTICS: Even a supernatural werewolf can't keep pace with a car for long, but they can scramble up and down steep slopes and take short cuts. The Agents glimpse pale hungry shapes in the moonlight, slipping in and out of the shadows. They howl to one another, telling the rest of the pack that the prey is coming. Run this as a chase sequence; if the Agents get caught, then one or more of the wolves manage to leap onto the roof of the car and start ripping through it — cue a fight scene.

If the Agents beat the pursuers, then suddenly the car's headlights reflect off the yellow eyes of a wolf charging towards them, right down the road. It leaps towards them, aiming to smash through the windscreen. Avoiding the oncoming wolf takes a **Driving** test at Difficulty 8; if the test fails, give the player a choice between *"Okay, you dodge the wolf, but you spin out of control and end up getting stuck in a snowbank. You've got to get the car back on the road before the rest of the pack show up — someone's going to have to get out and dig the wheels out"* and *"Okay, you keep control of the car even as a 70-kilo wolf smashes through the windscreen and ends up in the back seat."* In the latter case, the werewolf takes +3 damage, but hey, broken bones heal, and now it's at very close quarters with its prey.

CROSS COUNTRY RUN

LOCATION: Anywhere in the wilderness. One especially nasty option might be for the werewolves to sabotage the Agents' cars at the Silbertal Lodge, forcing them to stay the night (cue a retelling of "Little Red Riding Hood" — *"What a convenient room key you have, granny"* — or maybe Mala saves their bacon) or else walk or ski back.

OPPOSITION: Not quite a full pack — say two wolves per three player characters

TACTICS: A straight chase across country. For extra nastiness, the howling of the wolves attracts more enemies, or Raul uses some of that leftover Romanian plastic explosive to trigger a small but perfectly formed avalanche in the path of the Agents.

SURROUND AND KILL

LOCATION: Wherever the player characters have holed up — likely locations are Baba Windeck's house, CHD Zermatt, a chalet or lodge near Lenzerheide

OPPOSITION: The whole pack

TACTICS: The pack surrounds the building, waiting until they've all gathered. They use both wolf and human forms — some of them provide covering fire with assault rifles, while their brothers advance in wolf form. Carlos treats this as a dry run for the assault on Radio Free Europe; he has one of his goons scurry forward with a small demolition charge to blow open the barricaded door or take down a side wall. The whole pack then wolfs out and charges in.

THE SMOKING GUN

SCENE TYPE: Alternate
LEAD-INS: Silbertal Lodge, Eis Disco, Evening Attire Appropriate
LEAD-OUTS: Munich, Debriefing

(For a short-format or one-shot game, shorten this scene to a montage.)

All the wolves in Carlos' pack know the basics of the attack on Radio Free Europe, and **Interrogation** (alternate core clue) forces them to reveal what they know. They're going to attack the Western capitalist propaganda machine in *Munich* (opposite). They have agents in place already, but the preferred plan is to blow open the building and devour everyone inside. However, only Carlos has contact details for the Team October cells in Munich — he's scrupulous about information security.

They also know that MacDougal was captured, but don't know why she was targeted and infected. All of them lost comrades to the curse, although they believe that those deaths were the result of insufficient understanding of Marxist theory. It's clear, though, that kidnapping MacDougal wasn't just a snap reaction to Raul's arrest. If the players haven't done so already, they should question MacDougal more in *Debriefing* (p. 108).

If the Agents somehow manage to capture Carlos himself, then he calls the pack to rescue him (run *Blood and Snow*, p. 117). He's able to resist Interrogation, but suitable pressure such as threatening to cure his werewolf powers or hand him over to Mossad can eventually break him. He spills the names of the Team October members in Munich, but then starts ranting about how *He* will be angry and how He commanded the attack on Edom, and nothing that the Agents do can stop His dread will!

"He will suck out your blood and brains, and hurl them into His alchemist's stewpot, and bring an end to the corruption of the Western imperialists! Your capitalist system, which survives by drinking the blood of the workers, shall itself be drained and hollowed out! You have called into being the vampire of capitalism to destroy the workers — but I tell you they shall be avenged by the power your decadent overseers thought to control! Your opiate god and weak vampires of capital cannot save you from the implacable forces of history — forces born of history, forces driven by history, forces that are *history!"*

BABA WINDECK

SCENE TYPE: Alternate
LEAD-IN: Bibliothek Vordenburg, A Meet With Mala
LEAD-OUTS: A Meet With Mala

Baba Windeck is a woman in her mid-60s, still spry, who tends a backyard garden of herbs and flowers. She is called "Baba" affectionately by the locals because she keeps a small coop of chickens in her backyard. No one is quite sure where she gets her money or what she does for a living. Wild stories about her digging up buried treasure or telling fortunes for certain exceedingly wealthy bankers and politicians are, of course, nonsense, and no one remarks on the fact that she's careful never to tread on consecrated ground.

She's Mala's great-aunt. When Mala and her brother Stefano were bitten by a rogue wolf, she tried to find a way to remove the curse. Her researches in the *Bibliothek Vordenburg* (p. 110) uncovered a ritual, but she was unable to complete it before Stefano died and the curse took hold in Mala. She helped Mala survive her own transformation and hide from the authorities.

WINDECK'S HOUSE

Baba Windeck lives in a modest two-story farmhouse outside Lenzerheide. The house always smells slightly of cabbage and root vegetables, although it's not unpleasant. Decorative bric-a-brac cheerfully clutters the many shelves in her house, providing many small, breakable objects if there's any serious action in the house. Baba Windeck's rarely used occult library and tools are stored in the attic for safekeeping.

If the Agents haven't met Mala yet, she's here visiting her great-aunt; run *A Meet With Mala*.

Carlos knows about Mala's relationship with Baba Windeck, but doesn't know about Windeck's occult expertise or curse-removing rituals. He's subtly threatened to kill Windeck if Mala doesn't cooperate,

Occult Studies or **Reassurance** gets Baba Windeck's assistance.

THE RITUAL

The ritual requires:

- the heart of a werewolf
- a circle of at least three participants, not including the targets of the ritual, each of whom needs to spend a point of **Occult Studies** or else 3 points of **Stability**
- a sacrifice — something of great value from each participant; the sacrifice needs to be something uniquely *human*, something that might remind the soul of the target of their essential humanity
- a brightly burning bonfire — the flames turn blue as the ritual takes hold
- If any of the Agents have been bitten, this ritual can also cure them with an additional heart. The ritual must be performed at moonrise — ideally on a mountaintop, but somewhere with a connection to telluric energies works too (Edom's Zermatt station, for example).
- Aberrant creatures can sense the gathering of power associated with the ritual, so if the Agents haven't deal with Carlos' pack (or else waited until Carlos and company depart for Munich on the 17th), then run *Blood and Snow* (p. 117) as the ritual draws the attention of the terrorists.
- Obtaining a heart is up to the Agents. The obvious solution is to kill one or more of Carlos' goons. Another option, albeit a disturbing one, is to disinter the remains of either Stefano Ortenau or the nameless vagrant, both of whom have been dead for decades, and see if any usable fragments of heart tissue have avoided decay. Baba Windeck tried using a bottled heart she obtained from a dealer in occult artifacts, and that didn't work, but the Agents may have better contacts or more luck. As a last resort, Mala might hurl herself into the flames, sacrificing her own life to free another.

HEAT IN GERMANY

Any Edom agents operating in Western Europe must be wary of possible exposure as foreign agents by the German Bundesnachrichtendienst (BND), the intelligence agency for West Germany. The BND is persistent; if local authorities get involved or the Agents engage in a loud or showy encounter inside German borders, it alerts the BND, which raises the Heat by +2. Elsewhere, the BND has little sway, but still monitors situations closely; normal rules for increasing Heat apply.

If the Director decides the Conspiracy has a major presence in Munich (***DH***, pp. 226–228), apply the Heat and Difficulty increases for Romania here as well (***DH***, p. 203).

If the players have Edom sanction, then a 2-point **Bureaucracy** spend (or **Network**, or a Difficulty 6 **Bureaucracy** test if you're using the Bureaucracy-as-a-General ability rules from the *Edom Field Manual*) gets them the cooperation of the German authorities.

GERMAN BND AGENTS

The BND represents the intelligence agency in Germany, while the BKA are the investigative law enforcement (think CIA/FBI for the USA). While the BND is involved in surveillance and intelligence-gathering on Edom activities, the BKA (below) is more likely to be called in to make formal arrests.

GENERAL ABILITIES: Athletics 6, Conceal 2, Driving 6, Hand-to-Hand 9, Health 8, Shooting 7, Weapons 5
HIT THRESHOLD: 3
ALERTNESS MODIFIER: +2
STEALTH MODIFIER: +0
DAMAGE MODIFIER: −2 (fist, kick), +1 (pistol or shotgun), tear gas grenades
ARMOR: −2 vs. bullets, −1 vs. other (tactical vest)

ORDINARY COPS, BKA AGENTS, AND EMERGENCY PERSONNEL (MOOKS)

Ordinary local police and emergency personnel are called in for normal arrests and inquiries. These people are completely unequipped to deal with international terrorists and werewolves.

GENERAL ABILITIES: Athletics 5, Conceal 2, Driving 4, Hand-to-Hand 5, Health 3, Shooting 4, Weapons 4
HIT THRESHOLD: 3
ALERTNESS MODIFIER: +1
STEALTH MODIFIER: +0
DAMAGE MODIFIER: −2 (fist, kick), +1 (pistol or shotgun)
ARMOR: −2 vs. bullets, −1 vs. other (tactical vest)

RABID DOG

SCENE TYPE: Antagonist Action

Run this scene only if the Agents fail to cure MacDougal by the 18th.

If she's still with the Agents, she's unable to resist the siren song of the moonlight. She turns into a werewolf and attacks in a frenzy of claws and teeth. She's not one of the lucky — or unlucky — ones who can survive the transformation. If she's not killed by the Agents when she attacks them, then she runs off into the forest in wolf form, never to be seen again. (She'll only turn back into human form when killed, so in a few years some Swiss farmer is in for a shock.)

If the Agents followed Edom's orders and put her on a plane back to England, then it's a lot messier. She transforms either while being debriefed at an Edom stronghold like Ring or Exeter, or at the home of her uncle, the Lord Chancellor. Either way, it's a disaster for Edom, a wound that won't heal for decades.

MUNICH

SCENE TYPE: Action
LEAD-INS: Silbertal Lodge, Evening Attire Appropriate, The Smoking Gun
LEAD-OUT: Radio Free Europe

If the Agents do not arrive in Munich to stop the bombing of Radio Free Europe on the 21st, they arrive in the aftermath.

If they arrive before the bombing, then they need to stop any remaining werewolves, plus Carlos' human-but-still-dangerous Team October crew. Team October has split into three independent cells to evade detection.

HUNTING THE WOLVES

Hunting Carlos in Munich is nearly futile — he and his men have turned into wolves and could be anywhere in a city full of German shepherd dogs.

- Mala could track them by scent if the Agents can somehow convince her to come along (she might agree if Carlos has the Blau sisters with her, or if Carlos killed Baba Windeck). A kind Director might allow the use of **Hypnosis** on MacDougal to track down the wolf who infected her.
- **Bureaucracy** or **Streetwise** picks up rumors or complaints about wild animals in particular parts of the city.
- **Urban Survival** can find Carlos' cars and vans, giving the Agents a starting point. The terrorists can hide in wolf form, but they can't carry guns and supplies in their mouths, can they? Stake out the cars with **Surveillance** and pray you get lucky.
- If the Agents capture any of the Team October cells, then Raul might have to come out of hiding to make another bomb.
- Carlos is smuggling his bomb across the border with help from the criminal contacts at *Boucherie Zalita* (p. 110) — **Interrogate** them for a lead, then track the van carrying the bomb to Munich.

HUNTING TEAM OCTOBER

- A **Surveillance** test (Difficulty 6) spots Team October cells watching Radio Free Europe. If the test fails, the Agents still spot the cells — but Carlos' wolves also spot them … run *Blood and Snow* (p. 117).

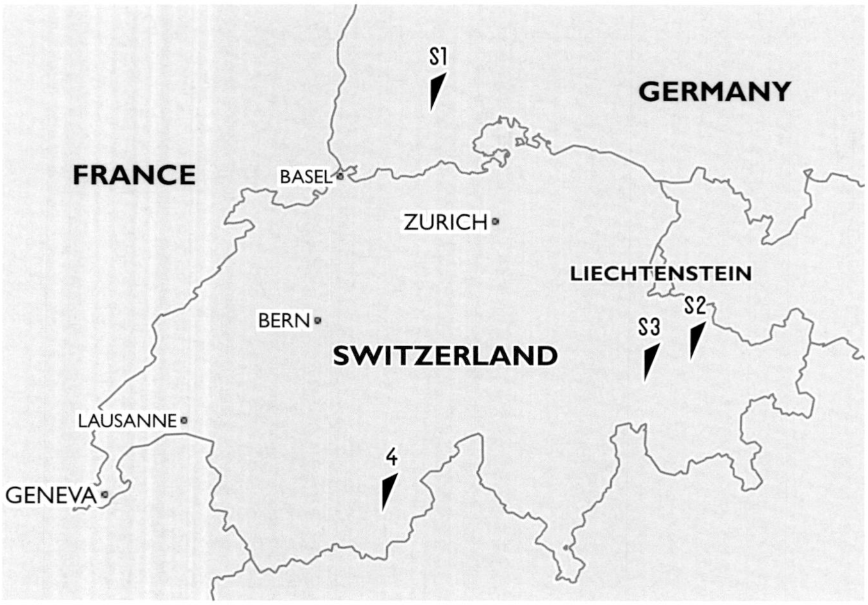

SWITZERLAND

Bonndorf, Germany	S1
Davos, Switzerland	S2
Silbertal Ski Lodge, Lenzerheide	S3
Zermatt CHD	S4

MUNICH, OPPOSITE

Radio Free Europe	B1

- If the Agents have the phone records from the lodge, then **Bureaucracy** or **Data Retrieval** lets them work out the locations of the phones that Carlos used. In every case, he called a payphone or a friendly's phone as opposed to phoning the Team October cell directly, but a little **Surveillance** or **Streetwise** lets the Agents work out likely suspects or suspicious activity in the vicinity.
- If the Agents stole surveillance photos from Silbertal, then **Photography** lets them work out where the photos were taken, leading them to some of Team October's apartments.

Another option is to stage their own attack on Radio Free Europe or a similar site — if the Agents raise Heat in Munich, the added police activity and surveillance impede Carlos just as much as them.

STOPPING THE BOMBING

Team October have rented three apartments across the city, some of which are close enough to the Radio Free Europe building to keep watch on it. The others apartment is some distance away. These apartments are reminiscent of Raul's student flat at the beginning of the scenario. The Team October cells are not in contact with one another — they communicate through Carlos.

Team October is organized into three small cells of two to three operatives (see page 103 for the Team October mook stats). One cell has a 20-kilo explosive device, enough to cause terrible damage. The second cell has a smaller breaching charge, intended to open a breach for the werewolves to attack the building. The third cell has no explosives, just firearms, but Raul the werewolf has another 10-kilo bomb with them that can be combined with the other charge for a larger bomb if needed.

The amount of explosive available to Team October and the availability of the werewolves determine which plan Team October uses in the final attack on *Radio Free Europe.*

RADIO FREE EUROPE

SCENE TYPE: Finale
LEAD-IN: Munich

MUNICH
21 FEB 1981

Radio Free Europe. A sprawling office complex in the midst of a pastoral park. Boasting multiple sound rooms, bullpens, and control rooms, this enormous building is the headquarters for the pro-Western propaganda machine, broadcasting, smuggling pamphlets, and even floating messages over to East Berlin on balloons. Some of the most creative thinkers in media communications work in this building. The complex is vast, and it is difficult to tell where Carlos' team has planted their devices.

On Saturday, 21 February, 1981, there are a decent number of employees working at RFE, even though it's the weekend (the work of media never really stops). Issuing threats or warnings does not deter the employees, who simply report on it and send "nonessential" personnel home. Security here is light; there are only two guards outside the complex, and one of those is also the parking lot attendant.

So, what's the bad guys' plan? Plan A is to use a smaller 10kg bomb to blow open a wall and then have the werewolves storm the complex and kill key journalists. Plan B is to use a bigger bomb to just damage the complex — it's less precise and less terrifying, but easier to pull off.

Werewolves & Bomb Available: If both options are available — if most of the werewolf pack made it to Munich, and the Agents haven't tracked down the Team October cells — then Carlos goes for Plan A.

Just Werewolves Available: If the Agents or the German authorities have stopped Team October, then Carlos might consider a direct assault on Radio Free Europe. He'll just walk in the door, shoot the place up, kill his targets, and then flee in wolf form, trusting to the fact that the BKA doesn't routinely carry silver bullets.

Heat Too High / Only Bombs Available: Carlos isn't suicidal — if there's too much heat on him, or the Agents are too close, he'll pull back to Hungary and just plant a bomb. This is close to the "historical" bombing of Radio Free Europe, within a margin of error that includes, well, werewolves.

High Heat and No Big Bomb: If the Agents have defeated both the werewolves

MUNICH

and most of Team October, then they've thwarted the attack entirely! Huzzah! Jump straight to *Exit Vectors* (below).

PLAN A - WOLVES IN THE HALLS

The breaching charge opens the path from the sewers. In the cover of smoke and dust, the urban equivalent of a snowstorm, the wolf pack slips in, and the killing begins.

- **Architecture** coupled with the plans of the building from Silbertal Lodge lets the Agents determine the entry point. If they get into Radio Free Europe ahead of the pack (**Cover** to bluff their way in, **Network** for a convenient ally who works in journalism, **Cop Talk** to masquerade as BKA agents), the Agents can ambush the werewolves.
  - **Military Science** or **Urban Survival** identifies a killing ground in the main cafeteria (−1 Hit Threshold against ranged attacks, as there's less cover)
  - **Human Terrain** or **Traffic Analysis** identifies the journalists that Ceausescu wants eliminated. If the Agents escort them to safety outside, they render the attack toothless.
- If the Agents aren't ahead of the werewolves, then they can get in themselves in the chaos after the bomb goes off, and hunt down Carlos and his pack. This is a riskier proposition, as there's no time to set up a kill zone or extract the journalists. It's pure cat-and-mouse. Or werewolf-and-spy, which is even more one-sided.

PLAN B - THE BOMBING

Assuming the Agents have the building under surveillance, this is the easier of the two plans to thwart. Team October drives up as close as it can to the building, then carries a bomb out of the trunk of the car and plants it against the wall. Disarming the bomb needs **Explosive Devices** (Difficulty 5). If there are any werewolves left, then they might try to stop the Agents from disarming the device.

EXIT VECTORS

No Bombing, No Rabid Dog: Stopping both parts of Carlos' plan is a total victory for Edom. Not only does the organization survive unscathed, but Radio Free Europe's transmissions are uninterrupted. As a reward, the Ceausescu regime is weakened. When you run the modern-day part of ***The Dracula Dossier***, let the players pick any one Romanian NPC to benefit from this; that NPC is assuredly *not* a minion and can be trusted.

History Takes Its Course: If the Agents stop the Trojan wolf, but don't stop the bombing, then we're following the "real" history. This is the expected outcome from the mission.

Just the Wolves, Ma'am: Stopped the bombing, but let a rabid wolf into the Edom fold? Turns out the Conspiracy took advantage of the damage to Edom. Increase Dracula's hold over Edom, or add werewolves to the Satanic Cult of Dracula (***DH***, p. 55).

Complete Failure: If the players fail to stop their part of Carlos' plan, then the cruellest thing to do is assume that Dracula turned Carlos as a reward for his success. Add a legendary vampiric terrorist who knows the Agents' scent to the Conspiracy's ranks in the present day.

PERSON: LEON ORTENAU

POSSIBLE ROLE: Local muscle, mountain guide, ally against supernatural threats

DESCRIPTION: early 40s, scruffy beard and long hair tied back, tanned and lined face, wears skiing jackets and outdoor gear, toughened hands marked by many old scars and scratches, walks with his head down, back hunched

INNOCENT: Leon is the son of Mala Ortenau, the werewolf pack leader in *Day of the Wehrwolf*. He doesn't know who his father is; depending on how *Day of the Wehrwolf* turns out, he may not know much about his mother either. He does know that she passed on her curse to him; like her, Leon is a werewolf.

He used to chain himself up on nights of the full moon, but he's learned that a cocktail of barbiturates works just as well. Once a month, he shoots up with enough pentobarbital to kill a grizzly bear — it keeps him sedated until the change passes. The rest of the time, he does odd jobs around Lenzerheide. He's a ski instructor when it's tourist season, a veterinary assistant, a mechanic, a bouncer, a truck driver — even a burglar when times are tough, or when he can't get hold of drugs through legal channels.

His condition forces him to be a quiet loner. Outsiders don't understand werewolves, and he just wants to be left in peace. He doesn't have a pack, and since Baba Windeck died, he's had no one to talk to about his supernatural nature. **Flirting** annoys him — **Notice** spots a photograph of a woman in his cabin, suggesting a love affair that went wrong. She's smiling in the photograph, but **Diagnosis** spots a bandage on her arm, poking out from the sleeve of her heavy sweater. Looks like it might have been a dog bite. **Negotation** quickly cuts a deal with Leon; drugs or cash for his assistance.

Criminal contacts like the Arms Runner (***DH***, p. 102), Smuggler (***DH***, p. 131), or Drug Boss (***DH***, p. 113) might recommend Leon's isolated mountain cabin as a good place to hole up when running from Heat. Just bring the big guy his fix, and he'll let you stay for a week or two, no questions asked. The Agents might also run into Leon by chance; he'll intervene to protect people, especially a lone woman who's in trouble, and he's not perturbed by supernatural threats.

ASSET: Leon has an unofficial arrangement with the Swiss Federal Intelligence Service. He's their hunting dog when it comes to supernatural matters. They partner him with a handler and send him out to sniff around crime scenes — literally. He can smell the traces of the Un-Dead. Leon doesn't know if he's dealing with an officially sanctioned team within the FIS, or if it's a small number of FIS staff who are running their own off-the-books vampire-hunting program. He hasn't considered the possibility that his handlers aren't Swiss at all, so maybe he's really working for Edom or the German vampire program or some other third party.

It wouldn't make much of a difference to him either way — he considers it all "wolf shit," not part of his real life. It's like how most Swiss men have to serve in the army for a while. He's got a condition that makes it impossible to perform regular duties, so they found something else for him to do. He doesn't ask questions; he just goes where they tell him to go, and occasionally turns into a giant monster and rends who they tell him to rend. Most of these jobs are in Switzerland, but he knows they've brought him across the border into Germany on occasion.

His FIS handlers carry tranquilizer darts, but they also pack silver bullets, just in case.

Tradecraft spots he carries two mobile phones: one for his human life, one for the wolf. **Occult Studies** spots a tattoo on his arm of a pentagram, but the serial number beneath it suggests it's not just a memento of teenage nihilism. Threaten him with **Cop Talk** or **Interrogation**, and he'll demand to talk to "Agent Magda from FIS" instead of his lawyer. If the Agents have allies in

Swiss intelligence, Leon may get loaned to them as a special asset when going up against supernatural threats.

MINION: His mother tried to warn him. Baba Windeck even tried to protect him, making him drink foul-tasting, stinging purgatives and forcing him to wear a silver crucifix around his neck, even though it burnt his skin. It wasn't enough to keep Leon from hearing the voice of the Master. When Dracula awoke in 2011, he called to Leon, and Leon answered.

Leon is a troubleshooter and assassin for the Conspiracy. If they need muscle — 225 kilos or so of fur and muscle and claws — then he drives down from the mountains in his battered old truck. He doesn't ask questions. All he needs is the scent of his prey, and a place to curl up afterwards while he digests a heavy meal.

His isolated mountain cabin is protected by booby traps and guard dogs; the Conspiracy might stash a prisoner there. There's room in the basement, in the cell next to Baba Windeck. Leon keeps the old woman locked up down there, and sometimes forces her to perform occult rituals at the Master's behest.

Criminology matches Leon's description with that of an elusive assassin (and suspected cannibal);

Streetwise fills you in on Leon's reputation as a criminal troubleshooter, and also tells you that this guy isn't going to respond to any other Interpersonal abilities except **Negotiation**, and you probably don't want to make a deal with a monster like him. **Bureaucracy** confirms that he's still collecting his great-aunt's pension on her behalf, but she hasn't been seen in years.

DEFINING QUIRKS:

- sniffs the first time he meets you
- always has a bag of tools with him or in the back of his truck
- sits awkwardly hunched, like he's not sure how big he is

INVESTIGATIVE ABILITIES: Notice, Outdoor Survival, Pharmacy

GENERAL ABILITIES: [second set of ratings is for wolf form] Aberrance 0/14, Athletics 8/0, Driving 6/0, Hand-to-Hand 4/12, Mechanics 4/0, Shooting 4/0, Surveillance 2/0, Weapons 4/0

ALERTNESS MODIFIER: +2 (+3 in wolf form)

STEALTH MODIFIER: +0 (+1 in wolf form)

DAMAGE MODIFIER: −2 (fist, kick), +0 (heavy crowbar), +1 (rifle); +1 (bite in wolf form) and worrying (see ghoul; ***NBA***, p. 150)

ARMOR: −1 vs. any in wolf form (fur); all damage other than silver refreshes when he changes form

FOUR DAYS OF THE BAT

It is 6 November 1989, four days before the fall of the Berlin Wall, and a mysterious man has defected with a briefcase full of odd classified Romanian documents to a secret MI6 outpost in Berlin — Listening Station ED13.

Within hours, the station is destroyed and all but one of its operatives killed. You must bring in the sole survivor of ED13, a mild-mannered clerk who has proven herself far beyond her clearance, before the unknown force which destroyed her colleagues finishes the job.

What was in that briefcase that was worth the lives of four people?

EYES ONLY BRIEFING

On 30 August 1986, a 7.1 Richter scale earthquake rocked communist Romania. Once again, the creature known as Dracula woke from a brief slumber, stirred by the telluric forces of his home soil. His plans, masterful and far reaching, had continued during his rest, and now, he redoubled them. He spent two years assessing the situation from his network of agents throughout the world, who had spread like a cancer in his absence. Piles of data had been amassed from sleeper agents, dead drops, and various information dumps.

The news was telling.

Dracula's inhuman intellect, capable of great leaps in both time and human thought, saw the writing on the wall. Within months, perhaps, and years certainly, the Soviet Union would collapse. Unsupported, the regime in Romania would eventually follow. All scenarios pointed towards the regime of the Ceausescus collapsing within −/+15 months of the end of the Soviet Union.

He took steps to safeguard his property. In his immortal life, he has acquired castles, fortresses, laboratories, place of power — and one of these is especially vital to his plans. He had his lawyers ensure that this property would remain in his control even if the Communist government fell.

But a Romanian agent acted first. The ripples in the ranks caused by Dracula's probing had been noted, though misidentified as American or even Soviet agents.

It became clear to one Romanian clerk, Apostol Sala, that the focus of this unknown intelligence probe was directed at pre-revolution documents of an old (even ancient) property.

Sala knew precisely where the files (including an ancient "deed") for it were kept. He naïvely believed someone in the West wanted them, though he had no clue why. Sala had long pined for life in the West. He collected what documents he could, and fled on 3 November 1989, traveling to East Berlin. There, he made contact with an old Stasi colleague of his, who arranged for him to cross into West Berlin, hiding in the boot of a government car.

By the time Sala made it to Listening Station ED13 in West Berlin — known to the Romanian Securitate as a lackluster, quiet radio post — he was certain something inhuman was hunting him.

He turned the documents over to the agents there, and collapsed, leaving the staff there to examine them. One of the MI6 staff there, Simon Bonaventure, was Edom's man at the station, responsible for the old Chain Home Deep telluric listening device in the basement. He recognized the potential importance of Sala's information, and had the station's translator, Emily Grant, set to work translating it into English. He then sent a flash message to Edom, alerting them of the incident.

Within the hour, Dracula's agents struck ED13. Only Emily Grant escaped as carnage ripped through the three-level station, slipping out a secret (and quite

BERLIN

U-Bahn Bernauer Straße 1
Park Ruhwald 2
Pension Mintplatz, Luisenstraße 3
U-Bahn Friedrichstraße 4
Pariser Platz 5
Süßigkeit-Spitze 6
British Consulate, Uhlandstraße 7
Cafe Kranzler, Kurfürstendamm 18 8
U-Bahn Wittenbergplatz 9
Bernburger Straße 10
Feilnerstraße 11
ED13 Listening Station, 12
Berlin Police HQ, Platz der Luftbrücke 13
Der Kerker 14
Tempelhof Airport 15
US Mission Berlin, Clayallee in Zehlendorf 16
Lichterfelde 17
The Catholic Church of Mater Dolorosa (Our Mother of Sorrows) 18

unofficial) exit through an old tunnel, bringing the briefcase Sala had delivered and which she had only half digested.

She has gone to ground quite effectively, disappearing into the night of Berlin, terrified, holding the papers that grant ownership to Dracula's Castle and its lands, neither understanding who, or what, hunts her, or why.

This is the situation agents of Edom find themselves in, as the rhetoric flies on both sides of the wall, and a completely independent juggernaut of history rushes towards Berlin.

The agents of Edom must find Emily Grant before Dracula's creatures locate her and the papers she possesses.

On 9 November 1989, the Berlin Wall will fall.

THE QUARRY

Emily Grant is a run-of-the-mill analyst for MI6 responsible for translating radio intercepts from East Berlin police in plain German, and writing reports on interesting snippets for filing up the chain of command. She has been employed at Listening Station ED13 for two years. In that time, she has neither stood out, nor provided any breakthroughs, though she has kept a very fast pace, filing three to five reports every day. Her file is nearly empty of any career insight.

She is 29, unmarried, a bit overweight and relatively spry, and, though her superiors do not know it, her character holds a level of determination and grit not seen very often. Her assessments placed her as psychologically sound, but she is something more, and now, on the run, her training has kicked in.

She lived in a walk-up one-bedroom apartment on Bernburger Straße, with a view of the Berlin Wall, above a butcher's shop. Since her escape from ED13, she has not been sighted in the vicinity. Her car remains there, also untouched. She is not stupid enough to turn up there. (See *Finding Grant*, p. 134)

Using an assumed identity, she has gone to ground on the western edge of Berlin. On Day Two, she contacts the main Berlin office and asks to come in (see *The Call & The Answer*, p. 138).

PSYCHIC PROJECTION

Nenorocit is powerful, but extremely limited. He has to spend Aberrance to project his spirit. You'll need to keep track of his Aberrance throughout any scene he appears in. We've listed the base cost in each scene for what he has to do to fulfill his part of the plot; the player characters may force him to spend more.

The costs for his abilities are as follows:

- 1 point to begin projection
- +1 point/round to project out to beyond visual range of his coffin.
- +1 point/round to project in daylight or bright light

He needs a blood anchor to home in on; if his anchor is destroyed (say, by washing it away with holy water), then it costs him +1 point/round to linger in place.

SUSTAINING DAMAGE: Any successful attack on Nenorocit costs him 1 point of Aberrance, regardless of what the attack was — shooting, weapons, hand-to-hand, or even harsh language (attacking with Stability) works, as long as there's sufficient hostile intent behind it. A successful attack with fire or a bright light like a flashlight or flare does 2 "damage" to his Aberrance total; a flare or other extremely intense light costs him 1–6 Aberrance. If he's reduced to 0 Aberrance, he's cast back into his body (he can hang around by spending Health instead of Aberrance, but that costs him dearly).

REGAINING ABERRANCE: Nenorocit regains all his Aberrance after a day's rest in his coffin. He regains 1–6 points if he kills someone and sucks their dying breath away — or if someone willingly sacrifices their life to feed him. Downed thugs, for example, may spontaneously expire to fuel their master's powers.

INVESTIGATIVE ABILITIES: History, Languages, Research, Tradecraft
GENERAL ABILITIES: Athletics 3, Hand-to-Hand 1, Health 6, Infiltration 2, Shooting 2, Surveillance 6
HIT THRESHOLD: 3
ALERTNESS MODIFIER: +0
STEALTH MODIFIER: +0
DAMAGE MODIFIER: −2 (fist, kick), +0 (small caliber automatic pistol)

THE OPPOSITION

Dracula's plans are complex, and in most cases, beyond even the most clever human to unravel. He has dispatched several members of his Conspiracy to recover Sala's documents; when they fail to find the stolen papers on Sala's body, they start hunting for Emily Grant.

ADAM LUNGU / NENOROCIT

(the Poor Devil; Experiment 9, a Murony "Spirit Vampire")

He — it? — is the corpse of a squat, ugly man with a scarred face, receding hair, and yellow teeth, dressed in a German military uniform from the First World War (8th Royal Bavarian Chevau-légers). Both legs are missing and have been replaced with iron dummy limbs; an examination of the corpse shows that it has been embalmed and operated on repeatedly.

To his creators in the old German vampire program, he was Experiment 9. He was stolen by Dracula's servants sometime during WWII, and is now a devoted servant of the true Master.

He exists in a fugue where he sleeps, feeds, and waits for the call — there is nothing else. He cannot leave his coffin, or even move anything other than his eyes. Instead, he projects his spirit out of his undead body as a sort of ghost. The "glory" of un-life has not healed his wounds or granted him any of the beauty other vampires find there. His spirit form is somewhat idealized but still recognizable (assuming an observer somehow managed to get a good look at a face made of moonlight, dust, and swirling mists).

His corpse rests in a coffin lined with soil pulled from the foundation of Castle Dracula. The Conspiracy thugs drove his coffin from Romania to East Berlin by road in a minivan. However, Elena Dimitru has yet to arrange a travel permit to bring the van across into West Berlin. He can project

a ghostly form over a range of several kilometers, and haunt the dreams of his prey — he used this ability to track Sala across Europe. When he needs to act, as opposed to dimly perceive, he can manifest more fully over a shorter distance, but this is extremely taxing for him. As his body is currently stuck in the minivan in East Berlin, his ability to act effectively in the first part of this scenario is limited (see *Targets of the Vampire*, p. 138).

On Day Four, when the crossings between the two halves of the city are opened, he can act much more freely.

To his associates, he is known as Nenorocit, "the Poor Devil," a name he tolerates simply because it was given to him by his "adoptive father."

To project his astral form accurately over any distance, Nenorocit needs the taste of blood to home in on, as a sort of anchor. He can home in on the blood of Elena Dimitru or any of the Conspiracy goons, so they can call him up when they need backup; after *Night of the Incubus*, he can also manifest near Antonia Iger. He can't, however, wander around Berlin looking for Emily Grant (unless he gets a sample of her blood after *A Trail of Blood*).

Nenorocit's interactions with the Agents are described in *Targets of the Vampire* (p. 138).

PSYCHIC PROJECTION: See sidebar.

STEAL BREATH: 1 Aberrance to suck the air out of a nearby target's lungs. The target must start making Health tests (Difficulty 4) to stay conscious. The target catches their breath and can stop making tests when they get a result of 6 or more.

GENERAL ABILITIES: Aberrance 16, Hand-to-Hand 8, Health 10*

HIT THRESHOLD: 5 (spirit form), 1 (immobile body)

ALERTNESS MODIFIER: +0

STEALTH MODIFIER: +3

DAMAGE MODIFIER: +0 (blood drain; ignores armor); +0 or −1 (hurled object)

ARMOR: physical weapons do no damage, but drain one point of Aberrance on a successful hit; fire or bright light also saps his Aberrance*

FREE POWERS: Darkvision, Distortion, Drain, Remote Drain, Telepathy (only with his minions)

OTHER POWERS: Control Weather, Enter Dreams, Necromancy, Possession, Psychic Projection, Steal Breath, Telekinesis

BANES: bright lights or fire in spirit form; destroying its body by beheading, staking, and filling the mouth with garlic (or burning the heart in wine) destroys the spirit

BLOCKS: bitter herbs (ingested by the victim; must overcome block to keep feeding), crucifixes and holy objects, garlic

COMPULSIONS: obey Dracula

DREADS: crucifixes and holy objects, garlic

REQUIREMENTS: drink blood, must return to his body at cockcrow or noon

* The listed Health applies to Nenorocit's physical body, not his spirit form. Attacks on his spirit form drain Aberrance instead. Nenorocit can spend Health as Aberrance if he has to.

ELENA DIMITRU

(Renfield)

Elena is a beautiful, manipulative woman who is completely in the service of the Master. She is driven, and strives to be noticed by him, to gain his affections — in truth, she is simply a tiny cog in Dracula's machine, almost below his awareness. But to Elena, she is his beloved.

She was born in Sweden, but later lived in London and remembers great spans of time in Romania — where her birth parents were from. The influences of her lover have warped her mind and she cannot piece together a clear chronology of her life, nor does she wish to. She often has odd thoughts about sex and death, and tends to combine the two.

Elena is meticulous in appearance, and extremely clever in her ways. She's the Conspiracy's agent in Berlin. She often pretends to be a reporter for Associated Press, and her various accents are striking in their perfection. Her accoutrement is perfect, and subtle. She carries a notepad with an AP logo, an AP pen, and various IDs to back this up. Associated Press has no knowledge of her at all.

GENERAL ABILITIES: Aberrance 9, Hand-to-Hand 8, Health 9, Shooting 8, Weapons 7

HIT THRESHOLD: 4

ALERTNESS MODIFIER: +2

STEALTH MODIFIER: +0

DAMAGE MODIFIER: +0 (folding razor) or −1 (fist, kick); +1 (9mm pistol)

ARMOR: −1 vs. any

FREE POWERS: Enhanced Hearing (e.g., heartbeats, pulse; +2 Difficulty to evade), Infravision, Regeneration (2 Health per round), Tracking by Smell (+2 to Difficulty to evade), Unfeeling

OTHER POWERS: Cloud Men's Minds, Mesmerism (eye contact or voice), Spider Climb, Strength, Vampiric Speed (Extra Attacks, Jump In)

BLOCKS: none

COMPULSIONS: drink blood (as Addictive Disorder), obey Dracula

"RAT" SERBAN

(Renfield)

Another Conspiracy agent, Serban's from Romania. He was an infamous criminal in Bucharest before falling into the service of Dracula. He's a tougher fighter than Elena, but lacks her charm or supernatural talents.

GENERAL ABILITIES: Aberrance 3, Driving 6, Hand-to-Hand 10, Health 9, Shooting 8, Weapons 7

HIT THRESHOLD: 4

ALERTNESS MODIFIER: +2

STEALTH MODIFIER: +0

DAMAGE MODIFIER: +0 (folding razor) or −1 (fist, kick); +1 (9mm pistol)

ARMOR: none

FREE POWERS: Enhanced Hearing (e.g., heartbeats, pulse; +2 Difficulty to evade), Infravision

OTHER POWERS: Spider Climb, Strength, Vampiric Speed (Extra Attacks, Jump In)
BLOCKS: none
COMPULSIONS: drink blood (as Addictive Disorder), obey Dracula

ROMANIAN THUGS

This crew comes from scattered clans in the areas surrounding Castle Dracula. The thugs are Tiganu, "cursed" by their families, and cast out as an offering to the dark force that inhabits their areas due to their horrific crimes. They are seen but never acknowledged by their former families and friends, like ghosts. Many understand the supernatural nature of their new world, and all consider themselves damned, cursed for the crimes they committed.

They are armed to the teeth and carry a mix of Romanian, Russian, and East German equipment, enough automatic weapons and explosives to support a small infantry unit in full field combat. They are not shy about using these weapons. They serve Dracula and are driven, even eager, to draw blood in his name, looking for cues from their Renfield or Dracula's other servants. They do not fear death, and many believe death in the service of the boyar means life eternal (it doesn't).

One team of footsoldiers drove Nenorocit to East Berlin. The other team followed a different lead, believing that Sala would flee to the West via Hungary, which opened its borders with Austria in May of 1989. From Austria, they went into West Germany and down the Helmstadt autobahn to West Berlin. Soon after arriving, guided by Nenorocit, they picked up Sala's scent and followed him to Station ED13.

GENERAL ABILITIES: Athletics 6, Driving 3, Hand-to-Hand 6, Health 6, Shooting 4, Weapons 6
HIT THRESHOLD: 4
ALERTNESS MODIFIER: +0
STEALTH MODIFIER: −1
DAMAGE MODIFIER: −2 (fist, kick), −1 (blackjack, knife), +0 (club), +1 or +0 (Uzi or AK-47)

THE SPINE

While this summary is broken down day-by-day, don't be constrained by this timetable. The player characters' actions may hasten or prevent some scenes, or change their order.

DAY ZERO

Sunday, 5 November

Sala arrives in East Berlin and makes contact with his friend Peter Schenk of the Stasi.

DAY ONE

Monday, 6 November

Sala crosses into West Berlin. His pursuers arrive in both West and East Berlin and contact the local Conspiracy agent, Elena Dimitru. She immediately begins searching for Sala.

Sala arrives at Listening Station ED13; Edom is alerted to his defection by Bonaventure. The pursuers hit ED13, and only Emily Grant escapes alive. She goes underground.

DAY TWO

Tuesday, 7 November

The player characters **Arrive in Berlin** (opposite). They meet Hugh Prenderville, their MI6 contact, and Antonia Iger, their police liaison. They go to **The Listening Station** (p. 130) to examine the crime scene. Dimitru tracks down Schenk, then crosses into West Berlin. The player characters can try **Finding Grant** (p. 134), **Investigating Sala** (p. 133), or **Listening to the Dead** (p. 132). If they're very good, they can capture one of the opposition in **A Trail of Blood** (p. 135).

Dimitru meets with Iger and sics the vampire Nenorocit on her in **Night of the Incubus** (p. 137). If the player characters intervene, they'll be **Targets of the Vampire** (p. 138).

Grant gives the document from the briefcase to **The Old Woman** (p. 141).

In **The Call & The Answer** (p. 138), Grant makes contact with Prenderville, arranging to meet him in Ruhwald Park. Prenderville is then attacked by Nenorocit.

DAY THREE

Wednesday, 8 November

Grant goes to the rendezvous at **Ruhwald Park** (p. 139). She is killed by Dimitru. The player characters may be able to stop this and follow clues to **The Pension Mintplatz** (p. 142); if not, then Iger leads them to **Bernauer Straße** station (p. 142) and a trap. Interrogating Iger after this brings them to the **Pension Mintplatz** (p. 142).

DAY FOUR

Thursday, 9 November

The gates in the wall open, allowing east and west to mingle. The Agents may witness **A Parade of Coffins** (p. 144) as Nenorocit crosses into West Berlin. They need to destroy the vampire before he kills the Old Woman and finds the deed.

ENTRY VECTORS

EDOM

Edom received the flash message from Bonaventure on the evening of the 6th of November, and was still digesting it when the attack on the MI6 station in Berlin was reported. It dispatches the Agents to Berlin on the first flight out the following morning, so the PCs arrive mid-morning on the 7th.

UNTO THE FOURTH GENERATION

Bonaventure worked for Edom, but he wasn't Edom's. He owed it no loyalty — and he'd learned enough from his time in Berlin and Eastern Europe not to trust it, either. When Sala came in, he decided that other, more honorable people could make better use of this intel, and sent a telegram to one of the player characters, telling them to come to Berlin to meet Sala.

If the Agents aren't working with Edom or MI6 (or don't have **Covers** to fool Prendeville and the Berlin MI6 crew), then they can go in under journalistic cover and pick up the investigation that way.

FLASHBACK

Rosalie Duncan (p. 134) or Fr. Schwartz (p. 135) can retell the tale from an outsider's perspective; the Former Gehlen Org (***DH***, p. 82) got the inside dirt on the German view of the incident. One of the Conspiracy goons might offer up his 25-year-old recollections of the Berlin incident in exchange for his life.

THE PETRIE CONNECTION

If you're also planning on using *Day of the Wehrwolf* in your campaign, consider making Simon Bonaventure a workname for "Petrie" from Chain Home Deep Zermatt. The two are different names for the same man, a once-great Edom field operative now living out the last days of his career in Berlin. He took Emily Grant under his wing because she reminded him of MacDougal, and he wanted to make sure that he didn't leave a junior officer so unprepared again.

ARRIVAL IN BERLIN

SCENE TYPE: Introduction
LEAD-OUT: The Listening Station

The division of the city is visible from the air. The lights of the west side are brighter, more numerous, almost desperately bright. It's early November — the smell of fireworks from Guy Fawkes Night still lingering in the Agents' memories — but there are already Christmas lights in some streets. Blinking desperately. All across Europe, the lights are coming back on. Poland. Hungary. Soon, maybe, here in East Germany. Long-time East German leader Erich Honecker was forced out last month. Change is on the wind.

The plane begins its descent towards Tempelhof Airport.

Edom's briefing gives background information on ED13 and Chain Home Deep, but you don't need to give all this information out now unless the players ask for it. Just skip onto the landing, and fill in details as needed.

LISTENING STATION ED13

A secret location under the auspices of British intelligence GCHQ, this station recorded, translated, and decrypted, as well as analyzed, signal traffic coming from East Berlin. Its focus was the Stasi (Ministry for State Security) of the German Democratic Republic, the Soviet puppet state in charge of East Germany during the Cold War.

ED13 is a three-story original construction from 1894, nearly demolished by bombing in 1944 and again by street fighting in 1945, and restored in 1956. An adjoining building was purchased through front companies in 1957 by British intelligence, and was an active spy station from the summer of 1961 until 1964. Edom built a Chain Home Deep listening post there in 1965.

It became a signals intelligence station in 1964, under the auspices of MI6. In 1979, the facility was moved across the street to another building for operational reasons (Edom worried that the locations of their Chain Home Deep posts had fallen into enemy hands after the disaster in Romania in 1978). Since then, it has been responsible for passive signals intelligence, with very little outside intelligence contact. It was largely self-sufficient, with a single point of contact externally, and very little need for more.

For twenty plus years, and two changes of directorship, it continued at this pace, until the bloodbath of last night. ED13 was not a high-profile station. Most of the intel it gathered was barely above newspaper level.

CHAIN DEEP

The Chain Deep (CD, or CHD for the older Chain Home Deep designation) system is a network of telluric listening stations established by Edom in the 1950s and '60s. Seismographics and magnetotelluric monitors listen to the rumble of the earth, to the natural flux of the geomagnetic fields, searching for the footsteps of vampires. CD monitoring stations work best out in the countryside, away from underground structures and power lines and cities. The Berlin CD device at ED13 was a gamble for Edom; they hoped it might give them a glimpse into supernatural activity in East Germany, but it never picked up anything of use. There was too much noise from the city, and the machine was shut down in 1982.

Simon Bonaventure was Edom's man at ED13. He operated the CD machine as part of his regular SIGINT duties.

LANDING

Hugh Prendeville meets the Agents at the airport. He's young, handsome in a soft, floppy-haired way, terribly English (Hugh Grant would play him in the movie). He cautions the player characters to be circumspect in the car he's hired; the Stasi have probably bugged it. Don't mention names. He also says that he doesn't know anything about the section the Agents report to, and he's not going to ask any awkward questions like *"Why are three of my staff dead, and one missing?"*

Tradecraft suggests that Prendeville is competent, but isn't aware of Operation Edom or the supernatural. From the way he clutches the steering wheel, he's barely suppressing his anger.

Of the four staff members assigned to ED13, three are accounted for — their bodies were found at the scene, along with a fourth corpse (Sala). The last member of staff, Emily Grant, is missing. She hasn't reported in yet; he doesn't know if she's been captured, or is on the run, or even if she's working with the attackers.

He's already contacted his liaison with the German police, Antonia Iger, and arranged to have the crime scene sealed so the Agents can examine it. This was a very public killing, though, so he won't be able to keep a lid on it for more than a few hours.

Prendeville drives the Agents straight to the listening station.

THE LISTENING STATION

SCENE TYPE: Core
LEAD-IN: Arrival in Berlin
LEAD-OUTS: Finding Grant, Investigating Sala, Listening to the Dead

Feilnerstraße is in lockdown. Heavy rain beats down on the police officers stationed at either end of the street. The external security is local Berlin police, but they simply hold a perimeter, bowing to the BND (the West German Federal Intelligence Service) and through it, British intelligence. It's clear that the existence of the spy station was an open secret in this part of town.

The Berlin police are aware of the covert nature of the killings, and the rumors around the "spy station," but are closemouthed about it. It is well above their pay grade, and frankly, they don't want to be involved. They will handle the bodies, the autopsy, and photos and reports for the BND, but security agreements will be signed by all involved. A general blackout on repeating information from the scene has been instated. Prosecutions will take place for those who defy the order.

The BND is ostensibly working in tandem with British intelligence but is also keeping its eyes open on scene, looking for indications of ED13's purpose, which has not been shared with it. Through a limited intelligence share, the BND has gained whitewashed files on all the bodies at the scene, for purposes of identification.

Prendeville introduces the Agents to Antonia Iger, their liaison with the BND. Iger is in her mid-50s, but looks older. More than anything else, she looks tired. She wears a heavy hooded rainjacket against the bad weather. She explains that as a courtesy to the British, she'll permit the Agents to examine the crime scene and determine the extent of the damage to their operations, but this is still a criminal matter for the Berlin police.

Cop Talk gets her talking, and it's clear that she's under orders to cooperate with the British, and to bend the rules considerably to help cover up the particulars of the attack. *"We all have deals with devils,* ja? *We all have to answer to our masters."* Who's pressuring her? One possibility is that the West German government, already nervous about the unstable situation in Berlin, just wants this whole mess shoved under the nearest carpet, and has told her to let the British take the lead — and the Heat — in this investigation. Another option is that Edom's responsible, operating through the British Foreign Office to pull strings on Bonn, and from Bonn to Berlin. The third possibility, discussed in the sidebar, is that Unternehmen Braun, the German vampire program (*DH*, p. 75), is running Iger.

OUR GERMAN COUSINS

If you want to complicate this mess even further, then operatives from the German vampire program are observing the situation in Berlin, and show up in the optional scene *The Munich Connection* (p. 143) and as a complication in *A Parade of Coffins* (p. 144). Unternehmen Braun's priorities are:

- Contain any fallout from this situation. The last thing they want is Dracula waking up and deciding that the Autumn of Nations — this wave of revolutions across Eastern Europe — becomes a Winter of Vampires.
- Get a good look at how Edom currently operates. The more Edom takes charge of the investigation, the more Unternehman Braun learns about its old rival.

And as soon as it becomes clear that Nenorocit is active in Berlin, its new top priority becomes:

- Recapture Experiment 9.

HEAT IN BERLIN

Up until the events of *The Call & The Answer*, Iger shields the investigation from any Heat. After that, once she knows where Emily Grant is, she'll switch tactics and drop any accumulated Heat, plus another 2 points for good measure, on top of the Agents.

THE BODIES

The bodies offer few real clues, but players will ask for information on them. Of the staff, only Emily Grant is missing from the scene.

Mark Kerzakian (45 YOA, British, GCHQ British intelligence, died due to multiple gunshot wounds).

- **Forensic Pathology:** That's weird — blood vessels have burst in his eyes, turning them blood red.
  - ➤ 1-point **Occult Studies** spend: You've seen accounts of that before — some accounts of possession claim it as a symptom.

Aaron Smisak (27 YOA, British, GCHQ British intelligence, died due to multiple gunshot wounds).

Simon Bonaventure (44 YOA, British, GCHQ British intelligence, died due to multiple gunshot wounds).

"Johan Harker" (Apostol Sala, 39 YOA, Romanian, Securitate, died due to single bullet wound to the head).

- **Criminology:** Execution-style punishment killing — the treatment you give to traitors.
- (core) **Forgery:** He's Securitate, but his papers were hastily forged in East Germany. He must have a friend in the Stasi over the wall.

THE BUILDING

The exterior of the building appears to be that of a modest legal firm, and the plaque on the door reads (in English and German) *Blue Cormorant Solicitors*. Records indicate it is a private law firm that supports English interests in German legal disputes over shipping. The telephone message is picked up by an answering service which offers no insight into the firm's operations, only takes messages.

Electronic Surveillance: The front door is subtly decked out in state-of-the-art listening and still-picture equipment, photographing and recording all comers. During office hours, entry was made by buzzing in and the door was unlocked at the security desk in the main hall.

Explosive Devices or **Urban Survival:** The front door was reinforced. Getting inside would require a small amount of explosives, at least, or a great deal of time and heavy tools. Even after the conflict which destroyed the station, the door appears untouched. Someone must have unlocked the door from within.

The ground floor is a sitting room, some closets and storage, access to a bare basement with a furnace, and a main hall with a large, wooden standing desk. All windows are secured by steel-mesh grates, and all doors are fitted with heavy locks, lock plates, and steel-reinforced plates. The entrance to the main staircase leading from the ground floor upstairs is secured by a large gauge steel gate which is embedded in the floor and ceiling.

The main hall has been shot up. Agents may piece together a rough narrative from the bullet holes, blood spray, and more. Someone was buzzed inside and fired a light machine gun at the British security guard behind the desk (Mark Kerzakian), killing him instantly.

1-point **Forensic Pathology** spend: There's a nearly invisible smear of blood on the outside of the door. It reminds you, weirdly, of the story of the Passover, where the Israelites marked their homes so the Angel of Death wouldn't strike them. Someone wiped the blood away afterwards, but there's still some residue in the cracks.

Notice: Kerzakian had a gun in his desk, but didn't touch it. Maybe he was taken by surprise, or maybe he didn't think the intruders were a threat.

Forensic Pathology: Wait a second — from the blood spray patterns, Kerzakian was first shot from the rear, on the right hand side. That bullet spun him around, and then he got shot again. That means that Kerzakian must have been shot by someone in the building — probably Simon Bonaventure — just as he buzzed the intruders through the door.

The assailants then buzzed themselves through the security gate and proceeded to move upstairs. They were attacked from behind by Simon Bonaventure, whose body lies slumped in a side door that leads down to the basement (see *The Basement*). He fired at one assailant, hitting him, before being killed in a concentrated hail of submachine gun fire (indicating at least two assailants).

Military Science: Expended shells on the ground contain the stamp *22 RPR* — meaning "People's Republic of Romania."

On the second level, in a large open space filled with desks, bookshelves, and copy machines, there were several exchanges of fire, between Aaron Smisak and the unknown assailants. Smisak was killed with a shot to the head (**Military Science:** expended shells on the ground contain the stamp *22 RPR* — meaning "People's Republic of Romania").

Sala was on the third level, in an interview room. The door was locked from the outside, but was forced open.

Vampirology: The room's full of fresh garlic flowers that have been trampled, then splattered with blood.

RECORDS

There is very little of value in ED13. Those who raided the location made a cursory examination of all storage in the facility, apparently looking for something very specific. No paperwork was taken, apparently.

(core) **Notice** Overlooked upstairs near one of the Teletype machines is a handwritten, scribbled note by Emily Grant (comparing her desk paperwork confirms this fact). It says:

R Documents, Draculesti (SP?).

It is the only bit of vampire-related documentation remaining in the station.

The brief Teletype sent by Bonaventure to British intelligence at 4:45 p.m. Berlin time reads:

ASSET Sala, Apostol, n. 39, Securitate, Clearance File Division.

The still pictures from the security camera snapped two images of Apostol Sala, furtively entering ED13 on the afternoon of 6 November 1989.

(core) **Photography:** Sala had a briefcase with him. That briefcase wasn't found at the scene — someone must have taken it.

Later, the security system shows a group of four thugs in leather jackets with duffel bags who somehow gain entry to the door, and, handing out weapons, muscle their way in (this is captured in four photos). The camera quality, unfortunately, is poor, and no clear identification can be gleaned from it.

1-point **Photography** spend: Careful examination of the photograph gets a clear image of the faces of the thugs.

- With **Criminology** or **Streetwise** and experience of the mean streets of Bucharest, the Agent recognizes one of them as "Rat" Serban — a smuggler and street thief.
- Spending another point of **Photography** or **Vampirology** also notices that the mists in the background of the photo have gathered into a humanoid form Something unnatural accompanied the killers, some spirit or ghost.

EYEWITNESSES

Eyewitnesses report a group of men in leather jackets carrying duffel bags loitering in front of ED13 before the incident at about 6:15 p.m., followed by them "muscling" through the door, and various sounds of gunfire over a ten minute period. When the police arrived at 6:33 p.m., the door was wide, an alarm was blaring, and smoke was pouring from the upper window of ED13. No one saw them get away — a thick November fog fell over the street, like a pall.

Streetwise: One old shopkeeper recalls seeing Sala arrive. The "nervous man with a briefcase" went to the "old spy-house" first — the former location of the listening station, across the street from the current house. It was moved after the location was compromised by the Romanian Securitate in 1977. Sala then stopped, looked around, and spotted the surveillance cameras and reinforced doors of the "new spy-house."

- **Notice:** No briefcase was found at the listening station. Someone must have taken it.
- **Tradecraft:** Sala's movements suggest he was working off the data the Securitate got in 1978.
- **Architecture:** If the address of your secret listening post is compromised, you don't just move it across the street — unless there's something important about the street. There may be something underground here. Check the basement.

THE BASEMENT

The basement of the listening station is a junk room; old bicycles and broken office chairs, boxes of files, a boiler that never works. A **simple search** or **Architecture** (core clue) discovers a low door half-hidden behind a filing cabinet. Scrape marks on the floor suggest the cabinet was pushed against the wall around the same time as the attack.

The door leads to a long, narrow passageway that runs under the street, and under the building opposite (the old listening post), to end in a small room containing a curious, squat machine that resembles a fire hydrant containing a pendulum. The machine is connected to an oscilloscope.

(core) **Urban Survival:** The subterranean entrance to the building opposite ED13, the old listening post, has been blocked up, but someone has kicked a small hole through the brickwork. Just big enough to crawl through, into the cellar of the building beyond. And there's a hatch in the cellar that leads into an adjoining street. Looks like someone, probably Grant, exited this way. Following this trail leads to *Finding Grant* (p. 134), specifically the section *From the Cellar Door* (p. 134).

(core) **Mechanics** or **Geology:** That's a Chain Home Deep monitor — Edom's old telluric monitoring system from the 1950s. Hasn't been used in years ...

Next to the monitoring machine is an old Teletype machine, at least 15 years out of date. This is the machine used to send flash transmissions back to Edom — it's hardwired to only communicate with Edom's headquarters back in England.

LISTENING TO THE DEAD

SCENE TYPE: Alternate
LEAD-IN: The Listening Station

Edom's researchers spent decades mapping telluric currents and listening to the ebb and flow of energy in the earth's crust. They stared at their readouts, at quivers on oscilloscopes and vibrations on seismographs, and believed they could detect the movements of the Un-Dead. They built a ring of stations along the English coast to watch for another vampiric incursion, and smuggled earthquake devices into Romania to monitor Dracula's movements. The program was called Chain Deep (or Chain Home Deep).

If your campaign uses supernatural or damned vampires, then Edom was probably wrong. They fooled themselves into thinking that science could explain and constrain the supernatural, and that tiny natural variations in the telluric currents were somehow significant. The monitoring program was eventually shut down; another Edom boondoggle.

In a game with some variety of telluric vampire, Chain Deep might have actually yielded some valid results, although interpreting the readouts was always more art than science. The Berlin station, certainly, was worse than useless. The activity of the surrounding city blinded it — it could only detect a vampire if the monster was right on top of the monitoring device.

And last night, that's just what happened. When the attackers summoned Nenorocit to possess the door guard and buzz them in, it left a trace on the monitoring system.

- **Geology** or **Electronic Surveillance:** There was a burst of anomalous geomagnetic activity around the time of the attack on ED13. Very strong, very very close. But the Doppler shift — it only makes sense if the source was moving impossibly quickly, faster than the wind. Hundreds of kilometers an hour.
- 1-point **Astronomy** spend: You can extract a directional bearing from the data. The anomaly moved in from due east, across the wall, and moved back again the same way.

Later in the adventure, 1-point spends of either **Geology** or **Electronic Surveillance** can give the Agents a directional bearing to the supernatural events of *Night of the Incubus, The Call & The Answer, Targets of the Vampire*, or *Ruhwald Park*. This can warn them that something unnatural is going on, or help them investigate afterwards. The Chain Deep apparatus isn't portable, so the Agents have to return to the basement to check the readings regularly.

INVESTIGATING SALA

SCENE TYPE: Alternate
LEAD-IN: The Listening Station
LEAD-OUT: A Trail of Blood

He's still an unidentified male to the German police; while he has a passport and travel papers, they're obvious forgeries. The name on the fake passport is "Johan Harker" — obviously, a Dracula reference, suggesting he was trailing his coat for Edom. Checking his pocket debris (**Notice** or **Tradecraft**) turns up stubs of train tickets from Bucharest and a few hundred thousand Romanian lei (not that much, considering exchange rates). It's clear that Sala left Romania in a hurry and came straight to Berlin.

A **Network** spend (or a 1-point **Bureaucracy** spend to press Prendeville) gets the Agents a meeting with an East German official, Peter Schenk. He meets the Agents in Friedrichstraße station, an underground train station that is accessible from the West (there's a checkpoint at the surface level). Schenk comes across as merry and charming, with a twinkle in his eye that's quite at odds with the gloomy, dangerous surroundings.

- A **Negotiation** or **Reassurance** spend gets him to admit, indirectly, that he knew about Sala crossing into the West. "Things are in flux, you know. Hungary's borders are open. Soon, maybe, the same will happen here, and in Romania. Maybe

EMILY GRANT'S TIMELINE

DAY ONE

5:22 p.m.: Grant is called to help debrief Apostol Sala.

5:47 p.m.: Bonaventure realizes that Sala's information connects to Operation Edom. He gives Sala's briefcase full of documents to Grant to translate and brings her downstairs to the secret basement. He sends the flash transmission to Edom.

6:24 p.m.: Dracula's minions arrive at ED13.

6:31 p.m.: One of the thugs summons Nenorocit.

6:32 p.m.: Nenorocit possesses the door guard, Mark Kerzakian. Bonaventure orders Kerzakian to sit down and keep the door shut, but Kerzakian — helpless to resist — presses the button. Bonaventure shoots him.

6:33 p.m.: As Dracula's minions storm the building, Bonaventure covers Grant's escape down the tunnel.

6:40 p.m.: Grant escapes out through the cellar of the former listening post. She cuts her hand opening the cellar coal hatch and leaves a small trail of blood (see *A Trail of Blood*, p. 135).

6:52 p.m.: Terrified that Kerzakian's apparent betrayal of the listening post indicates that MI6 has been compromised, she chooses not to check in using standard protocol. She also decides she can't risk going home. She gets on the U-Bahn underground train and takes a random route, changing line and station to throw off any pursuers.

8:40 p.m.: In a bathroom stall at Wittenbergplatz, she removes Sala's papers from the briefcase. She hides the briefcase in a roof tile over the stall, and moves the papers to her own handbag.

10:18 p.m.: She moves from bar to bar, throwing off any suspected pursuers. She leaves her coat in one, and steals a very different jacket. She borrows makeup in the bathroom of another and changes her appearance as much as she can.

10:50 p.m.: Grant goes to a student bar and nightclub, at Heidelberger Platz (p. 134). She switches coats again, and picks up a drunken postgraduate student of economic history, Ernst Thimmel, and allows him to take her back to his flat. There, she rests but does not sleep on his couch.

DAY TWO

6:22 a.m.: She leaves Thimmel's flat.

7:00 a.m.: She attends Mass at the Catholic Church of Mater Dolorosa (Our Mother of Sorrows) at Lankwitz. She meets her friend Oma there (see *The Old Woman*, p. 141) and asks her to mind the documents from Sala's briefcase. She also borrows several hundred deutsche marks from Oma.

8:12 a.m.: She circles back to the church and makes a confession, despite not being Catholic. While there, she obtains holy water and a crucifix.

(Player characters arrive in Berlin; mission proper begins).

12:10 p.m.: She returns to Wittenbergplatz station and recovers the empty briefcase. She weighs it down with a newspaper, and hides the holy water and crucifix inside it.

2:30 p.m.: She wanders Ruhwald Park, getting to know all its hiding places and exits.

3:10 p.m.: She visits the American Consulate, pretending to be a tourist who has left her papers in a hotel in Bonn, and asking if it's possible to be issued a temporary passport so she can get a train ticket back to West Germany.

6:30 p.m.: She purchases fresh garlic from a street merchant.

7:02 p.m.: She telephones Hugh Prendeville and arranges to come in via Ruhwald Park (*The Call & The Answer*, p. 139).

10:00 p.m.: She rents a room in a cheap hotel and stays overnight. She lines the windows of her hotel room with garlic.

DAY THREE

12 p.m.: She goes to the meet at Ruhwald Park (*Ruhwald Park*, p. 139).

the man you speak of wanted to, shall we say, leave early to avoid the rush? He is, I understand, a minor bureaucrat in the land office of the Romanian government. Not much of a coup for your spies."

- **Bullshit Detector:** Schenk has no idea that Sala's dead, or that he's directly responsible for the attack on a British listening post. If the Agents tell him, Schenk's behavior changes instantly — he clams up, declares very loudly that he has no information about Johan Harker or Apostol Sala or anything else, and if the Agents don't leave East German territory immediately, they'll be shot as illegal saboteurs.

While leaving after the meeting, the Agents may spot "Rat" Serban as he walks towards the East German part of the station. If they didn't spend Photography on the surveillance images from the listening post (see p. 131), then it's a 1-point **Notice** spend to recognize Serban; if they've already paid, it's just straight **Notice**. See *A Trail of Blood* (p. 135) if they stop to question Serban.

FINDING GRANT

SCENE TYPE: Core
LEAD-IN: The Listening Station
LEAD-OUTS: A Trail of Blood, Associated Press, Pension Mintplatz, The Old Woman, The Munich Connection

Emily Grant has vanished onto the streets of Berlin, clutching Sala's briefcase. She's pursued by:

- the German police, commanded by Antonia Iger
- the Conspiracy, led by Elena Dimitru, and aided by the psychic vampire Nenorocit
- MI6, in the person of Hugh Prendeville
- optionally, agents of the German vampire program
- and, of course, the player characters

Iger is supposed to be reporting to Prendeville and the German vampire program; in *Night of the Incubus*, Iger gets flipped by Elena Dimitru and starts working for the Conspiracy instead.

STARTING POINTS

- Records in the listening post give Emily Grant's home address in Berlin. She might go back there — it's bad **Tradecraft**, but Emily's a technician, not a field operative. Following this lead goes to *Associated Press* (p. 136).
- (core) Prendeville tells the Agents that Berlin Station has a protocol if an officer is forced to vanish. There's a telephone number to call; it goes to a particular flat in Berlin rented by MI6 through a false front. Grant is supposed to call at precisely 7:02 p.m. All the Agents need to do is wait around until 7 this evening, arrange a meeting with Grant, bring her in from the cold, and take her and the briefcase back to England on the next flight out of Tempelhof. The phone call and its consequences are covered in *The Call & The Answer* (p. 138).
- Iger says that she can have her police comb the streets. How hard can it be to find some fat English woman? As it turns out, it's beyond them — after a few hours' investigation, all they manage to do is point the Agents towards *The Student Bar* (below).
- Grant had few friends (most were from the British Consulate) and no significant love interests. Her best friend is Rosalie Duncan, a secretary at the British Consulate. If interviewed (**Interrogation**), Duncan confesses that Grant was close to no one local, though she did receive gifts from someone she called Oma ("grandmother" in German).
- Finally, the Agents could follow the trail themselves from the secret exit to the listening post (see *From the Cellar Door*, below.)

FROM THE CELLAR DOOR

Grant fled the listening post on foot, exiting via an old coal hatch on an adjoining street.

(core) **Notice:** She cut her hand badly while forcing open the hatch, and left a trail of blood across the yard and for several blocks. See *A Trail of Blood,* opposite).

Streetwise or **Cop Talk:** Asking around the neighborhood, the Agents find one or two witnesses who saw Grant fleeing the scene. She had a briefcase with her as well as a handbag, and was cradling her injured hand. She looked pale and scared. She headed to the nearest U-Bahn underground train station.

The trail threatens to go cold on the U-Bahn; however, a 1-point **Urban Survival, Cop Talk**, or **Streetwise** spend lets the Agents find their way to *The Student Bar.*

THE STUDENT BAR

The dingy bar/nightclub is called Der Kerker — the Dungeon. It's in a cellar. It's popular with older students — radical types, mostly from the nearby Free University of Berlin. David Hasselhoff's *Looking for Freedom* seems to be playing on constant repeat on the sound system as drinkers eagerly trade rumors about what's happening over the wall. There's a mood of nervous optimism that things are about to change, especially after the perceived openness of the Soviets to change, the successful protests in Leipzig and the opening of the Czech borders, mixed with fears that the East German government will use force to maintain the closed borders. The specter of another Tiananmen Square haunts the city.

Ask around with **Streetwise** or **Flirting,** and Alix the bartender says:

- A woman matching Grant's description was in here last night, yeah. Are you friends of hers? Because she took

Mila's coat by mistake, and Mila was really annoyed when she found out.

- She didn't have much money. She bought only one drink, but still got pretty wasted — unless she was only faking it, to look like an easy lay. No self-respect, I think.
- She left with that pretentious economics guy, Thimmel. He lives over in Lichterfelde.

THIMMEL

Thimmel lives in a fashionable attic flat, crammed with economic and philosophical texts and terrible modern art. He's in his early 30s; he's pursuing a postdoc in an obscure field of economic history, although "pursuing" implies far more effort than he's actually putting in. "Vaguely wandering towards" is more accurate. It gets in the way of his true vocation, which is complaining. Right now, he's complaining about the English woman who changed her mind about sleeping with him, and made him fold out the couch-bed and dig the blankets out of the closet, and then she vanished before he even woke up.

There's an excellent view of the tower of the little Catholic church from his apartment window (see *The Church*).

There are three ways to run this scene.

- **Info Dump:** Questioning Thimmel with **Interrogation** or **Reassurance** gets his account of what happened. He doesn't know what happened to "Simone" — the name Emily Grant gave him. Maybe the bells from that stupid church woke her. He's pretty sure she stole a kitchen knife and some money from his flat. This option makes Thimmel something of a dead end.
- **Conspiracy Attack:** Optionally, the Conspiracy thugs have already traced Grant to Thimmel's flat, either by following the *Trail of Blood* or through investigation. In this situation, the interrogation of Thimmel went badly — Thimmel got angry and tried to throw them out, one of them overreacted and stabbed Thimmel (**Forensic Pathology**), and now he's lying dead on the coffee table. Unsure of what to do, they telephoned the *Pension Mintplatz* (p. 142) from Thimmel's phone (a 2-point **Bureaucracy** spend gets that number out of the phone company; a 2-point **Notice** spend spots the open phone directory), and Elena Dimitru ordered them to summon up Nenorocit, who interrogated Thimmel using necromancy (costs 4 points of Aberrance).
  - ➤ Nenorocit still has a connection to Thimmel's corpse. Once the Agents find the body, he animates it as a zombie (*NBA*, p. 154) and has it chow down on an unlucky player character (another 2 Aberrance points).
- **The Supervisors:** The other option is that Thimmel's already been found and interrogated by agents from Unternehman Braun. There are two agents with Thimmel in the flat; they claim to be Thimmel's "academic supervisors." They've already ordered Thimmel to lie about meeting Grant; **Bullshit Detector** sees through his lies instantly. If the PCs push it, go to *The Munich Connection* (p. 143).

THE CHURCH

Questioning the old priest, Fr. Schwartz, in the church requires a suitable cover story and the use of **Reassurance, Cop Talk**, or a similar Interpersonal ability. He'll admit that:

- A woman matching Grant's description attended 7 a.m. Mass.
- She was seated with an older woman. He remembers being annoyed, as they kept whispering to each other during the Mass.
- Afterwards, Grant asked to make her confession. Obviously, he cannot discuss what she said under the seal of the confessional.
- A 1-point **Human Terrain, Occult Studies, Vampirology**, or **Reassurance** spend (or a **Network** contact in the church) gets Fr. Schwartz to admit that Grant asked him if he believed in "demons and the unquiet dead," and asked him for holy water and a blessed crucifix, which he provided.
- Optionally — and only give this clue away if you want to accelerate the adventure towards endgame — **Reassurance** can be a core clue, convincing Schwatz to identify the woman that Grand spoke to as Eesi Wallenburg, a.k.a. "Oma," a sweetshop owner. (*The Old Woman*, p. 141).

135

A TRAIL OF BLOOD

SCENE TYPE: Alternate/Chase
LEAD-INS: Finding Grant, Investigating Sala, The Prisoner
LEAD-OUTS: The Prisoner, Pension Mintplatz

If Nenorocit gets a taste of Emily Grant's blood, it's much easier for the vampire to home in on her, and either kill her or guide the thugs to her. Therefore, Elena Dimitru has dispatched her fellow Renfield "Rat" Serban to recover a sample of Emily's blood. Conveniently, she's trailed blood across half the city.

The Agents might:

- spot Serban crouched in an alleyway near the listening post, scraping dried blood into a vial
- **Notice** the weird guy on the U-Bahn train, sniffing and licking one of the hanging straps
- meet Serban in the women's bathroom in Der Kerker, as he digs through the bin for the rag Grant used to staunch the bleeding from her injured hand

If challenged, Serban runs. He'll make for the Pension Mintplatz or else for a way through into East Berlin via the Friedrichstraße station. Chase scene time! Serban's inhumanly fast and agile, so it's going to be a tough chase — he needs to get to a Lead of 7, and starts with a Lead of 4. He'll blow all his Aberrance and Driving points without hesitation.

POTENTIAL RAISES BY SERBAN

ON FOOT (EITHER DESTINATION)

- leaping over a chain-link fence
- scampering up a drainpipe and scrambling across rooftops (and kicking the lead player character in the face when they climb up)
- racing across traffic on a busy street
- grabbing a passerby and hurling her into the path of the Agents

BY (STOLEN) CAR (PENSION MINTPLATZ)

- driving through a student protest march
- driving off a bridge (and using his Renfield powers to survive a long swim through icy waters)
- having Nenorocit call up an impenetrable thick, icy fog on the roads (4 Aberrance by day, 3 by night)
- getting the police involved (if Elena's flipped Iger)

ON THE U-BAHN (EAST BERLIN)

- throwing an Agent out the window of a moving train
- climbing onto the roof of a train
- having Nenorocit summon up thousands of rats (4 Aberrance by day, 3 by night)
- jumping across the rails just ahead of an onrushing train
- vanishing through a secret door into East Berlin (follow him, and you're up against the East German border police, the Grepos, and their shoot-on-sight policy)

If Serban escapes with a blood sample, then Nenorocit can play a bigger role at *Ruhwald Park* (p. 139), and both Grant and the Agents are potential *Targets of the Vampire* (p. 138). Capturing Serban leads to *The Prisoner* (p. 141); following him may bring the Agents to *Pension Mintplatz* (p. 142).

ASSOCIATED PRESS

SCENE TYPE: Alternate
LEAD-IN: Finding Grant
LEAD-OUTS: Pension Mintplatz, The Old Woman, The Prisoner

Emily Grant lives in a flat in central Berlin; the building was constructed in the 1970s. It's a big, ugly concrete slab containing many small, ugly apartments. Her apartment is locked when the Agents arrive. Getting in means forcing the door or a Difficulty 4 **Infiltration** test — she's added several heavy locks to the original cheap lock.

The apartment is lived in, but bland. The personal touches — the books on the shelves, the flowers on the sideboard, the photographs — all seem dull and lifeless, even predictable.

(alternate core) **Notice:** The only real item of interest is a hard candy box on the kitchen table (and one in the garbage, along with a plain paper wrapping). Scribbled on the paper is a note in German: "Hoping you are well. Come soon. Oma."

- If the Agents spend several hours looking for the source of these sweets, they find *The Old Woman* (p. 141).

Tradecraft: A safe near the bed contains Grant's passport and other personal papers.

Accounting: Neatly filed statements from both her German and British bank accounts suggest she hasn't touched her savings. Unless she's getting cash from elsewhere, she only has whatever money she had in her handbag when she left for work the previous day.

ON THE DOORSTEP

While the Agents are at the flat, Elena Dimitru knocks on the door. She pretends to be a journalist for Associated Press, and asks if she can get an interview with one of the player characters. "You're police officers, aren't you? I saw you at the scene of that terrible shooting last night — and this is the home of one of the Englishwomen who worked at that office. If you're not police, who are you?"

Play this scene as a complicating wrinkle, not as a confrontation with the big bad guy. Make the player think that Elena is just an annoying but ultimately innocent NPC. She might ask questions like:

- Is it true that the house on Feilnerstraße was a British spy station?
- Is it true that the attackers were Stasi assassins? Were the British trying to provoke the East German government?
- Why aren't German police handling this matter?

Her real goal here, though, is to check on the Agents' progress and make sure they haven't found Grant or the missing briefcase. She's a good enough liar to avoid tripping **Bullshit Detector** without a 1-point spend — and even then, all the Agent can work out is that she's got an ulterior motive. A **Vampirology** spend on top of the **Bullshit Detector** one gives away that she's a Renfield; similarly, a **Forgery** spend when examining her Associated Press ID finds an error, but either way, the players have to work to crack her cover.

If an Agent uses **Flirting** or otherwise offers a private, off-the-record interview, Elena suggests a nearby coffee shop (or restaurant, if it's in the evening.). If appropriate, she may switch from targeting Iger to targeting a player character in *Night of the Incubus*.

If followed (requiring a Difficulty 7 **Surveillance** test), she may lead the PCs to *Night of the Incubus* if encountered on the evening of Day Two (opposite) or *Pension Mintplatz* at any other time (p. 142). If attacked, she bites her tongue and spits blood to call Nenorocit (*Targets of the Vampire*, p. 138); if captured, see *The Prisoner* (p. 141).

NIGHT OF THE INCUBUS

SCENE TYPE: Antagonist Action / Antagonist Reaction
LEAD-OUTS: The Prisoner, Pension Mintplatz, The Munich Connection

The assumption of this scene is that it happens mostly offscreen — Elena Dimitru seduces Antonia Iger to get control of her, and through her, access to the Berlin Police investigation. If the Agents investigate Dimitru or Iger at the right time, or track Nenorocit through the Chain Deep machinery, then they may be able to intervene.

Another possibility is that Dimitru targets a player character instead of Iger, in which case play through the appropriate parts of the scene (and discretely fade to black for the inappropriate parts).

SEDUCING IGER

Elena Dimitru is a naturally beautiful and attractive woman. Her Renfield nature gives her an unnatural allure, an intense and dangerous charisma. Her real edge, though, is her bizarre partnership with the psychic vampire Nenorocit. Elena can, at the right moment, call Nenorocit to possess the body of her partner, turning the seduction into more of an unholy initiation.

If Senior Inspector Antonia Iger is the target, then Elena visits her at the Berlin Police HQ on the evening of Day Two, hinting that she knows more about the case. She convinces Iger to meet her at a nearby hotel. Tired and distracted, Iger lets her guard down, and Elena kisses her after biting her own tongue. The blood is a beacon for Nenorocit, who possesses Iger.

Antonia Iger is a respectable, dispassionate woman. She's married with three grown children. Tonight, though, she is literally not herself, as Nenorocit alters her mind and molds her response to Elena's advances. It doesn't feel like mind control; it doesn't feel like an external compulsion; it doesn't feel like force. Horribly, when Nenorocit controls her from within, Iger is unable to distinguish her own thoughts and desires from those of the vampire. Within a few hours, Antonia believes herself to be in love with Dimitru, and this supernatural infatuation has her literally begging for Dimitru's affections. She will do anything for her.

If the Agents meet Antonia again, **Bullshit Detector** notices she's much more nervous and less focused than she was yesterday.

Diagnosis: Her eyes are unusually bloodshot.

A 1-point **Vampirology** or **Shrink** spend spots that she's been compromised by a vampire.

Dimitru asks Iger to tap Prendeville's phones (*The Call & The Answer*, p. 138), and to report any developments in the investigation to her at *Pension Mintplatz* (p. 142) She may also ask Dimitru to have the player characters killed (at *Bernauer Straße*, p. 142).

TARGETING AN AGENT

If Elena targets a player character with her seduction routine instead, the key moment is when she tries to kiss with her bloody tongue. If her victim tastes her blood, then it's much much harder to resist Nenorocit's mental attack (**Stability** test, base Difficulty of 3 + 1d6, plus another +3 if you've tasted her blood.) An Agent hit by the attack is possessed by Nenorocit and now feels an intense devotion towards Elena. Tell the player what's going on; breaking the infatuation or resisting Elena's wishes while Nenorocit's still alive is a Difficulty 8 **Stability** test. Killing Nenorocit breaks the spell.

INTERRUPTIONS

If the Agents follow Iger to the hotel where she meets Dimitru, or check up on their buddy who went to get a coffee with the attractive journalist a few minutes ago, then they may be able to interrupt Elena and Nenorocit before the seduction is complete, in which case segue into a *Targets of the Vampire* (p. 138) attack.

Optionally, at some point after this, Unternehmen Braun contacts the Agents and confesses that its pawn Iger has been turned against it, and it needs the PCs' help (*The Munich Connection*, p. 143).

TARGETS OF THE VAMPIRE

SCENE TYPE: Antagonist Reaction

At various points, Nenorocit may try to eliminate the player characters or some other troublesome foe. As he's in East Berlin, any such attack has three phases.

THE BLOOD ANCHOR

Nenorocit needs blood that he knows to home in on — the blood of Elena or one of the other Conspiracy soldiers. He's going to manifest near this blood, so it has to be as close to the target as possible. Some options:

- A Conspiracy sniper uses a paintball gun to splatter a PC (or a window) in blood.
- Iger or Elena sneaks into the PCs' base of operations and leaves a bloody handprint.
- Someone bumps into an Agent in a crowd and tags them with a handful of blood.
- A wounded Conspiracy soldier deliberately smears his life's blood all over an Agent.
- The Conspiracy lead the PCs into a trap room already prepared with blood.

THE MANIFESTATION

Next, Nenorocit has to manifest. This takes one round and costs him 1 Aberrance; he also needs to make Aberrance tests to overcome any blocks nearby. He appears as a cloud of white fog in a roughly humanoid shape; the higher his Aberrance pool, the better defined his features. When he's at full strength, his projection is identical to how he appeared in life; when he's about to dissipate, he looks like a distorted sketch.

THE ATTACK

Finally, he attacks. Each attack costs him Aberrance, on top of the 1 point/round it costs him to project out to beyond visual range of his coffin (see page 126). He might:

- steal breath, especially if he comes across a sleeping player character
- grab control of the wheel of a car, and drive the vehicle into a wall
- possess a player character and force his victim to attack the other Agents
- unlock a door and let mundane Conspiracy assassins in
- commit acts of sabotage, like starting a fire or throwing the Agents' weapons into the river
- murder a Network contact or other NPC

THE CALL & THE ANSWER

SCENE TYPE: Core
LEAD-IN: Any (automatically happens at 7:02 p.m. on Day Two)
LEAD-OUTS: Ruhwald Park

According to protocol, Emily Grant is to check in with MI6 by calling a particular number at precisely 7.02 p.m. If she rings earlier or later, it's a signal that she's being forced to make the call and it's a trap. The number goes to a phone in an apartment near the British Consulate.

If the player characters are around, Prendeville invites them to be there when he takes the call (or even take it themselves if they prefer). He'll also invite Antonia Iger, on the grounds that they may need security backup from the West German police if there's a second attack. (The player characters may overrule this if they don't trust Iger.)

ENEMY ACTION

The Conspiracy has several ways of spying on the phone call.

- Have Iger be in the room when Grant phones in.
- Have Iger (or a compromised player character) drop a bloody beacon for Nenorocit to home in on. She might, for example, "accidentally" cut herself while making coffee, or have

THE PRISONER

SCENE TYPE: Alternate
LEAD-IN: Ruhwald Park, Pension Mintplatz, A Trail of Blood, Associated Press, Night of the Incubus
LEAD-OUTS: Pension Mintplatz, The Old Woman

If the player characters capture one of the Conspiracy thugs (or even Elena), then they're on a time limit. All the Conspiracy members are blood-linked to Nenorocit, so sooner or later the vampire comes and steals the breath of his captured servant.

Assume that it takes 24 hours for plain **Interrogation** to break the thug's will and get a clue leading to the *Pension Mintplatz* (p. 142) — the thug's convinced that all he needs to do is hold out until Nenorocit rescues him. Suitable Interpersonal spends (**Interrogation, Intimidation, Reassurance**) reduce the time by 1–6 hours each; setting up blocks to slow Nenorocit can also buy the Agents more time.

Once broken, additional **Interrogation** spends can buy extra information on Nenorocit (like how the blood anchor process works, the vampire's vulnerability to bright lights, the restrictions on its range), Elena (how she's the Conspiracy's agent in Berlin, that she's seduced Antonia Iger), or what's in the briefcase (he doesn't know, but it's something to do with the Master himself). If the Conspiracy knows about Oma, then he might also give up *The Old Woman* (below).

If the investigators run out of time, then run *Targets of the Vampire* (p. 138) as Nenorocit shows up to murder the prisoner.

THE OLD WOMAN

SCENE TYPE: Core
LEAD-IN: Questioning Grant, Pension Mintplatz
LEAD-OUTS: A Parade of Coffins, The Munich Connection

The old woman, "Oma" (Grandmother), is Resi Wallenberg, a 71-year-old woman who runs a candy shop on Mommsenstraße called Süßigkeit-Spitze ("Candy Peak"). For the last year, since their first meeting, Resi has taken an interest in Emily's life for completely innocuous reasons. The two have exchanged cards for holidays and had lunches together, and Grant has been in the shop many, many times.

Grant approached Oma at Mass on the morning of Day Two, and borrowed some money from her. She also persuaded Oma to take and hide the documents from the briefcase.

Four people have already died, and many more may die, for the contents of the envelope that's now tucked behind some jars of sweets on Oma's shelf.

RIGHT ON TIME

If the Agents get here late on Day Three, then they find Oma watching a press conference on her little black-and-white television. Günter Schabowski, a spokesman for the East German Politburo, has just announced that the wall crossings will be open to everyone with immediate effect. (See *The March of History* sidebar, p. 143). The television cuts to images of the crowds gathering on the eastern side of the wall; **Notice** (core clue) spots several people carrying, bizarrely, coffins.

Oma hands the papers over to Emily, if she's present ("Here you go, dear. Pay me that money back when you can, and I hope all this trouble you're in blows over quickly." To a player character: "You will take care of dear Emily, won't you? She has such a good heart"). If the Agents don't have Grant with them, then they need to spend **Reassurance** to convince Oma to hand the document over — if they try to take it by force, she screams and brings the whole neighborhood down on them. **Filching** the document also works.

See *The Dracula Deed* (p. 144) for details on the document.

Now that the Agents have the document, they just need to get it out of Germany before Nenorocit catches up with them — run *A Parade of Coffins* (p. 144).

TOO EARLY

If the Agents find Oma early in the adventure, well before midnight on Day Three, then it's time to introduce a complication. The Agents arrive to discover the shop closed. Above, in the flat, they find Oma sitting with two elder German men. They've already found and moved the document somewhere … safer. They want to cut a deal with the Agents. Run *The Munich Connection* (p. 143).

PENSION MINTPLATZ

SCENE TYPE: Alternate
LEAD-INS: The Prisoner, A Trail of Blood, Ruhwald Park, Finding Grant, Bernauer Straße
LEAD-OUTS: The Old Woman, A Parade of Coffins

This is a small two-level pension (hotel) near the Tiergarten. The owner, Berthold Dohman, a tottering 74 year old, has found himself awash in dangerous, silent Romanians. Since their arrival in Berlin, Dracula's hit squad has subsumed the pension, forcing the few others staying there out. It is their "base."

A small, white van is parked outside.

In the small lobby, two of the Tiganu maintain guard. They wait, standing near the ancient fireplace, armed with light automatic weapons concealed beneath large winter coats. The rest of the Conspiracy muscle are upstairs or in the bar; assume there are two or three goons for every player character.

If they know they're about to be attacked, then another thug takes up a position on the second story with an AK-47.

Elena's room is 208; if she's captured Emily Grant, then she interrogates the British spy here, by killing her in the bathtub and summoning Nenorocit (4 Aberrance) to animate her corpse. She'll speak from beyond the grave if the Agents get in here, riding the last of Nenorocit's necromantic sorcery to animate her own lungs and whisper Oma's real name and address with a postmortem breath. Have an alternate core clue pointing to *The Old Woman*, and a 7-point Stability test too, please.

SNEAKING IN

The hotel isn't especially secure (Difficulty 4 **Infiltration**). It's possible to do a covert extraction of Emily (or to eavesdrop and learn the Conspiracy's plans).

Possible complications:

- Like everyone else in the city, the thugs are watching the television reports about the situation at the Berlin Wall. They're cheered by the prospect of being able to bring Nenorocit and other reinforcements across.
- Antonia Iger shows up to report to / show her abject devotion to Elena Dimitru.
- More Conspiracy muscle arrives in another van — these reinforcements drove up from Romania to help secure the missing documents.

STORMING IN

The big danger here isn't the thugs and their automatic weapons — well, not *just* the thugs and their automatic weapons. The Berlin Police is already on high alert after the attack on ED13, and if there's a second shootout / hostage situation right in the middle of the city, it responds with full force. The German counterterror unit, GSG 9, is very, very good indeed (use the Special Police stats on page 70 of ***Night's Black Agents***). If Iger's been turned, then she puts all the Heat from any shootouts on the player characters.

Of course, if the Agents prevented Iger from being turned, then they can deploy GSG 9 themselves, and pick up the pieces once the cops have cleared the hotel of hostiles.

Defeating Elena and her footsoldiers doesn't stop the Conspiracy — see *A Parade of Coffins*.

BERNAUER STRASSE

SCENE TYPE: Antagonist Reaction / Alternate
LEAD-IN: Any after *Night of the Incubus*
LEAD-OUT: Pension Mintplatz

Run this scene if Iger's been turned by the Conspiracy, and you want an extra complication.

Iger contacts the PCs and explains that she's found a potential lead. It looks, she says, something like one of the machines from the listening post (a Chain Deep station, perhaps, or an earthquake device). It was discovered in an abandoned subway station, the ghost station under Bernauer Straße (shut down in 1961 when the wall was built).

If the Agents stop to question her, she gets evasive and nervous; **Bullshit Detector** suggests she's lying. If they go along with her, she drives them to the deserted station and opens the door (it's unlocked). The station is still technically in use, as West German trains still go through it, but they don't stop, and the exit on the East German side is bricked up.

Iger leads the Agents down a narrow staircase into a utility corridor. Cables and pipes run along the blackened concrete walls; trains rumble in the distance. Call for **Sense Trouble** tests (Difficulty 5). Those who succeed have a moment to act before Iger's handpicked hit squad of armed police open fire on the player characters. There's one corrupt cop per Agent (use the Police stats on page 69 of ***Night's Black Agents***). Iger's told the cops that the Agents are the ones responsible for the attack on ED13.

Iger flees into the darkness once the attack begins; following her through the subway tunnels with **Urban Survival** (alternate core clue) leads the Agents to *Pension Mintplatz* (above).

THE MUNICH CONNECTION

SCENE TYPE: Alternate
LEAD-IN: The Old Woman, Night of the Incubus, Finding Grant, Ruhwald Park
LEAD-OUT: A Parade of Coffins

The two men are old. They look shabby, in worn-out suits and carrying battered briefcases. They smell of garlic and cigarette smoke, masked with cheap cologne. They say that they drove up from Munich a few days ago.

Are they really from Unternehmen Braun, the alleged German vampire program (***DH***, p. 75)? Are they from some shadowy splinter of that organization, a shadow that survived the collapse after the war (and which war?) Are they part of some third party? They admit nothing, not even their names; call them Sturm and Drang.

They have an offer for the player characters. The supernatural monster haunting Berlin, the creature that the Conspiracy call Nenorocit, the "Poor Devil" — he once was their experiment, and they want him back. They know how to control and confine him, how to make use of him. They are old men, though, and don't have the skills to *hunt* a vampire like they once did. They want to make a deal. They might offer:

- the document they took from Oma
- safe passage out of Germany, and the cancelation of any Heat on the Agents
- erasure of any crimes committed by the Agents while in Berlin
- cooperation in the future against Dracula's Conspiracy (a favor to be cashed in during a present-day ***Dracula Dossier*** campaign)

In exchange, they want the Agents to capture Nenorocit intact. Oh, he can and should be staked, of course, and they expect the goods to be … damaged, a little, but the creature in the coffin must survive. He will cross into West Berlin as soon as the wall opens, and that will happen tonight, or maybe tomorrow. The Agents must be ready.

Sturm opens his old briefcase, spilling out guns, stakes, mallets, and several powerful flares. He holds one up. "Experiment 9's weakness … more light. As Goethe said, more light."

(alternate core) **Negotiation** tells the Agents that these German spies, whoever they are, are good operators. The Agents could wipe the floor with them in a fight, but they're not going to break anytime soon. They've got connections at a high level to the German government, and they've stashed the document somewhere safe. Taking the deal is the only way the Agents will get to those documents.

THE MARCH OF HISTORY

On the afternoon of the 9th of November, the East German government gives in to the inevitable. Günter Schabowski, its spokesman, announces that the crossing points in the wall will be opened to everyone with immediate effect. In this, he misspeaks — the plan was to open the crossings at midnight, to give the guards time to prepare. Because of his mistake, crowds start gathering on both sides of the wall. Initially, the guards try to stop the tide, then they start letting people through, but stamp their passports so they cannot return. Then, by 10:45, they surrender and open the crossings completely.

Huge crowds flow east and west. Families divided for decades are reunited. The two cities become one again, joined in a vast sea of hopeful humanity.

They hammer at the wall with chisels and sledgehammers, and with their bare hands. Sections are torn down overnight; the rest comes down over the following months.

A PARADE OF COFFINS

SCENE TYPE: Finale
LEAD-IN: The Old Woman, Pension Mintplatz, The Munich Connection

The crowds surge from East to West. On a normal night, a car with the right papers could drive through the checkpoint, but now the area around the checkpoints is thronged with thousands of people, all cheering and singing. No vehicle is getting through.

From the back of the crowd there comes a strange sight. Four coffins, carried shoulder-high, make their way through the press of people. No one seems to question their presence; it's just one more impossible thing on this impossible night. Perhaps they are coffins of people who died in East Berlin, but wanted to be buried with their families in the West. Perhaps they too have risen to join the celebrations. Images of the coffins are shown briefly on television, capturing the novelty of the moment.

Shrouded by Nenorocit's necromantic powers, no one stops the coffins as they are passed from hand to hand through one of the many new breaches in the wall.

Three of the coffins are carried off by the crowd. The fourth is brought to the Pension Mintplatz or some other Conspiracy rendezvous. Nenorocit has crossed into West Berlin, and now he can track down the property of his "father."

Notice catches a glimpse of the coffins on television; **Vampirology** or **Streetwise** hears rumors of the strange sight. **Interrogating** a captured Conspiracy goon may also alert the Agents to the threat of Nenorocit.

Now that he's in West Berlin, Nenorocit's Aberrance costs are reduced; he still needs to spent a point to manifest for the first time each night, but he doesn't need to spend 1 every round unless he's in bright light.

RACE TO TEMPELHOF

If the Agents have the documents, then they technically don't need to hang around and fight a psychic vampire. All they need to do is get the hell out of Berlin.

Military Science: The fastest route out is via Tempelhof Airport; driving across Europe pursued by a monster is less appealing.

Now that he's this close, Nenorocit can smell his Master's scent on the document; the Conspiracy thugs show up as the Agents drive to the airport. Cue a car chase between player character and Conspiracy goons. Even if they get on the plane, Nenorocit can still try to follow them, by projecting his psychic avatar onto the aircraft. His range limit comes back into play here — if the Agents can hold out for a few rounds, and stop him possessing the pilot or conjuring up a storm, then he runs out of Aberrance and falls back to his body, cursing the Agents in German and Romanian and all the tongues of the dead.

HUNTER & PREY

If the Agents don't have the documents, then they need to stake Nenorocit in order to obtain them. Nenorocit travels in a van with an entourage of one goon per player character; he'll be joined by Elena and "Rat" Serban if they're still alive. The Germans hid the stolen documents in a disused old air raid shelter near Tempelhof, so Nenoroit must leave his body in the van on the surface while he projects his spirit down underground and guides his servants to the document cache. This gives the Agents a chance to split the enemy forces.

See *Targets of the Vampire* (p. 138) for likely tactics.

Once staked, Nenorocit can be traded for the documents. (The Germans were clever enough to remove one key document from the cache, so if the Agents try double-crossing Unternehman Braun, they won't get everything.)

OBJECT: THE DRACULA DEED

APPEARANCE: A sheaf of documents, all relating to the ownership of a particular plot of land in Romania. Most are from the era of Ceausescu's government, but some are older, dating back to other kingdoms and empires that once claimed Transylvania.

SUPPOSED HISTORY: These documents prove that Dracula has controlled, either directly or through his pawns, a particular piece of land since the 15th century. They were in the files of the Romanian government until stolen by Apostal Sala; after that, they may have ended up in Edom's vaults.

MAJOR ITEM: Examined with **History**, the deeds give away the location of one of Dracula's secrets. The obvious candidate is the true Castle Dracula itself (***DH***, p. 207), but it could also be the Scholomance (***DH***, p. 219), Dracula's Mill (***DH***, p. 297), or the burial site of Zalmoxis (***DH***, p. 289). Or maybe Dracula buried something there, long ago …

MINOR ITEM: The documents bestow ownership of a minor hunting lodge in Transylvania, one that is not of major importance to the Conspiracy. However, Dracula signed the papers himself, in his own hand, before he became a vampire. It's the only connection he has left to his mortal self, and he covets it. More, he is hesitant to destroy it — and that moment of hesitation may be all the Agents need to bring the Count down for good. **Vampirology** gives this moment of insight into Dracula's motiviations.

FRAUDULENT: Sala was on the right track, but grabbed the wrong papers. The real deeds are still in the vaults of the Romanian government. Recover them with **Bureaucracy** — assuming the Conspiracy hasn't gotten there first …

THE MOLDAVIAN CANDIDATE

THE DEFAULT DATE FOR THIS MISSION IS THE WINTER OF 2005, A FEW SHORT MONTHS AFTER THE 7/7 bombings in London and the subsequent reactivation of Edom. It can easily be moved closer to the present day if you want to use it as a side mission in a regular ***Dracula Dossier*** campaign instead of a flashback or one-shot.

EYES ONLY BRIEFING

The fear is that [a terrorist attack on the US by a British subject] would not just kill people but would cause a historic rift between the US and the UK.

— unnamed MI5 official, *The Spectator*, 28 February 2009.

The strong ties between the UK and the US make it harder for Dracula to subvert the UK Establishment. US and UK intelligence agencies work closely together. CIA field reports get back to MI6, and the NSA funds GCHQ SIGINT. However, this special relationship is under strain due to disagreements over the Iraq War and financial controls. Dracula plans a terrorist attack to shake the US' trust in the security of the UK and reduce the flow of intelligence, leaving the UK a little more isolated for him.

His plan is to brainwash a senior member of the British Establishment into becoming the Candidate — a sleeper agent, ready to kill at Dracula's command. The Candidate cannot remember this, and has no idea they are being used. When the activation protocol is used at the World Economic Forum in Davos, they will try to kill the speaker, a former US vice president (see *The Target*, p. 146).

Edom knows about Renfields and vampiric hypnosis, and has a standard operating procedure against them. This is a different technique; the Candidate is unaware and undetectable by any usual anti-vampire techniques.

For Dracula's purposes the Candidate must be beyond suspicion, without link to the Conspiracy, but preferably connected to Edom.

CUSTOMIZATION

The scenario is a self-contained structure and could be played stand-alone; however, integrating it into your specific campaign framework will feel more organic to the players.

THE CANDIDATE

The Candidate's identity is not predefined. Anyone on the list of suspects could be the Candidate, and by definition the last one left is, whoever that may be. The Agents rule suspects out, reducing the pool down until there's only one or two left at the WEF.

THE CANDIDATE IS YOU

An Agent with the Programming Drive could also be the/a Candidate. The countess and her methods may have been used to program the Agent.

THE CANDIDATE'S MISSION

The default option is that the Candidate is there to murder the Target by brute force. At the moment of activation, the vampire can lend the Candidate supernatural speed and strength. Other options:

- The Candidate has a bomb surgically implanted in their stomach.
- The Candidate's hollowed out by a swarm of carnivorous ants.
- The Candidate's going to explode, spraying everyone in the room with vampire blood, a mass baptism of blood that leaves them all vulnerable to Dracula's influence

See *The Moldavian Process* (p. 155) and *The Activation* (p. 165) for more.

TWISTS AND TURNS

The Director can complicate the plot with more than one Candidate. The last two suspects could both be Candidates either working together or with one as backup. If the Agents focus on one Candidate too early, lead them along; only when they have stopped the first Candidate does the second activate.

THE TARGET

The default Target is the American vice president, but any important dignitary whose death would be a seismic shift in the War on Terror will do. The NATO Liaison (***DH***, p. 125), Petroleum Executive (***DH***, p. 127), or Icelandic Diplomat (***DH***, p. 119) might also qualify. Alternatively, the Conspiracy might target someone at Davos who inconveniences its operations — the Human Rights Activist (***DH***, p. 118), Journalist (***DH***, p. 120,), or Enigmatic Monsignor (***DH***, p. 114) perhaps. Revenge is another option — Dracula might still want to kill Lord Godalming (***DH***, p. 43).

THE COUNTESS

Piatra-Stanca is a Bride of Dracula, but beyond that, her identity is fluid. Depending on the events of *The Carmilla Sanction*, you could have her be Countess Karnstein under an assumed name (likely Callimar, p. 57). She might be Elizabeth Báthory (include the Tour Guide (***DH***, p. 135) at both the Belle Magie spa and the Deep Nest if you take this option).

THE SPINE

At **Lord Delapole's** château the Agents learn he has disappeared. **Following Delapole** to Geneva and stealing MI5 files from the **CODICIL** storage reveals references to a countess. **Detective Inspector Cross'** files reveal more. **Approaching the Countess** proves difficult; the best approach may be through the **Belle Magie Spa**. There they find evidence of brainwashing, and a list of potential suspects. In a race against time before Davos they **Eliminate Suspects;** attend a strange party, the **Carne Vale;** and fight the countess in **The Deep Nest,** until only two suspects are left, both attending the **World Economic Forum**.

The Agents **Get Into Davos** and stop **The Activation**.

EDOM COMPLICATIONS

Edom's involvement in the mission varies according to your whims. If you want to dial it down completely, then MI5 never passes Robin Harrington's warning about Lord Delapole on to Operation Edom, and the whole plan catches Edom completely off guard, as it's focused on London and the Middle East, not Western Europe. The countess isn't on its radar at all.

A slightly more active Edom starts several days behind the Agents. In this setup, Robin Harrington contacts MI5, and Edom later gets hold of Five's report and flags it for further investigation. It follows the same trail of clues as the player characters, only a few days too late. Raise tension by having the players spot sinister figures watching them from rented cars, or discover Edom planting bugging devices in their hotel.

Alternatively, Edom might be the Agents' competition. In this setup, one of the Dukes (Hound if you want to leave the possibility of an alliance open; Nails if you want Edom to be the other bad guys) arrives with a team of *Proserpine* ratings to investigate Delapole. Edom stays on the track of the player characters, one step behind all the way to the spa. Once it finds out about the Candidate plan, it starts killing suspects in much the same way that Van Helsing dealt with Dracula's boxes of earth — smash 'em all and you'll find the vampire in the last one. The player characters need to identify the real threat and save the other suspects from Edom's assassins.

The final option is that the Conspiracy is carrying out the assassination with Edom's sanction. Any escalation of the War on Terror benefits Edom; if the British government goes all in on fighting Islamic extremism, then that means more influence and money for Operation Edom. The assassination is a false flag operation — Edom has its vampire eliminate a key dignitary, frames al-Qaeda, then uses that assassination to justify the vampire program. In this setup, Edom's primary goal is eliminating any threat to its plan, starting with Lord Delapole and ending with the player characters.

ENTRY VECTORS

Using this as an Edomite one-shot or part of a *Fields of Edom* campaign is easy — Edom already has Lord Delapole under surveillance, and is alerted by his watcher when he goes missing. The system's working as intended.

As part of *Unto the Fourth Generation*, the best approach is to have the player characters get a hint that Lord Delapole is a person of interest for Edom or the Conspiracy. Their predecessor 1970s Agents might even have investigated the original Delapole incident in 1978! The Agents can show up at Delapole's estate ahead of any Edom investigators (see the *Edom Complications* sidebar). Alternatively, Robin Harrington might be an old friend or contact of a player character, especially one who went to a British university or was associated with either secret service or the police.

You've an embarrassment of riches when it comes to using this as a Flashback; it's close enough to the present day that any well-connected spook or politician might know something of what went on. The final attack is newspaper-level intel, and the Agents can easily work back from there. Likely informants include the Tabloid Journalist (***DH***, p. 134), the Icelandic Diplomat (***DH***, p. 119), the MI5 Deputy (***DH***, p. 95), or Lord Holmwood (***DH***, p. 43).

For a slower buildup, drop any of these clues as foreshadowing:

- **History:** The Delapole scandal was covered up back in 1978, but it's an open secret among journalists and in high society. Lord Delapole had some sort of psychotic break or moment of madness and attacked the queen at a private church ceremony. Bodyguards managed to restrain him without killing him, but the incident ruined him — disgraced, discharged, and de facto exiled within six months. Drink or drug abuse are the usual suspects, although there's a running small-c conspiracy theory that he had some private disagreement with a member of the Royal Family that boiled over into violence.

- **Occult Studies / Fringe Science:** Delapole's become something of a cause célèbre among devotees of David "All the Royal Family members are alien lizards wearing human masks" Icke. According to them, Delapole tried to reveal the truth and was hushed up by the Reptoid Establishment.
- **Criminology:** In the last few months, you've tracked a statistically significant number of anomalous criminal cases where the perpetrator spontaneously did something wildly violent or out of character. A business executive who took a machete to the rest of the board of directors; the famously secretive, ascetic, and discrete manager of a private bank who suddenly got drunk in a dive bar and blabbed all her clients' secrets, including Swiss bank numbers; the state prosecutor who accidentally set fire to the evidence room with a cigarette and didn't notice the blaze.
- **High Society:** Delapole? Everyone knows he was having an affair with some French harlot. I suspect his wife spiked his tea that morning in the church — she got to divorce him and put him through the wringer after his little episode, and the other woman never got mentioned again.
- **Traffic Analysis:** There's a lot of tension, a lot of chatter about another terror attack. They're speculating that another high-profile incident could tip Europe over the edge.

LORD DELAPOLE

SCENE TYPE: Introduction/Flashback
LEAD-OUTS: Following Delapole, CODICIL, Belle Magie Spa

Robin Harrington (see sidebar) contacts the Agents requesting they visit urgently at Lord Delapole's château at Montpellier in the south of France.

Background research on Lord Delapole (**History**) discovers he was exiled from the UK in 1978 for unspecified and still-classified reasons. He married Lady Amanda Delapole in 1968, but divorced in 1978, and has never been back to the UK nor seen his children since. The Tabloid Journalist (***DH***, p. 134) eagerly supplies this gossip, and would love to know the true story.

Lord Delapole's estate, Château de Lavande, is in the center of ancient vineyards, north of Montpellier, France. It is sunny, but cold, the vineyard sleeping for the winter. Dead-looking wooden stumps of grape vines disappear over the low hills in perfectly straight lines. The windows of the house are all closed, like it's in mourning; it gives the impression of slouching or lurking behind the large winery next door. (The wine from the vineyard is a key plot element later in the adventure, but right now it's just a background detail. Mention the large vineyard around the estate, and talk about Delapole's new career as a vintner if it comes up in their interrogation of Harrington, but don't draw undue attention to it. Just lay that pipe.)

The Agents are met by Robin Harrington, Lord Delapole's assistant/secretary/bodyguard/minder. Lord Delapole has left, and Robin is worried about his charge. **Human Terrain** flags that Robin is less a servant, and more a jailer.

Robin leads the Agents to a tiled floor sitting room with a large log fire burning away the chill. He communicates all the core clues below. He naturally talks to British Agents, and those with **High Society.** He is nervous and disorganized; **Reassurance** or **Interrogation** help.

- Delapole went missing three days ago with his Jag and passport. "He shouldn't be traveling at his age, or leaving France." Robin has waited and searched, but there's been no sign of him. He notified the police, who took some details but seem unconcerned. If asked Robin provides the number plate of the Jag and a photo of Lord Delapole, grimacing at a grape vine.
- Lord Delapole is 79, sound mentally and physically, for his age.
- Everything seemed normal until last week. Delapole became angry reading the *Financial Times*; the copy is in a pile ready for the fire.
- **Notice** examining the paper finds a whole page ripped out.

- **(core) Research** online finds the missing page. One side has "World Economic Forum — Davos" overview, with the key topics, and coverage about the US ex-VP (Directors choice as to which: Cheney, Quayle, Gore, or another) speaking at a meal the evening before it opens, in just over two weeks' time. At the bottom of the page is an advert for a health spa near Lenzerheide (see *Belle Magie Spa*, p. 151). The advert includes a small photo of a woman. **High Society** identifies her as Countess Piatra-Stanca. On the other side of the paper are columns of financial market data.

- **Bullshit Detector** flags that Robin is speaking the truth, but is holding something back. Alternatively **Interrogating** Harrington about Delapole's exile gets him to admit he is worried Delapole had another "episode" and relates his version of the first episode.
  - In 1977 Delapole went psychotic at a private church communion service and attacked a senior Royal. Robin was not there, as he worked for Delapole in a junior capacity then. Details of the incident were classified, Delapole was exiled to France, and the event was hushed up. Nothing appeared in the press. "He's a Peer of the Realm." Delapole's wife divorced him and took the children. Harrington moved to France with him, "the only member of his staff to do so."
  - Delapole believed MI5 had an explanation. They and the police investigated but never published anything. **Tradecraft:** An old, inactive file will have been archived, and should have detailed information (see *CODICIL*, opposite).

ROBIN HARRINGTON

Loyal servant to Lord Delapole, age 59.

Your take on Robin also determines Edom's attitude to Lord Delapole.

INNOCENT: Robin has worked for Delapole all his life, and chose to follow him into exile. He leaps on any evidence that Lord Delapole was innocent, or not himself. Harrington had heard gossip about Delapole's affair in 1977, but did not know the countess and does not recognize her.

Delapole put himself on a watch list for life after the 1978 incident, so Robin knows that the British police — or British intelligence — will investigate the lord's disappearance. He'd prefer to find Delapole quickly and quietly, before the clod-footed goons of MI5 drag up traumatic memories of the previous … unpleasantness. **Bullshit Detector** confirms that Robin's almost pathetically innocent, and utterly devoted to his employer.

ASSET: MI5 assigned Robin to watch Lord Delapole. It is not an exciting assignment, but he had advanced as far as was likely, and living on a winery is a nice life. **Tradecraft** picks up signs of a trained agent, but an out-of-practice one. He is bored, and hints of adventure bring a spark back to his eyes. He informs his MI5 handler of the Agents' visit, which gets back to Edom.

Alternatively, Edom strongly suspects Delapole's incident was connected to vampires, and Robin is its watcher. In this setup, give Robin some old injury — a missing arm, a limp, scars on his throat concealed by a scarf — because his current assignment is a sinecure given to an officer injured in the line of duty. **Diagnosis** picks up on his old injury.

CONSPIRACY: Robin's actually a servant of the countess, sent to keep tabs on her previous victim and to monitor the vineyards. He had to raise the alarm when Delapole went off the reservation to preserve his cover, but he intends to alert the countess and give her advance warning of the Agents' presence.

- **Notice** spots an old picture on the wall, *Tous les jours à tous points de vue je vais de mieux en mieux*. ("Every day, in every way, I'm getting better and better.") If asked, Robin says it is Delapole's personal mantra.
  - **Shrink** or **Hypnotism** spends remember that this was Émile Coué's rote for self-improvement by autohypnosis.
- **Shrink:** Harrington thinks Delapole is in trouble. He hopes the Agents can resolve this without the UK authorities finding out.
- **High Society:** Delapole's vineyards have become relatively successful in the last twenty years. He imported a variety of grapes from Romania in the early 1990s, and these thrived in warmer conditions in France. Château de Lavende is a respected brand.

FOLLOWING DELAPOLE

SCENE TYPE: Pipe/Alternate
LEAD-IN: Lord Delapole, CODICIL, Detective Inspector Cross
LEAD-OUTS: CODICIL, Belle Magie Spa

He drove to the Montpellier TGV station (his Jag is in long-stay parking), took a train to Geneva, paying by credit card, and withdrew Swiss francs at an ATM there. **Digital Intrusion** (Difficulty 6) gets credit card records; **Digital Intrusion** (Difficulty 5) gets number plate records from the toll system. **Photography** identifies his Jag passing the airport but exiting at the train station.

Harrington notified the Gendarmerie. **Cop Talk** gets a bored officer to report they found his Jag at the train station but since he was an adult and not at risk, they will do no more without a doctor's letter testifying that Delapole is a danger to himself.

Breaking into the Jag turns up a bundle of letters, mostly related to Delapole's financial dealings. **Accounting** shows that while the vineyard was quite successful — he just sold a consignment of wine to the Berghotel Schatzalp in Davos, Switzerland — he's behind on payments to his estranged wife.

The Geneva station has security cameras, **Cop Talk** to get access and **Data Recovery** on the recordings to find the video of him queueing and getting a silver Mercedes taxi, one of hundreds.

Photography (1-point spend) enhances the video sufficiently to get a few digits of the taxi number, then **Streetwise** and a day of questioning around the station finds the driver. She remembers taking Delapole to the Hotel President Wilson, a luxury hotel.

Urban Survival or **Streetwise** (1-point spend and a day ringing round Geneva hotels) also finds his registration at the Kempinski.

At the Hotel President Wilson, the concierge tells them (**Negotiation** and some francs) that Delapole's room is paid for a week, though he is not there. She recalls Delapole asked about the spa and the woman in the newspaper ad, and she gave him a leaflet they have, on the Belle Magie spa (p. 151) and Countess Piatra-Stanca's meditation sessions

Delapole's room key has not been used since that day (**Digital Intrusion** or Interpersonal on the front desk staff). In his room are a travel bag, and the newspaper page (*Lord Delapole*, p. 147). The room has not been slept in, but (**Notice**) his passport is there.

CODICIL

SCENE TYPE: Chase/Alternate
LEAD-INS: Lord Delapole, Following Delapole
LEAD-OUTS: Detective Inspector Cross, Following Delapole, Approaching the Countess

The MI5 file about the Delapole incident is still classified, and being archived in the basement of a concrete 1970s office block, code-named CODICIL, on a busy road in East London. The location of the block is not public, but generally known in the intelligence circles.

To identify the CODICIL location needs someone with knowledge of MI5 systems and premises. Any British-trained Agent with **Tradecraft** or a foreign national spending a point can identify this as the storage location. An Agency **Network** contact can provide the same information, like the MI5 Deputy (***DH***, p. 95), or the MI5 Agent (***DH***, p. 122).

Optionally, if the players are hesitant about detouring from the pursuit of Lord Delapole in Geneva, then a bigger **Network** spend could convince their contact to pull the files and send them a scan, and even follow up with *Detective Inspector Cross* (p. 151). Edom affiliated PCs, of course, can get the relevant files with **Bureaucracy**.

ESTABLISHING SHOT

A brutalist-era five-story office block. Paint peels off metal window frames, and dusty venetian blinds block the sunshine. There are bars on the ground-floor windows, and security cameras watching the entrances. Grubby streets on two sides, and the roofs of cheap shops and flats adjacent. A metal fire escape zigzags down the back.

Security is not tight; the files here are at least 25 years old and possibly about to be declassified. The building is guarded by two MI5-trained security guards during the day, and one at night. The basement offices contain four or five MI5 officers during the day; they categorize the mountain of old paperwork for destruction, continued storage, or scanning. Above ground floor the building has four floors filled with the untidy offices of small and innocent companies. MI5 owns the leasehold; it provides the security staff and alarm system. After 6 p.m. the building is empty, apart from the security staff.

Security Guards: use Gendarme (***NBA***, p. 69), pistol only.

The building has redundant secure power and communication connections. If the power is cut, alarms immediately sound and police units investigate (**Mechanics**). The basement offices have stairs and a lift. The lift is turned off at night and the stair doors locked. The alarm system is state of the art and connected to a MI5 monitoring center. The MI5 employees all carry personal alarms to trigger the building alarm. These alarms are also tilt-sensitive. If the unit is not upright for two continuous minutes (for example, if someone is lying knocked out on the floor), it automatically triggers.

(**Mechanics** while looking at the alarm unit). As the building has civilians the alarms sound in the building. If triggered during the day, the civilians troop down the fire escapes and huddle across the road, smoking and complaining.

The Agents need to find a way to get in, probably at night. Options include hiding in the building during the day and scaling down the elevator shaft, or accessing through sewer or maintenance tunnels, or going through the front door.

The basement has a central area with a kettle and stained mugs surrounded by four locked offices. The file is in a box in one of these offices. **Infiltration** Difficulty 3 is needed to open an office door without damage, **Athletics, Weapons,** or **Hand-to-Hand Difficulty** 4 to force it. Each room contains a stack of file boxes, a desk, and a computer terminal linked to the MI5 archive database. One round of **Research** (or **Notice**) is needed to search each office for the file, **Digital Intrusion** (Difficulty 5) to access the computer terminals and find the correct office.

A **Research** spend in any office finds a master index that indicates the right office, a **Data Recovery** spend after **Digital Intrusion** retrieves a scanned copy of the file.

Once the alarm sounds the Agents have 7 rounds before the police response arrives. To countdown use a Chase Lead Track with a token for the police starting at the 7 spot when the alarms are triggered. Each round, the Agents can perform 1 action each and the Police move 1 spot closer to 0.

If the police token reaches 0, they have arrived at the CODICIL offices and are running through the building; the Agents have a confrontation. When the Agents find the file and begin their getaway, it becomes a normal chase, the police pursuers starting at the token. To escape in the city only requires a Lead of 6 or more. For example, if the Agents spend 5 turns searching before finding the file, the chase starts with the police pursuers on the 2 space.

The pursuers are a squad of SCO19, armed police with pursuit vehicles.

Use the stats for Special Police on page 70 of ***Night's Black Agents***.

The Director should keep the Agents from finding the file too quickly, to build tension as the police close in. When the Agents check either the third or fourth room or the police token reaches the 2 spot, they should find it.

Agents with **Military Science** or **Urban Survival** know that evasion and escape are the only sensible options; a gunfight on London streets will be met with overwhelming force.

THE DELAPOLE INCIDENT

Once clear their reward is a yellowing, five-section file on "The Delapole Incident."

- A collection of statements from the lords, priests, and other attendees. All give the same basic story. At a private church service for the queen after communion, Lord Delapole went berserk and tried to physically attack Her Majesty. He was tackled by several Special Branch officers, but surprisingly managed to fight them off and injure several before being restrained.
  - **Astronomy:** The church service was a vigil Mass, ending around twilight.
- Detective Chief Inspector (DCI) Cross was given the investigation. His investigation found hotel staff knew Lord Delapole had been entertaining an unidentified "foreign lady." He found nothing to indicate any republican or terrorist links, and summary is that it was completely out of character. There is a scribbled note in an unknown hand (not Cross') "He will not let this go."
  - **Cop Talk:** Cross hinted there was more to this than he wrote here.
- An MI5 background check on Delapole. He attended the 1977 Bilderberg meeting in Torquay, England, and was involved in intelligence affairs. He was seen as promising and part of the trusted Establishment. Directors might link him to "Cushing" (***DH***, p. 92), Lord Holmwood (***DH***, p. 43), or the MI5 Deputy (***DH***, p. 95).
- A medical and mental report on Delapole postarrest, including photographs taken of his arrest. The doctor notes he had injuries consistent with his violent arrest. The report states that Delapole remembered tasting blood just before the incident, but nothing else. The psychiatrist put it down to a one-off psychotic episode, and recommended chlorpromazine.
  - **Forensic Pathology** or **Photography** spots some odd skin lesions — probably infected insect bites — on Delapole's stomach in the photographs, but they're not mentioned in the report.
- The final section is the head of MI5's recommendation. "C" felt it would damage morale to publicize the incident. "The public would be shocked and frightened to hear that a Peer attempted regicide." All were sworn to secrecy and the matter buried. Lord Delapole was invited to retire quietly to France.
  - **Accounting** notes that Delapole purchased a vineyard in France with the assistance of the Establishment.

THE EDOM FILE

Edom has its own file on the incident, stored in its archives at Ring or Exeter. Non-Edom characters are unlikely to get access to this document without a major operation. Edom player characters can find it with **Bureaucracy** or **Research** (alternate core). Some people within Edom suspected that Delapole was under vampiric influence, but were unable to prove it, and on balance the Edom report comes down on the side of "moment of madness" instead of "vampire sleeper agent."

Evidence against Delapole includes:

- his relationship with Pierre-Rocher
- his friendship with the Alleged Mole (***DH***, p. 89); they attended the same parties in London
- the Psychic (***DH***, p. 96) claimed that Delapole was "a hive of shadows"
- Delapole uses Klopstock & Billreuth (***DH***, p. 145) as his bank when doing business in Europe

The Edom report also contains all the clues available from *Detective Inspector Cross*. If you're using this mission as a flashback in a larger ***Dracula Dossier*** campaign, then maybe Inspector Cross filched a copy of the Edom report and stuffed it in his boxes of files. If this is a one-shot or a historical game, don't bother introducing the Edom file if it's not necessary.

DETECTIVE INSPECTOR CROSS

SCENE TYPE: Alternate
LEAD-IN: CODICIL
LEAD-OUTS: Approaching the Countess, Following Delapole, Belle Magie Spa

DCI Cross would not give up the Delapole case, to his cost. The Establishment tried to force him to stop, but when he didn't, it sidelined his career.

He died, aged 87, a few years ago. His nephew, Stuart Deel (**Research** to identify him as the last living relative), has a garage full of moldy boxes and paperwork from clearing out Cross' house. Stuart knew little about his uncle; he kept the boxes as he thought they were valuable. He is slowly working through them, trying to turn it into an exposé of government deception.

Stuart is immediately suspicious of official visitors, and any attempt to stop his work. He initially claims to have burned all Cross' files. **Bullshit Detector** easily detects his lies, and that there were files to burn. **Negotiation** or **Flattery** persuades him to give access, though he watches them closely while they search.

The boxes and paperwork contain decades of newspapers and scrawled notebooks. There is an organizing system, but it requires **Cryptography** and a couple of hours to decipher and find the file that summarizes his investigation:

- The "foreign lady" was called "Pierre-Rocher," and she was a hippy, a meditation expert.
  - **(alternate core) Languages (French** or **Romanian)** after they have Piatra-Stanca's name recognizes that Pierre-Rocher (French) becomes Piatra-Stanca in Romanian.
- **(alternate core)** There is a fading photofit of a middle-aged woman. **Notice or High Society** recognizes it as the face in the newspaper ad for Belle Magie.
- There's also a crackling tape recording of an interview with a junior vicar who was at the service. The vicar, Paul King, now deceased, complains extensively about being sworn to secrecy on the incident by "chaps in suits."
  - However, with **Forensic Pathology** Agents spot a comment about the communion wine tasting of blood when he finished it off at the end of the service.

BELLE MAGIE SPA

SCENE TYPE: Core
LEAD-INS: Approaching the Countess, Lord Delapole, Following Delapole, Detective Inspector Cross
LEAD-OUTS: Approaching the Countess, Eliminate Suspects

Belle Magie is an expensive and discreet hotel in Lenzerheide, about ninety minutes outside the city. The hotel has 50 rooms, a good restaurant, and an extensive spa. It is set back from public roads in woods and has mirrored glass windows and guards patrolling to prevent paparazzi. If you've played through *Day of the Wehrwolf* (p. 102), it's the old Silbertal Lodge, renovated and remodeled by Belle Magie.

The guards are suspiciously good — use Special Police stats; page 70 of ***Night's Black Agents***.

Various alternative health specialists run classes here, including meditation, yoga, aromatherapy, and crystal healing.

The top floor has rooms and suites. The middle floor has smaller rooms, meeting

rooms, a gym, and the restaurant. About half the rooms are occupied. The ground floor has reception, security rooms, offices, and the kitchens.

The basement contains the spa as well as private areas for storage, laundry, and generators. The spa has several heated swimming pools, saunas, and steam rooms. Along one corridor are several yoga and quiet rooms where the countess teaches meditation. One room is always locked and unused; **Traffic Analysis** spots this pattern.

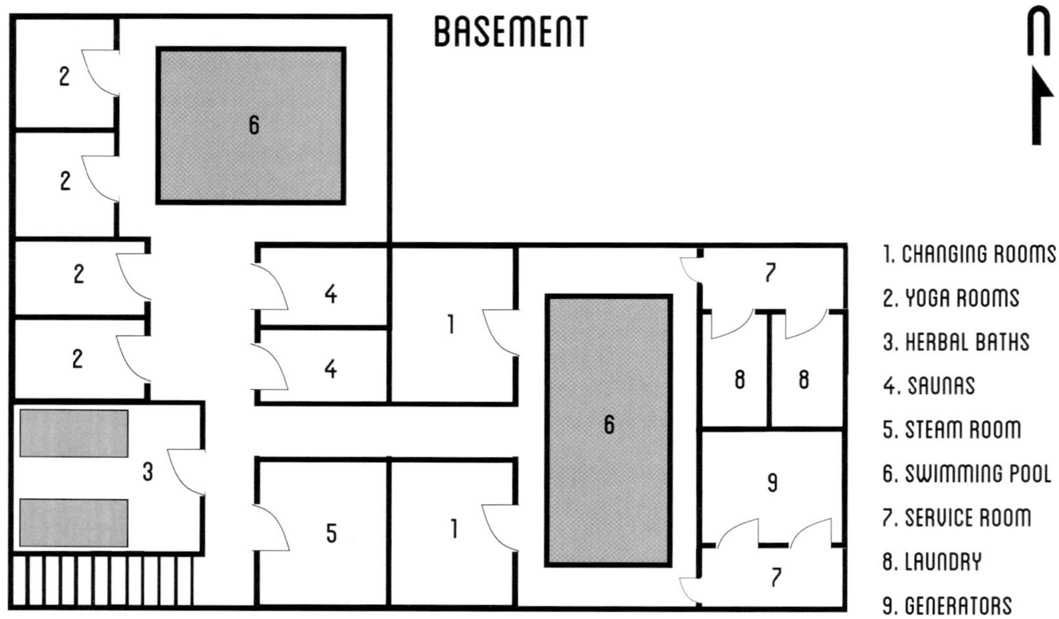

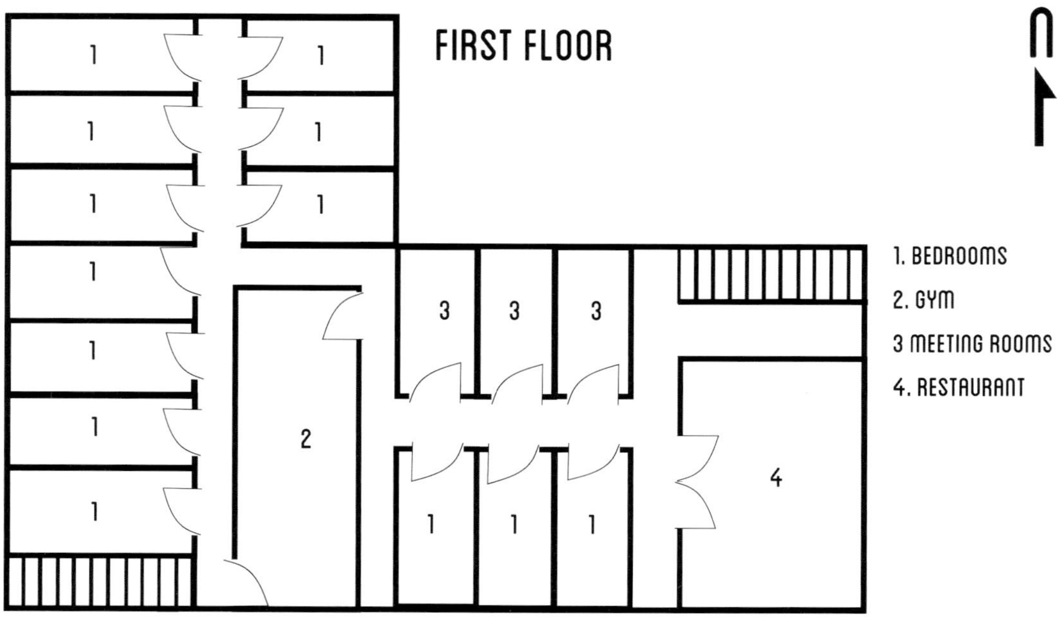

BACKGROUND RESEARCH

Accounting: Research at the Swiss company records office reveals the spa is very profitable, and banks with Klopstock & Billreuth (***DH***, p. 145). There are other Belle Magie locations; the head office is in Chisinau, Moldova.

Law: Countess Piatra-Stanca was left the Lenzerheide hotel two years ago in the will of the previous owner. The owner's children sued, but the will was ruled valid. She rebranded it as Belle Magie.

Criminology or **Research:** The original Belle Magie spa in Moldova was destroyed in a suspicious fire three years ago.

Military Science: The guards are surprisingly well armed, well equipped, and clearly highly trained. It's overkill for dealing with paparazzi; these guys could probably give counterterrorist special forces a run for their money. High security for high-paying guests?

ASKING ABOUT DELAPOLE

Delapole is not in the hotel system, and the employees do not remember him.

ASKING ABOUT THE COUNTESS

Flattery or **Reassurance** relaxes desk staff to talk in glowing terms about the countess and her beneficial meditation sessions. If Agents want to attend, all sessions are fully booked; however, **Flirting** or **Negotiation** allows one Agent to find a spot on the next session.

ATTENDING A MEDITATION SESSION

Sessions are run in the evening, in a basement meditation room. Twenty people attend each session, including all the suspects (see below).

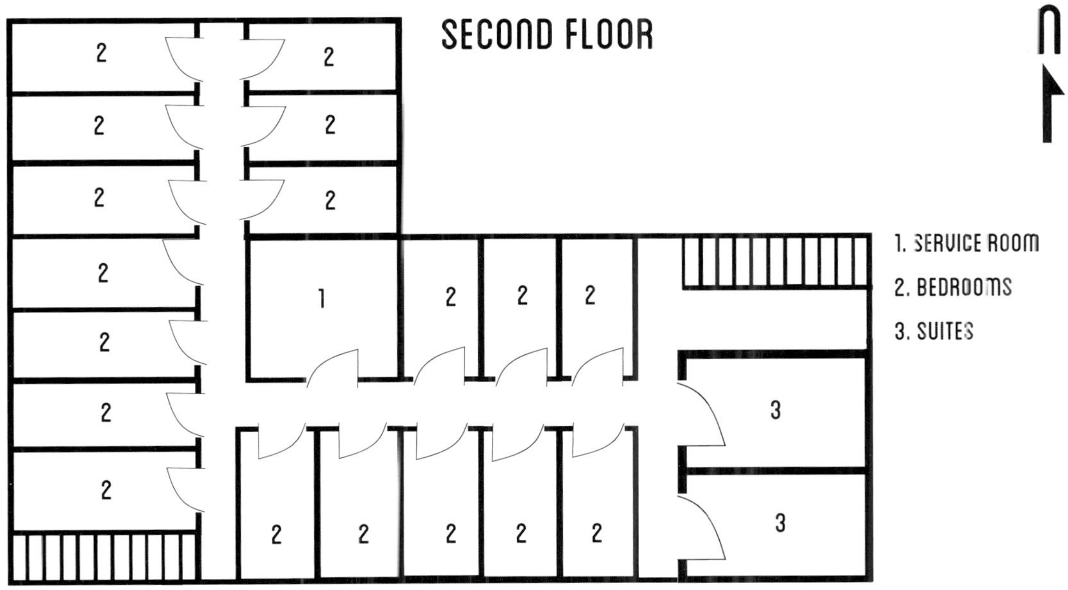

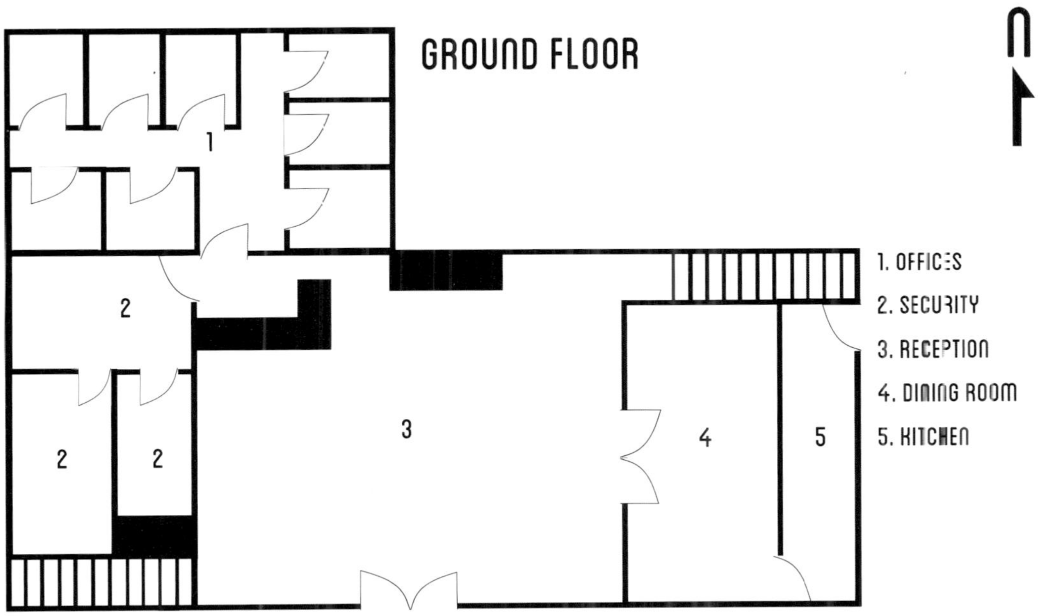

The meditation room has a warm wooden floor with swathes of dark fabrics draped from the ceiling. The attendees find space and settle themselves, before the countess arrives. In this case it is actually Bella, her double (see *Approaching the Countess*, p. 154). She dims the lights and starts a couple of joss sticks. The smell is unusual, more like church incense than anything else.

The meditation is not very effective; the countess (Bella) leads chanting ("Every day, in every way, I'm getting better and better") and long quiet times during which she walks among the cross-legged attendees and gently touches them. Some Agents get the sensation of something crawling across their skin as Bella touches them; a 1-point **Notice** spend by a *different* Agent spots that a golden ant scuttles down Bella's arm and into the touched Agent's clothing.

After an hour, the session ends. Bella announces she will take her advanced class next door now. She selects eight people (the suspects) from the basic class apparently at random. The eight and Bella depart for the locked room, while the remaining attendees gather their belongings. **Reassurance** among the remaining group gathers gossip that most people thought the session wasn't effective; some sessions with the countess are more effective than others.

(core) Electronic Surveillance or **Photography** allows the Agents to take photos of all the advanced group, the suspects.

Bella departs with her hooded aide and Johan, her bodyguard. **Surveillance** to follow them back to her fortress.

THE LOCKED ROOM

The hotel is staffed 24/7, and there are two security guards on shift at all times. The grounds are covered by visible light and infrared cameras watched from the security office.

THE AGENT CANDIDATE

If a player character forces her way in with a suitable spend like **Negotiation** or **High Society**, there are two ways to handle it.

OPTION ONE

The Agent's shown into a corridor lined with changing cubicles, and invited to step into one of them to change into a robe. As soon as the Agent closes the toughened smoked-glass door of the cubicle, it automatically locks and a secret door opens. Three security guards (use the Special Police stats; page 70 of ***Night's Black Agents***) emerge and attempt to drag the Agent off into a secret dungeon beneath the spa. If captured, the Agent is searched and interrogated, and may be shipped off to the countess' fortress unless the player can spin a convincing cover story, or just executed on the spot.

OPTION TWO

The Agent is allowed into the advanced session. All the participants are now dressed in soft white bathrobes. The advanced session takes place in a sauna-like room in the basement, heated by geothermal vents. The room is like a jungle, full of creeping plants and vines. The floor is covered in loose earth. The countess (Bella) puts the participants into a hypnotic trance while playing relaxing music and talking about re-establishing a connection with nature; the Agent may resist the trance by spending 2 points of **Stability**.

If the Agent doesn't resist, then their only memory of the next hour is lying in the "jungle," listening to the soft music; they awaken feeling refreshed and cleansed, although they do have a nasty insect bite on one arm.

If the Agent resists, then they get the full experience without filters. Once Bella believes that all the prospective subjects are hypnotized, she presses a concealed switch in the floor and unleashes a swarm of ants that crawls over everyone and everything. Staying still while the ants scuttle over the Agent is a 2-point Stability test. If the Agent stays still, the ants bite.

This makes the Agent a prospective Candidate for the Moldavian Process. If the Agent meets the real countess at *Carne Vale* and drinks the wine, then they're locked into the same murderous trajectory as the final Candidate ...

Public areas are open once past the front desk, but room lifts and staff areas are secured with electronic ID locks. Staff passes are individual and only open doors appropriate to the staff role.

To break in requires **Infiltration Difficulty 4.** Locks can be defeated by **Digital Intrusion (Difficulty 4)** or **Filched** ID cards **(Difficulty 3)**. Filched cards are noticed and canceled when the staff member is on shift, but not until then.

Inside the locked room is another similar meditation room. **Notice:** One of the fabric swathes is hanging oddly; inside are three photos of VIPs attending Davos, including the Target (**Human Terrain** to identify).

HACKING IN

There is a main server and all employees have a personal login. To access a hacker needs to be in range (in the building or close to a window on the grounds), hack into the Wi-Fi (**Digital Intrusion** Difficulty 4), and access the admissions database (**Digital Intrusion** Difficulty 5). The computer is maintained by the internal IT person, Heinz Adank; he's vulnerable to **Intimidation**. Any approach gets a list of attendees of the meditation classes, by name for the last 3 months. There are 23 who have used the Davos special offer; of those, 8 are marked as "Advanced." **Traffic Analysis (core clue)** to realize that only UK citizens are Advanced (the suspects).

APPROACHING THE COUNTESS

SCENE TYPE: Pipe
LEAD-INS: CODICIL, Detective Inspector Cross, Bella Magie Spa
LEAD-OUTS: Belle Magie Spa, The Countess Responds, The Deep Nest

Countess Piatra-Stanca is a mysterious, glamorous socialite living on Lake Geneva. She looks about mid-30s or at most a superbly moisturized mid-50s but is a Bride of Dracula over 300 years old. She appears shallow and decadent, focused on maintaining her beautiful body and being with beautiful people. She promotes expensive fad diets and homeopathic remedies "to maintain eternal beauty" to her super-rich friends. Her voice is golden, with a slight French lilt. In person she is very tactile, always touching and stroking others. She responds well to **Flattery, Flirting**, and **High Society** spends — she's likely to offer an invitation to Carne Vale if intrigued by an Agent's proposition.

BACKGROUND RESEARCH

The countess does not hide and can be easily found in society or gossip magazines. Many people recognize her from the advert in the newspaper.

- **Human Terrain** or **High Society:** She appeared on the social scene a few years ago. She hosts exclusive lavish costume balls for the rich and powerful. The next is the "Carne Vale Ball" at her mansion in a week or so.

THE MOLDAVIAN PROCESS

Originally created with the Swiss psychologist and myrmecologist Auguste Forel, and refined at the shut-down Belle Magie spa in Moldova, the Moldavian Process allows a vampire to remotely mesmerize a victim without any of the usual telltales. It may even bypass blocks like garlic or the crucifix at the whim of the Director. The key to the process is a breed of ant, *Formica clara*, native to Transylvania. These ants have been treated with vampire blood, putting them in Van Helsing's category of the "meaner things" over which vampires hold sway.

In the first stage of the process, the ant bites the prospective target. Around 30% of people have a strong reaction to the bite, and develop a visible skin lesion or mark around the bite area; such people are Candidates for the next stage. (Those who don't react are immune to the Moldavian Process.) The bite mark may look blackened and pitted, like a witch's mark, or a reddish circle like the mark on Mina Harker's forehead. It may take up to 72 hours for this mark to develop.

In this scenario, the first stage takes place in the Belle Magie spa, on page 151, when the prospective Candidates are brought into the advanced session.

In the second stage, the target meets the vampire. This need only be a brief meeting — a brush pass on the street is sufficient, as long as the vampire has an instant to gaze into the eyes of the target and activate the ant venom in the target's body. At the same time, the target must be exposed to a trigger — a taste, a word, a song, anything that the target will associate with that moment of meeting.

The second-stage meeting takes place at Countess Piatra-Stanca's mansion in *Carne Vale* (p. 160); the trigger is the Château de Lavande wine that's served both at the Carne Vale celebration and the Davos dinner.

The third and final stage is the activation of the target. When the target is exposed to the trigger for a second time at sunset, sundown, midnight, or midday, or at the turn of the tides, the vampire can exert its will over the target, no matter how great the distance between the two. Depending on the wishes of the vampire, it could compel the target into an act of madness, see through the target's eyes, or just drive the target insane.

The great advantage of the Moldavian Process is that the only symptom is a skin irritation that soon vanishes. The victim does not develop a psychic connection to the vampire; the victim does not develop an allergy to garlic, or to holy symbols. The victim's behavior doesn't change. The process is undetectable — until the trigger is pulled. After that point, the mesmerism is detectable through the usual methods (**Vampirology**, weird dreams, Renfield-esque obsessions).

INVESTIGATING THE PROCESS

Drop these clues in if the players look closely at the mechanics of the process or the physical symptoms of the suspects.

Outdoor Survival: Those ants aren't like anything you've seen before. They're bigger, and seem to move with purpose. Their bite should be agonizingly painful, but instead it's soporific — genetic engineering, maybe?

Diagnosis: The hives and skin lesions caused by an ant bite are an allergic reaction; only about one in three people have such an allergy to the protein in the bite.

Chemistry: Analysis of the ant venom shows several unusual proteins and other chemicals — if you had to guess, you suspect these ants have been fed blood.

Tradecraft: Delapole's attack on the queen in 1977 reminds you of stories about sleeper agents and hypnotic conditioning. If the same thing's happening here, then one of the people attending the Belle Magie spa may be an unwitting agent of Dracula.

Vampirology: This isn't vampiric mesmerism as described in the *Dossier*. It's not quite the baptism of blood that Mina Harker underwent, or the madness of Renfield. It's closer to the conditioning applied to Kate Reed. There must be some sort of trigger, some way for the vampire to activate its servant.

Notice: Several people leaving the spa were scratching themselves, as if they'd been bitten by insects.

Traffic Analysis: All the suspects are attending the Davos conference. It's the one thing they all have in common.

- **Bureaucracy** or **Accounting** on company records identifies her as the major shareholder in Belle Magie Health. Headquartered in Moldova, spa hotel outside Lenzerheide.
- **1- point Diagnosis** or **Forensic Pathology** spend when studying photos (actually of her double) to spot signs of extensive, but high quality, cosmetic surgery.
  - ➤ **Notice** when face-to-face with the real countess to see those marks are not there.
- **High Society**, or talking to a fashion or gossip **Network** contact: She is very well connected, and promotes exclusive retreats with macrobiotic diets and meditation at the Belle Magie spa. She is famous for ordering two or three sets of identical clothes. "In case one set gets dirty."
- **Architecture** or **Research:** The Countess lives in a converted underground fortress overlooking Villeneuve at the eastern end of Lake Geneva.
  - ➤ **History** or **Military Science:** The Swiss strategic defense was to make the whole country a fortress. There are hundreds of secret gun emplacements and forts dug into mountains. Many were sold after the end of the Cold War; the countess acquired and converted one into a luxury mansion in 2002.
- **Art History:** The countess had her fortress house decorated by a famous interior designer, Olivia Butler. The Agent finds a design magazine article on her work mentioning it. Olivia is

currently in Australia, but contactable.

- Using **Flattery** or **Flirting** Agents learn the design themes of the countess ("aesthetic refinement, exquisite taste, she's fascinated by ants") and that there are other, undecorated tunnels off the main bedroom that Olivia hopes to return to one day.

COUNTESS MARIE PIATRA-STANCA

RING OF AUROCH: A thick gold ring engraved with an auroch's head. This ring gives a +2 on Mesmerism attacks when touching the target.

GENERAL ABILITIES: Aberrance 19, Hand-to-Hand 9, Health 11, Weapons 3

HIT THRESHOLD: 5

ALERTNESS MODIFIER: +2

STEALTH MODIFIER: +1

DAMAGE MODIFIER: +0 (dagger) or +0 (bite; extended canines), or −1 (fist, kick)

ARMOR: −1 (tough skin)

FREE POWERS: Drain, Infravision

OTHER POWERS: Addictive Bite, Cloak of Darkness, *Control Weather*, Mesmerism (eye contact or voice), Spider Climb, Strength, Summoning, *Turn to Creature (wolf; only at sunset or midnight)*, Turn to Mist, Vampiric Speed

BANES: beheading, crucifixes and holy objects (+0 damage; +1 on face), stake to the heart, sunlight (prevents use of all vampiric powers)

BLOCKS: cannot enter a room without being invited, crucifixes and holy objects, running water, wild roses, *cannot move while staked in her coffin*

COMPULSIONS: obey sire

DREADS: crucifixes and holy objects, garlic, mirrors

REQUIREMENTS: drink blood, must sleep in her native soil each night

BELLA, THE DOUBLE

The Agents may be misled by the many photographs of the countess available. Vampires do not have normal reflections or appear on photographs, so, the countess has created a body double, a female follower who initially looked a little like her and had cosmetic surgery at Belle Magie Moldova to look identical. Her double handles appearances during daylight hours and poses for photographs. The countess takes over, in the identical outfit once that part is complete, and the double sneaks away. Her double also enters and invites the countess into locations.

The countess has no qualms about sacrificing her double if necessary; she can make more.

Her current body double, Bella Kempla, age 31, was a thief, and her fingerprints are on record in Chisinau, Moldova. She is not a Renfield, just loyal. The countess rescued her from the streets and gave her a glamorous life; the pain of surgery was insignificant compared to the wealth and parties. Bella knows little about vampires and Dracula, but she wants eternal life (**Human Terrain** or **Reassurance** to reveal this during conversation). If the countess clearly abandons her or the Agents (**Vampirology** spend) open her eyes to the truth that eternal life isn't going to happen, she may betray her. Bella knows about the entrance to the Deep Nest.

Like the countess, Bella wears a heavy gold ring on her finger; a 2-point **Art History** spend can tell a modern-day replica from the antique and magically potent original, giving the Agents a potential method for telling the two apart easily without resorting to mirrors.

GENERAL ABILITIES: Athletics 12, Disguise 12, Hand-to-Hand 8, Health 10

HIT THRESHOLD: 4

ALERTNESS MODIFIER: +1

STEALTH MODIFIER: +2

DAMAGE MODIFIER: −2 (fist, kick)

JOHAN

Johan Guttenblum is the countess' bodyguard, driver, and assassin. He's a former secret police officer from Moldova; **Criminology** or **Cop Talk** picks up on his former career. He's in his mid-50s, red faced with a thick mustache that's turning grey. He wears leather driving gloves; his fingerprints are also on file with Interpol, in connection with the murder of several bankers in Munich as part of another scheme of the countess that went wrong. **Human Terrain** or **Flirting** guesses that he's in love with the countess (and he expects to get Bella Kempla as a consolation prize once the current double ages out and has to be replaced — it's not the first time that Johan has been rewarded with a double). Use the Bodyguard stats on page 69 of ***Night's Black Agents***, but change Stealth Modifier to +2.

THE STAFF

Her staff members are mainly loyal Moldovans, living in the fortress. There are two Swiss employees who live outside, a chef and a sommelier, who know the layout of the public and private rooms, and are aware of the secret door off the entertaining bedroom. **Interrogation** coupled with the threat of legal consequences gets them speaking. None of the staff are aware of the Candidate, nor the countess' true nature.

FOLLOWING THE COUNTESS

The countess visits Belle Magie occasionally, a three-hour drive drive (Johan drives fast) east of Geneva. She also attends various social gatherings, the theatre in Geneva, or parties at music or film stars' villas around the Lake. Both the countess and her double travel to events where she expects to be photographed, the countess disguised as an aide until they swap identities.

QUESTIONS ABOUT DELAPOLE

Agents turning up at the fortress without an appointment are given the brush off (*"The countess is away; please leave your details with her social secretary"*). If the Agents push (say, by pretending to be law enforcement officers), Bella meets the Agents and claims to have no knowledge of Delapole (**Bullshit Detector:** which is entirely true (the countess keeps her in the dark about certain operational measures)).

Streetwise and some legwork in the village nearest the fortress turn up a taxi driver, Gustav Adler, who remembers driving an English gentleman up to the fortress. As soon as the countess learns that the Agents are asking questions, she dispatches Johan to eliminate Adler by driving his car off the road into the lake.

THE COUNTESS RESPONDS

SCENE TYPE: Antagonist Reaction

This scene covers possible reactions to either the Agents' investigation of the countess, or to their investigation of the suspects in *Eliminating the Suspects* (p. 158). Trigger a reaction if the countess becomes aware of the Agents, or if they rack up some Heat, or if you need to raise the stakes.

Several options are provided below.

HUNTED LIKE WOLVES

Before the Carne Vale the countess attempts to lure the Agents into a trap. This is a three-stage plan.

STAGE 1: THE TAIL

Johan loads up her Range Rover with ski equipment at the fortress and drives her to the Belle Magie clinic. She collects a package of blood in a cold box, intending to be followed (**Surveillance** tests at Difficulty 3; a 1-point **Tradecraft** or **Urban Survival** spend spots that this is a deliberate trap). If they fail, Johan circles around giving a second chance. They drive to a ski resort in the mountains; she exits the car in ski gear and waits to board a cable car up to the slopes.

The Agents have time to acquire ski gear if needed (or spend **Preparedness**, Difficulty 4).

STAGE 2: THE SKI-RUN

At the top she pauses to allow them to re-acquire, then sets off down a black ski run (**Athletics** Difficulty 4 chase). Put the Agents on a Chase Lead Track on 4 behind if they passed **Surveillance** tests, 5 spaces behind otherwise.

After one round she turns off-piste, through the trees at speed. Now **Athletics** Difficulty 5 to follow her over moguls and through trees. A failure means the Agent drops back, a fumble (an unmodified roll of 1) means a crash. After two rounds, or if the Agents lose her or crash, move to Stage 3.

STAGE 3: THE PURSUERS PURSUED

The Agents hear (**Sense Trouble**) snarling and barking behind them. Bounding out of the trees are at least three large wolves, hurtling through the snow, hunting the Agents. This unnatural behavior requires a 2-point **Stability** test. They start 1 space behind the Agents. If there are more than three Agents, add more wolves. See ***NBA***, p. 60, for three-party chases; the Agents can stop chasing the countess to save their points for the wolves. All wolves stop and savage the first Agent they catch (stats, ***NBA***, p. 155).

If the Agents manage to stay with the countess and ahead of the wolves, she skis back to the resort, discards the blood and gets driven home. She won't stop to fight the Agents unless she has no choice.

The countess doesn't spend points in Stage 1; in Stage 2 and 3 she spends high to escape.

POWERING UP OR DOWN

If your Agents could easily handle wolves combine the trap with an avalanche. Piatra-Stanca triggers a wall of thundering snow down the mountain. **Athletics** test Difficulty 6 for two rounds to ski in front of it. If either roll is failed, the avalanche hits as +2 falling damage. Agents hit are buried in the snow and lose their skis. They have a long walk back to warmth (**Outdoor Survival** spend to avoid cold damage).

If you want to make things absurdly hard, then have Johan lead a kill team out onto the slopes, with a spotter/sniper in a Swiss rescue helicopter. The kill team is security staff from Bella Magie (use the Special Police stats, page 70, of ***Night's Black Agents***); the sniper has a Shooting pool of 10 and does +2 damage.

FRIENDS IN HIGH PLACES

The countess has plenty of allies in the Swiss government. She can increase any Heat gained by the Agents by +1; as the Davos event gets closer, the Heat gets hotter, giving +2 Heat. Worse, she can keep pushing the authorities to deal with the threat, meaning the Agents must roll against Heat for each suspect instead of once per operation (see *The Effects of Heat* on page 83 of ***Night's Black Agents***). Also, remember that Heat may increase the Difficulty of all General tests while the Agents are being hunted by the Swiss cops.

Bureaucracy or **Cop Talk** connects the extra Heat back to the countess; optionally, leaning on the right police chief (use a somewhat more polished version of the Romanian Police Inspector; ***DH***, p. 130) or bureaucrat (***DH***, p. 108) can temporarily take the pressure off.

ELIMINATING THE ELIMINATORS

OPTION ONE

If you run this response before *Carne Vale*, then Johan kills one of the suspects (one who *didn't* have the required reaction to the ant bite) and frames the Agents for the crime. For example, the Agents might sneak into Dr. Hanif's hotel room to find the doctor lying dead on the floor, and the police conveniently find the Agent's prints on a gun dumped nearby, thanks to the countess' police connections. That's worth at least +4 Heat. **Forensic Pathology** spots that it's a frame job; **Cop Talk** or **Network** gets to an honest cop who can help clear the Agents' names (use the Bucharest Street Cop; ***DH***, p. 108).

OPTION TWO

If you run this after *Carne Vale* — that is, after the countess has had a chance to mesmerize the suspect — then you can use it as a foreshadowing of the Davos attack. The suspect gets a package from Bella Magie, telling them they've won a free dinner including a bottle of Château de Lavande wine. The Agents show up just as the suspect tastes the wine, and boom — the suspect goes on a killing spree, as per *The Activation* on page 165.

THE DELAPOLE TRAP

Finally, the countess could use Delapole as bait to draw the Agents out into the open. Delapole could either telephone Robin Harrington, or be seen on the streets of Zurich, or otherwise make himself known to the Agents. When they make contact, he suggests a meeting that segues into *Hunted Like Wolves* (above) or *Carne Vale* (p. 160).

ELIMINATE SUSPECTS

SCENE TYPE: Core
LEAD-INS: Belle Magie Spa
LEAD-OUTS: Carne Vale, Get Into Davos

The Agents have a list of potential suspects, and understand that one or more suspects have ant stings on their body. They may also know that the Davos World Economic Forum is the target of the whole operation. Keep time advancing while they act; when there are only four or five suspects left it is time for the Carne Vale Ball — all the remaining suspects get invitations to the ball from the countess. **High Society** or **Electronic Surveillance / Filch** (core clue) if the Agents are surveilling the suspects points towards the party.

The Director has a few suggested events and ways for the Agents to background check each suspect below, but can change these to suit their group. The background and beliefs of any suspect are irrelevant; they are not willing participants in this process. Directors are free to add other names to the list. A brief write up below gives what each suspect is doing in Switzerland and a suspicious, but innocent, red herring background detail.

Optionally, roll a die for each suspect. On a 1–2, that suspect has an ant-sting mark and is therefore a potential Candidate. On a 3+, the suspect didn't have an allergic reaction to the bite and is "safe." (Even more optional complications: **Pharmacy** to spot the use of over-the-counter antihistamines to control the reaction or **Notice** to spot it's been covered with makeup). Obviously, don't eliminate all the suspects through a random dice roll!

If the Directors wants to help the players get into the routine of eliminating suspects, she can make the first suspect easier and more explicit. **Surveillance** (Difficulty 3) on any guest at Belle Magie leads to a spa or swimming session. **Diagnosis** or **Notice** shows there are no marks on their body, and you can tell the players they have eliminated one suspect and to cross them off the list.

While we've noted red herrings and complications for each suspect, tailor this scene to the time available. Play through each elimination if you want to draw the investigation out; let the players rapidly eliminate several suspects with a spend and a bit of narration if you want to summarize this scene as a montage.

RULING OUT SUSPECTS

The Agents can rule out suspects if they can check them for ant stings on their body, or ant toxin in their blood.

- **Close Observation:** Get close to a suspect at work or at some society event, and spend a point of **Notice** or **Diagnosis** to spot a bite mark.
- **Surveillance:** Break into a suspect's home or hotel, plant a few cameras with **Electronic Surveillance**, watch the feeds to spot the bite mark.
- **Seduction:** Is that a violent allergic reaction to the bite of a vampire-tainted ant, or are you just pleased to see me? (**Flirting**.)
- **Swimming Baths: Surveillance** on a suspect leads to either the hotel swimming pool or their gym; **High Society** bluffs your way in. Male swimmers show their bodies allowing them to be ruled out, female swimmers may wear costumes that hide more.
- **An Accident or Medical Emergency:** If the Agents are creative, or using **Forensic Pathology** or **Diagnosis**, they might arrange a minor accident requiring the suspect to be medically checked. This allows them or a medical expert to check the suspect. Only Roger and Shahid drive themselves (Driving 2), the rest have professional drivers, trained in evasive driving and anti-kidnapping (Driving 8). If the Director desires, this can happen accidentally, helping the Agents if they are running out of time, or suggesting an approach if they are stuck.
  - Other medical options are using **Chemistry** or **Pharmacy** to prepare a drug, **Filch** to slip it into their drink at a gathering to cause a (minor) medical emergency.
- **Blood Tests:** If the Agents are able to obtain a reasonable blood sample of any suspect, a **Forensic Pathology** spend in a lab rules out any foreign substances or toxins in the blood.
- **Sauce for the Goose:** If the Agents capture some of the altered ants from either the Bella Magie spa or the countess' fortress, then **Chemistry** can brew up an aerosolized version of their venom that makes the allergic reaction easy to spot. Just spray the suspect's exposed skin and wait a few hours; if the suspect develops blotches, they're a Candidate.

ADAM TRATHAN, UK POLITICIAN

Age 58. Married. He's on the left of the Labour Party, but is seen as something of an economic policy heavyweight. He's seconded to the UN trade delegation. He strongly criticized the US and UK governments over the war in Iraq, putting him at odds with Blair. He's attending WEF to meet US trade negotiators, and is staying in the Belle Magie hotel.

PERSONALITY NOTES: Gruff and abrasive; for a politician, he's terrible at dealing with people. His wife Beth keeps him from making too much of an ass of himself.

RED HERRING — MEN IN SUITS: Trathan's under surveillance by an MI5 operative (use the MI5 Agent; ***DH***, p. 122), who intends to bug his room and give his wife food poisoning so she misses Davos and is unable to keep Trathan from antagonizing potential allies.

EVE LYNFORD, FILM STAR

Age 36. Divorced. She dated an Emirates millionaire for a couple of years. She's attending WEF to speak about women in power. She's staying in Geneva, surrounded by protective PR people.

PERSONALITY NOTES: Dazzlingly charming and witty when "on" in an interview or at a party, oddly vacant when left to herself.

RED HERRING — THE STALKER: Lynford's got a stalker, Alan Gull, who believes he has to "save" her from her former boyfriend. Gull's ex-military (use the Madman; *DH*, p. 121.)

CHARLEY TANES, CEO, STEEL DEFENSE

Age 49. Married. His company has just lost a defense contract to supply Saudi Arabia police body armor and crowd-control gear. He's attending WEF to meet defense officials from around the world and drum up some more sales.

PERSONALITY: Normally, confident and controlled. Right now, with the loss of the Saudi contract, he's shaken and compensating for it with industrial quantities of cocaine.

RED HERRING — THE DEALER: Tanes has a contact to supply him with coke (use the Drug Boss; *DH*, p. 113), and goes to meet him in secret at night to make the pickup.

LADY GEORGINA HINDMARSH, UK MINOR ROYAL

Aged 24. Single. 35th in line to UK throne. She's here representing the UK tourist industry at WEF. She's got a private villa near Geneva, but goes out partying each night to the despair of her bodyguard. Optionally, if you haven't used her elsewhere, you could swap in Tabitha Holmwood (*DH*, p. 44) for Lady G.

PERSONALITY: Bubbly and devil-may-care, at least on the surface.

RED HERRING — THE PHOTOGRAPHS: The Tabloid Journalist (*DH*, p. 134) has compromising photos of Georgina. The two are going to meet while in Geneva; Georgina hopes to trade gossip about other, more high-profile, royals for the photographs.

DR SHAHID HANIF, WHO DOCTOR

Aged 35. Single. Adviser to World Health Organization on insect-borne diseases. He's attending the WEF to speak on malaria, and is staying in his rented Geneva flat.

PERSONALITY: Serious and analytical. He's also a Muslim (although not especially devout) and is nervous about anti-Islamic sentiment among the Swiss police, so he's eager to stay out of trouble.

RED HERRING — PHYSICIAN, HEAL THYSELF: If Hanif had a reaction to the insect bite, he realizes that something unusual is going on and starts investigating the Bella Magie spa and analyzing his own blood chemistry. He can be an ally for the Agents (**Reassurance** plus **Diagnosis**) or a prime target for elimination by Johan.

PHILIPPA WARK, HEDGE FUND MANAGER

Aged 48. Divorced. She runs a hedge fund in London and Zurich, and is attending WEF to mix with ultra-high-net-worth individuals. She's staying at Belle Magie and does yoga three times a day and runs every morning.

PERSONALITY: Pushes herself to the limit no matter what she's going — even when she's attending a spa to relax before a big conference, she crams her time there with every possible form of therapy.

RED HERRING — CRACKING: Wark's recent divorce, coupled with the stress of running a hedge fund, has nearly broken her. She's suffering from stress-induced hallucinations and paranoia; she's convinced that she's under surveillance. **Shrink** can sort beliefs from reality.

ROGER LUSBY, CHARITY WORKER

Aged 32. Long term partner. He's a senior fundraiser for Heal the Children (*DH*, p. 150). Before that, he traveled extensively in sub-Saharan Africa and South Asia, including Pakistan and Kashmir. He's at the WEF to raise awareness and funds.

PERSONALITY: Gregarious and earnest, he loves talking to people. He's almost entirely guileless.

RED HERRING — THE WHISTLEBLOWER: If you're using the Edom or Conspiracy version of Heal the Children, then Lusby's stumbled across evidence that the charity is not what it seems, and he's looking for a journalist (maybe the Journalist (*DH*, p. 120) or the Human Rights Activist (*DH*, p. 118)) to help him expose the corruption.

PREPARING THE CANDIDATE

The default mission for the Candidate doesn't require any extra preparation — the whole point of the Moldavian Process is to minimize the need for contact between the vampire and its chosen weapon. However, for some of the more … pyrotechnic options, the Candidate needs further preparation. Specifically, the Candidate is compelled to return to the Belle Magie spa for another treatment. In this procedure, the Candidate is put under a general anaesthetic, and a small package (either a bomb, or a hive of ants) is placed in the Candidate's abdomen. The plastic surgeons at the clinic are skilled at hiding scars and marks, but **Diagnosis** or **Forensic Pathology** spots the telltale line.

AILEEN BRIDWELL, BANKER

Aged 32. Married. She works for a bank in Geneva, and has been named by US regulators for blocking their access to secret bank accounts. She's at the WEF to lobby against banking reform. She's staying at Belle Magie.

PERSONALITY: Quick to take offense, quick to threaten legal action.

RED HERRING — THE AFFAIR: Bridwell's having an affair with one of the staff at the Belle Magie (a handsome security guard named Karl). She slips off with her new lover into the mountains to go skiing, or goes into Zurich for a night on the town with him (separate cars, so it looks like he's following her).

CARNE VALE

SCENE TYPE: Core/Pipe
LEAD-IN: Eliminate Suspects
LEAD-OUTS: The Deep Nest, Get Into Davos

The Saturday before the Forum opens, the countess holds her Carne Vale ("Carnival") Masquerade Ball in her mountain fortress. She handpicks the 150 guests, choosing only the beautiful and powerful in Swiss society. The dress code is "masquerade animals"; masks are compulsory until midnight. Any remaining suspects are invited.

This is a chance to get into the fortress and explore the deep levels, as well as eliminate another suspect or two. It reveals the countess' depravity and corruption in Geneva society.

PARTY TIMETABLE

8 a.m.: Decorators arrive to dress the rooms.
9 a.m.: The DJ's team set-up the sound system.
12 p.m.: The double appears publicly.
2 p.m.: Bar staff and caterers arrive.
8 p.m.: Guests arrive in costume, press photographs at the main entrance.
9 p.m.: Photographers depart and the party starts. The countess swaps for her double.
12 a.m.: Masks and inhibitions removed.

An Agent can get on the guest invite list with a **High Society** spend or as the "+1" of a single invitee (**High Society**, 1-point **Flirting** spend, or **Network** Difficulty 6). A convincing story or bribe (**Negotiation** spend) also works. Anyone wearing a masquerade costume inside is not challenged. Agents can also gain access as serving staff during the party (**Cover** test Difficulty 5).

Optionally, the countess might invite the Agents as a pretext for luring them into a trap.

If the Agents try breaking in through some other entrance, as opposed to bluffing their way in through the front door, see *The Deep Nest* (p. 163).

PUBLIC AREAS

There are ten large rooms and many more smaller ones for the party, including game rooms, a large dance floor, art gallery, chill-out lounges, glass observation room, swimming pool, and dining rooms. Each is lavishly decorated in billowing fabrics of different colors, an ocean blue, a green jungle, white arctic, etc. Masked and costumed people are dancing, drinking, and, later, much more. Drugs are easily available if you know where to look.

(pipe) **Notice** or **High Society:** The wine served at the party is Château de Lavande — from Lord Delapole's vineyard.

There is an upper level of private rooms including professional kitchens, wine cellar, staff accommodation, storage, and other supporting facilities, accessible from two lifts. Each lift requires a key to operate (**Filch** or **Infiltration** Difficulty 4). The private floors are busy with staff.

EARLY SET (9 P.M.12 A.M.)

The guests mingle and the party gets started. Disguised Agents need to use **High Society, Flattery,** or **Flirting** to maintain good conversation and behavior. Give each Agent a chance to impress or offend. The guests are celebrities who live around the lake: UN, government, and finance people. Agents without social skills may use dancing (**Athletics**) or a poker table (**Gambling**) to get into the party atmosphere. Conversations at the party revolve around the upcoming Davos summit.

Finding suspects while everyone is masked is extremely difficult (requiring a **Notice** spend or some other clever approach). Guests do not socialize with staff.

The countess (Bella) greets everyone as they arrive, then circulates through the room. Around 10 p.m., she excuses herself to deal with some minor issue backstage. **Architecture** or **Notice** (core clue) spots her slipping away through a concealed door, suggesting there are lots of hidden chambers below the party zone. Following leads to *The Deep Nest* (p. 163).

When the countess returns, it's the vampire, Countess Piatra-Stanca. She seeks out each of the remaining suspects and makes brief eye contact with them, priming them for activation.

Towards the end of the early set, the masked countess makes conversation with any Agents disguised as guests. If they are interesting (**Flirting or Flattery** spend) she overlooks that she may not have invited them, and touching them, mesmerizes to remove their inhibitions. Doing so costs her 3 Aberrance points; the **Stability** Difficulty to resist is 3 + 1d6, +3 if the

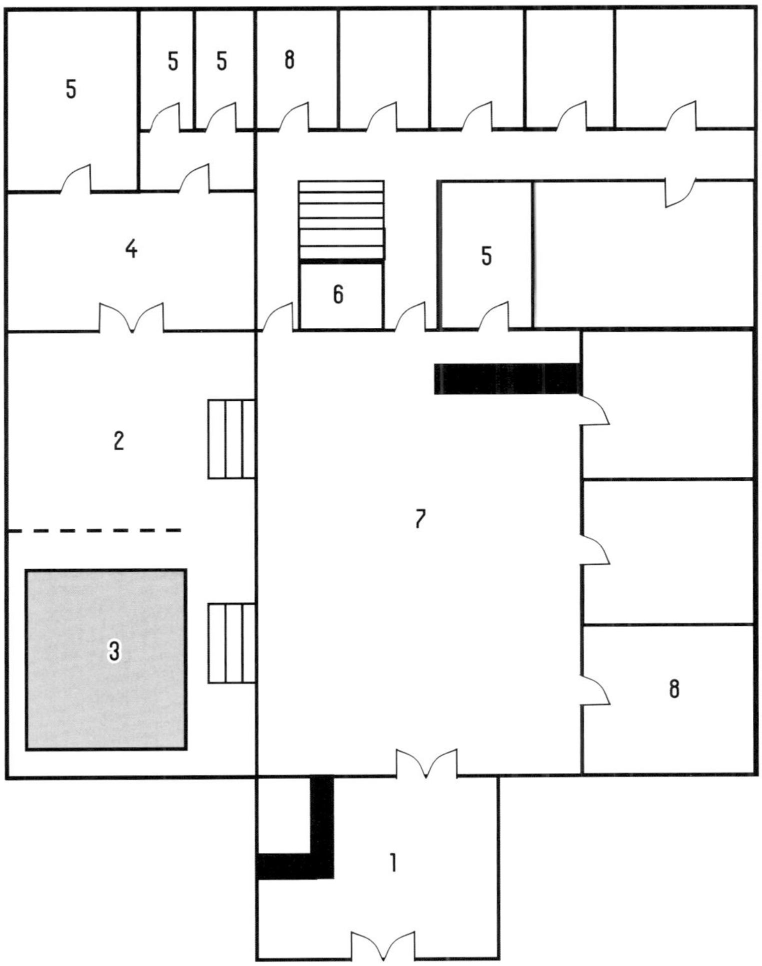

SURFACE LEVEL

1. RECEPTION
2. DINING AREA
3. POOL
4. KITCHEN
5. STORE ROOM
6. LIFT
7. BAR AND LOUNGE AREA
8. OFFICE

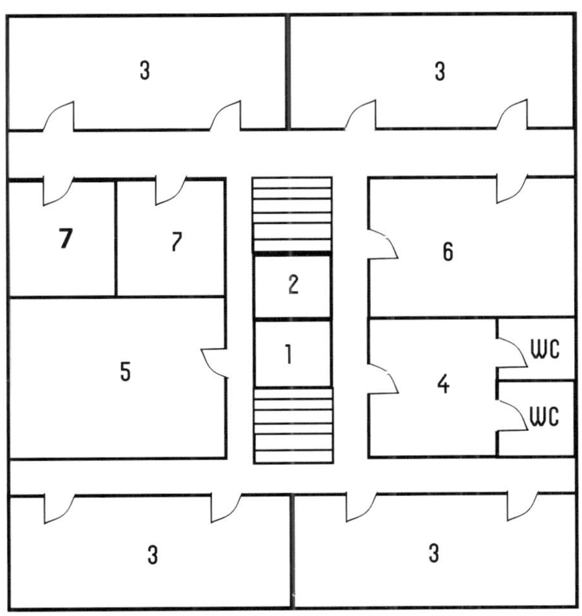

GUARD LEVEL

1. LIFT DOWN
2. LIFT UP
3. BARRACKS
4. WASH ROOM
5. ARMORY
6. READY ROOM
7. OFFICE

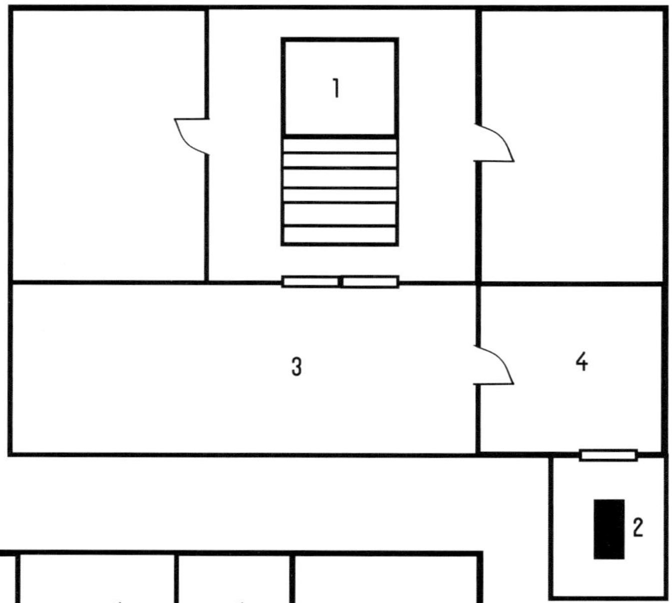

DEEP NEST

1. LIFT
2. COFFIN ROOM
3. LIVING QUARTERS
4. BEDROOM

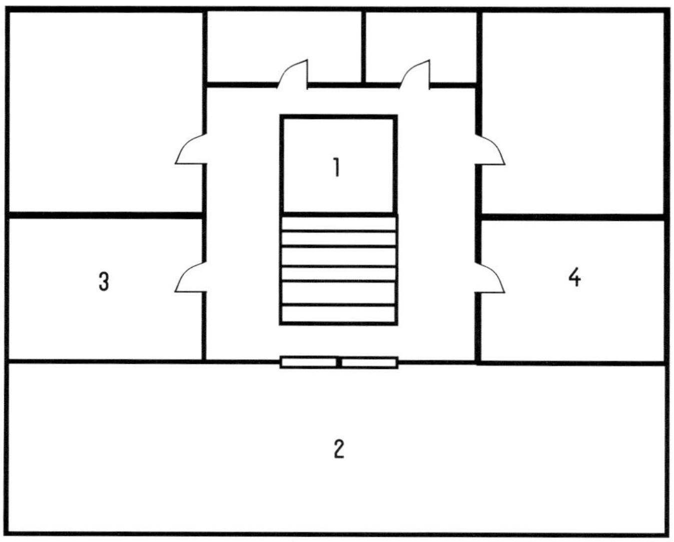

COMMAND LEVEL

1. LIFT
2. COMMAND CENTRE
3. COMMUNICATIONS
4. COMPUTER ROOM

Agent was bitten in the spa and had an allergic reaction to the ant bite.

Mesmerized Agents have a crazy, once-in-a-lifetime party, unable to stop until dawn. The Director can either pick activities that conflict with the Agent's normal character, or let the player decide. Their memory of the hours of the party are hazy, but embarrassing and worrying. Fighting against the mesmerism is extremely difficult; it's a Difficulty 7 **Stability** test, or Difficulty 3 if the player's able to invoke their Agent's Drive.

LATE SET (12 A.M.6 A.M.) -

Everyone's inhibitions and masks are gone. It descends into a sprawling debauched orgy. Now masks are removed the Agents can identify and perhaps eliminate suspects.

The countess sneaks back to the Deep Nest, and Agents can try **Surveillance** to follow her to the entertaining bedroom and see the countess and Bella swap. Agents may explore the Deep Nest and return upstairs to find the party still going strong.

Use these vignettes as examples of what the Agents see or experience at the party. Taboos are meant to be broken at this point. However, any Agents getting violent are asked to leave by bouncers (use the Civilian stats on page 69 of ***Night's Black Agents***; if there's real trouble, send in the Special Police-stat guards.).

- The swimming pool room is filled waist-high with strawberry foam, and naked guests splash about. Drunk guests try to pull or push Agents into the water in fun. Suspects here wear a snorkel and goggles making them harder to see.
- The Wild Hunt comes. Two guests in fox masks run past, followed by a hunting pack of guests blowing horns and thwacking whips. One of the masked, hunted guests is a suspect; Agents need to chase and catch the suspect, while avoiding becoming one of the hunted themselves.
- Nobler Agents can assist guests or suspects who have had too much intoxication. **Medic** to ensure they are okay.

Agents at the late set that enter into the spirit gain a free Network pool of 4 points afterwards with any guest at the party.

THE DEEP NEST

SCENE TYPE: Alternate
LEAD-INS: Carne Vale, Approaching the Countess
LEAD-OUTS: Get Into Davos

The Countess' private rooms, the Deep Nest, are accessible only through the entertaining bedroom, down a narrow set of stone stairs, hidden behind a locked, secret door (**Notice, Architecture** to see, **Infiltration** Difficulty 4 to unlock). Only the countess and her double are allowed down these, though other staff are aware of it.

During the party Bella watches TV in a room down here. She monitors the party via surveillance cameras, and stays in costume in case the countess needs her. At other times the countess sleeps in her coffin and Bella sleeps in the entertaining bedroom.

If Bella's captured, then **Intimidation** plus **Vampirology** spends can get her to spill all she knows.

BREAKING IN BEFORE THE PARTY

Breaking into her fortress is challenging; it is a fortress. There are old maps (**Research** or **Bureaucracy** at Swiss government records) showing the main layout and entrances. **Architecture** finds a side tunnel into the staff areas. This requires **Athletics** to climb up icy cliff faces and down narrow vents, and **Infiltration** to open security grilles.

She, and her staff, do not hesitate to call the police on break-in attempts. Only if the Agents get into the Deep Nest does she handle things herself.

NAVIGATING

The layout of the deep levels is deliberately confusing and disorientating. An **Architecture** or **Outdoor Survival** spend is required to avoid becoming lost underground. Some rooms and passages are accessible only by sheer walls that she spider climbs, and it is infrared lit for her infravision. Heavy concrete blocks block doors (**Athletics** Difficulty 6 or 8). This is the countess' domain, and intruders are not tolerated. Radios do not work through the rock.

The Agents need to climb walls (**Athletics**) and avoid falls (+0 damage) **Sense Trouble**. Either test is Difficulty 4, if they are prepared with climbing gear and night vision respectively, Difficulty 5 if they are unprepared or in party clothes.

THE ANTS' NEST

Behind a heavy door is a large, humid room swarming with blind ants. Against walls are six wooden crates filled with earth and rotting wood. Each of the crates contains a nest of thousands of blind, large ants, identical to the ones seen in Belle Magie.

On the floor in front of the nests is a corpse. Streams of ants enter wounds on his body and exit carrying little chunks back to their nest. This is a 4-point **Stability** test.

Forensic Pathology identifies the corpse as that of an elderly male — it's got to be Lord Delapole.

The ants won't attack or bite unless the Agents meddle with their nests, or if the countess commands them. If they do, then they hit automatically for +0 damage each round, or until the Agent shakes them off with an **Athletics** test (Difficulty 4).

THE COFFIN

Piatra-Stanca's coffin is in the lowest basement, surrounded by beautiful things, art, furniture, clothes, and the mummified head of a handsome previous lover (2-point **Stability** test). **Art History** identifies rare pictures, now extremely valuable. On a stand is an old book, *Hypnotism; or, Suggestion and Psychotherapy* by Auguste Forel, MD (first edition; published 1894).

Inside the front cover is a dedication, "To my keenest pupil, your work will change mankind, Auguste." Folded inside the book are handwritten notes in German (**Languages**) describing the Moldavian Process (use this to fill in the players on the need for a trigger to activate the final Candidate)

THE HUNT

After the Agents have discovered the dark secrets, the countess comes hunting them. After entering, she pushes a large stone to block the exit (**Athletics** Difficulty 12 for humans to move, large enough for Cooperative effort). **Sense Trouble** Difficulty 5 to hear this. She does not bring in reinforcements unless the Agents have shown they know enough to injure her, in which case she'll bring in Johan and one guard per player character. She uses the three dimensional space, and her strength, speed, and knowledge of the tunnels to harass and pick them off one by one. Lone Agents she mesmerizes to switch sides. She'll also whistle up a swarm of ants to flood the tunnels.

KILLING THE COUNTESS

If the players get lucky and actually stake the countess, you've got three options:

- It's a success! The Agents are victorious, and the mission ends here.
- Not over yet — the countess is defeated, but she's already conditioned her chosen Candidate. The trigger is enough to activate them. The Agents still need to stop the Davos plot.
- Express delivery for Dracula! The Conspiracy's contingency plan is for Dracula to take over the remote activation of the Candidate if the countess is destroyed Johan (or another courier) races across Europe to Castle Dracula. He's carrying a small but vital burden — an amber stone encasing the queen ant from the hive used to infect the Candidate. If Dracula attunes to that ant, he'll be able to control the Candidate remotely and complete the plan

If pressed, the countess can escape through hidden air vents, too small for anything except mist. As long as the final Candidate is ready for Davos, the countess doesn't need to hang around to fight assassins.

When the countess bought the fortress from the Swiss government, she arranged to leave the old self-destruct charges intact. For added tension, she can set the countdown, then flee in mist form. Treat the countdown as a chase through the tunnels, where the "pursuer" has a pool of 12 points. Start the Lead at 5.

GET INTO DAVOS

SCENE TYPE: Hazard
LEAD-INS: Carne Vale, Eliminate Suspects
LEAD-OUTS: The Activation

Every winter, a small town in Switzerland called Davos hosts a gathering of the world's most powerful people to discuss global issues, network, and be seen. European leaders, royalty, global CEOs, celebrities, and US politicians meet here. The security is intense. To attend means being a WEF member, which costs $20,000, and applications take months.

Davos is in the eastern mountains of Switzerland. In winter, temperatures are subzero with a meter of snow or more. The nearest airport is Zurich 150 km away; the hotels have helipads. Population is normally 12,000; during the WEF it rises to 30,000+.

SECURITY

Everyone attending, no matter how famous, is background checked and searched. X-rays, metal detectors, sniffer dogs, and millimeter wave scanners are on all three entrances. Snipers are on rooftops, and multiple lines of barbed wire snake the snow. Five thousand Swiss soldiers and police cover every approach.

Heat in Switzerland just before and during the WEF is raised by +1. The players should roll a Heat test when they first enter Davos.

HOW DO THE AGENTS GET IN?

The security precautions are orientated against physical threats. The Agents should get in if they try anything sensible that doesn't involve violence. Each Agent needs to find a reason to be there (suggestions below) and pass a background check, a **Cover** test Difficulty 6. This is a **failsafe** test (***NBA***, p.184); increase Heat by +2 later in the scenaro if the Agents fail.

The Agents can use Perfect Holdout (***NBA***, p. 27) to get a small weapon inside; alternatively a Difficulty 7 **Conceal** test is needed to pass the checks. If the Agents are caught attempting to sneak weapons in, the Swiss police do not hesitate to lock them up for the duration of the conference (or longer). **Tradecraft** informs about the serious penalties for getting caught.

OPTIONS FOR GETTING INTO DAVOS

COME WITH SOMEONE WHO IS INVITED

The high-value attendees bring a retinue, including bodyguards, advisers, speechwriters, and personal assistants. All are security checked (as above) and have fingerprints taken. Bodyguards are permitted one legal pistol, and the Swiss authorities do a test firing of the weapon to allow matching of bullets later.

If the Agents saved the lives of one or more suspects, then those suspects could bring the Agents along.

ACADEMIC RESEARCHER

There are technical presentations from economic, social, and legal academics. These are planned well in advance, but an assistant could step in to present the professor's paper if the academic was suddenly unavailable. The assistant needs sufficient technical knowledge of the subject matter. Any Academic ability at 2 points gives sufficient knowledge to present a technical paper to this audience.

Accounting ("Cross Border Taxation Policy"), **Criminology** ("Developments in International War Crimes"), **Cryptography** ("Tor and Snowden: What Next?"), **Law**, **Military Science** — but could be stretched to **Diagnosis, Human Terrain**. If the player can come up with a suitable sounding presentation title for any Academic ability, let them use it.

Presenting at this conference is a big step for any academic, and it is unlikely they are going to give up the prestige (and grant money) very easily.

FORGING TICKETS

The entrance badge is designed to be difficult to forge. They have holographs, and tickets are linked to a special database with the holder's photo. To forge a few (one per Agent) requires a supplier of holograms, **Network** test (Difficulty 6), and a **Forgery** test (Difficulty 6). This is a **failsafe** test as above.

TRANSLATOR

There are many international attendees who want to avoid mistranslations. Most languages are well covered at the conference, but an Agent with a less common language (e.g., Somali, Kazakh, Khams Tibetan, etc.) or spare **Languages** slot can gain entrance as a translator for an international VIP that needs perfect translation for a short meeting.

THE ACTIVATION

SCENE TYPE: Finale
LEAD-IN: Getting into Davos

The Target is due to speak at the first day's evening session.

The suspects stay in hotels inside the security perimeter the night before and follow a normal morning routine. The Target is unreachable before the session; he is flying in, speaking, and flying out. Security is raised, and there is a large number of armed police patrolling and in the hotels.

For the evening meal, about 500 delegates, including the remaining suspects, attend a banquet meal, held in a large auditorium. During the meal a small army of servers brings food and drink in from the kitchens. Police and secret service agents guard entrances and the kitchens.

Notice or **High Society** spots the bottles of Château de Lavande stacked in the kitchen, ready for the toast.

During the meal the suspects mix with the other guests, take calls on their mobiles, drink, and go outside to smoke. The activation happens after the main course, during the Target's speech. As plates are cleared, the Target is introduced, and stands to talk. His speech takes about twenty minutes, during which waiters circulate tidying up, bringing dessert, and refilling glasses.

Outside, the sun falls behind the mountains, turning the sky above Davos blood red. Sunset, between day and night. A littoral moment, when the normal rules of nature do not apply, when the distant vampire can reach out and whisper into the mind of its victim.

At the end of his speech, the Target proposes a toast to world stability and progress, and everyone drinks. If the Agents aren't able to somehow stop the Candidate from drinking (a quick takedown with a taser, **Filching** the Candidate's wine glass, framing the Candidate), then the activation begins.

What happens? That depends on the Candidate's mission.

STRAIGHT-UP MURDER

Agents succeeding at **Sense Trouble** get early warning, as the activated Candidate, blood dribbling from their mouth, rushes towards the Target. They use Evasive Manuevers (+3 Hit Threshold) until they get there, then attack using cutlery (+1) or broken wine bottles (+1). They do not need to make Consciousness rolls.

GENERAL ABILITIES: Aberrance 8, Hand-to-Hand 14, Health 10, Weapons 6
HIT THRESHOLD: 4
ALERTNESS MODIFIER: +0
STEALTH MODIFIER: +0
DAMAGE MODIFIER: +1 (improvised weapons), −1 (fist, kick)
ARMOR: none
FREE POWERS: Unfeeling
OTHER POWERS: Strength (tests mandatory for feats of strength; ***NBA***, p. 137), Vampiric Speed
COMPULSIONS: obey master

BOMB

The package in the Candidate's chest contains a few pounds of high explosive. Treat it as a Class 3 blast (***NBA***, p. 67); if the Candidate's taken down with nonlethal weapons, then disarming the package is an **Explosive Devices** test (Difficulty 5). In this setup, the Candidate's less of a physical threat.

GENERAL ABILITIES: Aberrance 4, Hand-to-Hand 4, Health 6 Weapons 2
HIT THRESHOLD: 3
ALERTNESS MODIFIER: +0
STEALTH MODIFIER: +0
DAMAGE MODIFIER: −2 (fist, kick)
ARMOR: none
FREE POWERS: Unfeeling
COMPULSIONS: obey master

CHEST FULL OF BUGS

Back in *Preparing the Candidate* (p. 159), the countess' agents implanted a canister full of mutant *Formica clara* in the Candidate's torso. In the days since then, those ants have been spreading and multiplying, eating away at fat, organs, muscle tissue. Hollowing the Candidate out until there's nothing left.

These ants swarm out as the Candidate bursts from the inside. Are these ants like the ones in the Belle Magie spa — get bitten, and you're a potential vampire sleeper agent? Or is this a carnivorous swarm, about to skeletonize the Target (+1 damage if you're caught in the swarm)? Either way, the ants are under the control of the countess, and act with intelligence and coordination.

Here, taking down the Candidate isn't enough — the Agents need to find some area-effect weapon to deal with the ants. Molotov cocktails or fire extinguishers may be the best approach.

Oh, seeing someone explode into a shower of bugs is a 4-point Stability test.

HIGH-PRESSURE BLOOD SPRAY

On activation, the Candidate's heart rate accelerates, pounding faster and faster, forcing blood through the arteries at incredible pressures. The human body can't take that strain; the Candidate bursts, sending sprays of arterial blood out of the eye sockets, the nose, the mouth. It's gory, but more than that — it's a baptism of blood.

If you want to tie in ***The Zalozhniy Quartet***, it's the Albedo, the same substance St. John Philby used on the House of Saud to bind them to the will of his masters. Otherwise, it's just a mixture of the Candidate's blood and that of the countess. Either way, anyone struck by it is compromised and vulnerable to vampiric takeover (at the very least, their Difficulties to resist mesmerism are all permanently increased by +3, or until they get a dose of Luria Formula (***DH***, p. 114).

EXIT VECTORS

Getting out of Davos may be tricky if the Agents have a lot of Heat on them; call for **Cover** or **Infiltration** tests (Difficulty equals current Heat) to escape the scene and vanish into the night. If escape isn't an option, this could be a good moment to introduce an NPC contact with the resources and motivation to spirit the Agents away — the Enigmatic Monsignor (***DH***, p. 114), the NATO Liaison (***DH***, p. 125), or the Former Gehlen Org (***DH***, p. 82) might all plausibly be at Davos and have a use for a team of freelance vampire hunters. Depending on your choice of Target, he or she might also be able to help the Agents escape Swiss justice. If the Agents are Edom, of course, then Edom can arrange their extraction if it's justified.

NODE: BELLE MAGIE RESORTS

APPARENT NATURE: Belle Magie is a chain of high-end spas and resorts across Europe. The chain was founded when foreign investors took over a Soviet-built spa in the mountains near Cahul in southwestern Moldova in 1994. The spa chain initially distinguished itself by taking advantage of the opening up of Eastern Europe and offered luxury and relaxation at a fraction of the price of its high-end competitors in the West. By the early 2000s, though, Belle Magie had purchased spas and resorts in Switzerland, France, Italy, and Germany as well as Romania, Hungary, and Slovakia.

The original spa and former headquarters of the group was destroyed in an arson attack; **Criminology** or **Research** digs up rumors that the spa chain was trying to conceal either financial mismanagement or ties to organized crime. Certainly, it's an open secret that some branches of the spa function as discreet, high-security brothels, where any form of relaxation you want can be procured if the money's right.

EDOM: The original Belle Magie spa was an Edom front; Edom needed a cover to move equipment and personnel in and out of Moldova without attracting attention. (Optionally, if you're running *The Moldavian Candidate* as a flashback, then Edom wrested control of the spa chain from the Conspiracy after the events of this scenario.)

These days, the spa chain is mostly a legitimate business. Edom siphons off some of the profits to top up the reptile fund, and still uses the spa as a front when needed *("Why am I shipping a box of earth from Transylvania? Haven't you heard of earth energy therapy? It's like a seaweed wrap, only we bury you in dirt. Takes years off.")* **High Society** spots the spies amid the socialites.

If the spa chain is less about facials and skin care, and more about rest and recuperation, then it could also be cover for Edom psychic listening posts. Find people who are tuned into Dracula's psychic wake like Renfield, put them in health spas strategically dotted around Romania, and watch to see which ones get better and which ones start eating bugs. More prosaically, the spas could be covers for interrogation sites.

CONSPIRACY: Dracula stays out of the tanning salons, but there are any number of reasons why the Conspiracy might be interested in owning the spa chain — money laundering, access to wealthy and influential individuals, an easy source of fresh victims, access to thermal springs and geothermal vents, a cover for human trafficking … or, as in this scenario, a cover for experimentation with new horrors.

Belle Magie translates as "Beautiful Magic"; if the Conspiracy has ties to the Lilith (***DH***, p. 69) cult, then the spas could conceal secret temples to the goddess. Alternatively, maybe

there's a spa in the mountains around Sibiu, hiding the Scholomance (***DH***, p. 219). The other spas might also be built on places of telluric or sorcerous significance.

CONNECTIONS: Tabitha Holmwood (***DH***, p. 44) is a regular visitor here, as are members of the Leutner (***DH***, p. 145) family, and the Tabloid Journalist (***DH***, p. 134). Work by the Sculptor (***DH***, p. 100) decorates some of the walls. If the Psychic (***DH***, p. 96) has to leave England, he might use one of these spas as a new base of operations.

The Belle Magie chain banks with Klopstock & Billreuth (***DH***, p. 145).

Use the Tourist Hotel (***DH***, p. 256) for background texture as needed.

THE HARKER INTRUSION

THE WHOLE ***DRACULA DOSSIER*** CAMPAIGN KICKS OFF WHEN THE AGENTS GET HOLD OF THE FABLED Dossier itself — so let's get it into their hands. This mission was originally written as an introductory ***Night's Black Agents*** game for Free RPG Day, so it's a simple smash-and-grab suitable for new players. Adjust it as needed for your own group.

EYES ONLY BRIEFING

Since "Hopkins" acquired the Dracula Dossier, she has sought other allies in her fight against Edom. One of these allies is a man referred to in this mission as "Harker" — he might be a journalist (or, more likely, a blogger or freelancer), or a former spy, or a private detective. He might even be a Harker Legacy (J. Q. Harker; ***DH***, p. 43). He's got some tradecraft chops, but not enough to stay alive. He'll be dead by the end of this mission.

One of Harker's contacts is another journalist, Olivia Liu. She recently uncovered some double-dealing in Romania, and is now on the run from the Conspiracy. She's fled to Marrakesh, but needs extraction before Edom kills her.

Optionally, you can cut Harker out of the mission entirely, and just use "Hopkins" in his place if you're happy to kill her off. Another alternative is to let the players think that Harker found the Dossier and made the modern-day annotations, and then bring in the real "Hopkins" later in the campaign.

THE SPINE

In **The Marrakesh Extraction**, the Agents tangle with an Edom hit squad and its supernatural assets. After rescuing Liu, they can follow up on her story about secret graves in Romania (**The Romania Exhumation**), detour to Gibraltar to learn more about Edom (**The Gibraltar Triangulation**), or head to London to meet up with Harker and obtain the Dossier in **The London Connection**.

ENTRY VECTORS

The default assumption is that Harker hires the Agents over clandestine channels. He's got the underworld connections to find the right sleazy bars in Vienna, or the right chatrooms on the Darknet, or to get an introduction from some Algerian arms dealers or eccentric Jesuit academics. Harker offers only a modest amount of cash, but he drops enough hints garnered from the Dossier to tickle the Agents' Drives.

Alternatively, the Agents might be hunting Harker down — **Vampirology, Streetwise, Tradecraft**, or **Traffic Analysis** picks up rumors about some people in London asking questions about vampires, or wild stories about a big leak from some research group inside the Circus. The Agents make contact with Harker, and he offers to trade information if they rescue Liu.

Another option is to put the Agents on the trail of the Dossier before the mission begins. They hear legends of an unholy grail, a file that contains all the secrets of the Un-Dead. They make enquiries (**Streetwise** or **Vampirology** or **Tradecraft**), and that's the thread that links them with Harker.

A third option is to make Liu a contact or an old friend (or even a Solace) of one of the player characters. She calls for help, they rescue her, and she puts them in touch with Harker.

For new players, go with the following:

- You all know and trust each other — to one degree or another.
- You know there's a conspiracy out there in the underworld. You don't know how big it is, other than *big*. You don't know exactly how old or how well connected it is, and you don't know who's running it. You do know, though, that they're

MARRAKECH

Riad Rouge	1
Dar Si Said	2
Hospital Riad al Mokha	3
Tiskiwin Museum	4
Jewish Cemetary	5
El Badi Palace	6
Mosquée Moulay el Adiz	7
Museum of Photography	8
Saadian Tombs	9

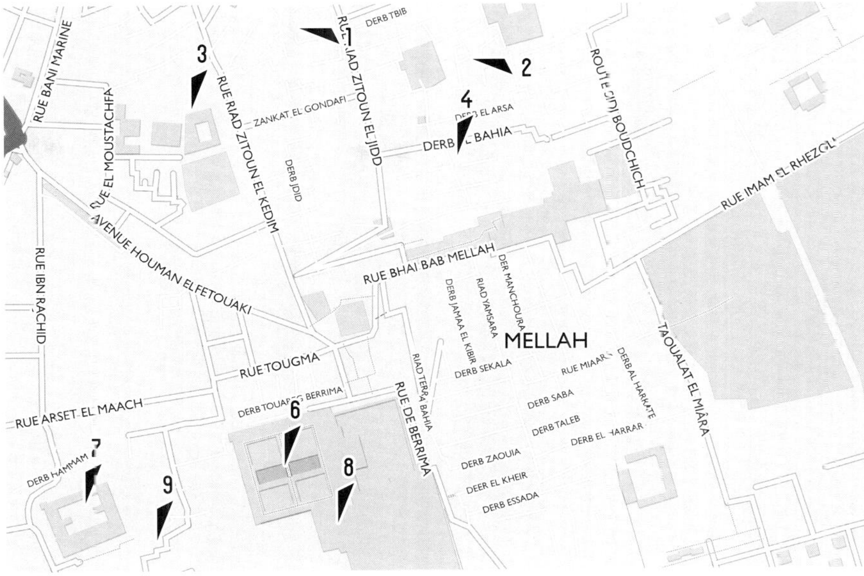

bad guys, and that some of the conspiracy's leaders aren't human.

- A few days ago, someone sent you a packet of information by encrypted email — enough to show that the source knows more about the conspiracy than you do, and is willing to work with you, if you prove that you've got the skills needed.
- There's a journalist named **Olivia Liu**. She's on the run in Marrakesh, in Morocco, and the bad guys are after her. You've got to get to her first.

(If the players — being paranoid spies — do a little digging, then **Traffic Analysis** works out that the email comes from London. **Cryptography** suggests that it's using civilian-grade encryption — pretty good, but not great. **Tradecraft, Criminology**, or **Vampirology** confirms that the little bits of intel in the package are genuine, but it's clearly chicken feed, just enough to prove the mysterious contact knows what he or she is talking about. There's no time to dig in further, though, without putting Olivia Liu's life in further jeopardy.)

THE MARRAKESH EXTRACTION

SCENE TYPE: Core/Chase

LEAD-OUTS: The Gibraltar Triangulation, The London Connection, The Romania Exhumation

Marrakesh, Morocco. Narrow medieval alleyways, covered souks selling everything from Berber carpets and spices to computers and electronics, taxis and trucks careening at breakneck speeds through the crowds, the smells of sweat and hashish and meat from the street-food stalls. Entertainers in brightly colored robes performing for tourists. Faces peering down and laughing from high windows above the little streets. The echoing call of the muezzin, summoning the faithful to prayer.

Tell the players that they've traced Liu to the tourist area around Jemaa el-Fnaa, the great market square in the heart of the city. There are plenty of cheap hotels and hostels in the streets near there. The area is crowded with both locals and tourists, and there's a heavy police presence.

WHAT'S GOING ON?

As the mission begins, the bad guys are closing in on Olivia Liu. She's just left her hotel, and is going out to meet a contact of hers, a Turkish fixer named Hasan Safet, who's going to smuggle her out of Morocco. The bad guys have her under observation, and intend to capture her once she's off the streets. They intend to force her to reveal her source — the same mysterious person who just sent the Agents that data packet.

To save her, the Agents need to intercept her before the bad guys take her out.

The game starts in the late afternoon. It'll be sunset before long — and once the sun goes down, the Agents lose their best weapon against the Special Operatives (p. 172).

GUNS IN MOROCCO

If they're flying in, then they probably won't be able to bring any illegal items like firearms through customs (they could try a Difficulty 4 **Conceal** test to smuggle a handgun through, or spend a point of **Streetwise** to bribe a security guard), so, if they want weapons, they'll need to find a dealer in Morocco or improvise. If they come in another way (across from Spain in a speedboat, or by and from North Africa) then they can carry more gear. The Agents are experienced spies, so getting a basic pistol is trivial. Bigger, more exotic weapons require more effort.

FINDING OLIVIA LIU

Give any of the player characters with **Criminology** or **Urban Survival** the following information for free:

- The Moroccan police are notoriously tough on anyone who threatens the vital tourist trade. If the conspiracy is about to kidnap or eliminate Liu, they'll bring in someone from outside Morocco, a hired assassin or one of their own operatives. They won't use a local hitter. So, look for someone out of place — they might be the assassin.
- That said, they're probably using locals to find and track her.

The Agents can easily track Olivia Liu's hotel — the Riad Rouge (a *riad* is a large house built around a courtyard; many of them have been converted into hotels). Let them suggest how they find the place. Possible options include:

- **Streetwise** or creating a 1-point **Network** contact to hit the streets.
- **Cop Talk:** She complained to the tourist police when some local youths were following her. The police took her details, including the address of her hotel.
- **Urban Survival / Tradecraft:** Reading the flow of the crowd. That guy over there is obviously watching the street; those two there are working together. They're keeping that riad under surveillance.

Alternatively, lurking at the Marrakesh airport with **Tradecraft** or **Notice** lets the Agents spot the Special Operatives (p. 172) when they arrive. They could also anticipate their arrival by hacking into airlines with **Digital Intrusion**, and using **Data Recovery** or **Traffic Analysis** to spot the passengers traveling from Bucharest via London, and whose tickets were purchased that morning. Once they're on the trail of the Operatives, the Agents can trail them as they hunt Liu down.

Once they find the Riad Rouge, anyone with **Urban Survival** spots two young Moroccans sitting on motorcycles across the street from the main entrance. They're clearly local hired goons, watching the front door. There's a third motorcycle next to theirs. Meet Adil and Ibrahim; the third member of the team, Jalloun, is inside breaking into Olivia Liu's hotel room.

Offer the players a bonus clue if they make a 1-point **Notice** spend. If one of them accepts, that Agent spots a third watcher in a café at the end of the street; this third man is white and untanned, suggesting he only just arrived in Morocco, and he's wearing an earpiece. He's obviously running the show on the ground here. This guy is Hartness. He flew in from England earlier that day.

The players could use **Filch** to steal Hartness' radio. It's Difficulty 6, reduced to 3 if they spend a point of a suitable Investigative ability like **Flirting**. Or, of course, they could just beat him up with **Hand-to-Hand** (Difficulty 4) and grab the radio, but that's going to attract both Heat from the Moroccan authorities and more bad guy goons. Hartness isn't combat trained, so the Agents can take him down easily.

With the radio, the Agents can eavesdrop on the enemy with **Traffic Analysis**. Using **Interrogation** on Hartness gets the same information — Liu left the hotel a few minutes ago, and is heading toward the old Jewish quarter, the Mellah. They're going to eliminate her before she gets there.

Offer the PCs a choice — they can keep interrogating Hartness, or go after Liu. If they keep interrogating Hartness, he says that the Gibraltar station authorized the snatch operation — Liu is a journalist who's in contact with a secret source, and someone within MI6 wants that source. The Agents can follow this core clue to *The Gibraltar Triangulation* (p. 173). However, this delay raises the bad guy's Lead in the chase scene by 2 (see opposite).

HARTNESS

Daniel Hartness is a mid-ranking Edom officer, reporting to Hound (***DH***, p. 51). If you want to make him more of a challenge, use the Police stats on page 69 of ***Night's Black Agents***, and give him a syringe of Seward Serum (***DH***, p. 51) that he'll try to use if attacked.

GETTING INTO THE HOTEL

OPENLY: If the Agents head through the front door, they can get Liu's room number from the clerk with a quick bribe (a 1-point **Negotiation** or **Streetwise** spend) or by distracting him and checking the registry. If they bribe him, he'll shut the door and prevent Adil and Ibrahim from following the PCs; otherwise, the two goons from outside follow the Agents in, leading to a fight scene in the corridor outside Liu's room.

COVERTLY: Alternatively, the Agents can use a 1-point **Architecture** or **Urban Survival** spend to get into Liu's room before Jalloun gets there; this lets them search the room *and* ambush Jalloun without anyone noticing.

HOTEL ROOM FIGHT

Liu's hotel room is small, cool, and dark; cockroaches scuttle away into the shadows when any light gets in. If the Agents are the first people here, they can search it before Jalloun shows (plus possibly Adil and Ibrahim, if they saw the Agents enter). If they're not the first people here, then they need to take Jalloun down first. He's a street thug hired by the bad guys, and thinks he's a lot more badass than he actually is.

Adil and Ibrahim, if they show up, are better armed. Adil has a knife; Ibrahim's a black belt in Muay Thai kickboxing.

GENERAL ABILITIES: Athletics 4, Driving 3, Hand-to-Hand 4 (Ibrahim: Hand-to-Hand 8*), Health 6, Weapons 4 (Adil: Weapons 6)
HIT THRESHOLD: 3
ALERTNESS MODIFIER: +0
STEALTH MODIFIER: −1
DAMAGE MODIFIER: −2 (fist, kick), −1 (knife)

* Ibrahim can use Called Shots to try for extra damage.

Encourage the players to avoid killing. Killing means corpses; corpses draw more Heat. Instead, take advantage of the cramped conditions and improvised weapons to hand, like:

- grabbing the blanket off the bed and tangling someone up in it
- pulling the towel rail off the wall and using it as an improvised weapon (−1 damage)
- kicking someone off the balcony so they fall into the central courtyard
- throwing a handful of cockroaches into a foe's face
- using that sturdy suitcase as a bludgeon (−1 damage)

If they grab one of the trio, they can **Interrogate** him into talking. They're working for Mr. Hartness; Jalloun was hired in Gibraltar two days ago — not by Hartness, by some other Englishman — and recruited the other two when he came home to Marrakesh. This is a core clue pointing to *The Cibraltar Triangulation* (p. 173).

SEARCHING THE ROOM

A quick search of the room reveals the following:

- A scribbled note with the address here in Marrakesh for someone called Hasan Safet. It looks like it was written hastily, as if someone dictated the address to Liu over the phone and she then left in a hurry. It's the only lead the PCs have for finding her.
  - ➤ A 1-point **Streetwise** or **Tradecraft** spend (or taking Safet as a **Network** contact) means the Agent recognizes the name. Safet's a fixer — not necessarily a criminal, but he can get you pretty much anything, legal or illegal, as long as you don't ask questions. He's a good guy, but he knows some very bad people.
- Travel documents and other pocket litter, like receipts and ticket stubs from Romania.
- Information about a new industrial mining project in the Carpathian Mountains, and photographs of what looks like a construction site.
  - ➤ (core) With **Research** or **Data Recovery**, the Agents can work out the location of this dig site in Romania, leading to *The Romania Exhumation* (p. 173).
- More printouts of documents about vampire folklore, buried bodies, and Wallachian warlords. The format of these files looks familiar — they came from the same mysterious source that sent the PCs here to rescue Liu!

THE CHASE

Right now, Olivia Liu is making her way through the streets of Morocco to Hasan Safet. All around her, unseen, the agents of the Conspiracy close in. The technique is called a "floating box" — they've got a dozen pairs of eyes on her, ahead and behind, watchers trading off with one another so she never realizes she's under surveillance. They're waiting for the right moment to unleash the inhuman operatives who are actually going to capture her

This works as a chase scene — the Agents are pursuing the bad guys. Unlike a regular chase, though, it's not a direct contest of speed. The bad guys are trying to sneak, using Surveillance. The Agents, well, how are they planning on catching up with Liu? Are they:

- playing cat-and-mouse with the bad guys by using **Surveillance**, trying to counter or eliminate the watchers so Liu can escape?
- sprinting through the streets or parkouring over rooftops with **Athletics**?
- stealing a car or motorcycle and using **Driving**?

The bad guys have a collective Surveillance pool of 10 and an Athletics pool of 6.

The bad guys' Lead starts at 4 (or 6 if the PCs were delayed at the hotel). If the Lead reaches 10, then the bad guys are able to abduct Liu before the Agents find her. If the Lead reaches 0, then the Agents catch up with Liu before the bad guys' Special Operatives arrive.

If the Lead drops to 3, then the bad guys panic and switch to using Athletics, trying to physically block the PCs from reaching Liu. More disposable goons try tackling the Agents, or cutting them off, or attacking them in melee.

After five rounds, if the chase is still ongoing, then the Special Operatives arrive.

ENDING THE CHASE

If the bad guys get to Lead 10, then Liu's doomed. The Agents race around a corner, and she's gone, never to be seen again. The Conspiracy goons watching her melt away into the crowd If the Agents never got the clues from Liu's hotel room, then her contact Hasan Safet can tell them that Liu was investigating a mining operation in Romania before she fled to Morocco — he doesn't know what was going on there, but it must have been something ... unholy. It's the only lead left to the PCs, and it goes to *The Romania Exhumation* (opposite).

If the Agents get the Lead down to 0 before the Special Operatives show up, then they can grab Liu, **Reassure** her that they're on her side, and run. The Special Operatives pursue the Agents — the Agents' starting Lead in this case is 6, and they're clear when they get to 0.

THE SPECIAL OPERATIVES

There are two of them. Both of them are still technically human. One of them is a Jack — a British special forces soldier, strength and reflexes amped up on vampire blood. The other's a Romanian sorceress; she's gifted with supernatural powers of mesmerism and psychic influence. Both are dressed in casual street clothes, so they look like tourists. **Vampirology** notices the way they avoid direct sunlight when they can — they're photosensitive.

The plan was for the Jack to grab Liu, then for the sorceress to compel the journalist into revealing her source. Now that the Agents are interfering, the new plan is to eliminate the Agents, then grab Liu. They wait until the Agents reach the narrow, shadowy alleyways of the Mellah, then attack. The Jack intercepts the lead Agent and starts smashing the character into the walls; the sorceress waits for one of the Agents to draw a weapon, then tries to use her mind-control powers to force that character to turn the weapon on the other PCs. They'll retreat if reduced to 0 Health, or if the PCs take advantage of their photosensitivity and bring the fight into open sunlight.

THE JACK

His real name is Jeff Holloway, although he barely remembers that now. He's an HMS *Proserpine* (***DH***, p. 169) rating, an Edom hit man. He's not wearing any dog tags or other IDs; in a longer-term game, taking his fingerprints/DNA/photo and doing a lot of **Research** eventually digs up a death notice, claiming he died in a road accident while on leave from the Royal Navy. The serum's hollowed him out; he's a jaded, emotionless automaton.

GENERAL ABILITIES: Athletics 12, Driving 5, Hand-to-Hand 14, Health 12, Shooting 12, Weapons 12

HIT THRESHOLD: 4

ALERTNESS MODIFIER: +2

STEALTH MODIFIER: +1

DAMAGE MODIFIER: −1 (fist, kick), +1 (tonfa or 9mm)

ARMOR: −1 vs. bullets (concealable ballistic armor)

FREE POWERS: Infravision

OTHER POWERS: Vampiric Speed (spend 2 Athletics or Health for an extra attack or +2 Hit Threshold for one round)

BANES: in indirect sunlight, he suffers a penalty to all attacks (raise opponent's Hit Threshold by +2). Direct sunlight removes the effects of the Seward Serum, dropping his Hand-to-Hand, Shooting, and Weapons by 4, canceling his Vampiric Speed, and reducing his Hand-to-Hand and Weapons damage by −1.

THE SORCERESS

Her name is Karja, just Karja. She might be Ruvari Szgany (***DH***, p. 147), or a product of weird experiments by the Caldwell Foundation (***DH***, p. 160) or at Pitesti Prison (***DH***, p. 218) or Strasba Orphanage (***DH***, p. 223). She's a Conspiracy asset, on loan to Edom.

GENERAL ABILITIES: Aberrance 8, Driving 4, Hand-to-Hand 6, Health 10, Weapons 6

HIT THRESHOLD: 4

ALERTNESS MODIFIER: +2

STEALTH MODIFIER: +2

DAMAGE MODIFIER: −2 (fist, kick), −1 (knife)

OTHER POWERS: Control Weather (spend 2 Aberrance to summon up mist, cloud, storms, etc.), Mesmerism, Summoning (rats)

BANES: in indirect sunlight, she suffers a penalty to all attacks (raise opponent's Hit Threshold by +1, reduce Mesmerism difficulty by −1). She cannot use her powers at all in direct sunlight.

CONTACTING THE SOURCE

The Source's data packets include a way for Liu or the characters to contact the Source by encrypted email. Whoever the Source is, he or she doesn't check email promptly, so it can take hours or days to get a response. If the Agents try checking in after *The Marrakesh Extraction*, the Source responds 24 hours later, asking them to check the Romanian site.

DEBRIEFING LIU

Once the Agents are clear of their pursuers, they can question Olivia Liu. She reveals the following information:

- She's a journalist, investigating corporate corruption. She was contacted by a mysterious source, who sent her information about the Romanian mining industry, mixed in with lots of weird stuff about vampires. The intel was good, so when the source asked her to check out a particular mining company, she did so. She followed the company to a new exploratory dig in the Carpathian Mountains, and it turned out the mining operation was a cover for something else — she doesn't know what they were digging up.
- When they spotted her, the guards at the dig site tried to shoot her. She's been on the run ever since. She's had terrible nightmares every night since then, too — dreams of a pale man with red eyes, haunting her.
- (core) **Archaeology:** Looking at Liu's photos, it looks like they're excavating the remains of a medieval castle. Combine "medieval castle in Transylvania" with "vampires" ... it could be bad. Very bad. It appears they're still searching for something, so there's still time to stop them by going to Romania with, say, a few blocks of C4 explosive. Time for *The Romania Exhumation* opposite).
- (core) **Data Recovery:** Searching through the files sent by Liu's source, you're sure he or she is based in London. Tracking down the source means *The London Connection* (p. 175).
- She doesn't know who the bad guys pursuing her are. Hasan Safet told her that he'd seen a lot of activity in the British outpost of Gibraltar, though, so that might be worth checking out in *The Gibraltar Triangulation* (opposite).

THE GIBRALTAR TRIANGULATION

SCENE TYPE: Alternate
LEAD-IN: The Marrakesh Extraction
LEAD-OUTS: The London Connection, The Romania Exhumation

Some of the Conspiracy agents encountered in Marrakesh came from Gibraltar, so it's worth checking out. The main purpose of this optional scene is to provide extra context and background for enthusiastic players, and to provide alternate clues pointing to the Romania and London scenes.

Gibraltar is one of the few remaining outposts of the British Empire, a rocky headland off the coast of Spain that's home to some 30,000 people. For most of its history, Gibraltar was a strategic asset, home to a naval base that controlled access to the Mediterranean. While its value as a military stronghold has declined compared to its importance in tourism and finance, it's still home to a small naval squadron, an infantry regiment — and quite a lot of spies, as Gibraltar is a major hub in the UK's SIGINT (signals intelligence) network.

A 1-point **Tradecraft** (no spend required if the Agent is ex–British intelligence) or **Network** spend gets a rumor that there is a secretive MI6 operation running a satellite station on the Rock. The office is in an old WWII-era tunnel bored into the side of the rock; data cables and pipes run along whitewashed stone walls, and the only light comes from dusty bulbs hanging from the ceiling. It's a maze of twisty tunnels locked off with rusting steel gates. Getting in there requires a Difficulty 4 **Infiltration** test.

Inside, it's clear that the office was recently shut down (**Military Science:** maybe they thought the Liu operation drew too much attention); nearly everything's been stripped out, boxed up, and put on a plane for England. The Agents might get a glimpse of one of the handlers from Marrakesh, like Hartness, driving off to the nearby Gibraltar airport. However, a thorough search of the place turns up a box of printouts that never found their way to the shredder.

- **Research:** Some of these files are old — whatever this operation is, it's been running for more than a century! You do find the project's name, though — it's called OPERATION EDOM.
- **Geology** or **Electronic Surveillance:** This is weird — looking at the wiring here, you'd guess they had some sort of old-school monitoring device running down here. Why bury it underground, though? The only similar thing you can think of are the seismic sensors they use to detect subterranean bomb tests. (This was once one of Edom's "Chain Home Deep" telluric listening stations.)
- **Traffic Analysis:** There's a lot of traffic about "boxes," "Special Biological Assets," "Jacks," and "targets." At a guess, they're using — or working with — vampires as deniable assets.
- (alternate core) **Archaeology:** They're digging up something in the Carpathian Mountains, using a mining operation as cover — at the site of a ruined fortress. That can't be good. This leads to *The Romania Exhumation* (below).
- (alternate core) **Cryptography:** They're on the trail of whoever sent you that data packet, trying to track the source down. It looks like they're getting close — you should warn your source. See *The London Connection* (p. 175).

NO ESCAPE

If the Jack from Marrakesh is still alive, then he shows up here. There's a *clang* as one of the heavy steel gates swings shut and locks, and then the lights go out — he can see in the dark. He stalks the Agents through the lightless tunnels with the intent of tearing them apart with his vampiric strength. This time, the only way to stop him is to kill him.

For the Agents, the darkness raises the Hit Threshold for Hand-to-Hand or Weapons by +1, and Shooting by +2.

Forcing a locked gate open requires a Difficulty 6 **Athletics** test.

THE ROMANIA EXHUMATION

SCENE TYPE: Alternate
LEAD-INS: The Marrakesh Extraction, The Gibraltar Triangulation, The London Connection
LEAD-OUT: The London Connection

The monastery at Salard was founded by Cistercian monks in the middle of the 11th century, and disbanded in the 13th by the local boyar — with unseemly, even alarming, haste. The monastery was abandoned for some years until it was buried in a landslip triggered by an earthquake. Now, someone's digging it up.

The monastery site is up in the mountains, off the main roads. The Agents can get there by flying into Cluj-Napoca or Târgu Mures and then taking a car. As they have more time to prepare for this part of the mission, they can obtain illegal weapons or equipment more readily than they could in Morocco.

GROUNDWORK

Before the Agents hit the dig site, investigation turns up some useful clues. If a player can justify it, a different ability might give the same information. For example, intercepting communications with **Traffic Analysis** or studying people with **Human Terrain** might glean the same insights as **Military Science**.

- **Archaeology:** This isn't any sort of competent archaeological excavation — they're digging right through the ruins, looking for something buried beneath. They're clearly in a hurry. The Edom archaeologist might point to (or be) the Archaeologist (***DH***, p. 292), possibly connected through the Intrusives (***DH***, p. 293).
- **Accounting:** The company in question is a corporate cut-out. Following the money might trace it back to the Petroleum Executive (***DH***, p. 127), Burdett's (***DH***, p. 143), or Klopstock & Billreuth (***DH***, p. 145).
- **Vampirology:** The monastery was shut down suddenly, as if something evil had taken hold there. Might that something still be buried beneath the ruins?
- **Military Science:** It looks like mostly local muscle again — probably organized crime or hired mercs out of the Ukraine — but the guys in charge remind you of the British operatives you ran into in Morocco.
- **Photography:** If the Agents didn't take out the sorceress in Morocco, then a telephoto lens catches a glimpse of her. It looks like she's directing the dig team with a dowsing rod or wand.
- A 1-point **Diagnosis** or **Notice** spend spots a cooler box of the sort used to transport blood products. Someone's got about twenty units of blood on standby — that's a lot of blood.

THE EXCAVATION

The "mining operation" used explosive charges to cause a landslide, gouging a black wound in the hillside. Now, they're using a combination of earthmoving equipment and men with shovels to dig down further. Large lumps of rock (**Architecture** or **Archaeology** identifies them as chunks of masonry, probably the remains of the old monastery) jut out like white bones from the mud. Plastic sheeting protects the current excavation from the elements. Off to one side are a few portable cabins and tents. A mud track leads up the hillside from the nearest road, but that track is always watched by armed guards.

At the dig, there are around a dozen armed guards, about the same number of laborers and engineers, three Edom officers (a translator, an archaeologist, and a diplomat) — and, if the Agents didn't take her down in Morocco, the Romanian blood sorceress, who seems to be butting heads with the Edom officers. **Human Terrain** or **Vampirology** guesses their disagreement is over the nature of whatever they're looking for; she seems to have an almost religious reverence for the process, while they act more like a bomb disposal team.

The Agents can sneak in with **Infiltration** (Difficulty 6, although Investigative spends can drop the Difficulty). Failing to infiltrate alerts the guards. Use the stats for the kill team on page 176 for the guards.

Capturing and using **Interrogation** (alternate core clue) on one of the Edom officers reveals that Edom is on the trail of whoever leaked the location of the dig site to Liu; if the Agents don't warn their contact, he's doomed. See *The London Connection* (opposite).

THE BLOOD IS THE LIFE

At a suitably dramatic moment while the team is observing the dig site or sneaking around, the excavation breaks into an underground chamber containing a metal coffin. This coffin contains a slumbering vampire. The Edom officers' mission here is to reawaken the vampire once they've taken proper precautions. The sorceress demands they open it immediately, but is argued down by the Edom archaeologist — they'll wait until the following dawn before bringing down the blood from the storage container to revivify whatever's in the coffin. This gives the Agents a brief window to take out the monster before it's awoken.

Possible options:

- Stealing explosives and blowing up the coffin — **Filch** (Difficulty 4 once the PCs have infiltrated the camp) or **Preparedness** (Difficulty 6) to obtain the explosives, then **Explosive Devices** (Difficulty 6) to plant them.
- Poisoning the blood packs with holy water — **Preparedness** (Difficulty 6) or a **Vampirology** spend to have the water to hand, then **Conceal** (Difficulty 4) to spike the packs without leaving any traces.
- Breaking open the coffin, cutting off the monster's head, and filling its mouth with garlic — **Mechanics** (Difficulty 6) to cut the coffin open without being seen, then a **Stability** test (Difficulty 6) to withstand the ancient horror's baleful gaze, and finally **Weapons** or **Medic** (Difficulty 4) to finish the monster off. If any of these tests fail, the PCs attract unwanted attention.

If, by some horrible mischance, the PCs aren't able to stop Edom from awakening this vampire, then they're in for a tough fight.

THE NEWLY WOKEN VAMPIRE

This nameless vampire has slept in the Transylvanian soil for centuries, until exhumed by Dracula's servants. Replace it with a less generic horror (one of the Brides, perhaps, or a vampiric monster from the ***Night's Black Agents*** core rulebook) if you've got more experienced players; this is very much the "training fangs" version of the monster.

GENERAL ABILITIES: Aberrance 10, Hand-to-Hand 10, Health 14, Weapons 8

HIT THRESHOLD: 6

ALERTNESS MODIFIER: +2

STEALTH MODIFIER: +2

DAMAGE MODIFIER: +0 (fist, kick) or +1 (bite)

ARMOR: −1 (tough skin)

FREE POWERS: Drain, Infravision

OTHER POWERS: Spider Climb (1 Aberrance to cling to a sheer surface), Strength (tests needed for feats of strength; ***NBA***, p. 137), Vampiric Speed

BANES: beheading, crucifixes and holy objects (+0 damage; +1 on face), stake to the heart, sunlight (prevents use of all vampiric powers)

BLOCKS: cannot enter a room without being invited, crucifixes and holy objects, running water, wild roses, *cannot move while staked in her coffin*

COMPULSIONS: obey sire

DREADS: crucifixes and holy objects, garlic, mirrors

REQUIREMENTS: drink blood, must sleep in her native soil each night

THE LONDON CONNECTION

SCENE TYPE: Action/Reveal
LEAD-INS: The Marrakesh Extraction, The Gibraltar Triangulation, The Romania Exhumation
LEAD-OUT: The Romania Exhumation

Who is the mysterious Source in London? Call him Harker. It doesn't matter if he's actually a descendant (Legacy, in ***NBA*** jargon) of the original Jonathan and Mina Harker, or he's just using that famous name as a nom de guerre.

It doesn't matter because he's going to die very soon.

MAKING CONTACT

The Agents can make contact with their Source using the encrypted email in the original packet (**Data Recovery**) or by tracing his IP using intel obtained from Gibraltar. Either way, the Source introduces himself to the Agents, and agrees to meet them in person. Harker claims to have obtained a dossier of vital information about Operation Edom, and believes that the Agents are better able to make use of it than he is. He tried to play spymaster, but after nearly getting Olivia Liu killed, his nerve has gone. **Bullshit Detector** confirms that this is a genuine offer — he's lost confidence in himself, and needs someone to take the burden of this mysterious dossier from him.

He knows he's being watched — he's kept on the move for the last week, and he's exhausted. He tells the characters to meet him at a church in East London — the Church of St. Mary the Virgin — to make the handoff. He doesn't give the Agents much time to get there, so they've got to make do with whatever gear they have with them (or use **Preparedness**).

Architecture: It's a Victorian Gothic church, an unsightly mess of spires and gargoyles Looks medieval, but is only around 150 years old.

Vampirology: You'll cross several rivers on the way there, not just the Thames. Consecrated ground surrounded by water — Harker knows that vampires are after him.

Tradecraft or **Shrink:** This is sloppy. This is messy. Harker's got a death wish. Get what you can from him, then get away before he burns you.

IT IS THE MAN HIMSELF

As the Agents approach the church, **Outdoor Survival** spots a large bat circling around the spire. The area around the church is relatively empty. There's a single car parked just outside, in the gravel car park by the graveyard; that must be Harker's. The door to the church is ajar, and light streams out of it across the stones. In contrast to the Mediterranean heat of Morocco and Gibraltar, there's a chill in the evening air that cuts to the bone.

If the Agents enter the church immediately, they find the corpse of a priest. His throat has been torn open, and his back broken across the altar. The door leading up to the bell tower is open.

If some or all of the Agents stay outside, they see Harker emerge onto a ledge at the top of the bell tower, clutching a briefcase. He looks pale, terrified, hunted. There's something behind him, a deeper darkness in the shadows. Red eyes gleam — and Harker takes a step forward, into empty air.

He falls. If the Agents parked outside the church, then he smashes into the hood and windscreen of their car, shattering the glass. Otherwise, he smashes into the jagged gravel. Either way, he's dead instantly.

Another man steps out onto the ledge. He's tall, with a black mustache and ruddy features. An ugly scar blazes red on his forehead — almost as red as his eyes, which glow with an unearthly light for an instant. Then he's gone, melting away into the sudden thick fog that descends as if from everywhere and nowhere. The church is suddenly shrouded in icy mists.

Military Science or **Vampirology:** Every instinct screams at you to run. Whatever that thing was, it's far beyond you right now. Grab the briefcase and run!

If there are Agents in the church, then Harker's briefcase gets caught on a gargoyle as he falls. They've got to race up the bell tower, climb down to the gargoyle, grab the briefcase, and escape. If everyone's outside, then Harker keeps hold of the briefcase as he falls, and they can recover it from his corpse. Either way, if the players don't take the hint — no, not hint, the incredibly blatant and clear signal to run — then they'll be trapped in the church when the Edom kill team shows up.

THE KILL TEAM

Two black vans with tinted windows race to the church. Each van contains a four-man armed response squad from Edom, with orders to recover the Dossier and capture Harker and anyone else involved. If they cannot capture, they have orders to shoot to kill. Edom intends to disguise the operation as a raid against a jihadi terrorist cell, so the local police have been warned to stay out of the way.

This is a car chase, or possibly a car chase punctuated by a shootout. The Agents need to get a Lead of 7 to escape into London; however, Dracula's freezing fog increases the Agent's Difficulties — but not those of their pursuers — by +1. The Agents need to drive through a thick, almost Victorian fog at high speed while being chased by armed guards, and possibly with a dead man still spread-eagled across the front of their car.

A 1-point **Streetwise** or **Urban Survival** spend lets an Agent know about a suitable place to dump the car and escape (a lockup garage, an underground car park, a derelict industrial estate). Dracula won't pursue the Agents — he has his own agenda, and part of it involves distracting Edom with a hunt for the stolen Dossier.

Any Agents captured by Edom are dead meat — if they're lucky, they are rendered to an interrogation site that doesn't officially exist and never seen again. If they're unlucky, well, Edom needs to provide a lot of blood for its special assets ...

KILL TEAM

GENERAL ABILITIES: Athletics 8, Driving 6, Hand-to-Hand 5, Health 7, Shooting 7, Weapons 4
HIT THRESHOLD: 4
ALERTNESS MODIFIER: +1
STEALTH MODIFIER: +1
DAMAGE MODIFIER: −2 (fist, kick), −1 (combat knife), +0 (assault rifle)
ARMOR: −1 vs. bullets (concealable ballistic armor)

THE DRACULA DOSSIER

Once they're clear of their pursuers, the Agents can check out the Dossier. The briefcase contains a copy of *Dracula* (an old first-edition printing with the purple title and lurid yellow binding, or a scanned printout, or however you want to deliver the book to your players) that's covered in scribbled annotations, as well as whatever handouts or other documents you want to give the players, as well as bundles of cash in multiple currencies. Going through all the papers will take a while, but the Agents immediately spot (alternate core clue: **Research**) which documents Harker was working on before he fled, pointing at the dig site in Romania.

With time, they can dig into the Dossier itself. They have the key to the Conspiracy.

And Dracula has their scent.

THE ZALOZHNIY CROSSOVER

The Zalozhniy Quartet is a campaign of four linked missions for ***Night's Black Agents***. If you want to link *ZQ* to your ***Dracula Dossier*** campaign to create a sprawling epic, it all fits together quite neatly. The required changes are summarized below.

Either run the ***Quartet*** first, and then run the ***Dossier*** campaign, or else merge the two. Don't run the ***Quartet*** after running the ***Dossier*** — once your players have killed Dracula, they've won the vampire-hunting game, and anything else would pale in comparison. If you do merge the two, then be aware things are going to feel a bit bumpy when the game moves from the player-driven, improvised style to the more regimented, preplanned plot of *ZQ*, and back again. (Then again, by the time your players get to the ***Quartet*** material from the ***Dossier,*** you'll be such a master of improv that you'll be able to weave scenes in and out of *ZQ*'s plot structure.)

The backstory of ***The Zalozhniy Quartet*** is that back in 1931 Harry St. John Philby (anthropologist, explorer, agent of the Foreign Office, traitor, later a convert to Islam) did "something vampiric" (the "something" varying depending on your flavor of vampire) to the family of Ibn Saud, the first king of Saudi Arabia. The key to that "something" is in two parts: the Albedo (White), and the Nigredo (Black). Combine two elements, the White and the Black, and you get the Rubedo, the Red — in effect, you'll vampirize the entire House of Saud, make them into your mind-controlled minions, and become the ruler of Saudi Arabia.

St. John Philby passed this formula onto his son, Kim (MI6 senior officer, Communist, member of the infamous Cambridge Five spy ring). St John's attempt to put the plan into action failed, and while Kim gave some of his father's secrets to his Soviet handlers after he defected in 1963, he didn't reveal them all.

Now, the Conspiracy has them, and intends to recover the White and the Black from their hiding places, and finally enact the ritual of the Red.

THE CONSPIRACY

The Lisky Bratva (*ZQ*, p.6) slots neatly into Dracula's Conspyramid as a Level 4 or 5 node. Dracula got his claws into Russian organized crime either through the Romanian Mafia (***DH***, p. 157) or through old KGB contacts working with the Securitate. (The Retired KGB Agent (***DH***, p. 97) might have a story to tell).

Dr. Dorjiev (*ZQ*, p. 7) might be a graduate of the Scholomance (***DH***, p. 219), or maybe he's conducting his own parallel experiments with vampire blood to those of Edom. One intriguing possibility is that he's continuing the work that created Orlok (***DH***, p. 70) — the German vampire research fell into Soviet hands after World War II. In this case, the zalozhniy monsters might bear a resemblance to Orlok (they can pass for human, but **Vampirology** spots similarities in their jerky movements). You might give Orlok the same time-warping powers as the zalozhniy if you're feeling generous.

Use **the zalozhniy** (*ZQ*, p. 8) as they are.

If you run the ***Quartet*** before or during the early stages of your ***Dossier*** campaign, then Dracula himself doesn't need to put in an appearance. Maybe he delegates the running of the plot to one of his Brides or some other minion. He'll come in to take possession of the Rubedo at the end, of course. If the ***Quartet*** comes later in your ***Dossier*** campaign, then Dracula may be running the plot himself, and you can even use any of the four ends of ***The Zalozhniy Quartet*** as an alternate capstone for ***The Dracula Dossier***.

EDOM

Harry St. John Philby (*ZQ*, p. 12) was an Edom officer, as were many of the other Intrusives, carrying on the fieldwork pioneered by George Stoker and Ármin Vámbéry. He gave Ibn Saud a dose of an early version of the Seward Serum (***DH***, p. 51) in 1931; the last surviving vial of that batch is the Albedo hidden in the Koernersbank in Zurich. (Alternatively, Edom might have some in the vaults at Ring (***DH***, p. 172) or Seward's Asylum (***DH***, p. 195).)

The Nigredo might be:

- a sample of Dracula's blood (taken from Edom's vaults)
- a map of the telluric currents in Saudi Arabia (assembled during St. John's explorations)
- a religious relic that predates Dracula's Un-Death (found during a Near Eastern archaeological dig)
- holy water from the Jordan (as discussed in *ZQ*, p. 14)

Kim Philby was MI6, but not directly part of Edom.

Two questions that need answering: first, was this plan originated by Edom, or was St. John acting on his own initiative? Second, what's Edom's current policy on the matter?

On the one hand, "using vampire mind control to take over the ruling family" is just the sort of grand plan that Edom comes up with, especially back in the days when British civil servants drew neat lines on their maps and expected the world to conform to their designs. British support made Ibn Saud king — it's a short jump from there to British occult mind control making his dynasty their pawns for all time. However, you may not wish to give Edom that much power — why stop with Saudi Arabia? If they can replicate the effects of St. John's Rubedo elsewhere, then Edom could seize control of almost anyone. Unless you're close to the end of your campaign and want to raise the stakes immeasurably, keep the Philby plot to "control of the House of Saud" and not "universal mind control."

The second question is more complex. Edom may be a rogue MI6 operation, but it's still ultimately part of the British Establishment. Does the United Kingdom want to vampirically dominate the ruling family of Saudi Arabia? Is the potential gain worth the risk of discovery? It's an act of supernatural aggression on a par with assassinating a head of state, a vampiric 9/11. It's unlikely that any British politician would have the courage to grasp that poisoned chalice (unless they had the consent and backing of the United States, or if there was a pressing need like another oil crisis). England just isn't in the Empire game anymore.

However, Edom might see the Rubedo through a narrower lens. It's no secret that Saudi Arabian money funds many jihadist groups who subscribe to the same fundamentalist Wahhabi beliefs. Edom's present-day mission is to locate and eliminate terror groups — and while it might seem like overkill, there's a certain Edom-esque logic to using the Rubedo to take over Saudi Arabia just to gain information about al-Qaeda's cash flow.

Of course, if Dracula's running Edom, or if there's a rogue faction within the organization who're willing to take big risks, then all bets are off.

ENTRY VECTORS

Here we note specific entry points for the Director to insert Edom into the ***Quartet***'s four scenarios. It's cleanest (or at least starts the fewest red herrings) if you wait until whichever scenario of the four you run last, but foreshadowing is fun, too.

THE ZALOZHNIY SANCTION –

No changes are needed for this scenario to make it fit with the ***Dossier***. You will need to tweak the opening section to account for the changes in Ukraine since 2012 (unfortunately, the real world has an ongoing metaplot). One assumes that Donald Caroll (*ZQ*, p. 19) is still playing both sides against the other even when there are Russian tanks parked down the road from his dacha.

The suggested route from Odessa to Vienna skirts neatly around Romania, but several ***Dossier*** NPCs, like the Human Trafficker (***DH***, p. 118), the Arms Runner (***DH***, p. 102), or the Smuggler (***DH***, p. 131) might show up on the road trip, especially around Debrecen.

The monster in Dragovir monastery (*ZQ*, p. 37) might be connected to Zalmoxis (***DH***, p. 289).

Potential Edom assets in play: Elvis (***DH***, p. 50) or Osprey (***DH***, p. 52) monitoring the sudden flurry of activity across the Transnistrian border; Nails (***DH***, p. 52) running a vampire hunting operation to take out Dr. Dorjiev's creations.

OUT OF THE HOUSE OF ASHES –

The big change here involves the vampire, Simon Thonradel. Replace him with someone more interesting, like a Bride of Dracula (***DH***, p. 57), or a vampirized Quincey Morris (***DH***, p. 36), or some other vampire with a connection to Dracula. He might even be Count Dracula himself!

Albert Carpenter, the aged MI6 officer, might be ex-Edom (or even Oakes; ***DH***, p. 52). If you've got a rogue extremist faction in Edom working closely with the CIA Agent (***DH***, p. 91), then it might be behind the Shevlenko extraction; if not, then it's probably Find Forever (***DH***, p. 76). Tyler (***DH***, p. 53) might also be lurking at the reception party as an observer.

THE BOXMEN

Runs without changes. The Conspiracy's Black Sea Bank might be replaced by Klopstock and Billreuth (***DH***, p. 145) if you want, but there's no reason why Dracula can't control multiple crooked banks.

Optionally, if Edom's trying to make a play for the Rubedo, then it might be running the thieves (Keith Lawson might be a Jack, or you could swap in Pearl (***DH***, p. 52) for one of the other thieves). Alternatively, Edom might send in a team of Jacks as soon as they work out that the Albedo's in the vault.

TREASON IN THE BLOOD

Mr. Red, Mr. White, Mr. Black — the mysterious agents of British intelligence who show up to warn the player characters off — are obviously Edom. They're probably Dukes. Oakes (***DH***, p. 52), Elvis (***DH***, p. 50), or Osprey (***DH***, p. 52) are good Candidates for Red, if you don't have anyone else in mind. White and Black might just be muscle, or they could be other Dukes (Nails (***DH***, p. 52) or Ian (***DH***, p. 51) for intimidation purposes, Hound (***DH***, p. 51) or Tinman (***DH***, p. 53) for support). Remember, anyone on this team might get killed in the graveyard at Bashoura, so only include NPCs you're willing to eliminate.

Katun (***ZQ***, p. 122) is also clearly connected to Edom. Some possibilities:

- She's a Legacy, likely Lucy Blythe (***DH***, p. 41)
- She's an immortal Gertrude Bell, as noted in ***The Zalozhniy Quartet*** — but Bell was also an Edom asset back in the day. Certainly, Edom had its talons in the old Intrusive network (***DH***, p. 293).
- An even wilder possibility is that "Mina Harker" was Gertrude Bell's workname — the ages match, and Bell's real-world accomplishments would fit with Mina's genius for organization. Bell never married, but was engaged to Henry Cadogan until her father refused to consent to the match. Perhaps her marriage to Harker was concealed.
- Katun could be Edom's 1894 vampire (***DH***, p. 53).
- Another interesting wrinkle — Katun is "Hopkins" (***DH***, p. 117), on the run from Edom. She set up the Cyprus safe house as her bolt-hole

You also need to decide who Katun's working for. Is she:

- independent
- working for Edom, and trying to use the player characters as pawns after the original Edom team got wiped out in the Bashoura graveyard
- working for Edom, but part of a conservative faction interested only in stopping Dracula from getting hold of the Rubedo
- a minion of Dracula, trying to curry favor (or supplant the Master) by grabbing the Rubedo for herself
- a minion of Dracula, turning on the Master in a desperate — if oblique — play for redemption?

THE EDOM FILES: PREGENERATED CHARACTERS

THE PLAYER CHARACTERS ARE:

- Workname QUENTIN: Medic
- Workname MULLER: Muscle
- Workname VAROUTTE: Black Bagger
- Workname HENLEY: Bang-and-Burner
- Workname PARTON: Analyst
- Workname SILIVASI: Asset Handler

The characters are built on 20 Investigative points and 85 General points. If you have fewer than five players …

4 players	+2 Investigative points each
3 players	+4 Investigative points each
2 players	+12 Investigative points each

As it's a one-shot, each PC has reduced Cover and Network. They're built using the Cold War–era rules described on page 330 of the ***Director's Handbook*** — using Data Retrieval instead of Data Recovery, Radiotelegraphy as a separate Ability due to its importance, and swapping the less hacker-y Computer Use for Digital Intrusion.

INVESTIGATIVE ABILITIES

ACADEMIC

Ability	Rating	Pool
Accounting		
Archaeology	1	
Architecture		
Art History		
Criminology		
Diagnosis	2	
History		
Human Terrain	1	
Languages	1	
Law	1	
Military Science		
Occult Studies	1	
Research	1	
Vampirology	1	

INTERPERSONAL

Ability	Rating	Pool
Bullshit Detector	2	
Bureaucracy	1	
Cop Talk	1	
Flattery		
Flirting		
High Society	1	
Interrogation	1	
Intimidation		
Negotiation		
Reassurance	1	
Streetwise	1	
Tradecraft	1	

TECHNICAL

Ability	Rating	Pool
Astronomy		
Chemistry	1	
Cryptography		
Data Retrieval		
Electronic Surveillance		
Forensic Pathology	2	
Forgery		
Notice	1	
Outdoor Survival		
Pharmacy	1	
Photography		
Radiotelegraphy		
Traffic Analysis		
Urban Survival	1	

DESCRIPTION You're a field researcher, more used to exhuming unnaturally preserved corpses and autopsying vampire victims than treating actual living patients. You need to be in control, and get nervous when things get chaotic — or when your "patients" start moving. You've got a few wooden stakes and a bone saw hidden at the bottom of your medical bag, just in case you need to carry out an unexpected "indulgence" (execute a target).

BACKGROUNDS: Medic

PREVIOUS PATRON: Operation Edom

SOURCES OF STABILITY

- SYMBOL Your mother's silver crucifix
- SOLACE Your old medical school teacher
- SAFETY Your holiday home in Wales

COVERS

-
-
-
-
-

NETWORK CONTACTS

-
-
-
-
-

WEAPONS/ARMOUR/GEAR MOD

-
-
-
-
-
-

HIT THRESHOLD [4]

SPECIALS

MOS (AUTOSUCCESS 1/GAME): Weapons

ATHLETICS 8+ (HARD TO HIT): +1 Hit Threshold

MEDIC 8+ (MEDICAL SCHOOL OF HARD KNOCKS): +1 Diagnosis

PREPAREDNESS+ 8 (IN THE NICK OF TIME): Put schemes in place retroactively

SHRINK 8+ (TALK IT OUT): +1 Bullshit Detector

GENERAL ABILITIES

Ability	Rating	Pool
Athletics	8	
Computer Use	2	
Conceal	1	
Cover	5	
Diguise	2	
Driving	2	
Explosive Devices		
Filch	2	
Gambling	2	
Hand-to-Hand	2	
Infiltration	2	
Mechanics	1	
Medic	10	
Network	7	
Piloting	1	
Preparedness	8	
Sense Trouble	4	
Shooting	4	
Shrink	8	
Surveillance		
Weapons	4	

HEALTH

8 7 6 5 4 3 2 1

0 1 2 3 4 5 6 7 8 9 10 11 12

STABILITY

8 7 6 5 4 3 2 1

0 1 2 3 4 5 6 7 8 9 10 11 12

INVESTIGATIVE ABILITIES

ACADEMIC

Ability	Rating	Pool
Accounting		
Archaeology		
Architecture		
Art History		
Criminology	1	
Diagnosis		
History		
Human Terrain	1	
Languages	1	
Law		
Military Science	2	
Occult Studies		
Research	1	
Vampirology	1	

INTERPERSONAL

Ability	Rating	Pool
Bullshit Detector	1	
Bureaucracy	1	
Cop Talk	1	
Flattery		
Flirting		
High Society		
Interrogation	1	
Intimidation	1	
Negotiation	1	
Reassurance		
Streetwise	1	
Tradecraft	1	

TECHNICAL

Ability	Rating	Pool
Astronomy		
Chemistry		
Cryptography	1	
Data Retrieval		
Electronic Surveillance		
Forensic Pathology		
Forgery		
Notice	1	
Outdoor Survival	2	
Pharmacy		
Photography	1	
Radiotelegraphy		
Traffic Analysis	1	
Urban Survival	1	

DESCRIPTION: You were a German intelligence agent, but got burned when you got too close to what you suspected was a German vampire program. They tried to kill you, but you escaped. Edom gave you a second chance, a second life. Now, you're like one of the Un-Dead haunting Europe without a name or a past to call your own.

BACKGROUNDS: Muscle

PREVIOUS PATRON: Operation Edom

SOURCES OF STABILITY

- **SYMBOL** Your old German passport in your real name
- **SOLACE** Your English girlfriend
- **SAFETY** A bedsit in Paris you keep as a bolt-hole

COVERS

NETWORK CONTACTS

WEAPONS/ARMOUR/GEAR MOD

HIT THRESHOLD [4]

SPECIALS

MOS (AUTOSUCCESS 1/GAME): Hand-to-Hand

ATHLETICS 8+ (HARD TO HIT): +1 Hit Threshold

DRIVING 8+ (GRAND THEFT AUTO): Steal any car automatically for 1 point

HAND-TO-HAND 8+ (EYE OF THE TIGER): Spend 1 Hand-to-Hand to ascertain opponent's fighting ability

GENERAL ABILITIES

Ability	Rating	Pool
Athletics	8	
Computer Use	1	
Conceal	2	
Cover	5	
Diguise	2	
Driving	8	
Explosive Devices	2	
Filch	2	
Gambling		
Hand-to-Hand	8	
Infiltration	4	
Mechanics	4	
Medic	2	
Network	7	
Piloting		
Preparedness	2	
Sense Trouble	4	
Shooting	6	
Shrink	2	
Surveillance	2	
Weapons	4	

HEALTH

10 9 8 7 6 5 4 3 2 1

0 1 2 3 4 5 6 7 8 9 10 11 12

STABILITY

8 7 6 5 4 3 2 1

0 1 2 3 4 5 6 7 8 9 10 11 12

INVESTIGATIVE ABILITIES

ACADEMIC

Ability	Rating	Pool
Accounting	1	
Archaeology	1	
Architecture	1	
Art History	1	
Criminology	1	
Diagnosis		
History		
Human Terrain	1	
Languages	1	
Law	1	
Military Science		
Occult Studies		
Research	1	
Vampirology	1	

INTERPERSONAL

Ability	Rating	Pool
Bullshit Detector		
Bureaucracy		
Cop Talk	1	
Flattery	1	
Flirting	1	
High Society	1	
Interrogation		
Intimidation		
Negotiation	1	
Reassurance		
Streetwise	1	
Tradecraft	1	

TECHNICAL

Ability	Rating	Pool
Astronomy		
Chemistry		
Cryptography		
Data Retrieval	1	
Electronic Surveillance	1	
Forensic Pathology		
Forgery		
Notice	1	
Outdoor Survival		
Pharmacy		
Photography	1	
Radiotelegraphy	1	
Traffic Analysis		
Urban Survival	1	

DESCRIPTION: You work directly for Operation Edom. You were recruited only a few months ago — before that, you dealt in archaeological relics, art, and jewels, not all of which were obtained legally. Edom has blackmail material on you — you need to survive long enough and amass enough dirt on it to make it mutually assured destruction.

BACKGROUNDS: Black Bagger

PREVIOUS PATRON: Operation Edom

SOURCES OF STABILITY

- **SYMBOL** Your elegant black gloves for safecracking
- **SOLACE** Your former boyfriend, now a journalist in Brussels
- **SAFETY** A Swiss ski lodge you own under a false name

COVERS

-
-
-
-
-

NETWORK CONTACTS

-
-
-
-
-

WEAPONS/ARMOUR/GEAR MOD

-
-
-
-
-
-

HIT THRESHOLD [4]

SPECIALS

MOS (AUTOSUCCESS 1/GAME): Athletics

ATHLETICS 8+ (HARD TO HIT): +1 Hit Threshold

CONCEAL 8+ (PERFECT HOLDOUT): Conceal a small item on your person that cannot be found without an intensive search

DISGUISE 8+ (CONNECTED COVER): When you create a cover, you may choose to make your alternate identity personally known to a given NPC

FILCH 8+ (NO SLIPUPS): Spend points after you roll the die, on a 2 for +1 basis

INFILTRATION 8+ (OPEN SESAME): Open basic locks without rolling

SURVEILLANCE 8+ (THE WIRE): +1 Electronic Surveillance

GENERAL ABILITIES

Ability	Rating	Pool
Athletics	8	
Computer Use	2	
Conceal	8	
Cover	5	
Diguise	8	
Driving	2	
Explosive Devices		
Filch	8	
Gambling	3	
Hand-to-Hand	2	
Infiltration	8	
Mechanics	2	
Medic	2	
Network	7	
Piloting		
Preparedness	2	
Sense Trouble	2	
Shooting	2	
Shrink		
Surveillance	8	
Weapons	2	

HEALTH

6 5 4 3 2 1

0 1 2 3 4 5 6 7 8 9 10 11 12

STABILITY

6 5 4 3 2 1

0 1 2 3 4 5 6 7 8 9 10 11 12

INVESTIGATIVE ABILITIES

ACADEMIC

Ability	Rating	Pool
Accounting		
Archaeology		
Architecture	2	
Art History		
Criminology	1	
Diagnosis		
History		
Human Terrain		
Languages	1	
Law		
Military Science	2	
Occult Studies	1	
Research	1	
Vampirology	1	

INTERPERSONAL

Ability	Rating	Pool
Bullshit Detector	1	
Bureaucracy	1	
Cop Talk	1	
Flattery		
Flirting		
High Society		
Interrogation	1	
Intimidation	1	
Negotiation		
Reassurance	1	
Streetwise	1	
Tradecraft	1	

TECHNICAL

Ability	Rating	Pool
Astronomy		
Chemistry	2	
Cryptography		
Data Retrieval		
Electronic Surveillance		
Forensic Pathology		
Forgery		
Notice		
Outdoor Survival		
Pharmacy		
Photography		
Radiotelegraphy	1	
Traffic Analysis	1	
Urban Survival	1	

DESCRIPTION: You're former special forces. Did a tour with a bomb disposal squad, then with counterintelligence, and that brought you into Edom's orbit. You're one of its in-house pyrotechnics and explosives experts; turns out that a vampire-hunting unit needs to burn rather a lot of things at very high temperatures.

BACKGROUNDS: Bang-and-Burner

PREVIOUS PATRON: SBS / Operation Edom

SOURCES OF STABILITY

- **SYMBOL** A shotglass given to you by your father
- **SOLACE** Brenner, one of the other veterans from your old unit
- **SAFETY** Your father's retirement villa in Spain

COVERS

NETWORK CONTACTS

WEAPONS/ARMOUR/GEAR MOD

HIT THRESHOLD [4]

SPECIALS

MOS (AUTOSUCCESS 1/GAME): Sense Trouble

ATHLETICS 8+ (HARD TO HIT): +1 Hit Threshold

EXPLOSIVE DEVICES 8+ (BIGGER BANG): Spend an extra 3 points for more boom

MECHANICS 8+ (SWISS ARMY PREP): Use Mechanics as Preparedness

GENERAL ABILITIES

Ability	Rating	Pool
Athletics	8	
Computer Use	1	
Conceal	4	
Cover	5	
Diguise	1	
Driving	4	
Explosive Devices	8	
Filch		
Gambling	1	
Hand-to-Hand	4	
Infiltration	2	
Mechanics	8	
Medic	2	
Network	7	
Piloting	2	
Preparedness	2	
Sense Trouble	2	
Shooting	8	
Shrink		
Surveillance	2	
Weapons	4	

HEALTH

10 9 8 7 6 5 4 3 2 1

0 1 2 3 4 5 6 7 8 9 10 11 12

STABILITY

8 7 6 5 4 3 2 1

0 1 2 3 4 5 6 7 8 9 10 11 12

INVESTIGATIVE ABILITIES

ACADEMIC

Ability	Rating	Pool
Accounting	1	
Archaeology		
Architecture	1	
Art History		
Criminology		
Diagnosis		
History	1	
Human Terrain	1	
Languages	1	
Law	1	
Military Science		
Occult Studies	1	
Research	1	
Vampirology	1	

INTERPERSONAL

Ability	Rating	Pool
Bullshit Detector	1	
Bureaucracy	1	
Cop Talk		
Flattery	1	
Flirting		
High Society	1	
Interrogation		
Intimidation		
Negotiation		
Reassurance	2	
Streetwise	1	
Tradecraft	1	

TECHNICAL

Ability	Rating	Pool
Astronomy		
Chemistry		
Cryptography	1	
Data Retrieval		
Electronic Surveillance		
Forensic Pathology		
Forgery	1	
Notice	1	
Outdoor Survival		
Pharmacy		
Photography	1	
Radiotelegraphy		
Traffic Analysis	1	
Urban Survival	1	

DESCRIPTION: You joined MI6 shortly after your partner disappeared mysteriously — possibly, you suspect, the victim of a vampire attack. The Parton family, you learned, has been targeted by such monsters in the past. You've never solved that case, but your investigations were noticed by Operation Edom, and it recruited you three years ago. You're still finding your feet in this strange shadow realm of spies and monsters, but you know you're building a better tomorrow for your child. He won't grow up in a world haunted by the Un-Dead …

BACKGROUNDS: Analyst

PREVIOUS PATRON: Operation Edom

SOURCES OF STABILITY

- SYMBOL Your wedding ring
- SOLACE Your 4-year-old son
- SAFETY The old farmhouse you stayed at as a child

COVERS

-
-
-
-
-

NETWORK CONTACTS

-
-
-
-
-

WEAPONS/ARMOUR/GEAR MOD

-
-
-
-
-
-

HIT THRESHOLD [3]

SPECIALS

MOS (AUTOSUCCESS 1/GAME): Disguise

PREPAREDNESS 8+ (IN THE NICK OF TIME): Put schemes in place retroactively

SENSE TROUBLE 8+ (COMBAT INTUITION): Use your Sense Trouble rating to determine initiative

SHRINK 8+ (TALK IT OUT): +1 Reassurance

GENERAL ABILITIES

Ability	Rating	Pool
Athletics	6	
Computer Use	2	
Conceal		
Cover	5	
Diguise	4	
Driving	2	
Explosive Devices		
Filch	2	
Gambling	4	
Hand-to-Hand	4	
Infiltration	4	
Mechanics		
Medic		
Network	12	
Piloting		
Preparedness	8	
Sense Trouble	8	
Shooting	4	
Shrink	8	
Surveillance	4	
Weapons	2	

HEALTH 8 7 6 5 4 3 2 1 / 0 1 2 3 4 5 6 7 8 9 10 11 12

STABILITY 6 5 4 3 2 1 / 0 1 2 3 4 5 6 7 8 9 10 11 12

INVESTIGATIVE ABILITIES

ACADEMIC

Ability	Rating	Pool
Accounting		
Archaeology		
Architecture		
Art History		
Criminology	1	
Diagnosis		
History	1	
Human Terrain	2	
Languages	1	
Law		
Military Science		
Occult Studies	1	
Research		
Vampirology	1	

INTERPERSONAL

Ability	Rating	Pool
Bullshit Detector	1	
Bureaucracy	1	
Cop Talk	1	
Flattery		
Flirting		
High Society		
Interrogation		
Intimidation	1	
Negotiation	1	
Reassurance		
Streetwise	1	
Tradecraft	1	

TECHNICAL

Ability	Rating	Pool
Astronomy		
Chemistry		
Cryptography	1	
Data Retrieval		
Electronic Surveillance	1	
Forensic Pathology	1	
Forgery	1	
Notice	1	
Outdoor Survival		
Pharmacy	1	
Photography		
Radiotelegraphy	1	
Traffic Analysis	1	
Urban Survival	1	

DESCRIPTION: You grew up in Romania, but you've been an Edom agent since before you were born. Your family was recruited by the British spy network in your grandfather's time, and the "English money" came in, regular as clockwork, for more than seventy years. Then, a neighbor betrayed you, and you spent more than a year in a Romanian prison before you were able to escape and flee the country. Edom took you in, gave you a new home in England. You owe them your life.

BACKGROUNDS: Asset Handler

PREVIOUS PATRON: Securitate / Operation Edom

SOURCES OF STABILITY

- **SYMBOL** The key to your old prison cell
- **SOLACE** An old school friend in Bucharest
- **SAFETY** Your cousin's private island in Greece

COVERS

-
-
-
-
-

NETWORK CONTACTS

-
-
-
-
-

WEAPONS/ARMOUR/GEAR — MOD

-
-
-
-
-
-

HIT THRESHOLD [3]

SPECIALS

MOS (AUTOSUCCESS 1/GAME): Infiltration

GAMBLING 8+ (LUCK OF THE DEVIL): Roll a die at the start of the game. At any point, swap that result for any other die roll.

SURVEILLANCE 8+ (THE WIRE): +1 Electronic Surveillance

GENERAL ABILITIES

Ability	Rating	Pool
Athletics	4	
Computer Use		
Conceal	2	
Cover	8	
Diguise	2	
Driving	2	
Explosive Devices		
Filch	2	
Gambling	8	
Hand-to-Hand	4	
Infiltration	4	
Mechanics		
Medic		
Network	7	
Piloting		
Preparedness	3	
Sense Trouble	5	
Shooting	6	
Shrink	4	
Surveillance	8	
Weapons	8	

HEALTH

8 7 6 5 4 3 2 1

0 1 2 3 4 5 6 7 8 9 10 11 12

STABILITY

8 7 6 5 4 3 2 1

0 1 2 3 4 5 6 7 8 9 10 11 12

PLAYER						
AGENT	**Quentin**	**Muller**	**Varoutte**	**Hemley**	**Parton**	**Silivasi**
Previous Patron	Edom	Edom	Edom	SBS/Edom	Edom	Securitate/Edom
Drive						
Health	8	10	6	10	8	8
Stability	8	8	6	8	6	8
Symbol	silver crucifix	old passport	black gloves	shotglass	wedding ring	old cell key
Solace	school teacher	English girlfriend	former boyfriend	old unit veteran	son, 4yo	school friend
Safety	Wales home	Paris bedsit	Swiss ski lodge	father's villa	old farmhouse	cousin's island
Cover	5	5	5	5	5	8
Network	7	7	7	7	12	7
Contact 1						
Contact 2						
Contact 3						
Contact 4						
Contact 5						
Accounting [A]			1		1	
Archaeology [A]	1		1			
Architecture [A]			1	2	1	
Art History [A]			1			
Astronomy [T]						
Bullshit Detector [I]	2	1		1	1	1
Bureaucracy [I]	1	1		1	1	1
Chemistry [T]	1			2		
Cop Talk [I]	1	1	1	1		1
Criminology [A]		1	1	1		1
Cryptography [T]		1			1	1
Data Recovery [T]			1			
Diagnosis [A]	2					
Electronic Surveillance [T]			1			1
Flattery [I]			1		1	
Flirting [I]			1			
Forensic Pathology [T]	2					1
Forgery [T]					1	1
High Society [I]	1		1		1	
History [A]					1	1
Human Terrain [A]	1	1	1		1	2
Interrogation [I]	1	1		1		
Intimidation [I]		1		1		1
Languages [A]	1	1	1	1	1	1
Law [A]			1		1	
Military Science [A]		2		2		
Negotiation [I]		1	1			1
Notice [T]	1	1	1		1	1
Occult Studies [A]	1	2		1	1	1
Outdoor Survival [T]						
Pharmacy [T]	1					1
Photography [T]		1	1		1	
Radiotelegraphy [T]			1	1		1
Reassurance [I]	1		1	1	2	
Research [A]	1	1		1	1	
Streetwise [I]	1	1	1	1	1	1
Tradecraft [I]	1	1	1	1	1	1
Traffic Analysis [T]		1		1	1	1
Urban Survival [T]	1	1	1	1	1	1
Vampirology [A]	1	1	1	1	1	1

THE DRACULA DOSSIER

PELGN06

DRACULA UNREDACTED

DRACULA IS REAL.

Bram Stoker's classic tale of horror is not a novel — it's an after-action report describing an attempt to recruit a vampire as a spy.

Operation Edom redacted the text, concealed vital material and key players, and released it as fiction — as disinformation. The original, unredacted document they locked away in MI6's most secret vault.

Three generations of analysts — in 1940, in 1977, and in the present day — annotated the text, tracing the secret history of Count Dracula through the 20th century.

Now, that unredacted document is in your hands. The key to the Count's fiendish plans. The ultimate revelation. *Dracula Unredacted.*

Read it and become a target.

Stands alone as the revelation of Bram Stoker's true agenda. Pairs best with *The Dracula Dossier Director's Handbook* as a handout for *Night's Black Agents*.

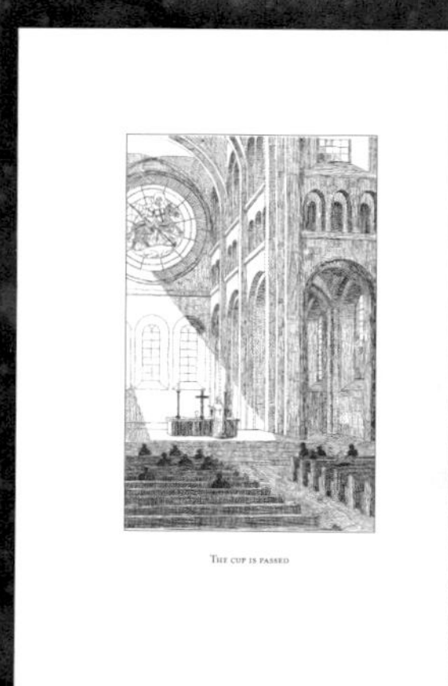

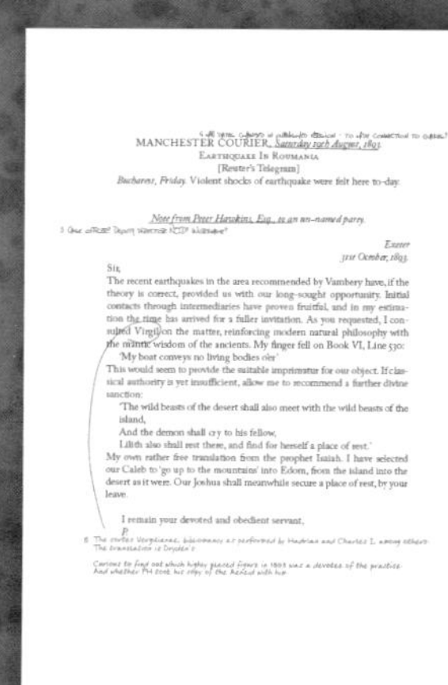

Pelgrane Press

www.pelgranepress.com

PELGN05

THE DRACULA DOSSIER
DIRECTOR'S HANDBOOK

"Gaming's most insane supplement!"
— the Escapist

AN IMPROVISATIONAL AND COLLABORATIVE CAMPAIGN FOR NIGHT'S BLACK AGENTS

The original heroes of *Dracula* carried out a secret operation for British Intelligence...
...an operation that went wrong.

Operation Edom failed to capture Dracula in 1894

Failed to stop Hitler in 1940

Failed to find Dracula's mole in 1977?

Now Edom uses Dracula to stop terror in the 21st century

But Dracula cannot be used
And Edom cannot be trusted

You found out the truth — you found the Dracula Dossier
Now you must follow its clues to evade Edom and kill Dracula for good

13 Terrifying New Monsters Allies? Innocents?
27 Eerie Objects Assets? Spies?
64 Enigmatic NPCs Servants of DRACULA?
29 Organizations
66 Dangerous Locations

Enter freely, and of your own will . . .

Stands alone as an epic conspiracy for *Night's Black Agents*.
Unlock deeper secrets with *The Dracula Dossier* companion volume, *Dracula Unredacted*.

www.pelgranepress.com

Pelgrane Press

THE EDOM FIELD MANUAL

PELGN08

DRINK FROM THE CHALICE, AND JOIN THE RANKS OF THE UNSEEN IMMORTALS.

You're on the inside now.

For more than a century, the top-secret operation within MI6 codenamed 'Edom' has defended the United Kingdom from the machinations of the Un-Dead. This book describes the operation's history, methods, and tradecraft, initiating you into the innermost secrets of the British vampire program.

FOR PLAYERS — create your own Edom officers and hunt vampires with the sanction and backing of the British government! Immerse yourself in the clandestine world with eyes-only documents and briefings. Call on Dukes for aid and counsel, gather intel with the aid of Edom's networks of informants, and gear up with specialised anti-vampire weapons and tactics. Use the Fields of Edom campaign frame to play the spies hunting for the stolen Dracula Dossier, or defy your masters and complete the original mission by taking Dracula down for good.

FOR DIRECTORS — Build your own Edom with a guide to the operation's structure and methods. Two dozen non-player characters give you a supporting cast for Edom-centred games. Explore Edom's secret history and render its shadowy present in vivid detail. Advice and campaign options help you bring the operation to a thrilling conclusion — or a bloody catastrophe. So watch for the cup-and-blaze mark and the hand signal. Keep your kukri close, and remember your training. Four generations of agents have passed the cup on to you — do not falter at the last! The Edom Field Manual stands alone as a guide to a vampire hunting program. Combine it with the other books in the Dracula Dossier series for insight into Edom its machinations.

Pelgrane Press

www.pelgranepress.com

PELGN10D

THE HAWKINS PAPERS

The original 1894 Operation Edom brief, key memos, secret military maps of Transylvania, précis of reports from Balkan battlefronts and German academies alike, and plans for the next century's battle for control of the Un-Dead —

THESE ARE THE HAWKINS PAPERS.

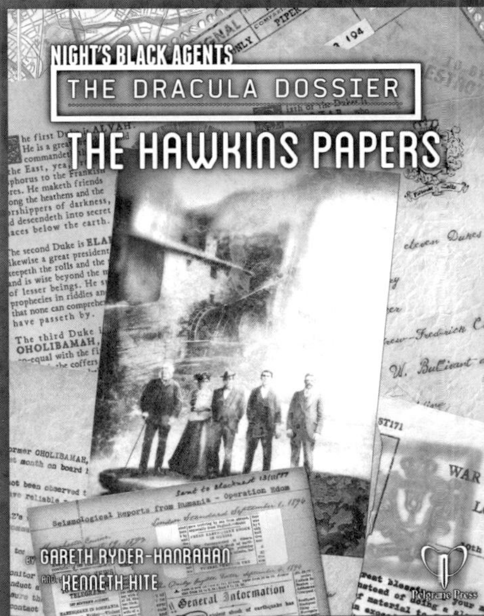

The handouts that make up the *Hawkins Papers* are as improvisational as the rest of the *Dracula Dossier* campaign. Drop them into your game as needed, and let the players decide how to interpret them and what conclusions to draw. Maps, reports, private correspondence, newspaper columns, business cards, and period photographs add historic flavour, and modern-day realism, to your Dracula Dossier campaign.

The *Hawkins Papers* also includes The Hawkins Annex — for the Director's eyes only, this invaluable reference lists a description of each of the more than 30 handouts. It suggests likely places for the Agents to find the handout, as well as a Director-friendly breakdown of what clues are available in the handout, pointers to entries in the *Director's Handbook*, and other people or groups that could be associated with the document.

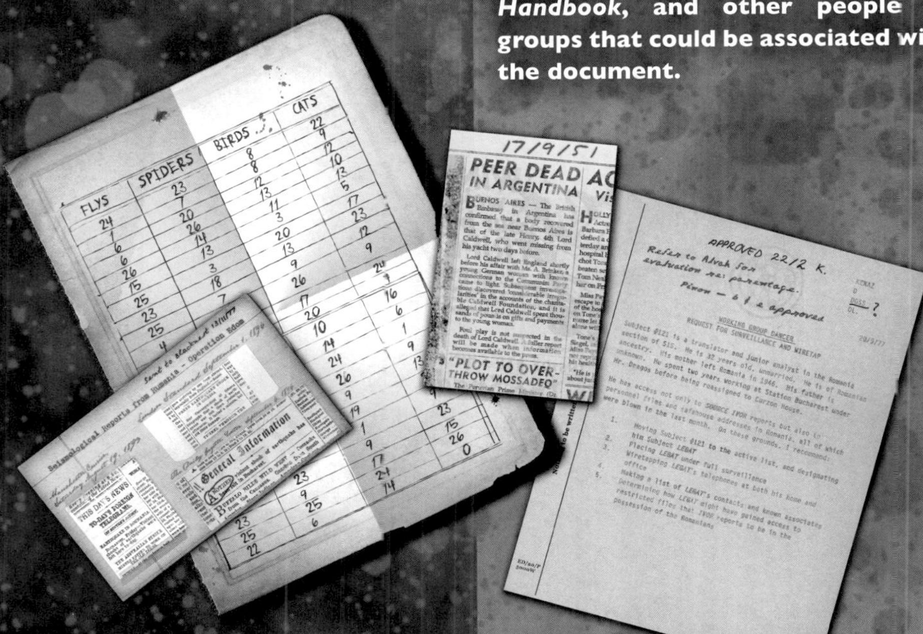

www.pelgranepress.com

Pelgrane Press

PELGN11

THE THRILL OF DRACULA

THE FORTY FACES OF DRACULA

Game designer (*Trail of Cthulhu*), horror scholar (*Tour de Lovecraft*), and Dracula devotee (*The Dracula Dossier*) Kenneth Hite takes you on an eerie journey through the myth of Dracula!

From the first medieval atrocity stories about Vlad the Impaler to Bram Stoker's immortal novel to the most recent Universal blockbusters, *The Thrill of Dracula* zooms through centuries of blood, bats, and — ballet? — to bring you the most complete look at the Count's story ever!

- See Dracula take on not just Van Helsing but Batman, Blade, Buffy, Billy the Kid — and Abbott and Costello!
- Read the occult mysteries behind *Nosferatu*, and untangle the shifting time and space of the Hammer Dracula series!
- Follow Dracula into space, and into Spanish!

THE THRILL OF DRACULA INCLUDES:

- The first Dracula legends, from dancing dead men to the garden of the hanged
- The foundation pieces of the novel and the myth: characters, settings, tropes and story beats
- Plots and reviews of 40 movies, including every Dracula film from Universal and Hammer Films – and how they too have added to the Dracula mythology

Geniuses from Orson Welles to Werner Herzog have remade Dracula — now you can, too! Hite gives you their tools, tools you can use to build new yet mythic stories about the King of the Vampires or about your own creatures of the night, tuned for thriller adventure, cosmic horror, or even intense personal drama.

So sharpen your stakes and prepare for the thrill of your Un-Lifetime — *The Thrill of Dracula!*

Pelgrane Press

www.pelgranepress.com

Devising a Placeme

A guide to gathering information to complete and implement a placement plan for fostering placements (England)

2018

Elaine Dibben

coramBAAF
ADOPTION & FOSTERING ACADEMY

Published by
CoramBAAF Adoption and Fostering Academy
41 Brunswick Square
London WC1N 1AZ
www.corambaaf.org.uk

Coram Academy Limited, registered as a company limited by guarantee in England and Wales number 9697712, part of the Coram group, charity number 312278

Originally published by BAAF in 2012
New edition published by CoramBAAF in 2018

Reprinted 2019

British Library Cataloguing in Publication Data
A catalogue record for this book is available from the British Library

ISBN 978 1 910039 73 1

Project management by Jo Francis, Director of Publications, CoramBAAF
Designed by Helen Joubert Design
Printed in Great Britain by The Lavenham Press

Contents

Acknowledgements

The Placement Plan form and the first edition of this accompanying guide were developed with the assistance of a working group of fostering managers from local authorities and independent fostering providers who shared their time and expertise to ensure that this guide is one that assists social workers but keeps the interests of the child as its main focus. I would therefore like to acknowledge the contributions of:

Alan Fisher, Director of Care, Supported Fostering Services

Pat Leeson, Independent Reviewing Officer

Clare Smith, Service Manager – Fostering, Brighton and Hove

Judy Walsh, Membership Support Consultant, The Fostering Network

Jayne Westcott, Operations Director, Integrated Services Programme

Mike Woodward, Manager, Norfolk Fostering Service

I would also like to thank the Fostering Network, which also supported this publication by agreeing to their Delegated Authority Decision Support Tool being included in the guide.

Finally, I would like to thank Caitlin O'Neill Gutierrez for her help and patience in typing up my notes, Jacqui Lawrence and Paul Adams, at CoramBAAF, for their comments, and Shaila Shah and Jo Francis for their careful consideration and helpful editorial suggestions, which enhanced the final version of this guide.

Note about the author

Elaine Dibben started her social work career in residential social work and qualified in 1988. She has over 20 years' experience of working in fostering and adoption in local authority and voluntary agency settings and now chairs both fostering and adoption panels.

She joined BAAF in 2004 to become manager of the Independent Review Mechanism which she set up and ran until 2009 when she moved to take on a wider role in BAAF as a Fostering and Adoption Development Consultant. She is now CoramBAAF's Adoption Development Consultant.

She has written a number of books for BAAF and CoramBAAF, including *Undertaking an Adoption Assessment*, and co-authored *Parent and Child Fostering* (with Paul Adams), *Adoption by Foster Carers* (with Viv Howorth), *Completing a Child's Permanence Report* (with Lyn Bugarski *et al*), *Preparing to Adopt – England* (with a BAAF author team), and *The Role of Fostering for Adoption in Achieving Early Permanence for Children* (with Viv Howorth).

Elaine lives in West Sussex with her husband, Steve.

How to use this guide

Introduction

This guide has been written to help users understand the process for completing the Placement Plan and how it links to the Care Plan, and the health and education plans, required by the Care Planning, Placement and Case Review (England) Regulations 2010.

It accompanies the CoramBAAF **Placement Plan for Fostering Placements form** (referred to as the Placement Plan form) which is available from CoramBAAF as a Word template through the CoramBAAF Forms Licence Scheme, to be used by local authorities (LAs) and independent fostering providers (IFPs) in their electronic systems. The form is designed to facilitate pre-population of existing information already on the child/young person's electronic file, which will save social worker time by reducing the time needed to complete the form. This will form part of the Care Plan.

The Placement Plan form has been designed for use when a Placement Plan is required for a child/young person who is being placed in a foster placement with a foster carer or "connected person". The Placement Plan replaces the Foster Placement Agreement previously required by regulation 34(3) of the Fostering Regulations 2002 and now forms part of the overarching Care Plan.

The form is designed to be comprehensive and authoritative, addressing all of the key areas in the placement. Evidence shows that if the preparation at the beginning of a placement is right, it saves social worker time in the long run because it clarifies expectations, allocates tasks, sets timescales and reduces the time required to resolve the series of issues surrounding the placement.

The form also recognises the importance of children, young people and carers being fully involved right from the very beginning of a placement with their views being respected and their participation valued. We know children, young people and carers sometimes complain that they are excluded from decision-making processes. The form is designed to redress that imbalance and place high quality foster care practice to the fore. The form can also be used for a parent and child arrangement; further details on planning for parent and child placements can be found in the guide *Parent and Child Fostering* (by Paul Adams and Elaine Dibben, published in 2011, available from CoramBAAF).

Delegated Authority

The Care Planning, Placement and Case Review Statutory Guidance was updated in 2015 and highlights that:

> Poor planning around delegation of authority can delay decision making and lead to children missing out on opportunities that enable them to experience a fulfilled childhood and feel part of their foster carer's familyÐ Failure to delegate appropriately or to make clear who has the authority to decide what, can make it more difficult for foster carers to carry out their caring role and form appropriate relationships with the children in their care.
>
> Statutory Guidance Para 3.193

Any discussions about delegated authority also need to take account of the nature of the placement, e.g. a child placed under Section 20 or a child joining or becoming part of a long-term/permanent placement.

Annex 6, on delegated authority to foster carers, sets out 'Things you need to know'.

> **Set out clearly what decision making is delegated** – Authority for day-to-day decision making should be delegated to foster carers unless there is a good reason not to. Every fostered child must have a Placement Plan that sets out the plan for their day-to-day care and how decisions about them will be made. This plan should include what decisions can be made by their foster carers and, where decision making is not delegated to the foster carer, the reasons should be clearly explained in the child's Placement Plan.
>
> Department for Education, *Delegating Authority to Foster Carers* – things you need to know, Statutory Guidance Annex 6

> **Delegation in the context of the Permanence Plan**
>
> Where the plan is for long-term foster care, the foster carers should have a significant say in the majority of decisions about the child's care, including longer term decisions such as which school the child will attend.
>
> Whatever the permanence plan, the carer should have delegated authority to take day-to-day decisions.
>
> Statutory Guidance Para 3.195

This guide also includes relevant sections of the National Minimum Standards for Fostering, Volume 2 of the Statutory Guidance on Care Planning, Placement and Case Review 2015, and Schedule 2 of the Care Planning, Placement and Case Review

(England) Regulations 2015 for easy access and to set out the framework within which this work is being completed. This does not replace the need for social workers to read the Statutory Guidance on Care Planning, Placement and Case Review to inform their practice.

Who should complete the Placement Plan?

The Care Planning, Placement and Case Review Regulations 2010 set out that it is the child's social worker's responsibility to complete the Placement Plan. It is also expected that they will convene the planning meeting at which the discussions that will inform the Placement Plan will take place. However, it is recognised that some local authorities may want their fostering social workers to take a lead in organising the meeting and encouraging completion of the Placement Plan.

Why have a placement planning meeting?

Although there is no legal requirement for a placement planning meeting, it is unlikely that a Placement Plan will achieve its goals without a meeting. It is anticipated that where there has been a full discussion between all parties to inform the Placement Plan, this will result in a shared understanding of the Placement Plan, prevent misunderstandings and provide clear written agreements on how the placement will work and be supported. It will therefore help prevent placement disruption and minimise the risk of complaints. A meeting also provides an opportunity for the workers supporting the child and the foster carer household to discuss their expectations and be clear about their respective roles and responsibilities.

> When a suitable placement has been identified for the child, the Placement Plan will set out in detail how the placement is intended to contribute to meeting the child's needs as set out in the Care Plan.
>
> The Placement Plan is concerned both with what may need to happen in the placement to achieve the permanence plan – for example, promoting positive contact to support a return to home or helping the child move to an adoptive family – and with the way in which a child's needs will be met on a day-to-day basis and it is therefore integral to the Care Plan.
>
> It is essential that the Placement Plan is developed in partnership with the child (where appropriate), the child's carer and the parent as well as the social worker to ensure that the contribution required of all parties for the success of the placement is clearly recorded.
>
> Statutory Guidance Para 2.8

The child's parents should be encouraged to participate in the planning meeting and it is expected that the meeting will help them to understand their responsibilities in supporting the child/young person whilst they are in the placement. The child/young person should be supported to attend and participate in the meeting (depending on their age and level of understanding) so there is a shared understanding between them and the foster carers of what will happen in the placement and what expectations all people in the household will have of each other.

The resulting Placement Plan will therefore provide a means to agree clarity of roles between the social workers and foster carers and an opportunity to encapsulate the process and empower all parties to play their role in the team around the child/young person. A clear Placement Plan will also assist in gathering evidence on how the parents are able to work with the plan and, in parent and child fostering placements in particular, how they are able to work within the agreements set out on how the placement will function.

The Placement Plan will assist in focusing social workers on a needs-based assessment of the child/young person and improving outcomes for them.

The Placement Plan links to new principles of inspection regimes.

What are the most important things to children about being in foster care?

'The majority of children said that the best thing about care was their foster family and feeling like "part of the family".'

'Children of all ages were keen to emphasise the importance of being listened to and to have a greater role in the decision making process – "I want people to listen to the things I don't like...I think it's most important if I can tell someone if something is wrong".'

'Whilst many had met their new carers, they had been given no information on what their home would look like or who else was living in the household.'

Voices of Children in Foster Care, Children's Commissioner 2018

Setting up the placement planning meeting

The legislation sets out clear and challenging timescales for completion of the Placement Plan – this should be either before making the placement, or if not, within five working days of the start of the placement. A similarly challenging timescale is set for the completion of the Care Plan, i.e. before the child is first placed by the responsible authority or within ten working days of the start of their first placement.

The placement planning meeting is primarily the responsibility of the social worker but could be arranged by others, e.g. a social worker in the fostering service, with agreement. Some information can and should be pre-populated in the Placement Plan form beforehand to save time at the meeting but it is essential that there is a meeting to facilitate an exchange of views. It will be important to try to ensure that key people can attend to try and gather all the required information but it is also recognised that some information may not be available at the time of the meeting, and may need to be added at a later stage or through a follow-up meeting. In these situations, it is helpful to be clear about who will follow up this information and what the timescale is for circulation and completion.

The core attendees at the meeting would be the social worker, supervising social worker and the foster carer with every effort being made to include the parents and child/young person. The meeting would usually be chaired by the child's social worker but could be chaired by a team manager or the supervising social worker. It is important that the person who chairs the meeting has authority to take decisions about the majority of issues being discussed, especially day-to-day matters in the foster home.

It is important that the child or young person should be present and enabled to participate with good support and preparation (as age appropriate). Where the child does not wish to attend or cannot attend, thought needs to be given to how their views are gathered and reflected during the meeting and in the Placement Plan (see box below).

It is also important that the child's parents are encouraged and facilitated to attend the meeting, and again, where they do not wish to attend or cannot attend, thought needs to be given to how their views are gathered and reflected during the meeting and in the Placement Plan.

Other significant people who could be invited include family members, the child/young person's advocate, teacher or therapist.

National Minimum Standards (NMS)

1.1) Children's views, wishes and feelings are acted upon, unless this is contrary to their interests or adversely affects other members of the foster care household.

1.2) Children understand how their views have been taken into account and where significant wishes or concerns are not acted upon, they are helped to understand why.

1.3) Children communicate their views on all aspects of their care and support.

The Placement Plan will be formally reviewed at all LAC review meetings but in addition, it can be updated and reviewed by the key people involved at the following times:

- where there are difficulties;
- where there is a change of placement status, e.g. short-term to long-term placement;
- during a parent and child assessment arrangement at agreed times or where a parent leaves the arrangement;
- where siblings are separated.

Guide to completing the Placement Plan form

Details of child/young person, their foster carers and parents

This section can be filled in before the meeting using information taken from the main Care Plan.

The foster carer's address can be withheld if it is considered that there would be risks involved for the child/young person or the carers if their address was known to the child's family.

Details of key people

This checklist should include contact details for all the key people involved in the placement and can be filled in before the meeting. It will be a useful source of reference for the foster carer.

Placement details

This section is key in ensuring that full and detailed information has or will be made available to the foster carer to help them understand the child's history. There is a duty of care on the child's social worker to provide this information.

It is important that, as far as possible, foster carers understand the context in which the placement is being made so that they can support the child/young person in their understanding of what is happening.

It will also be important that full information is shared about any previous placement disruptions, including contributing factors and the child/young person's understanding of what has happened.

Full details should be given of any other siblings (full or half) and their importance to the child/young person.

Where information is not known, the social worker needs to consider whether there are other people who may hold it, e.g. previous carers, other family members, previous schools, and be proactive in obtaining the information and passing it on to the carers.

Although the length of the placement may not be known, especially if this is a recent reception into care, it is important that carers are given some indication of any anticipated timescales, known dates for court hearings, etc. This will help them in planning their activities and holidays and will help prevent unnecessary moves into respite or alternative care.

Risk assessments should be completed by the social worker before placement and a risk assessment plan should be prepared and shared with the supervising social worker and foster carer. This will ensure that the carer has the skills and experience to meet the child's needs and that appropriate support is made available for the carer and child. There should be an acknowledgement that there may be deficits in the risk assessment if it is being carried out by someone who does not know the child or where full information is not available.

It is important for foster carers to understand how this placement fits within the wider plan for the child and the timescales for permanence, although these may not be fully determined. It will help for them to understand what expectations there are of the parents and how the parents fit into the likely plan for the child. Social workers need to be clear about any uncertainties and when further clarity will be available.

Living together

This section addresses ordinary day-to-day life in the foster home – it will be a key section of interest to the child/young person. There needs to be recognition of the importance of continuity of routines for the child/young person. The person chairing the meeting must recognise the need for discussion about the carer's routines and the child's routines and how these can fit together. Carers may need to be flexible and adapt their routines so that the child/young person feels welcomed and included in the family. Some examples are given here about what to cover, but these are not exclusive and it is envisaged that others will be added as appropriate to the individual placement.

Routines

The following areas are just some examples of what could be covered.

- When is the bathroom available for the child/young person to use?
- Who does the laundry? What is the child/young person expected to do?

- What are the rules about computers and mobile phones and when the child can access them?
- How are disagreements about the TV resolved?
- What are the rules about who opens the front door and who answers the phone?
- Is the child/young person able to invite friends to the house? Are there any expectations about this?
- At what age can the child/young person have a mobile phone? If they have a mobile phone, what are the expectations of when the child should give it to the foster carer, e.g. at night time?

Meal times

The following areas are some examples of what could be covered.

- How often do you eat together as a family?
- Where do you eat your meals? Can food be eaten in the bedrooms?
- Are children able to help themselves to food?
- What are the child's three favourite foods?
- What are the child's three least favourite/worst foods?
- Where preparing for independence, can the young person use the cooker/ microwave, etc?

Bed times

The following areas are some examples of what could be covered.

- What time are bed times on school nights and weekends going to be?
- What are the routines for bedtime stories?
- What time does the child/young person need to get up?
- What are the things that help the child/young person sleep, e.g. toys, lights, etc?

Information about the foster care household

- This is an area frequently highlighted by children and young people as being important to them. Information about the household may take the form of a profile or welcome book. Wherever possible, the child should receive this before the placement starts.
- Although not specifically addressed in the Placement Plan, the supervising social worker also needs to discuss with the foster carer how much information is being shared/needs to be shared with the children of the foster carers.

Self-care skills/preparing for independence

The following areas are some examples of what could be covered.

- What is the child/young person able to do/take responsibility for?
- Can the child dress themselves? What help do they need?
- Can the child wash themselves and clean their own teeth? What help do they need?
- How safe are they to play outside? Do they need supervision?
- If there are specific needs regarding hair care and skin care, what is the foster carer's role?
- How safe is the child/young person to use public transport? What would be the expectations?
- Has there been discussion/agreement about whether the young person can have a house key? Will the child/young person be able to have a house key? What expectations are there from the carer and child/young person about how this is used?

Arrangements regarding pocket money, personal allowances, savings or applying for any DLA payments or PIP

The following issues are examples of what could be covered:

- Does the child/young person have a savings account?
- Does one need to be opened? Who will do this and how will it be contributed to?
- Can/will the child have access to it?
- How will any entitlements be managed, e.g. Government Child Trust Fund or Junior ISA (Individual Savings Account)?
- If DLA (Disability Living Allowance) or PIP (Personal Independence Payment) is applicable, who will apply for it, how will it be used and what record should be kept?

Social and leisure activities

The following areas are some examples of what could be covered.

- What are the child/young person's current interests and what might they like to develop? There should be recognition that, for some children/young people, it will be important for existing interests/activities to be acknowledged and supported to provide continuity. For other children/young people, they might not have been exposed to this and may need help to think about trying new things.

- Are there any difficulties identified with the child/young person continuing their activities and how can these be resolved?
- What activities are the foster family currently involved with and how will the child/young person be included?
- What other activities is the foster carer supporting for their own children and are there any implications? Could the child be involved in some of these or would that intrude on the foster carer's children?

Practical arrangements – finance, transport

- Are there costs associated with an interest or activity? How will these be met?
- What arrangements are needed to transport the child? There may be a need to balance activities/interests with contact commitments and transport availability if the carer has several children to transport.

Holidays and alternative care arrangements

The person chairing the meeting will need to be aware, prior to the meeting, of any expectations of carers by their approving agency in relation to respite care arrangements as well as the policy of the placing local authority and whether there is any conflict between these policies.

The following areas are some examples of what could be covered in looking at what the alternative care arrangements for the child/young person on a planned or emergency basis will be.

- Who will the foster carer be asking to provide additional care if they are not available?
- What will be the arrangements for notifying the social worker where a respite arrangement is being made through delegated authority?
- How will any payments be made?
- What arrangements have been agreed as part of the care plan to support and maintain the child/young person in this placement?
- Are there extended family members in the foster family or birth family who could offer the child/young person time away?
- Are there specific agreements for a formal respite package to support the placement? Who will then identify and set the alternative placement?

Holidays – arrangements for the child/young person to accompany the carers and actions required

- Does the child/young person have a passport? If not, who will be responsible for obtaining this? NB Even if a holiday is not immediately planned, an early discussion about this may avoid a child needing to go to a respite placement because a passport cannot be obtained in time for a planned holiday; there are many examples of this happening. Forward planning is needed to avoid these unnecessary moves, with parents being engaged at this early stage.

- Will the parents give permission for the child to travel abroad?

Health

Details of key people

The details of key people can be completed before the meeting and will be a useful source of reference for the foster carer.

> The child's carer needs to know the content of the child's health plan ... and understand their role in implementing these. It is important to ensure they have adequate information about allergies, current medication and the treatment of any health conditions. It is also easy for details such as dates of appointments with specialists to get lost when a child changes placements .. The child's carers need to be fully informed about any existing arrangements for specialist services such as psychotherapeutic support ... and be clear both about their responsibilities in ensuring that these are maintained and their role in helping the child to follow any agreed programmes.
>
> Statutory Guidance Para 3.188

Summary of any health issues, medical conditions or disabilities, including allergies

- This section relates to physical health and mental health conditions. It can be pre-populated before the meeting with as much information as is known.
- Information about existing conditions or known disabilities must be shared in order to ensure continuity of care. In addition to all known facts, carers need to be made aware of signs to look for and symptoms to be aware of.
- Carers also need to be aware of what information is not known and how and from whom it will be obtained.
- The social worker may need to have obtained health information from other professionals involved, e.g. health visitors, prior to the meeting.
- Discussions about permissions around delegated authority issues regarding health need to be discussed and agreed and any relevant consent documents provided.
- The social worker needs to ensure that the information contained in the health plan is shared with the carer.

- Any actions identified during this discussion that will be required in implementing the health plan should be reflected in the Care Plan.

Emotional and behavioural development

The following issues are examples of what could be covered.

- Summary of the child/young person's needs regarding their emotional and behavioural development. This should be a short, succinct summary – easily understandable by all participants in the meeting.
- What does the child enjoy and what makes them happy?
- What situations does the child/young person find most difficult to cope with?
- Has a Strengths and Difficulties Questionnaire (SDQ) been completed? If so, include relevant information in the survey of needs and ensure that the foster carer has a copy.
- Are reported difficulties or concerns being seen in more than one setting and is this regarded as significant?
- What has worked best in the past to manage these situations? What strategies have been used by previous carers? Include these; if necessary, seek information from parents, foster carers or teachers.
- What interventions or strategies have been discussed or agreed for the foster carer to use? If a strategy or intervention has been identified, who else will need to be involved/informed/consulted who is not part of the meeting?

Views of the child/young person

It is important that the child/young person is encouraged to be part of this discussion, appropriate to their age and understanding. The following questions are examples of what could be asked.

- What makes you angry/upset/worried?
- What winds you up?
- How would you like your carers to help you with this?
- Is there anything you don't want your carers to do?

Any actions identified that will be required in meeting the emotional and behavioural needs should be reflected in the Care Plan with the responsible people being named. These actions can then be reviewed at later meetings.

Education-related contacts

> Information about additional educational support provided through statements of special educational needs and the Personal Education Plan (PEP) should also be included. The child's carers need to be fully informed about any existing arrangements for specialist services such as psychotherapeutic support or extra tuition, and be clear both about their responsibilities in ensuring that these are maintained and their role in helping the child to follow any agreed programmes.
>
> Statutory Guidance Para 3.188

Educational needs

Information provided needs to cover what is known about the child/young person's previous experience of school.

- Did they attend regularly?
- What do they enjoy/not enjoy about school?
- Are there things they find difficult about attending?

The meeting needs to explore how the foster carer is going to encourage and develop the child/young person's learning.

- Does the school have academic monitoring days? What other opportunities are there for carers to meet with teachers/tutors?
- Where is the space for the child/young person to do homework? What are the expectations of the carer to assist the child?
- What agreements are there regarding the child/young person having access to and using the computer to assist with homework?
- Details of an EHC (Education, Health and Care) Plan and provisions need to be clearly set out.
- If the child has specific learning needs, are there any services that would be beneficial for the carers to use with the child, e.g. CATCH UP?

Ensure that the foster carer is aware of the most recent PEP, has a copy of this and is given the date of the next PEP meeting.

Details of transport arrangements

- What are the expectations of the foster carer in relation to transporting the child/young person to and from school?

- What demands does the foster carer already have on them? How can these expectations be balanced?
- Can the child/young person make their own way to school on public transport? Are there any risks that need to be considered?
- Where the foster carer cannot transport the child/young person, are there other options, rather than using taxis, which may normalise the child/young person's situation?
- What are the arrangements if the child/young person is not in full-time education or is excluded from educational provision?

Cover whether delegated authority issues regarding education have been agreed (refer to the form – Section B *Education*) and include any actions required in implementing the education plan in the Care Plan.

Identity

> The child's carers should be aware of the child's religion and culture and the manner in which these are reflected in their daily life, including any help the child will need to maintain these links [Schedule 2 paragraph 3(2)]. Even where the child does not have a formal religion s/he may have needs for a spiritual dimension to his/her life and should be supported and encouraged to develop it. These experiences contribute to the child's sense of identity. Even in good placements there may be profound differences between carers and birth families in matters such as religious observance, dress codes and diet. These issues should be treated sensitively and arrangements to preserve and strengthen the child's links with the religious and cultural practices of his/her birth family agreed, particularly in circumstances where the child is accommodated and/or where the plan is for the child to return to live with parents.
>
> Statutory Guidance Para 3.189

Summary of child/young person's identity needs

The summary should include any relevant issues such as religion, ethnicity, culture, language, nationality, gender, asylum status, disability, community or sexuality and the child/young person's allegiance to a particular place. It should be recognised that this may be a personal and individual view, derived from observation and sometimes conflicting sources, and the person who is chairing will need to be skilled in drawing out the facts.

The following areas are some examples of what could be covered.

- What is the child's/young person's gender; do they have a preferred pronoun?

- Does the child/young person actively participate in any religious activities?
- Give details of any place of worship, times of attendance, or any religious practices to be observed.
- Can the child/young person travel on their own to a place of worship? Do they need to be accompanied? Do links need to be made with specific individuals or groups?
- Are there any personal care or dietary needs that need to be addressed in relation to the child/young person's background or culture?
- If the child/young person does not speak English or English is not their first language, what arrangements are required to enable them to have language support, in the foster home, at school, etc?
- What are the plans for life story work or memory work? What is the role of the foster carer and social worker in doing this? Are the parents able to provide any photos or information to help their child understand their past?
- Will the foster carer collect all memorabilia, cards, photos, etc, during the period of the placement, for memory work?
- Is there anything the child/young person wants to tell us about what is important to them – how they see themselves? The social worker should be aware that the child may not be able to express a view, in which case further work may need to be done around this.
- Is there anything the parent wants to tell us about what is important to them – how they see the child/young person?
- Are there areas regarding identity where the child's needs cannot be met by the carers or within the placement? How will these gaps be filled? What additional support will be offered to carers in these circumstances?
- Does the foster carer need any additional help or advice? Where or to whom can they go?

Identify the actions required in meeting identity needs, including resources, and state who is responsible and a date to be achieved. These actions can then be reviewed at future meetings or LAC reviews.

Contact

Arrangements for contact between children, birth parents, siblings who are looked after and other relatives and friends must be clarified and discussed with carers. The child's carers need to know the provisions of contact orders made under section 8 of the 1989 Act, and how any changes to these arrangements should be notified; they also need to be aware of any person with whom contact is discouraged and the reasons for this, and if the child is subject to a care order, be given a copy of any orders made under section 34. Section 26 of the 2002 Act applies if the child has been authorised to be placed for adoption.

> While there is an expectation that the child's carers will facilitate reasonable contact, social workers need to be aware of the difficulties that can arise when birth parents (and other relatives) have extensive contact with children in the carer's home; contact arrangements should be sensitive to the needs of carers and their families as well as those of parents.
>
> Statutory Guidance Para 3.190

It is important to understand why contact needs to take place (this will link to the Care Plan) and how to manage difficulties when they arise.

- Where there are any court orders relating to contact, carers need to understand why these are in place.

In this section of the Placement Plan form, the table provided allows for a clear picture to be presented of who can have contact with the child/young person and anyone who cannot have contact.

Arrangements for supervision of contact

- Who are the people the child/young person wants to maintain contact with? Does this include friends as well as family?
- What are the arrangements for how contact will be supervised and reported on? How will contact arrangements be managed if the child reports being unhappy about contact?
- What are the arrangements for transporting the child/young person to contact meetings?
- How will information about what happens in contact visits be shared with the foster carer if they are not present?
- What agreements are there about contact outside formal arrangements between the child and others (including the use of social media and mobile phones)?

There needs to be shared recognition of the difficulties for carers in monitoring the use of social media.

- Does the carer understand the issues around oversight of social media – do they need further information or training?
- Should there be a discussion about the carer being "friends" with the foster child (on a social networking site)?
- Has delegated authority regarding contact arrangements been agreed (refer to the form – Section B *Contact*)?
- What actions should the foster carer or social worker take if anything prevents contact from taking place?

Set out actions required in relation to contact, clearly stating who will be responsible and by what date they are to be achieved in the Care Plan. These actions can then be reviewed at future meetings or LAC reviews.

Social worker visits

Visits to looked after children

As part of their arrangements for supervising the child's welfare the responsible authority has a duty to appoint a (social worker) to visit the child wherever he or she is living [regs 28–31]. Visits form part of a broader framework for supervising the child's placement and ensuring that his/her welfare continues to be safeguarded and promoted. Visits therefore have a number of purposes, including to...evaluate and monitor the achievement of actions and outcomes identified in the care and Placement Plan and to contribute to the review of the plan.

Statutory Guidance Para 3.230

The (social worker) must see and speak to the child alone [reg 29] (unless the child refuses)... If a child has particular communication difficulties or requires specialist communication support, the social worker will need to use specialist resources in order to ensure that the child has the opportunity to express his/her wishes and feelings, including a request for the social worker to visit. The Care Plan and the Placement Plan for the child should identify where this is a consideration from the outset.

Statutory Guidance Para 3.243

Where the social worker has concerns about whether the placement is adequately promoting the child's welfare, the IRO should be informed. Where the social worker concludes that the placement is not promoting the child's welfare, the responsible authority must review the child's case in accordance with Part 6 of the 2010 Regulations [reg 30].

Statutory Guidance Para 3.248

Support for carers

- There needs to be explicit discussion about how information will be given/shared between the foster carer, child's social worker or supervising social worker so that all those who need to know information are aware of this. Where information has not been available, there should be clarity about who will source it and when it will be available.
- Foster carers also need clarity about whether they should contact the social worker/ supervising social worker as well as the out-of-hours service, once in office hours.

Appendix I

Delegated Authority Decision Support Tool

Child/young person ....

1. Medical and health

Consent/agreement/task	Who has authority to give consent/agreement or undertake the task?[1]	Notes (incl. notifications, prior consultation/recording requirement/conditions)	Date
1.1 Signed consent to emergency medical treatment incl. anaesthesia			
1.2 Consent – routine immunisations			
1.3 Planned medical procedures			
1.4 Medical procedure carried out in the home where the person administering the procedure requires training (e.g. child with disability/ illness)			
1.5 Dental – signed consent to dental emergency treatment incl. anaesthetic			
1.6 Dental – routine treatment incl. anaesthetic			
1.7 Optician – appointments, glasses			
1.8 Consent to examination/ treatment by school doctor			
1.9 Administration of prescribed/over the counter medications			

Consent/agreement/task	Who has authority to give consent/agreement or undertake the task?[1]	Notes (incl. notifications, prior consultation/recording requirement/conditions)	Date
1.10 Permission for school to administer prescribed/over the counter medications			
1.11 Referral/consent for young person to access another service, e.g. CAMHS			

2. Education

Consent/agreement/task	Who has authority to give consent/agreement or undertake the task?	Notes (incl. notifications, prior consultation/recording requirement/conditions)	Date
2.1 Signed consent for school day trips			
2.2 Signed consents for school trips of up to four days			
2.3 Signed consents for school trips of over four days			
2.4 School trips abroad			
2.5 Using computers at school			
2.6 School photos			
2.7 Attendance at parents' evenings			
2.8 Attendance at PEP meetings			
2.9 Attendance at unplanned meetings re: incidents or immediate issues			
2.10 Registering at a school			
2.11 Changing a school			
2.12 Referral/consent for young person to access another service (please specify the service)			
2.13 Personal health and social education			

1 More than one person could have authority to give a particular consent/agreement or undertake a particular task, e.g. both the parent and foster carer may be attending parents' evenings. If this is the case, the individuals' respective roles should be clarified in the Notes column.

3. Personal, leisure and home life

Consent/agreement/task	Who has authority to give consent/agreement or undertake the task?	Notes (incl. notifications, prior consultation/recording requirement/conditions)	Date
3.1 Passport application		Can be applied for only by someone holding parental responsibility	
3.2 Overnight with friends ("sleepovers")			
3.3 Holidays within the UK			
3.4 Holidays outside the UK			
3.5 Sports/social clubs			
3.6 More hazardous activities, e.g. horse riding, skiing, rock climbing			
3.7 Haircuts/colouring			
3.8 Body piercing		In English law, it is illegal for under-16s to have their genitals pierced. It is also illegal for females under 16 to have their breasts pierced, although this does not apply to males under 16.	
3.9 Tattoos		It is illegal for anyone under the age of 18 to have a tattoo.	
3.10 Mobile phone			
3.11 Part-time employment			
3.12 Accessing social networking sites, e.g. Facebook, Twitter, Snapchat			
3.13 Photos or other media activity			

4. Faith and religious observance

Consent/agreement/task	Who has authority to give consent/agreement or undertake the task	Notes (incl. notifications, prior consultation/recording requirement/conditions)	Date
4.1 New or changes in faith, church or religious observance			
4.2 Attendance at a place of worship			

5. Identity and names

Consent/agreement/task	Who has authority to give consent/agreement or undertake the task?	Notes (incl. notifications, prior consultation/recording requirement/conditions)	Date
5.1 Life story work			
5.2 New or changes in "nicknames", order of first names or preferred names.			

6. Contact

Consent/agreement/task	Who has authority to give consent/agreement or undertake the task?	Notes (incl. prior consultation/ notification/recording requirement/conditions)	Date
6.1 Transport			
6.2 Arranging			
6.3 Facilitation			
6.4 Formal supervision			

7. Other areas or categories

Consent/agreement/task	Who has authority to give consent/agreement or undertake the task?	Notes (incl. prior consultation/ notification/recording requirement/conditions)	Date

Additional notes or questions

Appendix II

Schedule 2 of the Care Planning, Placement and Case Review (England) Regulations 2010

Schedule 2 relates to Regulation 9 which deals with the Placement Plan.

Matters to be dealt with in the Placement Plan

Information to be included in C's Placement Plan

1.

1.1 How on a day to day basis C will be cared for and C's welfare will be safeguarded and promoted by the appropriate person.

1.2 Any arrangements made for contact between C and any parent of C's and any person who is not C's parent but who has parental responsibility for C, and between C and any other connected person including, if appropriate –
- (a) the reasons why contact with any such person would not be reasonably practicable or would not be consistent with C's welfare,
- (b) if C is not in the care of the responsible authority, details of any order made under section 8,
- (c) if C is in the care of the responsible authority, details of any order relating to C made under section 34,
- (d) the arrangements for notifying any changes in the arrangements for contact.

1.3 The arrangements made for C's health (including physical, emotional and mental health) and dental care including –
- (a) the name and address of C's registered medical and dental practitioners and, where applicable, any registered medical or dental practitioner with whom C is to be registered following the placement,
- (b) any arrangements for the giving or withholding of consent to medical or dental examination or treatment for C.

1.4 The arrangements made for C's education and training including –
- (a) the name and address of any school at which C is a registered pupil,
- (b) the name of the designated teacher at the school (if applicable),
- (c) the name and address of any other educational institution that C attends, or of any other person who provides C with education or training,

(d) where C has a statement of special educational needs, details of the local authority that maintains the statement.

1.5 The arrangements made for R to visit C in accordance with Part 5, the frequency of visits and the arrangements made for advice, support and assistance to be available to C between visits in accordance with regulation 31.

1.6 If an independent visitor is appointed, the arrangements made for them to visit C.

1.7 The circumstances in which the placement may be terminated and C removed from the appropriate person's care in accordance with regulation 14.

1.8 The name and contact details of –
(a) the IRO,
(b) C's independent visitor (if one is appointed),
(c) R, and
(d) if C is an eligible child, the personal adviser appointed for C.

Additional information to be included where C is placed with P

NB Section 2 relates to a child/young person placed with a parent or someone with parental responsibility and is not relevant to a child in foster care and is hence not reproduced here.

Additional information to be included where C is placed with F, in a children's home or in other arrangements

3.

3.1 The type of accommodation to be provided, the address and, where C is placed under section 22C(6)(d) the name of the person who will be responsible for C at that accommodation on behalf of the responsible authority (if any).

3.2 C's personal history, religious persuasion, cultural and linguistic background, and racial origin.

3.3 Where C is not in the care of the responsible authority –
(a) the respective responsibilities of the responsible authority and C's parents, or any person who is not C's parent but who has parental responsibility for C,
(b) any delegation of responsibility to the responsible authority for C's day to day care there has been by C's parents, or any person who is not C's parent but who has parental responsibility for C,
(c) the expected duration of the arrangements and the steps which should be taken to bring the arrangements to an end, including arrangements for C to return to live with C's parents, or any person who is not C's parent but who has parental responsibility for C, and
(d) where C is aged 16 or over and agrees to being provided with accommodation under section 20, that fact.

3.4 The circumstances in which it is necessary to obtain in advance the responsible authority's approval for C to take part in school trips or to stay overnight away from the placement.

3.5 The responsible authority's arrangements for the financial support of C during the placement.

3.6 Where C is placed with F, the obligation on F to comply with the terms of the foster care agreement made under regulation 28(5) of the 2002 Regulations.

Appendix III

Delegating authority to foster carers – things you need to know

Effective delegation of decision making makes a huge difference in the lives of looked after children

1. Listen to what children want

The people who look after children on a daily basis are usually the ones who make day-to-day decisions such as whether to agree sleepovers and school trips. This should be no different for foster carers. Children do not want social workers making these decisions – it makes them feel different to their peers, can result in missed opportunities and gets in the way of them enjoying a full childhood and family life.

2. Involve birth families in care planning

Children's relationships with their birth families vary. Some birth families will be very involved in making decisions about their child's care, particularly where the child is likely to return home. It is essential wherever possible, and always where children are voluntarily accommodated, to involve birth families in discussions about delegating decision making to foster carers, helping them understand how beneficial this can be to the life of their child.

3. Set out clearly what decision making is delegated

Authority for day-to-day decision making should be delegated to foster carers unless there is a good reason not to. Every fostered child must have a placement plan which sets out the plan for their day-to-day care and how decisions about them will be made. This plan should include what decisions can be made by their foster carer, and where decision making is not delegated to the foster carer, the reasons should be clearly explained in the child's placement plan.

4. Help promote placement stability and good outcomes for children

Ensuring that foster carers are supported to make day-to-day decisions helps the children in their care to have confidence in these relationships and supports the development of trusting and secure attachments to their foster carers.

5. Work together in the best interests of the child

Effective partnership working is core to good quality foster care. Where the foster carer, supervising social worker and child's social worker are clear about how day-to-day decisions are to be made, decisions are more likely to be on time with everyone working in the best interests of the child.

6. Support foster carers to develop the skills and confidence they need

Through appropriate training and supervision, fostering services should support their foster carers to develop the skills and confidence to take day-to-day decisions, empowering them to make these decisions within a strong framework of support.

7. Understand and support appropriate delegation of authority to foster carers

Everyone at every level should understand how authority should be delegated to foster carers. Organisations should have a clear policy on delegation of authority for decision making to foster carers that can be shared with birth parents and foster carers. It is important that social workers believe that their organisation is committed to appropriate delegation of authority and that they and foster carers will be effectively supported even when things go wrong.

8. Make a reality of the vision in the Foster Carers' Charter

The Minister, Tim Loughton, made clear the importance of appropriate delegation to foster carers in his letter to Directors of Children's Services in August 2010. The Foster Carers' Charter launched in March 2011 underlined this. The Charter clearly states that that fostering services must 'Treat foster carers with openness, fairness and respect as a core member of the team around the child and support them in making reasonable and appropriate decisions on behalf of their foster child'.

The Fostering Network published the Delegated authority decision support tool in 2011.

Taken from Annex 6, The Children Act 1989 Guidance and Regulations, Volume 2: Care Planning, Placement and Case Review, Department for Education, 2015, available at: https://assets.publishing.service.gov.uk/government/uploads/system/uploads/attachment_data/file/441643/Children_Act_Guidance_2015.pdf